大清一統志

第二十冊

湖北

上海古籍出版社

湖北

目録

湖北全圖

湖北統部圖

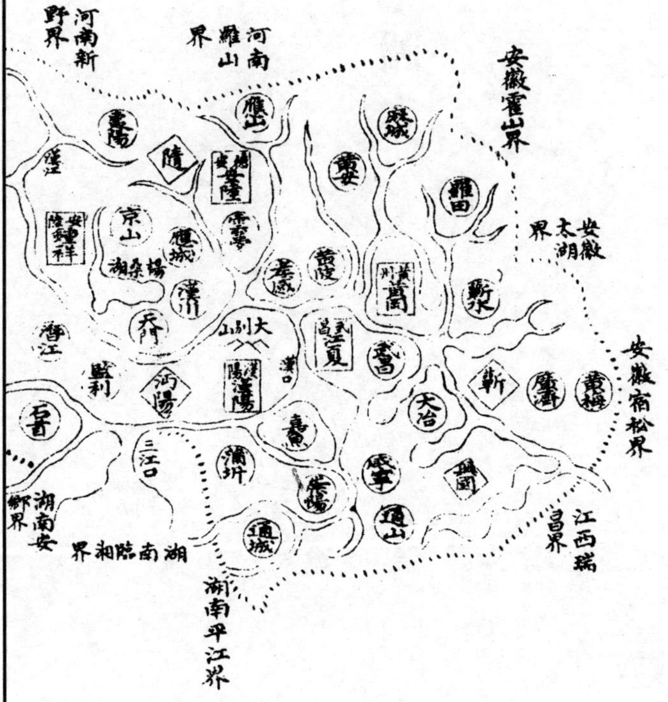
河南新野界
河南羅山界
安徽霍山界
安徽太湖界
安徽宿松界
江西瑞昌界
湖南安鄉界
湖南臨湘界
湖南平江界
棗陽
隨
應山
安陸
麻城
黃安
羅田
京山
應城
雲夢
孝感
黃陂
黃岡
蘄水
漢川
天門
大別山
漢口
武昌
江夏
漢陽
沔陽
監利
潛江
石首
嘉魚
大冶
蘄
廣濟
黃梅
三江口
蒲圻
咸寧
通山
通城
興國

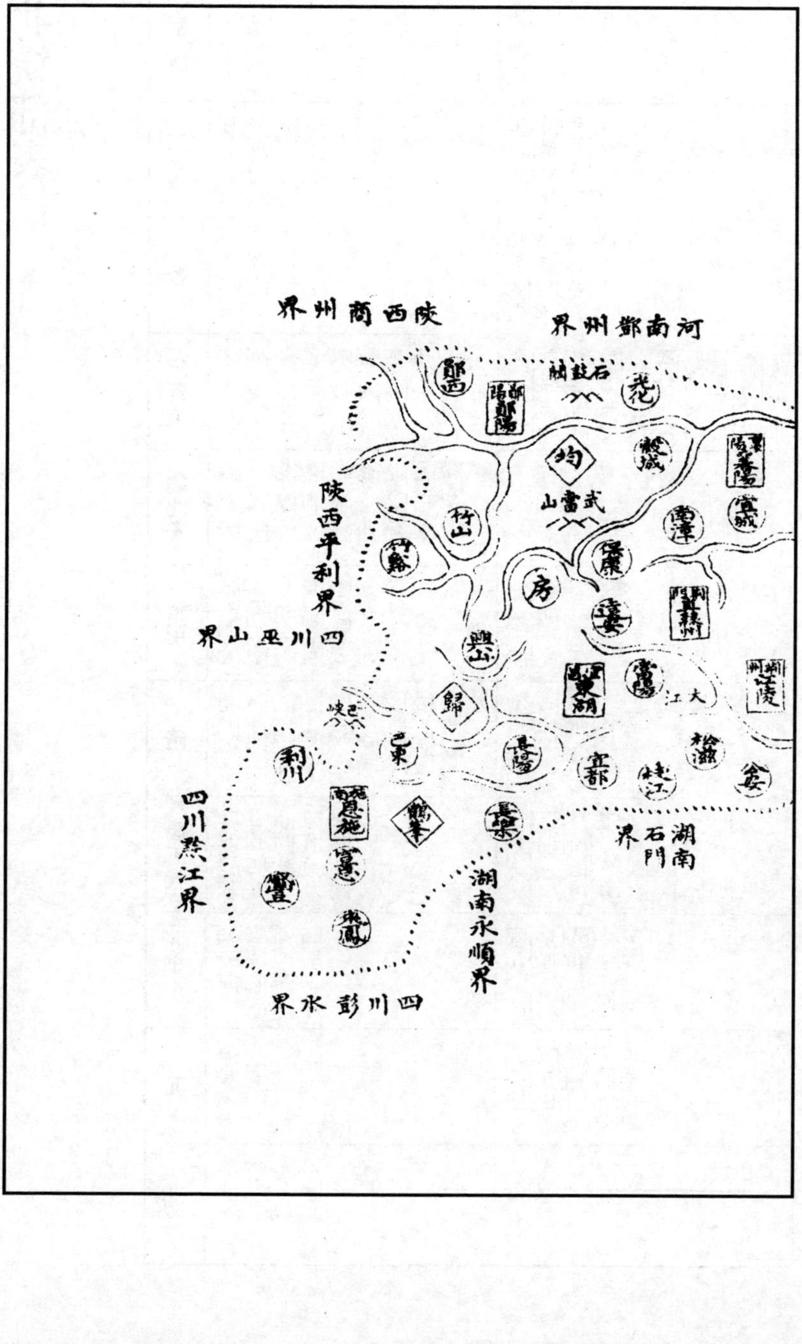
陝西商州界
河南鄧州界
陝西平利界
四川巫山界
四川黔江界
四川彭水界
湖南永順界
湖南石門界
武當山
均
房
歸
竹山
興山
大江

湖北統部表

	湖北		武昌府
兩漢	江夏、南郡二郡地。		江夏郡地。
三國	分屬吳、魏，各置荆州。		江夏郡 吳置，又分置武昌郡。
晉	增置江、雍二州。		移治安陸，爲武昌郡地，置江州。
宋齊梁	宋置荆、郢、雍三州。梁增置北江、義、岐、北新、南司、應、宜等州。		郢州江夏郡 宋復置，治汝南。并置州，領竟陵、武昌、西陽等郡。齊增領齊興、北新陽、建安左等郡。
魏北齊	魏置襄、上、温、安、拓、蔡、昌、基、鄀、平、岳、隨、唐、順諸州。北齊有湘、衡、巴、羅、南司五州。		
陳周	陳有荆、郢二州。周置溳、硤、黄、沔、蘄、亭、施諸州。		郢州江夏郡
隋	南郡、夷陵、竟陵、沔陽、武當、房陵、襄陽、春陵、漢東、安陸、永安、江夏、蘄春諸郡地。		初廢州郡，改置鄂州。大業初仍置江夏郡。
唐五代	唐屬淮南、江南西及山南東道，五代分屬淮南、南唐及蜀。		鄂州江夏郡 屬江南西道。寶曆初置武昌軍。後唐改爲武清軍。
宋	屬荆湖北及京西南路、夔州路。		鄂州江夏郡武昌軍 屬荆湖北路。
元	置湖廣行中書省。		武昌路 至元中置鄂州路。太德五年更名爲湖廣行省治。
明	置湖廣布政使司。		武昌府 布政司治。

續表

漢陽府	黃州府	安陸府
江夏郡地。	江夏郡地。	江夏郡地。
	弋陽郡 魏置。	
	西陽國 改弋陽郡置。	竟陵郡 元康九年析江夏西境置，屬荆州。
宋、齊俱屬江夏郡。	西陽郡 宋改國爲郡，屬郢州。南齊析置齊安郡，屬司州。	竟陵郡 宋屬郢州。南齊因之。梁爲南司、北新二州地。
	巴州 西陽郡 北齊置，又置衡州。	西魏大統中移置郢州。
	衡州 齊安郡 陳廢州。周復又置弋州。	周改置石城郡。
置漢陽縣，屬沔陽郡。	永安郡 開皇初廢弋州及郡，改衡州爲黃州，大業初改郡。	竟陵郡 開皇初廢石城，大業初仍置郡，復故名。
唐武德四年析沔陽郡置沔州。天寶初改爲漢陽郡。寶曆初廢。後周置漢陽軍。	黃州 齊安郡 復置州，屬淮南道。五代初屬楊吳，後屬南唐。	郢州 富水郡 武德四年復置郢州。貞觀初廢，十七年又置。天寶初改爲郡。
漢陽軍 熙寧中廢。元祐初復置，屬荆湖北路。	黃州 齊安郡 屬淮南西路。	郢州 富水郡 屬京西南路。
漢陽府 至元中升府，屬湖廣行省。	黃州路 屬河南江北行省。	安陸府 至元十五年升屬荆湖北路。
漢陽府 洪武九年省入武昌，十三年復置，屬湖廣布政司。	黃州府 屬湖廣布政司。	承天府 洪武八年降安陸府爲州。嘉靖初改承天府，屬湖廣布政司。

德安府	荊州府
江夏郡	南郡 秦置。項羽改臨江國，高祖五年復。
江夏郡 屬魏。	荊州 初屬蜀，治公安，後屬吳，徙治南郡。
江夏郡	荊州南郡 太康元年改南郡爲新郡，尋復故。
安陸郡 宋孝建初改置。南齊因之。梁天監中增置南司州，旋廢。	荊州南郡 宋、齊因之。梁元帝建都於江陵。
安陸郡 西魏置安州。	江陵總管府南郡 魏以江陵封後梁，置總管府。
安陸郡 周改安州爲涢州。	南郡
安陸郡 初廢郡，以安州領縣。大業初復改郡。	南郡 開皇初廢府及郡，七年復置江陵總管，二十年改荊州總管。大業初復爲南郡。
安州安陸郡 復置州，屬淮南道。	荊州江陵郡 武德初復置州。天寶初改江陵郡。上元初建南都，升爲江陵府，屬山南東道，旋罷南都。五代屬高季興，爲南平國。
德安府 初仍爲安州安陸郡，置安遠軍，屬荊湖北路。宣和元年升爲府。	江陵府 屬荊湖北路。建炎二年升帥府，四年置荊南府。紹興五年罷。淳熙中復爲江陵府。
德安府 屬荊湖北路。	中興路 至正十三年置上路總管府。天曆二年改名，屬河南行省。
德安府 洪武初降州，屬黄州府，十三年復升爲府，屬湖廣布政司。	荊州府 屬湖廣布政司。

續表

襄陽府	鄖陽府	宜昌府
南郡地。後漢建安十三年分置襄陽郡。	漢中郡地。	南郡地。
襄陽郡屬魏。	魏魏興、新城、上庸三郡地。	宜都郡地。初屬蜀，後屬吴。
雍州襄陽郡太元中置州，尋省。	初屬荆州，後屬梁州。	宜都郡地。
雍州襄陽郡宋元嘉中復置州。	南齊析置齊興郡。梁置興州。	梁置宜州。
襄州襄陽郡西魏改州名。	西魏改豐州。	西魏改拓州。
襄州總管府周置。	周徙豐州，地廢。	周改硤州。
襄陽郡開皇初廢郡存州，大業初又改州爲郡。	淅陽郡地。	夷陵郡大業初改。
襄州襄陽郡武德四年復置州，天寶元年又改爲郡，乾元初復爲州。	唐初置南豐州，旋廢爲均州地。	硤州夷陵郡武德初復置州。天寶初又改郡，屬山南東道。五代時初屬蜀，後屬南平。
襄州襄陽郡屬山南東道，宣和初升州爲府。		硤州夷陵郡屬荆湖北路。
襄陽路屬河南江北行省。		硤州路屬荆湖北路。
襄陽府洪武初改府，屬湖廣布政司。	鄖陽府成化十二年置，屬湖廣布政司。	夷陵州初爲硤州府。洪武九年改州屬荆州府。

施南府	荊門直隸州
南郡地。	編縣 屬南郡。
吴建平郡地。	
	長寧郡 東晉置,並置長寧縣。
	永寧郡 宋泰始中更名。南齊析置北新陽郡,以長寧縣屬焉。
施州 清江郡 周置。	周二郡俱廢。
施州 開皇初廢郡,大業初州亦廢,義寧二年復。	開皇中改長寧縣爲長林縣。
施州 清化郡 天寶初改郡名,屬江南黔中道,五代時屬蜀。	荊門縣 貞元中分長林置荊門縣,屬荊州。五代時高季興建荊門軍。
施州 清江郡 復郡名,屬夔州路。	荊門軍 熙寧六年廢。元祐三年復置,屬荊湖北路。
施州	荊門府 荊門州 至元十四年升府,十五年降爲州。
施州衛 洪武十四年兼置衛。二十三年省州入衛,建施州衛軍民指揮使司,屬湖廣都司。	荊門州 初屬荊州府。嘉靖十年改屬承天府。

大清一統志卷三百三十四

湖北統部

湖北省在京師西南三千一百五十五里。東西距二千四百四十里，南北距六百八十里。東至安徽安慶府宿松縣界五百五十里，西至四川夔州府巫山縣界一千八百九十里，南至湖南岳州府臨湘縣界四百里，北至河南汝寧府羅山縣界二百八十里。東南至江西九江府瑞昌縣界四百五十里，西南至四川酉陽直隸州彭水縣界二千五百十五里，東北至安徽六安直隸州霍山縣界四百六十里，西北至陝西商州直隸州山陽縣界一千四百七十里。

分野

天文翼、軫分野，鶉尾之次。晉書天文志：自張十七度至軫十一度爲鶉尾〔一〕，楚之分野。南郡入翼十度，江夏入翼十二度。

建置沿革

禹貢荆州之域，周亦爲荆州。春秋爲楚國及隨、鄧、弦、黄、唐、鄖、庸、穀、夔、州、絞、盧、鄾、鄀、貳、軫、權、厲諸小國地。戰國屬楚。漢初，項羽建衡山、臨江二國，史記項羽本紀：項王立吳芮爲衡山王，都邾；共敖爲臨江王，都江陵。尋并於漢。高帝分置江夏、南郡二郡。武帝元封五年置十三部刺史，此爲荆州北境。後漢因之。初，刺史治武陵郡漢壽，在今湖南境。漢末劉表爲荆州，治襄陽，在今省境内。建安中，分屬劉先主、孫權、曹操。晉書地理志：建安十三年，魏武盡得荆州之地。及敗於赤壁，南郡以南屬吳。吳後遂與蜀分荆州，南郡、零陵、武陵以西爲蜀，江夏、桂陽、長沙三郡爲吳，南陽、襄陽、南鄉爲魏。按：南郡、江夏、襄陽、南鄉俱在今省境，南陽今屬河南，餘皆屬湖南。三國分屬吳、魏。杜佑通典：劉備殁後，所分之地悉復屬吳，而荆州南北雙立。吳荆州治南郡，領南郡、江夏、蕲春、武陵、宜都、長沙、零陵、桂陽等郡，增置武昌、建平、天門、衡陽、湘東、邵陵、營陽等郡。魏荆州治宛，領江夏、襄陽、義陽、弋陽等郡。按：天門、衡陽、湘東、邵陵、營陽今屬湖南，義陽今屬河南，餘俱在省境。吳又嘗立郢州，見宋書州郡志。旋廢，其所領郡未詳。

晉平吳，并荆州爲一。荆州初治襄陽，平吳後治江陵，領江夏、南郡、襄陽、新城、魏興、上庸、建平、宜都、武昌、南平、武陵、天門、長沙、衡陽、湘東、零陵、邵陵、桂陽等十八郡，廢義陽、蕲春、營陽三郡，以弋陽郡屬豫州。惠帝時立江州，以桂陽、武昌屬焉。元帝時，僑置新興、南河東二郡。孝武時，又僑置雍州於襄陽，遥領京兆、始平、扶風、河南、廣平、義成、北河南七郡。按：南平以下九郡今屬湖南，餘俱在省境。南北朝宋亦爲荆州，領南郡、南平、天門、宜都、巴東、汶陽、南義陽、新興、南河東、建平、永寧、武寧等郡。當時亦僑置雍州，領舊郡七，增南上洛、馮翊、南天水、建昌、華山五郡。其義陽、隨陽、安陸、南汝南四郡屬司州。增置郢州。治夏口，領江夏、竟陵、武陵、武昌、巴陵、西陽六郡。其魏興、新城、上庸及新置北上洛屬梁州。齊并因之。荆州領南郡、天門、宜都等郡，郢州仍領舊郡七。又增置襄陽安蠻府，南襄等郡屬焉。其魏興、新城、上庸等五郡仍屬梁州，隨、安陸二郡屬司州。梁亦爲荆、郢、雍州，雍州仍治襄陽。增置北江、治鹿城關。義、治羅田。岐、治房陵。

綏、治綏陽。南洛、治上洛。北新、治新陽。南司、治安陸。土、治龍巢。應、治永陽。宜治夷陵。等州。而漢東之地，尋入西魏，梁大寶元年，即西魏大統十六年，西魏克安陸，盡有漢東之地。寖及荆、襄。西魏恭帝元年，克江陵，立蕭詧爲梁王，居荆州，時改雍州曰襄州，南洛爲上州，北新曰温州，南司曰安州，宜州曰拓州。其義、土、應諸州仍舊，廢岐、綏、北郢三州，增置蔡、昌、基、鄀、平、岳、隨、唐、順諸州。旋爲周有，亦置荆、襄諸州。改安州曰湞州，拓州曰硤州，南司曰黄州。廢岳州，增置沔、弋、亭、遷、豐、復、臨、江、施諸州。惟北江州初屬齊，改曰湘州，增置衡州、巴州、南司州、羅州。周滅齊，改羅州曰蘄州，湘州復曰北江州，餘皆仍舊。陳承梁緒，僅有郢州，別置荆州。治公安。

隋仍周舊，置荆州都督府。開皇九年，并有陳地。大業初，改爲南郡、夷陵、竟陵、沔陽、清江、襄陽、漢東、安陸、永安、義陽、江夏等郡，俱屬荆州。唐武德初，復改諸郡爲州。五年，置荆州大總管府。舊唐書地理志：武德五年，荆州置大總管，管荆、辰、朗、澧、東松、基、沇、復、巴、睦、崇、硤、平等十三州，統潭、桂、高、交、循、夔、康、欽、尹九州。七年，改爲大都督〔二〕，督荆、辰、澧、朗、東松、岳、硤、玉八州，仍統潭、桂、交、夔、高、欽、尹七州。其沇、復、睦、崇四州，循、康二州，都督不統。八年，廢玉州。貞觀二年，降爲都督府，惟督前七州，其桂、潭等七州不統。龍朔二年，升爲大都督，督硤、岳、復、郢四州。貞觀初，諸州分屬淮南及山南道。開元二十一年，又分屬江南西及淮南、山南東、黔中道。江南西道領鄂州，淮南道領蘄、黄、安三州，山南東道治襄州，領江陵府硤、歸、隨、均、房、復、郢諸州，黔中道領施州。至德二載，置山南東道唐書方鎮表：至德元載，置襄陽防禦守捉使。二載，升爲山南東道節度使，領襄、郢、隨、唐、安、均、房、金、商九州，治襄州。貞元三年，增領復州。會昌四年廢，是年復置。文德元年，賜號忠義軍。天祐三年，忠義軍節度使復爲山南東道節度使。及荆南節度使。唐書方鎮表：至德二載，置荆南節度使，領荆、澧、朗、郢、復、夔、硤、忠、萬、歸十州，治荆州。上元元年，領澧、朗、忠、硤四州。二年，領涪、衡、潭、岳、郴、衡、永、道、連九州。廣德二年，罷領忠、涪二州，以衡、潭、邵、永、道五州隸湖南觀察使。永泰元年，罷領岳州。大曆元年，復領澧、朗、涪三州。元和三年，涪州隸黔中節度使。太和六年，廢節度使，置都團練觀察使。開成三年復置。元和初，置武昌軍節度使。唐書方鎮表：乾元二年置鄂、岳、沔三州都團練守捉使，治鄂州。上元元年，鄂州隸荆南節度使。永泰元年，升觀察使，增領鄂、蘄、黄三州。元和元年，升爲武昌軍節度使，增置安、黄二州。五年，罷節度使，置鄂、岳都團練觀察使。大中元年，復置節度使。二年罷，四年復，六年罷。文德元年復置。五代時，爲楊行密、高季興所分據。黄、蘄、鄂三州屬楊行密，後屬南唐。周廣順五年，蘄、黄二州爲周所取，高季興有荆、歸、硤三州，惟襄、均、房、隨、郢、復、安七州世屬中朝。

宋建隆三年，平高季興。八年，滅南唐，置湖北及京西路。元豐中，改荆湖北路，分置京西南路。荆湖北路初治鄂州，尋治江陵，領德安府，復、硤、歸三州，荆門、漢陽二軍。南渡後，增置壽昌軍，在今省境，其餘今屬湖南。京西南路治襄陽府，領隨、房、均、郢四州，在今省境，餘今屬河南、陝西。淮南西路、夔州路。蘄、黄二州屬淮南西路，施州屬夔州路。

元置湖廣等處行中書省，治武昌路。在省境者，武昌、興國二路，漢陽府及歸州屬湖廣行省之江南湖北道。亦分屬河南行省。在省境者，襄陽、蘄州、黄州三路屬河南行省之河南江北道。中興、硤州二路，安陸、沔陽、德安三府，荆門一州，屬河南行省之山南江北道。惟施州屬四川行省之夔路。

明洪武初，仍設湖廣行省。九年，改置湖廣等處承宣布政使司。統轄湖南、北。正統三年，設湖廣巡撫。崇禎間，設總督，俱駐武昌。

本朝康熙三年，分置湖北省，領府八。武昌、漢陽、黄州、安陸、德安、荆州、襄陽、鄖陽。雍正六年，升荆州府屬歸州爲直隸州。十三年，升荆州府屬夷陵州爲宜昌府，降歸州直隸州爲州，屬焉。以舊屬歸州之恩施縣治置施南府。乾隆五十六年，升安陸府屬荆門州爲直隸州。共領府十，直隸州一：武昌府、漢陽府、黄州府、安陸府、德安府、荆州府、襄陽府、鄖陽府、宜昌府、施南府，荆門直隸州。

形勢

東連湓浦，湓口戍，今江西九江府。自黄、蘄而下，則九江爲都會。南距湖、湘，荆州府石首、監利二縣接岳州府巴陵、華容二縣，其南則洞庭湖、湘江及諸水所匯。西據三峽，三峽起自四川夔州府奉節、巫山二縣之東，達於宜昌之西，連山叠嶂，凡六七百里。北帶漢川。自漢而北，即河南、陝西之境。其名山，則有荆山、在襄陽府南漳縣西南，漳水出焉。禹貢荆州之名由此。内方、今名章山。在安陸府鍾祥縣西，荆門州東〔三〕。大别。在漢陽府北，江、漢合流處。其大川，則有江水、自四川巫山縣流入，逕宜昌府及荆州府，歷沔陽州南境，過嘉魚縣西北，至武昌府城西、漢陽府城東，會漢水，復北折而東，歷武昌府北，自廣濟、黄梅縣南入安徽宿松縣界，其南則江西德化縣。自西而東，歷境内者約一千八百里。漢水、自陝西白河縣流入，歷鄖陽府，至襄陽府城北，折而東南，又南逕安陸府西，至漢陽府城東北，會大江。沮水、源出鄖陽府房縣南景山，東南流入襄陽府南漳縣，又南逕荆門州遠安縣，至安陸府當陽縣北〔四〕，合漳水。又西至荆州府江陵縣入大江。漳水。源出襄陽府南漳縣荆山，東南至安陸府當陽縣北〔五〕，合沮水入大江。其重險，則有夏口、即漢水入江之口。在武昌府城西。荆門、在荆州府宜都縣西北五十里。北對虎牙山，上合下開，江流其中，爲楚西塞。西陵。在宜昌府西北二十五里。西接四川夔州府之瞿塘、巫峽，江水歷峽中至西陵峽口，始漫爲平流。府當其衝，故自古倚爲重鎮。地居津要，形屬上游，爲東南之澤國，實菽粟之巨區。舊志。

文職官

總督。通轄湖北、湖南，駐武昌府。
巡撫。駐武昌府。
提督學政。駐武昌府。
布政使，駐武昌府。經歷，照磨，兼管鹽道庫大使。庫大使。廣備。
按察使，駐武昌府。經歷，司獄。
督糧道，駐武昌府。庫大使。
鹽法兼分守武昌道。駐武昌府。
分巡漢黄德道。駐黄州府。
分守安襄鄖荆道。駐襄陽府。
分巡荆宜施道。駐荆州府。

武昌府知府，同知，通判，府學教授，訓導，經歷，司獄。知州，興國。州判，州學學正，訓導，吏目。知縣九員，江夏、武昌、嘉魚、蒲圻、咸寧、崇陽、通城、大冶、通山。縣丞三員，江夏、武昌、蒲圻。縣學教諭九員，訓導九員，巡檢十二員，鮎魚口、金口、滸黄灘、山坡、金子磯、白湖、簰州、石頭、港口、富池、黄顙、道士洑。典史九員。

漢陽府知府，同知，駐漢口。通判，府學教授，訓導，經歷，司獄。知州，沔陽。州同，駐新隄。州判，駐仙桃鎮。州學學正，訓導，吏目。知縣四員，漢陽、漢川、孝感、黄陂。縣丞二員，舊設漢陽、黄陂二員。嘉慶十一年，裁黄陂一缺，移設孝感。縣學教諭四員，訓導四員，巡檢十二員，禮智、仁義、新灘、沌口、蔡店、劉家隔、小里潭、馬溪河、灄口、大城潭、鍋底灣、沙鎮。舊有小河一員，嘉慶十一年改駐灄口。典史四員。

黄州府知府，同知二員，一駐岐亭鎮，一駐武穴鎮。通判，府學教授，訓導，經歷。舊有司獄，嘉慶十四年裁，以經歷兼管。知州，蘄。州判，州學學正，訓導，吏目。知縣七員，黄岡、蘄水、羅田、麻城、黄安、廣濟、黄梅。縣丞四員，黄岡、蘄水、麻城、黄梅。縣學教諭七員，訓導七員，巡檢十八員，團風、楊邏、但店、中和、黄陂站、巴河、蘭溪、多雲、虎頭關、鵞籠、大同、茅山、龍坪、馬口、新開口、孔壠、亭前。嘉慶十四年增設倉子埠一員。典史七員。

安陸府知府，同知，舊駐沙洋，乾隆五十六年移駐臼口。府學教授，訓導，經歷。舊有照磨一員，乾隆四十八年裁。知縣四員，鍾祥、京山、潛江、天門。舊有當陽一員，乾隆五十六年改隸荆門州。縣丞三員，鍾祥、京山、天門。主簿，潛江。縣學教諭四員，訓導四員，巡檢四員。麗陽、宋河、高家場、乾鎮。典史四員。

德安府知府，同知，通判，府學教授，訓導，經歷，司獄。知州，隨。州同，駐祝林總。乾隆三十六年，移鶴峯州五里坪一缺改隸。州判，駐唐縣鎮。嘉慶十五年設。州學學正，訓導，吏目。知縣四員，安陸、雲夢、應城、應山。縣學教諭四員，訓導四員，巡檢五員，長江埠、合河店、梅邱鎮、高城總、三里店。舊有唐縣鎮一員，嘉慶十五年裁。典史四員。

荆州府知府，同知二員，一駐府城，一駐萬城隄。通判，駐沙市。府學教授，訓導，經歷，司獄，知縣七員，江陵、公安、石首、監利、松滋、枝江、宜都。舊有遠安一縣，乾隆五十六年改隸荆門州。縣丞四員，江陵、公安、石首、監利。縣學教諭七員，訓導七員，主簿二員，一駐郝穴口，一駐朱家河。俱乾隆五十六年設。巡檢八員，沙市、虎渡口、龍灣市、孱陵、白螺磯、窑圻、分鹽所、磨盤洲。舊有郝穴口、朱家河二員，乾隆五十六年裁。典史七員。

襄陽府知府，同知，駐樊城。通判，府學教授，訓導，經歷。兼管司獄。知州，均。州學學正，訓導，吏目。知縣六員，襄陽、宜城、南漳、棗陽、穀城、光化。縣丞，襄陽。縣學教諭六員，訓導六員，主簿一員，駐棗陽縣平林店。嘉慶十年設。巡檢六員，吕堰、雙溝、田家集、方家堰、石花街、左旗營。典史六員。

鄖陽府知府，通判，舊駐府城，嘉慶十五年移駐上津堡。府學教授，訓導，經歷。兼管司獄。知縣六員，鄖、房、竹山、竹谿、鄖西、保康。縣學教諭六員，訓導六員，巡檢四員，舊設板橋山、黄龍鎮、上津堡三員。乾隆四十八年，增設九道梁一員。嘉慶十一年，移上津堡一員駐官渡河。典史六員。

宜昌府知府，同知，舊駐漁陽關，嘉慶十五年移駐新灘。通判，府學教授，訓導，經歷，司獄。知州二員，歸鶴峯。州判一員，舊設歸州、鶴峯二員，嘉慶十五年裁歸州一員。州學學正一員，歸。訓導一員，鶴。吏目二員。知縣五員，東湖、長陽、興山、巴東、長樂。縣丞一員，長樂。縣學教諭四員，東湖、長陽、興山、巴東。訓導一員，長樂。巡檢三員，舊設野三關、山羊隘二員，嘉慶十五年增設南沱一員。典史五員。

施南府知府，同知，駐建南鎮。乾隆四十九年設。通判，駐塘岸。府學訓導，經歷。兼管司獄。知縣六員，恩施、宣恩、來鳳、咸豐、利川、建始。縣丞三員，舊設恩施、來鳳、利川三員，乾隆五十年，裁來鳳一員，改設建始，駐大巖嶺。縣學教諭一員，恩施。訓導五員，宣恩、來鳳、咸豐、利川、建始。巡檢七員，崔家壩、乾壩、東鄉、卯峒、張家坪、建南、南坪堡。典史六員。

荆門直隸州知州，舊屬安陸府。乾隆五十六年，升直隸州。州同，駐沙洋。州學學正，訓導，吏目。知縣二員，當陽、遠安。乾隆五十六年，由安陸、荆州二府撥隸。縣學教諭二員，訓導二員，巡檢三員，石橋、建陽、河溶。乾隆五十六年，由安陸府移置。典史二員。

武職官

荆州將軍，駐荆州府。左、右翼都統二員，滿洲協領八員，蒙古協領二員，滿洲佐領三十二員，蒙古佐領十四員，滿洲防禦四十員，蒙古防禦十六員，滿洲驍騎校四十員，蒙古驍騎校十六員，筆帖式三員。

督標，中、左、右三營。中軍兼中營副將，左、右營遊擊二員，都司，守備二員，千總六員，把總十二員，經制外委九員，額外外委十二員。舊設九員，乾隆四十八年增四員，五十年裁一員。

撫標，左、右二營。中軍兼左營參將，右營遊擊，守備二員，千總四員，把總八員，經制外委六員，額外外委八員，舊設六員，乾隆四十七年增二員。

提督，駐穀城縣。舊爲襄陽鎮，設總兵、遊擊、都司各一員，守備四員，千總八員，把總十六員，經制外委十二員，額外外委十五員。嘉慶六年，裁總兵，設提督、參將，增遊擊、都司、守備各一員，千總二員，把總四員，經制外委三員，額外外委三員，中、左、右、前、後五營。中軍兼中營參將，左、右營遊擊二員，一駐襄陽，一駐南漳。前、後營都司二員，一駐穀城，一駐棗陽。守備五員，二駐穀城，三分駐南漳、棗陽、樊城。千總十員，把總二十員，以上分駐穀城、襄陽、南漳、棗陽。經制外委十五員，額外外委十八員。

鄖陽鎮總兵官，駐鄖陽府。舊爲鄖陽協，設副將、都司、守備各一員，千總三員，把總八員，經制外委六員，額外外委三員。嘉慶六年改爲鎮，裁副將，設總兵一員，遊擊三員，增守備六員，千總九員，把總十二員，經制外委十四員，額外外委十七員，中、左、右、前四營。中、左、右營遊擊三員，分駐鄖陽、房縣、竹谿。前營都司，駐鄖陽。守備七員，二駐鄖陽，二駐房縣，三分駐保康、竹谿、豐溪。千總十二員，把總二十員，經制外委二十員，額外外委二十員，以上分駐鄖陽、房縣、竹谿。

宜昌鎮總兵官，駐宜昌府。中、左、前、後四營。中、左、前、後營遊擊四員，一駐宜昌，一駐興山，二水師營。守備三員，分駐宜昌、興山、巴東。千總八員，二駐前營，六分駐東湖、長陽、古東口、普溪、歸州、三尖觀。把總十四員，分駐官莊、龍泉鋪、陳家河、竹溪、關口埡、青林埡、黄陵廟、臨江水塘、天台觀、雞子山、新灘、過坪、紅沙堡、萬流驛。經制外委十六員，分駐東湖、歸州、天峯鋪、界嶺、長陽、張關店、賈家店、猫兒坪、下坪、龍馬溪、南津關、土城寺、新灘、茶店鋪。額外外委三員。

以上鄖陽等二鎮均聽提督節制。

黄州協副將，駐黄州府。中軍都司，千總三員，一駐黄州，二分駐羅田、黄陂。把總四員，一駐黄州，三分駐蘄水、麻城、長江。經制外委五員，額外外委三員。

武昌城守營參將，守備，千總二員，一駐府城，一駐武昌縣。把總四員，分駐武昌、嘉魚、咸寧、崇陽。經制外委四員，額外外委四員。

興國營參將，駐興國州。守備，千總，把總二員。一駐興國，一駐大治。經制外委三員，額外外委三員。

德安營參將，駐德安府。守備，千總，駐隨州。把總二員，一駐安陸，一駐孝感。經制外委三員，額外外委二員。

荆州城守營參將，守備，千總二員，一駐江陵，一駐石首。把總四員，分駐公安、石首、滄港、十里鋪。經制外委三員，分駐余家嘴、黄金口、蔣家腦。額外外委二員。

均光營參將，駐均州。舊爲均房營，嘉慶八年改名。守備，駐光化。千總二員，一駐均州，一駐光化。把總四員，二駐均州，二駐光化。經制外委六員，額外外委三員。

荆門營遊擊，駐荆門州。守備，千總二員，一駐荆門，一駐龍隄。把總四員，一駐荆門，三分駐沔陽、潛江、天門。經制外委四員，額外外委二員。

襄陽城守營遊擊，守備，千總二員，一駐宜城，一駐樊城。把總四員，分駐歐家廟、竹條鋪、薛家集、泥嘴塘。經制外委四員，額外外委二員。

漢陽城守營遊擊，守備。水師，駐漢口鎮。千總，水師，駐漢口鎮。把總三員，二陸路，駐漢陽、漢川。一水師，駐沔陽。經制外委二員，額外外委二員。

蘄州營都司，駐蘄州。千總，駐黃梅。把總二員，一駐蘄州，一駐廣濟。經制外委，額外外委。

安陸營都司，駐安陸府。千總，把總二員，一駐安陸，一駐京山。舊設一員，乾隆四十八年增一員。經制外委二員，一駐麗陽驛，一駐多寶灣。額外外委。駐石牌鎮。

道士洑營都司，駐道士洑。把總，駐廣濟。經制外委，額外外委。俱駐廣濟。

以上黃州協、武昌等十一營，均隸提督管轄。

竹山協副將，駐竹山縣。舊爲竹山營，設遊擊、守備各一員，千總二員，把總三員，經制外委三員，額外外委一員。嘉慶七年改爲協，裁遊擊，設副將、都司，增千總一員，把總五員，經制外委三員，額外外委五員。中軍兼左營都司，右營守備，駐官渡。千總三員，分駐竹山、吉陽關、洪坪。把總八員，分駐竹山、崔家砦、萬興砦、紅巖砦、保豐、白河口、界山、兩河口。經制外委六員，額外外委六員。

鄖陽城守營遊擊，駐鄖陽府。嘉慶六年設。守備二員，一駐鄖陽，一駐鄖西。嘉慶六年設。千總二員，一駐鄖陽，一駐鄖西。嘉慶六年設。把總四員，二駐鄖陽，二駐鄖西。嘉慶六年設。經制外委六員，嘉慶六年設。額外外委六員。嘉慶六年設。

以上竹山協、鄖陽營，均隸鄖陽鎮管轄。

施南協副將，駐施南府。中軍兼中營都司，左、右營守備二員，一駐咸豐，一駐忠路。千總三員，分駐宣恩、來鳳、利川。把總九員，分駐咸豐、建始、崖司、大旺、忠峒、崔家壩、建南汛、南坪堡。經制外委九員，分駐活龍坪、高羅司、東鄉鎮、百户司、下營壩、施州汛、忠路、石門、官渡。額外外委五員。

遠安營遊擊，駐遠安縣。守備，千總，駐當陽。把總四員，分駐當陽、洋坪、北岦、河溶。經制外委三員。二駐遠安，一駐當陽。

衛昌營遊擊，駐鶴峯州。守備，千總二員，一駐長樂，一駐灣潭汛。把總四員，分駐長樂、七峯關、五里坪、漁陽關。經制外委四員，分駐鶴峯、鄔陽關、北佳坪、山羊隘。額外外委。

宜都營都司，駐宜都縣。千總，把總二員，一駐松滋，一駐枝江。經制外委二員，一駐五眼泉，一駐秦家榜。額外外委。

荆州水師營守備，駐荆州府筲箕窪，兼管萬城隄工。千總，把總二員，防水塘汛。經制外委。協防水塘汛。額外外委。

以上施南協、遠安等四營，均隸宜昌鎮管轄。

武昌衛守備，千總。武昌左衛守備，千總。沔陽衛守備，千總。黄州衛守備，千總。蘄州衛守備，千總。德安守禦所千總。領運千總。荆州衛守備，千總。荆州左衛守備，千總。荆州右衛守備，千總。襄陽衛守備，千總。

户口

康熙五十二年，原額人丁四十五萬四千四百一十七。乾隆三十七年停編丁。今滋生男婦共二千六百七十三萬四千三十八名口，計四百二萬三千一百五十六户。又屯衛男婦共二百三十二萬九千一百四十一名口，計二十九萬一千六百八十一户。

田賦

田地、山塘共五十四萬六千二百四十頃九十七畝六分有奇，額徵地丁正、雜銀一百二十三萬五千八百七十四兩九錢九分六釐，南糧一十二萬五千六百七十八石八斗六升四合有奇。武昌、漢陽、黄州、安陸、德安、荆州六府，並荆門直隸州，共額徵漕糧一千三萬一千三百五十七石五斗六升一合有奇。又安襄鄖荆道額徵漕糧九千八百六十三石八斗有奇，蘆課銀共一萬二千五百三十二兩四錢二分五釐。武昌等十衛屯田共一萬七千九百二十五頃六十九畝三分有奇，額徵丁糧銀四萬七千二百一十六兩一分二釐。

稅課

武昌廠額徵正稅銀三萬三千兩，盈餘銀一萬二千兩。荆州關額徵正稅銀一萬七千六百八十七兩一錢五分六釐，盈餘銀一萬三千兩。武昌、漢陽、黄州、安陸、德安、荆州、襄陽、鄖陽八府，荆門直隸州，及宜昌府屬之東湖、歸州、長陽、興山、巴東五州縣，行淮南綱引，鹽課載江蘇稅課門。施南府及宜昌府屬之鶴峯、長樂二州縣，行四川水引，鹽課載四川稅課門。

名宦

漢

郭賀。雒陽人。建武中，拜荆州刺史，有殊政，百姓歌之曰：「厥德仁明郭喬卿，忠正朝廷上下平。」顯宗巡狩至南陽，特見嗟嘆，賜以三公之服，黼黻冕旒，敕行部去襜帷，使百姓見其容服，以章有德。

謝夷吾。會稽山陰人。章帝時，遷荆州刺史。行部到南陽，遇帝巡狩幸魯陽，敕刺史入傳録囚，帝臨西廂，夷吾處東廂，分隔帷中央，夷吾決三百餘事，事與帝合。帝嘆曰：「諸刺史盡如此，朕不憂天下。」

王子香。陳留人。和帝時，爲荆州刺史，有惠政。天子徵之，道卒枝江亭中。常有三白虎出入人間，送喪踰境，百姓立廟刻石，號曰「白虎王君」。

楊震。弘農華陰人。安帝時，四遷荆州刺史。

趙戒。蜀郡成都人。順帝時荆州刺史。梁商弟讓爲南陽太守，恃后戚不奉法，戒劾奏之。

李固。漢中南鄭人。永和中荆州盜起，乃以固爲荆州刺史。固到郡，遣使勞問境内，赦寇盜前釁，與之更始。賊帥夏密等六百餘人自縛歸首，固皆遣還，使自相招集，開示威法。半歲間，餘黨悉降，州内清平。

徐璆。廣陵海西人。靈帝時，遷荆州刺史。時董太后姊子張忠爲南陽太守，因勢放濫，贓罪數億。璆當之郡，太后遣中常侍以忠屬璆〔六〕，璆對曰：「臣身爲國，不敢聞命。」璆到州，舉奏忠贓餘一億，使冠軍縣上簿詣大司農〔七〕，以彰暴其事。又奏五郡太守及屬縣有贓污者，悉徵案罪，威風大行。

劉表。山陽人。初平元年，爲荆州刺史。時宗賊大盛，又袁術阻兵魯陽，表不得至。乃單馬入宜城，與蒯越、蔡瑁共謀，誘殺宗賊。而江夏賊張虎、陳坐據襄陽，又説降之。江南平，表理兵襄陽，以觀時變。荆州人情好擾，表招誘有方，威懷兼洽，關西、兖、豫歸者千數。表慰安賑贍，起立學校，愛民養士，從容自保。及卒，家無餘儲。

三國　吴

周瑜。廬江舒人。孫權討江夏，瑜爲前部都督。曹操入荆州，劉琮舉衆降，議者咸欲迎操，瑜曰：「請得精兵三萬，進住夏口，爲將軍破之。」權遂遣瑜，與劉備併力迎操，遇於赤壁，大敗之。

陸遜。吴郡吴人。孫權時拜偏將軍、右都督，鎮陸口。時荆州士人新還，仕進或未得所，遜疏乞加抽擢，權納其言。後拜輔國將軍，領荆州牧。西挫蜀兵，北走曹休，戰獲所得，皆加營護，不令兵士侵擾。將家屬來降者，使就料視，若亡其妻子者，即給衣糧，厚加慰勞，發遣令還。或有感慕相攜而歸者，鄰境懷之。

晋

羊祜。泰山南城人。武帝有滅吴之志，以祜都督荆州。開設庠序，綏懷遠近，甚得江漢之心。吴石城守去襄陽七百餘里，祜以計令吴罷守。於是戍邏減半，分以墾田八百餘頃，大獲其利。祜之始至，軍無百日之糧，及其季年，有十年之積。祜在軍，嘗輕裘緩帶，身不被甲，增修德信，以懷柔初附。每與吴人交兵，尅日方戰，不爲掩襲之計。後入朝，面陳伐吴之計，舉杜預自代。及卒，罷市，巷哭者聲相接。時人爲立碑峴山下，名墮淚碑。

杜預。西安人。以羊祜薦，拜鎮南將軍。伐吴大克，曰：「勢如破竹，數節之後，迎刃而解，無復著手處矣。」封當陽侯。楚人德之，號曰杜父。

陶侃。尋陽人。愍帝時荆州刺史。討江夏賊，降王貢，破杜弢。久之，遷廣州。明帝時，復遷都督荆雍益梁州諸軍事、荆州刺史，楚郢士女莫不相慶。侃勤於吏職，諸參佐或以談戲廢事者，取其酒器、蒱博之具，悉投之江，吏將則加鞭扑。有奉饋者，皆問其所由，若力作所致，雖微必喜，荅賜三倍；若非理得之，則切厲呵辱，還其所饋。嘗出遊，見人持一把未熟稻，侃問：「用此何爲？」人云：「行道所見，聊取之耳。」侃大怒曰：「汝既不佃，而戲賊人稻。」執而鞭之。是以百姓勤於農殖，家給人足。時造船，木屑及竹頭，悉令舉掌，後正會積雪始晴，廳事前餘雪猶濕，於是以屑布地。及桓温伐蜀，又以侃所貯竹頭作釘裝船。其綜理微密皆此類。以平蘇峻功，進侍中、太尉，封長沙郡公。後都督江州，移鎮武昌，遣子斌及兄子臻破石勒將，平襄陽，拜大將軍。

庾亮。潁川鄢陵人。成帝時，都督江、荆、豫、益、梁、雍六州諸軍事，領江、荆、豫三州刺史，鎮武昌。時後趙主石勒新死，亮欲開復中原，乃解豫州授毛寶，使與西陽太守樊峻精兵一萬，俱戍邾城。又以陶稱爲南中郎將，率部曲五千人入沔中。弟翼爲南蠻校尉，鎮江陵。陳囂爲梁州刺史，趣子午谷。又遣偏師伐蜀，執僞荆州刺史李閎、巴郡太守黄植，送於京師。亮率大衆十萬據石頭城，爲諸軍聲援。

庾冰。亮弟。康帝即位，除都督江荆寧益梁交廣七州、豫州之四郡軍事，鎮武昌。尋卒於官。冰天性清慎，常以儉約自居。臨卒，謂長史江虨曰：「吾將逝矣，恨報國之志不展。死之日斂以時服，無以官物也。」及卒，無絹爲衾，室無媵妾，家無私積，世以此稱之。

庾翼。冰弟。咸康中，授都督江、荆、司、雍、梁、益六州諸軍事，鎮武昌。每竭志能，勞謙匪懈，戎政嚴明，經略深遠。數年之中，公私充實，河以南皆懷歸附。後趙汝南太守率數千人詣翼降。翼又遣使東至遼東，西至涼州，要結二方，欲同大舉。慕容皝、張駿並報使請期。翼雅有大志，以平中原、滅巴蜀爲己任，請移鎮襄陽。後趙遣五六百騎出樊城，翼遣冠軍將軍曹據追擊於撓溝北，破之。翼綏來荒遠，盡招納之宜，立賓館，置典賓。穆帝即位，還鎮夏口，繕修軍器，大佃積穀，欲圖後舉。遣益州刺史周撫、西陽太守曹據伐蜀，破蜀將李桓於江陽〔八〕。永和元年卒於官。

謝尚。陳國陽夏人。建元初督江夏、義陽、隨三郡軍事，江夏相。爲政清簡，始到官，郡府以布四十匹爲尚造烏布帳，尚壞之以爲軍襦袴。時庾翼鎮武昌，尚數詣翼諮謀軍事。嘗與翼共射，翼曰：「卿若破的，當以鼓吹相賞。」尚應聲中之，翼即以其副給之。

桓沖。譙國龍亢人。穆帝時，督荆州七郡諸軍事，鎮襄陽，與兄温破姚襄軍。

郗恢。高平金鄉人。孝武時，督梁秦雍司荆陽并等州諸軍事、雍州刺史，鎮襄陽，甚得關隴之和，降附者動以千計。

南北朝　宋

劉粹。沛郡蕭人。文帝時，持節督雍梁南北秦四州、荆州之南陽竟陵順陽襄陽新野隨六郡諸軍事。在任簡役愛民。

唐

李孝恭。宗室。平蕭銑，遷荆州道總管。置屯田，立銅冶，百姓利之。遷襄州道行臺左僕射。時嶺表未平，孝恭分遣使者綏輯安慰，款附者四十九州。

韋倫。京兆人。第五琦薦倫才，擢荆襄道租庸使。襄州裨將康楚元亂，刺史王政棄城遁，賊南襲江陵，絶漢、沔餉道，倫調兵屯鄧州，厚撫降賊，擒楚元以獻，收租庸二百萬緡。

來瑱。邠州永壽人。乾元三年，爲山南東道節度使。時襄州部將張維瑾殺其使，瑱至，維瑾降。上元二年，破史思明餘黨於魯山，俘賊渠。又戰汝州，斬首萬級。

李承。趙州高邑人。德宗時，爲山南東道節度使。時李希烈猶據襄州，帝慮不受命，欲以楚兵衛送承，承辭請以單騎入。既至，希烈舍承外館，迫脅萬端，承晏然，誓以死守。希烈不能屈，遂大掠去，襄、漢蕩然。承輯綏撫安之，居二年，闔境完復。希烈雖去，留部校守覘，承因得任所厚臧叔雅結希烈腹心周會等，謀殺希烈。希烈之死，承首謀也。

樊澤。河中人。德宗時，累遷山南東道司馬，就拜節度使，諸將憚其材武。數與李希烈角，禽驃將張嘉瑜、杜文朝、梁俊之等，賊氣沮縮，遂取唐、隨二州。貞元三年，爲荆南節度使。會山南東道卒亂，剽居人，以澤威惠著襄、漢間，復徙山南東道。卒於官。

李皋。太宗五世孫，嗣曹王。德宗時，遷荆南節度使。江陵東北傍漢，有古隄不治，歲輒溢，皋修塞之，得其下良田五千頃。規江南廢洲爲廬舍，構二橋跨江，而流人自占者二千餘家。由荆抵樂鄉二百里間，數十墟聚不井飲，皋命鑿井以便人。貞元初，吴少誠擅蔡，徙皋鎮山南東道，皋練兵峙糧，市回鶻馬以益戰騎，歲時大畋以教士，少誠畏之。皋性勤儉，能知人疾苦，參聽微隱，盡得吏下短長。其賞罰必信，所至常平物估，豪舉不得擅其利。教爲戰艦，合二輪蹈之，鼓水疾進，駛於陣馬。有所造作，皆用省而利長。以物遺人，必自視衡量。庫帛皆印署，以杜吏謾。

裴胄。絳州聞喜人。德宗雅記胄才，拜荆南節度使。是時方鎮争剥下希恩，製重錦異綾名貢奉。有中使者，即悉公帑市歡，胄待之有節，獻賞值不數金，宴勞止三爵。

柳公綽。京兆華原人。元和中，爲鄂、岳觀察使。時方討吴元濟，詔發鄂、岳卒五千，隸安州刺史李聽。公綽請自行，許之。抵安州，謂聽曰：「兩郡守何所統壹？吾欲署公職，以兵法從事。」聽許之，即以都知兵馬使、中軍先鋒、行營都虞候三牒授之，選兵六千屬焉，戒諸校曰：「行營事一決都將。」聽被用畏威，遂盡力。軍出，公綽數省問士卒家疾病生死，厚給之，婦人放蕩者沈之江。軍中感服，故鄂軍每戰輒克。長慶中，遷山南東道節度使，行部至鄧。縣吏有納賄、舞文二人同繫獄，縣令以公綽素持法，謂必殺貪者，公綽判曰：「贓吏犯法，法在；奸吏犯法，法亡。」誅舞文者。

崔郾。貝州武城人。敬宗時，爲鄂、岳觀察使。自蔡人叛，鄂、岳常苦兵，江湖盜賊顯行，郾修治鎧仗，造蒙衝，駛追窮躡，上下千里，歲中悉捕平。初，郾嘗爲虢州觀察使，治虢以寬，經月不笞一人。及涖鄂，則嚴法峻誅一不貸。或問其故，曰：「陝土瘠而民勞，吾撫之不暇，猶恐其擾；鄂土沃民剽，非用威莫能治。」聞者服焉。

裴度。河東聞喜人。太和中，出爲山南東道節度使。白罷元和所置臨漢監，收千馬納之校〔九〕，以善田四百頃還襄人。

王起。揚州人。爲山南東道節度使。瀕漢塘堰聯屬，吏弗克治，起至部，先修復，與民約爲水令，遂無凶年。

高元裕。渤海人。拜山南東道節度使。在鎮五年，奏蠲逋賦。

盧鈞。京兆藍田人。會昌中，漢水害襄陽，拜鈞山南東道節度使，築隄六千步以障漢暴，盧肇作詩以美之。

徐商。新鄭人。宣宗時，遷山南東道節度使。襄多山棚爲剽賊，商取材卒爲捕盜將，别爲屯營，寇所發，輒迹捕，捕必得，遂爲精兵。

趙匡凝。蔡州人。昭宗時，爲山南東道節度使。不三年，以威惠聞。天祐元年，封楚王，時諸道不上供，惟匡凝歲貢賦天子。朱全忠方圖天下，遣人諭止之，匡凝流涕曰：「吾爲國屏蔽，渠敢有他志！」

宋

李惟清。下邑人。太平興國五年，爲荆湖北路轉運使，兼總南路。嘗入奏事，太宗問曰：「荆湖累年豐稔，又無徭役，民間蘇否？」惟清曰：「臣見官賣鹽，民以三斗稻價方可買一斤。」乃詔斤減十錢。度支許仲宣建議，歲賦鹽於鄉村，與户税均納，詔惟清詳定，奏言以鹽配民非便，乃罷。帝又問民間苦樂，惟清言：「荆湖民市官酒轉鬻斗給耗二升，今三司給一升，民多他圖，而歲課甚減。」詔復其舊。

岳飛。相州湯陰人。紹興四年，李成挾金人破襄陽、唐、鄧、隨、郢諸州及信陽軍，除飛荆南、鄂、岳制置使，尋命兼統黄、復諸州。飛奏襄陽六郡，爲恢復中原基本，當先取六郡，議營田以足軍食。遂破李成，悉復諸郡。乃以隨、郢、唐、鄧、信陽並爲襄陽府路，隸飛。飛奏襄陽等六郡人户闕牛種，乞量給官錢，免官私逋負，州縣官以招集流亡爲殿最。六年入覲，面陳襄陽自收復後，未置監司，州縣無以按察，帝從之。又令湖北、襄陽府路自知州、通判以下賢否〔一〇〕，許飛得自黜陟。張浚至江上，命飛屯襄陽以窺中原，改武勝、定國軍節度使，置司襄陽。

汪澈。饒州浮梁人。紹興末，爲湖北、京西宣諭使。時欲置襄守荆南，澈奏襄陽爲荆楚門户，不可棄。留吴拱守襄，敵騎奄至，拱大戰漢水上，敵衆敗走。孝宗即位，以澈督軍荆、襄。澈以襄、漢沃壤，請因古長渠築堰，募民卒雜耕，給種與牛，歲可登穀七十萬斛，功緒略就。

虞允文。隆州仁壽人。隆興元年，除湖北、京西制置使，時朝議欲棄唐、鄧、海、泗四州，允文五疏力争。三年，拜四州宣撫使，過襄陽，奏修府城。

趙葵。衡山人。寶祐三年鎮荆、湖，城荆門及郢州。

范天順。荆、湖都統也。襄陽受圍，天順守戰尤力。及吕文焕出降，天順仰天嘆曰：「生爲宋臣，死當爲宋鬼。」即所守處縊死。贈定江軍承宣使。

元

廉希憲。輝和爾人。世祖渡江，取鄂州，命希憲入籍府庫。希憲引儒生百餘拜伏軍門，因言王師渡江，凡軍中俘獲士人，宜官贖遣還，以廣異恩，世祖嘉納之。後行省荆南，至鎮，即日禁剽奪，通商販，録宋故幕僚以備采訪。拒却珍玩，禁殺俘獲，及質賣妻子者。先是，江陵城外蓄水捍禦，希憲命決之，得良田數萬畝，以爲貧民之業。發倉粟二十萬斛，賑公安饑。大興學校，選教官，置經籍，旦日親詣講舍，以勵諸生。西南溪峒越境請降。以疾召還，江陵民泣留不得，畫像建祠。希憲還裝蕭然，惟琴書自隨而已。「輝和爾」舊作「畏吾」，今改。

賈居貞。真定獲鹿人。至元十二年，伯顔伐宋，居貞以僉行省事留鄂。發倉廩以賑流亡，宋宗室子孫流寓者廩食之，不變其服，而行其楮幣。東南未下州郡，商旅留滯者，給引以歸之。免括商税並湖荻禁。一方安之。十四年，拜湖北宣慰使。時驕將悍卒，合謀擾民，居貞出視事，人恃以無恐。及行，鄂之老幼號送於道，刻其像於石，祀之泮宫。

桑結。河西人。爲湖廣行省平章事。時威順王歲嘗出獵，民病之，又廣園囿，萃倡妓，役巨賈以網大利，有司莫敢忤。結至謁王，王闔中門，啓左扉召入，結引繩牀坐王中門，曰：「吾受命作牧，非王私臣，焉得由不正之道入乎？」王命啓中門。結入，嚴詞責王，王謝過，悉罷其所爲。有妖僧恃寵横恣，結命掩捕之，得妻妾女樂十八人，罪而籍之。由是豪强斂手。至正十一年，汝、潁賊起，結任鄭萬户，擒其渠魁數十人。「桑結」舊作「星吉」，今改正。

明

鄧愈。虹縣人。洪武初，爲湖廣行省平章，鎮襄陽。立軍府營，練屯卒，拊循招徠，威惠甚著。

薛瑄。河津人。宣德中，以御史出監湖廣銀場。先是，沅州貢金爲民累，瑄特疏罷之。士民懷其德，建文清書院祀之。

王恕。三原人。成化初，荆、襄流民嘯聚爲亂，擢恕右副都御史撫治之。與尚書白圭共平大盗劉通，復討破其黨石龍，嚴束所部毋濫殺，流民復業。

項忠。嘉興人。劉通餘黨李元、王洪、王彪搆亂，成化六年，詔忠總督湖廣軍務，奏調永順、保靖土兵討之，擒元、洪、彪。遣人入山招諭，流民歸者九十餘萬，户選一丁充戍湖廣邊衛，餘令歸籍給田。

韓文。洪洞人。成化中，爲湖廣右參議。中官督太和山，乾没公費，文釐覈之，以其羡易粟萬石備賑貸。九溪土酋與鄰境争地相攻，文往諭，皆服。

張敷華。安福人。弘治初，遷湖廣布政使。歲饑，給粟行粥糜，高其直以招徠商賈，又令府縣大修學宫，以傭直資餓者，民忘其災。

林俊。莆田人。弘治初，調湖廣按察使，振刷綱紀，豪强斂跡。

姚文灝。貴溪人。督學湖廣，尚書劉大夏子祖修不才，文灝爲笞責。再至武昌試，又笞之。御史某檄召祖修，文灝不允。嘗自謂所能者三：毁譽不入，請託不行，賄賂不通。卒官，貧無以斂。

秦金。無錫人。正德中，巡撫湖廣。諸王府所據山場湖蕩，皆奏還之官。降盜賀璋、羅大洪復叛，討平之。郴州貴陽瑶龔福全稱王，金破其砦擒之。武宗親征宸濠，武昌與江西接壤，江彬干求暴横，金抗疏論列，凡有事以身當之，官民皆免於禍。

張邦奇。鄞縣人。正德時，爲湖廣提學副使，下教曰：「學不孔、顔，行不曾、閔，雖文如雄、褒，吾不取也。」在任三四年，諸生競力於正學。

應檟。遂昌人。嘉靖末，爲湖廣提學副使，清廉方正。楚愍王召宴不赴，餽遺不納，王銜之。及王被世子英燿害，長史受金，以中風報，檟發其事，英燿伏誅。

顔鯨。慈谿人。督學湖廣，清介不阿。楚藩常有所屬，鯨峻却之。試畢，集諸生於濂溪書院講學，率以爲常。

熊宇奇。新建人。萬曆時，爲湖廣提學僉事，衡鑑精明，所拔多知名士。試江夏，置賀逢聖第一，熊廷弼第二。評曰：「賀生清廟之器，熊生干將、莫邪也。」後賀至大學士，熊爲經略，皆如其言。

楊世恩。湖廣副總兵。崇禎十二年，羅汝才、惠登相分屯興山、遠安，夷陵告急，世恩往援，由重陽坪深入被圍，援絶陷賊死。本朝乾隆四十一年，賜謚烈愍。

宋一鶴。直隸清苑人。以右僉都御史巡撫湖廣。幼習兵事，屢有戰功，乞養候代。崇禎十六年，闖賊陷承天，城守不支，自刎死。本朝乾隆四十一年，賜謚烈愍。

本朝

李承尹。三原人。順治初，提學湖廣，人頌公明。遷兵備參議，慈惠廉潔。民有鬻婦償債者，捐俸贖之。安陸有官柴供有司，承尹蠲其征。城東蓮花池嘗有魚課，承尹立碑永蠲，民感其惠。

李蔭祖。漢軍正黄旗人。順治十三年，授湖廣總督。時大兵進勦貴州，而流賊郝永忠等擁衆十餘萬，踞鄖、襄間，擾糧運。蔭祖疏請移襄陽水師及均、黄、漢陽諸營兵二千駐守穀城，扼賊上流。又以九谿界連巴蜀，賊窺伺肘腋，撥武昌、洞庭營兵屯備，均經議行。十五年，漢陽、天門、潛江、沔陽被水，蔭祖請賑卹，諭令速拯得所。以疾乞罷，卒。賜祭葬，入祀名宦祠。

李呈祥。翼城人。順治間，任湖廣兵巡參議。時興國州有負固未服者，呈祥多方招徠之。勵己清正，決獄明斷，治行丕著。

王自新。句容人。順治時，提學湖廣。起衰振靡，試卷必親校閲，積勞成疾，卒官。江、漢之士，莫不悲泣。

翟鳳翥。曲沃人。任湖廣右布政使。好賢樂善，修江漢書院，選士數百人，講濂、洛之學，士多成就。汪錞、金德嘉、周之麟，其尤著者。

劉楗。大成人。任湖廣布政使。屬吏有貪殘者，聞楗至，解印綬去。會三省兵合勦山寇，芻糧數十萬，取辦旦夕，楗輸送無闕。後仕至刑部尚書。謚端毅。

劉兆麒。漢軍鑲白旗人。康熙元年，任湖廣巡撫。西山李來亨搆逆，兆麒籌兵餉，不以累民。闢高冠山南地爲教場，訓練士卒，軍容丕振。又嘗置獄田，收其租以衣食罪囚。

高其位。鐵嶺人。康熙中，爲軍營參領，從帥范達禮出師襄陽征吴逆。會總兵楊來嘉叛命，其位率二十騎覘虚實，猝遇賊衆二萬人於土地嶺，其位出不意衝突之，賊驚潰。且斫且馳，至南漳，入城守禦，衣上血模糊，刀刃盡缺。叛賊譚洪率舟師三萬向鄖陽，其位以百人扼楊溪鋪，賊遙至，其位踞崖射賊，矢無虛發。相持七十日，糧盡，煮馬鞍以食，誓必死。會副都統李麟隆擊破賊，乃全師歸。由是每戰必先登，前後給功牌十二。

蔣永修。宜興人。督學湖廣。釐正文體，葺學宫二十四處，修復石鼓書院，請復周子世襲。建義倉義學，敦勵士行，表揚節孝，人咸勸興。

張道祥。徐州人。康熙二十二年，任湖北按察使。清慎明決，庭無冤民，冬給罪囚赭衣，夏給茗，戒獄卒無得淩轢。嚴禁所屬獄訟，勿株連平民。買洪山地爲義塜，瘞鄧、劉兩姓子女俾完聚。及卒，蕭然無餘資。

徐治都。漢軍正白旗人。任夷陵鎮總兵，以平賊功遷提督。夏逢龍作亂，據武昌，破漢陽，犯德安，治都率兵至應城縣，殺僞副將以下諸賊渠。逢龍以萬衆圍攻應城，治都夾擊之。賊奔德安，再遣將敗之。遂復武昌，獲逢龍，磔之軍前。授鎮平將軍，仍管提督事。卒，贈太子太保，謚襄毅。

葉映榴。上海人。康熙二十七年，任湖北督糧參議，清廉惠愛。夏逢龍搆逆，欲脅爲僞官，映榴有母在署，命子扶出城，遣僕齎遺疏馳進，並封印呈繳，具朝服望北拜，升堂自剄。百姓聞之，號泣震地。事聞，贈工部侍郎，謚忠節，廕子爲知州。御書「旌忠」二字褒之，楚人爲立祠。

宣德仁。紹興人。任湖北都司。夏逢龍之變，冠帶自經於堂上。事聞，贈副將，廕一子守備。

吴琠。沁州人。歷官湖北巡撫。時夏逆初平，歲饑民流，琠招徠安集，捐米賑饑，全活甚衆。次年秦省饑，民流入襄、鄖間，加意撫卹，得還本籍。就擢總督。政尚慈惠，斥深文之吏，整飭營伍，作興士類，吏畏民懷。

額稜特〔二〕。滿洲鑲紅旗人。康熙四十五年，任荆州副都統。四十九年，遷提督。紅苗向負固，額稜特宣布威德，開導多方，遂歸化。五十二年，就擢總督，静鎮寬大。湖南、北例有藩庫羡餘供制府，額稜特各發州縣衛所，買穀備賑，造巡船百艘，以資緝捕。修孔道橋梁，凡所興舉，民利賴焉。

郭世隆。漢軍鑲紅旗人。康熙四十六年，授湖廣總督。條奏防守紅苗三款，均如所請。內遷刑部尚書。卒，入祀名宦祠。

陳詵。海寧人。康熙中舉人。四十七年，任湖北巡撫。禁私派，平市價，嚴督隄工，却絶餽贐，潔己愛民，恪勤素著。歷官至禮部尚書。卒，賜祭葬，謚清恪，入祀名宦祠。

石琳。漢軍正白旗人。康熙中，任下荆南道。時襄陽總兵楊來嘉、副將洪福叛應吴三桂，踞房縣、保康、竹山，煽誘醜徒，嘯聚劫掠，琳同總兵劉成龍搜勦，斬獲甚衆，撫定各砦洞。擢湖北巡撫。卒，賜祭葬，入祀名宦祠。

楊宗仁。漢軍正白旗人。雍正元年，任湖廣總督，廉潔勤敏。鹽商舊規數萬金，及諸餽遺，悉屏絶。荆關舊有落地税，司榷者算及行旅，宗仁飭正供外，毋許絲毫苛取。每春輕騎出郊勸農，捐俸備物給老壯，以示奬勵，諄諄教以孝弟忠信。闢公所一區，朔望躬詣其地，宣講聖諭廣訓，懇摯詳明，僚屬軍民，咸振興鼓舞。瀕水隄防，歲時巡行修築，年獲屢豐。鄰境偶有饑民入楚，先給糜粥，旋復按名註册，寒予衣，歸給糧，咸獲安全去。尤加意武備，各屬武弁，考核精覈。標兵按期校習，賞罰公明，士卒競奮，莫不挽强命中。疾革前數日，猶閱兵不稍怠，以勞卒官。贈少保，謚清端。世襲騎都尉，民立祠祀之。雍正十年，入祀賢良祠。

魯之裕。字亮儕，先世麻城人，後由太湖籍舉康熙丙子江南鄉試。雍正十年，分守安襄鄖道，明達政體，築護城老龍隄，議免太和山税。建書院，修理先賢祠宇。下荆南道志，其所手纂也。後調清河道，卒。

吴達善。滿洲正紅旗人。乾隆丙辰進士。二十九年，任湖廣總督。三十一年，調陝、甘。三十三年，復任湖廣。正己率屬，百廢具修。先是，湖北沿江上下，劫盗肆行，商民頗以爲患。達善飭屬嚴緝，解審後，立寘之法，自是江行安謐，舟師估客，至今猶稱頌不置。謚勤毅，入祀賢良祠。

吴垣。海豐人。乾隆五十年，授湖北巡撫。是秋，值江夏等縣旱災，疏請平糶，募客赴川買米接濟，查辦災賑事宜，實心經理，操守謹飭。卒於官。賜祭葬，䘏典如例。

書麟。滿洲鑲黄旗人。嘉慶五年，以協辦大學士總督湖廣。時教匪肆擾川、陝、楚三省，房、保二縣尤爲要區。書麟馳至軍，親履行陣，搜捕不遺餘力，積勞成疾卒。自以勦賊未盡，屬身後以行衣斂。贈太子太傅，謚文勤。

校勘記

〔一〕自張十七度至軫十一度爲鶉尾　「十七」，原作「十二」，據乾隆志卷二五七湖北省分野（下同卷簡稱乾隆志）及晉書卷一一天文志改。

〔二〕七年改爲大都督　「七年」，原作「六年」，乾隆志同，據舊唐書卷三九地理志改。按，唐改大總管爲大都督，資治通鑑繫於武德七年二月戊午。

〔三〕在安陸府鍾祥縣西荆門州東　「西」、「東」二字原互錯，據本志卷三四二安陸府山川「章山」條移置。按，考輿圖，章山在安陸府與荆門州交界，安陸在東，荆門在西。

〔四〕至安陸府當陽縣北　按，據上文建置沿革，乾隆五十六年升安陸府屬荆門州爲直隸州。當陽縣歸荆門州轄，此「當陽縣」上不得冠以「安陸府」，當删去。

〔五〕東南至安陸府當陽縣北　按，「安陸府」當改「荆門州」，參上條校勘記。本志蓋抄撮舊文而疏於變通，故與當代建置不合。
〔六〕太后遣中常侍以忠屬璆　「侍」，原作「寺」，據乾隆志及後漢書卷四八徐璆傳改。
〔七〕使冠軍縣上簿詣大司農　「上」，原作「主」，乾隆志同，據後漢書卷四八徐璆傳改。
〔八〕破蜀將李桓於江陽　「李桓」，原作「季桓」，據乾隆志及晉書卷七三庾翼傳改。
〔九〕收千馬納之校　「收」，乾隆志同，新唐書卷一七三裴度傳作「數」。
〔一〇〕又令湖北襄陽府路自知州通判以下賢否　「路」，原脱，乾隆志同，據宋史卷三六五岳飛傳補。
〔一一〕額稜特　「稜」，乾隆志及八旗通志等作「倫」。

武昌府圖

武昌府圖

黃陂界
漢江
大江
武昌府
江夏
漢陽界
沔陽界
清安湖
賽湖
湖南臨湘界
臨湘界
湖南平江界
嘉魚
咸寧
蒲圻
崇陽
通山
通城

武昌府表

	武昌府	江夏縣	武昌縣
兩漢	江夏郡地。	沙羨縣屬江夏郡。	
三國	江夏郡吴置，又分置武昌郡。	沙羨縣郡治，後屬武昌，尋省。	武昌郡吴置。
晉	移治安陸，爲武昌郡地，置江州。	沙羨縣太康初復置，仍屬武昌郡。東晉僑置汝南縣，省縣入之。	武昌郡初屬荆州，又爲江州治，後罷。
宋	郢州江夏郡復置郡，治汝南，並置州。	汝南縣州郡治。	武昌郡
齊梁陳	郢州江夏郡梁分置北新州。	汝南縣	武昌郡
隋	江夏郡廢州郡，改置鄂州。大業初仍置江夏郡。	江夏縣更名郡治。	省。
唐	鄂州江夏郡屬江南西道。寶曆初置武昌軍。	江夏縣州治。	
五代	後唐改武清軍。	江夏縣軍治。	
宋	鄂州江夏郡武昌軍屬荆湖北路。	江夏縣州郡治。	壽昌軍嘉定中置，屬鄂州，爲江西路治。
元	武昌路至元中置鄂州路。大德五年更名爲湖廣行省治。	江夏縣路治。	至元中升府，後廢。
明	武昌府布政司治。	江夏縣府治。	

續表

	嘉魚縣	蒲圻縣	咸寧縣	崇陽縣
鄂縣 屬江夏郡。	沙羨縣地。	沙羨縣地。	沙羨、鄂二縣地。	沙羨縣地。
武昌縣 吳更名，爲郡治。		蒲圻縣 吳赤烏中置。		
武昌縣 鄂縣 太康初復析武昌縣置，屬武昌郡。	沙陽縣 太康初分置，屬武昌郡。	蒲圻縣 屬長沙郡。		蒲圻縣地。
武昌縣 鄂縣	沙陽縣 元嘉中屬巴陵郡，後屬江夏郡。	蒲圻縣 初屬巴陵郡，後屬江夏郡。		
武昌縣 鄂縣	沙陽縣 梁置沙州，尋廢。	蒲圻縣 梁屬上雋郡。		
武昌縣 屬江夏郡。 省。	省入蒲圻。	蒲圻縣 徙治，屬江夏郡。		
武昌縣 屬鄂州。	蒲圻縣地。	蒲圻縣 屬鄂州。	江夏縣地。	唐年縣 天寶中置，屬鄂州。
武昌縣	嘉魚縣 南唐保大中置，屬鄂州。	蒲圻縣	承安縣 南唐置，屬鄂州。	唐年縣 楊吳改崇陽，南唐復故名。
武昌縣 軍治。	嘉魚縣 屬鄂州。	蒲圻縣	咸寧縣 景德中更名。	崇陽縣 開寶中更名，屬鄂州。
武昌縣 屬武昌路。	嘉魚縣 屬武昌路。	蒲圻縣 屬武昌路。	咸寧縣 屬武昌路。	崇陽縣 屬武昌路。
武昌縣 屬武昌府。	嘉魚縣 屬武昌府。	蒲圻縣 屬武昌府。	咸寧縣 屬武昌府。	崇陽縣 屬武昌府。

續表

通城縣	興國州
下雋縣屬長沙國。	鄂縣地。
下雋縣	陽新縣吴析鄂縣置，屬武昌郡。
下雋縣屬長沙郡。	陽新縣
下雋縣屬巴陵郡。	陽新縣屬武昌郡。
下雋縣齊爲巴陵郡治，梁置上雋郡。	永興縣陳置。 陽新縣
郡廢，省縣入蒲圻。	永興縣徙富川縣來治，旋更名，屬江夏郡。 富川縣開皇中更名，旋徙廢。
唐年縣地。元和中置通城鎮。	永興縣屬鄂州。
	永興縣
通城縣熙寧中置，屬鄂州。	興國軍太平興國二年置永興軍，旋更名，屬江南西道。 永興縣軍治。
通城縣屬武昌路。	興國路至元中升，屬江西行省，改屬湖廣行省。 永興縣路治。
通城縣屬武昌府。	興國州初改興國府，洪武九年降爲州，省永興縣入。 永興縣省入州。

續表

	大冶縣	通山縣	
下雉縣屬江夏郡。	鄂、下雉二縣地。	下雉縣地。	
下雉縣屬武昌郡。	吳陽新縣地。	吳陽新縣地。	
義熙中省入陽新。			
	永興縣地。	永興縣地。	
		永興縣地。	
	大冶縣南唐置，屬鄂州。		
	大冶縣屬興國軍。	通山縣太平興國中置，屬興國軍。	
	大冶縣屬興國路。	通山縣屬興國路。	
	大冶縣屬興國州。	通山縣屬興國州。	

大清一統志卷三百三十五

武昌府一

湖北省治。東西距五百三十二里，南北距四百七十二里。東至江西九江府瑞昌縣界五百二十五里，西至漢陽府漢陽縣界七里，南至湖南岳州府平江縣界四百里，北至黄州府黄岡縣界七十二里。東南至江西南昌府武寧縣治四百五十里，西南至岳州府臨湘縣界六百三十里，東北至黄岡縣治一百八十五里，西北至漢陽府黄陂縣治一百二十里。自府治至京師三千一百五十五里。

分野

天文翼、軫分野，鶉尾之次。

建置沿革

禹貢荆州之域。周屬楚。秦屬南郡。漢屬江夏郡，南境爲長沙國地。後漢因之。三國吴分東境置武昌郡。晉爲武昌郡地，南境爲長沙、建昌二郡地，屬荆州，李吉甫元和郡縣志：晉庾翼爲荆州，曾理於此。

後屬江州，初治武昌，後移治尋陽。南境屬湘州。自晉懷帝永嘉元年，分置湘州，至宋文帝元嘉二十九年，時置時省，省時，郡仍屬荆州。

南北朝宋孝建元年，仍移江夏郡治，分置郢州。按：江夏郡治，漢在今德安府之雲夢縣，吴孫權築城於魯山，陸渙所治，今漢陽府漢陽縣之魯山也。魏文聘爲江夏太守，治石陽，在今黄陂縣。嘉平中，王基城上昶，徙江夏郡治之，在今德安府界。蓋是時吴、魏各有江夏郡，晉既平吴，仍魏之舊，治於安陸。至劉宋之季，又移江夏郡於江南之夏口城，自後無復移易。按：明統志、舊通志、武昌府志皆云漢江夏郡治沙羡。今考後漢書郡國志云：「凡縣名先書者，郡所治也。」兩漢書江夏郡，先書西陵，最後乃書沙羡，可見漢江夏郡治西陵，非沙羡也。輿地紀勝雲夢縣即漢西陵縣地。新志漢陽府之黄陂，黄州府之黄岡、麻城，德安府之雲夢，皆漢西陵縣地也。舊志又云孫權築夏口城於江北，尋移魯山。據水經注，夏口城在黄鵠山，乃今江夏縣境，在江南，非江北也。魯山自有城，爲吴江夏郡治耳。東南爲武昌郡，西北爲巴陵郡地。齊因之。梁分郢州置北新州，又分北新置土、富、洄、泉、濠五州，又置沙州及上雋郡。

隋平陳，州郡俱廢，改置鄂州。大業初，仍曰江夏郡。

唐武德四年，復曰鄂州，屬江南西道。天寶初，改曰江夏郡。乾元初，復曰鄂州。永泰後，置鄂、岳觀察使治。寶曆初，又爲武昌軍節度使。按：舊志作元和初置武昌軍節度使，蓋本新唐書地理志。但元和志仍列鄂、岳觀察使。如武昌軍元和初已置，不應名仍其舊。據舊唐書敬宗本紀，寶曆元年，於鄂州特置武昌軍，通鑑綱目亦於是年云升鄂、岳爲武昌軍。是新唐書「元和元年」乃「寶曆元年」之誤。又舊唐書地理志稱永泰後置鄂、岳觀察使，今從之。五代初屬吴，仍曰武昌軍。後唐遥改爲武清軍，南唐因之。

宋曰鄂州江夏郡，武昌軍節度使，屬荆湖北路，南境爲興國軍，屬江南西路。

元爲武昌路，爲湖廣行省治，興國路屬湖廣行中書省。明曰武昌府，爲湖廣布政使司治。本朝因之。康熙三年，爲湖北省治，領州一、縣九。

江夏縣。附郭。東西距七十九里，南北距二百九里。東至武昌縣界七十二里，西至漢陽府漢陽縣界七里，南至咸寧縣界一百三十七里，北至黄州府黄岡縣界七十二里。東南至咸寧縣治一百八十里，西南至嘉魚縣治二百五十里，東北至黄岡縣治一百八十里，西北至漢陽縣界五里。漢置沙羨縣，屬江夏郡，後漢因之。三國吴爲江夏郡治，後屬武昌，尋省。晉太康元年復立。東晉嘗爲荆州治。咸和中，僑立汝南縣。太元三年，省沙羨入之。南北朝宋孝建初，爲郢州及江夏郡治。齊移郡治沙陽，梁、陳因之。隋開皇初，郡廢，改縣曰江夏，爲鄂州治。大業初，仍爲江夏郡治。唐仍爲鄂州治，五代、宋因之。元爲武昌路治。明爲武昌府治，本朝因之。

武昌縣。在府東一百八十里。東西距二百里，南北距二十里。東至黄州府蘄州界八十里，西至江夏縣界一百二十里，南至大冶縣界十五里，北至黄岡縣大江界五里。東南至大冶縣治七十里，西南至咸寧縣界一百五十里，東北至黄州府羅田縣治一百五十里，西北至漢陽府黄陂縣治二百二十里。周屬楚。漢置鄂縣，屬江夏郡，後漢因之。吴初改曰武昌，置武昌郡，自公安徙都此，尋徙都建業。晉仍爲武昌郡治。東晉初嘗爲江州治。宋仍爲武昌郡，屬江州。孝建元年，分屬郢州。齊、梁、陳因之。隋初，廢武昌郡，縣屬鄂州。大業初，屬江夏郡。唐屬鄂州，五代因之。宋嘉定五年，升爲軍使，尋又升爲武昌軍。十五年，因玉寶文始置壽昌軍，爲江西路治所。元至元十四年，升爲府。後廢府，以縣入武昌路。明屬武昌府，本朝因之。

嘉魚縣。在府西南一百五十里。東西距二百十五里，南北距一百五十五里。東至咸寧縣界八十里，西至湖南岳州府臨湘縣界一百三十五里，南至蒲圻縣界五十五里，北至漢陽府漢陽縣界一百里。東南至咸寧縣治一百四十里，西南至臨湘縣治一百六十里，東北至漢陽縣治一百五十里，西北至沔陽州治一百五十里。漢沙羨縣地。晉太康初，分置沙陽縣，屬武昌郡。南北朝宋元嘉十六年，改屬巴陵郡。孝建初，屬江夏郡。齊爲江夏郡治。梁置沙州。陳廢。隋省縣入蒲圻，於其地置鮎潰鎮。五代南唐保大中，升爲嘉魚縣，屬鄂州。宋熙寧六年，析復州地入焉。元屬武昌路。明屬武昌府，本朝因之。

蒲圻縣。在府西南三百六十里。東西距一百十里，南北距八十里。東至咸寧縣界七十里，西至湖南岳州府臨湘縣界四十里，南至崇陽縣界四十里，北至嘉魚縣界四十里。東南至崇陽縣治七十里，西南至臨湘縣界一百五十里，東北至咸寧縣界七十里，西北至嘉魚縣界一百里。漢沙羡縣地。三國吴赤烏中，分武昌爲兩部，自武昌至蒲圻爲右部，始爲蒲圻縣。晉因之，屬長沙郡。南北朝宋元嘉十六年，屬巴陵郡。孝建元年，屬江夏郡。齊因之。梁屬上雋郡。隋初屬鄂州，後屬江夏郡。唐屬鄂州。五代及宋因之。元屬武昌路。明屬武昌府，本朝因之。

咸寧縣。在府東南二百四十里。東西距九十里，南北距九十五里。東至興國州界五十里，西至蒲圻縣界四十里，南至通山縣界五十里，北至江夏縣界四十五里。東南至通山縣治九十里，西南至崇陽縣治一百二十里，東北至武昌縣界四十里，西北至嘉魚縣治一百四十里。漢、晉沙羡及鄂縣地。唐爲江夏縣地。大曆二年，置永安鎮。五代吴改爲永安場。南唐保大中升爲縣，屬鄂州。宋景德四年，改曰咸寧。元屬武昌路。明屬武昌府，本朝因之。

崇陽縣。在府南三百六十里。東西距一百十里，南北距一百五十里。東至通山縣界四十五里，西至通城縣界六十五里，南至江西南昌府義寧州界一百二十里，北至蒲圻縣界三十里。東南至通山縣界八十里，西南至通城縣界八十里，東北至咸寧縣界七十里，西北至蒲圻縣界五十里。漢沙羡縣地。晉以後爲蒲圻縣地。唐天寶二載，置唐年縣，屬鄂州。五代吴改崇陽。南唐復曰唐年。宋開寶八年仍曰崇陽。元屬武昌路。明屬武昌府，本朝因之。

通城縣。在府西南五百里。東西距九十里，南北距五十里。東至崇陽縣界五十里，西至湖南岳州府臨湘縣界四十里，南至岳州府平江縣界四十里，北至崇陽縣界十里。東南至江西南昌府義寧州治二百里，西南至平江縣治一百六十里，東北至崇陽縣治九十里，西北至臨湘縣治一百四十里。漢置下雋縣，屬長沙國。後漢屬長沙郡，晉初因之。元康九年，置建昌郡。咸康初，郡廢，仍屬長沙郡。南北朝宋屬巴陵郡。齊爲巴陵郡治。梁置上雋郡。隋初郡廢，省縣入蒲圻。唐爲唐年縣地。元和中，置通城鎮。宋初屬崇陽。熙寧五年升爲縣，屬鄂州。紹興五年，廢爲鎮，十七年復。元屬武昌路。明屬武昌府，本朝因之。

興國州。在府東南三百八十里。東西距二百二十五里，南北距二百四十里。東至江西九江府德化縣界九十五里，西至通山縣界一百三十里，南至江西南昌府武寧縣界一百八十里，北至大江心六十里。東南至江西九江府瑞昌縣界九十里，西南至武寧縣界一百八十里，東北至黄州府蘄州界六十里，西北至大冶縣界一百里。漢置下雉縣，屬江夏郡，後漢因之。三國吴析鄂縣，置陽新縣，倶屬武昌郡。晉初因之。義熙中，省下雉入陽新，宋以後因之。隋開皇九年，改曰富川。十八年，改曰永興，屬鄂州。大業初屬江夏郡。唐屬鄂州，五代因之。宋太平興國二年，於縣置永興軍。三年，改曰興國軍，屬江南西道。元至元十四年升爲興國路總管府，屬江西行省。三十年，改屬湖廣行省。明初爲興國府，洪武九年降爲州，省永興縣入焉，屬武昌府。本朝因之。

大冶縣。在府東南一百五十里。東西距七十五里，南北距一百二十五里。東至興國州界三十里，西至武昌縣界四十五里，南至興國州界五十里，北至武昌縣界七十五里。東南至興國州治一百里，西南至通山縣治一百五十里，東北至黄州府蘄水縣治一百四十里，西北至武昌縣治九里。漢爲鄂縣及下雉縣地。三國吴爲陽新縣地。隋爲永興縣地。唐天祐二年，吴置大冶青山場院。宋乾德五年，南唐始升爲大冶縣，屬鄂州。太平興國中，改屬興國軍。元屬興國路。明屬興國州。本朝屬武昌府。

通山縣。在府南一百八十里。東西距七十五里，南北距一百十里。東至興國州界三十里，西至崇陽縣界四十五里，南至江西南昌府武寧縣界八十里，北至咸寧縣界三十里。東南至武寧縣治一百八十里，西南至南昌府義寧州治一百六十里，東北至興國州界四十里，西北至咸寧縣治九十里。漢下雉縣地。三國吴爲陽新縣地。隋、唐爲永興縣地。五代吴爲羊山鎮。宋太平興國中，升爲通山縣，屬興國軍。紹興四年，省爲鎮，五年復。元屬興國路。明屬興國州。本朝屬武昌府。

形勢

正對沔口，通接雍、梁，實爲津要。宋書何尚之傳。地居形要，控接湘、川，邊帶湞、沔。南齊書州郡志。當荆、吴、江、漢之衝要。唐趙憬鄂州新廳記。地連大别、雲夢、洞庭、穆陵，控扼勝勢，號爲東南巨鎮。唐舒元輿鄂政記。襟帶江、沔，依阻河山，左控廬、淝，右連襄、漢。王應麟地理通釋。

風俗

火耕水耨，民食魚稻，以漁獵山伐爲業，果蓏蠃蛤，食物常足。漢書地理志。人率多勁悍決烈。隋書地理志。五方雜寓，家自爲俗。明統志。

城池

武昌府城。周二十里有奇。西臨大江，東、南、北三面爲池。門九。三國吴赤烏中築。唐牛僧孺甃以甓。明洪武四年增拓。本朝雍正、乾隆間屢修，嘉慶六年重修。江夏縣附郭。

武昌縣城。周四里有奇，門四。明萬曆初建。本朝康熙五年，建東門城樓，甃女牆。雍正五年、八年先後修葺，乾隆四十三年重修。

嘉魚縣城。周四里，門四。南距湖，西北距江，因水爲濠。明萬曆中建。本朝順治中修，雍正五年重修。

蒲圻縣城。周三里有奇，門六。明萬曆二年建。本朝康熙九年，雍正四年、九年，乾隆六十年，嘉慶二年，先後修葺。

咸寧縣城。周四里有奇，門四，濠廣三丈，水門四。明萬曆六年建。本朝雍正四年、八年相繼修葺，嘉慶元年重修。

崇陽縣城。周三里有奇，門四。明成化中築，萬曆二年甃以甓。本朝康熙十二年修。

通城縣城。周二里有奇〔一〕，門四。明萬曆中建，明末燬。本朝順治八年重修。

興國州城。周四里有奇，門八。明初築，正德四年甃以甓。嘉靖三十三年，改營石城。本朝雍正八年修。

大冶縣城。周一百六十丈，門四。明嘉靖三十一年建。本朝康熙二十一年重修，復增二門。

通山縣城。舊土城，後圮。明嘉靖二十八年，於縣治東西建二樓，以爲防禦。萬曆十一年燬，尋建四樓。本朝順治十八年修。

學校

武昌府學。在府城内黄鵠山下。元延祐中建。本朝康熙十七年、雍正十一年修，嘉慶三年重修。入學額數二十名。

江夏縣學。在縣治西。明洪武中建。本朝康熙十六年、五十八年、乾隆三十六年先後修葺，嘉慶八年重修。入學額數二十名。

武昌縣學。在縣治南。宋淳熙中建。本朝順治十一年修，康熙中重修。入學額數二十名。

嘉魚縣學。在縣治東北，龍潭山東。明建文元年建。本朝康熙十年修，雍正七年重葺。入學額數十五名。

蒲圻縣學。在縣治南。宋紹聖初建〔二〕。本朝康熙十一年、二十六年、雍正七年先後修葺。入學額數十五名。

咸寧縣學。在縣治東南高峯下。宋慶曆中建。本朝順治初修，乾隆五十七年重修。入學額數十二名。

崇陽縣學。在縣治北，舊在西門外。元末燬。明洪武初改建。本朝順治十二年修，雍正六年重修。入學額數十二名。

通城縣學。在縣治東。明洪武五年建。本朝雍正三年、八年相繼修，乾隆五十五年重修。入學額數十二名。

興國州學。在州治西南。宋建。明弘治中重修。本朝順治十八年、康熙五十四年、雍正二年先後修葺。入學額數二十名。

大冶縣學。在縣治西。宋建。明洪武十二年重建。本朝雍正七年重修。入學額數十五名。

通山縣學。在縣治東羅阜山麓。宋慶曆四年建。本朝雍正五年修。入學額數八名。

江漢書院。在江夏縣治東。明建在治西。本朝順治初改建今址，康熙中重修。

勺庭書院。在府城忠孝門内。本朝康熙中，提學蔣有德藏書處。乾隆四年改建。

南湖書院。在武昌縣治東半里。本朝雍正十三年建。

鳳鳴書院。在嘉魚縣治東。本朝乾隆二十四年建。

龍門書院。在蒲圻縣學東。本朝乾隆二十四年建。

淦川書院。在咸寧縣城内。本朝乾隆五十七年建。

桃溪書院。在崇陽縣城内。本朝雍正十二年建。

青陽書院。在通城縣學東。明嘉靖中建。本朝乾隆九年修。

疊山書院。在興國州東一里湖隄山，宋謝枋得寓居著書處。

金湖書院。在大冶縣城内。本朝乾隆十四年建。

羅峯書院。在通山縣城内。本朝乾隆四年建。　按：舊志載芹南書院，在武昌縣學宫前。濂溪書院，在府城文昌門内安湖側，明提學高世泰建。東山書院，在江夏縣城内。東臯書院，在武昌縣城内，明嘉靖中建。義學書院，在嘉魚縣西。鳳山書院，在蒲圻縣，明提學蔡潮建，萬曆中改爲蓴川書院。大宗書院，在蒲圻縣治東北，明建。相山書院，在咸寧縣儒學南，明正德中知縣邱魁即舊址遷建。今俱廢。

户口

原額人丁十四萬二千八百五十七，今滋生男婦共六百五十萬九千六百六十九名口，計七十三萬二千七百二户。又武昌衛男婦共二十三萬五千二百六十二名口，計三萬六千六百一十四户。武昌左衛男婦共一十二萬八千二十四名口，計二萬一千三百五十一户。

田賦

田地山塘五萬二千四百二十九頃五十九畝一分有奇，額徵地丁正、雜銀二十五萬三千五百一十八兩七錢八分九釐，南糧二萬八千七百五十七石七斗六升三合五勺，漕糧四萬八十五石一斗六升一合一勺，蘆課銀三千五百四十二兩一錢四釐。又武昌衛屯田一千七百一十三頃六十七畝四分有奇，額徵丁糧銀五千五百八十九兩一錢六分一釐。武昌左衛屯田一千一百四十頃三十一畝三分有奇，額徵丁糧銀七千九百二十兩二錢七分九釐。

山川

黄鵠山。在府城内西隅。一名黄鶴山。西北二里有黄鵠磯。水經注：船官浦東即黄鵠山，山下謂之黄鵠岸，岸下有灣，目之爲黄鵠灣。南齊書州郡志：黄鵠磯，世傳仙人子安乘黄鵠過此。元和志：黄鶴山在江夏縣東九里。名勝志：有費文禕洞在山陰，亦傳爲駕黄鵠仙去者。梁任昉記昇仙事，乃荀瓌，字淑瑋，非費文禕也。府志：黄鶴山，自高冠山西至於江，其首隆然，黄鶴樓枕焉。又通城縣南二十五里亦有黄鶴山。

高冠山。在府城内東隅。一名高觀山，一名蛇山，即黄鵠山支阜。東有鳳凰窩，西有烏龍池，清風、明月二井。明初改築郡治，包入城内。

臙脂山。在江夏縣治東北隅。明統志：其土色赤，故名。

洪山。在江夏縣東十里。舊名東山，唐大觀中改今名。有洪山寺，上有宋岳飛手植松。明初僞漢將張必先引兵援武昌，至洪山，太祖遣常遇春乘其未集，擊敗之。又蒲圻縣西四十里亦有洪山。

磨兒山。在江夏縣東十五里。又東二十五里有黄屯山。

石筆山。在江夏縣東四十餘里。狀如筆格，橫亘長湖。

九峯山。在江夏縣東五十里。府志：山環如城，列峯九，曰獅子、鉢盂、寶蓋、沙碧、石門、揚羅、馬驛、丁管、黄蘗。

半面山。在江夏縣東一百二十里。周十四里餘。明統志：山半面產木，故名。

清平山。在江夏縣東南五里。清秀平衍。

櫟山。在江夏縣東南十里。山多芑櫟。

冶塘山。在江夏縣東南三十里。寰宇記：晉、宋之時，依山置冶，因名。

八分山。輿地紀勝：在江夏縣東南四十里。明統志：有水分流如八字，傍有八分湖、八分院。府志：有洞曰白雲洞，內有龍，土人以龍隱見卜年。

金華山。在江夏縣東南五十里。寰宇記：山土石紅赤，因名。縣志：一名大觀山，山有鹿跑泉。

景首山。在江夏縣東南五十二里。上廣下削。

江夏山。在江夏縣東南六十里。寰宇記：有小山迤邐東入武昌界，其山重疊，本名峽山，唐天寶六年改名。

靈泉山。在江夏縣東南六十里。山有泉，旱祈有應，因名。又通山縣西南三十里亦有靈泉山。

白頭山。寰宇記：在江夏縣東南七十里。上有四石俱白，故名。

大槐山。在江夏縣東南七十里。明統志：相傳昔有李大槐隱居山麓，因名。

鷩磯山。在江夏縣東南七十里。寰宇記：西南俯臨大江，下有石磯，波濤迅急，商旅驚駭，故名。

靈山。在江夏縣東南九十里。一峯獨聳。相近有鼓樓山，五峯秀出如樓，又名五樓山。

静山。在江夏縣東南一百二十里。輿地紀勝：其山迴聳，有曲澗茂林，可以棲息，故名静。

梅亭山。在江夏縣南五里。明太祖征陳友諒，嘗駐蹕其上。

蕭山。在江夏縣南五里。相傳晉蕭丹隱居處。

夜泊山。在江夏縣南四十里。以駱禪師泊舟於此得名。明太祖時，起兵圍武昌，張必先以潭、岳兵來援，至夜婆山，常遇春擊敗之，即夜泊也。

嵋梁山。在江夏縣南五十里，湯孫湖西南。

六老山。在江夏縣南五十里。層巒聳翠，如六老拱揖。

錦繡山。在江夏縣南七十里，接武昌縣界。明統志：山多桃李，春時花如錦繡。

雞翅山。在江夏縣南七十五里。水經注：江水又東逕雞翅山北，山東即土城浦也。寰宇記：昔有金雞飛集此山。

仙人山。在江夏縣南九十里。上有仙人跡。

金屏山。在江夏縣西南七十里。衆山旋繞如屏。

鴿子山。在江夏縣西南七十里。一名个字山，山中水分如「个」字。又名大覺山。

鳳凰山。在江夏縣北二里。輿地紀勝：吴黄龍元年，夏口言鳳凰見，因以名山。又嘉魚縣西北半里，蒲圻縣西三里，咸寧縣西三十里，俱有鳳凰山。

九鯉山。在江夏縣東北十里，白洋湖濱。麓分九枝，突出水面，如魚尾然。

梁城山。在江夏縣東北十六里。梁武帝築城屯軍於此。

烽火山。在江夏縣東北四十里。上有烽火城。隋書地理志：江夏有烽火山。明統志：梁末北齊清河王岳進軍臨江，梁將侯瑱來逼江夏以伐齊，嘗屯兵於此，舉烽火相應，故名。

白滸山。在江夏縣東北九十里。一名白虎磯，接武昌縣界。水經注：江水東逕白虎磯北，山臨側江濆。府志：在武昌縣西九十里，半屬江夏，半屬武昌。

虎頭山。在武昌縣東三里。下瞰南湖，又名鳳穴山。

石門山。在武昌縣東五里。方輿勝覽：兩石對峙如門。唐武昌令馬珦與元次山同游，石刻存焉。又蒲圻縣西二十八里，咸寧縣東四十里，崇陽縣西五十里，俱有石門山。

仙堂山。在武昌縣東十五里。名勝志：山有仙人修煉，堂基尚存，黄石城在山下。

鳳山。在武昌縣東十五里，一名鳳棲山，接大冶縣界。寰宇記：鳳棲山，在鄂州西北二百二十五里。吴建興中，鳳凰降此，因名。山有石鼓，鳴則雨降。又通城縣東五里亦有鳳山。

蓮花山。在武昌縣南五里。山若蓮花浮水，故名。又大冶縣西四十里亦有蓮花山。

葛山。在武昌縣南五里。相傳葛洪煉丹處。

三角山。在武昌縣南一百三十里。名勝志：狀如三角，故名。相近有白雲山。

靈溪山。在武昌縣南一百五十里。

虬山。在武昌縣南一百五十里。搜神後記：山有龍穴，居人每見神虬飛翔出入，旱禱即雨。後人築塘其下，曰虬塘。

馬蹟山。在武昌縣南一百八十里。輿地紀勝：石上有雙馬蹟。

武昌山。在武昌縣南一百九十里。方輿勝覽：孫權都鄂，欲以武而昌，故名。

清溪山。在武昌縣南一百九十里。高八十丈，周四十里，湧溪源出焉。

樊山。在武昌縣西五里。一名袁山，一名來山，一名西山，一名壽昌山，一名樊岡。上有九曲嶺。水經注：今武昌郡治城南有袁山，即樊山也。隋書地理志：武昌有樊山。寰宇記：樊山出紫石英。山東十步有岡，岡下有寒溪。蘇軾樊山記：樊山或曰燔山，歲旱燔之，起龍致雨。或曰樊氏居之。不知孰是。循山而南，至寒溪寺，上有曲山，山頂即位壇、九曲亭，皆孫氏遺蹟。明統志：山產銀銅鐵。

郎亭山。在武昌縣西。一名郎山。輿地紀勝：在樊山西，路出退谷。土俗編云，郎山、樊山相接而中斷，江上望如「八」字。方輿勝覽：朱梁時，朱友恭鑿山開道，射以强弩，遂拔武昌，即此。縣志：山下有窊樽石，唐元結有銘序。

神人山。在武昌縣西七十五里。寰宇記：歷代帝記云，吴建衡二年，有神人乘白鹿從此山出。

連洲山。在嘉魚縣東二十三里。脈與前湖諸峯相連。水漲則四圍皆水，水落則獨峙如卓筆，故名。

陰山。在嘉魚縣東南。其上產茶。

牛頭山。在嘉魚縣東南七里。以形似名。又蒲圻縣北五十里亦有牛頭山。

白雲山。在嘉魚縣南十里。一名白面山，山石皆白。南宋初，蘄陽賊劉忠據白面山，韓世忠自豫章移師長沙，因討平之，即此。

秦鐘山。在嘉魚縣南三十里。名勝志：世傳秦時鑄鐘於此。其下爲太平湖。

梅山。在嘉魚縣南五十里，接蒲圻縣界。山多梅樹，故名。下有洞。又大冶縣西四十五里亦有梅山。

石頭山。在嘉魚縣南八十里，接蒲圻縣界。隋書地理志：蒲圻有石頭山。

鼉湖山。在嘉魚縣西南三十里。石色純白。

唐帽山。在嘉魚縣西南三十里。樹木蔥蔚，望之如帽。

九隴山。在嘉魚縣西南四十里。九隴迴合。又大崖山，與九隴相峙，懸崖峭削，上有半眼泉、兔兒泉，號南嘉第一峯。

蒲磯山。在嘉魚縣西南。一名蒲圻山，蒲圻縣初置於此。水經注：陸水又東逕蒲磯山北。按：水經注蒲磯本在陸口之南，與烏林密邇。蓋即今人所指爲赤壁者。

魚嶽山。在嘉魚縣西半里。一名江島山。水經注：魚嶽山在大江中，揚子洲南，孤峙中洲。隋書地理志：蒲圻有魚嶽山。寰宇記：魚嶽山去舊蒲圻縣一百二十里。明統志：今去水已遠，山在平地。縣志：西南削壁高聳，崖洞奇險。

龍潭山。在嘉魚縣北二里。山足有潭，淵深不竭，世傳有龍潛焉。

百足山。在嘉魚縣北五里。明統志：山勢連延，東西二十里，如百足練。

西保山。在嘉魚縣東北二十里西湖上。宋末有李氏保障鄉閭於此。

蜀山。在嘉魚縣東北三十里。相傳蜀先主會吴拒曹，曾駐於此。

赤壁山。在嘉魚縣東北江濱。水經注：江水右逕赤壁山北，昔周瑜與黄蓋詐魏武大軍所也。明胡珪赤壁考：蘇子瞻適齊安時，所遊乃黄州城外赤鼻磯，當時誤以爲周郎赤壁耳。東坡自書赤壁賦後云〔三〕：江、漢之間，指赤壁者三，一在漢水之側，竟陵之東，即今復州；一在齊安縣步下，即今黄州；一在江夏西南二百里許，今屬漢陽縣。按三國志，操自江陵而下〔四〕，備與瑜等由夏口往而逆戰，則赤壁非竟陵之東，與齊安之步下矣。又赤壁初戰，操軍不利，引次江北，則當在江南，亦不應在江北。猶賴水經能正譌也。按：水經注赤壁山在百人山南，應在嘉魚縣東北，與江夏接界處，上去烏林且二百里。自元和志以赤壁與烏林相對，新志遂以爲在今縣西南，蓋誤以古蒲磯山爲赤壁矣。又按：江夏縣東南七十里亦有赤壁山，一名赤磯，一名赤圻，非周瑜破曹操處也。

疊秀山。在蒲圻縣治南。屈曲而西，爲梅隱岡、金臺岡、迴龍岡、雲盤岡，踰城循河而止。又金疊山，在縣治西南，脈自金紫、鳳凰兩山層疊而來，爲萬峯之會。

馬鞍山。在蒲圻縣治西。又興國州東五十里亦有馬鞍山。

豐財山。在蒲圻縣東二里。形如覆釜，上有天池，旁有荆竹坡洞，虚敞可容數千人。其陰有迸鼓洞，初入，石道蹭蹬，歷三闢始空闊。中有石牀石鼓。西麓有石突起於東洲，曰蕭堆。

靈應山。在蒲圻縣東三里。岧嶤東峙，與豐財山相望。又蒲圻縣西三十里亦有靈應山。

幽蘭山。在蒲圻縣東二十里。上有石泉。

南山。在蒲圻縣東二十五里。一名大壺坪，頂平方。前一峯突起，謂之石榴尖。其陽爲迴龍潭，其陰爲天馬峯，峯下爲楂林畈。

木蘭山。在蒲圻縣東二十五里。怪石層疊，古木參差。

黄葛山。在蒲圻縣東三十五里。上有黄柘湖，盈涸無定。縣志：葛洪遍游名山，至蒲圻丫髻山，距山十餘里，復有山對峙，因棲其上。昔有黄真人居此，人遂稱爲黄山。上有劍池丹竈，其水清洌，飲之能愈宿疾。復因朝者絡繹，遂塞井平竈去。空山日暝，却時聞棋聲，或即此山。又東三十里有青龍山。

金獅山。在蒲圻縣南十里。其南爲紫金泉，爲沙田畈。

荆泉山。在蒲圻縣南十二里。其下爲金泉洞，泉在洞旁。又南八里有玉巖山。

雪峯山。在蒲圻縣南二十里。有雪峯寺，唐咸通二年建。

丫髻山。在蒲圻縣南二十里。雙峯如髻。其陰爲土橋畈、王子畈。

白石山。在蒲圻縣南三十五里。明統志：距山里許，有白石泉出巖中，流下爲白石港。

吴城山。在蒲圻縣南四十里。孫權嘗築城其下，遺址尚存。

五洪山。在蒲圻縣西南十里。下有温泉，沸如湯，曰湯塘。又有寒泉，曰冷塘。

白鹿山。在蒲圻縣西南三十里。其陽有荆原，荆港出焉。其陰爲石家畈。

高嶺山。在蒲圻縣西一里。相近爲王家山。

茅山。在蒲圻縣西十里。其陰爲風潭，爲亭止嶺。其右爲牛鞍石，爲官田，爲車埠。

獨山。在蒲圻縣西二十里。其陰爲横岡，爲蕭橋。

偏髻山。在蒲圻縣西十五里。上有玉蕭諸峯，下爲斗門畈。

黄茅山。在蒲圻縣西二十五里。其陽有黄泥洞，其陰有龍泉。又咸寧縣南三十里亦有黄茅山，上有腴田可耕。

蒲首山。在蒲圻縣西四十里。明祭酒魏觀讀書處。

獅子山。在蒲圻縣西五十五里。聳峭嵚崎，壁立河岸。

竹山。在蒲圻縣西北二十五里。一名西泉山。山多産竹，有洞名竹山洞。

范包山。在蒲圻縣西北五十里，盤石湖西。西北臨黄岡，西臨大羅湖，南臨黄蓋湖，其東南相連者爲月塘山。

龍翔山。在蒲圻縣北一里。上有窪樽石，刻「熙寧癸丑上巳」等字。又北五里有望高山。

茗山。在蒲圻縣北十五里。産茗。爲嘉魚、蒲圻縣通衢。又大冶縣西五十里亦有茗山，有泉宜瀹茗。

黄岐山。在蒲圻縣北二十五里。左有明水洞。其陰爲石口，爲畢家河。

擂鼓尖山。在蒲圻縣北二十五里。前有池曰馬王塘，下有溪曰馬家陂。

行將山。在蒲圻縣東北七里。下有洞，陰晦時，嘗聞鉦鼓聲。

洪口山。在蒲圻縣東北三十五里。兩山對峙，洪溝中貫，即爲雋水所經。

神山。在蒲圻縣東北四十里。蜿蜒如蛇，盤踞湖上。

東高山。在咸寧縣東一里。爲邑之鎮。又東二里爲大野山。

浮山。在咸寧縣東八里。卓立塘中若浮，故名。一名湖山。

輞山。在咸寧縣東四十里。一名車輞山。寰宇記：在江夏縣東南二百七十三里。山形圓曲，有如車輞。按，今屬咸寧縣。

大墓山。在咸寧縣東七十里，接興國州界。世傳唐李靖母墓在此。上有三十六峯，峯下靈泉，禱雨有應。

牛鼻山。在咸寧縣東。寰宇記：在永安縣東八十里。有潭深百丈，四面青蘿緑竹可觀。山形似牛鼻。王存九域志：嘉魚縣有牛鼻潭。

相山。在咸寧縣東南半里。明統志：宋馮京嘗讀書其上，故名。

洪崖山。在咸寧縣東南。相傳爲洪崖先生煉丹處。一名掛榜山。

金雞山。在咸寧縣東南五十里。高數十丈，頂有巨石，有窟如盎，水常不涸，飲之愈疾。

金龍尖山。在咸寧縣東南五十里。有金龍洞。

鐘臺山。在咸寧縣東南六十里。一名鐘山，一名桃花尖山。裴子野宋略：永嘉元年，鐘山洪水，有鐘自山流出，因名。寰宇記：鐘臺山在永安縣東南一百里。上有桃花洞，即李邕讀書處，石室見存。頂有石臺，臺上石鐘，或時自鳴。又興國州南五十里亦有桃花尖山。輿地紀勝：上有泉甚甘潔，里人用以造茶，號曰「桃花絶品」。

銅鼓尖山。在咸寧縣東南六十里。下有張口泉，一名廖家泉。

白望山。在咸寧縣東南八十里。

金燈山。在咸寧縣南一里。一名金山。

石屋山。在咸寧縣南二十里。崖石深敞如屋。

潛山。在咸寧縣南三十里。上有葛仙崖。明統志：形如展旗，上有壇，舊傳葛洪煉丹處。宋馮京未第時，築室山間讀書。有潛山碑及李唐侯記。

禪臺山。在咸寧縣南三十里。山形峭直。相近有横山，又南五里有常輪山。

鸛巢山。在咸寧縣西南。山如鸛形。

鈷鉧山。在咸寧縣西四里。一名熨斗山，俗名風火斗。寰宇記：在江夏縣東南一百十七里，山形如鈷鉧。按：今屬咸寧縣。

斧頭山。在咸寧縣北三十里。其狀類斧。

金城山。在咸寧縣西北。寰宇記：金城山在江夏東南二百三里，下有村在金口水南，村人堰水成塘，以此爲名。按：

今屬咸寧縣。又崇陽縣東十五里亦有金城山。宋黄庭堅讀書其上，墨池尚存。

碧泉山。在咸寧縣東北。有龍池，四時不涸。

白羊山。在崇陽縣東四十五里，接通山縣界。明統志：晉永昌中，有三人乘白羊入此山，故名。

雨山。在崇陽縣東四十五里，接通山縣界。五峯笱立，連亘數十里。上有觀音崖，有泉如乳，禱雨輒應，一名乳山。

靈女山。在崇陽縣東四十五里，雨山之南，接通山縣界。上有古城，俗呼爲女城。

旗山。在崇陽縣東南六十里。一名北山。

葵山。在崇陽縣東南七十里。其南有居北山。

天靈山。在崇陽縣南十五里。禱雨多應。

銅鐘山。在崇陽縣南二十里。旁有洞穴，相傳昔山巔寺鐘爲龍所攝入此。

金匱山。在崇陽縣南三十五里。山有洞，高數十丈，洞外有數池。又南五里有河山。

弩牙山。在崇陽縣南。一名楂枒山，又名弩牙山。寰宇記：在縣南四十里，有吴城港水繞巖下，其巖勢如弩牙。

大湖山。在崇陽縣南八十里。上有五湖，蒹葭叢生，朝嵐暮靄，不見其頂。

頓旗山。在崇陽縣西南三十里。其並峙者有聖人山。

茱萸山。在崇陽縣西南五十里。明統志：唐存制禪師居此，以其多蛇虺毒物，植茱萸辟之，故名。

龍泉山。在崇陽縣西南六十里。輿地紀勝：周二百里，山有洞，如人居室，可容千百衆。有石渠，泉流清駛，號魯溪巖。常時草木狼籍，遇旱有禱，則地無纖芥，若有汛掃者。明統志：山前産茶，味甚甘美，號「龍泉茶」。

雞鳴山。在崇陽縣西南九十里，接通城縣界。有古道，歲久湮廢，明嘉靖中修復。

巖頭山。在崇陽縣西五十里。輿地紀勝：周百餘里，有羅漢、寶陀二巖，俱極幽勝。

八斗山。在崇陽縣西六十里，接通城縣界。一名茶坑山。

鐵柱山。在崇陽縣西七十里，接通城縣界。

臺山。在崇陽縣西七十里。有卓錫、龍霖二泉，禱雨，投楮於泉，沈則雨，浮則否。

箬姑山。在崇陽縣西七十里，路達臨湘，商賈通衢。

龍窖山。在崇陽縣西七十里，接通城縣及湖南岳州府臨湘縣界。相近有三台山、桃花山。

破岡山。在崇陽縣西北五里。宋張詠鑿山引水灌田處。

灌溪山。在崇陽縣西北十五里。有漚麻池、劈箭橋。

白泉山。在崇陽縣西北三十里。泉流不竭，亦張詠引水灌田處。後屢修治，至今爲利。

方山。在崇陽縣西北四十里。四方坦平，巖壑幽邃。北跨臨湘、蒲圻二縣界。

石龍山。在崇陽縣西北五十里。相近有金山。

大集山。在崇陽縣北五里。脈自龍窖山來，歷方山、巖頭東至此。山有桃花洞，前有蘆渚泉。

葛仙山。在崇陽縣北二十五里。元和志：在唐年縣北六十里。輿地紀勝：葛仙壇在縣東北葛仙山上，壇西有清泉，歲旱，環數百里人乞杯勺以去，則陰雨隨之。

壺頭山。在崇陽縣北二十五里。元和志：在唐年縣東北六十里。寰宇記：壺頭山幽谷深邃，下有溪名桃花洞，水名壺頭灘，三里皆石，石脈流水，纔通小舟，水泛漲方可濟，行旅憚之。如甖壺之口，故名。縣志：兩巖夾峙，一線流出，爲雋陽水口。

按：寰宇記以爲即馬援卒處，非也。援征五溪，卒於壺頭，在沅陵，去此千里而遥。

龍頭山。在崇陽縣東北十里陸水中。有石如龍形。

烏土山。在崇陽縣東北二十里。有洞可容千人。後漢末，有包姓者，立砦於此，避黄巾之亂。今洞中碓磨尚存。

東泉山。在崇陽縣東北四十五里。山有龍巖、龍洞。縣志：高廣約百餘里，有泉二，溉田甚廣。一入本縣界，一入蒲圻縣界。

團山。在通城縣東門外。上有東山閣。又東二十五里有湯管山。

七里山。在通城縣東三十五里。邑人廖忠斷元躍馬處。

寶蓋山。在通城縣東五十里。下有百丈泉。

蜜巖山。在通城縣東南二十里。蜂多釀蜜巖下。又東南二十五里有大盤山。

幕阜山。在通城縣東南五十里，東接江西南昌府義寧州，南接湖南岳州府平江縣。輿地紀勝：山周五百里，跨三縣。有一水四出，東南入湘，西入洞庭，北入雋。吴太史慈拒劉表從子磐，於此置營幕，故名。

九嶺山。在通城縣南半里。寰宇記：九嶺山在崇陽縣西南二百里，九山連接。

錫山。在通城縣南五里。舊産銀曰銀山，後又産錫，今俱無。

壽隆山。在通城縣南十三里。又南七里有龍洞山。

雲溪山。在通城縣南四十里。寰宇記：在崇陽縣西二百二十里。山甚峭拔，中有清流，界道如帶。

相師山。在通城縣南四十里。頂有湫，中有黄魚二，能致雨。相近有張師山。

黄龍山。在通城縣西南四十五里。山多白石。南唐保大中，嘗徙縣治於山下。宋平江南，復還舊治。

白面山。在通城縣西十里。相近有月半山。

遥廣山。在通城縣西十五里。相傳有鳳棲此。

梧桐山。在通城縣西二十五里。又西五里有虎巖山，又西十里有白雲山。

梅林山。在通城縣北十里，接崇陽縣界。

鐵東山。在通城縣東北二十五里。時有雲氣如蓋。

雲蓋山。在興國州東五十里。輿地紀勝：山巔有金雞隱伏，每遇夜晦暝，其光往來出没。州志：相近有馬鞍諸峯瞰江，高千仞，望西塞屹若重闕。諸山皆逆挽長江，抱繞郡治。内包重湖，闊二百里。相傳伍子胥曾駐兵於此，今遺址尚存。又通城縣南二十五里亦有雞籠山。

雞籠山。在興國州東五十里。明統志：旁有石樓，嶄然出衆山上，里人於此製茶，名「坡山鳳髓」。州志：東坡謫黄州過此，有埽壁歌，刻於石。

大坡山。在興國州東六十里。世傳南唐屯兵於此。山北有西、南二營。

城山。在興國州東南十里。相傳晉鍾離嘉飛昇處。上有鍾成觀。

鍾成山。在興國州東南三十里。三峯相連，狀如筆架。

顔子山。

坡山。在興國州東南八十里。本名碧雲山，以東坡謫黄州遊此，因改名。

印山。在興國州南十里。一名月山。武昌記：陽新縣月山，高二十丈，有石彷彿如印。

鍾山。在興國州南八十里。寰宇記：鍾繇墨池，在永興縣西南一百七十里，世傳鍾繇臨池學書，池水盡黑，今其地名鍾山。

闔閭山。在興國州南九十里。文獻通考：永興有闔閭山。明統志：世傳伍子胥屯兵於此。史記闔閭九年子胥伐楚是也。今有闔閭城。

太平山。在興國州南一百九十里，接江西南昌府武寧縣界，與九宫山相連。相近者爲牽牛嶺，迤西有後腦山。

菁山。在興國州西南八十里。一名望夫山。武昌記：昔有婦人送夫出征，至此化爲石，雙履之跡猶存。輿地紀勝：上有望夫石，石上産蕪菁。

孟嘉山。在興國州西南一百十里。寰宇記：上有孟嘉宅。

白崖山。在興國州西南一百二十里，與烏崖相對。石色鮮皚，頂有石盆，水不竭，名浴泉。又西南三十里有南鄉山。

黄土山。在興國州西南一百七十里，東接江西九江府瑞昌縣界，南接江西南昌府武寧縣界，西接通山縣界。

黄姑山。在興國州西二里。舊有銀場。

石榴山。在興國州西五十里。一名百福山，相近有粟灣山。

三教山。在興國州西七十里。下有龍泉，旱禱即應。

白閬山。在興國州西三教山東。有瑞檜泉、慶雲泉。

箕山。有二。大箕山在興國州西八十里，小箕山在興國州西七十里。中夾兩溪，聚諸水歷羣隴，盡天津源湖尾〔五〕。

石鼓山。在興國州西八十五里。元和志：在永興縣西六十里，上有三石鼓，鼓鳴即雨。

龍角山。在興國州西九十里，接大冶縣界。輿地紀勝：兩峯相對，本名龍耳，唐天寶四年改名。

天尊山。在興國州西一百十里。山至高，周四十餘里。

五龍山。在興國州西北八十里。隋書地理志：永興有五龍山。輿地紀勝：山有五峯，狀如龍。州志：下有逆龍泉，濁水出即雨。

大銀山。在興國州北十五里。元時於此采銀，相近有小銀山、盤龍山。

西門山。在興國州北三十里。輿地紀勝：上有石臺平如掌，名曰仙女臺。州志：一名犀牛山。

荆山。在興國州北五十里。按：輿地紀勝以爲卞和得璞之所，非是。卞和荆山遺跡在今南漳縣地。

角山。在興國州北七十里。武昌記：天欲雨，則有聲如吹角。

青龍山。在大冶縣東一里。蜿蜒入湖内，水漲時，煙波環繞，爲一縣之勝。

章山。在大冶縣東二十五里。名勝志：自馬隘延連至道士洑，皆名章山。

磊山。在大冶縣東三十里漳源湖中。相近有白額山，上有神遊洞。

瑶山。在大冶縣東四十里磁湖之右，俗名石灰瑶山。輿地紀勝：瑶山有石窩，名「醉吟窩」。

吉祥山。在大冶縣東四十里。相傳楊行密微時隱此。

西塞山。在大冶縣東九十里。一名道士洑磯。虞溥江表傳〔六〕：劉勳聞孫策等已克皖，乃投西塞。水經注：黄石山連延江側，東山偏高，謂之西塞。東對黄公九磯，所謂九圻者也。兩山之間爲闕塞。元和志：在武昌縣東八十里，竦峭臨江。寰宇記：西塞山高一百里。名勝志：西塞山周三十七里。

回山。在大冶縣東九十里。明統志：在西塞山之右，上有飛雲三洞，上洞出雲，中洞出水，下洞出風，爲唐元結讀書之所。

鹿頭山。在大冶縣南七里。山脊有水，南北分流。縣志：上有百丈泉、錦雲幄、滴乳巖。

天臺山。在大冶縣西南三十里。又西南十里有書堂山。

果城山。在大冶縣西南五十里。四山圍繞如城，左爲屏風峽山、黄茅尖山，山極峻削，登陟甚難。右爲三峯山，三峯特秀，高出衆山。

慈雲山。在大冶縣西二里。又西四里有銅緑山〔七〕。

青山。在大冶縣西十里。舊設青山場，以此名。

靈峯山。在大冶縣西二十里。一名曼倩山，俗傳東方朔之子隱此。下有妙子洞，洞左有雷公尖，右有大禹穴，有泉流注十餘里，可灌田一頃。又西十里有鶴泊山。

西山。在大冶縣西三十五里。一名西野山，又名龍居山。相近有香爐山。輿地紀勝：西山在縣西三十里。有白水臺，歲旱，望臺間有雲氣，必雨。

梅山。在大冶縣西四十里。三峯秀麗，最多梅樹。

沼山。在大冶縣西五十里。輿地紀勝：絶頂有覆盆山、獅子石，厓下有沼，清澈可鑒。

雷山。在大冶縣西北四十里。中裂如劈，相傳雷所擊也。

宫臺山。在大冶縣西北四十里，接武昌縣界。

將軍嶺山。在大冶縣北半里。宋謝千牛將軍廟在焉，故名。又北二十五里有長樂山。

東方山。在大冶縣北三十里。名雲峯山。上有十二面，四望如一。明統志：有石刻云東方朔故隱，非也。按，此乃智印禪師道場，在武昌東界，故曰東方。舊志：山爲縣北諸山之冠，山西北即武昌也。

鐵山。在大冶縣北六十里。唐、宋時於此置爐，燒煉金鐵，上有金鐵山砦。

白雉山。在大冶縣北六十里。一名白紵山。隋書地理志：武昌有白紵山。寰宇記：白雉山高一百二十五丈，其山有芙蓉峯，前有獅子嶺，後有金雞石，南出銅鑛。自晉、宋、梁、陳以來，置爐烹煉。輿地紀勝：山在武昌縣南五十里，大冶縣界。頂有龍泉。

牛馬隘山。在大冶縣北，長樂山東十里。險阨難行，故名。今名牛角山。

五卦山。在大冶縣北六十里。上有龍蟠石、仙人牀。

黄荆山。在大冶縣東北四十里。一名白塔崖。高八十餘丈，産仙人韭。

虎塘山。在大冶縣東北五十里。世傳虎躧成塘，故名。

磁湖山。在大冶縣東北五十里磁湖濱。多産磁石。

石航山。在通山縣東二里。以形似名。山勢自下流連亘數十里而上，壁立水口。

沈水山。在通山縣東三十里。名勝志：沈水山，巖谷深邃，人跡罕及。中有仙人壇，石鐘、石鼓羅列左右。縣志：上有大龍塘，號仰天湖。旁有仙坪。

翠屏山。在通山縣南半里。上有賀仙崖，高五丈，通明如屋。輿地廣記：上有石城，三面有石壁，本名石城山。唐天寶中改名。名勝志：翠屏亭、塵外亭俱在山上。有東、西兩泉。

石壁山。在通山縣南五十里。岡連洑水，盤踞崔嵬，東西臨湖，壁立百丈。

大城山。在通山縣南六十里。輿地紀勝：後漢張平子隱此。縣志：上有四石門，壁立若城郭，中平衍廣數十畝。

九宫山。在通山縣南八十里。輿地紀勝：其山高峯九層，故名。縣志：路由太平山、萬竹山盤折而上。至壺天亭，前有三峯山、撥雲峯；東有赤松洞、龍鬬巖；西有白龍潭，上有龍井，水可療疾；西南有水口亭，是爲噴雪巖，瀑布數百丈，觸石飛散如雪；旁有雷公洞、伏虎巖、天尊巖、寶陀山、眠雲石、試劍石；後有駱駝嶺、怪松坡、青猿洞。本朝順治初，流賊李自成兵敗過此，爲縣人擊死。

黄鷹山。在通山縣西南四十里，接崇陽縣界。

白鶴山。在通山縣西半里。東對石航山，其形類鶴。

白羊山。在通山縣西三十里。

羅阜山。在通山縣西北。城在山麓，上有一峯秀出，名羅峯尖。

萬松嶺。在武昌縣西五里樊山下。一名九曲嶺，一名萬松山。名勝志：山在樊山北，臨江。松陰夾路，特爲幽邃。蘇子瞻同弟子由嘗憩於此。其詩注云：「路有直入寒溪，不過武昌者，山下之捷徑也。」建炎後，邑人伐爲棟宇，遂荒。

羊子嶺。在蒲圻縣南十五里。輿地紀勝：嶺勢聳拔，有桃花泉，穿石飛流。

長嵛嶺。在蒲圻縣西十五里。山口有大壺嶺、小壺嶺。

長嶺。在咸寧縣東二十五里。官埠港發源於此。

浚水嶺。在咸寧縣東南五十里，接通山縣界。

蓮河嶺。在咸寧縣西南五十里，接崇陽縣界。

回頭嶺。在崇陽縣東二十五里，道出通山縣。

梅嶺。在崇陽縣東南五十里。有大、小二嶺，爲南達義寧州之間道。二嶺中坳處，有亭以憩行人。

城嶺。在崇陽縣北十二里。周圍如城，曲徑盤上，田廬烟井，宛若畫圖。

雞鳴嶺。在通城縣東四十五里，接崇陽縣界。

南樓嶺。在通城縣東南四十里，接江西南昌府義寧州界。

元鳥嶺。在通城縣南四十里，接湖南岳州府平江縣界。

大岐嶺。在通城縣東北三十五里，接崇陽縣界。

石鼓嶺。在大冶縣西南十里。一名馬叫山。有石鼓，時或響震。

黄蝦蟆嶺。在通山縣東一里。高數十丈，結一石蝦蟆，懸立峭壁，俯視溪水。

朦朧嶺。在通山縣東南三十里。路極險峻，爲江西武寧必經之地。上有朦朧塔，明成化中建。

新開嶺。在通山縣北四里。明宣德間鑿嶺通道，爲興國州必經之路。

青峯。在蒲圻縣南十二里。卓立直上，勢侵雲漢。

羅峯。在蒲圻縣南二十里，接崇陽縣界。

金紫峯。在蒲圻縣南三十里。峻聳入雲，高出縣諸峯上。

雪峯。在蒲圻縣西南二十里。奇勝險絶。

南岡。在武昌縣東南湖上。輿地紀勝：晉太寧二年，王敦收郭璞於南岡，即此。

吴王岡。在武昌縣西七十五里。相傳吴主孫權駐蹕處。

白巖。在蒲圻縣南十二里。奇峯崒嵂，如瀑布倒垂。又興國州西八十里亦有白巖。

凌巖。在蒲圻縣西三里。即鳳凰山西麓。骨立嶄削，中有平地數十畝，旁皆峯巒拱秀，最爲幽勝。有白龍池、朝冠石、普陀巖諸景。

龍頭巖。在崇陽縣東十五里。名勝志：石類龍首，卧於洞門，擊之聲聞百步。北有流泉，縈迴三十里，可資灌溉。

僊師巖。在崇陽縣東三十里。石屋邃敞，中通往來。下有龍湫，寒泉一道，穿石竇出，注爲水陂。

韭菜巖。在崇陽縣東四十里。壁立如屏，壁上有洞出泉。

紫龜巖。在崇陽縣東四十里。泉出其下，溉田數百畝。

青山巖。在崇陽縣西二十五里。下有龍潭。

雷巖。在崇陽縣南七十里。洞口頗狹，中容百人，人跡罕到。有泉可滋灌溉。

寶陀巖。在崇陽縣西六十里。宋建炎中丞相李綱勒銘其上。有龜紋竹、頻伽鳥。

許僊巖。在崇陽縣西北三十里。相傳旌陽許遜追蛟過此。有龍洞、插劍池。

鳳棲巖。在興國州西百里。巖穴深半里，有石寶蓋、石鐘鼓、石龍之屬。

過城經五丈口、土腦嘴，又七十五里至大冶縣界。大冶縣志：大江自武昌縣界五十里至黄石港，經道士洑，又七十五里至漳源口，流入興國州。興國州志：大江逕黄顙口，又東南逕富池口，東入江西九江府瑞昌縣界。

塗水。源出咸寧縣東南鐘臺山，曰咸河，又名西河。北流至縣南金燈山下，名淦川。又合官埠、赤港二水，又西北入江夏縣界，滙爲斧頭湖，北流至金口入江。水經注：塗水出江州武昌郡武昌縣金山，西北流逕汝南僑郡故城南，歷縣西，又西北流注於江。明統志：一名金水。入江夏縣，謂之塗口，亦名金口。咸寧縣志：其源有二。一出浚水嶺，西北流過洪崖山，名蘋花溪。一出鐘臺山之桃花泉，北流與蘋花溪合。按：舊志以水經注之金山爲泰山，因於鐘臺山下注云：「一名泰山。今從文淵閣本改正。」據舊志，塗水出鐘臺山，本曰咸河，至縣南金燈山下名淦川。金燈山一名金山，「淦」當爲「塗」之誤，蓋至金山始有塗水之名，故水經注以爲塗水出金山也。隋書地理志江夏有塗水。「塗」字本作「涂」，與「淦」形相似致誤。其稱金水者，亦因金山得名。寰宇記鄂州江夏縣下云：「金水出金山〔九〕，西注大江。舊記云有金雞從雞翅山南飛，産金於此，故名。」又引荆湘記：「金水北岸有汝南舊城。」與水經注合，而於永安縣别出鐘臺山，足徵舊志之非。

陸水。一名雋水。源出通城縣上雋鄉，東北流繞城西，經縣治，北合秀水。又東北經柘橋，入崇陽縣界，名崇陽河。至縣西南會桃溪，又繞城東會大東港，逕壺頭及崇陽洪，入蒲圻縣界，名蒲圻河。自縣東南洪下灘，西北流至縣城東南，會荆港，繞城東過浮橋，又西北流入嘉魚縣界，至縣西南七十里陸溪口入江。水經注：陸水出下雋縣西三山溪，東逕陸城北。又東逕下雋縣南，又屈而西北流，逕其縣北，又入蒲圻縣北。又逕蒲磯山北，入大江，謂之刀環口。舊志：崇陽縣東有吴城港、白石港，縣西有白泉河、龍坊河，縣南有高梘河、太原河，東北有龍頭河，西北有仙巖河，俱會崇陽港以入雋水。按：明統志以陸水出岳州府巴陵縣，考之輿圖非是。

東水。在咸寧縣東。有二源：一出縣東南石坑，東北流逕石門山，入武昌縣界。一出石門山陰，北流過金雞山，亦入武昌縣界。合流入樊港。

醴泉。在武昌縣治堂左。相傳令賢則泉湧出。
白巖泉。在武昌縣南一百六十里。方輿勝覽：泉石幽絶，有馬祖禪師道場。
菩薩泉。在武昌縣西樊山。宋蘇軾菩薩泉銘序：寒溪少西數百步，别爲西山寺，有泉出於嵌竇間，色白而甘，號菩薩泉。名勝志：西山有泉曰菩薩水，晉時書「滴滴泉」三字，刻於崖頂。
蜜泉。在嘉魚縣南。其水甘如蜜，故名。
温泉。在嘉魚縣西南石頭港。其水常温，冬月可浴。又咸寧縣南㵎山下亦有温泉，浴可愈疾。
湯泉。在蒲圻縣南五里。冬夏常沸，炎蒸上達。又崇陽縣東北十里亦有湯泉。寰宇記：湯泉在龍頭山，可以愈疾。縣志：在城岡嶺上，泉眼周四五丈，沸熱如湯。
神山泉。在蒲圻縣東北。名勝志：神山泉發源神山，湖水環繞，泉湧湖中，其深莫測。
鳴水泉。在咸寧縣南四十里，與寓仙洞相通。其水東流入雙汊港。名勝志：鳴水泉，飛沙泉，其地可雩。
沈泉。在咸寧縣西五十里。明統志：源出蒲圻境，入咸寧縣界數里，下注大石竇中，聲如萬鼓，遂伏流不見。
分水泉。在通城縣南四十里黄龍山下。分二流：一南入江西南昌府武寧縣，一西流入陸水。
玉泉。在興國州東六十里。高二丈五尺，如瀑布狀。
雙泉。在興國州東七十里。輿地紀勝：有雙泉院，院之東西，兩泉並湧，故名。
三潮水。在興國州西北四十里。泉一日三湧，故名。
金水潭泉。在大冶縣東五里。一名蛟潭。

異泉。在大冶縣東回山。唐元結有異泉銘，顔真卿書。輿地紀勝：天寶十三載，回山之巔忽有飛泉湧出，垂流四百仞，元結名之曰異泉。

龍窟洞泉。在大冶縣西南三十里天臺山下。泉流四時不竭。

聖水泉。在大冶縣東北。旱久泉湧則雨，雨久泉湧則晴。故名。

石航泉。在通山縣東二里。出石航山大泉洞，水流數十丈，常有四足魚長二尺許，出没水中。

泉港泉。在通山縣東三十里沈水山龍塘下，溉田數頃。

阮婆泉。在通山縣南翠屏山下，與井灣泉通。

井灣泉。在通山縣西五里，與石航泉通。

銅盤井。在府治南。明統志：昔有銅盤蓋井底，日汲不竭，故名。

浪花井。在江夏縣東十五里。明統志：在大洪山南塔下，名曰無影塔。水常沸湧如浪，其脈通江。

義井。在通城縣東二十五里。縣志：昔吴述道七代不分，共飲其井，故名。

校勘記

〔一〕周二里有奇　「二里」，乾隆志卷二五八武昌府城池(下同卷簡稱乾隆志)作「三里」。

〔二〕宋紹聖初建　「紹聖」，乾隆志作「紹興」，未知孰是。
〔三〕東坡自書赤壁賦後云　乾隆志同。按，下引文字實宋王得臣江夏辨疑中語，引謂東坡自書，誤。
〔四〕操自江陵而下　「而」，原作「西」，乾隆志同。按，「西下」文意不通，江水自西往東流，往西行只可謂「西上」，且下文説劉備與周瑜等由夏口往而逆戰，江陵在夏口上流，則曹操必是順江而下。考苕溪漁隱叢話後集卷二八東坡三引江夏辨疑此句作「操自江陵而下」，「西」顯爲「而」字之形訛，因據改。
〔五〕盡天津源湖尾　「天津源湖」，乾隆志作「天津湖」，疑當作「漳源湖」，「漳」訛作「津」，又衍「天」字。按，齊召南水道提綱卷一〇江云：「漳源出入大冶縣西境大港東山，三源合東南流，經縣城南，又東爲金湖，經小箕山北，爲漳源湖」。可資參考。
〔六〕虞溥江表傳　「虞溥」，原作「盧溥」，乾隆志同，據晉書卷八二虞溥傳改。按，下引文字亦見於三國志卷四六孫策傳裴松之注引江表傳。
〔七〕又西四里有銅緑山　「銅緑山」，原作「銅緣山」，據乾隆志及讀史方輿紀要卷七六湖廣改。
〔八〕在興國州南五十里粟灣山　「粟」，原作「栗」，據乾隆志及本卷上文改。
〔九〕金水出金山　「金山」，太平寰宇記卷一一二江南西道鄂州江夏縣金水條作「秦山」。
〔一〇〕清寧湖　「寧」，原作「安」，據乾隆志改。按，本志避清宣宗諱改字。
〔一一〕其東爲闕陽湖　「闕」，原模糊難辨，姑從乾隆志録。

大清一統志卷三百三十六

武昌府二

古蹟

沙羨故城。在江夏縣西南。宋書州郡志：江夏太守領縣沙羨，漢舊縣，吴省。晉武太康元年復立，治夏口。按：沙羨城，或以爲即夏口城，非也。沙羨，漢縣；夏口城，吴孫權始築。至晉武帝以後，則沙羨縣城始即夏口城耳。

夏口故城。在江夏縣西黄鵠山上。吴孫權築，晉爲沙羨縣治，宋爲郢州及江夏郡治。吴志孫權傳：黄武二年春正月，城江夏山。宋書州郡志：江夏太守，漢高帝立。永初郡國及何志並治安陸，此後治夏口。水經注：黄鵠山東北對夏口城，孫權所築。對岸則入沔津，故城以夏口爲名。亦沙羨縣治也。南齊書州郡志：郢州鎮夏口城，據黄鵠磯，宋孝武置州於此，以分荆楚之勢。按：宋志謂治夏口者，乃江南之夏口城，非江北之夏口也。

汝南故城。在江夏縣西南。晉置縣，屬江夏郡。宋、齊因之。隋省。水經注：汝南僑郡，咸和中寇難南逼，户口南渡，因置斯郡，治於塗口。元和志：東晉以汝南流人僑立汝南郡，後改爲汝南縣。寰宇記：荆湘記云金水北岸有汝南舊城。

古鄂城。今武昌縣治。漢置鄂縣，屬江夏郡，後漢因之。吴改爲武昌。史記楚世家：熊渠伐庸、揚、粤至於鄂，乃立其中子紅爲鄂王。注：「九州記曰：鄂，今武昌。」水經：江之右岸有鄂縣故城。注：舊樊楚地。世本稱熊渠封中子爲鄂王。晉太康地記以爲東鄂矣。孫權以魏黄初元年自公安徙此，改曰武昌。又以其年立爲江夏郡。至黄龍元年，權遷都建業，以陸遜輔太子鎮武昌。孫晧亦都之。晧還東，令滕牧守之。晉惠帝永平中，始置江州，傅綜爲刺史，治此城，後太尉庾亮之所鎮也。杜佑通典：鄂州武昌縣，東晉謝尚、庾翼屯守於此。輿地紀勝：嘉定十五年，樞密院言鄂州武昌縣係江西上流衝要隘口，因升爲武昌軍。尋以與鄂州節鎮之名相類，因「玉寶壽昌」文錫名壽昌軍。

晉鄂縣城。在武昌縣西南。宋書州郡志：武昌太守領縣鄂，漢舊縣，吴改爲武昌。晉武帝太康元年復立鄂縣，而武昌如故。隋書地理志：江夏郡武昌，平陳廢鄂縣入焉。

沙陽故城。在嘉魚縣北。宋書州郡志：江夏太守領縣沙陽，漢舊縣，本名沙羨，晉武帝太康元年更名。又立沙羨，而沙陽徙今所治。文帝元嘉十六年，度巴陵。孝武孝建元年，度江夏。水經注：江中有沙陽洲，沙陽縣治也。寰宇記：沙陽屬上雋郡。梁承聖三年，改爲沙州。陳初復還縣，又屬上雋郡。隋開皇元年廢。

蒲圻故城。在嘉魚縣西南。三國吴置屯。晉太康初置縣。隋移縣於鮑口，而此城廢。鮑口即今治也。宋書州郡志：江夏太守領縣蒲圻，晉武帝太康元年立，本屬長沙。文帝元嘉十六年，度巴陵。孝武孝建元年，度江夏。水經注：蒲圻洲頭，即蒲圻縣治也。寰宇記：吴黄武二年置，在競江口〔一〕。隋開皇十二年，洪水泛溢，縣遂漂流，就鮑口權立。唐武德四年，使人王弘讓、刺史周和舉權在陸溪川中爲縣。貞觀七年，移還鮑口。

永安故城。今咸寧縣治。寰宇記：永安縣本江夏縣界，南去縣三百里。唐大曆二年，割金城、豐樂、宣化等鄉置鎮。吴乾貞三年，改爲永安場。南唐保大十二年陞爲縣。王存九域志：景德四年，改永安縣爲咸寧，在州東南三百里。輿地紀勝：避永安陵名，故改。縣志：元末陳友諒據武昌，邑燬，遷於河北朱老廟後。明初，友諒既平，仍還舊治。

唐年故城。在崇陽縣西四十里。唐置縣，屬鄂州。五代吴時改爲崇陽，遷今治。元和志：唐年縣本漢沙羨縣地，天寶二年分置。寰宇記：吴順義七年，改爲崇陽。縣志：唐年故城在縣西桃溪橋東。五代時遷今治。朱梁初，楚將許德勛破唐將李饒等，掠上高、唐年而歸，即此。

下雋故城。在通城縣西。漢置縣，屬長沙國。後漢、晉屬長沙郡。宋、齊俱屬巴陵郡。隋省入蒲圻。元和志：下雋故縣在唐年縣西南一百六里，因雋水爲名。寰宇記：梁大同五年，於下雋縣置上雋郡。承聖三年，改爲雋州。陳天嘉四年，州廢。隋開皇九年省下雋入蒲圻。按：漢書地理志武陵郡充縣，澧水東至下雋入沅。後漢書馬援傳援征五溪，軍次下雋。則下雋當在長沙、武陵之間，於今爲湖南地。殆吴以後始移縣於巴陵之東也。

下雉故城。在興國州東南。漢置縣，晉省。元和志：下雉故縣在永興縣東南一百四十里。漢伍被謂淮南王安曰「守下雉之城，絶豫章之口」是也。武昌記：下雉縣，晉義熙中併入陽新。州志：今州東昌平鄉下洋有下雉潭。

陽新故城。在興國州西南六十里。三國吴置縣，屬武昌郡。晉、宋、齊因之。隋改置富川縣。三國吴志：西陵太守領陽新、下雉兩縣。寰宇記：故陽新縣在永新縣西南一百二十里。名勝志：吴孫權分置陽新縣，隋改曰富川。州志：上陽辛里、下陽辛里，在今州西南六十里，即故陽新縣。

永興故城。在興國州東五十里。陳置縣。隋省入富川，又改富川爲永興。隋書地理志：江夏郡永興，陳曰陽新，平陳改曰富川。開皇十一年，廢永興縣入焉。十八年改名。元和志：陳永興故縣，在永興縣城東五十里，東臨江水。俗云伍子胥所築，一名子胥城。輿地紀勝：隋改富川曰永興，居高陵故城。貞元八年移於長樂鄉之深口。按：高陵故城在州西一里深口，即今州治。

城塘廢縣。在武昌縣西。寰宇記：廢城塘縣，在鄂州西北一百一十里。隋末縣令羲士暄置，西有小城塘，因名。大業九年廢。名勝志：神人山下爲白鹿磯，城塘縣設此。

安昌廢縣。在興國州西北九十里。寰宇記：梁普通七年置縣。隋開皇九年併入富川。

樂化廢縣。在通城縣東南。寰宇記：梁大同五年，分下雋縣置樂化縣。隋開皇十二年省，入蒲圻。縣志：縣東南有樂化鄉。

曹公城。在江夏縣東北。元和志：在江夏東北二里。梁武遣將曹景宗所築。明統志：梁武起兵，遣曹景宗築曲水城。及武帝攻郢城，又遣王世興屯兵於此。

萬人敵城。在江夏縣東。明統志：黄鵠山頂舊有城，宋建炎間，寇犯城，郡守命萬人登城，以强弩射之，寇退，因名。

吴王城。在武昌縣東一里餘。一名吴大帝城。元和志：孫權故都城，本漢灌嬰所築，晉陶侃、桓温爲刺史，並理其地。寰宇記：吴大帝城，吴主置，城有五門，各以所向爲名。西角一門，謂之流津，北臨大江。明統志：吴王城，孫吴故宫城遺地，今宫城前有御溝，後有廟。

黄石城。在武昌縣東二十里。一名流沂壘。江表傳：孫輔於彭澤破劉勳，勳走入楚江，從尋陽步上到置馬亭，聞孫策等已克皖，乃投西塞，至流沂，築壘自守。寰宇記：黄石城，即劉勳所居。胡三省通鑑注：流沂壘在壽昌縣東南三十里，近西塞。

梅城。在武昌縣西五十里。吴黄武二年築，有仵城在縣西七十里。

吕蒙城。在嘉魚縣西南。一名陸口城。水經注：陸水北逕吕蒙城西。元和志：吕蒙城在蒲圻縣西南八十里。孫權以蒙爲横野將軍，於此鎮守。寰宇記：吕蒙城東北沿流去鄂州三百九十三里，即吕蒙所築，屯兵於此，地屬鮎濆鎮。

岳公城。在嘉魚縣東北四十里。宋岳飛征楊么，於此築城屯兵。

太平城。在蒲圻縣西南。寰宇記：孫權遣魯肅征零陵，於此築城。

銅盤城。在咸寧縣南四十里。一名銅門城。輿地紀勝：有四門，各廣二丈，古蠻獠保聚處。

黄巢城。在崇陽縣西七十里，白沙嶺上，俗名其地爲城下。

鮎漬鎮。今嘉魚縣治。寰宇記：嘉魚縣本蒲圻縣地，隋之鮎漬鎮，以多生鮎魚爲名。唐天寶三年〔二〕，本道以鎮界所管懷仁、宣化三里合爲一鄉，屬鎮徵科，楊吴升爲嘉魚縣。

通城鎮。今通城縣治。輿地紀勝：唐年縣西有市曰錫山，元和二年升爲鎮，五年更名通城鎮，宋升爲縣。元豐八年割隸岳州，元祐七年還鄂州。

安樂宫。在武昌縣東。寰宇記：在鄂州西北，水路二百四十里。吴黄武二年築。輿地紀勝：安樂宫在吴王城中，舊傳瓦皆澄泥爲之，可爲硯，一瓦值萬錢。縣志：吴繕南宫，謂之太初安樂宫。後諸葛恪更起門殿，爲遷都計，謂之西宫。

避暑宫。在武昌縣西寒溪上。相傳吴王避暑於此。縣志：一名元通閣。

太極殿。在武昌縣東。明統志：在安樂故宫前。吴王正殿也。

郊天壇。在江夏縣東十五里磨耳山。相傳漢昭烈帝祭天於此。

郊壇。在武昌縣西。水經注：武昌城西有郊壇，權告天即位於此。輿地紀勝：郊壇岡在武昌西山。明統志：又名即位壇。

瓜圻。在武昌縣西南。方輿勝覽：吴王種瓜於此。縣志：有送瓜溝，今名宋家溝。

奇章閣。在江夏縣城内，布政使司前。一名奇章堂，舊名楚觀樓。明統志：即古楚觀址。宋知州陳邦光建，初名戲綵堂，後知州汪叔詹夢前身爲奇章公，改今名。

稽古閣。在府學内。明統志：宋紹熙間鄂州教授許中應建，藏紹熙石經、兩朝宸翰。又取板本九經諸子百氏，列寘其旁。朱子有記。

松風閣。在武昌縣西樊山。方輿勝覽：在西山寺。明統志：舊有松林甚茂。宋黄庭堅自黄州游西山，愛之。因名。

懷坡閣。在興國州東。宋元豐間，蘇軾自黄來訪李仲覽，留其家久之。仲覽登第後，瞰湖築室，號懷坡閣，畫東坡像於其上。王十朋過之，爲賦懷坡詩。

白楊臺。在江夏縣北十里。相傳梁武攻郢城，遣唐修期屯兵於此〔三〕。

湧月臺。在江夏縣城西黄鶴樓側。宋黄清老書「湧月」二字，後人摹刻於此，而續以「臺」字。

鳳凰臺。在武昌縣東。明統志：在虎頭山。吴主因鳳凰見，築臺於此，詔周瑜、魯肅定建都之計。

釣臺。在武昌縣西北江濱。晉書陶侃傳：遣兵逼西陽王羕，侃整陣於釣臺爲後繼。水經注：江上有釣臺，權常極飲其上，曰墮臺醉乃止。張昭盡言處。寰宇記：釣臺在武昌城下，有石磯臨江懸峙，四眺極目。縣志：明成化初，江岸平沙尚高二三尺許，今湮没。

馮京讀書臺。在咸寧縣南潛山。又相山亦有讀書臺。舊有相山書院，下有金蓮池，俱相傳馮京讀書處。

張志和釣臺。在大冶縣東道士洑。相傳唐張志和隱處。

謝公墩。在興國州東一里湖隄山。宋謝枋得寓居讀書處。其地有疊山書院。

焦度樓。在江夏縣東。南齊書焦度傳：沈攸之大衆至夏口，將直下都，度於城樓上肆罵，攸之衆蒙楯將登，度令投以穢器，賊衆不能冒。至今呼此樓爲焦度樓。

黄鶴樓。在江夏縣西。元和志：江夏城西南角，因磯爲樓，名黄鶴樓。按：仙人乘鶴事，各書傳聞不一，説詳見上卷山川門黄鵠山注。

白雲樓。在江夏縣城内，黄鶴山頂。一名南樓。輿地紀勝：南樓，中改爲白雲閣。元祐間，守方澤重建，復舊名。或以爲庾亮所登，非也。亮所登在武昌縣。

和豐樓。在江夏縣東南。明統志：舊名高樓，宋淳熙間燬，總管劉邦翰重建，改今名。

南樓。在武昌縣南。世説：庾太尉在武昌，秋夜氣佳景清，使吏殷浩、王胡之之徒，登南樓吟詠，庾公率左右步來，與諸人詠謔，竟坐甚樂。縣志：又名玩月樓，即今之譙樓。

岳公樓。在嘉魚縣東，宋岳武穆駐節處。

捲雪樓。在興國州東六十里。輿地紀勝：在富池之黃龍洲，前臨大江。

皮日休讀書堂。在江夏縣東。晁公武讀書記：皮日休少時曾讀書武昌頭陀寺，今寺有讀書堂，其遺蹟也。

四賢堂。在府學内。明統志：宋嘉定中，教授石繼諭建，以祀周子、二程子、朱子，黄榦有記。

吴王讀書堂。在武昌縣西樊山。輿地紀勝：在寒溪山間。名勝志：東坡玉堂話舊詩自注云：吴王臺在寒溪，有吴王讀書堂，堂下有泉，世號吴王井。

張詠讀書堂。在崇陽縣東六十里港陂，扁曰「休心」。詠嘗賦詩自記。

黄庭堅讀書堂。在崇陽縣東金城山麓，扁曰「浩然」。

十詠堂。在興國州治後。宋慶曆中，王琪出守興國，作望江南十詠。紹興間知軍事黄仁榮建堂，取「十詠」名之。

元結讀書堂。在大冶縣東回山上。

乖崖亭。在布政使司署後。明統志：宋李燾設張忠定公詠像於内，有文記之。

江漢亭。在府通判廳。宋乾道中，鄂倅葉椅建，張栻作記。張芸叟南遷録：鄂倅公宇因古城作亭榭，俯瞰江、漢，景物最秀。

仙棗亭。在江夏縣治南。景泰四年重建，改名呂仙亭。明統志：舊傳亭前棗木未嘗實，一歲忽有實如瓜，太守命小吏採而進，小吏輒私啖之，遂仙去。縣志：又傳太守與卒弈，有一異人吹笛來，忽不見，隨即聲至樓上，惟見石鏡題詩，末書「呂」字而去，故改今名。

石照亭。在江夏縣西黄鶴樓下。宋王鞏聞見近録：鄂州黄鶴樓下有石光徹，名曰「石照」。

壓雲亭。在江夏縣西黄鶴山上。明統志：舊爲頭陀峯頂院，元世祖嘗駐此，至正間建亭。

封建亭。在江夏縣南梅亭山。明太祖既降陳理，駐蹕山上，得使報生皇六子，喜曰：「他日以此子王楚。」及封，議王齊，寶三鑄不成，因悟曰：「朕昔駐梅亭有言，其王楚乎？」一鑄而寶成。後乃建亭於山上。

廣宴亭。在武昌縣西樊山。唐廣德中，樊口津吏欲爲候舍。元結驗之圖記，以爲故孫吴遊宴地，乃諭縣令馬珦建亭，名曰「廣宴」，結爲之記。

殊亭。在武昌縣治後，唐縣令馬珦建。元結作記，取其才殊、政殊、蹟殊，爲此亭又殊，因名。

怡亭。在武昌縣西。歐陽修六一題跋：在武昌江水中小島上。武昌人謂其地爲吴王散花灘。裴鷗造〔四〕，李陽冰名而篆之，裴虬銘，李莒八分書，刻於島石。

九曲亭。在武昌縣西九曲嶺，爲孫吴遺蹟。宋蘇軾重建，蘇轍有記。後廢。元泰定中重建，名最樂亭。又廢。明嘉靖中又建，名懷坡，崇禎中更名懷蘇。本朝順治七年重建。

香霧亭。在崇陽縣治後。宋張詠建，任希夷重建。

美美亭。在崇陽縣北。舊名北峯亭。宋張詠改建。

滄浪亭。在興國州放生池上。蓮花彌望，夾隄皆垂柳，羣山環列，有浮屠突兀在雲烟紫翠間。記稱江山之勝，頗似武林、西湖。

寶泉監。在江夏縣東二里。宋史地理志：鄂州監一，寶泉，熙寧七年置鑄銅錢。

富民監。在大冶縣東。宋史地理志：興國軍大冶有富民錢監。

青山場。今大冶縣治。寰宇記：唐天祐二年，吴析武昌，置大冶青山場院，南唐升爲大冶縣。

豐寶場。在大冶縣北。宋史地理志：大冶有銅場。輿地紀勝：豐寶場去縣九十里，出膽水，浸鐵成銅。

蘄竹山場。在大冶縣東，道士洑西。世傳宋吕文德種竹所。

新興冶。在大冶縣西。晉書地理志：鄂縣有新興、馬頭鐵官。水經注：庾仲雍江水記云，谷里袁口，江津南入，歷樊山，上下三百里，通新興、馬頭二冶。縣志：縣有鐵山、鐵務二冶，本在縣界，故以大冶名縣。

鐵務。在大冶縣北。宋史地理志：大冶有磁湖鐵務。縣志：今鐵山下有鐵山爐，宋於此置爐煎鐵。

丁固宅。在江夏縣南。寰宇記：固母作大被以招賢，故固學爲時所重。

孟宗宅。在江夏縣南。輿地紀勝：今安遠樓其故基也。舊爲靈竹寺，即宗泣竹之所。

李邕宅。在江夏縣東十五里。名勝志：修静寺即李邕所居。青蓮集有遊修静寺詩。按：修静寺在洪山之西，去寶通寺半里餘。

陶侃宅。在武昌縣西北。武昌記：陶侃宅，地中有黑石中坳如樽，唐孟士源命爲杯樽。輿地紀勝：在縣西北臨江，後爲羅漢院。

元結宅。輿地紀勝：在武昌縣西五里。

竇參宅。在蒲圻縣東北。名勝志：唐竇參宅在定相寺，參未第時，肄業於此，山神告以他日當富貴，果如其言，因捨宅爲寺。

馮京宅。在蒲圻縣北西頭村。

趙葵宅。在蒲圻縣西梅隱坊。

孟嘉宅。在興國州西南一百十里。

李邕石室。在咸寧縣東南鐘臺山。

西園。在江夏縣西。司馬光通鑑：梁大寶元年，王僧辯軍至鸚鵡洲，邵陵王綸集其麾下於西園。注：「又有東園，在城東東湖上。」

春谷園。在崇陽縣北。宋張詠有記。

夷市。在武昌縣東。晉書陶侃傳：侃立夷市於郡東，大收其利。輿地紀勝：晉西陽有豫州五水蠻，侃鎮武昌，作夷市於吴城東，以爲交易之所。

關隘

長江關。在江夏縣西。

烽火城。在江夏縣東北四十里烽火山上。

雞鳴關。在武昌縣東。

東關。在崇陽縣南六十里，接江西義寧州界。

古龍關。在興國州西北五里。

九宫隘。在通山縣南九十里。

山坡巡司。在江夏縣東南一百二十里。舊係馬驛，本朝乾隆二十七年改設巡司。

金口鎮巡司。在江夏縣南六十里。

鮎魚口鎮巡司。在江夏縣西南五里裏河入江處。

滸黄洲鎮巡司。在江夏縣北三十里。一名白滸鎮，爲江渚登陟之所。

白湖鎮巡司。在武昌縣西南九十里，接江夏縣界。

金子磯巡司。在武昌縣西南一百二十里。本金牛鎮，後移縣東五里金子磯巡司於此。九域志：武昌縣有金牛鎮。

石頭口鎮巡司。在嘉魚縣南八十里。

簰州鎮巡司。在嘉魚縣東北七十里。

港口巡司。在蒲圻縣西六十里。舊係馬驛，本朝乾隆二十七年改設巡司。

富池鎮巡司。在興國州東六十里。一名池口。本朝設千總一員領兵駐防。

黄顙口鎮巡司。在興國州北六十里。

道士洑巡司。在大冶縣東九十里，即西塞。古名土洑鎮。唐符載土洑鎮保寧記〔五〕：夏口西南四百里，其山曰西塞，其鎮曰土洑〔六〕，山鎮相距百許丈。按：「洑」與「澓」同。水經注：土澓本西塞對岸地名，不知何時移爲西塞鎮名。

武昌鎮。在武昌縣東南六十里，古昌樂院舊址。

三江口鎮。在武昌縣西十里，左通團風，右通七磯。明初設巡司，嘉靖中省，萬曆二年設三江營。今省。

赤土磯鎮。在武昌縣西三十里。明設巡司，今裁。

華容鎮。在武昌縣西五十里。唐爲禪林寺，宋置鎮。

陸口鎮。在嘉魚縣西南。今名陸溪口。三國吴以此爲控制要地。

新店鎮。在蒲圻縣西南四十里。

羊樓鎮。在蒲圻縣西南七十里羊樓洞。

汀泗橋鎮。在蒲圻縣東北七十里，接咸寧縣界。

磁湖鎮。在大冶縣東北五十里。

田家鎮。在大冶縣境。有兵防守。

樊山砦。在武昌縣西四里樊山下。輿地紀勝：吴、晉間置戍於此。唐置樊山府，南唐置樊山砦。

劉成山砦。在咸寧縣西五里。一名成山古砦。明統志：周迴十餘里。四壁峭拔，惟一徑可入。

長山砦。在通城縣南。通鑑：周顯德三年，王逵奏拔鄂州長山砦。注：「在鄂州南界，唐立砦以備潭、朗。」

柳峯砦。在興國州南三十里。元末，里民黄晉禄率衆避兵處。

太平砦。在興國州南。元末楊普雄據此以拒敵。

石榴砦。在興國州西五十里石榴山。

李家港砦。在大冶縣東六十里。又有夾城砦、北壢砦、横山砦、雞心砦，皆元末土人避紅巾賊處。

黄泥壠。在通山縣東三十里。舊有巡司，今省。

八吉堡。在江夏縣北五十里。

花油堡。在大冶縣南七十里，通江西九江府瑞昌縣。明設兵戍守，今省。

保安堡。在大冶縣西六十里。

長虹堡。在大冶縣北五十里。

朦朧嶺堡。在通山縣南二十里。

羊都堡。在通山縣西三里。

東湖驛。在江夏縣東六十里。本朝乾隆二十七年裁歸縣。

將臺驛。在江夏縣東。本朝康熙四十四年裁歸縣。

鳳山驛。在蒲圻縣北一里。本朝雍正六年裁歸縣。

官塘驛。在蒲圻縣東北六十里。本朝乾隆二十年裁歸縣。

咸寧驛。在咸寧縣西。本朝雍正六年裁歸縣。

小港市。在崇陽縣東五里。

高家市。在崇陽縣東四十里。

磌墩港市。在崇陽縣東南十五里。
桂口橋市。在崇陽縣西四十里桃溪旁。
塘湖市。在通城縣東四十里。
新安河市。在通城縣東南二十里。
崇古市。在通城縣西四十五里。
太平市。在通城縣西北三十里。
石田市。在興國州東五十里。
龍川市。在興國州南九十里。
陽辛市。在興國州西南六十里，即古陽新縣。
姜橋市。在大冶縣西南十五里。
換緣橋市。在大冶縣西北四十里。

津梁

廣平橋。在江夏縣東忠孝門外。明統志：在府城東二里，跨南湖。宋紹興間建。
浮橋。在江夏縣南望山門外，江水支流所經。乾隆十六年重修。

長虹橋。在江夏縣南五里。明萬曆末，邑人熊廷弼重修，築隄障水。

太平橋。在江夏縣南六十里。有亭。又通城縣東五里亦有太平橋，以跨太平港故名。

獅子橋。在江夏縣南六十五里。有亭。

新橋。在江夏縣南。邑人熊廷弼建石磴，闊三丈許，上有槽。水泛溢，兩旁用木板爲閘，中築土以障江水，大爲諸湖田利賴。

北洋橋。在江夏縣北二十里。明弘治中周璽建。

孟井橋。在江夏縣東北三十里。

石盤橋。在武昌縣東。明統志：在縣東十里，舊名石盤渡。景泰二年建橋。

南湖橋。在武昌縣南二里南湖上。明正德中建。

大橋。在武昌縣西南金牛鎮。相近又有黄龍橋。

萬松橋。在武昌縣西西山下。相近又有寒溪橋。又舊石橋在寒溪寺前。

馬橋。在武昌縣西三十里，當驛路之衝。

熟湖橋。在嘉魚縣東熟湖寺東。元建。

五洪橋。在蒲圻縣西四十里。元皇慶初建，程鉅夫有記。

三元橋。在咸寧縣東五十步。初名永安橋，後改金紫橋，明正德中建樓其上，改今名。

楊湖橋。在咸寧縣東二十里。又有橫溝橋、駕城橋、小金橋，俱在縣東二十里，路通興國州。

洗馬橋。在咸寧縣東三十里，路通武昌。

西河橋。在咸寧縣西半里，當往來孔道。舊設浮橋，明嘉靖中，築石墩，架木爲梁。天啓中，改築石橋，名永樂鎮橋。洞七。本朝雍正五年修。

汀泗橋。在咸寧縣西，接蒲圻縣界。

石屋橋。在崇陽縣西南三十里梓木港。明建。

義城橋。在崇陽縣西二里。明統志：宋令張詠建。

朱紫橋。在崇陽縣西三里。明統志：宋孟珙書額。

朝宗橋。在通城縣南一里秀水上。一名朗橋。明洪武中建，萬曆間易以石。

拱北橋。在通城縣北門外嶲水上。府志：宋咸淳間，邑人楊起莘創建石墩，駕木，分九孔。明永樂間圮，至正德間大圮。有僧募化，全用石甃，橋乃堅緻。

懷坡橋。在興國州東半里。

良薦橋。在興國州北二十里。長二十餘丈。明嘉靖中建，爲出黄州府蘄州要道。

新雁橋。在大冶縣東九十里道士洑。

八分渡。在江夏縣東南十里。一名張公渡。

漢陽渡。在江夏縣西。

梁子渡。在武昌縣南九十里。

赤馬渡。在武昌縣西北七十里。

陸溪口渡。在嘉魚縣西南六十里。

石頭口渡。在嘉魚縣西南八十里。

駕部口渡。在嘉魚縣東北。即宋文帝黑龍負舟處。

聶泗渡。在蒲圻縣東十里。

石坑渡。在蒲圻縣東南四十里。

史家渡。在崇陽縣東五里。

吴城渡。在崇陽縣南九十里。

毛公渡。在通城縣北五里。

軍山渡。在興國州南五十里。

沫口渡。在興國州西十里。

陽辛渡。在興國州西一百里。

門枋渡。在興國州東北二十里。

金隄渡。在大冶縣西關外，即茅嶺渡。

磁湖渡。在大冶縣東北五十里。明統志：即蘇子由阻風以詩寄子瞻處。

黄沙渡。在通山縣東三十里。

隄堰

花隄。在江夏縣治西南平湖門内。宋政和間築。

郭公隄。在江夏縣南湖中。自長街至新關路，長二里。宋都統制郭果築。

路隄。在江夏縣南。自龍牀磯及石嘴以下，前明兵部尚書熊廷弼築。本朝雍正五年水決，六年發帑重修。又自張公渡起，折而東，及石子嶺以下隄，亦熊廷弼築。

金口長隄。在江夏縣西南。一名部隄。起赤磯山至嘉魚縣下田寺止，長一百二十里。本朝雍正六年發帑修築，至七年訖工。

萬金隄。在江夏縣西南長隄外。方輿勝覽：紹興間築，建壓江亭於其上。

江隄。在江夏縣北。明萬曆間因水毁，御史史學遷修之，本朝乾隆元年重修。自望山門外王惠橋至武勝門外土城磯止，正岸連亘一千三百一十九丈，護岸六百八十八丈，嗣後屢經增修。又保安門外蕎麥灣，乾隆十年築月隄一道，長九百九十一丈。老隄頭至茶庵止，乾隆二十六年，築月隄一道，長二百九十丈。老隄内，乾隆三十二年築月隄一道，長四百七十四丈五尺。金沙洲，乾隆十一年建石壩兩座，修正岸七百六十丈五尺。南蕎麥灣，乾隆十六年建石隄五段，長二百五十一丈，石壩五座。乾隆二十年起，至二十六年，陸續改築土隄。萬佛寺後，乾隆二十六年加築月隄一道。

石隄。在江夏縣城内，用護裏河。乾隆二十九年修。

東皐隄。在武昌縣治南儒學前，一名義隄。

清思隄。在武昌縣東三里虎頭山下。

石盤隄。在武昌縣東五里。

水涇隄。在武昌縣東二十里。夏月江溢，水自茨菰港入琵琶洲，直衝西窪，因築隄障之。明萬曆三十六年重築，後圮。本朝康熙五十年復築。

南湖橋隄。在武昌縣南二里。

丁橋隄。在武昌縣西七十里。以上三隄俱萬曆二年知縣李有朋重修。

新隄。在嘉魚縣北。宋乾道初，攝縣事陳景築。

通城隄。在嘉魚縣東北。自龍潭山至舊魚山驛，高丈許，廣三丈，上種柳。

成公隄。在嘉魚縣東北。元皇慶初，縣令成宣築，自馬鞍山下至三角鎮。

宣公隄。在蒲圻縣西北盤石湖旁。明萬曆四十六年，知縣宣大勳築。

護城隄。在咸寧縣西。明萬曆三十五年，知縣周曰庠築，起東山之麓，繞南、西、北三面，直接河西渡，長三里。中建樓，名永安樓，隄内浚濠。邑人思其惠，名曰周隄。

恩波隄。在興國州西北五里古龍山下。一名朝天隄。明永樂間知縣樊繼築。

良薦橋隄。在興國州北二十里。

長樂堰。在興國州北五十里。唐書地理志：永興縣北有長樂堰。貞元十三年築。

石梘陂。在崇陽縣東南十五里。高丈五尺，廣四十八丈，分堨五道，溉田三千八百餘畝。後唐長興中創築，以木爲之。

明洪武中易以石。本朝順治十二年，重築。

鸕鷀陂。在崇陽縣東南三十里。明成化中，邑人汪泰築。長三十丈有奇，廣倍之。溉田六百餘畝。陂内有潭，潭中有泉曰茅林。

華陂〔七〕。在崇陽縣西南聖人山前。唐縣令温遷約建。溉田七十餘頃。

白泉陂。在崇陽縣西北。宋張詠爲縣令，偃大木爲堰，鑿山爲渠，引水入圳，灌近郭田。明萬曆中易以石。

陵墓

漢

荆王賈墓。在大冶縣西北六十里。

禰衡墓。在江夏縣西鸚鵡洲，今淪於江。

三國 吴

孫登墓。在武昌縣東五丈港口。

吕蒙墓。在嘉魚縣西南石頭口吕蒙城内。盛弘之荆州記：長沙蒲圻縣有吕蒙冢，冢中有一髑髏極大，蒙形長偉，疑即其髑髏也。

丁奉墓。在蒲圻縣西。

甘興霸墓。在興國州東六十里軍山。

晉

戴淵墓。在武昌縣西二十里。

車武子墓。在武昌縣東三十里車湖上。

庾雲墓。在武昌縣境。雲爲晉征西將軍。

孟嘉墓。在興國州西南陽辛里。嘉嘗爲陽新令，卒葬於此。

唐

温遷約墓。在崇陽縣西七十里靈塘源。

宋

馮京墓。在咸寧縣西鳳凰山下。

孔端植墓。在通城縣南九嶺山。

陳求道墓。在蒲圻縣東。明統志：在二十四都興陂。

趙令戣墓。在武昌縣西五里吉祥寺側。

孟宗政墓。在武昌縣南一百二十里靈溪鄉清水潭。有碑。

萬人傑墓。在大冶縣龜山。

孟珙墓。在武昌縣西一百里賢庾鄉紫金山。有碑。

毋制機墓。在大冶縣東黄龍山。謝枋得爲之銘。

明

徐祥墓。在大冶縣東章山。

汪文盛墓。在崇陽縣東三十里羊港，子宗伊祔。

熊桴墓。在武昌縣東五里。隆慶五年賜祭葬。

孟養浩墓。在咸寧縣東南茅潭。

熊廷弼墓。在江夏縣南五十里。

賀逢聖墓。在江夏縣南紙坊。

祠廟

茨廟。在江夏縣孟城。府志：古三皇廟，相傳孟恭武建，潘濬有記。

虞帝廟。在蒲圻縣北龍翔山西。明統志：有斷碑載二妃事。

江漢神祠。在江夏縣西。明統志：在漢陽門樓上。宋淳熙間，通判劉靖以江、漢在境內，宜爲望祀，乃爲坎以祭之。坎在靈竹寺西，後知州沈樞改祀於學。

江神廟。在江夏縣西大江濱。本朝雍正六年建，每歲春秋致祭。

龍神祠。在江夏縣內。本朝雍正五年建，每歲春秋致祭。

廣惠廟。府志：在江夏縣城東五里，祀龍神也。舊名順濟龍王廟。宋淳熙中禱雨靈應，賜今額。

八分山龍神廟。在江夏縣東南四十里。本朝嘉慶二十五年建，敕封爲宣潤敷化之神。

龍巢廟。在武昌縣西七十里。

昭濟龍王廟。在大冶縣東五里蛟潭上。

神應廟。在通山縣南九宫山，祀龍神。

馬步廟。在武昌縣南梁子湖上。明統志：周禮校人「冬祭馬步」注云：「馬步，神之爲災害馬者。」舊以仲月祭於大澤，用剛日。今縣人率以五月五日競渡祭享於廟，蓋吴之故俗云。

普應廟。在江夏縣東五里，祀周伍員、范蠡、漢馬援。明統志：舊云三公廟，自唐有之，宋始賜今額。

三閭大夫祠。有二：一在武昌縣東北，一在通山縣南。

宋大憲祠。在江夏縣東七里。寰宇記：初州多火災，占之云：「東南聖水陂，宋無忌遺蹟。」觀察使牛僧孺立廟祀之。輿地紀勝：本名宋大夫廟，避楊行密父諱改名。明統志：唐韋建除武昌軍節度使，新之。宋紹興中，知州王信復立，俗名火星堂。明重建。

陸大憲廟。在江夏縣西南三里。明統志：祀漢陸賈，本曰陸大夫，楊吳避諱，改稱大憲。

司徒廟。在大冶縣宮臺里，祀漢司徒王允。

蔣王祠。在江夏縣東二里，祀漢蔣子文。

東皐祠。在武昌縣南，祀漢關忠義。

大姥廟。在武昌縣樊山口。水經注：武昌記曰：樊口南有大姥廟，孫權嘗獵於山下，依夕見一姥問權獵何所得，曰：「得一豹。」姥曰：「何不竪豹尾？」忽然不見。應劭漢官序曰：豹尾過後，執金吾罷屯解圍，天子鹵簿中，後屬車施豹尾，於道路，豹尾之内爲省中。蓋權事應在此，故立廟也。

高山廟。在興國州北六十里下千秋鄉，祀漢孫策。

白馬廟。在江夏縣西，祀漢張飛。

劉公祠。在大冶縣西雲峯山，祀漢劉封。

吴王廟。有三：一在武昌縣東安樂故宫，一在嘉魚縣西南石頭口，一在蒲圻縣西門外。祀吴孫權。

蹟也。

橫江廟。在江夏縣西南。寰宇記：江夏縣橫江廟，即吳將魯肅也。縣志：廟在文昌門內，乃明洪武中所建，非故蹟也。

侯王廟。在蒲圻縣仙雲觀，祀魯肅、吕蒙、陸遜。

昭勇廟。在興國州東六十里富池口，祀吴甘興霸。

孝感廟。在江夏縣東二里，祀吴孝子孟宗。明統志：宋紹興間建，明遷武昌衛前。

陶太尉廟。有二：一在江夏縣西北，一在武昌縣東北。祀晉陶侃。

葛仙祠。在蒲圻縣丫髻山，祀晉葛洪。

萬勝鎮安王廟。在江夏縣南，祀晉焦明本。明本，晉列將，後致仕尋醫，行至鸚鵡洲，結茅而止。唐建中四年，李希烈反，城下交戰，神力衛助，軍城得安。觀察使李謙奏聞，貞元四年封爲城隍神，廟號萬勝鎮安王。

三賢祠。在武昌縣西北，祀晉陶侃、陶潛、唐元結。又西山寺後亦有三賢祠，祀陶潛、元結、宋蘇軾。又興國州東二里亦有三賢祠，祀宋蘇軾、黄庭堅、王十朋。

梁昭明太子廟。在興國州西一百步。

邵陵王廟。在江夏縣西，祀梁邵陵王綸。寰宇記：梁邵陵王捨宅立寺，爲之立廟。

張中丞祠。有八：一在江夏縣金龍港，一在江夏縣金口，一在嘉魚縣南，一在蒲圻縣治東，一在蒲圻縣五岳觀，一在蒲圻縣神山，一在崇陽縣，一在大冶縣西五十里。祀唐張巡。

景祐祠。在崇陽縣北門外，祀唐張巡、許遠、明劉景韶。

顔忠烈祠。有二，俱在蒲圻縣。一在白石山，一在大田坂，祀唐顔真卿、顔昕、顔允臧。

陸宣公祠。在興國州南四十里，祀唐陸贄。劉婆市向苦酒税，贄奏除得免，民立祠祀之。

温司空祠。在崇陽縣東，祀唐鄂州制置使温遷約。

廖將軍廟。在通城縣西靈應觀前。唐宣宗時，廖忠集義兵與黄巢戰，賊斷其首，猶馳馬入陣，邑因祀之。

吴王廟。在通城縣東，祀吴王楊行密。

謝將軍廟。在大冶縣治後。縣志：世傳爲晉謝文靖公之後，爲宋將軍，駐武昌，調署饒州團練使。開寶間，戰殁於齊安。將軍勇於水戰，世謂之謝鐵龍，民德之，爲立祠祀焉。其後人德明，祥符丙辰爲大冶縣巡檢，以縣之靈祖寺乃將軍故第，遂於西岸立堂以祀之。府志：興國州亦有謝將軍廟，在西北一里。

張忠定公祠。在崇陽縣北，祀宋張詠。

馮文簡公祠。在咸寧縣學，祀宋馮京。舊在相山書院，明萬曆中改建。

蘇文忠公祠。在武昌縣西寒溪寺東，祀宋蘇軾。

忠義祠。在江夏縣北。宋建炎間，金騎渡江，知興國軍李宜嬰城固守，民賴以安。後敗投僧寺，僧殺之，百姓傷感，爲建祠。太守馬去疾以聞，賜額「忠義」。

岳忠武王廟。有二，俱在江夏縣。一賓陽門内青草坡，明萬曆中巡撫李禎建〔八〕。一縣東五里旌忠坊。府志：宋乾道六年建廟於鄂，賜今額。嘉定中追封鄂王。明正德十年，布政使周季鳳即舊將臺驛址重建，大學士楊廷和記之。

趙忠顯公祠。在武昌縣西，祀宋知黄州趙令宬。

忠顯祠。在崇陽縣東南城上，祀宋縣令李涓。

王侯祠。在崇陽縣西，祀宋縣令王子溉。府志：與丞相李綱並祀，王炎記。

萬止齋祠。在大冶縣學。明統志：元至正間，縣尹周鏜立，以祀鄉先生萬人傑。明重建。

謝疊山祠。有二：一在興國州東謝公墩，一在通山縣學宫北。祀宋謝枋得。

陳文忠公祠。在武昌縣學，祀元知興國軍陳天祥，延祐五年立。

表忠祠。在江夏縣東。明統志：萬曆二年巡撫、都御史趙賢建，祀忠臣姚善、廖昇、樊士信、周拱辰。

胡公祠。在興國州。明弘治中建，祀知州胡瀛，王守仁記。

汪公祠。在武昌縣學旁。明嘉靖中建，祀縣令汪璽。

黄劉二公祠。在武昌縣金牛鎮。明萬曆末建，祀縣令黄應龍、劉曰淑。

葛公祠。在嘉魚縣東十里河泊磯山頂。明萬曆末建，祀縣令葛中選。

宣公祠。在蒲圻縣盤石湖隄上。明萬曆末建，祀縣令宣大勳。

韓公祠。在武昌縣城隍廟左。明崇禎初建，祀縣令韓相。

朱老廟。在咸寧縣羅家渡北。府志：相傳其神初爲本邑牢吏，午節夜歸，聞鬼語，將以毒散井中，朱恐詰朝語人不信，不若以身投井死，晨自無汲者。後起尸，毒氣所觸，唇若烏喙。至今午節祀之，以禦疫。

忠節祠。有二：一在江夏縣城内長街，祀本朝左都督、贈太子太傅徐勇，一在江夏縣城内府街口，祀督糧參議、贈工部右侍郎葉映榴。順治、康熙間敕祀。

寺觀

鐵佛寺。在府城文昌門内，舊名報恩寺。通志：梁天監中，邵陵王捨宅建。唐天寶中，有紅、白二鼂鼃出入寺井爲妖，鑄三鐵佛鎮之，更今額。本朝順治中重修。

長春寺。在江夏縣大觀山前。黄龍晦機禪師道場。

寶通寺。在江夏縣東十五里洪山下。府志：原在隨州大洪山，名寶通寺，唐寶曆中，靈濟慈忍禪師祈雨斷足投龍。後移此，因名洪山寺。宋制置使孟珙、都統張順重建。明楚昭王增修。寺後有浮圖。本朝康熙十五年重修。

鸚鵡寺。在江夏縣東南里許。府志：相傳黄祖殺禰衡處。

頭陀寺。在江夏縣西北。劉宋大明五年建。方輿勝覽：在黄鶴山上，自南齊王中作寺碑，遂爲古今名刹。本朝順治間重修。

西山寺。在武昌縣西。晉建。名勝志：黄魯直題牓，蘇子瞻、張文潛皆有詩。

寒溪寺。在武昌縣寒溪上，一名資聖寺。宋蘇軾菩薩泉銘序：陶侃爲黄州刺史，有漁人得金像，視其款識，阿育王所鑄文殊師利像也。初送寒溪寺，及侃遷荆州，欲以像行，人力不能動，益以牛車三十乘乃能至船。船復没，遂以還寺。其後惠遠法師迎像歸廬山。

上方寺。在蒲圻縣南荆港。唐建，本朝順治十年重修。

資福寺。在咸寧縣城内後街西，爲縣首刹。宋建隆間建，明正統間重建，本朝順治四年重修。

灊山寺。在咸寧縣南二十里，宋馮京讀書之所。

石梘寺。在崇陽縣東南十五里古龍泉院。宋陳仲微移建於此，以鎮蛟龍。

昌國寺。在崇陽縣西四十里，一名巖頭寺。唐乾符中建。宋治平元年賜額，有李綱撰碑。縣志：頻伽鳥，一名太平雀，出昌國寺中，和鳴如鳳，雙飛不出數里。

隆平寺。在通城縣西。唐開元中建，本在城南三里，宋熙寧中移縣治西，爲慶賀習儀之所。後燬，明正統間重修。

雙泉寺。在興國州東七十里。有泉自寺兩旁流出。

長興寺。在興國州西七十里。明統志：宋岳飛門僧吉祥建。飛死，吉祥語其徒曰：「岳公，天神也，汝謹事之。」尋亦跏趺而逝。

銀山寺。在興國州北十五里。明統志：後有石壁，宋蘇軾與李仲覽遊此，書「鐵壁」二字，世傳爲銀山鐵壁。

北臺寺。在興國州雙遷里。宋學士吳中復別業，號龍圖書院，後爲寺，至今稱勝槩。

羅漢寺。在興國州富池鎮。府志：有大檜樹，相傳陳朝所遺。

吉祥寺。在大冶縣東四十里。舊稱吳王隱此，蓋楊行密，非孫權也。又謁爲隋文帝微時居此，尤謬。

龍窟寺。在大冶縣東九十里西塞山下。明吳國倫題其石，曰「虎豹關」、「仙人掌」。

琦玕寺。在大冶縣東九十里回山之坳，飛雲洞在焉。

太平寺。在大冶縣，源公祖師道場。府志：即天臺寺，有倒插白菓樹一株，枝葉下垂，不記年所。宋紹興中建，明洪武中修。

靈溪觀。在武昌縣南靈溪山。武昌記：吴可象昇仙之地，有鶴籠橋、仙人沼、煉丹井、飛泉石。後橋爲雷震，有篆文曰「昇仙廣濟之橋」。

金臺觀。在蒲圻縣城内金臺岡下。唐貞觀中建。掘土得石，有「金臺」二字，故名。

鍾成觀。在興國州東南十里鍾成山。晉鍾離嘉飛昇之所。宋賜額。

靈仙觀。在興國州西南十里。陳建，宋興隆元年重建。明統志：有石劍、石弩、石斧尚存。

興道觀。在大冶縣北一里。相傳許旌陽逐蛟過此，後人建觀祀之。

名宦

三國　吴

程普。右北平土垠人。領江夏太守。性好施與，喜士大夫。

甘興霸。臨江人。陳計破黄祖，孫權使屯兵富口。後隨周瑜破曹操於烏林，拜西陵太守，領陽新、下雉兩縣。

孫皎。富春人。代程普督夏口，黄蓋及兄瑜卒，又并其軍。輕財能施，善於交結，委廬江劉靖以得失，江夏李允以衆事，廣陵吴碩、河南張梁以軍旅，而傾心親待，莫不自盡。兵候獲魏邊將吏美女以進皎，皎更其衣服送還之，下令曰：「今所誅者曹氏，其百姓何罪？自今以往，不得繫其老弱。」由是江、淮間多歸附者。

孫奐。富春人。兄皎卒，代統其衆，以揚武中郎將領江夏太守。在事一年，遵皎舊跡，禮劉靖、李允、吴碩、張梁及江夏閭舉等，並納其善。奐訥於造次，而敏於當官，軍民稱之。

吕岱。廣陵海陵人。嘉禾三年，領潘璋士衆屯陸口，後徙蒲圻。潘濬卒，代濬領荆州文書，與陸遜並在武昌，故督蒲圻。時年已八十，然體素精勤，躬親王事。及陸遜卒，孫權分武昌爲兩部，岱督右部，自武昌上至蒲圻。

晋

王戎。琅琊臨沂人。咸寧中受詔伐吴，進攻武昌。吴將各率衆降，戎渡江綏慰新附，宣揚威惠。吴光禄勳石偉方直，戎表薦之，荆土悦服。

華軼。平原人。永嘉中江州刺史。雖逢喪亂，每崇典禮，置儒林祭酒，以宏道訓。在州甚有威惠，州之豪士，接以友道，得江表歡心，流亡之士赴之如歸。時天子在洛，軼有匡天下之志，每遣貢獻入洛，不失臣節。

陶侃。鄱陽人。武昌太守。時山夷多斷江劫掠，侃令諸將詐作商船以誘之，劫果至，生獲數人，是西陽王羕左右。侃即遣兵逼羕，令出向賊，羕縛送二十人，侃斬之。自是水陸肅清，流亡者歸之盈路。

温嶠。太原人。下車武昌，即拜徐孺子墓。見王敦像，削去之。聞京師破，號慟累日，要陶侃赴難，奉侃爲盟主，卒敗蘇峻。

卞敦。冤句人。征南將軍山簡以爲司馬，尋王如、杜曾相繼爲亂，乃使敦監沔北七郡軍事、振威將軍，領江夏相，戍夏口，攻討沔中，皆平。

郭舒。順陽人。王敦使守武昌。督護繆坦嘗請武昌城西地爲營，太守樂凱言於王敦曰：「百姓久買此地，種菜自贍，不宜奪之。」敦大怒曰：「王處仲不來，當有武昌地否？」凱懼，不敢言。舒曰：「繆坦小人，疑誤視聽，舒不敢不言。」敦即使還地，衆咸壯之。

南北朝　齊

庾域。新野人。蕭順之爲郢州刺史，辟爲主簿，歎美其才，曰：「荊南杞梓，其在斯乎？」加以恩禮。

梁

韋叡。杜陵人。梁武帝以叡爲江夏太守行郢府事。初，郢城之拒守也，男女口垂十萬，閉壘經年，疾疫死者十七八，皆積屍牀下，生者寢處其上。叡料簡隱卹，咸爲經理，於是死者埋藏，生者反居業，百姓賴之。

蕭秀。武帝弟，安成王。天監十三年，爲郢州刺史，務存約己，省去浮費，百姓安堵，境内晏然。夏口常爲戰地，多暴露骸骨，秀於黄鶴樓下祭而埋之。冬月常作襦袴以賜凍者。遷雍州刺史，郢人相送出境，聞其疾，百姓商賈咸爲請命。

何遠。東海郯人。爲武昌太守。折節爲吏，杜絶交遊，餽遺秋毫無所受。武昌俗皆汲江水，盛夏遠以錢買民井寒水，不取錢者，則摙水還之。車服尤敝素，器無銅漆。江左水族甚賤，遠每食不過乾魚數片而已。

唐

鄭元璀。滎陽人。武德初爲蒲圻令。值西良水淤泇，疏請改邑治於鳳山監，凡土田經制、學校署宇，皆其區畫。

李道宗。唐宗室。貞觀初，徙封江夏郡王，授鄂州刺史，好學，接士大夫，不倨於貴。

李必聞。蜀王愔之後。永徽中爲蒲圻丞，有惠澤，人擬諸召父。

鄭光系。滎陽人。開元中爲蒲圻尉，政績卓異。

孟士源。天寶間爲武昌令。與元結善，結稱其在武昌不爲人厭。

馬珦。扶風人。爲武昌令。元結稱其明信嚴斷，惠政爲理，故政不待時而成。

韓仲卿。南陽人。爲武昌令，有美政。既去，縣人刻碑頌德。

趙憬。隴西人。寶應中，試江夏尉，志行峻潔，民畏以懷。

馮昭奏。鄂州刺史。志氣剛勁，不畏彊禦。

李兼。鄂州刺史。李希烈反，遣兵襲鄂，兼大破之，於是畏兼，不敢復有窺江淮之志。

柳仲郢。華原人。公綽子。牛僧孺辟爲武昌幕官，有父風矩。僧孺歎曰：「非積習名教，安及此耶？」

温還約。僖宗時，黄巢據荆南，還約糾義旅，由長沙來往藩翰，賊不敢侵，邑賴以全。僖宗嘉之，命尹於崇陽，凡十有三載。

歷知鄂州。

宋

楊礪。鄂人。雍熙中出知鄂州，以善政聞。

張詠。甄城人。太平興國中知崇陽縣。爲陂渠溉田。民以茶爲業，詠使植桑，民初以爲苦，其後官榷茶，他縣皆失業，而崇陽之桑已成，可爲絹，歲百萬疋，民咸德之。

謝濤。富陽人。真宗時知興國軍。清静端介，有治績。

王素。大名莘人。御史中丞孔道輔薦爲侍御史，道輔貶，出知鄂州。仁宗思其賢，擢爲諫院。

鄧聖求。仁宗時，知武昌縣，政績顯著，召入翰林。

段少連。開封人。仁宗時知崇陽縣。崇陽劇邑，自張詠爲令有治狀，其後惟少連能繼其風跡。

王琪。華陽人。慶曆中知興國軍事，政尚簡静。

蔡仲舒。新昌人。景祐間知通山，弭盜有功。

王安國。臨川人。爲武昌軍節度推官，在郡持正，不可干以私。

蔣之奇。宜興人。熙寧中爲通山令，有政績。

楊繪。綿竹人。元豐間知興國軍，爲吏强敏，表裏洞達，一出於誠。

方澤。知武昌軍，政和民悦，黄庭堅有詩美之。

黄庭堅。分寧人。紹聖初知鄂州，有善政。

梁燾。須城人。紹聖中，以司馬光黨黜知鄂州，作薦士録，具載姓名。客或見其書曰：「公所植桃李，乘時而發，但不向人開耳。」燾笑曰：「燾出入侍從，位至執政，八年之間，所薦用之不盡，負愧多矣。」其好賢樂善如此。

孔端植。曲阜人。熙寧中知通城縣，有政聲。卒於官，因家焉。

唐鈞。政和間嘉魚令，築新隄以弭水患。

李涓。南豐人。靖康初知崇陽縣。時檄召天下兵，鄂部縣七，當發二千九百人，皆未集，涓獨以所募六百請行，出家錢買牛酒激犒之，即日引而東。至蔡敵至，涓馳馬先犯其鋒，下皆步卒，蒙盾徑進，殺騎兵數人，敵稍却。涓乘勝追北十餘里，大與敵遇，飛矢蝟集，創甚，猶血戰大呼，叱左右負己，遂死焉。金兵去，蔡人以其屍歸，朝廷録其忠，贈朝奉郎。

趙令㦯。燕懿王之後。建炎初爲鄂州通守，領兵戍武昌。賊閻瑾犯黄州，縱掠而去，令㦯渡江存撫之，黄人乃安。

王庶。慶陽人。紹興六年，除湖北安撫使，知鄂州，趨闕因燕見言：「陛下欲保江南，無所事；如曰紹復大業，都荆爲可。」高宗大異之。

李稙。臨淮人。張浚督師江上，薦爲鄂州通判。大盜馬友、孔彦舟未平，稙請修戰艦，習水戰，分軍馬爲左右翼，大破彦舟伏兵，誅馬友，二盜平。

李宜。高宗時知興國軍。時金兵渡江，至境上，遣使檄降，宜焚香斬使者，嬰城固守，金兵不得入城，民賴以安。

王子溉。高宗時知江夏縣，視民如子，久而慕之。

錢師仁。紹興中爲崇陽令，修復白泉陂以利民。

宋時。紹興中守興國軍。疏言諸州縣違期歸業者，其田已佃及官賣者，即以官田之可耕者給還，詔從之。

王絢。紹興中知興國軍。與知永興縣陳升率先奉詔，誘民墾田，增一秩。

趙善俊。宋宗室。孝宗時知鄂州。適南市火，善俊亟往視事，弛竹木税，發粟賑民，開古溝，創火巷，以絶後患。省晏遊車騎鼓吹之費，郡計用饒，以代輸民役錢。

李椿。永年人。孝宗時知鄂州。請行墾田，復户數千，曠土大闢。

陳居仁。興化人。孝宗時知鄂州。築長隄捍江，新安樂寮，以養貧病之民，撥閑田歸之。

韓彦直。延安人。乾道七年，授鄂州駐劄御前諸軍都統制。條奏軍中六事，乞備器械，增戰馬，革濫賞，厲奇功，選勇略，充親隨等，朝廷多從之。先是，軍中騎兵多不能步戰，彦直命騎士披甲徒行，日六十里，雖統制官亦令以身率之，人人習於勞苦，馳騁如飛。事聞，詔令三衙、江上諸軍倣行之。

羅願。歙人。孝宗時知鄂州，有政績。禱雨立烈日中，得暴疾卒。

劉清之。臨江人。孝宗時通判鄂州。鄂大軍所駐，兵籍多僞，清之白郡及諸司，請自通判廳始，俾僞者以實自言而正之。

簡世傑。靖安人。隆興中蒲圻令。政本愷悌，行之以信，不設科條，民不忍犯。

陸九齡。金谿人。乾道中興國軍教授。地濱大江，俗鮮知學，九齡嚴規矩，勸綏引翼，士類興起。

汪泳。休寧人。淳熙中知蒲圻，政聲藉甚。上言「王者仁政必自均力役始」，帝嘉納之。

趙方。衡山人。淳熙中調蒲圻尉，疑獄多所委決。

任希夷。邵武人，朱子弟子。淳熙中知崇陽，有善政。

王武。豐城人。慶元初爲江夏尉。平租寬禁，有功於民。

趙彦倓。宋宗室。開禧初知興國軍。歲旱蝗，軍需益急，屬邑令負上供銀，彦倓坐累貶秩，令愧謝，彦倓曰：「屬時多難，宜寬民力，何謝爲？」潰卒據外城爲變，彦倓捕斬之，散其餘黨。

吴柔勝。宣州人。嘉定中爲湖北運判兼知鄂州。甫至，值歲歉，即乞糴於湖廣，大講荒政，十五州被災之民全活者不可勝計。

史彌鞏。鄞縣人。嘉定中李臯開鄂閫，知彌鞏持論不阿，辟諮幕府事。壽昌戍卒失律，欲盡誅其亂者，彌鞏請誅倡者一人，軍心感服。

黄何。休寧人。嘉定時大冶簿。湖中三山産鐵，尉巡警盜鑄者四千人，起爲敵，何單騎往諭，焚其具。還，延朱子弟子萬人傑爲學者師，俾知趨嚮。

鄒應博〔九〕。嘉定中爲武昌尉，政事通敏，浚壽井以便民。

薛儀老。永嘉人。端平三年，知蒲圻縣。嚴明精敏，作新學校。

孟珙。棗陽人。嘉熙中授樞密都承旨制置使，兼知鄂州。劉全遣譚深復光化軍，息、蔡降，珙命以兵逆之，得壯士百餘，籍爲忠衛軍。

趙逢龍。鄞人。理宗時知興國軍。至官，有司例設供帳，悉命徹去，日具蔬食。坐公署，事至即面問決遣。政務寛恕，撫諭惻怛，民不忍欺。尤究心荒政，以羨餘爲平糶本。

陳慶勉。休寧人。淳祐中任蒲圻尉，湖北漕使。蕭逢辰舉之曰「性資純愨，學問老成」。

陳仲微。高安人。淳祐中知崇陽縣。寢食公署旁，日與父老樵漁相爾汝，下情必達，吏無所措手。

李壽朋。淳祐中知興國軍事。招水軍六千人，建富池、沙口等寨，置戰艦五十，百廢具興。

尹穀。長沙人。宋末知崇陽縣，廉正有聲。

束元嘉。通城主簿。毁淫祠，正風俗。

元

李恒。西夏人。至元十二年守鄂州。時豪民聚衆侵江陵，命恒往討，恒歛兵不動，諭使出降，得十餘萬，悉縱爲民。禁軍擄掠，饋獻一無所取。

鄭鼎。陽城人。至元十四年，爲湖北道宣慰使，鎮鄂州。蘄、黄二州反，鼎將兵討之，戰於樊口，舟覆溺死。

鄭制宜。鼎子。至元十四年，襲父職太原、平陽萬户，戍鄂州，攝府事。城中屢災，或言於制宜，恐奸人乘間爲變，宜捕其疑似者痛治之。制宜曰：「吾當嚴守備而已，奈何濫及無辜？」不笞一人，災亦遂息。有盜伏近郊，晨暮剽刦，流言將入城，俄有數男子自城外至，顧盻異常，制宜命吏縛入獄，問之無驗，行省疑其非，將釋之，不從。明日再出城東，遇一人乘白馬，貌服殊異，制宜叱下訊之，乃與前數男子同爲盜者，遂正其罪，一郡帖然。

陳天祥。寧晉人。至元十三年，興國軍以籍兵器致亂，行省命天祥權知本州事。天祥領軍士十人入城中，父老來謁，天祥諭之曰：「捍衛鄉井，誠不可無兵，任事者籍之過當，故致亂耳。今令汝輩權制兵仗自衛，如何？」民皆稱便。乃條陳其事於行省，行省許以從便處置。天祥凡所設施皆合衆望，由是流移復業。鄰郡民來歸者，伐茅斬木，結屋以居，天祥命以十家爲甲，十甲有長，弛兵禁以從民便。民心既安，軍勢稍振，用民兵收李必聰山寨，不戮一人。他寨聞之，各自散去，境内悉平。

察罕。西域博囉罕城人。大德四年，中書省奏爲武昌路治中。廣西妖賊高仙道以左道惑衆，平民詿誤者數千計。既敗，湖廣行省命察罕與憲司雜治之，鞫得其情，議誅首惡數人，餘悉縱遣。「博囉罕」舊作「板勒紇」，今改。

成宣。皇慶間爲嘉魚縣令。築城及隄，有功於民。

周鎧。瀏陽人。泰定中大冶縣尹。有豪民持官府短長，號爲難治，鎧狀若尫懦，而毅然有威不可犯，抑豪强，惠窮民，治行爲諸縣最。

申屠致遠。壽張人。至元中壽昌府判。時寇盜竊發，遠近騷然，致遠設施有方，衆賴以安。

成遵。穰縣人。至正中武昌路總管。武昌自十二年沔寇殘燬，民死於兵疫者十六七，而大江上下皆劇盜阻絶，米直翔湧，民心恟懼。遵言於行省，假軍儲鈔萬錠，募勇敢之士，具戈船，截兵境，且戰且走。糴粟於太平、中興，民賴以全活者衆。

李夔。至正間嘉魚縣尹，創建縣治，修建橋梁。

侯玉。濟陰人。至正中蒲圻簿。守己儉約，居常惟紙衾菜飯，莅事撫民，類多仁愛。

翟居敬。金臺人。爲興國路録事。遇旱請禱，霖雨沛然，居官廉勤，卓有政績。

劉碩。茶陵人。至正中爲江夏縣魯湖大使，起義兵援茶陵，死之。

明

姚以德。洪武初知嘉魚縣。元末嘉魚當敵衝，民不勝苦，以德闢草萊，課耕耨，數年之間，人蕃物阜。

馮杲。嘉魚人。洪武初知咸寧縣。兵革初定，民多逋竄，杲招集流亡，百廢具舉。

柯日新。平涼人。洪武初知蒲圻縣。時瘡痍未起，日新勞來安集，疆理土田，置郵建學，民襁負而至。

丁士梅。洪武初由翰林出知蒲圻，立政卓然可觀。

李善。將樂人。洪武中知崇陽縣。平易簡當，愛民如子。

吴懋。西安人。洪武中知大冶縣。端正廉潔，作戒諭文以訓民。

汪大本。徽州人。洪武初知武昌府。教養有法，構講堂，修齋舍，以興學教士。

楊伯成。龍泉人。洪武中知崇陽縣。時初定賦，上官欲倣長沙例行之，伯成言崇陽山田磽确，非長沙沃土比，竟得輕税。

馬極。永陽人。洪武初知通城縣。攘除凶暴，撫輯遺黎，踰年，田野闢，户口增，境内大治。

馮萬金。黃州人。洪武初知大冶縣。立廨宇，勸農桑，流亡日集。

王克中。洪武中知通山縣，清廉有聲。

王原。銅梁人。永樂中知咸寧縣。勞心撫字，不事表暴。

樊繼。句容人。永樂中知興國州。州有虎患，繼禱於城隍神，明日兩虎自鬬死。州西湖隄壞，捐俸築之。興學校，毀淫祠，令民喪葬用朱子家禮，民多從之。

綦禎。永樂中知大冶縣。以寬莅民，卹貧下士，吏役肅清，民懷其德。

王進。永樂中武昌府學訓導。講明體適用之學，尤嚴義利之辨，士之出其門者，多立名節。

于賢。達縣人。永樂中知大冶縣。莅事果斷，期年政平訟理。

林和生。晉江人。永樂中知蒲圻縣，勵己公廉，臨民慈愛，去之日，行李蕭然。

邵旻〔一〇〕。仁和人。宣德初知武昌府。爲政公平，三載間百弊悉除。

上官儀。沙縣人。宣德中知咸寧縣。德政及人，吏民畏而愛之。

莫震。吴江人。正統中知嘉魚縣。每秋冬親行郊野，相土宜，修陂池，以興民庸，疆場整飭，封域肅然。

楊慶。長壽人。正統間知通城縣。九載奏績，民德而留之，請於朝，復任九年，秩滿又請，前後凡二十三年。

鮑旭。池州人。正統中知興國州。治民以慈愛爲本，有冤抑者急爲伸之。修常平倉六所，撙節出納，數年民以殷富。朝天隄圮，甃以石，建石亭於上，人名爲鮑公隄。

孫倫。瀘川人。天順中知嘉魚縣。修學宮，條冠婚喪祭之禮，頒於民。楚王旗校强取居人木，倫諭之，不聽，乃嚴刑遣之。

王大怒，衆爲之危。倫曰：「事利民，死何恨！」卒不爲動。

秦夔。無錫人。天順中知武昌府。創立養濟院及張乖崖祠。縛劇盜，定均徭法，積穀備荒。在任多善政。

黎庸。交阯人。天順初知大冶縣。錦衣校尉毛福居大冶，庸不爲禮，福誣以罪，罷官下獄。庸奏辨復職，給半俸，居大冶，子孫遂占籍焉。

游季勳。豐城人。成化中知江夏縣。食不兼味，庭少鞭扑。母喪去官，行至白滸鎮，暮夜羣盜至，問其姓名，曰：「游公廉吏。」解散去。

馬炳然。内江人。成化中知嘉魚縣。民有爲人作訟牒者，炳然逮詰之，對曰：「貧無以養。」炳然給資使力本，自是游食者悉遁去。暇日巡行村落，悉知民間瑣屑事，吏不能欺。

周洪。上海人。成化中知蒲圻縣。勸課農桑，驗其勤惰而賞罰之。高田置筒車，下隰築陂堰，民賴饒洽。鄉置社學，學置田，令生徒耕讀，仍復其徭。有奸法者，大書木牌於其門，雖權勢不避。立義倉，儲粟三萬石。正德初，大旱，民猶被其餘澤。

杜敏。霸州人。成化中知通城縣。建便民倉十五所於陸溪口，改建養濟院於陸平寺左。

汪璽。婺源人。弘治中知武昌縣。歲旱虔禱，以勞卒。嘉靖中建鳳臺書院祀之。

姜溥。廣德州人。弘治中知嘉魚縣。邑瀕江，多水患，乃自百足山作長隄至三角鋪，二百餘里，患乃息。

王介。侯官人。弘治中知咸寧縣。以贖鍰易穀萬石，歲饑全活甚衆。

李鋭。安福人。弘治末知崇陽縣。廣儲積穀，後遇凶歲，發其所藏，全活者無算。

胡瀛。羅山人。知興國州事。莅事明敏。

張珮。新淦人。正德中知蒲圻縣。規畫有法，凡土田廣隘，户口多寡，各集其數，編糧稽田賦，編丁均差徭，編甲通供億，編户詰奸宄。

王鑾。大庾人。嘉靖初知武昌府。指揮劉良等侵官糧，釐而置諸理。鎮守中官李景儒，歲進魚鮓，多科率，鑾疏請罷之。楚府征茶税，商重困，鑾謂税當歸官，據故事力争。王怒訐鑾，遂請終養歸。

莫揚。吉安人。嘉靖間知江夏縣。時行方田令，揚率里中父老誓神，已再拜，謂父老曰：「令屈膝，以爲民也。若屬董事者各自愛，苟因緣爲奸，罹三尺法，令不能庇。」衆皆感泣，不敢私。

蕭立業。新喻人。嘉靖中知咸寧縣。三年察廉内召。嘗曰：「吾治邑無所愧，但增民數，及多植引道松，爲負邑耳。」

吴希賢。宣城人。嘉靖中知興國州。弗便於民者悉裁之。立忠節祠，祀謝疊山。

賈棲鸞。巴州人。嘉靖中知大冶縣。時盜賊縱掠，棲鸞僉水南民之在大冶者，親領入山，擒巨寇十餘人，盜自是不敢犯境。

丁模。如皋人。嘉靖中知大冶縣。户選一人爲家長，冠服而禮之，責以教弟子。完賦税，刑罰不施而民勸。

孫溥。貴池人。嘉靖中知通山縣。扶善鋤惡，遇事敢爲，監司以不阿抑之，遂致仕去。

林金。連江人。嘉靖中知通山縣。多善政，去之日民攀轅泣送。

李有朋。東陽人。隆慶中知武昌縣。邑舊無城郭，賊易侵犯，有朋創城之。

譙田龍。南充人。隆慶中知通山縣，擢知興國州，又嘗攝崇陽縣，民並愛戴之。

馮應京。盱眙人〔一二〕。萬曆中以僉事分巡武昌。税監陳奉横恣，應京繩以法抗疏，列奉九大罪，忤旨逮問。民聚譟，斃奉黨，并傷緹騎，應京坐檻車，曉以大義，民號送，爲位祀之，復詣闕訴冤。

卞孔時。四川人。萬曆中同知武昌府。抑稅監陳奉，受誣被逮。

胡嘉棟。西華人。萬曆中武昌府推官。稅璫陳奉率羣小爲凶暴，富人無故被籍者千餘家，棟與同知卞孔時共勵操執法，盡逮羣校置死，奉稍斂戢。後爲奉所譖，被逮。

徐日久。西安人。萬曆中知江夏縣。民歲輸苦胥吏侵漁，乃置櫃，使民自投其中。運漕苦軍訌，使民輸粟於官，檄漕軍就倉受粟。邑有隄捍水，自江夏接嘉魚一百二十里，日久亟新之。

黄應龍。順德人。萬曆中知武昌縣。會歲祲，爲粥以賑饑者三閱月，復請蠲田租之半。隨建義倉，每歲積穀貸民。

劉曰淑。南昌人。萬曆中知武昌縣。剔奸弊，有卓異聲。

劉體仁。内江人。萬曆中知武昌縣。先是，邑無學田，體仁捐俸購買，每歲徵其入以贍寒素。

葛中選。河西人。萬曆中知嘉魚縣。民懷其德，立祠祀之。

周曰庠。臨川人。萬曆中知咸寧縣。邑東北近湖，城且就圮，建議築隄衛之，城以不潰。

宣大勳。蒙化人。萬曆中知蒲圻縣。縣西北盤石湖歲水溢傷禾，大勳築隄亘十里，自是無水患。

趙廷儼。岳陽人。萬曆中知通城縣。爲政敏決，始建石城，有保障功。

韓相。晉州人。天啓中知武昌縣。釐弊政，鋤豪猾，治甚有聲。

徐學顏。永康人。崇禎中爲楚府長史，攝江夏縣事。楚府新募兵，即令學顏將之。張獻忠來寇，新軍内叛城陷，學顏格鬬，賊斷其左臂，大罵不屈死，一家二十餘人殉之。贈按察使僉事。

王喬棟。雄縣人。崇禎中湖廣督糧參政，駐興國州。流賊陷城，自經城樓上。本朝乾隆四十一年，賜謚節愍。

李毓英。固安人。崇禎中武昌府通判。張獻忠陷城，舉家自縊。本朝乾隆四十一年，賜謚節愍。同死者武昌衛經歷汪文熙、巡檢戴良瑄。

崔文榮。海寧人。崇禎中歷官武昌參將。張獻忠犯漢陽，文榮潛師渡江，擊斬六百餘級。漢陽陷，文榮議守城不如守江，團風、煤炭、鴨蛋諸洲水甚淺，不宜縱之飛渡。當事不從，賊果由團風渡江，陷武昌縣，文榮戰死。同時巡江都司朱士鼎，城陷被執，賊喜其勇敢，欲用之，戟手大罵，賊斷其右手，乃以左手染血灑賊，賊又斷之。不死，賊退，令人縛筆於臂，能作楷字，招集舊卒訓練如常。

鄒逢吉。湖口人。崇禎中知武昌縣。值峽山土寇倡亂，逢吉討平之。暇即進士之良者，講道論義。時流寇蹂躪江、黄，多方設備，又立龍、虎二營，督率訓練，賊憚之。後行取入京，值闖賊陷城，被執，不屈死。

吴騤。宜興人。崇禎中知嘉魚縣。邑土城易圮，騤始甃以石。

王良鑑。霍山人。崇禎中知嘉魚縣。十六年，流賊張獻忠陷城，駡賊死。本朝乾隆四十一年，賜謚烈愍。

曾栻。臨川人。崇禎中知蒲圻縣。時寇氛交訌，軍需旁午，栻以息事安人爲本務。上官檄取戰騾，栻以非地産謝去。後流寇陷城，死之。本朝乾隆四十一年，賜謚烈愍。

徐至美。上虞人。官都司。崇禎十六年，獻賊圍武昌，至美分守黄鶴樓，率兵力戰，被重創死。本朝乾隆四十一年，賜謚烈愍。

本朝

楊世學。當塗人。順治中武昌道僉事。善斷疑獄。時有賊嘯聚黄州界，號「撞天黨」，世學討平之。

盛治。江都人。順治中知通城縣。城爲流賊燬，治招民入城，給官地使建市廛。歲饑，捐貲買穀三千餘石賑之。蟲虎爲災，禱於神，害悉除。

孟世泰。臨汾人。康熙初以弘文院編修署武昌道參政。時吴逆倡亂，世泰效力行間，垂十年，屢有功。及賊敗，佯乞降緩師，世泰知其詐，追之至瞥，諭以利害，賊遂解甲去。

邱象升。山陽人。康熙初通判武昌府。通城民因積逋聚譟，象升單騎往諭，開誠布公，衆感悔，輸納恐後。象升徵南糧，除陋規，清積弊，督理捕務，搜剔奸宄，吏民畏服。

謝鑠。英德人。康熙中知大冶縣。有奸民黄金龍謀變，鑠止諸路進勦兵，躬率鄉勇討平之。

張芑。桐城人。康熙中通判武昌，攝知府事。裁兵夏逢龍，以索餉鼓譟，圍巡撫署，芑正色叱之。賊將加害，父老數百人奔號懇免。賊因之，欲授以官，芑罵而裂其劄。賊犯荆州，芑越獄出，東抵鄖穴，録狀上部，請師勦賊。會蘄州叛兵倡衆内訌，芑與守備李醇計擒斬之。駐道士洑，檄屬縣討賊，賊不敢東下。隨振武將軍瓦岱克復黄州，獲逢龍。賊平，擢工部員外郎。

龐穎。廣西人。康熙中知嘉魚縣。有恵政。裁兵夏逢龍之亂，有賊黨突入縣境，攻西、南門甚急，穎多方捍禦，相持五十晝夜。賊知不能攻，始引去。事定，穎撫輯邑民，不急催科，而卒無逋賦。去任後，邑人刊石誌其政，並立專祠祀之。乾隆十年，命入名宦祠。

姚棻。桐城人。乾隆中知武昌府。案無留滯，於土豪衙蠹鋤治不少貸。京山嚴金龍逆黨有何先生者未獲，監司某得同姓者一人，委棻鞫之，具得其畏刑誣服狀，乃白於督撫，而監司猶爭論不已，會信陽牒至，則真者已就捕矣，大吏益心重之。後官至福建巡撫。

校勘記

〔一〕在兢江口　「兢」，乾隆志卷二五九武昌府古蹟（下同卷簡稱乾隆志）同，太平寰宇記卷一一二江南西道鄂州蒲圻縣下作「競」。

〔二〕唐天寶三年　「天寶」，乾隆志同，今存宋版太平寰宇記卷一一二江南西道鄂州作「天祐」，後世傳本多訛作「天寶」。

〔三〕遣唐修期屯兵於此　「期」，原脱，乾隆志同，據梁書卷一武帝本紀補。

〔四〕裴鷗造　「鷗」，原作「鷃」，乾隆志作「鶠」，俱誤，據歐陽修集古録卷七唐裴虬怡亭銘改。

〔五〕唐符載土洑鎮保寧記　「保寧」，原作「保安」，據乾隆志及雍正湖廣通志卷一〇四藝文所載符載土洑鎮保寧記改。

〔六〕其鎮曰土洑　「鎮」，原作「塞」，乾隆志同，據雍正湖廣通志卷一〇四藝文及全唐文卷六八九等所載符載土洑鎮保寧記改。

〔七〕華陂　乾隆志作「温坡」。按，乾隆志「坡」字顯爲「陂」字之誤，但「温」字疑是。因其爲唐令温還約所建，故以名之。抑或史有更名，待考。

〔八〕明萬曆中巡撫李禎建　「禎」，原作「楨」，據乾隆志及明史卷二二一李禎傳改。按，李禎萬曆中以右僉都御史巡撫湖廣。

〔九〕鄒應博　「博」，乾隆志作「榑」。

〔一〇〕邵旻　「旻」，原作「銘」，據乾隆志及明一統志卷五九湖廣名宦改。按，本志避清宣宗諱改字。

〔一一〕馮應京盱眙人　「盱眙」，原二字皆從「日」，乾隆志同，據明史卷二三七馮應京傳改。

大清一統志卷三百三十七

武昌府三

人物

晋

孟陋。字少孤，武昌人。少而貞立，清操絶倫，布衣蔬食，以文籍自娱。口不及世事，未曾交遊，時或弋釣，孤興獨歸，雖家人亦不知所之。喪母毁瘠，殆於滅性，不飲酒食肉，十有餘年。簡文帝輔政，命爲參軍，稱疾不起，由是名稱益重。博學多通，長於三禮，註論語行於世。

郭翻。字長翔，武昌人。少有志操，辭州郡辟及賢良之舉。家於臨川，不交世事，惟以漁釣射獵爲娱。居貧無業，欲墾荒田，先立表題，經年無主，然後乃作。稻將熟，有認之者，悉推與之。縣令聞而詰之，以稻還翻，翻不受。嘗以車獵，去家百餘里，道中逢病人，以車送之，徒步而歸。其漁獵所得，或從買者，便與之而不取直，亦不告姓名。由是士庶咸敬貴焉。與翟湯俱爲庾亮所薦，公車博士徵，不就。

南北朝　宋

郭希林。翻曾孫。少守家業，徵州主簿，秀才，衛參軍〔一〕。元嘉初，吏部尚書王敬弘舉爲著作佐郎，後又徵員外散騎侍郎，並不就。子蒙，亦隱居不仕。泰始中，郢州刺史蔡興宗辟爲主簿，不就。

唐

江水清。永興人。開元間鄉貢明經，親老，侍養不仕。授徒靈峯山，一時人士宗之。

廖忠。唐年人。大中間，同弟恕糾率精兵，與黄巢迎敵，賊斬其首，猶躍馬七里，後人名其地爲七里山、走馬嶺，鄉人立廟祀之。

五代 南唐

吴仲舉。字太沖，永興人。仕李煜，爲池陽令。曹彬平江南，仲舉殺彬所招降使者，城陷，彬義而釋之。

宋

陳卓。咸寧人。有田五千畝，兄之田止一千畝，卓願合户而同之。且曰：「人生飽煖之外，骨肉歡聚而已。」其後兄子康民，登皇祐初進士，官至大中大夫。

馮京。字當世，江夏人。舉進士，自鄉舉、禮部以至廷試皆第一。吴充以論温成皇后追册事，出知高郵，京疏充言是，不當黜。爲翰林學士，知開封府，數月不詣丞相府，韓琦以爲傲，京曰：「公爲宰相，從官不妄造請，乃以爲公重，非傲也。」出安撫陝西。神宗立，改御史中丞。王安石爲政，京論其更張失當。擢樞密副使，進參知政事，薦劉攽、蘇軾掌外制。茂州夷叛，徙知成都府，有能聲。哲宗即位，拜太子少師。致仕，卒謚文簡。

吴中復。字仲庶，興國人，仲舉子。進士及第，累官殿中侍御史。彈宰相梁適，適罷，又彈宰相劉沆，沆罷。改右司諫，歷成德軍、成都府、永興軍，有善政。知荆南，坐過用公使酒免。中復樂易簡約，好周人之急，士大夫稱之。

李昌國。江夏人。有清修，善於教子。長康侯，仕至河南守；次康年，仕至監丞，善古篆，與蘇軾、黄庭堅遊；次康直，仕至左司員外郎，休官歸里，自稱裕老。

費師古。蒲圻人。天聖進士，累官諫議大夫。時范鎮知諫院，以請建皇儲罷，師古抗疏留之。不報，遂歸。

李翔。字仲覽，興國人。元豐進士，博學善吟咏。蘇軾謫黄州，每訪之，作懷坡閣，以寓思軾之意。

吴擇仁。字知夫，中復從孫。建中靖國初，知大鹿縣，擢熙河路轉運判官，以直秘閣爲副使，拜户部侍郎，兼知開封府，俱有能聲。後以直學士提舉崇福宫，卒。

盛子充。興國人。親喪，廬墓三年，鄉里稱其孝。家富藏書，名其閣曰「萬卷」。與王黼同舍，黼登相位，一無所干。蔡攸亦以書招，不赴。

任獻夫。字安世，蒲圻人。政和進士，温厚爾雅，歷荆門刑曹，有異績。

陳求道。字得夫，咸寧人。登進士第，靖康間判都水監。朝議二帝出郊請和，求道力争不聽。金人立張邦昌，下令在京官不朝者死，求道稱疾不屈。先是，陳留河决，漕輸不通，開封尹宗澤命求道疏治之，七日盡復故道。建炎四年，命爲襄、鄧、隨、郢鎮撫，未行，寓蒲圻龍堂寺。招撫劉忠叛，奉求道爲主，求道正色厲詞，賊怒，殺求道妻蔡氏及二子符、佺，必欲從己。求道駡愈厲，賊斫其口，拔舌斷之。獨符子凱竄山谷得免。賊退，始得求道屍，瘞於興陂〔二〕。

李宗儀。江夏人。與從弟宗儒四世同居。好學篤行，興書院，建祠以祀先聖，給田以贍來學。汴京失守，程吏部千秋勤王，宗儀子彦章開倉庾資給軍士。

王質。字景文，興國人。博通經史，善屬文。遊太學，著論五十篇，謂之朴論。中紹興三十年進士第，汪徹、張浚皆辟爲屬，入爲太學正。時孝宗屢易相，國論未定，質上疏極言，天子心知質忠，而忌者共讒質年少好異論，遂罷去。會虞允文宣撫川、陝，辟質偕行，令草檄契丹文，援毫立就，詞氣激壯，允文起執其手曰：「景文天才也。」入爲樞密院編修官。允文當國，以質鯁亮不回，可右正言。時中貴人用事多畏憚質，陰沮之，奉祠山居，絶意禄仕。

吴必大。字伯豐，興國人。少從吕伯恭、張敬夫遊，晚事朱子，深究理學。以父任爲吉水丞，會禁僞學，遂棄官歸。

李義山。字伯高，嘉魚人。師事朱晦菴、張敬夫二先生，讀書一過解大義。嘉定間，登進士，初知吉、饒等州，有善政。淳祐中，以金部郎中入對，言爲善不可有疑心，去惡不可有悔心，理宗嘉納之。

萬人傑。字正淳，大冶人。師事陸象山，復師事朱子。朱子稱之曰：「萬正淳氣象儘好，却是先於性情持守上用功。」

張丰應。大冶人。師事朱子，講學白鹿洞。嘗攝司理，會峒猺亂，俘獲渠魁，釋其脅從無驗者數千人。

邵應豹。字起南，武昌人。嘉熙進士，常德司户，轉知江夏。母老辭禄侍養。時同年丁大全、賈似道當路薰灼，豹獨絶之。自幼篤孝。母疾，醫須鵲肉和藥，豹默禱，鵲自投其室，疾尋愈。後知寶應縣，轉知潯州，皆有惠政。卒年九十五。

李大同。嘉魚人。富於學問，能文章，瀟灑無疑滯。咸淳中，以周禮舉第一，授國子監學録，後歸隱不仕。

黄觀象。江夏人。居父母喪，哀毁踰禮，廬墓六年，墓旁産芝。詔賜粟帛，捐徭役旌之。

楊秀。咸寧人。年十二，有虎齧其兄，秀即以斧斫虎首，兄得脱，秀扶兄歸。他日其母又爲虎所傷，秀乃奮呼，復以斧斫之，虎死，母得全。

王華。字日華，咸寧人。宋末兵亂，華集少壯數千，結寨以護鄉邑，民賴以安。

元

宋愿。字文齋，蒲圻人。生而穎敏，力學不倦，崇尚經術，至忘寢食。皇慶中，授濂溪書院山長，轉澧州學正。

何槐生。字德孚，蒲圻人。幼穎敏，日記數千言。泰定進士，授江西宜黄縣尹，再任德安、雲夢，遷慶元路總管府推官，俱有政聲。所著有善政指南書及碑碣諸文行世。

聶炳。字韞夫，江夏人。元統初進士，爲寶慶路推官，有善政。至正十二年，遷知荆門州。詳見荆門州名宦。

李英。字茂林，義山孫。武昌兵變，所在相聚爲盜，英保障鄉閭。參政阿魯輝克復武昌，召募忠勇，英倡率義兵出應，以功授敦武校尉。蘄、黄寇以舟師溯武昌而上，蒲圻、咸寧、嘉魚殺掠殆盡，英設伏擊之，獲鎧仗輜重甚多。獻俘授奉議大夫，同知岳州府事。

李鵬翔。字時起，咸寧人。至政初，累官翰林學士，世居梓山下，文章德業，一時稱重。

廖均用。蒲圻人。父昇三卜葬於縣之楂林，均用負土成墳，手植異松。元末避亂南山，散財饗士，鄉民賴以全活。躬耕南山下，儲穀至二十萬石，值歲旱，均用盡發所儲，嘉魚、咸寧、蒲圻、崇陽四縣，咸取濟焉。

嚴士真。崇陽人。嘗遊學，棲息廬山，博洽經史，善詩文。

丁鶴年。其先西域人，父智默特羅丹，爲武昌縣達嚕噶齊，遂爲武昌人。淮兵襲武昌，奉嫡母走鎮江，母歿，鹽酪不入口者五年。復避地四明，後還武昌，生母馮已前死，不知殯處，慟哭行求，母告以夢，乃齧血沁骨，斂而葬焉。烏斯道爲作丁孝子傳。鶴年好學洽聞，精詩律，晚學浮屠，結廬居父墓，卒。「智默特羅丹」舊作「職馬禄丁」，「達嚕噶齊」舊作「達魯花赤」，今改正。

馮三。江夏人。爲湖廣省公使，素不知書。寇陷湖廣，皂隸輩悉起爲盜，拉三以從，辭曰：「賊名惡，我等豈可爲？」衆怒，將殺之，三遂唾罵，賊乃縛諸十字木，舁之行，而刲其肉。三益罵不止，抵江上，賊斷其喉去，妻亦投江死。

明

張文忠。字甫相，興國人。身長一丈二尺，技勇絶人。元末立鯽魚寨，保護鄉里，以拒賊。明太祖戰陳友諒於康山，文忠率所部轉餉助軍，進秩大夫。

劉任。一名仁，武昌人。元四川行省參政。明初擢兵部尚書，出爲廣東行省參政，召拜應天府尹。其在四川、廣東，以善政聞。

魏觀。字杞山，蒲圻人。元末隱居蒲圻山，明太祖下武昌，聘授平江學正，累官起居注。洪武元年建大本堂，命觀侍太子説書，授諸王經。歷改侍讀學士，遷祭酒。五年，廷臣薦觀才，出知蘇州府。後以譖誅，帝尋悔之，命致祭歸葬。

蔡哲。字思賢，武昌人。洪武中，中書參政。四川明玉珍死，子昇立，遣使奉貢，上命哲往宣諭，哲挾畫史偕行，圖山川險易以獻。後伐蜀，取道多用之。

李祥。字從吉，咸寧人。元進士，洪武初都督府斷事，歷遷尚寶卿，浙江按察使。爲人識度明雅，威儀莊肅，太祖重之，親爲誥詞褒美。

葛素。字叔繪，咸寧人。洪武中工科給事中。母喪服闋，將赴京，時楚藩侵斧頭湖爲梟雁池，旗校横甚，素以計縛其用事者十人，欲與詣闕。王恐，遣使請還所侵，咸寧民賴之。

成務。字惟幾，興國人。洪武舉人，授廣元教諭。適御史按邑，率諸生郊迎，已望見，遽麾諸生返。御史至，問諸生何在，對曰：「大人行李甚盛，恐士子見之壞心術，已麾之去矣。」御史奇之，薦擢行人。卒官按察使。

周琳。字尚貢，武昌人。父縉，永清縣典史。燕兵起，縉佩印南奔，糾義旅勤王。事泄，械赴京師，得末減，謫戍興州，遣書諸子，議一人代戍。兄弟争往，琳曰：「兄老矣，弟未有子，我當往。」竟代戍〔三〕，父還。是年戰死鷂兒嶺。

盧文政。江夏人。建文舉人，累官太僕寺丞。致仕，年八十餘。手不釋卷，所著有歷代一覽。

徐祥。大冶人。初爲漢萬户，歸明太祖於江州，積功爲燕山右護衛副千户。燕王命侍左右，從起兵，奪九門，破居庸關，進僉事。屢立戰功，進爲都指揮使，封興安伯，禄千石。

陳智。字孟機，咸寧人。永樂進士，授御史，巡按福建、蘇松，理冤獄，多善政。遷陝西按察使。洪熙初入覲，兵部奏以馬給朝覲官，智上章謂：「上新即位，俾職官孳牧，恐傷國體。」上嘉納之。官至右都御史。

李琥。武昌人。宣德間左軍都督府都事。土木之變，隨侍英宗，職橐饘，備歷艱苦而卒。

鄧珏。江夏人。宣德進士，爲刑部郎中，貴州副使。歷官三十餘年，廉介自持。

吴綬。武昌人。父喪廬墓，虎至不爲害。景泰中旌表。

李玘。蒲圻人。七世同居，成化十年旌表。

徐鏞。字用和，興國人。成化進士，授御史。與同官劾汪直八罪，并及其黨王越、陳鉞諸人。地震修省，旋舉慶成宴，鏞以非上下交修之義，請罷之。謫鎮原知縣。弘治中擢淮安知府，皆有善政。終右副都御史，總督漕運。

潘廷桂。字貞庵，江夏人。幼至孝，九歲，母疾，籲天請代，母愈，遂不茹葷。成化二年，授南昌府經歷。父卒於官署，奉柩歸，舟過鄱陽，遇大風，廷桂度不免，以索繫棺於身，舟覆，與波上下，忽漂至一洲得免。歸葬，廬墓三年。

黄玹。字敬潤，蒲圻人。成化進士，授高安知縣，有政績，拜監察御史。時貴州征都匀苗，敕玹紀功。改土爲流，改州爲衛，厥功居多，陟大理寺丞。

龔伯寧〔四〕。字文卿，崇陽人。成化中知新昌縣，有善政。

汪洪。字克容，蒲圻人。成化舉人，官至山東參議。謫知錦州，創石盤七堰，溉田數千頃。土苗叛，遇害。

李承箕。字世卿，嘉魚人。成化舉人，往師陳獻章，久之有所悟，歸隱黄公山，不復仕。與兄進士承芳皆好學，稱嘉魚二李。

李承勛。字立卿，嘉魚人。弘治進士，知太湖縣，歷官南昌知府。舉治行卓異，遷浙江按察使，累遷右副都御史，巡撫遼東。嘉靖時，遷刑部尚書，改兵部督團營。時中官出鎮者多暴横，承勛因諫官李鳳毛等言，先後裁二十七人，又革錦衣官五百人，監局冒役又數千人。復奏減御馬監，而請以騰驤四衛屬部覈詭冒，制可。承勛沈毅有大略，服官四十年，家無餘資。卒，謚康惠。

葉相。通山人。父任山東鹽運經歷，卒於官，六年不能歸。相方童年，間關百狀，扶柩歸葬，廬墓三年。性好學，從李承箕遊，陳獻章亟稱之。

廖漢。字天章，蒲圻人。弘治進士，授户部主事，陳情便養，改南京。孤介有聲。正德初，劉瑾當國，上疏抗論時政，不報。再疏自陳歸，結茅五供山，不復出。

江師古。字克承，蒲圻人。弘治進士，授工部主事，管清江浦閘。時中貴往來，作威凌鑠，師古不爲屈。正德初，劉瑾柄國，即抗疏歸。性儉樸，敝衣糲食，陋室匡牀，翛然自得。

劉珂。字梅雪，興國人。弘治進士，授長洲令，多善政。歷太僕丞。劉瑾柄政，乞休。

鍾湘。字用秀，興國人。弘治進士，歷官知漳州府，有平海寇功。

張璞。字中美，江夏人。弘治進士，以御史按雲南。中官梁裕虐民，以法繩之，爲劉瑾所誣，繫獄死。

王𠗨。字敍之，崇陽人。幼聰慧，三歲失母，哀毁如成人，事繼母尤謹。正德進士，授南京大理評事。有誣殺人者，獄已成，𠗨力辨其非，後果獲實殺人者於淮北。内殿災，上言四事。後遷四川副使。歸，家居手不釋卷，所著有石洲文集一卷。

孟廷珂。字培之，武昌人。正德進士，授大理寺副。武宗南巡，上疏極諫，忤旨，謫户部照磨。嘉靖中，累官雲南參政。

汪文盛。字希周，崇陽人。正德進士，授饒州府推官，持憲不阿。入爲兵部主事，偕同官諫武宗南巡，杖闕下。嘉靖初，歷雲南按察使，就拜右僉都御史，巡撫其地。安南莫登庸篡位，其舊臣多不服，文盛諭降之。

劉守緒。字克承，興國人。正德進士，授奉新知縣，從王守仁平宸濠。後官至太僕卿。

方宸。嘉魚人。正德中，土寇賀璋反，宸應募勦捕之。餘黨復熾，宸追戰遇伏，墜馬死。弟宲救兄力鬬，亦死。事聞，贈宸檢校。

仵瑜。字忠父，蒲圻人。正德進士。世宗初爲禮部主事，疏陳勤聖學、篤親親、敬大臣、開言路等十事。已而與羣臣伏闕争大禮，死杖下。後贈光禄寺少卿。

朱廷立。字子禮，通山人。嘉靖進士，授諸暨知縣。議建海塘，歲省夫直。累遷禮部侍郎。所著有鹽志、馬政志、家禮節要。

汪宗伊。字子衡，文盛嗣子。嘉靖進士，除浮梁知縣，歷官兵部郎中。楊繼盛劾嚴嵩及其孫鵠冒功事，宗伊議不撓，忤嵩，自免歸。萬曆時累官户部尚書，總督倉場，致仕卒。天啓初追謚恭惠。

陳宗虁。字惟一，通山人。嘉靖進士，累官浙江兵備副使，有破倭寇功。

劉景韶。字子成，崇陽人。嘉靖進士，歷貴州僉事，屢破叛苗。擢淮揚道副使，有破倭寇功。官至右僉都御史，巡撫鳳陽諸府。

徐綱。字浴泉，興國人。十歲而孤，母黃氏，守節教綱。嘉靖中登進士，遷兵科給事中。世宗建醮，命諸臣黃冠行香，綱上疏極諫，廷杖瀕死，復諫乃止。隆慶元年，簡授工部侍郎。萬曆元年，致仕歸。

熊桴。字元乘，武昌人。嘉靖進士，授太倉知州，轉蘇州同知，擢蘇州兵備僉事，升雲南參政，轉陝西按察使，左遷山東參政，俱有政績。擢僉都御史，巡撫廣東，以平海寇功，進右副都御史，卒於軍。贈兵部侍郎，賜祭葬。

唐時舉。字省庵，咸寧人。父毓有三子，獨器重時舉，分產罄與昆季，謂時舉曰：「汝不藉此也。」登嘉靖進士，除知會稽縣，有善政。入爲大理寺官，值嚴嵩獄起，株連頗濫，時舉多所平反。未幾，卒於官。

舒大猷。通城人。嘉靖舉人，累官浙江布政司，以文章政事名一時。所著有諸儒粹議及清心齋集。

胡希瑗。字橋南，大冶人。嘉靖舉人，知潼川州。會三殿災，采大木，學宫有喬木數百章，議欲取之。瑗曰：「奈何伐廟木以自功？」別采得大木，視旁郡獨先。弟希寅，字于野，嘉靖舉人，知開建縣。一日釋奠於縣學，適盜突至，衆倉皇走，希寅曰：「賊至，當共捍衛，走者治以軍法。」乃糾聚多人，戎服，親冒矢石，殲賊百餘人，賊自是不敢犯。希瑗子應辰，字汝拱，萬曆進士，户部主事，榷江州，不以餘緡自潤。

吴國倫。字明卿，興國人。嘉靖進士，入李攀龍、王世貞詩社，爲七子之一。由中書舍人擢兵科給事中。楊繼盛之死，國倫倡衆賻送，忤嚴嵩，假他事謫江西按察使知事。嵩敗，起建寧同知，累遷河南參政，罷歸。國倫才氣橫放，好客輕財，歸田後聲名籍甚。所著有甔甀洞稿。

鄔必信。字迎實，武昌人。篤學有隱德，年百歲。孫明昌，崇禎進士，上言：「臣大父必信積學行義，已及百年，皆聖朝悠遠之徵。」詔賜冠帶粟肉，命有司表其閭。

郭正域。字美命，江夏人。萬曆進士，授編修，爲皇長子講官。歷禮部侍郎。稅璫魯保請關防兼督織造，秦王請封其庶子爲世子，閣臣沈一貫皆許，正域持不可。又建議奪黄光昇許論吕本謚，不果行。會有訐楚王以異姓子嗣位者，正域請勘，帝以楚王立久不問，遂乞歸。妖書事起，或引正域將寘之死，舉朝不平，事得寢。正域博通載籍，勇於任事，有經濟大略，自守介然，人望歸之。扼於權相，遂不復起，家居十年卒。光宗即位，贈禮部尚書，太子少保，謚文毅。

孟養浩。字義甫，咸寧人。萬曆進士，授行人，擢户科給事中。李獻可請豫教元子，獲嚴譴，養浩疏救，帝怒，杖之百，削籍爲民。光宗立，起太常少卿，遷南京刑部侍郎，未之官卒。

舒弘緒。字崇孝，通山人。萬曆進士，官給事中。時同官李獻可得罪，弘緒争之，帝益怒，出弘緒南京，未幾除名。天啓中，贈光禄少卿。

李沂。字景曾，嘉魚人。萬曆進士，歷吏科給事中。中官張鯨肆横，沂疏言：「陛下往年罪馮保，近日逐宋坤，鯨之惡百於保而萬於坤，流傳謂鯨廣獻金寶，多方請乞，虧損聖德，夫豈淺鮮！」帝震怒，謂誣謗君父，杖六十，斥爲民。光宗嗣位，贈光禄少卿。

徐汝化。字應時，興國人。萬曆進士，任河間令。性孝友，築愛日堂以娱親，事兄如父，與吴明卿倡和。有青桂集。

趙邦柱。字安甫，咸寧人。萬曆進士，累官通政司參議。時諸中官請乞日以百數，邦柱痛抑之，中官爲氣沮。

孟習孔。字魯難，武昌人。萬曆進士，授香山令，調吴縣，尋知開封，皆有聲。進太僕卿，值楊漣爲魏忠賢所陷，習孔率同官上章訟漣，忠賢怒，嗾私人卓邁劾習孔，罷歸。及忠賢敗，以恩詔復官，習孔不出，老於家。

熊廷弼。字飛百，江夏人。萬曆進士，授保定推官，擢御史，巡按遼東。四十七年，以兵部侍郎經略遼東。廷弼有膽，知兵，善左右射，然性剛負氣，好謾駡，不爲人下，物情以故不甚附。天啓初，朝議以袁應泰代。遼陽破，詔起廷弼於家。與撫臣王化貞不和，後以河西失，遂論死。本朝乾隆四十八年，命巡撫舒常訪其後裔，得五世孫熊泗先，恩賞訓導。

吴應鵬。字圖南，通城人。萬曆舉人，官温州司李，有平海寇功。與武將袁大安不睦，掛冠歸。崇禎末，楊嗣昌欲起之，力辭。

游士任。字肩生，嘉魚人。萬曆進士，擢廣西道御史。天啓時，客、魏用事，士任特疏糾之，自是臺省交章。忠賢矯旨殺楊漣，並逮士任下錦衣獄，拷掠備至，不死，謫戍安慶。崇禎元年，詔釋之，還其冠服。

賀逢聖。字克繇，江夏人。萬曆進士，授編修。天啓時，歷官洗馬。魏忠賢聞湖廣生祠上樑文出逢聖筆，特詣之。逢聖曰：「此借銜陋習耳，余安能數千里外爲人作文？」忠賢怒，誣以罪，削籍。崇禎初，起故官，累遷禮部尚書，兼東閣大學士。致仕歸，歷陳道中所見災傷及郵傳困憊狀。十四年召還，明年又引疾歸。十六年，張獻忠圍武昌，逢聖晨夕登陴，與士卒同饑困。城陷，投墩子湖死，妻危氏，子覲明，子婦曾氏、陳氏，孫二人，孫婦某氏，皆從死。次子光明，自他所來赴，亦死之。及事定，有司覓其屍，閲八日顔色不變。本朝乾隆四十一年，賜謚忠愍。

王台彦。字明珍，蒲圻人。萬曆舉人，官四川達州知州。有白蓮教匪攻城，台彦計擒其魁，諭散黨與，州境以安。丁父艱歸，服闋，補河南信陽州知州，治聲甚著。時楊漣以論魏璫死，舁骸歸，道經信陽，與漣友者不敢視，台彦獨撫棺慟哭，且厚恤之。擢銅仁府知府。境多苗，台彦恩威並著，胥悦服。旋授畢節道副使，安、奢二酋擾黔中，朝廷遣使往勘，皆不返，台彦攜僕就道，檄召安信。信使其驍帥率千衆來迎，意叵測，叱退之。夜分，酋貽以金珠。台彦曰：「吾不可威劫，亦不可利誘，但欲平界息争，救爾衆萬死耳。」酋服其誠信，遂歸命，定界而還。朝廷賜白金寶鈔，授廣西參政。踰年，予告歸，卒。

魏説。字肖生，蒲圻人。萬曆進士，官工部郎中，典試粤東，督學四川，釐正文體，得人稱盛。嗣授山西按察司副使，轉參政，復除山東按察使，所在多惠政。山東妖賊煽衆，圍邑攻郡，勢逼省會，説點煙丁守城，騰檄招撫，賊乃靖。遷太僕寺少卿，尋除應天府府尹。却私餽，減徵額。未幾，擢户部侍郎，兼都察院右僉都御史。以不附閹璫致仕歸。著青山閣集八卷。

熊開元。字魚山，嘉魚人。天啓進士，除崇明知縣，調吴江。崇禎四年，徵授吏科給事中。帝遣中官王應期等監視關中軍馬，開元抗疏争。王化貞久繫不決，開元請立肆化貞市朝，化貞卒正法。後貶秩，十三年遷行人司副。會求言，開元於帝御德政殿入奏，極論周延儒，廷杖戍杭州。

楊逢春。咸寧人。母歿未葬，家忽火，猝不能移棺，乃伏棺上，欲與母俱燼，衆扶之出。泣曰：「母屍不能全，逢春終不有其身也。」復入，衆又挽之。須臾室燬無遺，而母棺獨存，咸謂孝感所致。

王廷栻。崇陽人。父官閩，爲僕所毒死，廷栻廉得其狀，手刃三僕。有司下廷栻獄，天子嘉其孝，釋歸。

明睿。字作聖，江夏人。力學甘貧，名節自勵。明末流賊陷城，即自題神主曰「明苦節明生之位」。率妻子凡七人赴井死。時人號其井爲明井。本朝乾隆四十一年，予祀忠義祠。

吴思温。字江黄，江夏人。萬曆舉人，歷官廣西布政使。歸，張獻忠破城，不屈死。

貢其志。字以達，江夏人。天啓舉人，知雲山縣。歸，張獻忠破城，自焚死。本朝乾隆四十一年，賜謚節愍。

李甲。字孚先，蒲圻人。崇禎舉人，知雙流縣，署新都事。擢建昌衛同知，未之任，流寇至，甲力戰，進兵滎經，歿於陣，僕李從冒白刃覓屍歸，遂以死殉。本朝乾隆四十一年，賜謚烈愍。

何應軫。字天經，江夏人。崇禎中拔貢，流賊破城，不屈死。本朝乾隆四十一年，予祀忠義祠。

吴兹明。武昌人。明末，由掾吏爲黄縣典史。流寇至，嬰城固守，城陷遇害。

孫鵬舉。字何知，江夏人。知松江縣。歸，流寇陷城，駡賊死，一門殉節者十餘人。本朝乾隆四十一年，賜謚烈愍。

張鳴錦。字養晦，江夏人。明末指揮千户。流寇破城，被執不屈，舉家三十餘口死之。本朝乾隆四十一年，賜謚烈愍。

李成名。字次峯，江夏人。流寇至，聞其名，欲官之，成名駡賊，賊怒，斷手寸磔之。本朝乾隆四十一年，予祀忠義祠。

劉承漢。字心五，武昌諸生。流賊陷武昌，罵賊，賊怒，截其舌，潄血唾賊面，扼吭死。本朝乾隆四十一年，予祀忠義祠。

賀昌明。字宸極，武昌諸生。崇禎末，聞北京失守，斬衰祭莊烈帝，慟哭發狂疾死。

陳瑞。字五玉，咸寧諸生。明末江水涸，作涸江嘆以憂時。流寇將至，率二女孫沈紫潭湖死，卓立水中，數日猶不仆。本朝乾隆四十一年，予祀忠義祠。

謝淳培。字應侯，江夏人。天啓舉人，博學能文。張獻忠陷城，被執不屈，死之。本朝乾隆四十一年，予祀忠義祠。

朱蘊羅。江夏人。官蒲江知縣。崇禎十七年，獻賊陷城，罵賊不屈死。本朝乾隆四十一年，賜謚烈愍。

李藎臣。武昌人。流賊陷城，死之，妻熊氏亦自縊。本朝乾隆四十一年，予祀忠義祠。

尹如翁。大冶人，賀逢聖門生。張獻忠逼江夏，如翁走三百里，持一僧帽、一袈裟，來貽逢聖，逢聖反其衣帽曰：「子第去，無憂我。」如翁歸大冶，遇城破，慷慨殉節。本朝乾隆四十一年，予祀忠義祠。

朱英璲。楚東安王四世孫，初授楚宗正。張獻忠陷城，英璲爲僧，避地孝感，聞北京失守，自縊死。

朱華塏。字德心，楚藩宗室。流寇至，驅妻子入屋後大池中，率家丁巷戰，殺賊二十餘人。賊大至，自刎死。

朱蘊鈋。字希周，楚藩宗室。博學工文辭，力辭中尉禄。流寇陷城，不屈死。有名蘊鎊者，於蘊鈋爲昆弟行，亦死於賊。

本朝

程九百。通山人。順治二年，李自成敗走通山之九宫山，九百率衆殺之，獻其首於總督羅繡錦。檄爲德安府經歷。

許立逵。通山人。順治時知江浦縣，海寇陷城，死之。贈江南按察使僉事。嘉慶六年補給恩騎尉世職。

劉日襄。武昌人。順治恩貢，官賓州知州。土寇陷城，不屈死。事聞，贈廣西參議，賜祭蔭子，嘉慶六年補給恩騎尉世職。

鄭邦相。字又僑，咸寧人。順治進士，知鄱陽縣。爲政簡易，庭無滯獄，凡布帛菽粟，悉聽民折以輸糧，詳請北運，民甚便之。湖中多盜，招其魁，令捕黨自贖。擢知滁州。時地震，城圮於水，募善泅者取甓而償以錢。城成，費減半。後丁母憂歸，不復仕。

張燕翼。字安仲，江夏人。順治會試乙牓，官禮部司務。究心理學，言動以禮，士人奉爲楷模。有以金見寄者，其人已歿，訪其孤還之。

謝應璜。字皇黼，蒲圻人。以舉人授崇仁令。一歲輸六年逋賦，勸諭有方。又劇盜爲害數十年，應璜單騎諭降之。官終河西知縣。

楊兆傑。字又仁，江夏人。順治舉人，康熙初授大理府推官，治獄多所平反。擢兵部主事，條奏節冗費，清盜源，又請裁提督文武兼制，申議楚糧，皆練達中機宜。安南王黎維禧逐都統莫元清流寄雲南，兆傑往諭之。初至，維禧殊簡傲，兆傑引禮切責，維禧懼，出郊迎詔，拜伏如禮。於是令還高平、四川地，安置元清，還報。榷淮關，以父喪歸。

常正綱。字公振，江夏人。有才幹。康熙十九年，吴逆以雲南叛，綏遠將軍蔡毓榮統兵征勦，辟正綱，授參領爲先鋒，從都督僉事諒有材督兵攻討，正綱斬擒僞將，屢獲大捷。有材中賊計，軍心洶懼，正綱攝都督，誓士死戰，搗賊要害，大兵乘以勦平。論功授僉事。後遷沅州協副將。雍正癸卯，征阿爾特誕，協理軍務，以勞瘁卒。

劉時遠。字馭侯，武昌人。康熙中舉人，授廬山知縣。微服入境，詢知小民貿易，每日輸錢入官，即諭免之。有劇盜數千，盤踞山谷，爲商旅害，設方略，率吏民擒之。擢成都知府，未至，以病歸。

宋長春。字柏山，蒲圻人。事母以孝聞。從軍征吴逆，爲把總，平岳州有功。從征福建，克復南日澳，直抵厦門。授都督僉事，管西安州遊擊事。立義學，教軍民子弟。獲大盜金維正等，累官雲南副總兵，誅叛苗陸尚賢，餘悉宥之。廣南平，卒官。

吴琮。字峻季，江夏人。令任丘，創修學宫。按季課士，人文大盛。學宫舊有苦井，至是忽化爲甘泉。

汪錞。字鍾如，江夏人。康熙進士，孝友誠篤，歷官户部主事。典倉儲，手自清算，積弊一清。改吏部，黜陟大政，引例據典，持正不阿。

王開泰。字乾來，江夏人。康熙庚辰進士，以庶吉士改博羅知縣。縣多訟，發奸摘伏，剖决如流，絶請託，䘏孤寡，課文禮士，上下稱之。丁艱歸，起補慶元，平寃獄，卒於官。

馬之鵬。字文淵，蒲圻人。康熙進士，知博白縣。有失子者控縣，訪之不得，之鵬清保甲，見一人有異，訊之，獲所殺屍於水中，遂寘之法，一縣稱神。又擒積盜王叔元，害以除。改知元謀縣，盜魁李玉林入貲爲撫院吏，之鵬捕治之。歷官給事中，條奏會審遲延、潮鹽加派、會試中額三事，俱施行。掌錢法，力清宿弊。卒之日，家無宿儲。

張謙。字子吉，武昌人。康熙進士，知珙縣。前令與土人何姓者爲讎，虚報隱糧，賦較他縣獨重，又官給酒米，悉取諸民，吏緣爲奸，民多逋竄。謙革諸供應，勸民墾荒，民乃生聚。又捐貲焚鑿江中歐、躦二灘，行者稱便。縣穀賤鹽貴，謙請民得以穀易鹽，於是益勤開墾。暇日課士，示以文體，縣人始知嚮學。苗人有獻，却之。歷刑部郎中。精律例，部事多倚辦，念六十以上充軍者多道死，謙請得以贖論，報可。督學雲南，公廉協士，論除竄籍、替考諸積弊。雍正元年，擢雲南按察使，民翕然嚮化，晉大理寺少卿，巡撫貴州，未至，道卒。賜金千兩，予祭葬。

盧逢益。蒲圻人。歲貢生。七歲而孤，事母朱氏以孝聞。母病疫，逢益禱於神，請以身代，數日而愈。母後以壽終，逢益亦享年八十餘。乾隆五年旌。

陳正勳。字書竹，江夏人。乾隆己未進士，除臨縣令，調臨晉，擢汾州同知。以艱歸，起補重慶同知，摘奸剔弊，川東人號爲青天。

程英銘。字新三，興國人。乾隆戊辰進士，授鄰水知縣。有生員甘文林、熊宗裴、熊興誠等，以抗官聚衆將伏法，英銘廉其冤，力救得釋。後文林以庚辰成進士，宗裴、興誠皆由貢生官教職，當世美之。後官海陽，亦有善政。

向宏材。武昌人。年十四時，父歿，擗踴盡哀，母病劇，禱於神，請以身代。母復患癰，以口吸膿血即愈。母卒，廬墓側，遇生忌辰，哀痛如初喪。乾隆三十三年旌。

李方弼。蒲圻監生。性至孝。父有宿疾，食忌鹽，方弼亦食淡數十年。父母歿，廬墓盡禮。乾隆三十七年旌。

傅興國。江夏人。官守備，與同邑把總余國良，於乾隆三十八年從征金川，先後陣亡。嘉慶六年補給恩騎尉世職。

李爲松。蒲圻諸生。年甫十二，父手傷於蛇，爲松哀抱口吮，父禁不許，俟父熟寢，輕吸傷處，頃刻而愈。母八十餘忽患風疾，手足痿痺，爲松朝夕侍奉，不離寢所，澣濯穢垢，從不假手僕婢。妻早逝，爲松鰥居三十載。乾隆五十八年旌。

劉宏勳。江夏武生。父母早逝，善事祖母。一日隨祖母渡江省墓，遇暴風，舟垂覆，乃繩約祖母於背，而自挾兩艎版出沒狂濤中，遇救得免，遠近驚傳爲異。乾隆四年，以順孫旌。其時同里以孝稱者，若王敬天之割股廬墓，陳文炳、熊承裔之舐翳吮癰。又細民中如夏士友業刀鑷以養母，郭儀之奉後母以孝聞，皆難能者也。

鄭廷祥。字庶安，江夏人。里有廟嘴湖，廣三里許，廷祥捐數千金建石橋，三年而後成。水漲時則設義渡，又捐置田以爲經久計，人稱其橋爲庶安橋。

蔡國棟。江夏人。由行伍拔德安營把總。嘉慶元年五月，教匪李文高等擾孝感，國棟隨參將劉景齡率兵六十人馳勦，遇賊奮擊，斬獲甚衆。會天暮甚雨，賊匪千餘，突出合圍，力竭歿。恩予雲騎尉世職。

胡鵬盛。通城人。乾隆癸卯舉人，任歸州學正。嘉慶四年，在州勦辦教匪陣亡。恩予雲騎尉世職，入祀昭忠祠。

流寓

朱尊爵。通山人。事父母以孝聞。一日其父赴村市，距家數里許，日暮未歸，尊爵訝其遲，持炬往迎，適父遇虎，尊爵號呼奔救，虎即遁去。父屢患腹疾，醫者云「服鮮石耳可愈」。邑有九宫山，懸崖峭壁，下産石耳，尊爵以繩繫腰間，採取得之，父食之即愈。後父母殁，前後廬墓左六年。嘉慶七年旌。

漢

禰衡。平原般人。建安中，劉表送衡與江夏黄祖，祖善待之。祖長子射尤善衡，嘗與俱遊，共讀蔡邕所作碑文，射愛其辭，還，恨不繕寫。衡曰：「吾能識之，惟其中碑缺二字，爲不明耳。」因書出之，射馳使寫碑，還校如衡所書，莫不歎服。射時大會賓客，有獻鸚鵡者，射舉巵於衡曰：「願先生賦之，以娱嘉賓。」衡攬筆而作，文無加點，辭令甚麗。後黄祖在蒙衝船上大會賓客，而衡言不遜順，祖慚，乃訶之。欲加箠，衡大駡，祖恚殺之。

晉

高悝。廣陵人，寓居江州。刺史華軼辟爲西曹掾。尋軼敗，悝藏匿軼二子及妻，崎嶇經年，既而遇赦，攜之出首，帝嘉而宥之。

孟嘉。鄳人。曾祖宗葬武昌，因家焉。少知名，太尉庾亮領江州，辟部廬陵從事。褚裒時爲豫章太守，正旦朝亮，大會州府人士，袁問亮：「聞江州有孟嘉，其人何在？」亮曰：「卿但自覓。」袁歷觀指嘉曰：「此君小異，將無是乎？」亮欣然而笑，乃益器焉。

唐

李邕。江都人。嘗遷居江夏，杜甫詩稱爲江夏李邕，今縣有李邕宅。

元結。字次山，河南人。代宗時以侍親丐歸，寓武昌樊山，益著書，作自釋一篇。

高讓。幽州人，崇文孫。性孝嗜學，好恬退。兄駢爲西州節度，讓遯去，客江、淮間，愛崇陽山水，卜居之，築愚亭，引客賦詩，因號愚翁。後荆南高季興過之，命圖讓像於亭中。

宋

廖正一。字明略，德化人，徙居蒲圻。讀書鳳凰山，深造獨得，黄庭堅深器重之。

張山翁。普州人。德祐初，爲荆湖宣撫司幹官。鄂守張宴然議納款，山翁以書誚讓之。宴然既降，山翁被執，酬對不屈，行省賈思貞義之，貸不殺。後居黄鵠山，聚徒教授而終。

明

弁斌。正德時錦衣衛指揮，與同官韋璽俱忤劉瑾，謫沔陽衛百户，二人同寓江夏，斌遂卒於江夏。嘉靖初，召璽復官，未行亦卒。

列女

宋

張烈女。鄂州江夏民婦。里惡少謝師乞過其家，持刀逼與爲亂，曰：「從我則全，不從則死。」張大駡曰：「庸奴，我可死，不可他也！」至以刀斷其喉，猶走擒師乞以告鄰人。既死，朝廷聞之，詔封旌德縣君，表墳曰「烈女之墓」。

元

何槐孫妻費氏。蒲圻人。宋諫議師古曾孫女。夫病幾殆，刲臂和藥。

王蘭孫妻劉氏。蒲圻人。年二十六，子德俊纔六歲，德原生六日，而蘭孫亡。姻婭欲嫁之，誓死不二，撫二子成立。至正十二年，兵越蘄、黄，蹂踐鄉邑，二子奉母周全，獨完其宗，人以爲貞節所感。

黄開妻宋氏。蒲圻人。開早殞，無嗣，誓不更嫁，節操貞白，以上壽終。

明

陳子達妻汪氏。通城人。永樂中子達運糧北京，死於途，汪年十五歲，誓不再嫁，日事紡織自給，撫孤成立。

徐廣妻舒氏。通山人。弘治間，廣客東吳，溺於江，父母憐其寡而貧，欲奪之，婦誓不他適，撫二子一女紡績治生。

趙璁妻從氏。興國人。夫卒，自縊死。

張煜妻余氏。咸寧人。夫卒，無子，自縊死。

彭嵋妻胡氏。武昌人。夫卒，無嗣，以女工自給，茹蔬終身。

張隆妻劉氏。江夏人。正德中流寇入境，劉匿草中，賊欲刼以行，劉以衣結其體，蟠坐於地，賊殺之，蟠坐如生。

陳旺妻唐氏。汝陽人。適旺，旺爲武昌優人。正德二年，唐攜其女環兒、姪成兒隨夫來江夏，有史聰者，艷其色，以計殺旺，脅汚唐氏。唐曰：「汝殺吾夫，吾恨不能殺汝，又忍從汝亂耶！」遂遇害。繼逼環兒，環兒大哭且駡，賊又殺之，棄屍去。成兒潛逃愬於官，擒聰伏法。

曾某妻吳氏。武昌人。夫歿，絶粒死。

徐宏軒妻柳氏。武昌人。年十九，夫亡撫孤，有孫矣，後俱夭絶，苦節七十餘年。

吳自强妻高氏。武昌人。夫疾刲肉以療，卒不起。饑饉，父欲奪其志，高自沈於河，救免，守節終身。

湯某妻盧氏。武昌人。湯遠行遇盜死，盧氏間關覓屍歸，守節撫孤成立。

魏銘妻黄氏。蒲圻人。無子，銘别娶丁指揮女，紿爲繼室。指揮後知之，亟攜女還，黄追至途，懇請讓丁正室，而已爲副。

羅欽仰聘妻歐陽氏。江夏人，名金貞，歐陽梧女。許配欽仰，未婚，欽仰墜水死。金貞年甫十四，欲從死，父母持不許，乃告父母曰：「婦本以事姑，姑既失子，可令並失婦耶？願歸羅，以畢所事。」從之，守節，年六十餘卒。

熊鋏妻胡氏。武昌人。生子甫彌月，鋏卒，胡足不出户閾。嘗有危疾，鋏弟善醫，將爲診視。胡曰：「嫂叔不通問，禮也。吾未亡人耳，安用藥爲？」有司高其行，皆親莅門，嘆曰：「真節婦也。」

黄孝女。江夏人。年十九，父爲牙儈，斃於宦僕，女痛父死無後，哭三日死。里人即其居祀焉，顔曰「孝女祠」。

朱英鏻妻吴氏。江夏人。嫁宗室朱英鏻，年二十四而寡。撫幼子成立，襲爵，乃絶粒死。

方孟鋏女。嘉魚人。未嫁而夫亡，誓不更許人，依母兄終其身。

劉學良妻莊氏。興國人，莊安女，名八兒。安三世爲莊家奴，八兒年十六適劉學良，亦人奴子。越一年病卒，八兒執喪甚哀，屢絶復甦。久之，有少年傭耕者求贅，舅姑許之，八兒自度不能抗，佯諾焉。屆期，更麻衣出拜舅姑，入室自縊。

劉宗牧妻李氏。興國人。年十七寡，遺腹生子良礪。良礪生世斗，登崇禎進士，官户部主事。

劉孝女。江夏人。幼孤，與弟妹並育於伯父紹堯。女年十五，病疫，紹堯視醫藥獲痊。紹堯病，女辛勤營救，竟不起，哭三晝夜而殞。

謝自强妻姚氏。蒲圻人。夫卒，無子，自縊死。

孟機妻余氏。咸寧人。機卒，嘔血長慟，欲以身殉，塊處一室，人罕見其面。子養浩廷杖歸，拜母曰：「兒幾無以見母。」余曰：「兒今始可以見吾矣。」

胡肫妻程氏。大冶人，名香兒。婚八日，以歸省渡三山湖，風濤作，其夫溺，程即赴水從之。舟人救援，竟絶袖而沉。

朱之彦妻劉氏。通山人。年十八，夫夭，誓死守，清謹寡言笑，雖中庭亦步履不出。詔旌其門。

熊民懷妻焦氏。通山人。年十八，嫁民懷，纔八月，民懷死，以死自誓，養姑盡孝。

朱華國妻周氏。江夏人。崇禎末，流寇陷城，同子婦周氏赴火死。

楊世泰妻朱氏。江夏人。世泰爲武昌衛指揮使，運糧京師。流賊張獻忠寇武昌，城陷，朱泣謂子韜曰：「汝急逃，勿以吾故累汝。汝父歸，可白吾志。」言畢，赴水死。

陳騰龍妻李氏。江夏人。流賊陷城，李積薪自焚，仲子象奇年十六，躍身入烈燄中，與母俱燼。陳姓百餘人，賊盡驅之江溺焉，惟幼子志奇，初育於娣白氏，獲免。及左兵東下，志奇被虜，白與夫雲龍隨至九江，爲酒家伺之。一日志奇戲岸上，負馳歸，宗姓復蕃。

邵雲寰妻趙氏。武昌人。夫卒，遇寇，罵賊死。同縣王家臣母王氏、孟道翼妻胡氏，俱遇寇殉節死。

魏夔一妻謝氏。武昌人。年二十二，夫卒無子，遭亂避巖穴中，虎宿其側，後竟餓死。

童心開妻章氏。嘉魚人。張獻忠之亂，罵賊死。同縣李之馨妻佘氏，亦罵賊死。

黄若水妻彭氏。嘉魚人。值寇亂，夫婦俱被掠，彭紿賊曰：「釋吾夫，吾從汝。」彭度夫行已遠，罵賊死。

陶弼妾艾氏。什邡人。興國州陶弼知綿竹縣，娶爲妾，無子。弼卒，艾死以殉。

吴璧良妻盧氏。興國人。年十九夫亡，無子，哭泣雙目俱瞽，守志以終。

李本素妻黄氏。興國人。避寇入山，聞警，與夫同縊死。

韋寧埜妻劉氏〔五〕。江夏人。流賊屠楚，寧埜走失，劉抱子隨母，與姑走。賊追至，强劉上馬，劉度不能免，紿之曰：「軍中不能攜幼子，容吾與母姑及子一别。」乃從容哺其子，尋拜其母與姑，赴水死。

李藎臣妻熊氏。武昌人。藎臣隨父之贛守任。張獻忠陷武昌，熊爲賊所得，欲犯之，熊奪賊刀自刎。賊去，鄰嫗救活之。明年，李自成率殘卒南奔，婦隻身竄山谷間。及藎臣來自江西，遇賊被害，熊痛哭三日，自縊死。

曹大椿妻汪氏。武昌人。崇禎十六年，流寇猝入樊湖，汪抱嬰兒赴水死。越七日，屍浮淺渚，時當炎暑，面色如生，兩手抱嬰兒不可解，遂併葬焉。

羅烈女。嘉魚人。避亂匿蘆葦，賊見執之，罵不絶口，賊支解之。

熊開元妻徐氏。嘉魚人。避亂至粵，舟次程鄉蒿口，徐知不免，謂開元曰：「當使公見妾死，必不死公後介公懷。」次日賊數千奄至，徐急赴水，授以篙，不受而沈。翼日得其屍，視衣履間皆鍼綫密縫，蓋方其語開元時已辦矣。

童洞儒女〔六〕。嘉魚人。未適人，流寇陷城，女同兄走避湖中，兄曰：「止因汝累。」女曰：「如有事，必不累兄。」後賊至，女持所攜鍼線筐對賊擲曰：「此中有寶，汝可取之。」隨赴水死。賊果取筐檢視，其兄乃得免。

袁友正妻蕭氏。咸寧人。友正卒，哀毁骨立，晝夜在壙。一日忽謂家人曰：「袁子至矣，速爲我治衣棺。」言竟而卒。

劉熾妻楊氏。蒲圻人。熾素有痼疾，楊事之數十年無怠。夫喪，哀毁，飲食必奠，如事生。二婢感其義，年四十餘，亦不嫁。

黄祐妻謝氏。蒲圻人。年十六適祐，祐卒，撫孤有成，復夭，一孫又夭。子婦何氏、孫婦魏氏俱二十而寡，嫠居三世，俱有節操。

楊鑑妻吴氏〔七〕。崇陽人。早寡，或奪其志，斫庭前桂誓曰：「此吾夫手植者，欲改行，有如此桂。」

馮鼇妾谷氏。宛平人，崇陽馮鼇妾。年二十，夫亡，無子，誓死守節。家貧，績紝易食，至親罕覩其面。

饒安世妾金氏。休寧人，適咸寧饒安世。年十七，安世殁，置主室中，哀號數十年不絶。

孟魯難妾黄氏。揚州人，適武昌孟魯難。流賊至，從子避難九江，遇寇自刎死。

吴稽妻張氏。宛平人，適興國州吴稽。稽僑寓京師，既死不能葬，父母逼張再適，誓不從，因擕夫骨繫左臂，抱二歲孤乞食歸興國，守志以老。

張經世妻石氏。興國諸生石漢女，名瓊秀。未婚，經世卒，瓊秀聞訃，赴喪次，一慟幾絶。旋起拜舅姑曰：「不幸不及事吾夫，猶得事二尊人，即無他志矣。」未幾，舅又死。瓊秀獨事其姑，辛苦饑寒，後數年嘔血死。

鄭邦相妻楊氏。咸寧人。鄭爲鄱陽縣令，崇禎十六年兵寇交訌，楊義不爲辱，冒刃死。其姒周氏，鄭邦遇妻，亦同日投水死。

郭翊中妻黄氏。咸寧人。翊中早亡。崇禎十六年賊寇至，執黄於黄泥洞，黄駡賊不辱，觸石死。血漬石成碧，至今猶存。

魏柱國妻謝氏。蒲圻人，名三淑。年十四，未婚，獻賊屠城，避地獺山，爲賊所獲，駡賊，奮躍方塘而死。

孟道異妻胡氏。大冶人。崇禎十六年，避流賊永寧寺〔八〕，爲賊所執，逼污之，白刃臨頸不從，賊怒刲其腹，實草飼馬而去。

樊口女。不知何姓。左良玉卒東下，過樊口，挾女馬上，手爲女所齧，不得脱，呼羣卒斷其首。齒已入骨矣，須臾卒亦死。

投江女子。不知何縣人。爲亂兵所掠，至潯陽江投水死。屍逆流四百里，至武昌，漁人收葬之。見其髮間有小緘，啓視之，則所作絶命詞也。

本朝

劉滋妻徐氏。江夏人。滋卒，自經，舅姑救甦，已而父母欲奪其志，徐投水中，援之不死，遂截髪毁容。順治二年，闖賊南奔，徐年且七十，駡賊死。順治十六年旌。

長山烈婦。不知何許人。闖賊南奔，驅襄、郢士民以從，婦與夫被掠，途中得脱。夫歿於江夏縣長山鋪，婦身餘一珥，即以珥倩人掘地以葬。有少年掘地成壙，强婦偕去，婦身入壙，枕夫屍慟哭，觸額流血，批土自掩曰：「乞併葬我。」衆挽之不起，會日暮，風雨暴作，衆委去。平明往視，見血流滿面死，里人遂加土成塚。

周文彬妻皮氏。通城人，名鳳貞。十三字文彬。明末周爲賊所掠，鳳貞守貞數十年以待。

凌昇妻束氏。江夏人。在室刲股療母病，及歸昇，昇卒，守節茹蔬終身。

李懋德妻朱氏。江夏人。年二十餘寡居。順治初，寇薄城，守夫柩不去，遇害。

郭惟一妻孫氏。江夏人。惟一以哭父死，孫年十八，夫兄欲奪其志，遣少僕爲婦妝以嘗孫，卒不敢犯。孫有遺腹將乳，夫兄賄蓐媪殺之。孫偵知，娩身不用蓐媪，死而復甦者再。子生，適里人同日生女，夫兄誣其以女爲子，訟於官，刺血驗非僞，夫兄服罪。孫苦節終身。子炳，長爲諸生。

余光煌妻詹氏。大冶人。光煌卒，無子，詹雕夫像，置室中，飲食必祝。事姑孝，姑殁，以毁卒。

陳烈女。大冶人。許嫁未行而夫夭，有興國人欲娶之，女不知也，迎者至門，自經死。

吴啓豫妻劉氏。大冶人。夫亡，遺兩孤，歲饑，日噉半粟，室被火，結茅不能禦風雨，守貞不二。康熙三十六年旌。

朱萬鐸妻王氏。通山人。年十九，夫亡，遺腹生一子，舅姑早殁，無伯叔兄弟，祖姑年老，王自減饔飧以奉之。康熙三十六年旌。

羅烈婦。姓梅氏，江夏人。夫貧不自支，欲梅喪節，以給衣食，梅不從，投繯死。康熙四十九年旌。

蔣宏道妻朱氏。江夏人。年十七適宏道，夫卒，遺孤又殤，鄰火及室，朱守夫柩弗避，卒得免。守節二十一年。康熙五十三年旌。

郭奇遴妻王氏。江夏人。年二十，夫亡，立嗣繼夫後，事舅極孝，每哭奠其夫必伺舅熟寐，方吞聲飲泣。康熙五十六年旌。

盧兆璜妻趙氏。江夏人，名舉。許聘兆璜未行，兆璜卒，會父疾，舉侍疾七月父瘳，乃自經死。

楊祖位妻崔氏。江夏人。歸祖位，適遭獻賊之亂，以身衛姑，溺水七日不死。夫卒，守節七十餘年，壽百歲。康熙五十八年旌。

徐三級妻毛氏。江夏人。字三級未行，三級卒，自經死。

鄭澤達妻陳氏。江夏人，名如。許聘澤達未行，澤達卒，如請歸鄭，立嗣以主夫祀，教之成立。每霜天月夕，嘗有孤鶴遶舍而鳴，人以爲貞節所感。雍正元年旌。

胡上進妻詹氏。江夏人。夫亡，遺孤僅半歲。奉姑極孝，姑疾，衣不解帶者累月。與鄰婦語，必勉以孝，閭里皆爲感化。雍正三年旌。

程仲呂妻陳氏。蒲圻人。夫亡，家貧苦節，饔飧不給，子拾遺金歸，亟命待其人還之。雍正四年旌。

王路妻闞氏。咸寧人。夫殁，遺孤數歲。舅老奉事唯謹，及卒，遺命葬祖墓側，闞奉柩往，舉族尼之，闞日夜號泣，勺水不入口，乃許之，闞負土成墳。雍正八年旌。

陳述知繼妻解氏。江夏人。夫亡，子甫四歲，誓死靡他。值荆、岳餘寇掠村落，欲刃其子，氏號泣曰：「陳氏兩世僅存一子，幸殺我，勿殺兒。」手持盜刃，盜怒，抽刀斷氏指，遂遇害。乾隆年間旌。

馬烈女。江夏人。父故，母再適人，有欲以非禮逼之者，女投繯，救免，夜溺於江。三日尸浮起如生，里人哀之，建祠江干，名渡爲烈女渡。乾隆年間旌。

劉景命妻陳氏〔九〕。江夏人。夫亡守節。又同邑孫肇高妻徐氏、潘龍見妻舒氏、吳國祥妻劉氏、李本妻季氏、羅文度妻賀氏、楊世求妻郭氏、劉居易妻王氏、劉漢鋏妻徐氏、程大捷妻楊氏、洪其霖妻張氏、陳正極妻夏氏、王聖通妻瞿氏、熊開翼妻毛氏、周作高妻陳氏、諶奇性妻李氏、董惟祖妻嚴氏、康永昌妻王氏、王廷彦妻萬氏、王宗卿妻陳氏、方文衡妻譲氏、王大綱妻董氏、伍宗本妻鄧氏、曾馮簡妻余氏、馬自揚妻陳氏、熊聯朝妻周氏、曾文廣妻涂氏、李友檜妻王氏、林正義妻彭氏、彭司李妻王氏、曾復彭妻劉氏、羅萬孚妻田氏、李維圭妻姚氏、朱應龍妻曹氏、鄭魯殖妻彭氏、何紹宗妻李氏、潘永俞妻梅氏、吳仁治妻陳氏、劉復淮妻梁氏、王顯斗妻陳氏、張大啓妻胡氏、曾可師妻李氏、陳文涣妻吳氏、劉芝蘭妻封氏、杜方茂妻周氏、李繼芳妻張氏、桂根綬妻姚氏、桂根紋妻楊氏、張大經妻陳氏、段而石妻袁氏、趙珩妻史氏、容登朝妻盧氏、江自清妻范氏、陳懷芳妻舒氏、毛士穎妻朱氏、黄可槐妻姚氏、程壎妻黄氏、楊盛時妻王氏、蕭廷黄妻史氏、黄鵬妻秦氏、鄧之樽妻胡氏、李覺時妻王氏、鄧澍生妻王氏、王居敬妻傅氏、危思李妻何氏、彭萬程妻徐氏、劉大齡妻楊氏、楊璋妻張氏、王自超妻李氏、詹雲治继妻曹氏、余廷祚妻李氏、王廷瑞妻陳氏、魏應科妻蘇氏、王之楨妻汪氏、蕭國祚妻吳氏、周九二妻方氏、張宿渭妻陶氏、王綱妻鄭氏、饒仁恒妻余氏、黄源崑妻許氏、吳宏基妻祝氏、李開盛妻劉氏、王文昭妻汪氏、王家仁妻倪氏、王聖智妻吳氏、貞女王氏、王師周妻熊氏、羅士超妻樊氏、劉上賓妻孔氏、金之溢妻夏氏、金啓恒妻楊氏、劉再沛妻朱氏、李文沖妻陳氏、羅文藻妻劉氏、焦珏妻陶氏、黄學文妻鄒氏、任必文妻楊氏、劉天恕妻祝氏、王清泰妻田氏、李國賢妻賀氏、胡秀麟妻劉氏、烈女馬氏、蕭湘妻曾氏、楊正都妻李氏、楊之維妻趙氏、李可城妻陳氏、朱國棟妻賈氏、鄧家模妻譚氏、胡序遠妻韓氏、潘遷妻朱氏、桂根錦妻張氏、羅公裳妻朱氏、胡宏業妻劉氏、劉夢龍妻曾氏、魏國藩妻蔡氏、閔廷楨妻趙氏、陳文濟妻魯氏、李楷臣妻許氏、蕭又堯妻蔡氏、夏之德妻安氏、桂光馨妻陳氏、程宗灝妻羅氏、陶畬妻徐氏、吳鳴鐸妻洪氏、黄定邦妻羅氏、常路妻潘氏、梁哲士妻盧氏妾楊氏、劉肇堯妻葛氏、魏聯芳妻姜氏、陳國定妻周氏、羅士璿妻朱氏、韓之銓妻曾氏、朱衍麟妻胡氏、胡秉彝妻朱氏、胡秉仁妻鄭氏、貞女李氏、貞女熊二姑、吳世禮妻丁氏、馬廷梁妻魏氏、吳正柱妻紀氏、梁資遠妻鄭氏、鄭東占妻胡氏、王象坤妻余氏、黃魁妻郭氏、王漣妻周氏、譚正鑑妻漆氏妾陳氏、朱邦昌妻蔡氏、詹君怡妻袁氏、錢繩漢妻劉氏、王育賢妻王氏、貞女葉三姑、蔡于錫妻王氏、孫均妻張氏、洪應昭妻王氏、呂勷武妻陳氏、王魁亮妻彭氏、彭有鼒妻邱氏、戴以治妻白氏、羅公袞妻張氏、鄧基妻張氏、呂昌齡妻葉氏、唐敬傳未婚妻蕭大姑、喻芳臣妻吴氏、胡廷賡妻傅氏、王熊夢妻覃氏、江公遠妻曾氏、彭思梅妻胡氏、彭思標妻胡氏、彭永煌妻朱氏、易興東妻陳氏、路載妻彭氏、桂大力妻張氏、李可朝妻賈氏、朱容椒妻陳氏、蕭成功妻熊氏、蕭天奇妻朱氏、戴載若妻吴氏、黃垓妻胡氏、徐啓邦妻王氏、張君寵妻熊氏、黃士鵠继妻荆氏、畢啓文妻錢氏、陳育姜妻侯氏、李坦妻汪氏、楊永清妻許氏、艾紹泮妻王氏、劉玉樹妻陳氏、李可英妻唐氏、甘世佑妻張氏、秦國相妻徐氏、周運策妻陳氏、李肇發妻錢氏、曾容辨妻陳氏、安鼎新妻陳氏、許光旭妻張氏、貞女戴大姑、高珧妻潘氏、池士模妻余氏、吴成音妻危氏、敖東陵妻劉氏、蔡爾官妻董氏、胡以主妻殷氏、陳世材妻徐氏、胥元長妻黎氏、張泰謙妻胡氏、歐陽國珍妻黃氏、陳璿妻郭氏、葉芳葱妾王氏、周士選妻楊氏、萬汝霖妻王氏、吴殷衡妻王氏、龍珩繼妻李氏、龍登崇妻謝氏、陳超南妻鄧氏、程元勳妻秦氏、趙有恒妻楊氏、熊湖妻錢氏、陳其潤妻王氏、李可城妻葉氏、貞女胡三姑、劉家梅妻王氏，俱乾隆年間旌。

劉二女。江夏人。强暴欲污之，不從，自縊死。嘉慶年間旌。又同縣節婦監生王本李妻汪氏、傅世杰妻胡氏、李三保妻劉氏、傅映元聘妻程氏、張慎潔妻蕭氏、欽自光妻夏氏、王繹澍母吴氏、曾士燻妻涂氏、孫子尚妻汪氏、張連正妻胡氏、李宏煦聘妻熊氏、陳受均妻熊氏、楊天浩妻陳氏、張應潮妻吴氏、樊本茂妻徐氏、張太勳妻董氏、何治國妻柯氏、饒世洛妻郭氏、沈朝柱妻余氏、閔宣伯妻李氏、夏清華妻葉氏、張宗則妻林氏、黃繼湯妻陳氏、趙國亨妻汪氏、路德義妻郭氏、雷垠妻傅氏、李佑純聘妻張氏、戚澤湛聘妻周氏、楊光祐妻項氏、段良楹妻胡氏，俱嘉慶年間旌。

崔國順妻廖氏。武昌人。夫亡守節。又同邑張啓佑妻姜氏、崔盛所妻李氏、崔步雲妻姜氏、周士元妻劉氏、姜恪妻張氏、何天休妻潘氏、張星妻吴氏、劉任妻艾氏、張應侯妻黃氏、魏生香妻姜氏、陳天麟妻顧氏、張武佑妻王氏、貞女李朱氏、龍希哲妻李氏、紀永大妻趙氏、周士彤妻王氏、嚴燦南妻李氏、嚴在衡妻柯氏、嚴士受妻李氏、王燮佐妻陳氏、熊錫輅妻柳氏、夏永譽妻胡氏、江馬氏、陳傑妻呂氏，貞女趙二姑、胡從昊妻徐氏、李雲淩妻張氏，貞女嚴七姑，俱乾隆年間旌。又貞女劉大姑、朱二姑、烈婦潘中秀妻阮氏、潘中一妻石氏、高啓位妻邱氏、壽婦柳洛妻馬氏、節婦楊組三妻詹氏、潘子珍妻石氏，俱嘉慶年間旌。

劉子明妻程氏。嘉魚人。夫亡守節。又同邑孫選仁妻倪氏、朱紹台妻涂氏、耿宗謙妻李氏、王遜一妻張氏、王永紳妻陳氏、王永縉妻胡氏、鄭日新妻孫氏、張文毅妻劉氏、房銘鼎妻劉氏、章錫疇妻周氏、程大濂妻陳氏、孫以金妻李氏、孫以玉妻游氏、張烈三妻陳氏、李巍大妻王氏、李攜光妻楊氏、吳步青妻鄭氏、胡德輝妻曾氏、周開來妻黄氏、李明觀妻張氏、耿闢光妻孫氏、鄭友僎妻蔡氏、劉廷衡妻張氏，俱乾隆年間旌。周克聰妻魯氏、劉方紀妻葉氏，貞女鄒三姑，俱嘉慶年間旌。

廖應機妻魏氏。蒲圻人。夫亡守節。又同邑余應妻舒氏、單則敬妻但氏、雷元聲妻陳氏、王首山妻張氏、汪在安妻熊氏、汪來獻妻吴氏、鄧之通妻談氏、張達偉妻任氏、漆起燿妻汪氏、李曰凡妻周氏、沈世元妻戴氏、張甫妻徐氏、徐渭占妻王氏、祝日昶妻魏氏、汪世揚妻蔡氏，俱乾隆年間旌。貞女楊四姑、宋永日妻汪氏、黄佔魁妻魏氏、徐鈔妻王氏、徐鍾嶙妻張氏、烈婦王氏、程望隆妻熊氏、周順彬妻王氏、王裕選妻鄭氏，貞女葉慶姑，俱嘉慶年間旌。

郭元瑾妻毛氏。咸寧人。夫亡守節。又同邑高象珍妻周氏、周魯侯妻程氏、王錫極妻周氏、萬禩揚妻童氏、葉方奭妻姚氏、陳宗蓮妻雲氏、錢步雲妻白氏、劉貽德妻吴氏、宋朝相妻孫氏、萬光拱妻劉氏、余某妻吴氏、萬志高妻潘氏，俱乾隆年間旌。楊運穀妻陳氏、何百林妻黄氏、蘇惠疇妻張氏、楊菽妻余氏、錢若鼐聘妻楊氏、余廷玉妻饒氏，俱嘉慶年間旌。

魏良勛妻揭氏。崇陽人。夫亡守節。又同邑丁鳳儀妻陳氏，俱雍正年間旌。王世元妻龔氏、汪臺妻王氏、石永藻妻程氏，俱乾隆年間旌。胡江聘妻孫氏，嘉慶年間旌。

金衡掌妻汪氏。通城人。夫亡守節。又同邑黄佑萬妻汪氏、周之瀾妻聶氏、何啓賢妻金氏、徐超士妻譚氏、李正儼妻吴氏、周欽矣妻盧氏、周宗海妻廖氏、楊錦元妻徐氏、黎述朝妻戴氏、黎興佑妻李氏、陳子達妻江氏、孝婦章盛珠妻岳氏、章盛泗妻黎氏，俱乾隆年間旌。又黎興熹妻程氏，貞女吴大姑，胡椿盛妻張氏、葛珀妻胡氏、妾張氏，俱嘉慶年間旌。

李右孟妻王氏。興國州人。夫亡守節。又同州劉漢書妻吳氏，劉三貴妻鄧氏，梁方起妻王氏，曹自卓妻劉氏，董曰彦妻劉氏，鄢萬才妻曹氏，孝婦楊以權妻陳氏，李良彦妻蔡氏，董儒棟妻謝氏，陳宗琬妻馬氏，李子芝妻陳氏，孝婦張士達妻孫氏，柯成商妻黄氏，董文範妻葉氏，程敬五妻成氏，柯景顔妻談氏，石迪忠妻陳氏，石厚星妻張氏，貞女舒氏，孝婦柯清瀛妻陳氏，孝婦鄢子遴妻陳氏，邱篋學妻嚴氏，劉光甲妻柯氏，貞女劉氏，朱必展妻譚氏，曹孔書妻邢氏，劉崇琇妻石氏，趙承全妻陳氏，石志祁妻柯氏，吕參妻劉氏，潘尚徹妻姜氏，盛世豐妻程氏，汪世烺妻張氏，袁浚明妻阮氏，袁蕃臣妻譚氏，柯和鍾妻曹氏，黄宇楫妻陳氏，蔡世録妻程氏，石玠有妻馮氏，鄭光裕妻朱氏，佘自强妻董氏，程遇諧妻向氏、秦氏，貞女胡氏，程應搏妻袁氏，賈成都妻馮氏，熊可選妻李氏，潘道黄妻許氏，華可任未婚妻伍氏，王百朋妻易氏，劉萬推未婚妻郭氏，蔡永年妻熊氏，譚濬章妻陳氏，成祖謙妻陳氏，盧之秦妻張氏，孫繼樞妻柯氏，程之諧妻成氏，劉之宋妻石氏，魯士楚妻熊氏，劉慶汪妻馮氏，李明濟妻王氏，貞女舒氏、胡氏，烈婦鄭兆周妻朱氏，曾士龍妻秦氏，熊可造妻李氏，柯隆礒妻劉氏，陳守釗妻羅氏，譚性章妻王氏，俱乾隆年間旌。張宗仁妻欒氏、張承勳聘妻謝氏、潘國校妻石氏、徐先登妻汪氏、潘家筠妻李氏、程英鏊妻瞿氏、郭鍾煇妻明氏、成維林妻蕭氏、費觀台聘妻馬氏、司大業妻盧氏、曹焕映聘妻彭氏、李善禧妻董氏、劉泰善妻梁氏、程才洸聘妻柯氏、盧正瓊妻董氏、劉士涵妻孔氏、趙聖贊妻陳氏、賈仁玉妻董氏、潘學壽妻姜氏、欒明德妻尹氏、鄭盛安聘妻陳氏、石鯨妻馬氏、柯勝堂聘妻談氏、劉芳妻李氏、貞女夏銀姑，俱嘉慶年間旌。

劉士達妻王氏〔一〇〕。大冶人。夫亡守節。又同邑柯作梅妻程氏、何淵然妻林氏、李景姜妻黄氏、何柯妻盧氏、劉永清妻向氏、王居正妻劉氏、劉以宏妻文氏、金作志妻吴氏、高尚志妻韓氏、李應安妻胡氏、李知天妻陸氏、吴兆泮妻戴氏、庠生尹如翁妻佘氏、柯楚吾妻王氏、瞿允亮妻陳氏、陳太明妻華氏、查某妻段氏、查詔妻張氏、廪生胡象妻柯氏、孟嶤妻胡氏、貞女陳氏、汪沛然妻徐氏、徐楷妻張氏、金繼維妻汪氏、胡允敬妻楊氏、周浚妻曹氏、方之興妻劉氏、庠生朱儀妻柯氏、胡秉昊妻柯氏、周俊妻魯氏、李開春妻盛氏、周安妻謝氏、汪漢臣妻李氏、柯大衍妻陳氏、周鑠成聘妻李氏，俱乾隆年間旌。欒光崙聘妻佘氏，嘉慶年間旌。

陳學元妻朱氏。通山人。夫亡守節。又同邑章世禐妻徐氏、章世衿妻阮氏、程文堅妻焦氏、阮貞妻朱氏、欒欽士妻范氏、朱繼唐妻汪氏、貞女吴氏、黄志妻徐氏、周錫爵妻許氏、樂濬妻徐氏、樂奉敕妻舒氏、焦遠桂妻韓氏、熊之鸞妻李氏，俱乾隆年間旌。周開鼎妻王氏，嘉慶年間旌。

仙釋

晉

荀瓌。字叔瑋。事母孝，好屬文，明道術，潛棲却粒。嘗東遊，憩江夏黄鶴樓上，望西南有物飄然，降自霄漢，俄頃已至，乃駕鶴之賓也。鶴止户側，仙者就席，羽衣虹裳，賓主歡對。已而辭去，跨鶴騰雲，渺然煙滅。

唐

羅思遠。鄂州人。有隱形術，明皇欲學之，不盡傳。帝怒裹以幞，壓殺之。數日中，使自蜀還，逢思遠駕而西，笑曰：「上爲戲何虐也？」以蜀當歸寄獻。及明皇西幸，始悟其寓意云。

劉元靖。武昌人。爲道士，師王道宗。道宗仙去，元靖感悟，遂遊名山，入南嶽，穴石以居，絶粒鍊氣。敬宗召見思政殿，放歸山。武宗復召入，賜號廣成先生，還山。宣宗時，忽聞天樂浮空而去，惟杖履存焉。

朱翁。鄂州道士。精縮地法，築石穿池，環布藥蔬，手植松柏，成十圍。與將士陳士明鄰，士明幼而勇，好鬭雞〔一二〕，每侮翁，翁曰：「吾試與汝戲。」飲之酒使歸，士明家相去二三百步，自辰至酉不達，度其行逾五十里，顧視未百步。乃拜翁求恕，翁笑而去之。後杖履浪遊，不知所終。

全豁。泉州柯氏子。徧參臨濟、仰山、德山，後居鄂州巖頭。光啓三年，爲賊所害，門人焚之，獲舍利四十九粒。

超慧。居鄂州黄龍山，參學於巖頭、元泉而有悟，號黄龍晦機禪師。

五代

洪凖。得法於黄龍，天資純至，聞人善則喜，聞人之惡，合掌叩空。晚寓寒溪寺，號延慶禪師。歿時弟子俱赴供，尸三日不仆，鄉人觀者如堵，忽開目而笑，弟子還，呼立其右，握其手，食頃而逝。

陳九郎。大冶縣啓石里人。五代末，嘗總士兵守本里，與尖山王大夫戰不勝，走泉洞，死之。屍流出洞，沈山溪港漁人舉網得而置之，明日復得，如是數次。其時大旱，禱云：「若爲仙，明日可得雨乎？」果大雨。遂泥裹屍，塑像祀之，其後禱雨有驗。人稱謂陳九郎仙。

宋

張道清。郢州人。光宗時，於九宫山修道，光宗召視疾，以甌水進輒愈，賜號真牧真君。

元

紹思。俗姓張，嘉魚人。爲静寶寺僧，戒行數十年，不食烟火。長乘白馬無轡，一黑犬每前行，或趺坐，犬即卧側。後入石塔，端坐而逝。號懶狗禪師。

明

覺來。本嘉魚諸生，博綜内典，棄功名，結草獨居，負米自給，不受人一縷半菽。習止觀，修浄土，心臆洞然。後坐逝。

土産

銀。唐書地理志：鄂州江夏郡貢銀。武昌有銀。元和志：鄂州開元貢銀。元和貢銀五十兩。宋史地理志：鄂州貢銀。明統志：興國州西黄姑山出，舊有銀場，今廢。

鐵。唐書地理志：鄂州江夏有鐵，永興有鐵，武昌有鐵。明統志：大冶縣東圍爐山出，舊有鐵務，今廢。

銅。唐書地理志：鄂州永興有銅，武昌有銅。通志：大冶縣白雉山，舊有銅場。

水晶。出興國州潘家山。

麻。寰宇記：鄂州産麻。

茶。茶譜：鄂州之東山、蒲圻唐年縣産茶。黑色如韭，葉極軟，治頭痛。明統志：各縣俱出。

火紙。明統志：各縣俱出。

鱘鰉魚。明統志：大江出。

敗醬。生江夏川谷間。花黄，根紫色，如紫胡。攻暴熱癰腫，及産後諸病。八月採其根。

校勘記

〔一〕衛參軍　乾隆志卷二六〇武昌府人物（下同卷簡稱乾隆志）同，「衛」下當有「軍」字，中華書局宋書卷九三郭希林傳據孫彪宋書考論補「軍」字，是。

〔二〕瘞於興陂　「陂」，原作「坡」，乾隆志同，據宋史卷四四八陳求道傳改。

〔三〕竟代戍　「戍」，原脱，據乾隆志補。

〔四〕龔伯寧　「寧」，原作「安」，據乾隆志及明一統志卷五九湖廣人物改。按，本志避清宣宗諱改字。

〔五〕韋寧妻劉氏　「寧」，原作「安」，據乾隆志改。按，本志避清宣宗諱改字。下文同改。

〔六〕童洞儒女　「洞」，乾隆志作「洪」。

〔七〕楊鑑妻吴氏　「吴氏」，乾隆志作「徐氏」。

〔八〕避流賊永寧寺　「永寧寺」，原作「永安寺」，據乾隆志改。按，本志避清宣宗諱改字。

〔九〕劉景命妻陳氏　「劉景命」，乾隆志作「劉景從」。

〔一〇〕劉士達妻王氏　「劉士達」，乾隆志作「劉世達」。

〔一一〕士明幼而勇好鬬雞　「勇好」，原倒作「好勇」，據乾隆志及文意乙。按，太平廣記卷七九方士謂「陳士明幼而後健，常鬬雞爲事」。

漢陽府圖

漢陽府圖

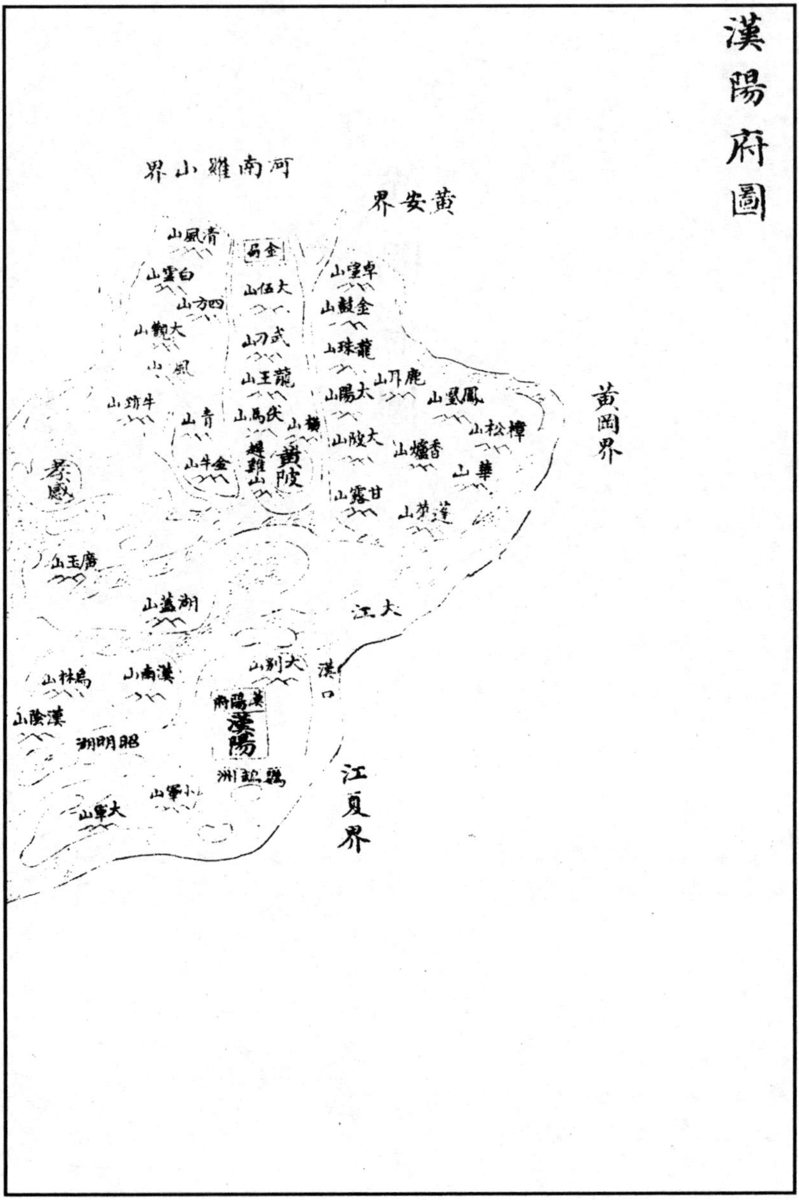
河南雞山界
黃安界
黃岡界
清風山
白雲山
四方山
大觀山
牛跡山
青山
金牛山
孝感
大伍山
武刀山
龍王山
伏馬山
黃陂
東望山
金鼓山
龍珠山
大陽山
鳳凰山
香爐山
華山
甘露山
大江
漢口
大別山
漢南山
漢陰山
昭明湖
漢陽府
漢陽
鸚鵡洲
小軍山
大軍山
江夏界

安陸界
天門界
龍骨湖
洪湖
安漢湖
漢川
高觀山
石鏡山
千子山
嵩陽山
沙湖
太白湖
西湖
沔陽
監利界
白螺湖
下洪湖
斗湖
湖南臨湘界

漢陽府表

	漢陽府	漢陽縣	漢川縣
兩漢	江夏郡地。	沙羡縣地。	沙羡、安陸二縣地。
三國			
晉宋		沌陽縣東晉置，屬江夏郡。	
齊梁		沌陽縣梁廢爲梁安郡治。	梁置梁安郡。
魏周			西魏改名魏安郡，析置江州，尋改郡曰汊川，州曰沔州。
陳隋	隋置漢陽縣，屬沔陽郡。	漢陽縣開皇中置漢津縣。大業二年更名，屬沔陽郡。	
唐	沔州漢陽郡武德四年析沔陽郡置沔州，天寶初改爲漢陽郡，寶曆初廢。	漢陽縣移治，初爲州治，後屬鄂州。	汊川縣武德四年置，初屬沔州，後屬鄂州。
五代	漢陽軍後周置。	漢陽縣軍治。	汊川縣後周改屬安州。
宋	漢陽軍熙寧中廢，元祐初復置，屬荆湖北路。	漢陽縣	漢川縣初曰義川，太平興國初更名，屬漢陽軍。
元	漢陽府至元中升府，屬湖廣行省。	漢陽縣府治。	漢川縣移治，屬漢陽府。
明	漢陽府洪武九年省入武昌，十三年復置，屬湖廣布政司。	漢陽縣初屬武昌府，後爲漢陽治。	漢川縣屬漢陽府。

續表

	孝感縣
	安陸縣地。
	南義陽郡 宋置。 孝昌縣 宋置，屬江夏郡。
	南義陽郡 梁改司州，尋徙。 孝昌縣 郡治。 平陽縣 梁置，兼置汝南郡。
甑山縣 周置爲州郡治，尋廢州。	孝昌縣 西魏置岳州及岳山郡，周廢，屬湞州。 京池縣 西魏改郡曰重城，又改縣名。周置澴州，尋與郡俱廢。
甑山縣 隋廢郡，屬沔陽郡，大業末縣亦廢。	孝昌縣 屬安陸郡。 吉陽縣 大業初更名，屬安陸郡。
	孝昌縣 武德四年置澴州，八年州廢，縣屬安州。 吉陽縣 屬安州。元和三年省，後復。
	孝感縣 後唐同光二年更名，屬安州。 吉陽縣
	孝感縣 屬德安府。 開寶二年省。
	孝感縣 屬漢陽府。
	孝感縣 洪武九年省，十三年復屬德安府。

續表

黃陂縣	沔陽州
西陵縣地。 安陸縣地。	南郡地。
灄陽縣晉惠帝時置，屬江夏郡。	
齊置南司州。 灄陽縣	沔陽郡梁置。
黃陂縣周改黃州，兼置縣。 灄陽縣周廢。	復州沔陽郡周置州。 建興縣魏置郡治。
黃陂縣隋廢州，屬永安郡。	沔陽郡開皇初郡廢，州徙。仁壽三年復置州。大業初改沔州，尋又改郡。 沔陽縣大業初更名爲郡治。
黃陂縣武德三年，復置南司州，旋廢，屬黃州。	復州竟陵郡武德初郡廢，置復州。天寶初改竟陵郡，乾元初仍爲復州。 沔陽縣初屬復州，尋爲州治，後復屬。
黃陂縣	晉改景陵郡，漢、周復舊。 沔陽縣
黃陂縣屬黃州。	復州初廢，元祐中復置。 寶元二年省入玉沙。端平三年復爲州治，不置縣。
黃陂縣	沔陽府至元十三年改復州路，十五年升府，屬荆湖北路。 玉沙縣移爲府治。
黃陂縣屬黃州府。	沔陽州洪武九年降州，併玉沙縣入焉，隸湖廣布政司。嘉靖十年改屬承天府。 洪武中省入州。

續表

雲杜縣 屬江夏郡。	州陵縣 屬南郡。	
雲杜縣	吳省。	
雲杜縣 晉改屬竟陵郡。	州陵縣 晉復置，屬南郡。宋孝建初屬巴陵郡。又舊有綏安縣，泰始中省入。	惠懷縣 東晉置，屬江夏郡。
雲杜縣 後廢。	州陵縣 屬巴陵郡。	惠懷縣
	州陵縣 西魏廢。	惠懷縣 西魏省。
玉沙縣 乾德三年置。熙寧六年省入監利。元祐初復置，屬復州。		
徙廢。		

大清一統志卷三百三十八

漢陽府一

在湖北省治西北十里。東西距二百十七里，南北距四百七十里。東至武昌府江夏縣界七里，西至安陸府天門縣界二百十里，南至湖南岳州府臨湘縣界二百四十里，北至河南汝寧府羅山縣界二百三十里。東南至武昌府治十里，西南至荆州府監利縣治五百六十里，東北至黄州府治一百八十里，西北至德安府治三百二十里。自府治至京師三千一百五十里。

分野

天文翼、軫分野，鶉尾之次。按：唐書天文志：翼、軫，鶉尾也，起張十五度，中翼十二度，終軫九度〔一〕。

建置沿革

禹貢荆州之域。春秋、戰國屬楚。秦屬南郡。漢屬江夏郡，後漢因之。建安中爲江夏郡治。三國屬吴。晉屬江夏郡。郡初治沌陽，後徙安陸。宋、齊因之。隋置漢陽縣，屬沔陽郡。案：穀梁僖公二十八年傳云：「水北爲陽，山南爲陽。」范甯注云：「日之所照曰陽。」是水北山南之訓，爲自古不易之定名。故左傳「漢陽諸姬」句，杜預注即引穀梁傳之文作解，而以爲姬姓之國在漢北者，其義甚爲明確。今漢陽郡治，按圖實在漢水之南，於陽字名實乖舛。而圖内在漢水南者又有漢陰山，仍以漢陰爲名，又彼此自相矛盾。詳求其故，蓋由隋代改名之初，但知襲用左傳舊文，以爲美稱，而未經考核方位，以致舛誤。寰宇記知其未安，乃以漢水之南、嶂山之陽，曲爲之説，尤屬附會。至古今郡縣之以山水陰陽得名者甚夥，今據地形通加審核，大抵以山名者，均無乖誤，即以水名者，亦多屬相符。惟昆陽在昆明池南，溧陽在溧水南，海陽在大海西南，汝陰在汝水之北，汶陽在汶水之南，濯陽在濯水之南，祁陽在祁水之南，俱與本義相違，蓋皆因沿襲古名，失於核實之故。後來昆陽等名已經改易，惟溧陽、海陽、祁陽尚沿舊稱。今因漢陽而併及之，俾言地理者，得以考正其失焉。唐武德四年，析置沔州。天寶初，曰漢陽郡。乾元初，復曰沔州，屬江南道。建中二年州廢，四年復置，寶曆二年又廢，屬鄂州。見舊唐本紀，新唐志同，而舊唐志作太和七年州廢，寰宇記作太和二年廢、四年復置又廢，不同。五代周顯德五年置漢陽軍。宋熙寧四年仍廢，屬鄂州。元祐初復置軍，屬荆湖北路。紹興五年廢，七年復置。元至元中，升爲漢陽府，屬湖廣行中書省。明洪武九年，省入武昌府，十三年復置府，屬湖廣布政使司。本朝因之。康熙三年，屬湖北省，領縣二。漢陽、漢川。雍正七年，以德安府屬之孝感縣、黄州府屬之黄陂縣來隸。乾隆二十八年，以安陸府屬之沔陽州來隸，共領縣四，州一。

漢陽縣。附郭。東西距九十七里，南北距一百九十里。東至武昌府江夏縣界七里，西至漢川縣界九十里，南至沔陽州界一百四十里，北至黄陂縣界五十里。東南至武昌府江夏縣治七里，西南至沔陽州界一百二十里，東北至黄陂縣界四十里，西北至孝感縣界七十里。漢江夏郡沙羨縣地。後漢末，嘗爲沙羨縣治。晉置沌陽縣，屬江夏郡，宋、齊因之。梁爲梁安郡地。隋開皇十七年，改置漢津縣。大業初，改曰漢陽，屬沔陽郡。唐初爲沔州治，寶曆二年州廢，縣屬鄂州。五代周爲漢陽軍治，宋因之。元爲漢陽府治。明初屬武昌府，後復爲漢陽府治，本朝因之。

漢川縣。在府西北一百二十里。東西距一百三十里〔二〕，南北距一百四十里。東至漢陽縣界三十里，西至安陸府天門縣界九十里，南至沔陽州界一百里，北至德安府雲夢縣界四十里。東南至漢陽縣治一百二十里，西南至沔陽州治一百八十里，東北至孝感縣界五十里，西北至雲夢縣治九十里。漢沙羨、安陸縣地。梁置梁安郡。西魏改曰魏安郡，兼置江州，尋改郡曰汊川。廢帝三年改江州曰沔州。後周置甑山縣爲州郡治，建德二年州廢。隋開皇初，郡廢，以縣屬沔州，後屬沔陽郡。大業末，縣廢入漢陽。唐武德四年，復析漢陽縣置汊川縣，屬沔州。寶曆二年，屬鄂州。五代周改屬安州。宋初改義川，後改漢川，屬漢陽軍。熙寧四年省爲鎮，元祐元年復置，紹興五年又省，七年復置。元屬漢陽府。明初屬武昌府，後還屬漢陽府，本朝因之。

孝感縣。在府北一百四十里。東西距七十里，南北距三百里。東至黄陂縣界六十里，西至德安府雲夢縣界十里，南至漢川縣界三十里，北至河南汝寧府羅山縣界二百七十里。東南至漢陽縣界五十里，西南至漢川縣治一百二十里，東北至羅山縣治三百八十里，西北至德安府安陸縣界七十里。漢安陸縣地。宋孝武帝析置孝昌縣，屬江夏郡。明帝置南義陽郡。梁天監三年，於南義陽置司州，州尋徙安陸。西魏於縣置岳州岳山郡。後周州郡俱廢。隋屬安陸郡。唐武德四年，於縣置澴州，八年州廢屬安州。寶應二年，改屬沔州。建中二年，仍屬安州。元和三年，省入雲夢縣，咸通中復置。五代後唐改曰孝感縣。宋屬德安府，元因之。明洪武九年，省入德安州，十三年復置，仍屬德安府。本朝雍正七年，改屬漢陽府。

黄陂縣。在府北一百二十里。東西距一百十里，南北距二百三十里。東至黄州府黄岡縣界五十里，西至孝感縣界六十里，南至漢陽縣界五十里，北至河南汝寧府羅山縣界一百八十里。東南至黄岡縣界五十里，西南至漢陽縣界六十里，東北至黄州府黄安縣界八十里，西北至孝感縣界八十五里。漢江夏郡西陵縣地。北齊置南司州，陳曰司州，後周改曰黄州，兼置黄陂縣。隋開皇初，州廢，縣屬永安郡。唐武德三年，復置南司州，七年州廢，仍屬黄州。宋、元、明因之。本朝雍正七年改屬漢陽府。按：元和郡縣志於黄陂縣但云漢西陵縣地。據宋書州郡志，灄陽縣分安陸東界爲之，今在黄陂境，是黄陂兼有安陸地也。

沔陽州。在府東南一百四十里〔三〕。東西距二百七十里，南北距二百九十五里。東至漢川縣界一百七十里，西至安陸府潛江縣界一百里，南至湖南岳州府臨湘縣界二百二十五里，北至安陸府天門縣界七十里。東南至武昌府嘉魚縣治二百五十里，西南至荆州府監利縣治二百里，東北至漢川縣治二百里，西北至安陸府潛江縣治一百里。漢置雲杜縣，屬江夏郡，後漢因之。晉元康中，改屬竟陵郡，宋、齊因之。梁置沔陽郡。西魏改置建興縣。北周置復州。隋開皇初郡廢，移州治竟陵，以建興縣屬焉。仁壽三年，仍爲復州治。大業初，改州曰沔州，縣曰沔陽縣，尋又改州曰沔陽郡。唐武德五年，改郡爲復州，移治竟陵，以沔陽屬焉。貞觀七年，又移州來治。天寶初曰竟陵郡，乾元初仍曰復州。寶應二年，復移州治竟陵，以縣屬焉，屬山南東道。宋乾德三年，分置玉沙縣，寶元二年，廢沔陽入玉沙。熙寧六年，又省玉沙入監利縣。元祐元年，復置玉沙縣，仍屬復州。端平三年，復移州來治。元至元十三年，改復州爲復州路。十五年升爲沔陽府，屬荆湖北路。明洪武九年降爲州，以所治玉沙縣省入，直隸湖廣布政使司。嘉靖十年，改屬承天府。本朝康熙三年，屬安陸府。乾隆二十八年，改屬漢陽府，析州境分置文泉縣，三十年仍併縣入州。

形勢

仰眂大別之固，俯視滄浪之浸。閲吴、蜀樓船之殷，鑒荆、衡藪澤之大。唐賈至沔州秋興亭記。據鳳棲之峻峯，倚大別之巨麓。蜀江西來，漢水東注。宋蔡純臣寥廓臺記。

風俗

民性勁直決烈，多存仁義，有歷世不分者。明統志〔四〕。民樸略，春夏力農，秋冬業漁。府志。

城池

漢陽府城。周四里有奇，門三。東南臨江，北跨鳳棲山。明初因舊址改建。本朝順治十八年修，康熙六年、雍正四年、乾隆八年先後重修。漢陽縣附郭。

漢川縣城。周七里有奇，門五。明崇禎九年建。本朝雍正七年修，乾隆五十六年重修。

孝感縣城。周七里有奇，門六，濠廣丈許。明正德七年築，萬曆初甃甎。本朝順治十六年修。

黄陂縣城。周五里有奇，門六。明萬曆初，因舊址建。本朝順治中修，乾隆六十年重修。

沔陽州城。周一千一百餘丈，門六。城東臨蓮花池，西、南、北皆臨河。明洪武初建。本朝雍正七年修。

學校

漢陽府學。在府治北〔五〕。明洪武初，因宋故址建。本朝順治、康熙中增修，嘉慶八年重修。入學額數二十名。

漢陽縣學。在府城南門内。明永樂初建，正統八年廢，萬曆十五年重建。本朝順治、康熙中增修。入學額數十五名。

漢川縣學。在縣治東北。元至元二十六年建。明嘉靖二十五年，遷於伏龍山。四十二年，仍遷舊址。本朝順治、康熙中增修。入學額數十五名。

孝感縣學。在縣治東。明洪武十三年，因宋、元故址重建。本朝順治、康熙中屢修。入學額數二十名。

黄陂縣學。在縣治東南。明洪武十五年建〔六〕。本朝康熙、雍正間屢修。入學額數二十名。

沔陽州學。在州治東北，舊在城西南。明初遷建。本朝康熙四年修，五十五年重葺。入學額數二十名。

鳳山書院。在漢陽縣治北鳳棲山上。

晴川書院。在府城南紀門内。本朝康熙中建。

紫陽書院。在漢川縣治東。本朝康熙六十年建。

西湖書院。在孝感縣治西湖中明月臺上。

二程書院。在黄陂縣東魯臺山麓。明建。後改名望魯書院。

聚奎書院。在沔陽州治迎恩樓左街。本名紀恩書院，本朝乾隆四年改今名。按：舊志沔陽州有南湖書院、仁風書院，今俱廢。

户口

原額人丁三萬八千一百二十四，今滋生男婦共三百五十七萬七千三百一十六名口，計五十八萬一千六百三十九户。又沔陽衛男婦共一十萬五千三百二名口，計九千八百六户。

田賦

田地山塘九萬二頃九十八畝六分有奇，額徵地丁正、雜銀一十八萬三千九百九十二兩九錢二分六釐，南糧二萬五百五十四石一斗四升六合一勺，漕糧一萬七千一百三十九石二斗有奇，蘆課銀二千九百三十六兩三錢五分九釐。又沔陽衛屯田一千一百七十九頃九十四畝一分有奇，額徵丁糧銀一千六百七十一兩四錢二分一釐。

山川

鳳棲山。在府治後。輿地紀勝：鳳棲山，軍治在其陽。山上有閣。宋知軍事劉辟疆記云：昔有鳳凰棲此，故名。按：吴志孫權黄龍二年，夏口言鳳凰見，即此。

文寺山。在漢陽縣西南三十里，下臨沌水，斜對大別山。相近有香城山。

尉武山。在漢陽縣西南五十里。

大軍山。在漢陽縣西南。水經注：江水東逕大軍山南，又東逕小軍山南，臨側江津，東有小軍浦。舊志：大軍山在縣西南六十里，高百餘丈，每出雲蒸霧，則數十里皆雨。小軍山在縣西南五十里。二山皆以吴、魏相持，陳軍山間，故名。

楮山。在漢陽縣西南六十里，沌水之南。諸峯逶迤，直抵沌水。

龍霓山。在漢陽縣西南六十里，接漢川縣界。自九真中麓發脉，迤邐三十餘峯，至此三峯突峙。又西有奓山。

陽岵山。在漢陽縣西南七十里。

百人山。在漢陽縣西南八十里。水經注：江水左逕百人山南，右逕赤壁山北。昔周瑜與黄蓋詐魏武大軍處所也。輿地紀勝：百人山在縣西南七十八里。

香罏山。在漢陽縣西南九十里。以形似名。

九真山。在漢陽縣西南。輿地紀勝：縣有五藏山，在縣西南。唐咸通八年，改名仙潛山，俗呼爲九真山，相傳有九仙女煉丹於此。府志：山在縣西南九十里，高數百丈，九峯相向，因名九真。下有九泉，皆清澈。又有菖蒲洞。

梅子山。在漢陽縣西三里。舊多梅。

漢南山。輿地紀勝：在漢陽縣西二十里，漢水之南。明統志：其山三峯並峙，一曰仙女，二曰樓子，三曰馬足，亦名三山景。

女郎山。在漢陽縣西二十里。又湯家山，在女郎山南衆湖中，中有簸箕洞。

漢陰山。在漢陽縣西四十里，漢水北。一名馬鞍山。

臨嶂山。元和志：在漢陽縣西六十里。府志：山在漢水南。一名城頭山。盤基數十里。寰宇記：臨嶂山南峯，謂之烏林峯，亦謂之赤壁。

柏泉山。在漢陽縣西北四十里。輿地紀勝：山下有井，古柏根盤其中。

玉筍山。在漢陽縣西北六十里。山多白石，參差如筍。一名栲栳山。

湖蓋山。在漢陽縣北二十里。輿地紀勝：山形如蓋，南臨漢水，西帶大湖，故名。

大別山。在漢陽縣東北。一名魯山。書禹貢：内方至於大別。左傳定公四年：吴伐楚，子常濟漢而陳，自小別至於大別。杜預注：「禹貢漢水至大別南入江。」然則此二别在江夏界。水經注：江水東逕魯山南，古翼際山也。地説曰漢與江合於衡北翼際山旁者也。山左即沔水口矣。元和志：魯山一名大別山，在漢陽縣東北一百步。前枕蜀江，北帶漢水。山上有吴將魯肅祠。輿地紀勝：漢陽縣有梁城山，即魯山。舊志：山在漢陽縣東北半里，漢江西岸。江水逕其南，漢水從西北來會於山之東南。

雙山。在漢川縣東二十里，兩峯相峙。

小別山。在漢川縣東南漢江濱。一名甑山。元和志：在汉川縣東南五十里。寰宇記：在汉川縣東南四十五里。山形如甑，土諺謂之甑山。府志：在今縣東南十里。

高觀山。在漢川縣東南三十里，接漢陽縣界。山勢高聳，可遠望。

陽臺山。在漢川縣南。隋書地理志：甑山縣有陽臺山。寰宇記：陽臺廟在汉川縣南二十五里。有陽臺山在漢水之陽，山形如臺。按：宋玉高唐賦云，楚襄王遊雲夢之澤，夢神女曰：「妾在巫山之陽，高丘之阻，朝朝暮暮，陽臺之下。」遂有廟焉。今誤傳在巫峽中。縣令裴敬爲碑，以正其由。府志：陽臺山在縣南一里。一名仙女山。上有神女祠。或曰周將裴寬請建州於羊蹄山，即此。山上又有女郎石。

擔山。在漢川縣南十五里湖水中。兩山並峙，其形如擔。

鳳凰山。在漢川縣南四十里〔七〕，龍霓山北。世傳有鳳凰止其上，故名。

汊山。在漢川縣南四十里。相近有石鏡山，山有巨石，圓净如鏡。

龍門山。在漢川縣南六十里。山麓有洞及龍潭，可禱雨。

内方山。在漢川縣西南。元和志：在汉川縣南九十里。寰宇記：山枕漢江。尚書「内方至於大别」，孔注：「大别、内方二山，漢水所經。」乃此山也。府志：在縣西五十里。按：禹貢内方即章山，在今荆門州界，此别是一山，寰宇記誤。

赤壁山。在漢川縣西。元和志：赤壁草市，在汉川縣西八十里。古今地書多言此是曹操敗處。今按三國志，曹操自江陵追劉備至巴丘，遂至赤壁，敗歸南郡。赤壁在巴丘之下，大江之中，與汉川殊爲乖謬。蓋是側近居人，見崖岸赤色，因呼爲赤壁也。方輿勝覽：赤壁山在縣西八十里。

三山。在孝感縣西北一百四十里。輿地紀勝：三峯聯峙，一名大洪山。

牢城山。在孝感縣北一百八十里。其旁有五岳、栗殼、大魁、小魁諸山。

清風山。在孝感縣北二百里。其旁有蓋頂山、牛頭山。

五峯山。在孝感縣北二百二十里。五峯並峙。

九峻山。在孝感縣東北八十里。寰宇記：孝感縣西有九宗山。輿地紀勝：九峻山，一名九宗山。環阜疊嶂，林麓深杳，大溪横前，景物幽勝，不減長安之九峻。曹學佺名勝志：上有寶佗巖、羅漢巖、鄧通墓。

雙峯山。在孝感縣東北九十里，九峻山之北。兩峯並峙，高三百餘丈，飛瀑懸流。登之可盡江、漢之勝。上有雙峯寺，雖盛夏亦可披裘。

黄草山。在孝感縣東北九十里。與雙峯對峙，險峻孤峭，人跡罕至。春夏多霧，咫尺莫辨。上有龍池寺，盛夏亦寒。山之東接黄陂縣界。

大伍山。在孝感縣東北一百二十二里。寰宇記：相近有小伍山，兩山疊嶂，遠望如行伍，俗以爲名。府志：今曰大悟山，一名上界山。高三百餘丈，周四十里。上有平壤可畊，其陽爲獅子崖。

黃雲山。在孝感縣東北一百七十里。雲色多黃，與諸山異。又西北十里有白雲山，一名石人山。元平章察罕初隱居於此。皆大悟之枝阜也。

魯臺山。寰宇記：在黃陂縣境。舊志：在縣東一里，宋二程讀書處。

甘露山。在黃陂縣東十五里。峯巒疊出，林木蔚然。輿地紀勝：黃陂縣有甘露山，相傳陳高祖時甘露降，曾於南司州建甘露寺。

響山。在黃陂縣東三十里。

横山。在黃陂縣西北二十里。

龍王山。在黃陂縣西北六十里。一名龍王尖。

礦山。在黃陂縣西北八十里。自麓至巔十里許。上有黑、白二井，下有仙人洞。

黃蘗山。在黃陂縣西北一百六十里。

伏馬山。在黃陂縣北三十里。高巖崔嵬，石逕縈遶，馬不能進。

木蘭山。在黃陂縣北。寰宇記：在黃岡縣西一百二十里。舊木蘭縣取此山爲名。今有廟，並木蘭鄉。舊志：在今縣北七十里。山勢嵯峨，羣峯攢簇，有危崖邃壑，扳援難至。上有白雲洞，下有黃石洞，左挹蓮湖，右倚玉屏山，流泉怪石，爲縣之勝。

龍珠山。在黃陂縣北九十里。山形如龍，前有小山如珠。

金鼓山。在黃陂縣北一百里。丹崖壁立，秀拔雲表，上有石形如鼓，陰雨則有聲。

嵯峨山。在黄陂縣北一百三十里。下有花崖洞。

太陽山。在黄陂縣東北三十里。峯巒高聳，日出光照其巔，霞彩掩映。

白龍山。在黄陂縣東北三十里。上有井，大旱不竭，可禱雨。

大陂山。在黄陂縣東北三十三里。下有大陂，溉田百頃。

鹿耳山。在黄陂縣東北四十里。

磨盤山。在黄陂縣東北八十里。

黄蓬山。在沔陽州東南二百里。本朝雍正七年，府同知移駐於此。州志：山有石靈峯，爲山之最高頂。其右爲黄蓬湖。元末陳友諒之父漁於其地。及徐壽輝陷沔陽，友諒起兵黄蓬以應之。

香山。在沔陽州東南二百里。一名望鄉山。

頓家嶺。在漢陽縣西二里。地勢高聳，樹木陰森。

分金嶺。在漢陽縣西一百十里。

黄茅嶺。在孝感縣北二百五十里。縣志：孝感之黄茅嶺，與應山之高貴山、隨州之栲栳山，皆與信陽三關形勢聯絡，上接荆、襄，下達光、黄，圖經所謂天下之中路，楚北之要害也。

長軒嶺。在黄陂縣北五十五里。其南五里有短軒嶺。

避水岡。在漢川縣東二十里。相對有破岡，俱濱水所經。

龍耳岡。在漢川縣北九十里。西有龍耳湖，東有龍尾磯。

鳳凰岡。在孝感縣東。一名鳳凰山。隋書地理志：孝昌縣有鳳凰岡。寰宇記：盛謦荊州記云：安陸縣東四十里有鳳凰岡，昔有鳳產乳其上。又晉永和四年，鳳凰將九子棲集其上。輿地紀勝：亦名乳鳳岡。縣志：在縣東四十里，四面皆水。

張王磯。在府城南門外。臨江極險，上有唐張巡廟。

禹功磯。在漢陽縣東北。一名吳王磯。輿地紀勝：吳王磯在大別山側。府志：俗名呂公磯。元世祖嘗駐蹕黃鶴山，隔江望見此磯，敕改名禹功，立禹祠於上。按：此即大別山臨江處，後乃別爲名耳。

烏林磯。在沔陽州東南二百餘里。水經注：江水左逕上烏林南，吳黃蓋敗魏武於烏林，即是處也。

朝陽洞。在黃陂縣東三十里。脉自太陽山蜿蜒而來，山脊斷續，一峯突起，怪石崚嶒，結爲巖壑，其勢東向，故名朝陽。懸崖下覆如蓋，中可容數十人。

金馬坑。在孝感縣東北大悟山南。一名金馬山。山巔有竇，方數丈，深不測，相傳竇中舊有龍馬。又仙姑洞，亦在大悟山南，洞門高七尺許，中高丈許，寬平如堂。

斑竹圻。在沔陽州東南二百里。統三百餘阜，周環二十里，前臨江水，左爲菖蒲澥，右爲黃蓬湖。

大江。在沔陽州南一百四十里。自荊州府監利縣流入，與武昌府嘉魚縣及湖南岳州府臨湘縣分界。東北流入漢陽縣界，與武昌府江夏縣分界。又東北會漢水入黃陂縣。又東入黃州府黃岡縣界。水經注：江水左逕上烏林南，又東，左得子練口，左得中陽水口，又東得白沙口，東北流逕石子岡。又東逕州陵新治南，左逕百人山南。又東逕大軍山南。又東逕小軍山南。又東逕雞翅山北。又東逕歎父山南。又東逕魯山南，山左即沔水口。又左得湖口水，通太白湖。又東合灄口。又東，湖水自北南注，謂之嘉吳江。右岸頻得二夏浦，北對東城洲。江之左岸，東會龍驤水口。江之左有武口水，上通安陸之延頭，南直武洲。洲南對楊桂水口，荊州界盡此。元和志：大江水，南自復州沔陽縣界，流入漢陽縣，去縣東二十步，東北流入黃州界。又大江水在黃陂縣南一百二十九里，西南自江夏縣界流入，又東入黄岡縣界。府志：大江環抱郡城，去城僅數十丈。自荆州、監利而下，會沌口過城南，與漢合者，江之正流也。有自沔陽播爲陽明諸湖，匯於太白，由沌口出江者；有逕沔播爲黄蓬諸湖，逕上平、下平，放至新灘鎮出江者；有自孝感逕漢陽之石潭河，入黄陂境，至沙口出江者。此在鄰境旁出而入江者也。沔陽州志：江水至白螺磯，過沔陽州南岸新隄、茅埠鎮、黄蓬山、烏林磯，至東江哨，入漢陽縣境，共一百五十里。又舊志：江水自東江哨，歷新灘口、大江口，百人、大小軍諸山，過沌口，至府城東，逕大别山，合漢江，轉烟波灣，抵五通口，共一百九十里。入黄陂縣境，逕縣東南五十里，流十五里至沙口，入黄岡縣界。

漢水。自安陸府天門縣東流入沔陽州界，又東流入漢川縣界，又東流入漢陽縣界，至縣北漢口入江。一名沔水，一名沮水。書禹貢：嶓冢導漾，東流爲漢，至於大别，南入於江。漢書地理志：沮水南至沙羨南入江。水經：沔水東南過江夏雲杜縣東，夏水從西來注之。注：沔水東與力口合，又東南，溳水入焉。又東逕沌水口，又東逕沌陽縣北，又東逕林鄣故城北。經又云：南至江夏沙羨縣北，南入於江。元和志：沔陽縣，沔水在縣南八十步，東入汊川縣界。又漢陽縣，漢水自汊川縣流入。寰宇記：漢水在汊川縣東南四十五里。府志：漢水故道，在今漢口北十里許，從黄金口入排沙口，東北折，環抱牯牛洲，至鵝公口，又西南轉北至郭師口，對岸曰襄河口，約長四十里，然後下漢口。成化初，忽於排沙口下、郭師口上，直通一道，約長十里，漢水逕從此下，而故道遂淤。今魚利略存，不通舟楫，俗呼爲襄河，以上流自襄陽來也。又水有自雲夢苘河出者，有自應城五龍河出者，有自竟陵皂角河出者，有逕田二河、沉下湖出者，有逕迴流灣及逕南湖、金剛腦出者，皆溳口以上小水入漢者也。有自豬龍潭，逕漢陽三汊會臼水，又逕東西二至山，過陳門湖、下蔡店者，此漢之别流分於溳口之上、合於溳口之下而復於漢者也。舊志：漢水自安陸府天門縣泊江入沔陽州境，又九十里，經仙桃鎮，由脉旺嘴，沉波亭入漢川縣境，會城隍港水，又東分流爲麻布港。又東，右會却月湖，左會江西湖之水。折而北，右會白石、段莊二湖之水，左會麻布港水。東北流，逕縣城東而北，左逕石岡口，稍東，右會許家湖而東流，凡一百八十里。入漢陽縣界，至溳口會溳水，分流爲金牛港。又東過蔡店、臨嶂山。又東過黄金口，南流至縣北郭師口。一支南流，逕大別山後，至漢口，一支北出，亦至漢口，爲前襄河。凡一百二十里入大江。

沌水。在漢陽縣西南。水經注：沔水東逕沌水口，水南通沌陽縣之太白湖。又沌水上承沌陽縣之白湖，東南流爲沌水，逕沌陽縣，南注於江，謂之沌口。府志：沌水在縣西南三十里。漢水別出三汊，匯太白全湖之水，下流爲馬影夌河，東北逕香爐山，上、下蒲潭，又東過小軍山、文寺山下十里入江。

溳水。自德安府雲夢縣界，東南流入漢川縣界，又東南流入漢陽縣界，入漢。其入漢之處名溳口。水經：溳水南過安陸縣西。注：又右得潼水，又南分爲二水，東通灄水，南入於沔，謂之溳口。寰宇記：溳水在汊川縣東十七里。府志：溳水在漢川縣東北三十里，漢陽縣西北一百里。舊志：溳水至漢川縣北，東會楊子港，過劉家隔，至柘樹口，東北會算河，而東南出溳口入漢江，接漢陽縣界。按：今漢川算河，東接淪河，淪河上接孝感澴河，澴河東通灄口，即水經注所謂東通灄口也。

汊水。在漢川縣西北，自天門縣流入縣界，東流至縣東北入溳水。元和志：汊川水，在汊川縣南二里，西北自鄂州界流入。寰宇記：汊水源出郢州長壽縣磨刀山，東南流，名溢水，至復州竟陵縣界，名汊水。又東南流入汊川縣。舊志：京山縣臼、溢二水，至竟陵縣八字腦，分爲二流：一爲田二河，在漢川縣西南九十里，至張池口入漢；一爲竹筒河，在縣西七十里，東流至北嘴，曲折北流二十里，名金帶河，西通應城縣三臺、龍骨等湖。又東流會重石河，又東流南通安漢湖，又東逕縣北二十里，爲楊子港，至縣東北會溳水。

澴水。在孝感縣北。自河南信陽州天磨池入境，逕九里關黃茅嶺南流，遶三里城，逕新店，會清風澗水，爲雙河口。又逕二郎坂，至觀音崖，楊溪水注之。又合小河溪，折而西流，右會黃沙河，爲兩河口。南流逕九子墩，遶南義陽城，名晏家河。又會淮水、磨陂水，至縣北六十里，分流爲二：其東流逕縣東北五十里者，名澴河，下流合於西河；其南流者爲白沙河，又南逕縣西名西河。至縣西南，二流仍合。又會老鸛潭支流，及朱思湖後河之水，遶縣治南而東流，會董家湖、羊馬湖水。至縣東五十里竹子港，復分流爲東山淪河。澴水又東會馬溪河入黃陂縣界，爲藤子港河。會縣河之水，東流逕牛湖，至縣南四十里五通口入江。

白雲山水。在孝感縣東北。源出白雲山下，北流會朝陽山水、雙峯山水，又北會麻陂水，爲陳家河。又會青山口水，又北會淮水，亦名兩河口，入晏家河。

龍驤水。在黄陂縣南。水經注：江之左岸，東會龍驤水口，出北山蠻中。元和志：在縣南七十二里。相傳晉龍驤將軍王濬率舟師伐吴，屯軍於此。舊志：今縣南東湖之南、牛湖之西北，有水一灣，名龍驤水，蓋非故蹟也。

灄水。在黄陂縣西南。水經注：江水東合灄口水，上承溳水於安陸縣，而東逕灄陽縣北，東南注於江。舊志：灄口在黄陂縣西南四十里，上接孝感縣澴河及縣河之水，東流至小河口入江。按：此即澴河下流，别名藤子港者也。王存九域志黄陂縣有淪水，亦即此。

夏水。在沔陽州南四十里。自荆州府監利縣流入，又東北至漢。水經：夏水東至江夏雲杜縣入於沔。注：應劭十三州記曰，江别入沔，爲夏水源。夏之爲名，始於分江，冬竭夏流，故納厥稱。當其決水之所出，謂之堵口。寰宇記：沔陽縣夏水，南入大江，一名長夏水。府志：自監利東爲大馬長川，入沔陽州境。又東北爲柴林河，又東北與蘆洑河合。又徑渣潭，又東北入漢。又一支自渣潭東南入陽名湖。

漄口水。在沔陽州西北。水經注：沔水又東得漄口，其水承大漄、馬骨諸湖水，周三四百里。及其夏水來同，浩若滄海，洪濤巨浪，縈連江、沔，故郭景純江賦云「其旁則有朱漄、丹漅」是也。

七里沔。在沔陽州東一里。寰宇記：夏水合諸水入漢，漢入瀦，名七里沔，即屈原逢漁父處。方輿勝覽：七里沔在復州，江、漢、夏三水所匯。故沔陽城亦曰七里城。

臼河。在漢川縣南。寰宇記：臼水在汉川縣南一百十三里。從縣界沌水流入漢江，即左傳成臼。縣志：在縣南七十里。上流舊自大河口，東流至沌水出口，支流逕鳳凰山，爲繫馬口，入臼子河，與漢水合。今水道已塞，惟春夏水漲，可通舟楫。按杜預注，臼水本在今鍾祥縣界，寰宇記誤。

五龍河。在漢川縣西北一百二十里，與德安府應城縣接界，自三臺湖入金帶河。

新河。在漢川縣北一里。明隆慶元年間，引松湖入漢水，長五六里。萬曆中再濬，從縣城東迎恩橋，轉搬載口出漢水。又安漢湖，在縣北二十里，一名下岡湖。横湖，在縣東北五里，北接溢港湖、洪湖，皆西入新河。

注泉鋪河。在漢川縣東北四十五里，自孝感縣八埠口流入。

淪河。即澴水下流。自孝感縣東南竹子港分流，名東山淪河。西南流入漢川縣界，又名安河。又南合注泉鋪河，至縣北三十里爲算河。又西南至縣東北二十里柘樹口，與涓水合。其水本非長流，春夏水漲，始通舟楫。明嘉靖末，算河衝決頗甚，與涓水逆流，合澴水，而涓口以上通塞不常。本朝雍正五年，發帑築河濱、麻埠等十二垸，水遂安流。

馬溪河。在孝感縣東南六十里。一名界河。源出縣東北界滑石沖，南流會溠川河、斗山河、蒲湖諸水，南入澴河。

白沙河。在孝感縣西。即澴河支流。自縣北六十里分流南注，至響水潭，復分爲三支：一自高埠潭逕何家埠；一自上沙港至陶家嘴，仍入澴河；一自陡岡埠南流，名佑河，逕蔡家渡，注老鸛潭。又分爲三支：其一合深溝橋水，逕白龍潭入漢；其一逕八埠口，合德安府雲夢縣洛陽河南流，逕注泉鋪河入漢；其一遶縣治西南入西河。

黄沙河。在孝感縣西北。自應山縣流逕縣西北入境，凡六十里。至兩河口，會澴河。舊志：古澴河本自應山縣流逕縣西界。寰宇記云澴水在縣西十五里，自應山縣流入是也。今土人以澴河上流爲黄沙河，而以自信陽州流入者爲澴河，與古不同。

縣河。在黄陂縣南郭外。源出黄州府黄安縣仙居山，西南流，其别源出金局關，南流合爲兩河口。又南逕大成潭，潭在縣北八十里，其水冬温。又南至縣城北，遶城東南，始名縣河。至縣南分二流，一東流逕縣南二里，名東河，逕武湖出沙口入江；一西南流至縣南小河口，會藤子港入江。

舊鎮界河。在黄陂縣西北六十里。源自河南汝寧府羅山縣界，南流逕縣界，又南流入孝感縣之馬溪河。

復車河。在沔陽州東南一百八十里，大江自茅埠分流灌黄蓮湖。湖之東爲河，流逕牛埠三灣，東出新灘口。又一支自三灣，逕斗湖，入陽名湖。

漕河。在沔陽州西南。自柳口流遶州城，至城北，合西湖水，東流過漢津橋，逕上馬口、滄浪河，接陽河、下馬口，入太白湖。

刵河。在沔陽州北七十里。漢水支流。南注西湖，其注湖處名刵河口。「刵」字與「穴」同義，水分洩處。

郎官湖。在府城内東南隅。唐李白泛郎官湖詩序：乾元歲秋八月，白遷於夜郎，遇故人尚書郎張謂出使夏口，沔州牧杜公、漢陽宰王公觴於江城之南湖。方夜，水月如練，清光可掇。張公殊有勝槩，四望超然，乃顧白曰：「此湖古來賢豪遊者非一，而枉踐佳景，寂寥無聞，夫子可爲我標之嘉名，以傳不朽。」白因舉酒酹水，號之曰郎官湖。府志：湖匯城中諸水，南從水門達江。明正德以後漸涸，僅同溝洫。

刀環湖。在漢陽縣西南三十里。寰宇記：刀環湖，湖形灣曲，象刀環也。府志：其水東通南湖，今名皮思海。又南湖，在縣西南四十里，東接官湖之水，北流至平塘。官湖，在縣西南三十里，今名天鵝塘，周數十里。

太白湖。在漢陽縣西南，接沔陽州東北界。水經注：沌水南通太白湖。輿地紀勝：在漢陽縣西南一百二十里。府志：太白湖一名九真湖，周二百餘里。潛水自西北來注之，西湖、李老、沙湖、泗港諸水匯焉。沱水自南來注之，直步、陽名、黄蓬諸水匯焉。而東南泄於沌水出江。春夏水漲，與新灘、馬影、蒲潭等湖合而爲一，冬涸始分。舊志：太白湖西南受陽名湖，西北受沙湖，北受索子港，南通新灘口，東通沌水。

新灘湖。在漢陽縣西南一百三十里，即新灘口也。

太子湖。輿地紀勝：在漢陽縣西十五里。府志：相傳梁昭明太子食采於此，亦名昭明湖。鸕鷀、刀環、南湖、官湖諸水俱自縣西二十里平塘東流來匯。又北會月湖之水，東南入江，爲火港口。

馬影湖。在漢陽縣西五十里。一名馬影麥河。又蒲潭湖，在縣西南六十里。

鸕鷀湖。在漢陽縣西北三十里。其水南流至平塘，折而東，入昭明湖。

桑臺湖。在漢陽縣西北三十里。

貓兒湖。在漢陽縣西北六十里。其水東南流入漢水。又有三十六灣水，上承小河之水，西南會貓兒湖水入漢。

月湖。在漢陽縣北大別山之陰。東以長隄限江，西通漢水。一泓清淺，四圍山色如黛，路通漢北，渡者往來不絶。

瀟湘湖。在漢陽縣北十里。其水南流分二支，經流東入漢水爲楊林口，一支稍西南流，亦入漢。漢口水泛時，遊船如織。

三淪湖。在漢陽縣北二十五里。按：元史至元十一年，巴延伐宋，次漢口，兵不得進。千户馬福言淪河口可通沙蕪入江，乃自漢口開壩，引船入淪河，逕趨沙蕪入大江。蓋即此淪湖，非自孝感入漢川之淪河也。「巴延」舊作「伯顔」，今改正。

卻月湖。在漢川縣南七十里。首尾迂直，形如卻月，北通漢水。又江西湖，在縣南二十里。白石湖，在縣東南二十五里。段莊湖，在縣南三十里。許家湖，在縣東二十里。皆與漢水通。

汈汊湖。在漢川縣西四十里。北通五湖，西通縣西九十里之沈下湖。又五湖，在縣西北四十里，北通瓜子湖。

重石湖。在漢川縣西北八十里。即應城縣之西河，古富水也。南流入金帶河。又清水湖，在縣西北六十里。

三臺湖。在漢川縣西北九十里，接德安府應城縣界，東通金帶河。

大松湖。在漢川縣北十八里。又北二里爲小松湖。西接瓜子湖、五湖，北通楊子港。

董家湖。在孝感縣東五里。以孝子董永得名。又縣東北十里有理絲橋水，源出縣東北四十里牛跡山，南流入董家湖。

蒲湖。在孝感縣東四十里。俗名野豬湖。縣東北三汊埠，有東、西兩河，南流入此，出沙河，入馬溪河。

羊馬湖。在孝感縣東南二十里。有東、西二湖，縣東北諸山之水皆匯焉。

後湖。在孝感縣西北。廣二里，延袤五六里，灌田可千畝。明初淤塞，正統中修復。

加湖。在黄陂縣東南。通鑑：齊中興元年，蕭衍至竟陵，命曹景宗爲前軍，景宗至石樓浦，連軍相續，下至加湖。注：加湖在江夏灄陽縣界，湖水自北南注江。按：此即水經注所謂嘉吴江也。今湮。

武湖。在黄陂縣東南，即武口水也。水經注：江之左有武口水，上通安陸之延頭，南至武城入大江。元和志：武湖在黄陂縣南四十九里，黄祖閲武習戰之所。寰宇記：在縣南二十里。縣志：在縣東南二十五里，東至黄岡縣一百三十里，周迴四十五里，東通大江。亦名黄漢湖。

洋漫湖。在黄陂縣西南五里。又石子湖，在縣西南三十里。後湖，在縣西南四十里。俱南流分注灄口。

牛湖。在黄陂縣西南五十里。東通大江，其支流西南入漢陽縣界。

鼉湖。在沔陽州東二十里。又白鷺湖，在州東南。

陽名湖。在沔陽州東一百七十里。受復車河、張家池水，逕崇陽潭，入蘆花瀆，匯太白湖。

上洪湖。在沔陽州東南一百二十里。又南十里爲下洪湖，皆通黄蓬湖。

黄蓬湖。在沔陽州東南一百四十里，黄蓬山下。納茅埠口、許家池諸水，連大舍、白螺、上洪等湖，趨復車河，達新灘入江。

馬骨湖。在沔陽州東南。元和志：馬骨湖，在沔陽縣東南百六十里。夏秋泛漲，淼漫若海，春冬水涸，即爲平田。周迴一十五里。

直步湖。在沔陽州南五十里。受柳口諸水，逕明渭口、螺子瀆，入陽名湖。

角兒湖。在沔陽州西南五十里，通柳口。

三陽湖。在沔陽州西四十里。輿地紀勝：東曰朝陽，西曰南陽，北曰水陽，統名三陽。

百石湖。在沔陽州西八十里。亦名白石湖。湖中築長隄爲驛道，亘十餘里。舊植柳，人馬來往其上。

上西湖。在沔陽州西北七十里。又東二十里爲下西湖。兩湖相連，北受剅河水，南出月湖口，注漕河。

復池湖。在沔陽州北七十里。元和志：周武帝改置復州，以州界復池湖爲名。

李老湖。在沔陽州東北七十里。

沙湖。在沔陽州東北一百四十里，與太白湖相連。

泗港湖。在沔陽州東北。有上泗、中泗、下泗之名。

小河溪。在孝感縣北一百二十里。源出大悟山，西流入澴河。

麻埠港。在漢川縣東南五里。一名麻布港。自漢水分流而東北，左會縣西南二十里之道觀湖水，至縣東南一里搬載口，仍入漢水。夏秋水漲，可通舟楫。

城隍港。在漢川縣西南十五里。即溾水。舊自天門縣流入，逕縣西九十里城隍臺，因名。又至兩河口入漢。今城隍港會汈汊、沈下、五湖、瓜子、大松、小松諸湖之水，東南入江。

長洋港。在沔陽州東南。水經注：長洋港，東北流逕石子岡，又東逕州陵新治南，東南流注於江，謂之洋口。

楊林港。在沔陽州東南。又有神臺、茅臺、清水諸港，俱入太白湖。

煙波灣。輿地紀勝：在漢陽縣東北三十里。唐崔顥詩曰：「日暮鄉關何處是，煙波江上使人愁。」旁有里曰煙波里，亭曰煙波亭。府志：今縣東北三十里有白沙灣，水甚清澈，疑是。

西流灣。在黄陂縣南五十里。水漲時，民多漁於此。

雞鳴汊。在漢川縣西北二十里。元末，徐壽輝作亂，庫春布哈鎮武昌，遣其子引舟師攻之，至雞鳴汊，水淺舟滯，爲壽輝將倪文俊所焚，即此。「庫春布哈」舊作「寬徹普化」，今改正。

瀘水洪。在漢川縣西南一百十里，漢水經流處，接沔陽州界。

小里潭。在漢川縣西南一百里。

魯臺潭。在黄陂縣東門外。水清洌，深莫測。又團潭，在縣西南五里許，爲商舟輳集處。

石門潭。在黄陂縣北八十里。一名城門潭。石壁嶙峋，闢若門户。下有深淵，相傳有龍潛焉。又大城潭，在縣北七十里。

漢口。在漢陽縣東，漢水入江之口也。亦曰夏口、沔口、魯口。左傳昭公四年：吴伐楚，楚沈尹戌奔命於夏汭。杜預注：「漢水曲入江處，今夏口也。」水經注：夏水入沔，自堵口下，沔水通兼「夏」目，而會於江，謂之夏汭，即夏口矣。胡三省通鑑注：今漢陽軍，即夏口也，所謂漢口也。庾仲雍曰一曰沔口。祝穆曰一名魯口。蓋以夏水、沔水、魯山得名，實一處也。其地本在江北，自孫權置夏口，督屯江南，於是相承以鄂州爲夏口，而江北之夏口晦矣。

百埠口。在漢川縣西北七十里，水路通德安府應城縣、安陸府京山縣。

新河口。在漢川縣北三十里，水路通德安府。又黄陂縣南三十五里亦有新河口，明萬曆中，江水沖嚙而成。後居民商賈，日以繁盛。

沙口。在黄陂縣東南五十里，即武湖入江處，水經注所謂武口也。亦曰沙武口、沙伏口、沙蕪口，宋夏貴與元巴延戰處。明統志：沙蕪口在黄岡縣西北一百二十里。「巴延」譯見前。

五通口。在黄陂縣西四十里，上接藤子港入江。

劉公洲。在漢陽縣南江中。輿地紀勝：元祐八年有沙洲湧出，知軍劉誼種荻其上，故名。後有李家請佃，改名李家洲。府志：洲舊自三里坡直抵南紀門，荻葦繁茂，冬春水落，賈舟集此，民有貿易之利。明嘉靖以來漸没，而故洲外復淤一洲，下抵朝宗門，環拱郡城。

白龍泉。在漢川縣東南三十里，高觀山下。又觀音泉，在縣南三十五里。泉在山腰，甚甘洌，大旱不竭。

摩陂泉。在孝感縣東北八十里。泉湧陂中，灌田千頃，西南流入澴河。

蓮花池。在沔陽州東南。有南北二池，舊有橋，爲通衢。本朝康熙十二年，易橋爲隄。

張家池。在沔陽州東南一百四十里。其水流入陽名湖。

古蹟

沌陽故城。在漢陽縣西。宋書州郡志：沌陽縣，江左立。水經注：沔水東逕沌陽縣北，處沌水之陽也。又東逕林鄣故城北。晉建興二年，陶侃爲荆州，鎮此。元和志：沔州，晉於今州西臨嶂山下置沌陽縣，江夏郡自上昶城移理焉，後郡又移理夏口，屯陽縣屬郡下不改。入陳廢。隋開皇九年，置戍。十七年，改置漢津縣，屬沔陽郡。大業二年，改爲漢陽縣。武德四年，分沔陽郡，於漢陽縣置沔州及縣，並自臨嶂山下故城移於今理。寰宇記：周顯德五年，平淮南，與江南畫江爲界，以漢陽、汉川二縣在大江之北，故先進納。世宗以漢陽縣置漢陽軍，東至鄂州大江中流爲界，三里至鄂州，七里至漢陽縣，以在漢水之南、嶂山之陽爲名。按：晉書王貢攻鄭攀於沌陽，在建興元年，似愍帝時已有沌陽縣。而宋志以爲江左立。又水經注以沌陽與臨嶂城爲兩地，而元和志以爲臨嶂山下置沌陽縣。未知孰是。

汊川故城。在漢川縣北。舊唐書地理志：汊川，漢安陸縣地。元和志：縣東至沔州一百五十里，本漢陽縣地。武德四年，分置汊川縣，因汊水爲名也。寰宇記：周顯德五年，世宗以汊川隸安州。輿地紀勝：宋初改汊川爲義川，太平興國二年，避諱改曰漢川。縣志：舊縣城在縣北三十里，即大赤鄉城，俗呼金鼓城，今劉家隔地也。元至正二十二年，移於今治。

孝昌故城。在孝感縣北。宋書州郡志：江夏太守領孝昌縣，疑是孝武世所立。隋書地理志：安陸郡孝昌，西魏置岳州及岳山郡。後周州郡俱廢。又有澴岳郡，開皇初廢。元和志：縣西北至安州五十五里，本漢安陸縣地。輿地紀勝：圖經云：「縣因孝子董黯立名，後唐避廟諱，改曰孝感。」縣志：建炎中，嘗移治紫資寨。元至元十六年，復還舊治。按：宋書明帝紀泰始五年，於南豫州立南義陽郡。齊書州郡志司州首領南義陽郡，郡首領孝昌縣。是孝昌實爲州郡治也。隋志則謂吉陽縣有梁置義陽郡，西魏改爲南司州，尋廢。縣志古義陽城，在縣北一百里黄雲埠上，周數里，土名義州城。疑當時郡縣分治，或梁時徙置也。

吉陽故城。在孝感縣北。古名董城。南齊置平陽縣，隋改曰吉陽。唐屬安州。宋省。晉書朱伺傳：建興中，陳聲斷江抄掠，陶侃遣伺爲督護討聲。伺潛軍襲聲，聲東走保董城，伺率諸軍圍守之。隋書地理志：安陸郡吉陽，梁置曰平陽。又立汝南郡，西魏改郡曰重城，改縣曰京池。後周置澴州，尋州郡俱廢。大業初，改縣曰吉陽。元和志：吉陽縣，西北至安州一百二里，本漢安陸縣地，因縣北吉陽山爲名。寰宇記：唐元和三年，省入應山，後復置。開寶三年，併入孝感縣，在縣北六十里。輿地紀勝：吉陽縣城，本名董城，因孝子董黯得名。按：隋志重城，即董城之訛。

南司州故城。在今黄陂縣東。即古黄城鎮。陳書宣帝紀：太建五年，伐齊，克黄城，以爲司州，治下爲安昌郡。隋書地理志：永安郡黄陂，後齊置南司州，後周改曰黄州，置總管府。又有安昌郡，開皇初廢。又後齊置滻州，陳廢。元和志：黄陂縣東北至黄州一百二十里，本漢西陵縣地。三國時，劉表爲荆州刺史，以此地當江、漢之口，懼吴侵軼，建安中，使黄祖於此築城鎮遏，因名黄城鎮。周大象元年，改鎮爲南司州，并置黄陂縣。隋初改爲鎮，後復爲縣。舊唐書地理志：後周於古黄城西四十里獨家村，置黄陂縣。按：古黄城，據舊唐志，在今縣東，即齊、陳時南司州治也。明統志謂在縣北者，乃後周時所置黄陂縣，在今縣北三里。宋端平三年，又寄治青山磯。元時還舊地，復移今治耳。

湘州故城。在黄陂縣北。魏書地形志：湘州，梁置，魏因之，治大活關城，領郡三：安蠻、梁寧、永安。元和志：大活關，在黄陂縣北二百里。

復州故城。在沔陽州治。西魏置建興縣，爲沔陽郡治。隋改爲沔陽縣。唐屬復州。宋廢爲鎮，後移復州治此。元升爲沔陽府。明改州。隋書地理志：沔陽郡沔陽，後周置復州，開皇初州移，仁壽三年，復置州。元和志：貞觀七年，州理在沔陽縣。寶應二年州理竟陵縣。宋史地理志：端平三年，移治沔陽鎮。元史地理志：復州，至元十二年改爲復州路，十五年升爲沔陽府。明統志：洪武九年，降爲州，直隷湖廣布政司。嘉靖十年，改屬承天府。州志：今州城，明初循舊址築，仍餘東北之半。

州陵故城。在沔陽州東南。本楚地，漢置縣屬南郡。後漢及晉因之。宋、齊俱屬巴陵郡。西魏省。史記楚世家：考烈王元年，納州於秦以平。注：南郡有州陵縣。宋書州郡志：巴陵太守領縣州陵，漢舊縣，晉武帝太康元年復立。疑是吴所省也。水經注：石子岡上有故城，即州陵縣之故城也。莊辛所言左州侯國。隋書地理志：西魏省州陵縣。

玉沙故城。在沔陽州東南。宋置縣，元移治沔陽鎮，而此城廢。寰宇記：後梁開平四年，分漢江南爲白沙徵科巡院，乾德三年，升爲玉沙縣，屬江陵府。宋史地理志：復州玉沙，至道二年〔八〕，自江陵來隷。熙寧六年，又隷江陵府，元祐元年復。州志：大江北岸，有江北城，東、西、北三面遺址尚存，唯南面爲江水所嚙。相傳爲玉沙舊治。

惠懷故城。在沔陽州西。宋書州郡志：江夏太守領縣惠懷，江左立。隋書地理志：西魏省惠懷縣。

雲杜故城。在沔陽州西北。漢置縣，屬江夏郡，後漢及晉因之。宋、齊屬竟陵郡。梁以後省。後漢劉聖公傳：新市人王匪、王鳳帥衆共攻離鄉聚，荆州牧某發奔命二萬人攻之，匪等相率迎擊於雲杜。注：「在今復州沔陽縣西北。」水經：沔水又東南逕江夏雲杜縣東。注：禹貢所謂「雲土夢作乂」，故縣取名焉。杜佑通典：漢雲杜縣故城，在沔陽縣西北。

甑山廢縣。在漢川縣東南甑山下。北周置，唐省。隋書地理志：沔陽郡甑山，梁置梁安郡，西魏改曰魏安郡，置江州，尋改郡曰汊川。後周置甑山縣，建德二年州廢。開皇初郡廢。寰宇記：廢甑山城，在汊川縣東南四十五里，枕漢江。梁天監中置甑山縣。周大象三年，司馬消難奔陳，此城遂廢。唐武德九年，移沔州就甑山鎮。今廢。府志：甑山城在漢川縣東南十里。

灄陽廢縣。在黄陂縣南。晉惠帝時，張昌亂，安陸人多附昌，惟朱伺合其鄉人討之。昌既滅，伺部曲以逆順有嫌，求别立縣，因分安陸東界立灄陽縣，屬江夏郡。宋因之。後魏屬梁寧郡。後周時廢。漢陽志：在縣北四十里，今爲黄陂境。

綏安廢縣。在沔陽州西。晉置郡，後改爲縣，南北朝宋省。晉書桓玄傳：玄招集流人，立綏安郡。又地理志：何無忌爲郢州刺史，表以荆州所立綏安郡人户入境，欲資此郡助江濱戍防。宋書州郡志：孝武孝建二年，廢長寧之綏安屬巴陵。明帝泰始四年，以綏安縣併州陵。

漢陰城。在漢陽縣西漢陰山下。遺址尚存。

諸葛城。在漢陽縣西五十里櫧山下，下臨沌水。

蕭公城。在漢陽縣西北五里。輿地紀勝：相傳梁武帝所屯處。

馬騎城。在漢陽縣北郤月城西二里，周五里。長棚岡即其故址，今堙。

魯山城。在漢陽縣東北。水經注：魯山上有吴江夏太守陸涣所治城。舊治安陸，吴乃徙此。舊志：晉元興末，劉毅等討桓振，至夏口，振遣其黨孟山圖據魯城。齊永元二年，蕭衍舉兵東下，東昏侯敕竟陵太守房僧寄守魯山。陳天嘉中，王琳據江、郢諸州附於齊，齊人守魯山，爲郢城聲援。皆即此。唐武德四年，蕭銑鄂州刺史雷長潁以魯山來降。蓋蕭銑置州於魯山也。

郤月城。在漢陽縣東北。水經注：沔左有郤月城，亦曰偃月壘，戴監軍築。昔黄祖所守，吴遣董襲、凌統攻而擒之。禰衡亦遇害於此。元和志：郤月故城，在漢陽縣北三里。寰宇記：郤月城，與魯城相對，以形似名。

鍾離城。在漢川縣東五里，即五里墩。高三丈餘。府志：路史曰：「左傳昭公四年『箴尹宜咎城鍾離』，其城在漢陽軍。」今之五里墩也。成公十五年晉吴所會之鍾離，則在今江南鳳陽府。

梁褒城。在漢川縣南五里。後周宣政中，土人梁褒築。又郝城，在縣南十五里，亦後周時築，以主者之姓爲名。

梅城。在漢川縣西南梅城里。其地又有馬城。

雞鳴城。在漢川縣西一百二十里。俗名張家城。輿地紀勝：雞鳴鎮，在縣西八十里。相傳曹操敗於赤壁，成於城門，聞外軍將至，雞鳴而出，故名。又黄陂縣北二十五里亦有雞鳴城。

和公城。在漢川縣東北十七里。後周所築。隋末董道沖叛，和操守漢軍，拒之於此，民賴以全，因名。

鎮陽城。在孝感縣東北八十里黄草山西。四山陡絶，壘石爲城，周數里，一逕僅通，古避兵處也。

甘露城。在黄陂縣東十里甘露山上。又牛湖城，在城南六十里牛湖濱。作京城，在縣西四十五里。盤龍城，在縣西五十里。建置俱未詳。

武城。在黄陂縣東南。亦曰武口城。水經注：武口水南至武城。按：梁太清二年，湘東王繹發兵，聲言援臺城，軍於郢州之武城，即此。

冶城。在黄陂縣東南二十五里。輿地紀勝：相傳梁武冶兵器於此，舊跡尚存。府志：今名東城子。

灄口城。在黄陂縣西南，古灄水入江處。陳太建五年伐齊，郢州刺史李綜克灄口城，即此。

安昌城。在黄陂縣西南七十里。元和志：高齊築以捍寇。

石陽城。在黄陂縣西。孫權黄武五年征江夏，以五萬衆圍文聘於石陽，不克而還，即此。元和志：石陽故城，在黄陂縣西二十三里。縣志：在縣北十五里，今名西城子。按：宋書州郡志曲陵縣本名石陽，今爲德安府應城縣，縣有曲陵故城。則此石陽城，當别爲屯兵處，非縣治也。

青林城。在沔陽州東。輿地紀勝：在玉沙縣東北十里。

石樓城。在沔陽州西十五里。縣志：三陽湖側有故小城，即石樓城。

鄖城。在沔陽州境。「鄖」，一作「䢵」。左傳桓公十一年：鄖人軍於蒲騷。注：江夏雲杜縣東南有鄖城。晉書地理志：江夏郡雲杜，故䢵子國。水經注：雲杜縣，故䢵亭，左傳所謂「若敖娶於䢵」是也。按：古鄖國，括地志、元和志俱以爲在安州。水經注以安陸縣爲故鄖城，而竟陵雲杜亦以爲故鄖國。諸説互異，今並存之。

夏州。在漢陽縣北。史記蘇秦傳：秦説楚威王曰：「楚有夏州。」集解曰：「按左傳楚莊王伐陳，鄉取一人焉以歸，謂之夏州。」而注者不説夏州所在。車武子撰桓温集云：『夏口城上數里有洲，名夏州。』」

西湖村。在黄陂縣。輿地紀勝：黄陂縣有西湖村，去孝感縣九十里。相傳宋太祖微時，嘗因渴索酒飲村姥家，及貴，宥西湖村酒禁，至今置萬户酒。舊志：舊有黄婆橋，在縣西數百步。俗傳宋祖微時飲於其家，故以名橋。疑即西湖村也。

馬骨坡。在沔陽州東南。寰宇記：楚平王牧馬，馬遺骨於此坡。

大隱林。在沔陽州南。寰宇記：郡國志云：「沔陽有大隱林。」又有小隱林。南有隱磯山，是漁父釣所。

鐵錢廢監。在漢陽縣北大别山下，地名静江營。宋紹興二年，知軍皇甫焕奉命鼓鑄，歲辦錢十萬貫。元時裁。

牧馬廢監。在漢陽縣西南十五里。宋乾道四年，鄂州都統制趙道奏於漢陽軍擇地修立。元至元初裁。

黄瓊宅。寰宇記：孝感縣鳳凰山下有黄瓊宅。

春風樓。在府治西。明統志：宋知軍胡介在任，政和民安，乃建樓曰熙春，後守徐安民更名春風。

太白樓。在漢陽縣北十里。唐李羣玉有詩。

望仙樓。在沔陽州城上。明統志：宋晏殊類要云刺史鄭肇建。

烟雨樓。在沔陽州北。明統志：宋郡守王知新有詩。

晴川閣。在漢陽縣東北五里。明知府范之箴建。

寶香閣。在沔陽州治内。明統志：宋韓通建。後爲湖山堂。

程子讀書堂。在孝感縣東五里。縣志：程子祖遹爲黄陂令，娶孝感縣張氏生珦，珦卒於西陵，家人未克北歸，故縣有二先生讀書處。

思賢堂。輿地紀勝：在黄陂縣尉廳，二程子俱生於此。

讀書堂。在沔陽州北。輿地紀勝：在紫極觀。唐皮日休、陸龜蒙讀書於此。

秋興亭。在漢陽縣治北鳳棲山上。唐刺史賈載建，中書舍人賈至爲記。明統志：亭後飛閣瞰大湖，對大别山，景趣尤勝。

雙松亭。明統志：在秋興亭東。唐李白將遊衡嶽，過漢陽，嘗於此亭别族弟浮屠法皓，有詩。

清光亭。在漢陽縣治東南郎官湖上。本名郎官亭，宋咸淳間改名。

湧月亭。在漢陽縣治北鳳棲山上。宋黄清老建。今巨石上有「湧月」二字。

仁風亭。在漢陽縣北秋興亭東。舊名寥廓，宋知軍蔡純臣更名。

堯夫亭。輿地紀勝：在孝感縣九嵕山，范純仁倅安州，嘗餞客於此。題名刻石猶存。

東坡亭。在孝感縣東五十里。相傳東坡謫黄州過此。今廢址猶存。

雙鳳亭。在黄陂縣東魯臺山上。輿地紀勝：黄陂縣治有清遠亭，相傳是二程先生雙鳳亭故基。

胭脂石廟。在孝感縣北六十里。寰宇記：有自生石屋，古老傳胭脂石廟，未詳其由。

鎖穴。在漢陽縣北。輿地紀勝：在大别山陰。即孫皓以鐵鎖斷江處。府志：今山陰二石穴俱存。

石榴花塔。在府城西一里。明統志：宋時有婦事姑至孝，一日殺雞爲饌，姑食而死。姑女訴於官，婦坐罪，無以自明。臨刑乃折石榴花一枝，插地而祝曰：「妾果毒姑，花即枯瘁；若屬誣枉，花可復生。」其後花果生。人謂天彰其寃，遂立塔花側，以表其事。

關隘

鐵門關。在漢陽縣東北。明統志：在禹功磯旁。吴、魏相持，用兵沔口，於此設關爲險。

九里關。在孝感縣北。魏書地形志：東隨縣有黄峴關。輿地紀勝：黄峴關，今名九里關。縣志：九里關在縣北二百三十里，盤據山險，最阨要，義陽三關之一也。

大活關。元和志：在黄陂縣北二百里，東北至光州二百八里，西至安州禮山關一百里。舊志：隋於此置關鎮，今有金竹關，在縣北一百九十里，亦名金局關。

侯埠關。在沔陽州東六十里。

范溉關。在沔陽州西北四十里，古范溉市。輿地紀勝：在玉沙縣西北。

漢口巡司。在漢陽縣北。舊在漢水南岸，後在北岸，當往來要道，居民填溢，商賈輻輳，爲楚中第一繁盛處。明設巡司。本朝添設巡司，分仁義、禮智兩司，移同知駐此。

沌口巡司。在漢陽縣西南三十里，上接沔陽諸水，下通長江。岸多蘆葦，夏水漲時，彌漫數百里，最爲險要。明置巡司。國初遷於下蒲潭，東去沌口三十餘里。

新灘巡司。在漢陽縣西南一百三十里。明置，今因之。

蔡店巡司。在漢陽縣西六十里。明初置巡司，兼設馬驛，今因之，驛裁。

小里潭巡司。在漢川縣東四十里。

劉家隔巡司。在漢川縣北三十里，唐、宋汉川縣治也。相傳宋知軍事劉毅隔岸種荻，後人因以名之。其地卑下，每歲春水彌漫，秋冬始涸，平原周廣四十里，商賈雲集。明宣德六年置巡司，今因之。

馬溪河巡司。在孝感縣東南五十里。

灄口鎮巡司。在黄陂縣西南四十里。本朝嘉慶十一年置。

大城巡司。在黄陂縣北一百二十里。舊在縣北八十里大城關，今移兩河口。

鍋底灣巡司。在沔陽州東南五十里。

沙鎮巡司。在沔陽州東北一百五十里。地最要害。

百人磯鎮。在漢陽縣西南八十里。明置巡司，後遷於東江腦，今裁。

澴河鎮。在孝感縣西北。九域志：孝感縣有澴河、東舊二鎮。縣志：澴河鋪在縣西北四十里。又舊鎮鋪，在縣東六十里，皆故鎮也。

小河溪鎮。在孝感縣東北一百二十里，路出武勝關。明置巡司，本朝因之。嘉慶十一年改設縣丞。

沙口鎮。在黄陂縣東南五十里。

團潭鎮。在黄陂縣西南二里。其地有水，可容舟楫，商賈集焉。

新隄鎮。在沔陽州南。設守備一員領兵戍守。

仙桃鎮。在沔陽州東北九十里，接漢川縣界。有雞公洲。

白雲砦。在孝感縣西南白雲山。路從黄草山入，高峻險仄，直如自天而下，中頗坳坦，其前有礮架山。明末，邑人壘爲城，避寇於此。

三家步店。在孝感縣東三十里。即三汊埠也。

楊店。在孝感縣東五十里，西去黄陂縣七十里。當往來孔道，最爲繁盛。本朝順治十二年置驛，今裁。

新店。在孝感縣東北一百十里。地險僻，其南爲二郎畈店。相傳孫權嘗射獵於此。

團林埠市。在黄陂縣東四十里。

白漢港市。在黄陂縣北四十里。

巴林市。在黄陂縣北九十里。

採桑市。在沔陽州西北三十里。

楊家河集。在孝感縣西南四十里。

津梁

迎春橋。在漢陽縣西三里。宋大觀初建。

永安橋。在漢陽縣西三里。

官橋。在漢陽縣西六十里。

甑山橋。在漢川縣東南十里甑山下。

新陂橋。在漢川縣北四十里大赤鄉。爲往來通衢。

廣濟橋。在漢川縣北三十里，劉家隔西。

高埠橋。在孝感縣東二十里。

白沙橋。在孝感縣西北五十里。

理絲橋。在孝感縣東北十里。

駱駝橋。在黄陂縣東二十里。輿地紀勝：魏人來伐，以駱駝載輜重墜橋下，因名。

甘棠橋。在黄陂縣東五十里。

劉家渡橋。在沔陽州西十里。

漢陽渡。在漢陽縣東。

沌口渡。在漢陽縣西南三十里。

郭師口渡。在漢陽縣西十里。

平塘渡。在漢陽縣西二十里。

漢口渡。在漢陽縣東北。爲九省要津。

陽臺渡。在漢川縣東南一里陽臺山下。有隄。

南河渡。在漢川縣南六十里龍門山下。宋党仲昇禦金人於此。

安河渡。在漢川縣東北三十里。

灄口渡。在黄陂縣西南四十里。

牛湖渡。在黄陂縣西南五十里。

舊鎮河渡。在黄陂縣西六十里。

三江口渡。在沔陽州西三里。

隄堰

新豐隄。在漢陽縣西北二里，爲郡人渡月湖必經之地。

楊柳隄。在府城北二里。明知府蔡欽創，名免溺隄。萬曆三十五年，知府王宗本修，因名王公隄。中爲石橋，長二百七十丈。本朝順治十一年重修，高一丈三尺，闊一丈八尺。康熙八年又修築。

湖壋隄。在漢川縣北二十里。明嘉靖中築，自鬬前河至楊子港，夾植以柳。

吴公隄。在漢川縣東北。舊名和公隄，明成化中，都御史吴琛築，因改名焉。自縣東至甑山十五里。又自縣北和公城，至劉家隔十五里，俱往來通道也。

江隄。在沔陽州南。一名長官隄，起荆州府監利縣界，至漢陽縣界，長一百餘里。

横隄。在沔陽州西南四十里柏口，長二百餘丈。

百石湖隄。在沔陽州西北，長十餘里。

泗腦隄。在沔陽州西北，長七里有奇。

班隄。在沔陽州西北四十里白湖村，接安陸府天門縣界。本朝雍正六年修。

漢隄。在沔陽州北。長萬丈。

千工堰。在黄陂縣北四十里，灌田四千餘畝。

陵墓

漢

黄香墓。在孝感縣東四十里。寰宇記：鳳凰山有魏郡太守黄香墓。

劉琦墓。在漢陽縣東北。水經注：魯山城中有劉琦墓。

晋

朱伺墓。在漢川縣東甑山。晉書朱伺傳：伺卒，葬甑山。

明

尹良佐墓。在漢川縣西繫馬口。

本朝

徐勇墓。在漢陽縣西七里。

吴正治墓。在漢陽縣小奓山。康熙三十三年有御製碑文。

祠廟

神農廟。在沔陽州治北。

大禹廟。有二：一在漢陽縣北大别山，一在沔陽州西北鐵櫃鋪。

令尹子文廟。在漢川縣西二里。

桃花夫人廟。在黄陂縣東三十里。唐杜牧有題桃花夫人廟詩。即息夫人也。

馬伏波祠。在沔陽州西北五里。

董孝子祠。在孝感縣治東。明正統中建，祀漢董永。成化中，遷祠於東，合祀唐張抃，稱「忠孝祠」。本朝順治十七年重建。

諸葛武侯祠。在沔陽州西。

魯肅祠。在漢陽縣北。元和志：大别山上有吴將軍魯肅神祠。

胡公祠。在漢陽縣北。祀晉胡奮。寰宇記：劉澄之永初山川記云，魯山上有胡公祠。

廣威將軍廟。在漢川縣東南四十里。祀晉朱伺。

木蘭廟。在黄陂縣北七十里木蘭山。輿地紀勝：即樂府所載女子爲男裝，代父從軍者也。按：木蘭不知何時人，不詳里居姓氏。木蘭縣，南齊時置。木蘭歌有北征朔漠之事，非宋、齊間人可知。歌辭類隋、唐，亦非漢、魏人作，前人已辨之矣。廟因木蘭山附會無疑。縣志並妄撰其姓，益屬無稽。第由來已久，故存之。

狄梁公祠。在沔陽州東門外。

張睢陽廟。在漢陽縣南張王磯上，祀唐張巡。

張昭烈廟。在孝感縣治西。輿地紀勝：祀唐將張抃，與張巡、許遠同守睢陽者。宋賜廟名曰昭烈。

李太白祠。在漢陽縣治東南郎官湖上。

二程祠。在黄陂縣東魯臺山。朱子有記。

六先生祠。在漢陽縣治北鳳棲山。明統志：宋知軍黄幹，即山爲屋，館四方士，立祠以祀周、程、游、朱四先生。正德中，增祀楊時、黄幹。

昌公祠。在漢川縣東漢水上，祀明知縣昌應會。

馮公祠。在漢陽縣北大別山，祀明僉事馮應京。

寺觀

太平興國寺。在漢陽縣北大別山。唐建。宋太宗太平興國年間，奉敕重建，因名。又名文殊院。明統志：舊名大別寺。宋蘇軾嘗游此，作方丈銘。寺前有柏，俗傳大禹治水時所植。府志：元末寺廢，明洪武初重建。

歸元寺。在漢陽縣西二里。本朝順治中建。

柏泉寺。在漢陽縣西北四十里。

陽臺寺。在漢川縣治後。明統志：舊名廣福。

觀音泉寺。在漢川縣西南。寺前有古松二，大十圍。寺側有泉。

廣化寺。在孝感縣東門外。宋建。

三山寺。在孝感縣西北三山下。

灄口寺。在黄陂縣西南。唐建。

木蘭寺。在黄陂縣西。明統志：唐貞觀間建。

古寺。在黄陂縣北六十里。有上古寺、下古寺，俱在木蘭山。

報恩寺。在沔陽州治東。

萬果菴。在漢川縣西。内有銀杏一株，高十餘丈，大數十圍，蓋唐、宋間物也。

圓妙觀。在漢陽縣西。宋大中祥符三年，賜名天慶觀，元皇慶元年改今名。

會真觀。在孝感縣治東。

天慶觀。在沔陽州北。一名紫陽觀，有三色柏，宋徽宗嘗賜金字牌。

校勘記

〔一〕終軫九度　「九」，原作「七」，乾隆志卷二六一漢陽府分野（下同卷簡稱乾隆志）同，據新唐書卷三一天文志改。

〔二〕東西距一百三十里　「三」，乾隆志作「二」。按，據下文東西實距一百二十里，本志疑誤。

〔三〕在府東南一百四十里　乾隆志作「在府南二百四十里」。按，據輿圖，沔陽州在漢陽府西南，此云東南，當誤。雍正湖廣通志卷五疆域志亦謂漢陽府南二百四十里至安陸府沔陽州界，本志里距亦疑誤。

〔四〕明統志　乾隆志作「宋志」。按，明一統志卷五九漢陽府風俗有本志所引文字，注引自宋志。

〔五〕在府治北　「北」，乾隆志作「西」，蓋嘉慶八年重修時移徙。

〔六〕明洪武十五年建　乾隆志同。按，明一統志卷六一黄州府學校謂黄陂縣學於洪武五年在宋、元舊址重建。

〔七〕在漢川縣南四十里　「四」，原作「西」，據乾隆志改。

〔八〕至道二年　傳本宋史卷八八地理志同，中華書局點校本以同卷江陵府監利縣條、九域志卷六、宋會要方域六之三四改作「至道三年」。

大清一統志卷三百三十九

漢陽府二

名宦

三國 魏

文聘。南陽宛人。曹操定荆州，江夏與吴接，民心不安，乃以聘爲江夏太守，屢有戰功。文帝立，使聘别屯沔口，止石梵，禦吴有功，遷後將軍，封新野侯。孫權以五萬衆圍聘於石陽，聘堅守不動，權去，聘追擊破之。在江夏數十年，有威恩，名震敵國，吴不敢侵。

唐

張廷珪。河南濟源人。開元中，爲沔州刺史，在官有德化。

賈載。至德中，爲沔州刺史。未朞月而政和，於訟堂西構秋興亭。

狄仁傑。并州太原人。中宗時復州刺史，有惠政。

李齊物。隴西人。天寶中，竟陵太守。拔陸羽於優人中，授以書，後遂知名。子生於復，遂名復，後亦爲竟陵太守。

按：復州或治竟陵，或治沔陽，參錯不一。今考舊唐書，自貞觀七年移治沔陽，天寶元年改爲竟陵郡，則此竟陵太守在沔陽，與梁以前治竟陵者異。至唐後復州多治竟陵，宋理宗端平初，仍徙沔陽。故所載名宦，各隨朝代分隸於漢陽、安陸二府。

崔訏。貞元中復州刺史。韓愈有送崔復州序，謂崔君之仁，足以蘇復人。

宋

程遹。河南人。太平興國中，知黄陂縣，清謹過人。

張先。開封人。天聖中，爲漢陽司理參軍，歐陽修稱其臨事果決。

程珦。河南人。仁宗時爲黄陂尉，慈恕而剛斷。

吴處厚。邵武人。元祐中，知漢陽軍，有善政。

張汝明。廬陵人。神宗時，簽書漢陽判官。時官田法行，受牒按境内，主者多不親行，汝明躬臨閱實，雨雪不渝，以故吏不得通，賕謝而税均。

游酢。建陽人。徽宗時，知漢陽軍。召郡中士子講明性理，俾風俗醇美。

曹彦約。都昌人。慶元初，攝漢陽軍事。時金人大入，彦約搜訪土豪，得許高，俾總民兵；趙觀，俾訪水道；党仲昇，使將宣撫司軍，屯郡城。彦約授觀方略，逆擊金人，自遣死士焚其戰艦，晝夜死戰。以守禦功，就知漢陽。嘉定元年，應詔陳言，乞緩歲幣，飭邊備，爲決勝之策。

黄幹。閩縣人。慶元時，知漢陽軍。值歲饑，糴客米，發常平以賑。制置司下令，欲移本軍之粟，而禁其糴。幹不從，荒政具舉，旁郡饑民輻輳，惠撫均一，願歸者給之糧，不願者給廬居之。民大感悦。

趙郥。慶元間，知漢陽軍事。築隄置閘，以除水患，善政著聞。

謝憲子。端平中，知孝感縣。政尚禮教，招集遠近士，發明朱子之學。時廣平儒者竇默，避寇來依，因得伊洛性理之書，以頒士子。

徐安民。淳祐三年，知漢陽軍事。出己資營繕城闉、官舍、壇壝。又植松杉榆柳三萬餘本於城内外，曰十年後，可以資官民用。其綜理周密如此。

楊文仲。眉州彭山人。理宗時，復州教授。轉運使印應飛辟入幕，明嫠婦冤獄，應飛悉從之。

施子仁。宋末知復州。時元兵攻襄陽，隨守張龜壽、荊門守朱揚祖、郢守喬士安皆委郡去，惟子仁固守，城陷死之。

翟國榮。端宗時，復州副將。遇元兵，戰爛泥湖，死之。贈團練使，立廟復州。

元

仇公度。黄陂縣尹。以清慎著，事無大小，斷決如流。

盧克治。開州人。知漢陽府。時郡縣新附，人心猶惶懼，克治宣布上德，撫慰綏輯，一郡向化。

白景亮。南陽人。由南恩知州升沔陽府尹，奏最於朝。先是，民間徭役不盡校田畝以爲則，吏得高下其手，景亮始覈驗田畝以均之，大小家咸便安之。學政久弛，諸生無廩膳，廟像祭器有缺，景亮皆爲之備，儒風大振。

張寬。至正間，守沔陽州，有廉能聲。歲潦，請於朝給賑，一郡生全。

俞述祖。象山人。爲沔陽府推官。至正十二年，蘄、黄賊迫州境，述祖領民兵守緑水洪，兵力不支，沔陽城陷，述祖爲賊所執，械至其僞主徐壽輝所，誘之降，述祖罵不輟，壽輝怒，支解之。有子方五歲，亦死。事聞，贈奉訓大夫、禮部郎中、象山縣男。

明

蘇恭讓。玉田人。洪武初，知漢陽府。治簡而明，嚴而不苛，每有重役，輒詣上官陳説，多得減省，民蒙其利。

趙庭蘭〔一〕。和州人。洪武初，知漢陽縣。有幹局，創建縣治，民不告勞。朝廷嘗遣使徵陳氏散卒，他縣多以民丁應，庭蘭獨言無有，民以不擾。

王叔英。黄巖人。洪武時，知漢陽縣，多惠政。歲旱，絶食以禱，即雨。既而雨不止，復禱即霽。

龔巖。崇明人。建文時，知孝感縣。剛決無所曲庇，循行勞來，所至見德。

徐述。建德人。永樂中，知漢陽府。歲歉，民艱於租，諭闤市得穀數十萬，代民輸足。

朱祐。邵武人。宣德中，知漢陽府。府舊無廩庾，軍民渡江輸於武昌，祐奏請立倉府城，民甚便之。

陳惠。鄞縣人。正統初，知漢川縣。專尚德化，勸農興學，士民德之。

羅勉。吉水人。正統間，知孝感縣。精心澡刷，境内秩然，所修舉悉計永久。

何淡。順德人。成化中，知漢陽府。築隄堰，滋灌溉，教民力農，興起學校，士多成就。

沈熊。浙江人。成化中，知漢陽府。清静愛民，不通請謁。

林堪。莆田人。成化中，知漢川縣。平易近民，廉介不苟，公餘與諸生講論道藝，日夕不倦。

李恒。儀封人。成化中，知黄陂縣。歲饑盜起，恒多方賑濟招集之，盜遂息。縣初未知畜羊、種麥、植棗桑，恒咸教之。

董傑。涇陽人。弘治初，知沔陽州。時大旱，即開廩賑民，復蠲其租。甫三日，以事逮去，乃悉取賑券焚焉，民感其惠，泣送之。

樊景麟。新繁人。嘉靖中，知漢陽府。水齧城址，景麟爲隄以防之，不欲勞民，躬率隸役，隨地斂石，有時與家僮共負巨石移署前，轉運江岸。

昌應會。莆田人。嘉靖中，知漢川縣。縣當漢江下流，歲患沈災，應會輕徭緩賦，極意撫循。景王出封安陸，中官藉勢横索，應會力持弗與，中官怒，誣奏逮獄累月，竟坐調。民思之，爲立祠漢江上。

謝廷莅。富順人。嘉靖間，知黄陂縣，正己愛民。舊多滯獄，剖決如流，雖稚子婦人，皆得以情自達。暇即與諸生課講。

龍興。海陽人。嘉靖中，知孝感縣。會礦賊爲患，興率民兵殲之。修築縣城，民以無恐。

張綸音。朝邑人。萬曆間，知漢陽府。劇盜艤舟待客，攫其貲而沈之江，綸音嚴捕得數十人，一日械集署門前，悉杖殺之，民得安枕。

蔣以化。常熟人。萬曆間，知孝感縣，政務寬平。常巡行郭外，召父老問民疾苦，給牛種，資其匱乏。公暇進諸生講藝。歲大祲，躬爲糜粥餔之。道有胔骼輒斂瘞。

余桂萼。上饒人。萬曆間，知孝感縣。會疫，桂萼爲擇醫施藥，民多全活。復置地十餘畝，葬民之死無所歸者。修城池，置學田，輯縣志，百度修舉。

朱珏。休寧人。萬曆中，黄陂縣典史。潔己執法，專鋤豪右。黄安耿尚書定向嘗嘆美之。

張大治。保縣人。天啓中，知漢川縣。始至，故婞婀不振，黠吏乘機欺之，月餘悉得其姓氏并奸狀。一日復以事至，大治厲色訶之曰：「汝復來欺我乎？」歷數其奸猾事，各置之法。一豪民計奪隣家地，誣以盜，縛送於官，大治不問，但厲聲叱縛者曰：「汝何不獻地以解之？」豪民膽落服罪去。一時驚以爲神。

孫光祚。石屏人。崇禎中，知漢川縣。獻賊犯劉家隔，光祚率衆禦之。賊渡鯉魚灘，乘其半濟擊之，賊溺死甚衆，自是不敢犯。縣故無城，光祚創築。

李鑑。四川人。崇禎時，知黄陂縣。時流寇猖獗，率衆數萬圍城三日，鑑嬰城固守。民有訛言者，鑑私取死囚斬其首懸之，訛言遂止，賊亦驚散。

雍鳴鑾。成都人。崇禎中，知孝感縣。縣爲寇衝，鳴鑾晝夜乘城，繕樓櫓，練鄉勇，賊至輒却走之，城賴以全。

章曠。華亭人。崇禎中，知沔陽州，有惠政。李自成寇沔，奸民迎賊，曠設計捕斬之。賊稍退，既而大至，曠且戰且守，賊解圍去，隣郡皆恃沔陽以自固。

趙元有。福建人。崇禎末，知黄陂縣。縣饑且疫，寇踵至，元有悉力防禦，城陷死之。本朝乾隆四十一年，賜謚節愍。

夏統春。桐城人。崇禎末，黄陂縣丞，攝黄安、黄梅，皆有聲。時全楚多陷，賊至，誓以死守，凡十五晝夜，城陷被執。賊欲以爲守，統春大罵，賊怒，斷其右手，復以左手指罵，又斷之，罵益厲，賊斷其舌，剜其目，統春猶以頭觸賊，遂支解之。本朝乾隆四十一年，賜謚烈愍。

薛聞禮。武進人。崇禎時，黄陂主簿。值歲大祲，漕糧責逋急，民無以應，聞禮轉貸千金輸之。流寇至，挾與俱去，欲官之，聞禮乘間脱歸，率吏民攻賊，賊復大至，殺之，駡不絶口。本朝乾隆四十一年，賜謚烈愍。

馬飈。同官人。崇禎末，爲沔陽州倅。李自成攻城，飈戰於城東，殺賊數百。賊圍愈急，飈乃下馬，短兵接戰，力竭被執。

賊壯其勇，欲降之。飈怒罵，賊以槍洞其腹而死。其僕馬旺、石秀，亦罵賊死。事聞，贈知府。本朝乾隆四十一年，賜謚忠烈。

孟宗孔。階州人。漢陽教諭。闖賊陷城，自縊死。本朝乾隆四十一年，予祀忠義祠。

本朝

郜炳元。長垣人。順治進士，知孝感縣。時民人未集，加意撫循。雞籠山土寇竊發，乘夜襲城，炳元偕典史郎元振，集鄉勇守禦，城陷俱被害。炳元妻馬氏，紉衣百結，亦罵賊死。恩䘏有差。

趙一柱。餘姚人。順治中，任沔陽州同知。西山寇發，殉節死。康熙七年，贈知州，賜祭。

邵大業。大興人。雍正進士，授黄陂知縣。潔己惠民。乾隆丁巳，邑大水，捐俸拯溺，復散給口糧，以待官賑，民困以甦。又捐築東坂、理趣、林毛、清河、靳家灣等隄，凡一千一百餘丈。士民德之，稱邵公隄。

人物

晉

朱伺。字仲文，安陸人。張昌之逆，伺恥與同縣，求割安陸東界，别爲灄陽縣，遂爲灄陽人。伺有武勇而訥，率部黨滅昌。後陳敏作亂，陶侃署伺爲左甄，破敏前鋒。敏弟恢，稱荆州刺史，在武昌，侃率伺進討，破之。敏、恢既平，以功封亭侯，領騎督。隨侃討杜弢，有殊功。夏口之戰，射殺賊大帥數人，賊於水邊作陣，伺邀之，箭中其脛，氣色不變。賊潰，追擊之，死者大半。加威遠將軍。建興中，陳聲斷江抄掠，伺邀聲弟斬之，圍聲於董城，其黨斬聲出降。又平蜀賊龔高，加廣威將軍，領竟陵内史。杜曾等陷楊口壘，伺被傷，賊養伺妻子百口，遣人招伺，伺不從，還甑山，卒。

唐

張抃。孝昌人。爲張巡裨將。尹子奇圍睢陽，巡使抃請救於許叔冀，叔冀不許，城陷，與南霽雲等三十六人不屈死。

宋

張錫。字晛之，漢陽人。進士甲科，歷知南昌、新州、東明，以治績聞。李及薦爲御史，丁謂貶崖州，議還内地，錫疏謂奸邪弄國，本與天下共棄之，今復還，是違天下意。由是止徙雷州。玉清昭應宫災，連繫甚衆，錫言天災反以罪人，恐重天怒，獄遂解。累遷至翰林侍讀學士、判太常寺、國子監。錫淳重清約，雖貴，奉養如少賤時。讀書老而彌篤。

張昌中。漢陽人。處家以義，歷世不分。

党仲昇。漢川人。開禧時，金人入境，仲昇擊其砦，殺千餘人，中流矢死。事聞，贈修武郎，官其二子。

汪涯。字萬頃，漢陽人。賈似道督師，延爲賓客。元世祖圍武昌，似道乞和，師退，欲作露布獻功，涯瞋目曰：「啗人以利，而退其師，又欺主上，何露布爲？」似道怒，撾殺之。

元

景厚。字德載，漢陽人。領鄉薦，至京師，中書左丞許有壬師事焉。

明

丁普郎。黄陂人。太祖時，爲行樞密院同知，數有戰功。從太祖與陳友諒戰於鄱陽湖，自辰至午，普郎身被十餘創，首脱，猶執兵若戰狀，植立不仆，敵驚爲神。贈濟陽郡公，立廟，祀康郎山。

唐宗。孝感人。洪武中，官江西右參議，廉明平恕。致仕，家無餘貲。御史徐瑛造之，湫隘不容騶從，屬縣令廣其居，宗力辭之，曰：「予在里中，不能拯人之急，而又奪之使不有安宇乎？」遂止。

戴景文。字希敬，漢陽人。洪武中，舉於鄉，擢王府伴讀。景文以輔導自任，動規以正，遂與世子不合，不數月解組，年甫四十。棲隱三十年，授徒講學，力田自給。

歐陽謙。字伯益，沔陽人。洪武中，監察御史。優於文學，所著有滄浪集。

虞信。字尚忱，沔陽人。永樂中，監察御史，有直聲。歷四川、山東按察使。

張瓚。字宗器，孝感人。正統進士，歷工部郎中，出知寧波府。中官怙勢黷貨，瓚疏劾之，其黨皆伏罪。巡撫四川，討平苗亂，奏立安定宣撫司。遷户部左侍郎，督漕，巡撫鳳陽，卒於官。

程昂。字文軒，孝感人。其五世祖希哲，自元季居洪樂鄉，至昂五世不分，治家務遵禮法。弘治中旌表。

王琰〔二〕。字廷用，孝感人。成化進士，授户部主事。厲風節，不屈於權貴。弘治時，外戚壽安侯張鶴齡，奪河間民田，琰同侍郎許進往按。琰據法奏覆，戚畹側目。正德中，歷山西布政。時中官劉瑾用事，瑾父葬，冠蓋奠送相望。同列强之往，琰曰：「吾體骨不媚，終不能濡跡權路。」弗往。瑾深銜之，坐以他故，免官歸。及瑾敗，臺官疏薦，起御史，未任卒。

劉鈺。字世美，沔陽人。成化進士，督課九江，羨餘悉貯府庫。後知常州、處州二府，悉有善政。

劉奎。字文瑞，孝感人。性孤介剛峻。弘治中，授廬州府同知。時武宗南巡，江彬等作威福，奎攝邳州事，不爲禮，彬銜之，調永寧同知，辭免。歸途遇雨，逆旅人秦氏椎牛具享，入其堂，有秦檜像，奎怒起曰：「吾幾爲造次所誤。」時徒御已休，冒雨去之。

戴金。字純甫，漢陽人。正德進士，世宗時擢御史，獨立敢言，與黄梅石金同表儀朝署。時人目之曰：「楚有二金，臺中錚錚。」歷官至兵部尚書。

朱衣。字子宜，漢陽人。正德進士，授御史。清軍江北，值大饑，人相食，衣便宜賑濟，全活甚衆。是時方争大禮，世宗召羣臣議門下，衣直言忤張璁，罷職家居。

童承敘。字士疇，沔陽人。正德進士，才具敏贍，楊廷和、楊一清雅重之。嘗奉使唐藩，却其餽遺。經筵進講，以用正人、端國本爲先，肅宗嘉之。後爲國子司業，與關中吕柟，倡明正學，圜橋門者萬計。

朱寵。字德承，漢陽人。嘉靖進士，以治海門課績第一，擢御史。既入臺，適嚴嵩柄政，慨然草疏欲劾之，未上而父卒，乃痛哭扼腕去。與漢川張緒講求理學，家貧至糧絶，弗顧。學者稱爲漢水先生。

張緒。字文綸，漢川人。嘉靖舉人，受業安福鄒守益。歷官户部員外郎。與耿定向、羅汝芳講學不輟，當事惡之，謫官。稍遷知德陽縣，告歸，室廬蕭然，布衣脱粟，晏如也。學者稱爲甑山先生。及卒，鄉人私謚曰介肅。

鄭佶。黄陂人。孝友篤行，剛直不阿。嘉靖中，爲豐城知縣。時嚴嵩用事，佶無所徇。改商城，擒劇盗，遷大理評事。會給諫吴時來、主事董傳策疏擊嵩，時來等下獄，或屬佶致之死，佶曰：「殺骨鯁臣以媚權倖，謂天下後世何？」守雲南，繩黔國公沐朝弼以藩臣禮，謫判通州。禦倭寇，有俘獲功。後守尋甸，歸，俸餘悉分給三黨，家無長物。

王霽。黄陂人。操履端潔。父早卒，事母至孝。嘉靖時，知吉水縣，守保寧，擢雲南按察使，皆有治績。以太僕卿致仕歸。吉水羅洪先最慎許可，獨重霽，顔其堂曰清白。

方一鳳。字丹山，黄陂人。受業於羅欽順，以樹人善俗爲己任，士有就正者，教以克己自反，遷善改過。

唐希臯。字子謨，孝感人。師事錢德洪，以歲貢授興國知縣。治尚教化，歸里，置求仁館，聚衆講學。嘗曰：「吾與親友子弟，爲遷善改過之學，雖桑榆之景無多，亦庶幾古人得正而斃之道。」

程學博。字近約，孝感人。嘉靖進士，授工部主事。遷知重慶府，清嚴剛直。於郡治前構屋設竈，以居質訊者。決獄不淹時，案無留牘。白蓮妖衆倡亂，學博殲之。累遷貴州參議。平東川、烏蒙、烏撒蠻，遷雲南兵備副使。擒下苴諸寨賊，擢行太僕寺卿，致仕。

尹良佐。字志伊，漢川人。隆慶進士，爲龍川知縣，撫平山寇。調丹陽，以最聞。召拜御史，侍經筵，條上治河封事。巡按河東，督理鹽政，奏濬大小二池。以疾歸，踰年卒。

尹應元。字乾泰，漢川人。萬曆進士。累官僉都御史，巡撫山東。時太監陳增以礦税爲民厲，誣坐益都知縣吴宗堯，應元奏劾之，宗堯遂得免。

蕭良有。字漢沖，漢陽人。萬曆進士，授編修。時有三王並封之議，良有上疏固争。遷國子祭酒，教士以李時勉、陳敬宗爲法。弟良譽亦負時望，視學河南，時稱二蕭云。

王一凱。字君華，黄陂人。游於耿定向之門，講學二十年。歷知武康、崇德二縣，遷西安府同知，皆有聲。以病免，邑令慕之，造其廬，贈一紙，書八人姓名，一凱曰：「此何人？」令曰：「盜也，可得百金爲公壽耳。」一凱曰：「真盜法不應赦，非盜情則可矜，二者之間，何以教之？」令慙而退。

胡天起。字仰文，黄陂人。爲程、朱之學，不競時名。萬曆十六年，歲大祲，傾所有以贍親族，其貧不能婚葬者助之。道拾遺金，揭榜還之。初無子，悉以田財分給其姪，晚而舉子，置舊業不復問。子明垣，成進士。

黄彦士。字抑美，黄陂人。萬曆進士。官御史，會有孝定太后之喪，贊神宗行三年喪，示後世法，神宗是之。光宗踐祚，上言十一事。天啓初，復上講學疏。巡按河南，未發，見潞藩税監横，杖其黨數人，請立徹税監，卒以抗直左遷歸。

孫世恪。字貞伯，漢陽人。萬曆舉人。天啓初，官國子學正。楊漣劾魏忠賢，世恪同祭酒蔡毅中等亦具奏言忠賢罪不可赦。忠賢矯旨切責，毅中旋引去，世恪亦歸。

沈惟耀。字斗伯，孝感人。以貢入京師。楊漣出都門，人莫敢餞，惟耀獨送於盧溝，以少女字其子而别。明年，漣死詔獄，惟耀爲具衣冠歸其喪。官終廣東平遠知縣。

陳家棟。字巨任，黄陂人。初游京師，楊漣以劾魏忠賢，尸於朝，親故莫敢收，家棟獨往枕尸哭。緹騎欲捕之，家棟感以大義，卒收其尸去。尋以國子生授建寧府經歷，不以官卑隳節操。

李若愚。字愚公，漢陽人。萬曆進士，選温州府推官。天啓中，舉卓異，赴考選，媚璫者指爲楊漣死友，署下考。久之，遷刑部主事。因天旱陳言，請誅魏忠賢并許顯純等，以慰忠魂。累官浙江參政，歸。崇禎時，起太僕寺卿，不赴。

程註。字爾雅，孝感人。萬曆進士。歷官禮、户、吏三科給事中。時客、魏子弟世襲錦衣，註奏世職太濫，引祖制以裁之，不報。於是婦寺惡之，削其籍，令養馬直役。崇禎初，起大理少卿，累遷刑部侍郎。

秦聚奎。字仲默，漢陽人。萬曆進士。天啓中，歷官順天府尹。時魏忠賢子良弼封侯開府，議毁陰陽學以廣其居。聚奎疏言，事關國體，不敢奉詔，觸忠賢怒，奪職歸。後徵拜太常、光禄、太僕諸卿，皆不赴。

王立益。黄陂人。事繼母以孝聞。自置産，分兄弟子，族人困糧役，鬻田代償。嘗獲偷兒，與之酒食，化導之，偷兒痛哭改行。

王家賓。字獻叔，漢陽人。父卒，廬墓三年。天啓中，官陝州知州。巡撫檄建魏忠賢生祠，家賓投筆歎曰：「死無以見楊大洪於地下。」不奉檄。大洪，都御史漣字也。尋被劾罷。

王道直。字履之，漢川人。天啓進士，授保定府推官，勁直不阿。知府欲建魏忠賢祠，道直持不可。崇禎元年，擢御史，歷官左都御史，掌院事。莊烈帝書名御屏，注曰「小心謹慎」。後謝病歸。

陳致中。字正吾，黄陂人。隱居桑田藺山間，不入城市四十年。長子堯道，聘劉氏女，聾而瘻，女父母請別娶，致中曰：「棄婦不仁，毁盟不信，何以示子孫？」即迎歸。父八旬，遇寇見執，致中護持父，傷左股。寇曰：「烈士也。」扶而去之。

程良籌。字持卿，註子。天啓進士。魏忠賢擅國，以父故削籍。崇禎元年，起授行人，遷吏部員外郎。六年，流寇陷荆、襄，良籌同參政夏時亨立砦白雲山起義，與戰四十日，卻走之。遂引兵克復李感、雲夢，兵潰被執，不屈死。事聞，贈太常少卿。

鄧謙。字少子，孝感人。崇禎進士。授大理評事，歷山東糧儲副使。十二年，大兵下德州，謙與叔父有正俱死之。一門從死者四十六人。謙於本朝乾隆四十一年，賜謚忠烈。

陳壽。字伯龍，黄陂人。居父喪，日夕不離苫次。流寇至，見壽守棺不去，疑有財貨。壽跪泣曰：「曷殺我，勿驚先人。」賊義之，獲免。經略盧象昇聞其事，曰：「忠孝一揆，此人不可失。」羅致幕下。後告歸，以壽終。

熊祚延。字祈公，孝感人。力學敦行，居家孝友，好施與。里中貧不能婚葬者，嘗鬻産以應。流寇至，避亂白雲山中。賊大舉來攻，率衆禦之。會風霾晝晦，士卒相失，以十餘騎從間道陷泥濘中，被執，駡賊不屈死。本朝乾隆四十一年，予祀忠義祠。

吴暢春。字梅初，漢陽人。爲潛山天堂寨巡檢。崇禎八年，流寇蔓延，暢春謂天堂雖小鎮，賊所必争，造器械，積糗糧，募勇敢士，書誓死報國於衣裾間。史可法備兵安慶，知暢春賢，馳札勞曰：「官有崇卑，忠義無兩。」暢春太息曰：「士爲知己者死，况國事孔棘乎！」一日賊百人誘戰，暢春追至梅家寨，伏兵四起，暢春力鬬，手刃數人，力屈被執，賊逼之降，暢春大駡，不屈死。可法白其事，得卹廕。本朝乾隆四十一年，賜謚烈愍。

張國勳。黄陂人。應城訓導。崇禎九年，與知縣張紹登分城守，比賊焚縣學，投烈焰中死，全家殉節。本朝乾隆四十一年，予祀忠義祠。

傅可知。字伯求，黄陂人。幼爲諸生。喪父，廬墓三年。六十喪母，啜粥亦三年。嘗道拾遺金，坐待其人還之。崇禎十六年，賊至，令養馬。曰：「我爲士人數十年，肯役於賊耶？」延頸就刃死。本朝乾隆四十一年，予祀忠義祠。

秦民湯。漢陽人。官滎縣知縣。崇禎十七年，獻賊破城，被執不屈，射死。本朝乾隆四十一年，賜謚烈愍。

艾吾鼎。漢川人。官興文知縣。崇禎十七年，署宜賓縣事。獻賊陷城，闔門被難。本朝乾隆四十一年，賜謚烈愍。

程道壽。字應正，孝感人。以歲貢生授來安知縣，旋告歸。崇禎末，賊陷江北諸郡邑，道壽結鄉勇抗賊，後被執，令爲書招降白雲山義旅，道壽駡曰：「吾不能助義軍滅汝，肯招之乎？」賊怒殺之。事聞，贈太僕寺卿。本朝乾隆四十一年，予祀忠義祠。

劉成治。字廣如，漢陽人。崇禎進士，歷官户部侍郎。明亡，自經死。本朝乾隆四十一年，賜謚節愍。

王會篇。漢陽人。崇禎中，任武昌府學教授，誨諸生以忠孝爲先，貧者資其書籍筆楮。張獻忠陷城，闔門三十餘口殉難。

傅如圭。字元錫，孝感人。崇禎中，以保舉授知縣，未仕，移家武昌。流寇陷城，與子邦霖、邦貞殉節死。如圭於本朝乾隆四十一年，賜謚節愍。

舒顯應。字孟錫，孝感人。官鳳翔知府。移家武昌，流寇陷城，死之。本朝乾隆四十一年，賜謚節愍。

熊烈獻。字無競，黄陂人。以貢生通判濟南。時流寇訌，烈獻調兵食無缺，後城陷，與二子俱殉節死。本朝乾隆四十一年，賜謚節愍

劉申錫。字爾受，孝感人。天啓舉人。明末寇亂，立砦二郎畈保聚。砦破，駡賊死。事聞，贈知州。本朝乾隆四十一年，予祀忠義祠。

譚德化。字君明，黄陂人。性孝友。父疾，嘗糞爲驗。兄被誣繫獄，德化以身代，事卒白。友人游蜀，三年不歸，給其家薪米。塗遇凍餓者垂斃，負之歸，給衣食。後爲流寇所害。

朱日薦。沔陽諸生。流賊至，率鄉兵拒賊，斬首數十。被執，支解死。

蕭鳴霄。漢川人。崇禎時武舉，巡撫宋一鶴辟爲參軍。殺賊有功，授辰州府參將，弗就。家居，寇至圍城，鳴霄力戰卻之，一城獲全。

喻甲。孝感人。明末，流賊至，甲乘城飛巨石擊賊，賊遁，縣人勒石銘功。

蕭芳。黄陂人。母吴氏，守節撫孤，後有疾，芳刲胸以療，人稱其一門節孝。

本朝

張士彦。字恢浩，漢陽人。性至孝。母病，衣不解帶。置義田以贍其族。明末，賊就撫爲兵者，皆得乘馬，郵傳苦之，士彦鬻産買馬以供。流寇爲患，士彦置水陸二砦，俾民保聚。至本朝以壽終。

朱天慶。字開子，漢陽人。明末流賊陷城，天慶負母逃，賊刃其母，以身翼蔽，創幾死。孤甥被掠，天慶徒步走九江，穿重壘求之以歸。至本朝以貢生終。

夏元瑞。字掄伯，孝感人。嘗拾遺金還其人。後又有鬻幼子而遺金者，元瑞爲償之，贖還流寇所掠婦女數十人。歲饑，煮糜粥，所活無算。又運米於湖南賑饑，家竟以是貧窶。

池國鼎。孝感人。年八歲，值明末寇亂，其父他出，祖母王氏年八十不能行，家人各奔散，國鼎獨依祖母不去。賊至，以身障祖母，劫以刃，傷首不爲動，賊義而釋之。至本朝，以貢生仕至蒲城令。母喪，哀毁卒。

黄文旦。字敬渝，孝感人。博學篤行。嘗客江右，值金聲桓作亂，欲招致之。文旦夜踰城遁，晚歲家益貧，以文史自娱。

彭大壽。字松友，孝感人。究心理學，採先儒語録，參考經傳，訂輯成書。又輯朱子家禮及丘濬所裁定者，斟酌時宜，取可通行，名曰通禮。嘗授徒於雲夢，遂家焉。遠近問業者踵至，當事欲見之，以老辭。卒，無子，門人爲卜葬建祠。

劉承謨。字君顯，沔陽人。順治中，知臨高縣。海寇陷城，不屈死，贈廣東按察司僉事，賜祭葬，廕子。

熊伯龍。字次侯，漢陽人。順治己丑進士第二，授翰林院編修，歷官侍讀學士。性孤介，砥礪名節。在館閣二十年，文章推重一世，好汲引後學，精於藻鑑。主試浙江，督學順天，及官祭酒，多所識拔。

吴正治。字賡菴，漢陽人。父嵩，有孝行。正治順治己丑進士，由編修遷右庶子，出爲江西南昌道。歲暮，單騎行部按獄，其非法淹繫者，悉釋之。遷陝西按察使，誅巨猾，民皆稱快。内升刑部侍郎，審釋江南無辜諸生二百餘人。議奉行赦款，宜速禁狀外指攀，皆切中機宜。遷督捕侍郎，時奸宄借逃人肆毒，每誣及平人，正治疏請除十家連坐之令。擢左都御史，疏言緝逃事例，及因歲旱，請暫停直隸玉田、灤州等處蓋造旗兵營房。歷禮、工兩部尚書。康熙十八年乞休，諭嘉其端勤誠慎，慰留之，晉武英殿大學士，後加太子太傅致仕。卒，謚文僖。

李昌祚。字文孫，若愚孫。順治壬辰進士。由翰林檢討，出守河北，大興水利。累遷大理卿，盡心平反。時鄖陽民聚衆祈雨，誤毆長吏，有司以謀叛聞，昌祚平心讞之，置爲首者於法，餘悉釋免。廣東諸生某，父爲人毆死，其人會赦免，某擊殺之，法司議抵罪，昌祚援復仇議末減。山東逆案，株及無辜，昌祚覈實，省釋者無算。以養母歸。

熊賜履。字敬修，祚延子。順治戊戌進士。官檢討，館閣著作多出其手。康熙中，以學士上書數千言，悉蒙嘉納。遷掌院事，尋拜武英殿大學士。罷歸。二十七年，召授禮部尚書，調吏部。三十八年復入閣，四十二年乞休。卒，謚文端。有「居官清正、學問優贍」之諭。賜履八主文衡，修實録、方略、明史等書，皆充總裁官。潛心理學，所著有學統、閑道、劄記及文集若干卷。

姚締虞。字歷升，黄陂人。祖錠，事母至孝，讀書馬鞍山，雖大風雨必歸省。締虞順治己亥進士，任成都府推官，屢辨冤獄。改知安化縣，捐俸代輸逋賦。擢給事中，歷僉都御史，巡撫四川，禁絶苞苴，屬吏敬畏。卒，賜祭葬。

葉封。字井叔，黄陂人。順治己亥進士，官主事。博學工詩，與新城王士禛等號十子。

羅誥。字八書，孝感人。順治己亥進士。以母老，徒步歸養，不仕。孜孜講學，聞遠近有同志者，芒鞋襆被，往訪求之。年五十卒。

項一經。字韋菴，漢陽人。順治己亥進士，知建德縣。土賊竊發，率衆平之。民間生女多不舉，一經爲文勸誡，其俗乃革。歷汝南道副使，汝俗役夫悍横，凡喪娶必索重貲乃行，一經嚴懲之，於是吉凶禮咸速舉。官至貴州按察使。

武之亨。孝感人。順治進士，知鳳翔縣。撫綏有法，給牛種，免荒糧，邑人德之。擢慶陽府同知，土賊嘯聚，之亨率衆討平之。後官至陝西提學僉事。

程正言。字納菴，孝感諸生。少孤，事母以孝聞。讀書過目不忘，待兄弟友愛無間。有故人子無歸，訪給田宅，人咸義之。子大純，好學敦行誼，由貢生官黄岡教諭，奬訓士類，多所成就。又同邑李惠，父病疽，吮之得愈，後以孝行旌。

江蘩。字采白，漢陽人。康熙拔貢，授靈寶知縣。河南自闖賊蹂躪，田宅半污莱，我朝定鼎後，減其額税，惟靈寶虚糧二萬餘石尚未盡豁。蘩至，三請於院司，竟得蠲免，合境歡騰。擢監察御史，歷官左都御史。

張仲璜。字半玉，漢陽人。由貢生授梧州府同知。大蓉山巨盗盧元登，數爲民害，仲璜計擒其魁，餘黨皆散。

黄儀。漢陽人。父金階，以孝行著，康熙四十四年旌。儀承父志，益敦本行。父殁，貧不能葬，守柩哀號。及葬，廬墓三年，夜有巨蟒護之，所植瓜皆一蔕二實。及母卒，哀毁如居父喪時，觀者流涕。雍正元年旌。金階父子純孝，時人名其所居爲孝子里。

鄔光德。字佑人，漢陽人。雍正五年歲歉，流民四集，光德建席棚百間，使得棲息，出粟助官賑。曹莊瀕水，捐築長隄數百丈。設義渡，建石橋，置義塚，隆冬施衣煮粥，又捐資助普濟、育嬰二堂費。漢口鎮市廛稠密，遇火輒延燒不止，光德買民房當衝要者，拆爲火巷，今大興巷、大亨巷是也。乾隆十一年，以義行旌。子明适，能繼父志。江夏沙湖濱江，遇潦病涉，明适捐囊築隄十里。乾隆二十二年、三十四年，漢口兩值大水，明适伐木爲浮梁，以便行者。歲歉，屢捐糴煮粥。并荷旌表。

羅鳴序。字懷夷，漢陽人。康熙舉人，歷麻哈州知州。雍正十二年，兼攝黃平。時方奉移駐新城之令，而倉庫監獄皆在舊城，明年，古州苗叛，直犯新城，鳴序督兵守禦，請援未至，勢不支，遣人賫兩州印赴省，又密令舊城瘞庫金於他處。及城陷，保玉皇閣，與賊巷戰，力竭自經死。事聞，贈道銜，廕恤如例，予祀忠義祠。嘉慶六年，補給恩騎尉世職。

孫章。字倬菴，漢陽人。由舉人歷刑部郎中，出知惠州府。免博羅夫役，民立祠祀之。平糶賑粥，立法尤善。總督趙宏燦薦升左江道，未任而卒。

曾思謀。漢陽人。性至孝。夏逢龍之變，家人俱避匿，思謀獨負父行。賊執其母，思謀乞以身代，賊斫其臂，思謀哀懇不已，賊義而釋之。母卒未葬，隣火延其室，思謀撫棺號慟不去。比火熄，前後俱燼，惟停柩之室獨存。既葬，廬墓三年。父遘疾，思謀終夜虔禱，果瘳。以侍疾勞瘁卒。雍正九年旌。妻彭氏，守節奉舅，雍正八年旌。

王戩。字孟穀，漢陽人。博學，工詩古文辭，著突星閣集數十卷。

李堂。字也升，沔陽人。乾隆壬戌進士，歷知雲南禄豐、定遠、太和、浪穹諸縣。課農興學，潔己愛民。擢鹽井提舉，遷沂州知府。調湖州，濬七十二漊，疏通水利。又倡建愛山書院，與諸生講切，士風爲之一振。後以親老告養歸。

熊天楷。字芥圃，漢陽人。乾隆甲戌進士，授清豐知縣。時開州有割辮疑獄，株繫多人，知府李湖檄天楷覆審，省釋者衆，民慶更生。黄河漫决，檄州辦秫料，天楷取羨金平買，數日畢集，不累閭閻。遇偏災，率先補助，申請未下，按户先給，民無流亡。

徐誌。字折衷，漢陽貢生。授布政司經歷，歷漢州知州。乾隆三十六年，大兵討金川，檄誌赴登春，策應糧餉，未幾，逆酋犯營，乃督衆拒賊，力竭遇害。事聞，贈道銜，廕恤如例，予祀昭忠祠。

夏展成。黄陂人。善事繼母。母癱痿，展成扶持彌謹，一夕夢神人令起行，至旦全愈，人以爲孝感所致。

方光祀。字振光，漢川人。山東陽穀縣典史。乾隆中，逆匪王倫倡亂，光祀駡賊不屈死。恩予卹廕。姪兆義同時被害，並入祀昭忠祠。

蕭文燦。漢川人。歲貢生，任當陽訓導。嘉慶元年，教匪陷當陽，文燦墜樓死。事聞，卹廕。

蕭效用。漢陽人，諸生蕭堯寀僕也。巨猾孫景三刼堯寀金，逮捕急，聚衆夜至堯寀家，手刃一老嫗，遂誣堯寀殺人論死。值巡按大讞，效用列冤狀，自刎於堂上，以明主不殺人。事得平反，景三坐罪。

蕭篔。漢陽人。年十五，聞父在都有疾，涕泣赴侍，傭書以養，凡六載。父殁，扶柩旋楚，舟至道士洑，遇風覆，篔抱柩漂流三十餘里，有救之者，篔手不釋柩，因並柩獲焉。時嚴寒，篔已僵凍，越日忽蘇，自言姓氏里居，乃强起向柩再拜曰：「吾從吾父於地下。」拜訖而絶。鄉人哀之，以其父柩並還。篔聘妻胡氏，聞信自經，以救免，守貞立嗣。嘉慶十六年同旌。

流寓

漢

董永。青州千乘人。奉父徙居安陸，殁，不能葬，鬻身傭工，以營葬事。

董黯。句章人。事母孝。比隣有王寄者，母以黯能孝諷寄，寄忌之，伺黯出，辱其母，黯恨之。及母死，斬寄首以祭母，自陳於官。和帝詔釋其罪，且召拜郎中，不就。

元

李孟。上黨人，徙居孝感。生而敏悟，倜儻有大志，通貫經史，遠近之士多從之。至元三年，拜中書平章政事，同知樞密院。卒，謚文忠。

察罕。西域板勒紇城人。仁宗時，官平章，乞歸，居孝感白雲山別墅，以白雲自號。人多稱其長者。

薩天錫。蒙古人，僑寓孝感。博學能文，登泰定中進士。

列女

宋

汪涯母。漢陽人。涯以忤賈似道搊死，母曰：「汝死於忠，我則不辱，可以下報先君矣。」亦自沉於江。

元

武僉事妻陳氏。漢陽人。夫卒，恐父母奪其志，以墨自刺其面，爲「痛念夫情」四字，誓不再嫁。

明

袁子傑妻熊氏。沔陽人。年二十四，夫亡，守節終身。永樂中旌表。

馬把攬妻王氏。沔陽人。把攬從軍亡，王年二十五，守節至死。永樂中旌表。

劉養恬妻易氏。孝感人。字養恬未嫁，養恬卒，易往事姑。姑卒，葬畢，絶粒死。

王備武妻梅氏。黄陂人。夫卒，遺腹生子。正德中，流寇入境，被執不屈，毁其面，年六十餘卒。

朱國臣妻馮氏。黄陂人。早寡，富人强欲娶之，馮斷髪焚其居得免，有司坐富人罪而旌其閭。

萬一洵妻丁氏。黄陂人。夫卒，家貧，以女紅易食哺姑與遺孤，而自啖糠覈。姑殁，以毁卒。

王某妻石氏。漢陽人。夫卒，時有一子，又有遺腹未生。富民某百計謀娶之，不從。一日石舟過南湖，富民於湖中劫之，石抱其子投水死。家訟之官，誅富民，爲烈婦立碑。

張一魯妻黄氏。漢川人。一魯亡，黄僅十六歲，父憐其幼，改聘涂姓。黄聞之，自經，嬸許氏救之。尋自刎，嫂楊氏奪其刀，得不死。縣令聞之，加旌奬，復其徭役，歲給帛粟。

吴景妻任氏。沔陽人。年二十五，夫亡，守節訓子。姑患痿痺，與同寢處，左右抱持。夜每焚香籲天，乞以身代。姑殁，蔬食終身。弘治中旌。又同縣吴紋妻高氏、胡某妻張氏、諸生張庠女、曾聯妻郭氏、陳之蘧妻費氏，俱早寡，誓死守節。

陳家棟妻劉氏。黄陂人。從夫至京師。魏忠賢殺楊漣，劉曰：「忠臣也。」贊夫收漣屍。子世昌爲九江小吏，值流寇張獻忠入犯，劉謂世昌曰：「戮力勤王，庶不負所生。」世昌遂募健兒千人，直擣賊營，獻忠遁入夔州。事聞，擢世昌爲總兵官，封劉氏夫人。卒年八十九。

袁三才妻龐氏。黄陂人。三才酗酒,不務恒業,謀質龐於富家。龐知之,泣曰:「我雖死不辱。」遂自剄。

郭方煜妻陶氏。沔陽人。年十八,夫死,有欲奪其志者,一日晨起沐浴自經。

趙鈺妻鄭氏。沔陽人。鈺疾將死,回視鄭,瞪目不瞑。鄭曰:「君得毋疑我乎?」即自經於牀楣。鈺少甦,回盼出淚而絶。

黄日芳妻陳氏。沔陽人。日芳令霍邱,崇禎八年,流賊突至,城將破,陳抱妾雲氏所生子畀老嫗逃出,又顧妾李氏曰:「吾無德於汝,當舍我去。」李泣不去,同往治後赴水死。

譚德化妻楊氏。黄陂人。崇禎八年,流寇至,獲之複壁中,大駡引刃死。

譚忠義妻黄氏。黄陂人。崇禎八年,賊突至,隨姑匿夾室中,爲賊破壁取出。姑被害,黄奔河,水淺不得没,賊以亂石擊之,頭腦盡裂不起。賊怒以矛刺之,身無完膚,死。

李國祚女。漢陽人。流賊警,倉卒出走,遇賊欲污之,女且却且走,身被數創,至馬家湖邊,終不可犯,遂見害。賊既去,得其屍於湖中,表裏縫密,握拳透爪,面色如生。

魏晉封妻吴氏。漢陽人。晉封卒百日,哭祭畢,自縊柩旁。

仲烈女。湖州人。隨父賈漢陽,城破,賊大索婦女,執仲,仲剺面披髮大駡,賊命二賊挾之上馬,終不肯行,乃露刃迫之,仲叱曰:「我豈畏死者!」遂見害。

汪卷妻徐氏。漢陽人。姑病,刲肝救愈。漢川尹大任妻龍氏,亦割臂療姑。

王烈女。漢川人。許嫁未行,聞夫卒,自經死。

羅瑚女。漢川人。年十八，爲賊所執，以首觸地，取石自破其腦，血流滿面，賊怒殺之。

程正遇妻劉氏。孝感人。崇禎十年，賊至被獲，出劍劫之，不從。賊曰：「吾將殺而父母及而子，殲而同類。」衆環泣而勸之，劉引頸曰：「疾殺我。」賊怒殺之，釋其父母去。

蕭維芹妻朱氏。沔陽人。維芹爲諸生，崇禎中，爲流寇所執，朱紿之曰：「書生安用，不如舍而獲我。」賊釋其夫與子，朱度遠去，乃同女蕭氏、媳張氏、范氏並躍橋下死。里人稱爲蕭家四節婦。

劉公漾妻郭氏。沔陽人。公漾爲御史，賊陷沔陽，郭拊膺長歎曰：「家貲不足惜，惜吾既老，與賊共生也。」赴水死。

羅承慈妻劉氏。沔陽人。年二十，夫卒，子國綸生僅一月，家貧，紡績養姑，足不履庭户者二十年。賊入沔陽，劉抱夫木主，與家人訣，賊至，罵賊死。

王某妻向氏。黄陂人。爲賊所執，持刀脅之，向曰：「我死不辱。」奪賊刃自盡。

丁侗妻彭氏。黄陂人。夫卒無子，家貧，事姑盡孝。兄欲奪其志，終身不至兄家。及卒，鄰家憐而殮之。

劉應景妻邱氏。孝感人。爲賊所執，屢逼不從。賊曰：「不從，將刃汝。」邱曰：「我得死幸耳，官兵旦夕至，若求如我可得哉？」賊怒，以油漬其衣，束於木而焚之。

胡敬妻姚氏。孝感人。崇禎末，李自成分兵陷孝感，姚避亂南湖，賊掠舟將入湖，姚曰：「賊至必辱，辱而後死，晚矣。」遂攜二婢投水死。

張聲妻陳氏。孝感人。避亂萬金湖。賊至，羣赴水，賊呼諸婦起曰：「起則生。」陳獨不起，賊往援之，罵曰：「死耳，若何敢手我衣。」賊怒擊之，陳抱其子入深水死。

丁之鴻妻宋氏。孝感人。之鴻避賊湖濱，賊至，宋呼其姒劉與女甥曰：「吾與爾皆婦人，豈可爲賊刃所污！」相率投水死。

楊某妻唐氏。孝感人。唐鼇女。字楊未嫁，被賊執，掖之上馬，仆地不從，刃脅之，駡不絶口，見殺。時夏氏太衡女、楊氏鳴桐女，皆未字，駡賊死。

王維侃妻余氏。漢陽人。崇禎末，兵亂，夫婦俱爲所掠。余紿兵釋夫遠去，乃引頸就刃。維侃感其節，終身不娶。

李友桃女。漢陽人。左良玉兵叛，女知不免，預自約束，凡衣裾間無不重複紉綴。賊至，驅掖入舟，將犯之，女紿賊登岸，即赴水。賊怒，引所佩刀殺之。數日，屍浮水，面如生。

王明儉妻成氏。漢川人。左兵南下，與妾唐氏伏入池中，恐不能免，結帛相繆而死。

李正開妻駱氏。漢川人。爲左兵所掠，賊衆持刃逼之，引頸受戮，駡不絶口死。

周諏母何氏。漢川人。被左兵掠獲，以手爪毁面，兵怒，斷其手足死。

王旦生妻程氏。漢陽人。旦生，崇禎中副榜，入京師，流寇至，程赴水死。

郭興妻張氏。漢陽人。興業漁，爲流寇所執，欲殺之，張請代，遂見害。

熊鳴盛妻任氏。漢陽人。夫卒，守節，遇流寇，被害，女亦從死。

易可久妻陳氏。漢陽人。無子，勸夫納妾，生子兆羲、開羲，撫如己子。流寇至，駡賊死。

周烈婦。漢陽人。爲流寇所掠，欲犯之，周毁賊面，爲賊所殺。

李珠妻徐氏。漢陽人。攜女避亂櫧山，寇突至，欲犯之，俱不從，並見害。

羅漢鼎妻喻氏。漢陽人。爲左兵所掠，抗節死。

劉對生妻李氏。太僕若愚次女。李自成南遁肆掠，李自沈於水，子樹範、樹騠從母死。

杜晥妻吴氏。漢陽人。流寇至，語夫曰：「少緩，死無及矣。」遂投水死。

馬呈祥妻楊氏。漢川人。夫卒，小祥日，自經死。其姪敦義卒，敦義妻殷氏亦於小祥日自經死。有司表之曰「雙烈」。

曾烈女。漢川人。未嫁，爲流寇所掠，駡賊死。

羅某妻胡氏。漢川人。白賊掠蔡店，胡爲所獲，駡賊死。

張采妻萬氏。漢川人。婚數月，值左兵肆掠，投淺塘中，以首埋入深泥死。

袁遵妻張氏。黄陂人。李自成南竄，闔門被掠，張及子婦段氏、女袁氏俱駡賊死。

王立郁妻涂氏。黄陂人。避流寇於複壁間，賊搜得，涂嚙賊斷指，賊怒刃之，碎首屠腸而死。

周伏受妻江氏。孝感人。夫卒，楚王旗校欲占爲妾，自沉漳湖死。

沈時鼇妻易氏。孝感人。字時鼇未行，夫卒，自經死。

陳可化妻郭氏。孝感人。可化出游，久不歸，皆言已死，强暴欲强娶之，自經死。

陳于王妻郭氏。孝感人。夫早卒，絶粒死。

楊洪柱妻萬氏。孝感人。字洪柱未行，聞夫卒，自經死。

徐遷繼妻席氏。孝感人。遷繼爲武昌典史，運餉卒於邊，子甫數歲，席扶櫬歸，禫祭，一慟而卒。

唐在衡妻湯氏。孝感人。生子三月，夫卒，撫孤爲諸生，娶婦生孫，忌日設奠，一慟而卒。

胡自聖妻黎氏。孝感人。夫卒，既葬，自經死。

高文焕妻乾氏。孝感人。夫卒守節，李自成陷城，投後園池中死。

程良孺妻傅氏。孝感人。良孺分司鳳陽倉，流寇陷城，傅懷敕印，匿署左空屋，賊焚屋搜匿，傅額中刃，復截一指，死而敕印不失。事聞，旌表。

程正揆妻舒氏。孝感人。良孺子婦，隨夫省親，寇至，死之。

唐烈妻陳氏。孝感人。流寇至，義不受辱，爲賊所害。同縣范允公妻沈氏、魯近逵妻顏氏、魯之筆妻李氏，俱寇亂完節死。

彭焱妻胡氏。孝感人。明末，隨夫避亂黔陽，會王進才作亂，被執，强之渡河，不可，駡賊被斫，身無完膚。一子一女同死。

黄氏。孝感人。其夫張挺然降白賊爲僞掌旅，黄泣止之，不聽。賊令挺然挈婦爲質，黄逃入青山砦，挺然破砦，焚故居，黄逃匿愈深，竟不可得。挺然寄子金簪，子以綰髪，黄曰：「賊物也。」拔棄之。後挺然未知死所，黄撫子成立，以節終。

本朝

熊正筍妻王氏。名希貞，漢陽人。事舅姑極孝。正筍殁，王欲殉，姑謂之曰：「汝猶吾女也。既失子，又失女，吾將安歸？」王起執喪，逾數年，舅姑卒，王不食死。

王文綸妻田氏。漢陽人。年十七適文綸，文綸卒，視含殮訖，自縊死。

劉以勷妻夏氏。孝感人。以勷卒，自縊死。

熊祚延妻李氏。孝感人。大學士賜履母也。祚延死於賊，李撫孤成名。既貴，猶衣布素，自課女紅，痛夫慘死，終身無歡笑容。康熙二十三年旌。

胡世珍妻朱氏。漢陽人。世珍卒，遭明末寇亂，賊脅以刃，不屈被創，次日乃甦。康熙三十二年旌。

陳叔理妻向氏。孝感人。年十九，夫亡守節。事姑孝，姑患癰，以舌舐之而愈。同縣葉箐妻宋氏，夫卒姑疾，割股以進，乃痊，守節四十餘年。俱康熙四十四年旌。

楊廷錫妻彭氏。黄陂人。年十八，夫亡子殤，母家欲奪其志，彭斷指自誓，撫從子承祧。康熙五十四年旌。郭如玫妻羅氏，孝感人，亦斷指守節，孝事舅姑。雍正元年旌。

程天成妻萬氏。漢陽人。夫早卒，孝事孀姑，家極貧，食野菜，冬無複衣。康熙五十六年旌。

吴大申妻潘氏。漢陽人。夫亡無子，自經死。

楊烈女。沔陽人。年十六，字王氏子，夫溺，楊奔至所沉淵，亦溺死。

廖愈妻李氏。沔陽人。字愈未行，愈歿，自經死。康熙中旌。

徐日迪妻鍾氏。孝感人。夫亡，值歲饑，數日不舉火。或勸其改志，鍾曰：「古人云『餓死事小，失節事大』，願作徐氏餒鬼也。」後攜子鬻餅餌以爲生。雍正元年旌。

熊志洛妻吴氏。大學士正治女。夫亡無子，欲立從子爲嗣，宗人未許，吴哭於熊氏之廟，三日不食，乃以紹祖嗣。事姑孝，親爲吮癰。雍正元年旌。

江德滋妻宋氏。漢陽人。字德滋未行，守節以殁。雍正元年旌。

曾曰忠妻楊氏。漢陽人。夫卒無嗣，爲夫弟娶傅氏，生一子，弟復歿，楊與傅俱守節。楊氏，雍正七年旌。

張坦咨妻董氏。漢陽人。幼字坦咨，未幾坦咨嬰惡疾，兩姓願寒盟，董氏以死拒，歸張五年，夫卒，守節終身。雍正七年旌。

蕭文起妻王氏。漢川人。夫卒，柩在殯，鄰火將及室，王氏守棺號慟，忽反風滅火。守節四十五年。雍正七年旌。

劉弼賢妻高氏。漢陽人。姑痼疾不能興，高以口哺食，久而不懈。夫歿，守節五十年。雍正九年旌。

李邦有妻俞氏。仁和人，寓漢陽。字漢陽李邦有未行，邦有卒，俞絶粒死。遺言祔夫墓，舉棺至墓所，忽墓圮棺見，遂合葬焉。

高爾鳳妻李氏。漢陽人。夫卒，守節四十六年，夫黨盡絶，歸養母氏，篤孝。

胡世鍾妻沈氏。黄陂人。夫卒守節，事姑孝，姑病，刲股以進。姑夢神告曰：「汝當死，以汝婦孝，當延三歲。」已而果然。

李端妻黄氏。黄陂人。字端未行，端卒，黄誓死守節，姑爲立嗣，復殀，哭泣喪明，絶粒死。

劉可鈞妻戴氏。漢陽人。年十九，夫亡守節。又同縣劉芳京妻黄氏，劉乾祐妻王氏，徐珩妻張氏，胡澤遠妻尹氏，金祖勳妻李氏，吴正國妻張氏，劉士班妻蔣氏，吴自試妻李氏，許玉奎妻蕭氏，李元伯妻楊氏，劉玉麟妻高氏，羅熊妻李氏，羅湛妻王氏，郭應斗妻張氏，劉芳蹤妻王氏，何經良妻徐氏，易兹敏妻王氏，尹正言妻余氏，郭之仁妻魯氏，蕭宴春妻熊氏，曾于潘妻魏氏，吴焯妻程氏，羅以愷妻胡氏，汪能哲妻張氏，胡廷正妻徐氏，吴燦妻項氏，貞女周大姑，高昶妻陸氏，倪早榮妻吕氏，周用吉妻李氏，夏恒吉妻葉氏，夏承賢妻王氏，張懷俊妻丁氏，韓綺妻劉氏，楊清妻邱氏，項鍾建繼妻蕭氏，烈女沈明照聘妻周媊姑，尹嗣成妻劉氏，吴範友妻羅氏，張維林妻劉氏，朱家錦妻韓氏，吴純其妻羅氏，張廷一妻秦氏，李天柱妻韋氏，王應祚妻姚氏，田實登妻饒氏，金維中妻譚氏，黄世玘妻姚氏，汪殿元妻沈氏，徐志進妻余氏，熊正篆妻陳氏，吴允謨妾戴氏，張之培妻甘氏，熊必祥妻馬氏，裴廷揚妻余氏，汪錦文妾舒氏，張坦諤妻章氏，蕭璞妻胡氏，方聚斌妻鄭氏，戴起英妻邵氏，高常弼妻李氏，孫承謨妻楊氏，汪景妻曾氏，貞女陳姑，張宗極妻李氏，楊家澄妻宋氏，周文郁妻倪氏，余德義妻周氏，袁自起妻應氏，張任瑚妻任氏，烈婦邵國憲妻葉氏，徐永慶妻彭氏，胡大本妻曾氏，鄢鵬妻張氏，貞女劉二姑，王瓌妻陳氏，沈希坎妻黄氏，朱文燦妻楊氏，汪世槐妻蕭氏，余啓昶妻朱氏，汪琪妻徐氏，貞女汪四姑，余鎧妻江氏，余正位妻彭氏，郭雲龍妻黄氏，唐占元妻袁氏，江德溥妻劉氏，汪信忠妻方氏，甘灝妻李氏，樂國順妻曾氏，傅紹虞妻石氏，陳士珍妻吴氏，李永譽妻陳氏，張自平妻胡氏，曾以禮妻張氏，貞女李二姑，陳應封妻蕭氏，曹元魁妻傅氏，鄧欲立妻陳氏，葉世光妻鄧氏，貞女汪二姑、唐二姑，管師安妻楊氏、妾康氏，徐諒妻劉氏，張繼鉞妻俞氏，王德曁妻湯氏，張恂妻許氏、妾徐氏，貞女周二姑，劉長綬妻王氏，張任運妻胡氏，陳會增妻張氏，王天相妻蕭氏，歐陽璜妻王氏，歐陽錫祐妻王氏，潘肇楚妻劉氏，貞女陳姑，周德潤妻鄭氏，宋正學聘妻陳氏，鮑楚妻張氏，李開泰妻金氏，張式融妻費氏，汪瓚妻張氏，周嘉琪妻高氏，候選知縣吴其鋆妾蕭氏，龔珽妻李氏，萬綸聘妻郭氏，張葱妻魏氏，貞女韓四姑，汪之晉妻沈氏，熊必翔妻馬氏，張之培妻甘氏，裴廷揚妻余氏，楊名元妻戴氏，周嘉燦妻張氏，陳光笏妻邵氏，王湘妻李氏，鄭廷選妻徐氏，黄璧妻王氏，孝女朱静姑，魯鳴高妻岳氏，劉廷瑞妻盧氏，王享妻李氏，孫東武妻許氏，吴德富妻羅氏，姚國鑑妻王氏，傅鍾妻程氏，孫崇實妾殷氏，黄瀾妻徐氏，王兆龍妻盧氏，張惺妻封氏，俱乾隆年間旌。李滋明妻戴氏，張景昌妻林氏，張景思妻章氏，張星聚妻徐氏，張慶華妻黄氏，曾必達聘妻李氏，洪正立妻譚氏，顔有采妻戴氏，吴芳餘繼妻黄氏，戴貞女，陳元徵妻任氏，王龍光妻劉氏，江漣妻劉氏，張應魁妾王氏，蔡文烈妻吴氏，劉斐聘妻魏大姑，范志國妻陳氏，許善相妻丁氏，許善膺妻戴氏，李之義聘妻朱氏，孫明山妻楊氏，劉景玉妻毛氏，劉雯聘妻衛氏，李宗榜聘妻徐氏，陳繼垣妻傅氏，許累修妻朱氏，許作輔妻胡氏，朱子云妻許氏，吴信賢妻謝氏，戴世兹妻王氏，方純德妻吴氏，衛坦妻張氏，衛琦妻程氏，鄢光德妻張氏，蕭賀聘妻胡氏，燕龍妻李氏，金國良妻黄氏，陳光第聘妻蕭氏，李朝五妻胡氏，劉代傳妻顧氏，吴開庚妻蕭氏，江成蛟聘妻陳氏，孝婦徐顯達妻楊氏，俱嘉慶年間旌。

雷聲發妻吳氏。漢川人。夫亡守節。又同縣胡鐸妻黃氏，洪深遠妻林氏，馬能顯妻汪氏，蕭寵吉妻程氏，岳亮偉妻劉氏，殷德亮妻郭氏，謝國鑑妻王氏，劉炎妻馬氏，李祚妻潘氏，鄧天祥妻胡氏，貞女張顯貽聘妻萬氏，吳士懋妻方氏，方拱極妻程氏，陳虞暉妻喻氏，陳虞映妻胡氏，鄒發楚妻向氏，馬士适妻楊氏，貞女金氏，張永德妻劉氏，黃裳德妻許氏，程宗洛妻駱氏，程宗繡妻林氏，楊昂翥妻屈氏，李祖澤妻景氏，胡海妻毛氏，蔣應可妻趙氏，晏士燦妻王氏，顧滋遠妻李氏，陳煊妻高氏，陳銓妻金氏，田種玉妻汪氏，黃鎬妻陳氏，尹生祿妻夏氏，曾維正妻郭氏，劉次夏妻徐氏，馮登瀛妻黎氏，陳文珠妻魏氏，余希文妻金氏，范鉞妻曾氏，段正邦妻曾氏，金文慧妻郝氏，程宗濤妻劉氏，陳其善妻尹氏，黃雲龍妻鄒氏，蕭行坦妻尹氏，蕭行堦妻鄒氏，康懋德妻張氏，張廷佐妻高氏，蕭文賞妻尹氏，姚育桂妻張氏，馮斯迴妻鄧氏，羅正埉妻劉氏，郭衍慶聘妻丁氏，胡麟聘妻丁氏，烈女戚三姑，俱乾隆年間旌。聶廷揚妻薛氏，聶廷旌妻黃氏，蕭楚材妻蔣氏，晏大受妻羅氏，邵貴萬妻田氏，周燕海妻黃氏，向曰凱妻秦氏，方士偉聘妻鄒氏，俱嘉慶年間旌。

李興妻張氏。孝感人。夫亡守節。又同縣劉具文妻朱氏，余以芳妻羅氏，程澮繼妻易氏，李有明妻劉氏，黃宗健妻劉氏，李夢龍妻吳氏，王大績妻陳氏，程良坊繼妻華氏，饒士亨妻姚氏，龔正珂妻張氏，王大綬妻邱氏，魏方吉妻余氏，萬大昇妻劉氏，蕭惟丹妻高氏，王家會妻李氏，王之聰妻嚴氏，劉逢泰妻蕭氏，張文載妻涂氏，陳必會妻周氏，杜光俊妻姜氏，程開泰妻夏氏，鄧元晷妻夏氏，余鶴年妻石氏，陳容萬妻魯氏，蕭範妻楊氏，熊志伊妾張氏，彭商賢妻蕭氏，胡之楝妻武氏，江博妻黃氏，魯邦謨妻郭氏，魯良律妻田氏，楊士藩妻何氏，寇秉義妻朱氏，陳純仁妻余氏，胡康義妻余氏，余絃妻李氏，鄧龍輔妻吳氏，高世鍾妻王氏，池環妻王氏，胡德麟妻徐氏，沈大燦妻魯氏，汪國佐妻湯氏，王觀位妻萬氏，鄭志遠妻李氏，楊珍善妻徐氏，史道珍妻王氏，吳仲襟妻張氏，王彥侯妻潘氏，陳祚新妻萬氏，楊文錡妻陳氏，李全琚妻張氏，陳于陬妻熊氏，李緒九妻周氏，鄧耀妻朱氏，舒任彥妻王氏，張天壽妻廖氏，鄧爲珠妻華氏，馬詠可妻梅氏，馬嘉璞妻劉氏，汪瑤妻馬氏，汪瑾妻劉氏，魯瓚春妻鄭氏，喻廷桂妻龍氏，桂履芳妻舒氏，曾宗魯妻徐氏，涂卓士妻邱氏，李樹績妻周氏，烈婦唐龔氏，曾洛妻殷氏，余念任妻胡氏，劉蒂永妻李氏，程鵬程妻劉氏，楊錫祉妻李氏，張拱妻徐氏，丁光瑋妻李氏，余化龍妻楊氏，陳世慥妻胡氏，劉永年妻張氏，胡封陳妻吴氏，龍攸伯妻熊氏，汪萬育妻舒氏，楊大宗妻馮氏，詹尚榮妻潘氏，熊士鼎妻王氏，楊晰知妻夏氏，楊舉知妻田氏，程尚志妻葉氏，盧懷美妻魯氏，俞漢翔妻唐氏，周嘉謨妻羅氏，楊兆位妻吴氏，李侶楠妻伍氏，程明志妻李氏，程興健妻丁氏，烈女沈明銑聘妻盛氏，胡天授妻張氏，吕睿子妻周氏，吕錫賢妻潘氏，張元臣妻羅氏，李德隆妻羅氏，葉之藩妻張氏，貞女朱氏，汪澤普妻舒氏，胡學源妻王氏，唐執中聘妻周氏，孫廷梅妻湯氏，汪耀妻戴氏，陳全藝妻葉氏，程明調妻黄氏，徐明相妻劉氏，祝志行妻唐氏，袁純錫妻楊氏，程明愿妻夏氏，夏學超妻連氏，程明旺妻涂氏，孫維範妻陳氏，俱乾隆年間旌。施大狗妻鄧氏，王之榕妻郭氏，沈精韜妻張氏，李維屏妻寇氏，季明經妻王氏，夏建緒妻鄭氏，張宗和妻章氏，魏學燦妻蕭氏，程明智妻彭氏，烈婦吴某妻余氏，張理妻胡氏，俱嘉慶年間旌。

尹士偉妻張氏。沔陽人。夫亡守節。又同州孫添籌妻段氏，王定邦妻湯氏，余琦烈妻黄氏，王榜妻曹氏，孫繼統妻張氏，黄懷宗妻金氏，盧光裕妾王氏，嚴俊妻黎氏，王于岸妻李氏，郝欽文妻葉氏，丁治妻陳氏，魏開祚妻馬氏，高其聲妻黄氏，王大元繼妻馬氏，熊珠妻陳氏，張映軫妻朱氏，張雍綸妻史氏，王兆麟妻謝氏，蕭余籙妻許氏，蕭琳妻周氏，孫繼盛妻李氏，黎經綸妻熊氏，莫其樊妻雷氏，羅溥妻尹氏，陳祖禧妻高氏，王三復妻黄氏，侯朝柱妻張氏，余傳美妻劉氏，王大文妻譚氏，向之瓊妻彭氏，何毅然妻萬氏，楊肆夏妻劉氏，蕭汾妻譚氏，馮梃妻趙氏，張元亮妻楊氏，包長壽妻孟氏，范衛中妾黎氏，倪日政妻胡氏，王秉仁妻李氏，劉廷桂妻陸氏，劉珩妻龔氏，劉鏜妻王氏，熊如山妻何氏，許大縉妻彭氏，孫大眷妻向氏，王焕春妻喻氏，曾昭妻申氏，彭國梓妻陳氏，宋一級妻馬氏，趙錫玉妻高氏，錢貫妻陶氏，劉詹泰妻應氏，彭國元妻蕭氏，許大文妻劉氏，費維麒妻樂氏，許珣妻鄔氏，雷政妻曾氏，謝載元妻馬氏，彭國福妻王氏，李世甲妻趙氏，劉蒂言妻王氏，王宏漢妻童氏，何其朗妻許氏，黄石堪妻向氏，彭積溥妻夏氏，孟珽妻高氏，劉光照妻李氏，胡愈謙妻馮氏，宋世琇妻趙氏，曾光鑑妻史氏，周正朝妻童氏，張士縉妻姜氏，華啓瞰妻吴氏，李象賢妻趙氏，蕭鼎組妻崔氏，龔之英妻陳氏，馬廷松妻李氏，魏士綸妻金氏，王日冲妻朱氏，張一瑜妻蕭氏，楊自發妻閔氏，楊自震妻易氏，郭之瑞妻李氏，余國相妻李氏，馬涇妻金氏，貞女何二姑，李侯吉妾劉氏，賀瓊妻何氏，譚維安繼妻何氏，彭傑妻張氏，歐陽瓚妻張氏，杜颺妻彭氏，許文祥妻劉氏，許公繩妻歐陽氏，朱加正妻劉氏，朱之翼妻郭氏，黄國梅妻王氏，艾之廉妻易氏，楊天友妻彭氏，倪堂妻張氏，池之珂妻周氏，張梁妻黄氏，周總和妾陳氏，譚光徽妻盧氏，佘瑛妻雷氏，余澤兑妻朱氏，許名世妻楊氏，李道光妻羅氏，胡志傳妻趙氏，李伯生妻程氏，雷聖宗妻潘氏，甘孟傑妻田氏，萬年武妻毛氏，鮑禹喜妻彭氏，李之第妻戴氏，鄭世健妻王氏，王加和妻趙氏，光芝峯妻彭氏，蔣鉅妻朱氏，董私淑妻喬氏，何之瑚妻張氏，平士炳妻江氏，費如淮妻劉氏，譚光表妻張氏，趙師諫妻陳氏，王璋妻范氏，蘇兆琛妻劉氏，劉聖文妻鄭氏，李惟善妻向氏，程念濟妾王氏，謝道焜妻劉氏，張受百妻田氏，廖像妻吴氏，廖士銘妻劉氏，倪必瑚妻江氏，陳任妻喬氏，覃三葉妻張氏，丁如瑞妻胡氏，杜初陽妻吴氏，李宗漢妻費氏，劉必烈妻杜氏、妾楊氏，伍志義妻汪氏，左潢妻歐陽氏，張士燭妻羅氏，烈婦何義章妻葉氏，劉煒如妻錢氏，吴國洪妻汪氏，余國琳妻張氏，許紹仲妻丁氏，劉曰憙妻張氏，貞女吕二姑，李士朝妻張氏，高大鼎妻劉氏，劉聯槐妻蔡氏，左洵妻袁氏，王宗鎮妻趙氏，戴宗賢妻王氏，謝載琨妻劉氏，劉闊妻郭氏，向來魁妻周氏，申錫麟妻謝氏，陳炳妻楊氏，向系賢妻黄氏，陳在國妻張氏，陳在鎬妻李氏，鄭梓妻謝氏，吴國隆妻劉氏，張孟陽妻羅氏，李在儒聘妻艾氏，蕭永士聘妻張氏，蔡世謨妻陳氏，馮熾德妻熊氏，趙履坤妻楊氏，陳秀文妻范氏，劉祖龍妻金氏，劉啓智妻張氏，劉必貢妻胡氏，李長貞妻楊氏，劉士旦妻吕氏，范傑妻費氏，羅大緒妻夏氏，張朝景妻楊氏，張超羣妻楊氏，俱乾隆年間旌。　張士瑋妻羅氏，廖繪妻温氏，黄正泰聘妻周氏，費毓瑄妻高氏，李定爵妻陳氏，劉兆瑞聘妻吴氏，曾鎧妻廖氏，吕學音妻劉氏，葉祥達聘妻胡氏，蕭王錫妻張氏，王相成妻劉氏，戚世姚聘妻張氏，楊善文妻劉氏，黄必顯妻張氏，許定瑶妻陳氏，許光記妻孫氏，魏大元妻白氏，張至誠妻余氏，李世第妻羅氏，劉兆禎妻彭氏，姚華映妻彭氏，張名洪妻王氏，彭念尊妻劉氏，俱嘉慶年間旌。

楊峯妻周氏。黄陂人。夫亡守節。又同縣胡雲志妻方氏，李羣林妻劉氏，王士晟妻胡氏，王士璠妻潘氏，王謨妻蔡氏，汪作梅妻任氏，鍾廷玖妻徐氏，閔鴻謙妻彭氏，朱大受妻劉氏，張文燦妻方氏，楊德光妻白氏，駱夢熊妻胡氏，趙恫妻王氏，李元奎妻朱氏，潘肇基妻朱氏，趙紹元妻蕭氏，嚴方志妻閔氏，陳丹詰妻王氏，孫正仁妻蕭氏，徐大錫妻劉氏，李之櫛妻張氏，胡備封妻彭氏，鄭文銓妻黄氏，鄭鴻業妻劉氏，諶會宗妻冷氏，童志學妻梅氏，嚴時霖妻陳氏，童林芳妻劉氏，貞女江氏，楊夢賚妻林氏，王宏杰妻韓氏，李天柱妻蕭氏，喻文燦妻汪氏，彭松妻甯氏，彭之煥妻徐氏，劉長齡妻葉氏，廖壁妻劉氏，楊遵畏妻胡氏，蕭世昌妻鄒氏，劉國成妻龔氏，胡定邦妻李氏，盧西明妻許氏，鄭光奎妻傅氏，李正洛妻范氏，貞女周氏，周應元妻朱氏，周學優妻吳氏，朱運昌妻劉氏，周家儔妻程氏，阮昭祖妻吳氏，周廷連妻程氏，李士超妻魯氏，梅道坦妻李氏，陳守義妻王氏，李洪元妻陳氏，朱繹昌妻張氏，梅乾妻萬氏，黄南溪妻王氏，王次郊妻丁氏，張文憲妻姚氏，劉應龍妻羅氏，沈鍾嶽妻劉氏，彭同祥妻周氏，李伋妻王氏，劉裕妻鄭氏，馮廷生妻陳氏，曹國妻張氏，張炎妻毛氏，高嶷妻李氏，阮應之妻李氏，聶申侯妻鄭氏，李堂妻辛氏，吳澤浦妻周氏，劉受祉妻黄氏，燕貽謀妻黄氏，王世登妻吳氏，楊成桂妻杜氏，劉濤妻萬氏，彭世隆妻吳氏，甘紱猷妻易氏，王絲妻孫氏，李廷秀妻應氏，董瑞凝妻沈氏，余聯芳妻王氏，宋繩璟妻黄氏，宋希賢妻劉氏，余應履妻張氏，方昇妻王氏，劉貽彦妻金氏，王鑑妻胡氏，蕭邦教妻王氏，陳鳳池妻劉氏，王國楧妻周氏，王紋鳳妻熊氏，吉志行妻彭氏，吉子由妻傅氏，吉羽揮妻談氏，喻銘妻徐氏，陳芳亨妻李氏，黄國選妻胡氏，李開理妻韓氏，文大剛妻羅氏，袁朝俊妻張氏，程穎妻張氏，方受爵妻陳氏，李參霄妻胡氏，蕭邦任妻馮氏，張鳴鳳妻沈氏，萬士洙妻韓氏，向維焯妻錢氏，吳之珪妻魯氏，郭錫爵妻吳氏，江流涯妻彭氏，劉如錡妻楊氏，葉長庚妻夏氏，黄士沅妻高氏，沈敬睦女沈氏，俱乾隆年間旌。項開秀妻潘氏，劉傳綸妻夏氏，葉遵軾妻易氏，嘉慶年間旌。

仙釋

宋

心道。眉州徐氏子，居大别山太平興國寺。建炎中，鍾相叛，其徒欲奉師南奔，心道曰：「學道所以了生死，何避焉？」賊至，師曰：「速殺我。」賊舉槊刺之，血皆白乳，賊驚異去。

思業。漢陽人。世爲屠，一日屠宰間，忽悟心源，棄業爲僧，卒證善果。

土産

橙。

橘。明統志：漢陽府出。

枳殼。

墨石。出漢陽縣東至山。

獺。

葛。出黄陂縣。又出孝感縣小河溪。

棉花。出孝感縣。

校勘記

〔一〕趙庭蘭「庭」，原作「廷」，據乾隆志卷二六二漢陽府名宦（下同卷簡稱乾隆志）及明史卷一四〇趙庭蘭傳改。下文同改。

〔二〕王琰「琰」，原作「炎」，據乾隆志及雍正湖廣通志卷四七鄉賢志改。按，本志避清宣宗諱改字，下文同改。

黃州府圖

黃州府圖

安徽霍山界
安徽英山界
安徽宿松界
興國界
江西瑞昌界
江西德化界
大江
羅田
蘄水
蘄州
廣濟
黃梅
七娘山
多雲山
石柱山
獨聖山
仙台山
魁山
桂家山
王道山
印台山
觀音山
分金山
斗方山
石鼓山
神山
白雲山
蘄山
石人山
寶蓋山
祖山
太原山
亭前山
大浮山
黃梅山
衡山
岳山
孝田山
龍泉山
東觀山
武山湖
太白湖

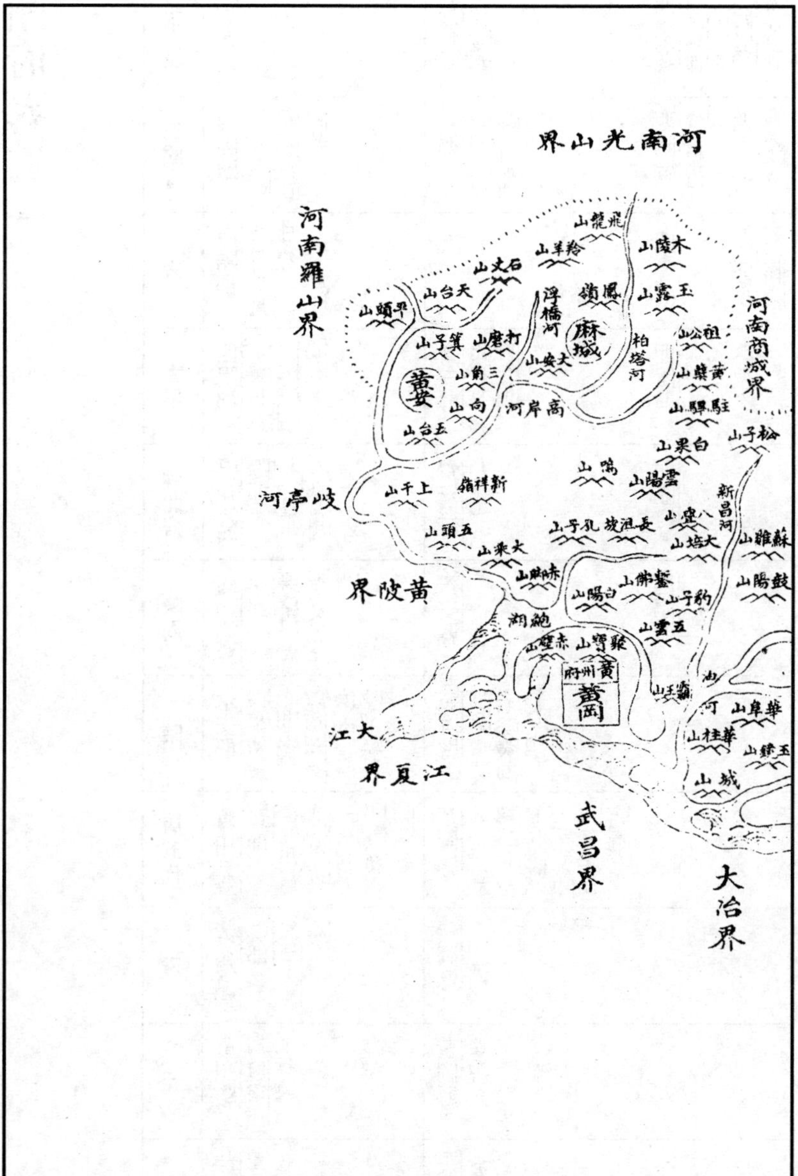
河南光山界
河南羅山界
河南商城界
飛龍山
木陵山
羚羊山
石丈山
天台山
平頭山
鳳嶺
浮橋河
麻城
玉露山
柏塔河
祖公山
箕子山
打磨山
大安山
黃安
三角山
向山
高岸河
駐驛山
五台山
松子山
白果山
鳴山
雲陽山
上千山
新祥嶺
新昌河
岐亭河
長沮坡
乳子山
五頭山
黃陂界
白陽山
豹子山
鼓陽山
五雲山
聚寶山
赤壁山
黃州府
黃岡
華柱山
城山
大江
江夏界
武昌界
大冶界

黃州府表

	黃州府	黃岡縣
兩漢	江夏郡地。	邾縣 屬江夏郡。 西陽縣 屬江夏郡。 西陵縣 屬江夏郡。
三國晉	西陽國 魏置弋陽郡，晉改西陽國。	邾縣 魏屬弋陽郡，晉屬西陽國。 西陽縣 晉爲國治。 西陵縣 屬西陽國。
宋	西陽郡 改爲郡，屬郢州。	省。 西陽縣 西陵縣 屬西陽郡。
齊梁	西陽郡 南齊析置齊安郡，屬司州。	齊安縣 南齊置，爲齊安郡治。 西陽縣 梁省。
魏北齊	巴州 西陽郡 北齊置州，又置衡州。	齊安縣 州郡治。 西陽縣
陳周	衡州 齊安郡 陳廢州，周復，又置弋州。	齊安縣 西陽縣
隋	永安郡 開皇初廢弋州及郡，改衡州爲黃州。大業初改郡。	黃岡縣 開皇中更名，大業初爲郡治。 省。
唐五代	黃州 齊安郡 復置州，屬淮南道。五代初屬楊吳，後屬南唐。	黃岡縣 州治。武德三年析置堡城縣，七年省，中和五年徙黃岡縣治。
宋	黃州 齊安郡 屬淮南西路。	黃岡縣
元	黃州路 屬河南江北行省。	黃岡縣 路治。
明	黃州府 屬湖廣布政司。	黃岡縣 府治。

續表

黃安縣	蘄水縣	羅田縣
西陽及鄳縣地。	蘄春縣地。 軑縣	蘄春縣地。
	軑縣 晉屬西陽國。	
	浠水左縣 元嘉中析軑縣置，屬西陽郡。 蘄水縣 元嘉中置，屬西陽郡。 孝寧縣 泰始中改名。	蘄陽縣地。
梁置沙州。 梁安縣 梁置梁安縣，爲梁安郡治。	浠水左縣 梁置永安郡。 蘄水縣 孝寧縣 南齊屬西陽郡。	羅田縣 梁置，兼置義州及義城郡。
北齊置湘州，後改北江州。 梁安縣	浠水左縣 蘄水縣 孝寧縣	羅田縣
梁安縣	浠水左縣 蘄水縣 周省。	羅田縣
廢。 木蘭縣 開皇初置鹿城縣，後更名，屬永安郡。	浠水左縣 開皇初廢郡，改屬蘄春郡。 蘄水縣 屬蘄春郡。	羅田縣 州郡俱廢，屬蘄春郡。
黃岡、麻城、黃陂三縣地。 廢入黃岡。	蘄水縣 唐初更名蘭溪，屬蘄州。天寶初改。 唐省。	唐武德中省入浠水。
	蘄水縣	羅田縣 元祐中復置，屬蘄州，後廢。
	蘄水縣	羅田縣 至元中復置，大德中移治，屬蘄州。
黃安縣 嘉靖四十二年置，屬黃州府。	蘄水縣 改屬黃州府。	羅田縣 屬黃州府。

麻城縣		
西陵縣地。		
	建寧左縣初置建寧左郡。大明八年省爲縣，屬西陽郡。	長風縣元嘉二十五年置，屬西陽郡，尋省。
信安縣梁置，又有北西陽縣。	建寧左郡南齊復置。	建寧縣郡治。
信安縣	建寧左郡	建寧縣
信安縣陳廢北西陽，置定州。周改亭州，又置建寧、陰平、定城三郡。	建寧左郡	建寧縣
麻城縣初廢州郡，尋更縣名，屬永安郡。	廢。	省。
麻城縣武德初復置亭州，又分置陽城縣。旋俱廢，惟麻城屬黄州。元和三年省入黄岡，大中三年復置。		
麻城縣		
麻城縣		
麻城縣屬黄州府。		

續表

蘄州	廣濟縣
蘄春縣屬江夏郡。	蘄春及尋陽縣地。
蘄春郡魏置，晉省。 蘄陽縣魏爲郡治。晉屬西陽國，咸安初更名。	
徙廢。 蘄陽縣徙治，屬新蔡郡，大明八年仍屬西陽郡。	
齊昌郡南齊置。 齊昌縣南齊置爲郡治。 蘄陽縣南齊移治，因廢。	
齊昌郡魏屬北江州，北齊置羅州。 齊昌縣	
齊昌郡周改州曰蘄州。 齊昌縣	
蘄春郡初省郡存州，後改置。 蘄春縣更名，爲郡治。	
蘄州改州，屬淮南道。五代屬南唐，後屬周。 蘄春縣州治。	廣濟縣武德四年置永寧縣，屬蘄州。天寶初更名。
蘄州蘄春郡景定中徙治，屬淮南西路。 蘄春縣隨郡移治。	廣濟縣紹興初廢縣爲鎮，尋復置，嘉熙中徙治。
蘄州路至元十二年置淮西宣撫司，十四年改總管府。 蘄春縣	廣濟縣復舊治。
蘄州初爲府，旋降州，屬黃州府。 初爲府治，尋省入州。	廣濟縣屬黃州府。

黃梅縣
尋陽縣屬廬江郡。
尋陽縣吳改屬蘄春郡。晉太康初屬武昌郡，明年還屬廬江郡，永興初置尋陽郡，東晉徙廢。 南新蔡郡晉元帝時僑置。
南新蔡郡領(順)[慎]、苞信、宋、陽唐等四縣。
永興縣南齊置，屬齊昌郡。 南齊省郡，分置永興縣。
永興縣
永興縣
黃梅縣初更名新蔡，尋又改屬蘄春郡。
黃梅縣初置南晉州，兼領義豐、長吉、陽唐、新蔡四縣。八年廢州及四縣，屬蘄州。
黃梅縣
黃梅縣
黃梅縣屬黃州府。

大清一統志卷三百四十

黄州府一

在湖北省治東北一百八十里。東西距六百六十五里，南北距二百四十里。東至安徽安慶府界五百十里，西至漢陽府界一百五十五里，南至武昌府武昌縣界十里，北至河南光山縣界二百三十里。東南至江西九江府界四百二十里，西南至武昌府界一百五十里，東北至安徽英山縣界二百一十里，西北至河南羅山縣界三百三十里。自府治至京師三千二百六十里。

分野

天文翼、軫分野，鶉尾之次。

建置沿革

禹貢荆州之域。春秋時爲弦子國地，見晉書地理志。後併於楚。秦屬南郡。漢屬江夏郡，後漢因之。三國魏置弋陽郡，後屬吴。晉初仍爲弋陽郡，惠帝分爲西陽國，元和志：晉爲西陽國，封子弟爲王。

按：舊志據水經「江水逕西陽郡南」一語，謂漢已有西陽郡，又以二漢志不載，疑三國時置。今考此語是酈注，並非桑經，則西陽國自屬晉置，至宋始改郡也。屬豫州。南北朝宋爲西陽郡，屬郢州。南齊分置齊安郡，屬司州。北齊於西陽郡置巴州，齊安郡置衡州。陳廢巴、衡二州。北周復置衡州，又置弋州，統西陽、弋陽、邊城三郡。隋開皇初，廢弋州及諸郡。五年，改衡州爲黄州。黄州之名始此。大業初，改爲永安郡。唐武德三年，復曰黄州。天寶初，改曰齊安郡。乾元初，仍曰黄州，屬淮南道。五代初屬楊吴，繼屬南唐，後歸周。宋仍曰黄州齊安郡，屬淮南西路。元爲黄州路，屬河南江北行中書省。明初改黄州府，屬湖廣布政使司。本朝因之。康熙三年，屬湖北省，領州一、縣七。

黄岡縣。附郭。東西距一百九十里，南北距一百三十里。東至蘄水縣界四十里，西至漢陽府黄陂縣界一百五十里，南至武昌府武昌縣界十里，北至麻城縣界一百二十里。東南至蘄水縣治一百十里，西南至武昌府江夏縣界一百二十里，東北至羅田縣治一百六十里，西北至黄安縣治二百四十里。戰國時，楚遷邾國於此。漢置西陵、西陽、邾三縣，屬江夏郡，後漢因之。三國魏屬弋陽郡。晉惠帝以後，屬西陽國。南北朝宋省邾縣，南齊置齊安縣，屬齊安郡。隋開皇中爲黄州治。十八年，改曰黄岡縣。大業初，爲永安郡治。唐爲黄州治，宋、元因之。明爲黄州府治，本朝因之。

黄安縣。在府北二百四十里。東西距八十里，南北距一百六十里。東至麻城縣界四十里，西至漢陽府黄陂縣界四十里，南至黄岡縣界八十里，北至河南光州光山縣界八十里。東南至黄岡縣治二百四十里，西南至黄陂縣治一百二十里，東北至光山縣治二百五十里，西北至河南汝寧府羅山縣界九十里。漢西陽及鄳縣地。唐以後爲黄岡、黄陂、麻城三縣地。歷代沿革，詳見各縣注內。明嘉靖四十二年，析置黄安縣，屬黄州府，本朝因之。

蘄水縣。在府東南一百十里。東西距一百六十里，南北距一百四十里。東至安徽六安州英山縣界九十里，西至黄岡縣界七十里，南至蘄州界五十里，北至羅田縣界九十里。東南至蘄州治一百里，西南至武昌府武昌縣界四十一里，東北至英山縣治一百二十里，西北至黃岡縣治一百十里。漢蘄春縣地。南北朝宋元嘉中，析置浠水、左縣，屬西陽郡，齊因之。梁置永安郡。隋開皇初廢，屬蘄春郡。唐武德四年，改曰蘭溪，屬蘄州。天寶初，改曰蘄水，宋、元因之。明初改屬黃州府，本朝因之。

羅田縣。在府東一百六十里。東西距八十里，南北距一百六十里。東至安徽六安州英山縣界五十里，西至黃岡縣界三十里，南至蘄水縣界十五里，北至河南光州商城縣界一百四十五里。東南至英山縣界五十里，西南至蘄水縣界二十里，東北至六安州霍山縣界一百二十里，西北至麻城縣界四十里。漢蘄春縣地。梁置羅田縣，又置義州及義城郡。隋開皇初，州郡俱廢，縣屬蘄春郡。唐武德四年，省入浠水縣。天寶初，改浠水爲蘄水。宋元祐八年，復析置羅田縣，屬蘄州。紹興五年廢，其年復置。宋末省。元至元中復置，仍屬蘄州。明初，改屬黃州府，本朝因之。

麻城縣。在府東北一百八十里。東西距一百四十里，南北距一百五十里。東至羅田縣界九十里，西至黃安縣界五十里，南至黃岡縣界五十里，北至河南光州光山縣界一百里。東南至羅田縣界八十里，西南至漢陽府黃陂縣界七十里，東北至光州商城縣界七十里，西北至黃安縣界九十里。漢西陵縣地。梁置信安縣。陳置定州。後周改曰亭州，又置建寧、陰平、定城三郡。開皇初，州郡並廢。十八年，改信安曰麻城，屬永安郡。唐武德三年，復置亭州，又析置陽城縣。八年，州及陽城縣俱廢，縣屬黃州。元和三年，省入黃岡縣，大中三年復置。宋因之。端平二年，移治什子山。元至元中復舊治。明屬黃州府，本朝因之。

蘄州。在府東一百八十里。東西距一百里，南北距五十里。東至廣濟縣界四十里，西至蘄水縣界六十里，南至武昌府興國州界十里，北至蘄水縣界四十里。東南至江西九江府德化縣界一百八十里，西南至武昌府大冶縣治一百三十里，東北至安徽六安州英山縣界一百二十里，西北至蘄水縣治一百二十里。漢置蘄春縣，屬江夏郡，後漢因之。三國初屬魏，置蘄春郡，後屬吴。晉太康元年，郡廢，屬弋陽郡。惠帝後，屬西陽國。孝武改爲蘄陽縣，屬南新蔡郡。南北朝宋大明八年，還屬西陽郡，南齊初因之，後移齊昌郡治此。梁改爲蘄水縣。北齊置羅州。陳改曰江州。北周改爲蘄州。開皇初郡廢，置總管府。九年，廢府。十八年，改縣爲蘄春縣。大業初，改蘄州爲蘄春郡，縣爲郡治。唐武德四年，改爲蘄州。天寶元年，改爲蘄春郡。乾元元年，仍爲蘄州，屬淮南道。五代初屬楊吴，繼屬南唐，後歸周。宋亦曰蘄州蘄春郡，屬淮南西路。元爲蘄州路。至元十二年，立淮南宣撫司，十四年改總管府。明洪武初爲蘄州府，九年降爲蘄州，以州治蘄春縣省入，屬黄州府，本朝因之。

廣濟縣。在府東二百五十里。東西距一百里，南北距一百二十里。東至黄梅縣界七十里，西至蘄州界三十里，南至江西九江府瑞昌縣界七十里，北至蘄州界五十里。東南至瑞昌縣治一百四十里，西南至武昌府興國州界七十里，東北至蘄州界五十里，西北至羅田縣治一百里。漢蘄春、尋陽二縣地。唐武德四年，析置永寧縣，屬蘄州。天寶元年，改曰廣濟，宋、元因之。明洪武初，降蘄州府爲州，并屬黄州府，本朝因之。

黄梅縣。在府東三百五十里。東西距五十里，南北距一百七十里。東至安徽安慶府宿松縣界二十五里，西至廣濟縣界二十五里，南至江西九江府德化縣界一百里，北至蘄州界七十里。東南至宿松縣界六十里，東北至宿松縣界四十里，西南至廣濟縣界九十里，西北至廣濟縣界五十里。漢置尋陽縣，屬廬江郡，後漢因之。三國吴屬蘄春郡。晉太康元年，屬武昌郡。二年，仍屬廬江郡。永興初，徙尋陽於江南柴桑，遂爲蘄春縣地。寧康初，置南新蔡郡。南北朝宋因之，屬江州。齊分置永興縣，屬齊昌郡。隋開皇初，改曰新蔡縣。十八年，改曰黄梅縣，屬蘄春郡。唐武德四年，置南晉州。八年，州廢，以黄梅縣屬蘄州，宋、元因之。明洪武初，降蘄州府爲州，并屬黄州府，本朝因之。

形勢

地連雲夢，城倚大江，宋王禹偁謝表。西望夏口，東望武昌。蘇軾赤壁賦。通接巴、蜀，襟帶湘、漢，介乎淮、楚之交。齊安志。

風俗

俗尚淳質，好儉約。隋書地理志。山水清遠，土風厚善。其民寡求而不争，其士静而文，樸而不陋，尊德樂道，獨異他邦。蘇軾韓魏公詩跋。風氣和平，獄訟稀少。秦觀謝表。

城池

黄州府城。周七里有奇，高二丈七尺，門四，有濠。明洪武初，因舊址改建。本朝順治四年修，康熙十一年、雍正二年、乾隆十二年重修。黄岡縣附郭。

黄安縣城。周三里有奇，高二丈三尺，門四。明嘉靖四十二年建。本朝順治十六年修，雍正六年、乾隆十三年重修。

蘄水縣城。周四里有奇，高一丈五尺，門七，有濠。明萬曆二年建。本朝順治元年修。

羅田縣城。東、西、南臨尤河，北倚鳳山。周五里，高一丈五尺，門四。明成化十五年築，嘉靖九年甃以石。本朝康熙四年、五年修，乾隆十二年重修。

麻城縣城。周五里有奇，高一丈七尺，門七。明萬曆初建。本朝順治十一年修，雍正五年、乾隆三十三年重修。

蘄州城。周九里有奇，高一丈八尺，門六，東、南、北有濠，廣十七丈八尺，西濱江。明洪武二年，因舊址建。本朝雍正五年修，乾隆十三年重修。

廣濟縣城。舊無城。設四門，梅川貫其中。本朝康熙三年建土城，周圍三里許，乾隆四年修。

黄梅縣城。周三里，高一丈，門六，南面三門，有濠。明萬曆二十二年建。本朝順治十六年修，雍正四年、乾隆七年重修。

學校

黄州府學。在府治東。明洪武初，因宋河東書院舊址建。本朝康熙五十六年修，雍正二年重葺。入學額數二十名。

黄岡縣學。在縣治東。明正德中建，本朝順治五年修。康熙十一年重葺，雍正間屢修。入學額數二十名。

黄安縣學。在縣治西南。明隆慶三年建。本朝康熙六十一年修。入學額數十五名。

蘄水縣學。在縣治東。明洪武初，因宋、元故址建，明末兵燬。本朝順治、康熙、雍正間屢修。入學額數二十名。

羅田縣學。在縣治東。明弘治間建。本朝康熙四十一年遷縣西，五十年復遷縣東。入學額數十二名。

麻城縣學。在縣治東。明洪武初，因宋故址建，明末兵燬。本朝順治間重葺，康熙、雍正間屢修。入學額數十五名。

蘄州學。在州治東麒麟山陽。明洪武二年，因宋舊址建。本朝康熙五十一年修，雍正七年重葺。入學額數十五名。

廣濟縣學。在縣治東。明正德間建。本朝康熙六年修，乾隆六十年重修。入學額數十五名。

黄梅縣學。在縣治東。明洪武三年，因元舊址建。本朝順治六年修，雍正、乾隆間重修。入學額數二十名。

河東書院。在府城清淮門内。乾隆二年，知府王鐸先於是地設黄中書院。九年，知府禹殿鼇易今名。
振英書院。在府城清源門内。本朝康熙間建。
問津書院。在黄岡縣治北九十里。明崇禎末建。本朝康熙間修。
仙湖書院。在黄安縣城西。康熙五十八年建。
蘄陽書院。在蘄水縣治東二里玉臺山上。乾隆九年建。
雲路書院。在蘄水縣治西北十里。明萬曆中建。
義川書院。在羅田縣城内。
龍溪書院。在麻城縣治西。明天順中建，後傾圮。本朝康熙間重修。
麟山書院。在蘄州城内。
梅川書院。在廣濟縣治西驛腦，久圮。本朝乾隆三年，改建城内。
梅調書院。在黄梅縣城東門外。
梅英書院。在黄梅縣化龍門外。本朝乾隆三十九年建。按：舊志載蘄州有陽明、崇正兩書院，俱明嘉靖中建，今廢。

户口

原額人丁八萬一千五百六十，今滋生男婦共三百四十三萬五千五百四十八名口，計四十六萬八千八十一户。又黄州衛男婦共七萬九千七百四十六名口，計八千三百七十六户。蘄州衛男婦共一十萬六千一百二十一名口，計一萬四千四百三十户。

田賦

田地山塘五萬七千八百二十一頃一十二畝七分有奇，額徵地丁正、雜銀二十七萬四千四百一十一兩八錢九分一釐。南糧四萬五千三百六十三石二斗二升七合二勺，漕糧四萬三千六石八斗有奇，蘆課銀二千九百三十七兩六錢三分二釐。又黄州衛屯田七百二十頃六十七畝四分，額徵丁糧銀二千九百六十三兩九錢九分。蘄州衛屯田九百一十九頃三十六畝四分有奇，額徵丁糧銀二千九百四十二兩九錢一分八釐。

山川

黄岡山。在黄岡縣東。即蘇軾赤壁賦所云黄泥之坂也。

柯山。在黄岡縣東南。一名柯丘。

蓬萊山。在黄岡縣西一百二十里陽邏鎮，大江之濱。上有閣，甚幽勝。

武磯山。在黄岡縣西一百二十里。相傳黄祖屯兵其上。

七丈山。在黄岡縣西一百五十里。輿地紀勝：上有七丈潭，甚澄澈。

赤鼻山。在黄岡縣西北一里。一名赤壁山。水經注：赤鼻山側臨江川。

樟松山。在黄岡縣西北一百十里。多産樟、松，下有樟松湖。

大乘山。在黄岡縣西北一百十里。上有古城。又北十里爲華山。

上干山。在黄岡縣西北二百里。一名上官山。接黄安縣界。

聚寶山。在黄岡縣北二里。輿地紀勝：在縣治後赤壁之上。山多小石，日照之則紅黄燦然。蘇軾作怪石供，即此。

迴龍山。在黄岡縣北五十里。相近有赤山。又北十里爲白楊山、馬鞍山，又北十里爲雨華山。

孔子山。在黄岡縣北九十里。明統志：相傳夫子自衛適楚，嘗登此山。東有顔子港，北有迴車坡。元龍仁夫嘗作書屋於其麓。

龍岡山。在黄岡縣北一百二十里。山阜有石名天舟，形如舴艋。道觀河經其麓。旁有木斛山，亦高峻。又北五里有香爐山。

淘金山。在黄岡縣北一百四十里。有三四穴，皆深數丈，相傳舊産金砂。

鳳凰山。在黄岡縣北一百八十里。相傳昔有鳳凰止此。又羅田縣東三十里、蘄州治南、廣濟縣東四十五里俱有鳳凰山。

五頭山。在黄岡縣北一百八十里，接黄安縣界。有五峯高出，故名。

金雞山。在黄岡縣東北七十里。西南有金雞坑，相近有城山。又東十里有洗幹山。

五雲山。在黄岡縣東北八十里。上有井，脈通大江。

烏石山。在黄岡縣東北一百二十里。相近有白雲山。

石屋山。在黄岡縣東北一百四十里。遠望如屋，下有石版潭，通麻城縣高岸河。

豹子山。在黄岡縣東北一百五十里。又蘄州北一百二十里亦有豹子山。

大崎山。在黄岡縣東北一百六十里，接麻城縣界。峯巒回合，飛瀑百道，下匯爲澗，澗旁多古木藤蘿。西南有留雲洞。山上有龍井，旱可禱雨。又東北十里爲小崎山，上有飛來石，下有石柱，推之者可轉而不可仆。

將軍山。在黄岡縣東北一百七十里。又蘄州東北五十五里亦有將軍山。

三角山。在黄安縣東三十里。北峯下有風洞；西北爲紫雲巖及百丈等山。又蘄水縣東六十里亦有三角山，跨羅田及蘄州界，上有二龍潭，旱可禱雨。

五名山。在黄安縣東南二十里。其陰列山如屏，其陽凹嵌如屋，迤而西，有峯如蓋，羣山合沓，狀如窩然，俗因名天窩。林泉木石，最爲幽勝。中有腴田十餘畝。窩内隆冬不寒，盛夏不暑。明嘉靖中，知府周思九改曰五雲山。

香山。在黄安縣東南六十里。迤而西爲卓望山。

横山。在黄安縣南九里。屹然横峙，爲縣案山。

大金山。在黄安縣南五十里。相近有小金山。

似馬山。在黄安縣西南十里。上有石如馬。又西南六十里有紅蓋山。

佛塔山。在黄安縣西。相近有浮雲巖、鮑家砦。

夾山。在黄安縣西。其東有王子山、獨山。

乳山。在黄安縣西北六十里。有仙居崖，舊傳抱朴子修煉處。

老山。在黄安縣西北七十里。

老君山。在黄安縣西北九十里。其東有平頭嶺，北有雙門山。

天臺山。在黄安縣西北一百里。嶺有天臺，高百餘仞，四面皆石壁，惟石磴一徑可上，約廣數畝。名勝志：天臺山有石刻二，其一爲宋端平年鐫，其一爲嘉熙年鐫。此山險峻，四面如壁，石竅湧泉，冬夏不絶。

幕雲山。在黄安縣西北。最高峻。

張家山。在黄安縣東北，接麻城縣界。嘗産金，明萬曆二十六年開採，民皆奔竄，尋罷。

玉臺山。在蘄水縣東一里，世傳張道陵烹玉之所。

鳳棲山。在蘄水縣東三里。府志：舊傳張道陵煉丹，雞食之，化爲鳳，故名。東有陸羽烹茶泉。

煙籠山。在蘄水縣東七里。又東一里有雞公山，又東十二里有蜜蜂山，又東二十里有金谷山。

斗方山。在蘄水縣東五十里。上有羅漢洞、百合洞。

大浮山。在蘄水縣東一百里，接蘄州界。一名大羅浮山，一名蘄山。上有仙人臺。

峩嵋山。在蘄水縣東南三十里。又羅田縣東北一百里亦有峩嵋山。

分流山。在蘄水縣南二十里。相近有闍黎山、棢柮山。

月子山。在蘄水縣南二十五里。上有龍潭。

白荆山。在蘄水縣西南二十一里，與闍黎山對峙。縣境之水多經其下。又西南九里有龍泉山，又西南五里有蓮花山，又西南二十里有仙臺山。

雨標山。在蘄水縣西三里。上有文峯塔。

神山。在蘄水縣西二十五里。一名城山。有土城遺址，相傳孫權所築。又西一里有劄馬山。

玉鏡山。在蘄水縣西三十里。明統志：巔有大石圓如月，故又曰月峯。

太子山。在蘄水縣西四十里。舊志：相傳孫權、周瑜屯兵於此。

梅梓山。在蘄水縣西北四十里。相近有石佛山。

石門山。在蘄水縣西北六十里。峭壁臨河，山下有潭，其地高敞。明崇禎中，里人於此築砦，以禦流寇。又黄梅縣東北十里亦有石門山。

華阜山。在蘄水縣西北七十里。下有華阜潭。

茶山。在蘄水縣北三里。寰宇記：在縣北深川，每年採造貢茶之所。

護山。在蘄水縣北十里。一名白石山，産石瑩潔如玉。

石鼓山。在蘄水縣北十里。隋書地理志：浠水有石鼓山。輿地紀勝：有巨石如鼓，叩之有聲。

瑴山。在蘄水縣北十里。頂有瑴泉，其陰有君子巖。又北三十五里有野鶴山。

大靈山。在蘄水縣北六十里。舊有城塹，相傳爲陶琳立砦處。明崇禎中，土人築砦於此以禦寇，全活甚衆。其南十里有小靈山。

四望山。在蘄水縣北七十里。相近有周羅山、神保山。又麻城縣東十五里、廣濟縣西南二十里俱有四望山。

羊角山。在蘄水縣東北六十里。山勢峻聳，形如羊角。

桂家山。在羅田縣東三里。上有烽堠。又東二里有塔山。

朦朧山。在羅田縣東四十里。常有雲氣蒙其上。

石缸山。在羅田縣東四十五里。山頂有石澗，會流如缸，水瀉下十餘丈。

魁山。在羅田縣東六十里。形勢嵯峩，高出衆山上。

印臺山。在羅田縣南一里。又南九里有迎山。

望江山。在羅田縣南十五里。山勢高聳，大江相去一百六十里，遥望如在目前。

虎母山。在羅田縣南二十五里。高峯如虎，衆石纍纍，如子隨母。

鳳山。在羅田縣北三里。俗名公堂山。又北四十七里有大霧山。

雞籠山。在羅田縣北七十里。甚險峻，一名雞鳴尖。

獨坐山。在羅田縣東北八十里。高聳干雲，俯視衆山，如人獨坐。

泊臯山。在羅田縣東北一百二十里。一名鶴臯峯。

石柱山。在羅田縣東北一百二十里。山甚高峻，屹立如柱。

鹽堆山。在羅田縣東北一百五十里。巴水所出。

多雲山。在羅田縣東北一百五十里。下有含風洞，每有大風害稼，祭之可免。又廣濟縣南三十里、黄梅縣東北十五里俱有多雲山。

甑山。在麻城縣東三十里。

赤嶺山。在麻城縣東五十里。一名大敕嶺山。

龜峯山。在麻城縣東六十里。一名龜頭山。元和志：龜頭山在麻城縣東南八十里，舉水所出。春秋吳、楚戰於柏舉，即此地也。明統志：上有崖，刻唐人詩。又有白龍、黑龍二井，禱雨有應。縣志：自麓達巘二十里許，多怪石虬松，有觀音巖、噴雪崖諸勝。

奉道山。在麻城縣東八十里〔二〕。有泉石之勝。其北爲清風嶺。

什子山。在麻城縣東八十里。一名什子砦山。府志：宋末徙縣治於此，因山爲險也。

九歇山。在麻城縣東一百二十里。山勢險阻，石徑曲折，登者必紆迴而上。

白臯山。在麻城縣東南三十里。一名白額山。上有瀑布，響如伐鼓，則有雨至，名響龍潭。

八疊山。在麻城縣東南八十里，龜峯山之南。

雲陽山。在麻城縣南五十里。山勢迤西皆平岡，有望花、烏石、青丘、五龍、高峯、豹子諸山，俗總呼爲南山。

九螺山。在麻城縣西南七十里岐亭鎮。明統志：有張憨子隱於此，自號九螺山逸人。

大安山。在麻城縣西二十五里。山北有石級，名百丈階。自縣西七里岡至此，踰白沙關，爲宋時達汴之通道。又西十里有朱山，又西五里有青山。

大聖山。在麻城縣西四十里。又廣濟縣南一里亦有大聖山。

礦山。在麻城縣西五十里。中有龍王洞。又黄梅縣東南十五里亦有礦山，嘗出鐵。

紫雲山。在麻城縣西七十里，接黄安縣界。又黄梅縣北七十里亦有紫雲山，山路縈紆數十里，其頂平曠，有田數十畝，産紫雲茶。

羚羊山。在麻城縣西北九十里。西南有分水嶺，倒水分流之處。南流爲艾陽寺河，北流者入河南光州光山縣界。

黄土山。在麻城縣西北一百五里。

霸王山。在麻城縣北十里。舊志：相傳項籍嘗駐兵於此，有坡名霸坡。

鳳嶺山。在麻城縣北十里。相傳有鳳集此。

仙居山。在麻城縣北十二里。相近有鳳凰巖，下有仙洞、石室、雲泉諸勝。

飛龍山。在麻城縣北三十里。有龍井，引流可以溉田。其南爲薄刀峯、仙姑洞。

駱億山。在麻城縣北八十里。一名落衣山，下有駱家坂。

木陵山。在麻城縣北九十里。木陵關在其上。寰宇記：山上有城，樹木茂密，岡陵鬱然，爲一邑之望。

柏子山。在麻城縣東北三十里。一名柏子塔山，一名九龍山。

陰山。在麻城縣東北六十里。隋書地理志：麻城有陰山。明統志：上有陰山關。

黄蘗山。在麻城縣東北九十里，接河南光州商城縣界。

麒麟山。在蘄州治東。又鵓雞山，在州治東南隅，一名倉基山。

大泉山。在蘄州東十里。下有蘄陽第一泉，水最清洌。

龜鶴山。在蘄州東十五里。兩山相對，一蟠一翔。

百家冶山。在蘄州東三十里安平鄉。一名百望山，蘄竹所產處也。

大王山。在蘄州東八十里。又還元山、白雞山、六合山、大原山、龍元山，並在州東。

夤山。在蘄州東南八里。一名迎山，一名銀山。山半有小庵，明高啓避跡於此。廣濟縣志：夤山在蘄州東，而治屬廣濟。宋乾道四年，有以銀礦獻者，夤山與焉。明成化初封禁，尋議開取，以土色無銀而止。萬曆二十九年，分遣内臣開採，亦以驗土無銀而止。

空石山。在蘄州西南。水經注：臨江有空石山。

馬下山。在蘄州西六十里。一名馬華山，一名馬鞍山。府志：漢高祖討英布駐馬處。

白雲山。在蘄州西北五十里。輿地紀勝：隋時建塔其上。明統志：山出緑毛龜。

茅山。在蘄州西北六十里。相近有盧師山，其頂平衍。

靈虬山。在蘄州西北八十里。下產茶。

吕王山〔二〕。在蘄州北七里。一名缺齒山。又北二十八里有宣撫山，又北五里有細石山，頗幽勝。

圻山。在蘄州北六十里。一名蘄山，蘄湖水發源於此。相近有廣教山。

老鴉山。在蘄州北一百二十里。峭壁蜿蜒，亘三十里許。

四隘山。在蘄州東北五十五里。有四隘口。

策山。在蘄州東北七十里。山勢巍峩，石壁險峻。

四流山。在蘄州東北一百二十里。寰宇記：山勢迤邐，有泉水分四流，南流入蘄春界，西流入蘄水界，北流入壽州霍山界，東流入太湖界。

金鵝山。在蘄州東北一百二十里。輿地紀勝：嘗有金鵝出於石間。

九潭山。在蘄州東北一百二十里。一名九龍山，一名九龍井。

仙人臺山。在蘄州東北一百五十里。一名魁山，又名旋螺山，有九十九峯。

鼓角山。在蘄州東北一百六十七里。寰宇記：天將陰，必聞鼓角之聲，然後雨下。又黄梅縣東北七十里亦有鼓角山，鼓角河源出此。

河槎山。在蘄州東北一百七十里。一名查山。名勝志：宋程谷隱居之。谷隱，蓋珦之後云。

茅坪山。在蘄州東北二百五里〔三〕。又東北五里有寶蓋山。

相山。在蘄州東北二百里〔四〕，接安徽安慶府太湖縣界。

安山。在蘄州東北。隋書地理志：蘄春有安山。

静明山。在蘄州東北。極高大，横亘十餘里。

靈山。在廣濟縣東五里。有雙巒疊起，名慧日、白雲。縣志：有浮渡石，當靈山之麓，廣數丈，長半之，亦稱天梁石。

余公山。在廣濟縣東二十里。以余玠墓得名。

明水山。在廣濟縣東二十五里。輿地紀勝：上有龍潭，飛瀑奇甚。

大闔山。在廣濟縣東二十五里。一名沓嶁山。縣志：山有五峯，曰嶙峮，曰翠屏，曰梵合，曰圖密，曰嶛嶫，環繞似牆宇壁立。前爲飛龍嶺，亦曰罡風峽。後曰海潮峯，峯之背曰雷公洞，深黑無底。

五峯山。在廣濟縣東三十里。其高千仞，有磴可上，甚險仄。上有大石，可坐千人，俗呼雞公石。又有梵光石，如水晶色。

獨山。在廣濟縣東南三里。一峯孤出，最爲險固。又黄梅縣東南二十里亦有獨山。

連城山。在廣濟縣東南三十里，下臨連城湖。

太平山。在廣濟縣東南六十里。晉僧惠遠卓錫於此。

青林山。在廣濟縣東南六十里。水經注：青林水西南流積爲湖，湖西有青林山。

石壁山。在廣濟縣東南。其東有步石嶺，又南有八斗嶺。

午山。在廣濟縣南三十里。一名武山。縣志：在午山湖中，三面皆峭壁，惟南一徑可登。春夏湖水瀰漫，山形如鯉浮水上。

螺螄山。在廣濟縣南三十里午山湖中，亦稱螺墩。

團山。在廣濟縣南三十餘里，午山湖南。山有石，扣之有聲。一穴與湖潛通，時有鷗浮出。又黄梅縣南亦有團山。

龍池山。在廣濟縣南四十里。明統志：相傳山頂池中，唐時有鯉魚化爲龍去，因名。

陽城山。在廣濟縣南六十里。一名靈泉山。其南有仙人洞，高百餘仞，中可容千人。其北爲玉屏山、獅子山。又有靈泉洞，甚幽深。

仙姑山。在廣濟縣南六十里。舊志：相傳有何、陳、許三仙姑修煉處。山有石似牛，又名石牛山。

盤塘山。在廣濟縣南六十餘里。最險奥。

北臺山。在廣濟縣南七十里。下俯木麻、仙溪二湖。
鐵船山。在廣濟縣南七十里。相傳魯肅嘗屯兵於此。
長風山。在廣濟縣西南七十里。水經注：江水左逕長風山南。縣志：當龠山下，近南一帶左翼山是也。
積布山。在廣濟縣西南一百里。水經注：積布山，俗謂之積布磯，又曰積布圻。庾仲雍所謂高山也。此即西陽、尋陽二郡界。
金仙山。在廣濟縣西七里。輿地紀勝：昔有女子於此得道，有朝斗壇。
元和志：南臨大江，壘石壁立，形如積布，因以爲名。縣志：與隔江下山磯對東江水，其流甚狹。
秀雲山。在廣濟縣西二十里。俗稱北流山。山之東有龍井澗。
嶽山。在廣濟縣西北七里。一名藥山。
展旗山。在廣濟縣西北二十里。又西爲麻龠山。
白石山。在廣濟縣北一里。其山白石磊積，故名。
層峯山。在廣濟縣北十里。旁有青著寺，爲余玠讀書處。
石龜山。在廣濟縣北十五里。有石如龜。
鼓吹山。在廣濟縣北六十里。一名鼓角山。上有砦基，宋建炎中，郡守甄采守禦於此，全活甚衆。
横岡山。在廣濟縣東北二十五里。有天柱峯、捨身崖。
東衝山。在廣濟縣東北五十里。舊志：重巒疊嶂，積雪不消，其左右煙月蔽虧，江湖環抱，爲縣最勝。上有鮑照讀書處，下有雲瀑潭。

卓壁山。在黄梅縣東十里。又東五里有茅栗山。

古磉山。在黄梅縣東二十五里。其東五里爲下古磉山，其西十五里爲上古磉山。

亭前驛山。在黄梅縣東四十里。又東十里爲畢家塝山。

德章山。在黄梅縣東南十里。相近有筆架山、馬鞍山。

東觀山。在黄梅縣東南四十里，接安徽安慶府宿松縣界。

天馬山。在黄梅縣南十五里。其並列者爲金牛諸山。

黄齡洞山。在黄梅縣西南十五里。又西南二十五里有遊螺墩山。

舒城山。在黄梅縣西南四十里，太白湖東。四面皆水。

蔡山。在黄梅縣西南九十里大江之濱，接廣濟縣界。通典：廣濟縣蔡山出大龜，尚書云「九江納錫大龜」，即此。名勝志：唐曹王皋敗李希烈於此。

路頭山。在黄梅縣西十里。一名漏頭山。縣志：漏頭山平曠可屯，宋末僑置縣於中洲，即此。

瓦市山。在黄梅縣西十五里。漢黥布所築東西二城在焉。又西十五里有大葉山。

考田山。在黄梅縣西北三十里。其西有大竹山、小竹山，東有東山、石牌山。

白巖山。在黄梅縣西北三十里。一名三十六水山，三十六水出焉，北流入蘄州界，爲蘄河之别源。

雙峯山。在黄梅縣西北三十里。一名西山，一名破額山。寰宇記：慈雲塔，在黄梅縣雙峯山，第四祖寂滅之所。輿地紀勝：四祖山在黄梅縣西北，有香爐峯。名勝志：黄梅有東、西二山，爲四祖、五祖道場。西山即破額山，東山即馮茂山也。

黄梅山。在黄梅縣西北四十里。隋書地理志：黄梅縣有黄梅山。

北邙山。在黄梅縣北二里。山頂平曠，土赤色，上有飛昇臺。

七里岡山。在黄梅縣北七里。岡分七支。

小溪山。在黄梅縣北三十里。有梅師嶺、拳石洞。

紫雲山。在黄梅縣北七十里。山路縈紆，望如削筆，其頂平曠，東西環拱，内有平田，僧人植茶，即爲紫雲茶。

馮茂山。在黄梅縣東北二十五里。亦名東山。寰宇記：法雨塔在縣東北馮茂山，第五祖寂滅之所。名勝志：山爲馮茂所施，故名。山頂有池，生白蓮花，又名蓮峯。

龍平山。在黄梅縣東北五十里。一名鳳平山，宋戚方嘗立砦於此。

唐家山。在黄梅縣東北七十里。接蘄州界。

狗耳尖。在羅田縣北六十里。山半有牛頭巖，上有大小洞十餘，内二大洞，曲折開朗，可容百人。

祈祥嶺。在黄岡縣北一百五十里道觀河之濱。

虎踞嶺。在蘄水縣東三十里。又佛子嶺，在縣西二十里。烏沙嶺，在縣西北三十里。白沙嶺，在縣西北四十里。

岐嶺。在羅田縣東北一百三十里，接多雲山。實爲天險，上有四關，北越光、汝，南出蘄、黄，東走淮西，此爲徑道。

春風嶺。在麻城縣東九十里。一名東界嶺。輿地紀勝：縣有春風嶺，多梅花。蘇軾自新息渡淮，道經此嶺。

宗山嶺。在廣濟縣東南五十里，隔溪爲楊塢山。又越溪爲李齊坂，皆溪水環繞。

迴旆嶺。在黄梅縣東北七十里，接安徽安慶府宿松縣界。

龍峯。在蘄州北。輿地紀勝：有仙人臺，臺下石穴，即花蛇洞也。明統志：花蛇洞，春月浸没，冬月始見，舊産白花蛇。

練巖。在羅田縣西三十里。有瀑布如練。

鴻石崖。在蘄水縣西三十里。往來鴻雁，每相率棲此。

萬人崖。在麻城縣西四十五里。下有拜郊城。

燕子崖。在蘄州北一百二十里。崖石峻峭，形如燕窩。名勝志：元至正間，江布哈團聚鄉兵，立砦以禦紅巾賊者。「江布哈」舊作「江不花」，今改正。

天書崖。在蘄州東北。輿地紀勝：在州東二十里茶場。

迴風磯。在蘄水縣西南五十里大江中。宋陸游入蜀記：迴風磯無大山，蓋江濱石磧耳，然水急浪湧，舟過甚艱。

新生磯。在蘄州東南三十里江中。上有浮玉亭，一名浮玉磯。

南陽磯。在蘄州西江濱，接蘄水縣界。今名月石磯。水經注：南陽山，又曰芍磯，亦曰南陽磯，仲雍謂之南陽圻。一名洛至圻，一名石姥。水勢迅急。

龍眼磯。在蘄州西江濱。一名隆磯。宋末嘗移州治此。

石龍坡。在廣濟縣東四十五里。自東衝至此，兩山夾峙，石坡陡峻。

練石洞。在羅田縣東南三十里。山腰有石潭，飛瀑五六丈，神龍居焉。

大江。自漢陽府黄陂縣流入黄岡縣界，與武昌府武昌縣分界。東南流入蘄水縣界，與武昌府大冶縣分界。又東南流入蘄州界，與武昌府興國州分界。又東南流入廣濟縣界，與江西九江府瑞昌縣分界。又東流入黄梅縣，與九江府德化縣分界。又東流入安徽安慶府宿松縣界。水經注：江水又東逕若城南，又東得烏石水，又東逕上磧北，又東逕鄡縣故城南，又左逕赤鼻山南，又東逕西陽郡南，又東逕五磯北，左則巴水注之，又東逕軑縣故城南，東會希水口，又東得桑步，步下有章浦，本西陽郡治，左得赤水浦，又東逕南陽山南，又東逕西陵縣故城南，又東得空石口，又東，蘄水注之，又東逕蘄春縣故城南，又東得銅零口，又左得長風口，又東逕積布山南，又東逕琵琶山南，山下有琵琶灣，又東逕望夫山南，又東得苦菜水口，又西北逕下雉縣，又東，右得蘭谿水口，又東，左得青林口。黄岡縣志：大江自黄陂縣逕陽邏、團風鎮，至赤壁磯，遶南岸，東過巴河，入蘄水縣界。舊志：大江自巴河口，逕蘭溪口，至月石磯，計九十餘里，入蘄州境。逕茅山港、挂口港，至龍眼磯，抵蘄州城西，繞城東南流，逕新洲、鴻宿洲，出浮玉磯，至高林港，凡六十里，入廣濟縣界。自高林港過田家鎮，一百二十里，遶長堤，逕武穴鎮，至界牌石，入黄梅縣界。至套口八十里，過小池口，至清江鎮十里，屬江西德化縣。自清江鎮鷂鷹嘴三十里，仍屬黄梅縣。

巴水。源出羅田縣北，南流入蘄水縣界，又東南流入黄岡縣界入江。今謂之巴河，其上流名平湖鄉河，一名九子河。水經注：巴水出雩婁縣下靈山，南歷蠻中。吴時舊立屯於水側，引巴水以溉野。又南逕巴水戍，南流注於江，謂之巴口。輿地紀勝：巴水源出版石山。羅田縣志：平湖鄉河，源自鹽堆山西流，會瀧湫河，下與新昌河、三里河合，出尤河嘴，入蘄水縣界。黄岡縣志：上巴河，在縣東北八十里，南流至縣東南四十里下巴河入江，河東即蘄水縣界。按：水經注巴河源出雩婁縣之下靈山，在今壽州霍邱縣界。而羅田縣志謂出鹽堆山，蓋巴水上流已湮没，其源之可見者，惟平湖鄉河爲上流也。

舉水。源出麻城縣東北黄蘗山，西南流入黄岡縣西三十里入江。在麻城名岐亭河，入黄岡縣界謂之舊州河，其入江處謂之三江口。水經注：舉水出龜頭山，西北流逕蒙蘢戍南，又西流，左合垂山之水，又西南逕顔城南，又西南逕齊安郡西，倒水注之。又東南歷赤亭下，謂之赤亭水。南流注於江，謂之舉口。寰宇記：岐亭河，在麻城縣西北八十里。又舊州河，在黄岡縣西北一百十二里，水流至團風大江口。輿地紀勝：三江口，去黄岡縣三十里，在團風鎮之下，有江三路而下，至此會合爲一。麻城縣志：舉水源出麻城縣東北，西南逕虎頭關、陰山坂，南逕縣東十五里爲閻家河，以岸多桃花，亦名桃林河。折而西，會柏塔河，始名縣前河。西南逕縣南十里，名高岸河。稍西匯麻溪、白果二河。又西南會浮橋河，又西南過宋埠，至岐亭鎮，合松溪河，名岐亭河。又西南逕黄安縣境，南入黄岡縣界。黄岡縣志：舊州長河，自麻城縣流入，會道觀河、沙河諸水，由團風鎮入江。

希水。「希」一作「浠」。源出安徽六安州英山縣，西南入羅田縣界，爲英山河。又西南爲落翎河，踰嶮石爲石嶮河，一名古河，一名界河。又西南入蘄水縣西南蘭溪鎮入江。水經注：希水出灊縣霍山西麓，西南流分爲二水，枝津出焉。又南積而爲湖，謂之希湖。又南逕軑縣東而南注於江，是曰希口。輿地紀勝：嶮石在蘄水縣東北，羅田三溪之水會焉〔五〕，高數十丈，十餘里横截溪流，水注罅中，皆成巖竇，玲瓏相通，衝淙而下，湍迅異常，入蘄水界，爲希水。舊志：自石嶮分金山，入蘄水縣東境，西南流名蔡家河，會九曲河，東分一支，名倒流河。又西南流至縣南，名南門河。過南城，西流出蘭溪口，入大江。

垂山水。在麻城縣東。今名柏塔河。水經注：垂山水，北出垂山之陽，與弋陽溳水同出一山。水之東有南口戍，又南逕方山戍西，西流注於舉水。縣志：柏塔河，亦名界河，源出光山縣界，逕黄土關外南流，又逕麻城縣東北三十里，又南逕縣東至縣南，合桃林河爲縣前河。

倒水。在麻城縣西。今名浮橋河。水經注：倒水出黄武山，南逕白沙戍西，又東逕梁達城戍西，東南合舉水。縣志：源出羚羊山，自分水嶺南流，沿艾陽寺，亦名艾陽寺河。南流會山東之支流，逕沙灣至浮橋，爲浮橋河。又南入縣前河，爲兩河口。

蘄水。在蘄州東北。今名蘄河，亦名童子河。源出州東北大浮山，西南流合三十六水。又西南流合鈷鉧水，入赤東湖，至州西掛口入大江。水經：蘄水出江夏蘄春縣北山，南過其縣西，又南至蘄口，南入於江。元和志：蘄水源出蘄春縣東北大浮山。

三十六水。在蘄州東北。源出黄梅縣界，今名高溪河。輿地紀勝：源出白巖山，南入蘄河。

鈷鉧水。在蘄州東北。西流入蘄水。寰宇記：鈷鉧水，出櫨梨山，入蘄河而西流南折，俗名西湖，逕舊州西，至渴口分二流，南一支爲後河，北一支爲前河，俱西南流入赤東湖。

三臺河。在黃岡縣北十三里。一名三台河。源出後湖，西流入鮑湖。

道觀河。在黃岡縣北一百二十里。源出大崎山龍井，逕龍岡山陽，過孔子山前，名孔子河，西南流入舊州長河。

沙河。在黃岡縣北一百三十里。縣志：在黃岡、麻城兩縣界，西南流入道觀河。

紫潭河。在黃安縣南。縣志：源出白沙關，至境内曰界河，至七里坪西，受天臺山腰磨沖、方陂沖、上莊陂諸溪之水。南曰貢熊灣河。又南至雙城，與袁英河合流。稍下，土門、西溪之水，逕長興店入之，曰三河口。又南下三十里，至縣西，曰東流河。又合金場河，十里至龍灣，合陡埠河，又五里曰沙河，西受童家港、楊德橋水，東受蓮花港、銀錠橋、五里橋水。又南，西受羊兒港、徐家港之水，曰中和官渡。又南，西受曾家港水，曰八里灣河。又南，東受藤花港、臨河港水。又西受行祠橋、太平橋水，曰紫潭河。又東南入黃岡縣界爲感化河，由孫贊埠匯漲渡湖入江。稍可運筏，夏秋水漲，間可運百斛舟。按：或以此爲古之倒水者，誤。

陡埠河。在黃安縣東。源出縣東嶺山沖，東合土門沖、王龔、三角、五雲諸山之河，西南流逕縣南，入東流河。

松溪河。在黃安縣東南。源出縣東北境鹿皮沖，南與葉紙河合流，爲謝家店河。又南至孟家坊，與板門沖河合流，曰松溪河，至麻城縣界，入岐亭河。

金場河。在黃安縣西。合陽臺、佛塔、浮雲三水，流入東流河。

灄河。在黃安縣西。源出北仙居山，南流入漢陽府黃陂縣界。縣志：灄河有二源，一出金局關，一出黃陂站，合流南下曰雙河。又西三十里有流橋河，在縣西六十里，源出乳山。又官倉河，在縣西五十里，源出老山，合流而下曰西河。下與雙河合流曰西河口，入黃陂縣界。

袁英河。在黃安縣北。源出雙門山，東合廟峯、石丈、打磨山水，西合幕雲、黃石巖水，曰袁英河，南入貢熊灣河。

奉泰鄉河。在羅田縣東南。源出朦朧山，南流爲義水，合英山河。名勝志：梁置義城郡以此。

尤河。在羅田縣南。一名官渡河，一名縣前河。源出縣東北峩嵋山之紫潭沖，會多雲河，南流遶縣城南，又西南至尤河嘴，入巴河。

湯河。在羅田縣東四十里。泉温可浴。西南流入尤河。

白蓮河。在羅田縣南。源出安徽六安州英山縣界，西南流入浠水。

多雲河。在羅田縣北。源出石柱山之七里沖，南流合東安河，又合北峯河，南流入尤河。

北峯河。在羅田縣北。東流入多雲河。

瀧湫河。在羅田縣北。西流入尤河。

東安河。在羅田縣東北。西南流入尤河。

新河。在麻城縣東一里。明正德末，縣令王世禄以縣前河匯東北二境之水，恒有暴漲之患，議於河之東岸鑿河，以殺水勢。至嘉靖初，縣令杜朝紳始成之，名曰新河，至縣南仍入縣前河。

木樨二里河。在麻城縣東九十里。南流至黄岡縣界，入巴水。

義井河。在麻城縣東一百里。源出河南光州固始縣界，東南流入巴水。

東義州河。在麻城縣東。南流入巴水。

白臯河。在麻城縣南三十里。源出白臯山，西流逕鳴山，又西北入縣前河，爲汝陰河口。

麻溪河。在麻城縣南二十里。源出縣東南唐殿，西流入白臯河。

宗渡河。在蘄州東八十里。西流入蘄河。

翻車河。在蘄州東南。南流入大江。

荆竹河〔六〕。在廣濟縣東。源出東衝山南明水崖，懸崖飛瀑，下注爲潭，水溢西出，逕黄牛垸西數里，又逕五峯，會諸小水，西流爲荆竹河，又會車坊河，逕成相寺前，又南爲團頭河，分而爲二，南流逕六石里坂〔七〕，復合爲一，逕廖陸溪，入赤磯河。

車坊河。在廣濟縣東。源亦出東衝山，南流入荆竹河。

闞山河。在廣濟縣北二十里。一名撻水河。源出展旗山，南流十里，逕松陽橋，名石塔河。又逕縣西秀雲山東爲闞山河。又南流數里爲團山河，而達於梅川。

隆斗河。在黄梅縣東。一名鼓角河。有二源，一出唐家山，南流逕龍平山麓，又逕渡下橋，一出鼓角山，南流逕亭前驛，至兩河口，合流過柘林鋪，至鐵塘口，會小溪河，遶縣城南，名縣河。自縣西流匯張家湖，會馬頭橋河爲殷家河。又西南流逕黄蓮嘴，走下新，達東觀，出急水，入大江。

小溪河。在黄梅縣東。源出小溪山三丫嶺，逕多雲，過陶家鋪，名沙河，至鐵塘口，入隆斗河。

悠悠河。在黄梅縣東。源出茅栗山安亭港，西南流逕龍泉山，出馬頭橋，入殷家河，亦名馬頭橋河。

考田河。在黄梅縣西。源出考田山，南流入太白湖。縣志：縣西北之水發源處爲六渡河，逕考田沖，南下大河鋪，至白花坂，分流爲二：其西流者入長安湖，其東流者下桂家寨，入濯港。

雙城河。在黄梅縣西。源出大葉山，南流爲雙城小河，斜下龍頭山河，至舒城山河，合長安湖入濯港，東流至黄蓮嘴，出急水，入大江。

梅川。在廣濟縣東。源出黄岡諸澗，匯流成川，下會層峯諸溪水，西南流逕縣東里許，西北折而復南，逕春風橋，會靈山、浮渡諸水，北折而西，出縣治前仁壽橋，遶迴川嘴而西，爲縣河。過滄浪橋，折而南流十餘里，逕潘壋，又十餘里，逕柏林、東岡澗，按：寰宇記有黄梅水，疑即此。

又二十餘里，入陶家塘，逕縣南五十里紫石頭，入午山湖。

灄湖。在黄岡縣東四十里。

沙湖。在黄岡縣東南三十里。輿地紀勝：東坡嘗買田於此。

鮑湖。在黄岡縣西北六十里。縣境之水俱匯於此，南入大江，俗謂之鵝頭頸。

樟松湖。在黄岡縣西北一百十里，南接鮑湖。

後湖。有二：一在黄岡縣東北十五里，一在蘄水縣西南五十五里。

聖人湖。在黄安縣北三十里。平原中廣可三十餘畝，匯水不涸。

皂泥湖。在蘄水縣南六里。

黄草湖。在蘄水縣西南五十里。其西有楊歷湖。

攝湖。在蘄水縣西南七十里。

黄沔湖。在蘄水縣西三十里。

望天湖。在蘄水縣西四十五里。

牛陂湖。在麻城縣東十里。

南湖。在麻城縣南十里。

官湖。在麻城縣西十五里。

諸家湖。在蘄州東一里。一名兩湖。東通廣濟縣馬口湖，入大江。民多業漁於此，曲折周迴，凡二三十里，春多桃李，夏盛芙蕖，爲州最勝處。

蘄湖。在蘄州西二十里，接蘄水縣界。南流爲茅山口，入大江。水經注：蕲山北崖有東湖口，江波左迤，流結成湖，故謂之湖口。

赤東湖。在蘄州北十里。上納蘄河水，下由掛口港入大江。湖有九十九汊，爲孔道所經。名勝志：其地有鼓吹廟，地中常聞音樂，故名。州志：州境湖之最大者曰赤東，其東十里有湖曰沿市，曰金沙，曰西湖，皆赤東支流。

赤磯湖。在廣濟縣東南，西接連城諸湖，東通黄梅縣之太白湖。

連城湖。在廣濟縣南三十里。

午山湖。在廣濟縣南三十里。亦名武山湖，東通連城湖、赤磯湖，西通黄泥湖。

馬口湖。在廣濟縣南六十里。上承諸家湖水，南入大江，爲馬口渡。宋初南征，自此濟江。

黄泥湖。在廣濟縣西南。東流爲鳳橋港，入午山湖。

廣野湖。在廣濟縣西南。縣志：黄泥湖西數里爲廣野湖，其下爲繫馬嘴，昔湖水泛溢，有孫英築隄護之，繫馬於此，因名。

小源湖。在黄梅縣東南三十里，其東爲大源湖。隆斗諸河水所瀦也。

楊林湖。在黄梅縣西南二十五里，西接太白湖。東由濯港逕白湖渡，入孔壠小江，至清江鎮入大江。

太白湖。在黄梅縣西南四十里。其相近有長安湖、陶水湖，俱東通楊林湖。

蘭溪。在蘄水縣東。寰宇記：蘭溪水出箬竹山，其側多蘭。唐武德初，蘭溪縣指此爲名。輿地紀勝：蘭溪泉，陸羽茶經以爲天下第三泉。余章三泉記云：鳳山之陰，蘭溪之陽，有泉出石罅，爲蘭溪。其在寺庭之除，爲陸羽烹茶之泉。其在鳳山之陰，爲逸少澤筆之井。王、陸二水，皆蘭溪一源耳。

龍口港。在黄岡縣北一百十里。北通樟松湖，南達大江。

柳子港。在黄岡縣北一百二十五里。源出路灌口，入麻城縣界，注岐亭河。西流至三家店，其水横亘店口，亦名横河。

漆木港。在黄梅縣西北。源出安德山，東南流入考田河。

長圻澳。在黄岡縣南二里。輿地紀勝：舊立館驛，爲過客遊憩之所，名曰東館。

夏澳。在黄岡縣西南二里。輿地紀勝：夏竦守黄州，鑿水入陂以藏舟，因名。縣志：今爲洗馬池。

峥嶸洲。在黄岡縣西，接武昌府武昌縣界。

新生洲。在黄岡縣西北三十里，接武昌府武昌縣界。亦曰新生磯，今名姜家洲。宋元通鑑：景定元年，蒙古張傑閻旺作浮橋於新生磯。明統志：新生洲在團風鎮下。

佗鷌洲。在黄岡縣西北五十里。

木鵝洲。在黄岡縣北九十里。

新洲。有二：一在蘄水縣西南蘭溪口江中，一在黄梅縣西南江中。

五洲。在蘄水縣西四十里蘭溪西大江中。水經注：軑縣故城，南對五洲，江中有五洲相接，故以爲名。宋孝武帝舉兵江洲，建牙洲上，有紫雲蔭之，即此。

夾沙洲。在麻城縣南三十里舉水中。長亘數里，有林木聚落。

中洲。在麻城縣西南岐亭南。亦有林木聚落。

鴻宿洲。在蘄州南二里。一名金沙洲，秋冬有鴻集於此。府志：宋景定四年，元兵據白雲山，設礮，守者懼，走保鴻宿洲〔八〕。州志：鴻宿洲，水泛則半没，水縮則平衍可藝。

楊葉洲。在蘄州西南龍眼磯之南。

白田洲。在蘄州西江中，北對月石磯。

嚴家洲。在廣濟縣東南江中。一名中洲，接黄梅縣之新洲。元末嘗徙縣治此。縣志：中洲即新洲内老洲也。

太子洑。在黄梅縣南。南史宋桂陽王休範傳：元徽元年，以晉熙王燮爲郢州刺史，長史王奐行府州事，出鎮夏口，慮爲休範所擾留，自太子洑去，不過尋陽。元和志：太子洑在江岸，梁武帝初下建業，留丁貴嬪於此，生太子，因以爲名。按：劉宋時，已有太子洑之名，元和志似不足據。然宋書桂陽王休範傳作太洑，或初本名太洑，梁後改稱太子洑與？

石燕源。在廣濟縣南。一名靈泉。輿地紀勝：石燕源在廣濟縣西南六十里，水自洞中流出。名勝志：靈泉山中有洞，石燕泉出焉，洞中巨石如林。

竹根潭。在黄岡縣北九十里，通團風，注大江。

石頭潭。在黄岡縣北九十里，亦通大江。

龍潭。在羅田縣東東安河中。水激如伐鼓，俗名擂鼓潭。縣東北六十里亦有龍潭，有龍潛焉。下流俱入尤河。

烏馬潭。在羅田縣西五里。縣志：烏馬潭，舊有石碑，云蘇子瞻以虎尾硃砂符釣魚於此。今石刻剥落無考。

白龍潭。在廣濟縣西南蘇家山南數里，面平湖，左右長坂，竹樹陰森。

君子泉。在府治北。宋通判孟震亨有賢德，時稱孟君子，庭中有泉，蘇軾因以名之。

玉泉。在羅田縣西北十五里。其色如玉。

瀑布泉。在麻城縣北麻姑洞口。飛白如練，水味清嘉。

湯泉。在蘄州東北一百四十里。一名温水。寰宇記：温水出蘄春縣東北六十里山下。凝冬之月，蒸氣上騰，人可沐浴。

冷泉〔九〕。在黄梅縣東二十里。輿地紀勝：在縣東冷水澗。輿地紀勝：水温如沸，有硫磺氣。

飲馬陂。在蘄水縣北三十五里。

團陂。在蘄水縣北七十里。

鳳陂。在麻城縣東。輿地紀勝：相傳有鳳浴此。東南五里有山，名鳳凰臺。

蓮花池。在蘄州北一里。

東洞井。在蘄州東北二十里，水甚清澈，湧沸不竭，山崖石壁，環抱峙立。

丹井。在蘄州東北一百三十里。明統志：井底有四竅，按四時出泉，世傳王全真煉丹於此。

古蹟

邾縣故城。今黄岡縣治。地道記：楚滅邾，徙其君此城。宋書州郡志：晉咸康四年，毛寶爲南豫州刺史，治邾城。水經注：邾縣故城，晉咸和中，庾翼爲西陽太守分江夏立。通典：邾城臨江，與武昌相對。寰宇記：黄州，唐中和五年移於舊邾城。

地理通釋：今蘄、舒、黄三州之北有大山連亘八百里，俗呼爲西山，邾城在山之南。

西陽故城。在黄岡縣東。漢置縣，晉置郡，隋廢。水經注：江水又東逕西陽郡南，郡治即西陽縣也。宋書州郡志：西陽本縣名，二漢屬江夏。魏立弋陽郡，又屬焉。晉惠帝分弋陽爲西陽國，屬豫州。宋孝武孝建元年屬郢州，明帝太始五年又屬豫，後又還郢，領縣西陽。隋書地理志：黄岡，後周置弋州，統西陽郡，開皇初廢。元和志：西陽故城，在黄岡縣東南一百三十里。

西陵故城。有二：一在黄岡縣西北。漢置縣，屬江夏郡，晉屬弋陽郡，宋屬西陽郡，梁廢。元和志西陵故城在黄岡縣西二里是也。一在蘄水縣西南，吴置，晉初廢。三國吴志：西陵太守領陽新、下雉兩縣。水經注江水又東逕西陵縣故城南是也。按：酈氏以江水所經之西陵，即史記秦昭王遣白起伐楚取西陵之地，誤。

黄岡故城。在黄岡縣西北一百二十里。南齊置南安縣，隋改爲黄岡，唐移治於故邾城，而此城廢，今爲舊城市。隋書地理志：永安郡黄岡，齊曰南安，開皇十八年改曰黄岡。寰宇記：黄岡縣，唐中和五年隨州移就大江邊。

齊安故城。在黄岡縣西北。南齊置郡縣，隋廢郡，省縣入黄岡。隋書地理志：黄岡，齊置齊安郡，開皇初郡廢。舊唐書地理志：北齊於舊城西北築小城，置衡州，領齊安一郡。隋改齊安爲黄州。

齊興故城。在黄岡縣北。南齊置郡，後屬魏，北周廢。南齊書州郡志：郢州齊興郡，永明三年置。通鑑：齊永泰元年，奉朝請鄧學以齊興郡降魏。注：其地當在西陽、弋陽二郡界。

永安故城。在黄岡縣北。後魏置郡，隋開皇初廢。寰宇記：永安城，即楚相黄歇所都，隋改黄州爲永安郡，取此爲名。今有永安鄉，在縣北六十里。東坡題跋：今黄州十五里許有永安城，俗謂之女王城。張表臣珊瑚鈎詩話：黄之永安，爲春申故城，蓋始封也。謂之「春」者，蘄春、壽春是也；謂之「申」者，申、光之間是也。其必兼二城而封之歟。縣志：黄歇壘即永安城，一作吕王城。

木蘭故城。在黄安縣南。南齊書州郡志：安蠻左郡木蘭。隋書地理志：永安郡木蘭。梁曰梁安，置永安、義陽二郡。後齊置湘州，後改爲北江州。尋州及二郡相次並廢〔一○〕，十八年改縣曰木蘭。唐書地理志：黄州黄岡，武德三年，省木蘭縣入焉。

蘄水故城。在今蘄水縣東三十里。南北朝宋置縣。唐廢。宋書州郡志：西陽太守領縣蘄水，文帝元嘉二十五年，以豫部蠻民立。舊唐書地理志：武德四年，省蘄水入蘄春。

軑縣故城。在蘄水縣西四十里。漢置縣。南北朝宋改曰孝寧，後周廢。漢書地理志：江夏郡軑，故弦子國。水經注：江水又東逕軑縣故城南。宋書州郡志：西陽太守領縣孝寧，本軑縣，孝武自此伐逆，即位改名。

羅田故城。在今羅田縣東。隋置縣，唐初省，宋復置，元移縣今治而此城廢。隋書地理志：蘄春郡羅田，梁置義州義城郡，開皇初並廢。舊唐書地理志：武德四年，省羅田入浠水。輿地紀勝：羅田縣，本漢蘄春縣地。元祐八年，以石橋鎮升爲縣。紹興五年，廢爲鎮，是年復置。縣志：縣舊治，在今縣東六十里魁山之麓。元大德八年，縣尹周廣移縣於官渡河，即今治也。

麻城故城。在麻城縣東。晉築城，梁置信安縣，隋改曰麻城，元末移於今治而此城廢。北齊書文宣帝紀：天保十年，詔於麻城置衡州。隋書地理志：永安郡麻城，梁置信安，又有北西陽郡，陳廢北西陽置定州，後周改曰亭州，開皇初廢，十八年縣改名焉。唐書地理志：黄州麻城，武德三年置亭州，八年州廢，以麻城來屬。元和三年省入黄岡，大中三年復置。元史地理志：黄州路麻城兵亂，徙什子山，歸附還舊治。名勝志：麻城故城，石勒使其將麻秋所築。縣志：麻秋所築城，在今縣東十五里，今城元末邑人姜銘等創。

建寧故城。在麻城縣西南。南北朝宋置郡，尋改爲縣，齊復爲郡，隋廢。宋書州郡志：孝武大明八年，省建寧左郡爲縣，屬西陽。南齊書州郡志：司州建寧左郡。隋書地理志：永安郡麻城，有建平、陰平、定城三郡，開皇初並廢。

赤亭故城。在麻城縣西。南北朝宋置縣，尋省。宋書州郡志：文帝元嘉二十五年，以豫部蠻民立赤亭縣，屬西陽。孝武大明八年，赤亭併陽城。魏書田益宗傳：梁建寧太守黄天賜築城赤亭。按：北周及唐於麻城置亭州，當以此得名。

長風故城。在麻城縣西北。南北朝宋置縣，後省。宋書州郡志：文帝元嘉二十五年，以豫部蠻民立長風縣，屬西陽，不詳何時省。魏書田益宗傳：梁遣軍主吳子陽寇三關，益宗遣光城太守梅興之據長風城。

北江州故城。在麻城縣西。梁置，後齊廢。魏書地形志：北江州，梁置，魏因之，治鹿城關。隋書地理志：木蘭，開皇初別置鹿城縣，尋廢。按：北江州當是後齊并入湘州，因改湘州爲北江州。後齊之北江州非即梁之北江州也。

南定州故城。在麻城縣東北。梁置，隋廢。魏書地形志：南定州，梁置，魏因之，治蒙蘢城。水經注：舉水西北流，逕蒙蘢戍南，梁定州治。

蘄春故城。在蘄州西北。漢置縣，晉改曰蘄陽，隋仍曰蘄春，宋移治而故城廢。宋書州郡志：西陽太守領縣蘄陽，二漢江夏郡有蘄春縣，吳立爲郡。晉武帝太康元年，省郡，縣屬弋陽，後屬新蔡。孝武大明八年，還西陽。隋書地理志：蘄春郡，後齊置羅州，後周改曰蘄州，統縣蘄春，舊曰蘄陽，梁改曰蘄水，後齊改曰齊昌，置齊昌郡。開皇初郡廢，十八年改縣曰蘄春。元和志：蘄春，三國時屬魏，魏使廬江謝奇爲蘄春典農，吕蒙襲擊，破之，後吳復置蘄春郡。晉孝武帝改曰蘄陽，以鄭太后諱故也。寰宇記：蘄春以水隈多蘄菜爲名。宋史地理志：蘄州，景定元年，移治龍磯。蘄春，嘉熙元年治鴻宿洲〔一〕，景定二年隨州治泰和門外。州志：舊城在州治西北。宋景定四年，遷麒麟山，即今治也。

永寧故城。今廣濟縣治。元和志：廣濟縣，本漢蘄春縣地，武德四年，以此地衝要，置永寧縣，天寶元年，以名重改爲廣濟縣。

新蔡故城。在黄梅縣西。晉置郡，齊以後省。晉書地理志：孝武因新蔡郡人，於漢九江王黥布舊城置南新蔡郡，屬南豫州。元和志：九江故城，在黄梅縣西南七十里，漢九江王黥布所築。

永興故城。在黄梅縣西北。南齊置縣，隋初改名新蔡，後改名黄梅，元初移治而此城廢。隋書地理志：蘄春郡黄梅，舊曰永興，開皇初改曰新蔡，十八年改名焉。元和志：黄梅縣因縣北黄梅山爲名。縣城，晉驃騎將軍郭默所築。唐書地理志：黄梅，武德四年置南晉州，八年廢。元史地理志：黄梅，宋嘉熙兵亂，僑治中洲，後復舊。縣志：黄梅舊城，在今縣西白花坂，元初移於今治。

尋陽故城。在黄梅縣北。宋書州郡志：尋陽，漢屬廬江，吴立蘄春郡，尋陽縣屬焉。晉武帝太康元年，屬武昌。三年，復屬廬江。惠帝永興元年，立尋陽郡，尋陽縣，後省。通典：漢尋陽舊縣在江北，今蘄春郡界，晉温嶠移於江南。尋陽記：今蘄州界，古蘭池城，亦謂之尋水城，即漢尋陽縣也。地理通釋：朱文公曰：漢九江郡，本在江北，後以江北之尋陽併柴桑而立郡，又自江北徙治江南，故江南得有尋陽之名。按：尋陽分郡，在晉永興初，而移治則温嶠，當在南渡後。胡三省以爲永興時移治，誤。

義豐廢縣。在黄梅縣南。唐書地理志：黄梅，析置義豐、長吉、塘陽、新蔡四縣〔一二〕，八年省。縣志：黄梅舊治在縣西，西去大河鋪一里，其城址尚存；長吉舊治在縣南二十里濯港之郭家嘴。

郭默城。在蘄水縣東。通鑑：陳太建五年，郭默城降。注：「晉氏不競，劉、石强盛，郭默轉徙而南，築城以自保，故有其名。」

閻公城。在麻城縣東閻家河畔，相傳爲閻伯璵故里。

竹敦城。在麻城縣西北。通鑑：梁天監三年，上遣馬仙琕築竹墩、麻陽二城於三關南。注：「麻陽，即今黄州麻城縣。」

翻車城。在蘄州東。元和志：翻車故城，在蘄春縣東南八十二里，黥布歸漢築此城，近翻車水，因名。

江夏城。在蘄州境。寰宇記：晉江夏王築。

樊噲城。在廣濟縣南午山湖濱。府志：世傳漢高祖命樊噲征黥布，築此屯兵。

徐平章城。在廣濟縣西。縣志：元末縣人徐興，舉賢良，官平章，築城縣西，督兵禦紅巾賊，賊相戒勿犯新城，後蘄、黄俱陷，而縣獨全。今故址猶存。

東京城。在黄梅縣境。縣志：與西京城皆黥布所築。

董公城。在黄梅縣南濯港之南。縣志：昔有董姓者，於此築城以避水與兵，故名。

藥師城。在黄梅縣北二十里。縣志：唐李藥師領兵過此，築以避寇。

百萬城。在黄梅縣東北。縣志：相傳唐曾元裕駐兵之所，一名桐坡砦。下有百萬坡，相傳亦元裕所鑿。

馬柵。在黄岡縣北。通鑑：梁大寶元年，邵陵王綸引齊兵營馬柵，距西陽八十里。

東坡。在黄岡縣治東。宋朱彧可談：蘇子瞻謫黄州，居州之東坡，自號東坡居士，其地今屬佛廟。

南坡。在黄岡縣東南。宋蘇軾集：古氏南坡，修竹數千竿，盛夏不見日，蟬鳴嗚呼，有山谷氣象。竹林之西，又有隙地數畝，種桃李雜花。陸游入蜀記：坡西竹林，古氏故物，號南坡，今已殘伐無幾，地亦不在古氏矣。

龍丘。在黄岡縣北一百二十里。宋陳慥居此，以地爲號。

杏花村。在麻城縣西南岐亭鎮。有杏林、杏泉，宋陳慥隱處。

臨臯館。在黄岡縣南，大江濱。亦名臨臯亭。宋蘇軾與朱康叔尺牘：已遷居江上臨臯亭，甚清曠，風晨月夕，杖履野步，酌江水飲之。

横江館。在黄岡縣西。明統志：在赤壁山南，晉龍驤將軍蒯恩建。

涵輝閣。在蘄州北舊城。方輿勝覽：蘇子瞻在黄，客有道其「霽容天在水，春態柳藏橋」之句，先生以「色」字易「態」字，蓋賦涵輝閣也，自是涵輝之名益著。

琴臺。在黄岡縣西北三江口。縣志：相傳宋柳世隆破沈攸之，嘗鼓琴於此。

鳳凰臺。有二：一在羅田縣西。輿地紀勝：羅田縣西三十里，有鳳凰臺。一在蘄州東北。輿地紀勝：在蘄春縣北鳳凰山，百鳥無棲止其上者。

鮑照讀書臺。在廣濟縣東北東衝山上。

涵暉樓。在府治。宋韓琦有詩，張孝祥取赤壁賦中語，改曰無盡藏樓。後又有坐嘯堂，及無倦、味道二軒。

棲霞樓。在黄岡縣西南。陸游入蜀記：棲霞樓，本太守閭邱公所作，樓頗華潔。先是郡有瑞慶堂，謂一故相所生之地，後毁以新此樓。

月波樓。在黄岡縣治西。明統志：月波樓在府治西北城上，不知建自何代。宋王禹偁有詩，舊志以爲禹偁建者誤，詩序甚明。今漢川門樓即其址。

竹樓。在黄岡縣治西北。宋王禹偁有記。陸游入蜀記：循小徑繚州宅之後，至竹樓，規模甚陋。樓下稍東，即赤壁磯。

鏡心樓。在黄岡縣東北。元建。

睡足堂。在府治。明統志：王禹偁建，取杜牧憶黄州詩「平生睡足處，雲夢澤南州」之義。

相隱堂。在府治側。名勝志：龐籍初爲郡司理，及後入相，邦人即其地建堂，因名。

雪堂。在黄岡縣治東。宋蘇軾建，有記。入蜀記：東坡地勢平曠，東起一壟，頗高，有屋三間，曰居士亭。亭下面南一堂，有東坡像，是爲雪堂。方輿勝覽：東坡去黄之日，以雪堂付潘大臨兄弟居焉。崇寧壬午，黨禁興，堂遂毁，其後邦人屬神霄宫道士李斯立重建。府志：雪堂在城東。明洪武戊申，展築郡城舊址，遂在城内，今縣學其基也。弘治間，改建於府治東隅，與竹樓相對。東坡嘗於雪堂前植梅一株，至嘉靖後始枯。知府郭鳳儀摹形於郡齋之石，今置赤壁。

寒碧堂。在黄岡縣東清淮門外。明統志：何頡之兄弟作此堂，以待蘇軾至，軾爲畫竹石賦詩。

溪堂。在蘄州治南。名勝志：宋至和中，吴英致仕時隱居也。

鴻軒。在府城内。方輿勝覽：張耒謫監黄州酒税，繼爲倅，又爲守，凡三至焉，榜其居曰「鴻軒」。

嘯軒。在黄岡縣東南定惠院。宋蘇軾有詩。

覽春亭。在府治。輿地紀勝：覽春亭在郡治，韓琦所建。

四望亭。在黄岡縣治東，後更名高寒樓。入蜀記：四望亭正與雪堂相值，在高阜上，覽觀江山，爲一郡之最。舊志：高寒樓，唐太和中，刺史劉嗣之築四望亭於郡東阜，宋張激攝令日，更今名，取杜甫詩「玉山高並兩峯寒」之意。

如畫亭。在黄岡縣治東。明統志：宋王禹偁建。

春草亭。在黄岡縣東南。宋韓琦建。

任公亭。在黄岡縣東南。亭西有師中菴。宋蘇轍師中菴記：師中姓任氏，來齊安，嘗游息於定惠院。既去，郡人名其亭曰任公。余兄子瞻，遷齊安，人知其與師中善也，復於任公亭之西爲師中菴。

快哉亭。在黄岡縣南。宋蘇轍快哉亭記：張君夢得，謫居齊安，即其廬之西南爲亭，以覽觀江山之勝，而予兄子瞻名之曰「快哉」。

遺愛亭。在黄岡縣治南。明統志：宋元豐中，徐君猷爲守，有善政，既去，蘇軾以此名亭。

疊嶂亭。在蘄水縣城内。宋蘇軾所名。

洄瀾亭。在蘄水縣南。明統志：在縣南蘭溪岸。蘇軾游此，見水盤旋，書二字於石壁，後人立亭。名勝志：洄瀾、龍潭，俱在城南，蘇子瞻乘月泛舟處。

萬松亭。在麻城縣西七里岡。宋蘇軾萬松亭詩序：麻城縣令張毅，植萬松於道周，以庇行者，且以名其亭。

四見亭。在蘄州西北舊治内。宋治平中，范純仁知蘄州建。方輿勝覽：四見亭在州北塔後。

環翠亭。在蘄州西北舊城。宋建。輿地紀勝：超然觀、環翠亭，俱在蘄春郡城。

鴛鴦亭。在黄梅縣城内。縣志：世傳徐拭妻齊氏，夫婦相和敬，齊事姑甚孝，所居有塘，畜雙鴛鴦，齊每稱觴，鴛鴦隨之。姑死，鴛鴦飛去，齊思姑不已，竟殞，徐亦隨亡。里人悼之，以「思姑」名其巷，并建亭名「鴛鴦」云。

置馬亭。在黄梅縣境。後漢書郡國志：尋陽有置馬亭，劉勳士衆散處。

壁陰齋。在黄岡縣城内。方輿勝覽：洪芻，黄魯直之甥，爲黄之酒正，名其室爲壁陰齋，魯直爲之銘。

校勘記

〔一〕在麻城縣東八十里　「麻城縣」，原作「麻縣縣」，據乾隆志卷二六三黄州府山川（下同卷簡稱乾隆志）改。

〔二〕吕王山　乾隆志同，雍正湖廣通志卷八山川作「吕玉山」。

〔三〕在蘄州東北二百五里　「二百五里」，乾隆志及雍正湖廣通志卷八山川作「二百五十三里」。
〔四〕在蘄州東北二百里　「二百里」，乾隆志及雍正湖廣通志卷八山川作「二百五十八里」。
〔五〕羅田三溪之水會焉　「羅田」，原作「羅石」，乾隆志同，據輿地紀勝卷四七蘄州景物上改。
〔六〕荆竹河　乾隆志同，光緒黄州府志卷二山川作「斤竹河」。
〔七〕南流逕六石里坂　「六石里坂」，光緒黄州府志同，乾隆志作「六十里坂」。
〔八〕走保鴻宿洲　「洲」，原作「州」，據乾隆志及上文改。
〔九〕冷泉　乾隆志作「泠泉」，下文「冷水澗」，「冷」亦作「泠」。
〔一〇〕尋州及二郡相次並廢　乾隆志同。按，隋書卷三一地理志此句上有「開皇初別置廉城縣」一句，此句不可省，當是誤脱。
〔一一〕嘉熙元年治鴻宿洲　「洲」，原作「州」，據乾隆志及本志上文改。
〔一二〕析置義豐長吉塘陽新蔡四縣　「塘陽」，原作「陽塘」，乾隆志同，據新唐書卷四一地理志乙。又此句上當據新唐書地理志補「武德四年」四字，否則下文「八年」無所屬。此史臣之疏誤。

大清一統志卷三百四十一

黄州府二

關隘

金局關。在黄安縣西北九十里，西接漢陽府黄陂縣界，北接河南汝寧府羅山縣界。相近有大城關。

雙山關。在黄安縣北一百里。兩崖萬仞，一竇九折。

鳳凰關。在羅田縣東三十里。

平湖關。在羅田縣西北四十里，接麻城縣界。

同羅關。在羅田縣西北一百四十里，接河南光州商城縣界。

松子關。在羅田縣西北一百八十里，接河南光州商城縣界。

栗子關。在羅田縣北一百八十里。相近有青苔關，俱接安徽六安州界。

石門關。在羅田縣東北一百里，接安徽六安州英山縣界。

甕門關。在羅田縣東北一百八十里，接安徽六安州界。舊名岐嶺關。

白沙關。在麻城縣西北九十里，西接黃安縣界，北接河南光州光山縣界。魏書世宗紀：景明四年，鎮南將軍元英大破梁將吳子陽於白沙，即此地。水經注：倒水南流，逕白沙戍西。元和志：白沙關，西至大活關六十里，在黃州西二百四十里，北至光州界二十五里。寰宇記：白沙關，在黃岡縣北一百二十里。

修善關。在麻城縣北八十里。一名修善衝關。

黃土關。在麻城縣北九十里，接河南光州光山縣界。

穆陵關。在麻城縣北一百里。一作木陵關。接河南光州光山縣界。梁書夏侯夔傳：普通八年，敕夔出義陽道，攻平靖〔一〕、穆陵、陰山三關，克之。元和志：穆陵關在麻城縣西北八十八里穆陵山上，西至白沙關八十里，在黃州北二百里，至光州一百四十九里。唐書地理志：麻城西北有木陵關。通鑑：唐元和十二年，鄂岳觀察使李道古，引兵出穆陵關，攻申州〔二〕。

陰山關。在麻城縣東北六十里，一名殷山畈。魏書田益宗傳：吳子陽寇三關，益宗遣梅興之步騎四千，進至陰山關南八十餘里。元和志：陰山關，北至光州殷城縣二百里，在黃州東北二百十里，在麻城縣東北一百一里，西至穆陵關一百里。唐書地理志：黃州麻城縣東北有陰山關。

長嶺關。在麻城縣東北一百里，接河南光州商城縣界。

但店鎮巡司。在黃岡縣東六十里。

團風巡司。在黃岡縣西北五十里，隔江接武昌府武昌縣界。明置巡司，本朝因之。

陽邏巡司。在黃岡縣西北一百二十里，隔江接武昌府江夏縣界。設把總一員領兵駐防。又有驛，臨江有渡。九域志：黃岡縣有齊安、久長、靈山、團風、陽邏、沙湖、龍陂七鎮。

倉子埠巡司。在黄岡縣西北一百五十里。本朝嘉慶十四年置。

中和巡司。在黄安縣東南五十里。

黄陂站巡司。在黄安縣西北九十里。

蘭溪巡司。在蘄水縣西南四十里，濱江。

巴河巡司。在蘄水縣西七十里。即水經注之巴水戍也。

多雲鎮巡司。在羅田縣東北一百四十里。

鵞籠山巡司。在麻城縣西四十里。一名鐵壁關。

虎頭關巡司。在麻城縣東北七十里，距陰山關十里。形勢最險，兩山千仞，一澗衝激。

茅山鎮巡司。在蘄州西六十里。明洪武初置巡司，本朝因之。

大同鎮巡司。在蘄州北一百二十里。明正統五年置巡司，本朝因之。

龍坪鎮巡司。在廣濟縣東南一百十里，濱江。

馬口巡司。在廣濟縣西南七十里，濱江。

孔壠鎮巡司。在黄梅縣南五十里。

新開口巡司〔三〕。在黄梅縣西南七十里，濱江。

亭前鎮巡司。在黄梅縣東北四十里。舊爲亭前驛，今改設巡司，仍兼管驛丞事。

三江口鎮。在黄岡縣西三十里。隔江接武昌府武昌縣界。有渡。輿地紀勝：在團風鎮之下，有江三路而下，至此會合爲一。

桃花鎮。在黄安縣東三十里。宋、元時爲孔道，舊有煙墩，每舍相望，遺址猶存。

石橋鎮。在羅田縣東二十里。一名石橋畈。宋於此置縣，元移縣於今治，廢爲鎮。宋史地理志：元祐八年，以蘄水縣石橋爲羅田縣。

白杲鎮〔四〕。在麻城縣東南三十里。

望花山鎮。在麻城縣南四十里。

岐亭鎮。在麻城縣西南七十里。有城，明嘉靖五年築，本朝分同知駐守於此。九域志：麻城縣有岐亭、故縣、白沙、永泰、桑林、永寧六鎮〔五〕。邵伯温聞見録：陳公弼之子慥，居黄州之岐亭，東坡謫黄，相得懽甚。

蘄口鎮。在蘄州西三十里，蘄水入江之口也，亦曰蘄陽口，古名永安戍，今謂之挂口塘。九域志：蘄春縣有蘄口鎮。

蘄陽鎮。在蘄州北吕王山下。

皇城鎮。在蘄州東北一百二十里。

逵城鎮。在蘄州東北一百三十里。

武穴鎮。在廣濟縣南七十里。外江内湖，最爲險要。武黄同知駐此，舊有巡司，今裁。名勝志：武家穴旁臨大江，下抵黄梅之楊家穴，長一百九十里，隄路横亘，其中商賈時集。

盤塘鎮。在廣濟縣西南三十里。

獨山鎮。在黄梅縣東二十里。

東觀鎮。在黄梅縣東五十里。

上新鎮。在黄梅縣南十五里。

下新鎮。在黄梅縣南二十里。

濯港鎮。在黄梅縣南二十里。

黄連鎮。在黄梅縣南五十里。

唐思穴鎮。在黄梅縣南七十里。

清江鎮。在黄梅縣南九十里。舊設巡司，今改設縣丞。

楊家穴鎮。在黄梅縣西南九十里。

鎮淮砦。在黄岡縣北。宋端平元年，孟珙屯黄州，慮軍民雜處，因高阜爲齊安、鎮淮二砦，以處諸軍。

臺山砦。在黄安縣北一百里天臺山上。元史董文炳傳：世祖伐宋，至淮西臺山砦，命文炳往取之。又鄭鼎傳：從世祖南伐，攻大勝關，破臺山砦，擒其守者。

黄楊砦。在黄安縣北天臺山東十餘里。巖多黄楊，周迴峭壁如臺，上平曠有池沼，可田可居。

石龍砦。在羅田縣東南四十里。

觀音砦。在羅田縣東南六十里。

雁門砦。在羅田縣西八十里。

鼓羊砦。在羅田縣西北四十里。

周家砦。在羅田縣北六十里，甚險峻。

熊崖砦。在羅田縣東北十里。

望英砦。在羅田縣東北四十里。

天山砦。在羅田縣東北一百三十里多雲鎮南，一名天堂砦。元末徐壽輝嘗據此。

周砦。在廣濟縣東北五十五里。縣志：石龍坡北十里爲周砦。元末紅巾之亂，邑人周樗率衆保此，血戰却賊，因名。

滕家河堡。在羅田縣西七十五里，南接蘄水縣界，西接麻城縣界。其地爲商旅往來通衢，明萬曆三年築堡。

齊安驛。在黄岡縣南，濱江。

李坪驛。在黄岡縣北五十里。本名蘋草坪，宋賈似道奪還元俘卒於此。明置驛，本朝初因之，今裁。

巴水驛。在蘄水縣西四十里。

浠川驛。在蘄水縣西。

西河驛。在蘄州北六十里。

廣濟驛。在廣濟縣城内。

雙城驛。在廣濟縣東六十里，接黄梅縣界。

張家店。在黄岡縣北一百二十里。

九官店。在黄安縣東十五里。

王福店。在麻城縣北四十里。舊有公館。

街埠市。在黄岡縣西北一百三十里。

盤石市。在黄岡縣北六十里。

閻家河市。在麻城縣東十五里。相傳唐閻伯璵故里。

宋埠市。在麻城縣西南六十里，濱河。爲水陸要衝。

津梁

相隱橋。在黄岡縣城東二里安國寺前，韓琦讀書處。

魚博橋。在黄岡縣東七十里。

陽真橋。在黄安縣西南三十里，路通漢陽府黄陂縣。

高柳橋。在黄安縣西北六十里，路通河南光山、羅山二縣。

緑楊橋。在蘄水縣東一里。宋蘇軾緑楊橋詞序：春夜行溪水中，過酒家飲，酒醉，乘月至一溪橋上，解鞍少休。及覺已曉，亂山葱蘢，不謂人世也。書此詞橋上。按：名勝志：「緑楊橋，舊名一溪橋，因子瞻詞有『解鞍欹枕緑楊橋』之句，遂更名。」似誤。

花橋。在麻城縣東十五里。

望魯橋。在麻城縣東六十里龜峯山之麓。

岐亭橋。在麻城縣西南七十里。相傳蘇軾與陳慥曾遊此，相近有蘇步橋，亦爲蘇、陳遊處。

横槎橋。在蘄州西北五十里西河驛傍。宋史李誠之傳：嘉定十四年，金人犯黄州，誠之迎擊，遇於横槎橋，大破之。

大名橋。在蘄州北赤東湖口。明嘉靖十六年建。

仁壽橋。在廣濟縣治前梅川上，爲縣城要津。

勒馬橋。在黄梅縣東四十里鼓角山口。相傳唐招討曾元裕大破王仙芝於黄梅，至此勒馬。

白湖渡橋。在黄梅縣南白湖渡上。本朝順治十年重建。

靈潤橋。在黄梅縣西三十里四祖寺前。上鐫「碧玉流」三字，唐柳公權書。又有卓錫泉、洗筆池、石魚磯，皆四祖遺蹟。

大江渡。在黄岡縣南五里。

横河口渡。在黄岡縣西北團風鎮。

黄顙渡。在蘄州南十里，道出武昌府興國州。

隄堰

萬工隄。在蘄水縣西南五十里。明正統中，知縣胡奎築。

王公隄。在蘄水縣西巴河鎮。明正德九年，知縣王伯築。

凌公隄。在羅田縣南。明嘉靖中，知縣凌宗桂築。

鳳港隄。在廣濟縣東南五十里，通武家穴鎮。

連城隄。在廣濟縣南五十里，自龍坑抵連城湖，連亘十餘里。本朝康熙六年築。

武家穴隄。在廣濟縣南七十里。明永樂四年築，本朝雍正五年發帑修。

河隄。在廣濟縣治西梅川上。明嘉靖末，知縣楊卓築。

鍾公隄。在黃梅縣南。縣志：舊名曾公隄。明萬曆六年，署縣事曾維倫築。四十八年，知縣鍾籲俊重築。

桂公隄。在黃梅縣楊家穴南，濱江。明初康茂才築。萬曆三十六年圮，知縣桂生枝重築。本朝順治六年，邑人石鎮國復修。又梅家口、潘興口、劉左口等處，大水沖潰，乾隆二十九年，并重築完固。

八大王壩。在黃岡縣東南三里。中有田，築此以捍後湖水漲。

菩提壩。在蘄州東三十里。

唐思穴壩。在黃梅縣南，自楊家穴至安徽安慶府宿松縣界。本朝雍正五年發帑修。

相隱塘。在黃岡縣城東二里，近相隱橋。西爲白蓮池，即韓琦讀書處。

泉塘。在蘄州東三十里。

箭陂塘。在蘄州西北五十五里。

董家塘。在蘄州西北八十里靈虬山下。

周家塘。在蘄州北七十里。

陵墓

三國　魏

毛玠墓。在麻城縣東十五里花橋。按：三國魏志，毛玠，陳留平丘人，官尚書僕射，以事免官，卒於家。玠墓不應在麻城，姑以傳疑。

南北朝　宋

鮑照墓。在黄梅縣北半里許。府志：墓前有俊逸亭，取杜甫詩「俊逸鮑參軍」之意。

唐

閻伯璵墓。在麻城縣東閻家河。

宋

陶穀墓。在蘄水縣西北金鼓山。

陳宗達墓。在黄梅縣繒亭港。

陳慥墓。在麻城縣西南岐亭鎮之杏花村。

余玠墓。在廣濟縣東余公山。

岳震、岳霆墓。在黄梅縣楊梅嶺。縣志：宋岳飛討李成，駐兵黄梅，會詔進屯洪州，因留第四子震於黄梅，弟霆亦往依焉。

元

龍仁夫墓。在黄岡縣陽邏鎮。

明

耿定向墓。在黄安縣北袁英河。

王聰墓。在蘄水縣西南司家坂。

史玉明墓。在廣濟縣東南十里。

祠廟

江神廟。在黄岡縣南，濱江。

伍公廟。在蘄水縣西伍洲，祀吴伍員。

吴大帝廟。在蘄水縣西二十五里城山。

關帝廟。在黄岡縣治。本朝嘉慶八年添建右廳，祀陣亡官員及兵丁鄉勇。

宋公祠。在黄梅縣西南黄龄洞山，祀晉宋益。

葛稚川祠。在蘄水縣南十里，祀晉葛洪。相傳爲洪隱處，有丹爐。

三賢祠。在蘄水縣治南，祀晉王羲之、唐陸羽、宋蘇軾。

鮑參軍祠。在黄梅縣北，祀宋參軍鮑照。

費龍神祠。在廣濟縣東二十里。縣志：神姓費氏，名光輝，七歲化龍，時唐貞觀十年也。里人爲建祠，禱雨輒應。

張睢陽廟。有二，俱在蘄水縣，一在縣東一里玉臺山，一在縣西七十里巴河鎮，祀唐張巡。

三賢堂。在府學内，祀宋王禹偁、韓琦、蘇軾。

韓魏公祠。在黄岡縣東南二里。宋韓琦於安國寺西廂讀書，後人就其地立祠。

蘇公祠。有二，俱在黄岡縣，一在縣東洗墨池，一在縣西北赤鼻山，祀宋蘇軾。

陳季常祠。在岐亭北二里杏花村，季常墓側。

忠顯廟。在黄岡縣東清淮門外。輿地紀勝：在縣東懷化門外，宋隆興初建，祀州守趙令㦛。

岳武穆王廟。在黄梅縣，額設奉祀生二名。

二烈士廟。在蘄州西龍眼磯，祀宋王玠、王彦明。

褒忠廟。在蘄州城内，祀宋州守李誠之、通判秦鉅。嘉定中建，賜廟名。

土主廟。在麻城縣西北八十里，一名張相公廟。縣志：神姓張，行七，宋時人，有捍火災之功，故祀之。

五義士祠。在蘄水縣。崇禎中，爲殺賊死事邑人程爲常、徐玉蘭、蔡巨人、胡方壺、徐用極建。

寺觀

乾明寺。在黄岡縣東。宋蘇軾有雪後到乾明寺宿詩。

安國寺。在黄岡縣東南二里。宋蘇軾有記。

永興寺。在黄岡縣南江濱。宋王禹偁有記。

承天寺。在黄岡縣南。宋蘇軾有夜遊記。

昭化寺。在蘄水縣東。唐咸亨間，五祖弘忍禪師建。本朝順治中復葺。

三角寺。在蘄水縣東三角山。唐建，宋賜額「龍洞寺」。名勝志：寺有宋人趙不迹書「觀頤視履」四大字。唐伏虎禪師居此。

永樂寺。在蘄水縣西北七十里。五代晉時建。

清泉寺。在蘄水縣東北二里。東坡志林：清泉寺有王逸少洗筆泉，水極甘，下臨蘭溪，水西流。

塔山寺。在羅田縣東，一名玉屏山寺。唐貞觀間建。

芝佛寺。在麻城縣東北龍湖北岸。建寺時，掘地得三芝，類佛像，因名。

正覺寺。在蘄州治南。唐四祖道信禪師卓錫於此。

真慧寺。在蘄州東二十里。唐五祖弘忍禪師卓錫於此。

大藏寺。在廣濟縣東二十餘里。唐蔣祖師自暹羅來，建此居之，内有藏經。

幽居寺。在廣濟縣南。縣志：相傳四祖卓錫於此，夜聞龜聲，掘地得雲板，上有「靈龜山幽居寺」字，因名。今改曰瓔珠寺。

東禪寺。在黄梅縣西南。名勝志：東禪寺，號蓮花寺，乃五祖傳衣鉢於六祖處。有六祖簸糠池、墜腰石，及吴道子傳衣圖。

四祖寺。在黄梅縣西北雙峯山，亦名正覺寺。唐武德間建，爲四祖道信禪師道場。

五祖寺。在黄梅縣東北馮茂山，亦名真慧寺。唐咸亨中，五祖弘忍禪師建。

靈峯寺。在黄梅縣東北烏牙山。名勝志：靈峯寺有唐白居易所撰碑，及宋張商英輪藏記。

定惠院。在黄岡縣東南。宋蘇軾有記、有詩。

神光觀。在蘄水縣東玉臺山。舊志：漢張道陵建此煉丹，神光燭天，故名。

鳳桑觀。在黄梅縣北二里北邙山。相傳羅真人修煉於此。

名宦

晉

毛寶。滎陽陽武人。咸康四年，詔以寶監揚州之江西諸軍事，與西陽太守樊峻，以萬人守邾城。石虎遣其將率二萬騎攻邾城，寶求救於庾亮，亮以城固，不時遣軍，寶率峻等突圍出，赴江死。

戴邈。廣陵人。永嘉中，出補西陽内史，有勁節清操。

南北朝　梁

吉士瞻。馮翊蓮勺人。天監中，出爲西陽太守。在郡清約，家無私積。

唐

員半千。齊州全節人。中宗時，蘄州刺史。不專任吏，以文雅粉澤，故禮化人行。所著有三陣對，甚奇。

左震。涇縣人。肅宗時，爲黄州刺史。乾元元年，遣中使女巫乘傳分禱天下名山大川，黄州有巫，盛年美色，暴横尤甚。震至驛門，破鐍入，曳巫於階下斬之，悉斃所從少年，籍其贓數十萬，請以其贓代貧民租，民歌詠之。

吕元膺。鄆州東平人。德宗時，蘄州刺史。除夕録囚，囚或以父母在，歲旦不得省爲恨，因泣。元膺悉釋械歸之，而戒期還。吏白不可，答曰：「吾以信待人，人豈我違？」如期而至。自是羣盜感愧，悉避境去。

杜牧。京兆萬年人。太和間，任黄州刺史。專任德教，吏民懷之。

南唐

陳起。蘄州人。爲黄梅令。妖人諸祐，挾左道惑人，從者數百，起捕斬之，由是知名。

宋

孫光憲。陵州人。太祖時，黄州刺史，有治聲。

安德裕。河南人。太平興國中，知廣濟軍。時軍城新建，德裕作軍記及圖經三卷，優詔加奬。

錢易。臨安人。太宗時，通判蘄州。上言：「今四方長吏，競爲殘暴非法之刑，非所以助治，請除之。」帝嘉納焉。

王禹偁。鉅野人。咸平初，知黄州。奏請江淮諸郡並置守捉軍士五百人，閲習弓劍，葺城壁，繕完甲胄，真宗嘉納之。州境多怪，禹偁手疏，引洪範傳陳戒，且自劾。帝詢日官，云守土者當其咎。帝惜禹偁才，即日命徙蘄州，至郡未踰月卒。

李宥。青州人。仁宗時，知蘄州。歲凶民散，遺嬰相屬於道。宥令吏收取，計口給穀，俾營婦均養之，每旬閲視，所活甚衆。或殺人，以米十石給傭者，使就獄，曰：「我重賄吏，爾必不殺。」宥得其情，論如法。

任汲。眉山人。通判黄州。負氣節，與兄孜齊名，當時稱大小任。

陳軾。神宗時，知黄州。蘇軾謫黄，時人皆懼其累己，遠避之，軾獨願交，期與同患。

張毅。熙寧間，知麻城縣事。夾道植松萬株，蘇軾謫黄，作詩詠之。嘗入山祈雨，雨降，賦詩刻石。

胡定之。熙寧間，監岐亭酒税。嘗載書萬卷，喜借人觀，蘇軾謫黄，定之日從軾遊。

馬正卿。元豐間，知黄州。愛民下士，廣學舍，禁妖巫，黄人感之。

張激。知黄岡縣，有善政。

趙令㦰。燕王懿之後。建炎中知黄州。賊丁進、李成兵迭至，俱擊却之。叛將孔彦舟又引兵圍城，率民兵固守，凡六日乃解。金兵至黄州，令咸方以内艱去官，在道聞警疾趨，夜半入城，翼日城陷，金帥欲降之，不屈，帥怒，鞭之，流血被面，罵不絶口死。事聞，贈徽猷閣待制，謚曰忠愍。時都監王遠、判官吴源、巡檢劉卓，皆以不屈死。

章燾。宣城人。孝宗時，知蘄州。寛平不擾。蘄産竹簟，例充獻納贈遺，燾罷之。

韓世清。知蘄州。賊劉忠犯境，世清與戰，破之。

李宗思。乾道中蘄州教授。遷建學舍，切磋生徒，朱子嘗稱其日月有程，不躐不惰，非俗吏所及。

何大節。嘉定中知黄州。金兵圍黄，城陷，投江死。

李誠之。東陽人。嘉定中知蘄州。金兵攻淮南，選丁壯城守，募死士迎擊，遇於横槎橋，大破之。居數日，金人擁衆臨沙河，欲渡，又破之。尋金兵大至，蘄兵直前奮擊，殺其帥，金兵攻益力，圍城數重，燔木栅，誠之又殺其將卒數十人。金使持書來脅降，誠之戮使而還其書。越二日，金兵以攻具進，誠之設械禦之，夜出擣其營。會黄州失守，援兵不進，城遂陷，率兵巷戰。子士允，力戰死，誠之引劍自刭，妻許及婦若孫，皆赴水死。事聞，贈朝散大夫，封正節侯。

秦鉅。江寧人。通判蘄州。金兵至境，與郡守李誠之協力捍禦。城破，鉅率兵巷戰，死傷略盡，歸署，火諸倉庫，赴火自焚。有老卒挽出之，鉅叱曰：「我爲國死，汝輩可自求生。」掣衣就焚。子浚、濬，皆從父死。鉅追封義烈顯節侯，與誠之皆立廟蘄州。時教授阮希甫、防禦判官趙汝標、蘄春主簿甯時鳳、録事參軍杜諤、監蘄州都大監嚴剛中，俱殉節。統制官孫中、小將江士旺、陳興、曹全、丘下，軍士李斌等，俱鬭死。

孟珙。棗陽人。理宗時，以主管侍衛馬軍司知黄州。增陴浚隍，蒐訪軍實，邊民來歸者日數千，爲屋三萬間居之，厚加賑貸。又慮兵民雜處，因高阜爲齊安、鎮淮二砦以居諸軍。創章家山、毋家山兩堡爲先鋒、虎翼、飛虎營，經略荆襄，民甚賴之。

陳仲微。高安人。理宗時，通判黄州。職饋餉，以身律下，隨事檢柅，軍賴以不乏。制置使上其最，固辭。

王霆。東陽人。理宗時，知蘄州。建學舍，祠祀忠臣。嘗貽書丞相杜範，乞置瞰江三新城：蘄春於龍眼磯〔六〕，安慶於孟城，滁陽於宣化。不報。

楊掞。臨川人。理宗時，麻城尉。向士璧守黄州，檄入幕，以戰功升三官。

張世傑。范陽人。理宗時，累功至黄州、武定諸軍都統制。與高達援鄂州，有功。從賈似道戰蕪草坪，奪還元所俘。

米立。淮安人。從陳奕守黄州，奕降，立潰圍出。江西制置使黄萬石署爲帳前都統制，元兵略江西，立迎戰於江防，被執不降。行省遣萬石諭之，立曰：「立一小卒，何足道？但三世食宋禄，宋亡，何以生爲！」再三説之，不屈，遂遇害。

王彦明。宋末守蘄州。元兵壓境，力戰，糧乏援絶，不屈，遂挈家屬乘船至城西大江中流，鑿船沉水死。

元

張好古。中統間，以千户戍蘄州。李壇叛，宋人攻蘄，好古迎擊，力不支死。

史弼。至元中，爲黄州等路宣慰使。盜起淮西司空山，弼討平之。

趙質翁。守蘄州，有廉名。

樊懋侁。真定人。皇慶初，知黄梅縣。興學勸農，有循聲。縣治徙三十年，至懋侁始建城郭。

吴汝。饒州人。至正間千户，戍邾城，隄決，盡力塞之。徐壽輝亂，汝起兵復武昌。後爲陳有諒兵所襲，死之。

明

陶安。當塗人。太祖平黄州，思得重臣鎮之，遂以安知黄州。安至，寬賦省徭，逋民相率歸附。

徐誼。壽昌人。太祖征陳理於武昌，誼時知黄岡縣，作詩送使者，太祖覽而壯之，加承務郎。時兵燹之餘，邑里蕭條，誼拊循流亡，修舉廢墜，庶政咸理。

趙乾。歸安人。洪武初，知麻城縣。修學舍，以勸學興行，多士至今尸祝之。

胡昇。新淦人。洪武初，知廣濟縣。闢榛莽，招流亡，百廢具興。九年秩滿，士民戴之，詣闕乞留，太祖降敕褒美，後遂家於廣濟。

滕霄。汝州人。永樂間，知黄州府。在官十八年，廉能勤慎，吏民畏之，政績最著。

胡奎。鄱陽人。正統中，知蘄水縣。縣有迴風磯，當圻湖、大江二水之匯，往往衝激爲民患。奎乃築隄，以分二水之勢，立江神廟於磯上，民甚賴之。後知黄州府七年，政尚寬厚，爲民興利，勤於勸農，暇則訓校諸生，多興起者。

徐泰。江陰人。成化初知羅田縣。創便民倉，爲凶荒賑貸之備。又慮轉輸多艱，購巴河水次地一區，置倉數十楹，買附近田數頃，以給修繕之費。

王霽。上海人。成化初知黄州府。黄俗健訟，霽善斷決，訟爲衰息。境素有火災及虎患，江水嘗暴溢壞民廬，至是咸不爲害。九年，賜誥旌異。

戴中。新淦人。成化時，知黄梅縣。莅政明敏，縣治、學宫、倉庫、郵舍，皆中所葺治。

莊轍。上元人。成化時，知蘄州。建明倫堂、樂育堂、貯書樓，以教育諸生。時劇盜逼境，兵民有被殲者，悉優恤其家。

潘珏。婺源人。成化中，知蘄水縣。不攜家累，廨宇蕭然，人或勸新之，珏曰：「我興一事，民即多一事。」城内有津，人競渡，或致淹溺，珏架梁以鐵揵之，民不病涉。北郭外置倉二十四所，又增修水次倉。後知蘄州，作阜民倉，踰年大旱，發倉賑民，多所全濟。益廣倉廒，積粟至八萬餘石。

盧濬。天台人。弘治中，知黄州府，多惠政。時三江口有水妖，歲壞舟楫，濬移檄投水中，妖遂滅。

余貴。綿州人。正德間，知黄州府。寬猛適宜，軍民安堵。於城内鑿二十餘井以便民。

劉規。巴縣人。官御史。正德中，以忤劉瑾謫知麻城縣，爲政務以德化民。

王世禄。廣德人。正德中，知麻城縣。縣河每衝激爲患，世禄别鑿新河以殺水勢。爲政簡易愷悌，事不繁而民賴以安。

楊最。射洪人。嘉靖間，知黄州府。清嚴峭直，人不敢干以私。凡乘傳貴人，聞其風，多迂道避之。

吴淮。鎮江人。嘉靖間，知黄州府。製學宫禮器，建號舍數十楹於東坡書院，拔諸生茂異者講習其中，一時人材稱盛。

黎泮。樂平人。嘉靖中，知麻城縣。歲大祲，盜賊蜂起，泮擒數人治之，仍命富民開倉庾，平價糶，食足而盜亦息。

尚德恒。南充人。嘉靖中，知麻城縣。建倉於岐亭，以謹蓋藏，便輸税。

涂宗濬。南昌人。萬曆中，知黄岡縣。值歲饑，流亡過半，宗濬至，勤恤民隱，全活甚衆。

錢節用。富順人。知麻城縣。萬曆初，詔天下繕城，節用出藏以充公費，分作以均任役，七閲月而城成。

閻士選。江都人。萬曆中，知蘄水縣。時方清丈田，士選與邑紳士定步弓，度田肥瘠，計便宜，俟秋斂始興事，即以所製弓令民自爲丈，諸積算吏，閉弗使出，民感之，相率公平。又設抽丈法，益不敢欺。以八行舉賢，士習丕變。

徐希明。上虞人。萬曆中，知蘄州。江中石磯每爲商船患，希明築基建亭於上，名曰浮玉，行者得以趨避。

錢兆元。仁和人。萬曆間，知蘄州。時三王之國，供用浩繁，兆元廉敏强幹，務以身先，民得無擾。擢辰州府同知，百姓泣送者萬人。

陳策。江西人。萬曆中，判蘄州。賊梅堂、詹三漢等據柴家山作亂，策奮勇搏戰，賊以鉤生致之，不屈死。本朝乾隆四十一年，賜謚烈愍。

劉胤昌。桐城人。萬曆中，知廣濟縣。爲治敏練，多決疑獄，他邑質成者畢聚。江隄久圮，改築之，益廣且堅。

桂生枝。貴溪人。萬曆中，知黄梅縣。值大水，民罹昏墊，生枝築隄以障之，至今號桂公隄。

樊守仁。西平人。萬曆中，廣濟縣丞，有幹略。江水潰隄，議改築，自盤塘至龍坪，接黄梅壖六十餘里，守仁董其役，計租起夫，畚杵期候，悉有程度。

祝萬齡。咸寧人。崇禎中，知黄州府。集諸生於定惠書院，迪以聖學，諸生悦之，稱關西夫子。後殉甲申之難，本朝乾隆四十一年，賜謚忠節。

趙利珍。滕縣人。崇禎中，知黄安縣。流寇亂，屢却走之，賊相戒不敢近郊。

李希沆。慶陽人。崇禎中，知黄岡縣。時寇燄方熾，希沆設四險，集邑中義勇士拒守，選四守以領之。有警，希沆輒單騎先馳，如是者經歲。羣寇相戒，謂黄岡鐵城鐵人，勿敢犯。

魏時光。南昌人。廣濟縣典史。素勇敢，能以雙刀馳擊。崇禎中，流寇猖獗，時光募勇壯，夜襲賊營，殺賊首數十人，賊不敢薄。已而賊間道奄至，衆潰，時光手持利刃砍賊，賊環攻之，被執不屈死。本朝乾隆四十一年，賜謚烈愍。

馬人龍。鎮筸人。崇禎間，知黄州府。率兵千餘勦賊，至麻城，遇滿天星等數十萬衆，力戰於陰山河，賊尸蔽野，會大雨，賊四面攻之，遂被害。本朝乾隆四十一年，賜謚節愍。

岳璧。蘄州人。爲本州衛指揮。崇禎中，流賊至，被執，欲降之，厲聲罵賊，賊刃之，仆地將絶，瞋目曰：「我死爲鬼，當滅汝！」時大雪，血流丈餘，目眦不合。本朝乾隆四十一年，賜謚烈愍。

許文岐。仁和人。崇禎中，知黄州府。破流寇，殺賊魁一隻虎。獄有重囚，縱歸省，皆如約至。擢江防兵備副使，駐蘄州，守蘄四年，屢戰卻賊。荆、襄失守，左良玉潰兵南下，文岐立馬江口，兵不敢犯。十六年，張獻忠陷城，被執不屈死。本朝乾隆四十一年，賜謚忠烈。

梁志仁。江寧人。崇禎末，知羅田縣。流賊羅汝才等攻城，城陷，志仁持長矛巷戰，殺六賊，力窮被執，罵賊不屈死。其妻唐氏，同被執，亦罵賊死。時教諭吴鳳來、訓導盧大受、典史單思仁，同日死節。本朝乾隆四十一年，志仁賜謚烈愍，餘三人祀忠義祠。

孫自一。光山人。知黄岡縣。張獻忠陷城，死之。本朝乾隆四十一年，賜謚節愍。

施廷賢。浦江人。黄梅知縣。崇禎十七年，張獻忠陷城，巷戰被執，勸降不屈，自刎死。本朝乾隆四十一年，賜謚節愍。

郭金城。四川人。崇禎末，以裨將守羅田，流寇薄城，大戰，斬首百餘。追至英山，賊大集，困三日，突圍轉戰，力盡被執，不屈死。本朝乾隆四十一年，賜謚烈愍。

蕭頌聖。定遠人。明末麻城教諭。流寇陷城，不屈死。本朝乾隆四十一年，賜謚節愍。

吴文奕。福建人。崇禎末，蘄水縣丞。寇亂，守城南樓，寢處數年，城陷死之。本朝乾隆四十一年，予祀忠義祠。

吴文燮。福建人。黄岡縣丞。崇禎十六年，張獻忠陷城，守汛地不去，死之。本朝乾隆四十一年，予祀忠義祠。

童天申。施州人。明末蘄水訓導。流寇陷城，不屈死。本朝乾隆四十一年，予祀忠義祠。

曾發祥。鍾祥人。明末廣濟教諭。流寇圍城，發祥協力堅守，城陷死之。本朝乾隆四十一年，予祀忠義祠。

孫瑋。鍾祥人。明末蘄水教諭。流寇陷城，朝服坐明倫堂，罵賊死。本朝乾隆四十一年，予祀忠義祠。

鄒孕孝。臨川人。蘄水教諭。左兵至，罵賊遇害。本朝乾隆四十一年，予祀忠義祠。

本朝

呂陽。無錫人。順治中，爲江防道僉事，駐黄州。平劇盜李有實等，力行保甲以清盜源，民以蘇息。

白秉正。奉天杏山人。順治初，黄州府同知，斷事明決。時東山屢不靖，秉正勦撫兼行，四閲月，平定四十八砦。

丁期昌。安邑人。順治初，黄州推官。精律例，多所平反，舉廉官第一。

劉國寧〔七〕。奉天人。順治中，知黄岡縣。縣當水陸要衝，徵發接踵，國寧長於肆應，事集而民不擾。縣多火患，豫設撲滅具，有警，輒身先往救，遂不成災。

胡效順。邵陽人。順治中，廣濟訓導。縣令以私忿辱士，效順力申其冤。陳通邑疾苦於上官，士民德之。

王綵。合肥人。順治中，黄州推官。斷獄明慎，每定爰書，至忘寢食，巡按多委以讞決。

范可奇。康熙初，知黄州府。治道路，築隄防，於濱江渡口，多設大舟以救溺，施櫘瘞骨，至今傳其惠政。

于成龍。山西永寧人。康熙中，知黄州府。東山寇起，成龍計擒渠魁，餘黨悉平。性剛嚴明決，善斷疑獄，奸豪斂迹。時討吴逆，大軍雲集，成龍辦軍需，勞績丕著。

姜橚。保德人。康熙中，知麻城縣。定徵收條例，催科不擾，力行保甲法。在任三年，無盜警，招來商旅，縣大治。

舒士貴。大興人。康熙中，知黄州府。舊例，市儈由府給牒，猾吏藉派累民，士貴力革其弊，刊碑永禁。

宋犖。商丘人。由廕生授黄州府通判。政嚴而惠，盜賊皆遠遁，凋敝漸復。捐俸修雪堂、竹樓舊蹟。在任六載，丁内艱去任，百姓呼號送之。祀名宦。

人物

南北朝　宋

董陽。西陽人。三世同居，外無異門，内無異煙。元嘉七年，詔榜門曰「篤行董氏之閭」，蠲一門租布。

唐

李玭。黄梅人。開元時，明皇立廬山使者廟，詔所在學士製碑文，作者六百八十一人，獨玭文稱旨。詔舉玭博學宏詞，不赴，或勸之，玭曰：「世所謂詞學，何如張九齡、裴耀卿賢？今概以相李林甫罷去，予安能保克終？」築室東山麻林窪，稱衡門居士，以壽終。

宋

潘大臨。字邠老，黄岡人。少警敏不羈，以詩名，與蘇軾、黄庭堅、張耒游，雅所推重。弟大觀亦能詩。

龐安時。字安常，蘄水人。兒時讀書，過目輒記。家世醫，靈樞、太素、甲乙諸秘書及經傳百家之涉其道者，靡不通貫。著難經解數萬言，又作本草補遺。爲人治病，率十愈八九。踵門求胗者，爲辟邸舍居之，親視飦粥藥物，必愈而後遣。

余玠。字義夫，蘄州人。趙葵爲淮東制置使，留之幕中，以功進工部郎。嘉熙元年，與元兵戰於汴城河陰有功，授淮東提點刑獄。淳祐元年，提兵援安豐，陞制置副使。尋授四川安撫制置使，大更敝政。徙合州城於釣魚山，屯兵聚糧，蜀以富實。丞相謝方叔倡言玠失，因召還，一夕暴卒，蜀人莫不悲慕。

梅應春。字雪樵，廣濟人。寶祐進士，初爲餘干令，遷瀘州安撫使，有政績。累官禮部尚書。子國淳，工詩賦。宋亡，隱居不仕，累聘不起。

元

薛天定。蘄水人。宋末聚義兵保鄉里，世祖下江南，拜爲防守官，累官兩淮防禦都招討。至治中，寇至淮，力戰死。事聞，贈總管，謚威武。

周古象。蘄水人。宋末，元兵南下，古象被掠至幽薊，遂贅蒙古氏。生子，未嘗喜，妻問故，曰：「母在鄉，欲得歸省。」妻許之，且囑曰：「母在當奉養，毋以妾故復來。」及歸，母尚無恙，古象奉母盡孝，母歿廬墓，其妻亦終身不嫁。聞妻亡，古象重其義，遂不更娶。

滕賓。字玉霄，黄岡人。至大間，爲翰林學士，有文名。

何朝舉。廣濟人。有志操，師事饒魯，養志巖阿，不樂仕進。

吴應澍。黄岡人。好義樂施，貧不能葬者助之，多建橋築井以便民。歲饑，常設食於路。詔徵不起，御書「西山處士」賜之。

李清七。蘄水人。與弟清八，俱以勇敢聞。徐壽輝陷蘄，召之，將授官，匿不出，逼之不屈，見殺，鄉人立廟祀之。

李宗可。蘄州人。有勇略，善槊，佘闕妻以兄女，擢爲州判統軍。陳友諒攻安慶，城破，宗可横槊入賊中，擊殺甚多。聞闕死，驅其家屬盡殺之，乃自剄。

張大九。廣濟人。幼習左氏春秋。見天下兵起，遂隱，陳友諒强起官之，不可，友諒怒，刖其兩足。

明

康茂才。字壽卿，蘄州人。元末，結義兵保鄉里，太祖克集慶，率餘兵來降，太祖命爲都水營田使，興屯田。陳友諒寇應天，茂才設伏大破之。攻左君弼於廬州，從太祖大戰彭蠡，伐張士誠，大戰尹山橋，殲其鋭卒。遷同知大都督府事，從大將軍徐達經略中原，留鎮河中，撫綏瘡痍，民立石頌德。陝西平，留鎮山西。後從征漢中，還軍道卒。追封蘄國公，謚武義。

薛徵。天定孫。元末爲兩淮水陸都統制。太祖遣左司郎中吴明遠齎手詔召之，遂渡江從太祖。太祖屏人與語，大悦，令參幕府，畫奇策屢中。命督軍事，軍政修飭。

徐麟。字月齋，廣濟人。太祖起兵，由儒士辟爲司農田署令。洪武初，擢河南府同知。時元降臣宋玉與其散卒謀叛，以五更爲期，麟偵知，戒司漏者故違晷刻以誤之。黎明，遣鎮撫胡溥，率邏卒擒之。就擢知府，後改蘄州，以便禄養。

吴琳。字朝陽，應澍子。太祖下武昌，詹同薦爲國子助教，與同並教胄子。文采不如同，而經術過之。洪武六年，累遷吏部尚書，踰年乞歸。帝嘗遣使察之，使者至傍舍，一農人坐小杌，起拔稻苗布田，貌甚端謹，使者前曰：「此有吴尚書在否？」農人斂手對曰：「琳是也。」使者以狀聞，帝爲嘉歎。

劉廣。羅田人。有膽略。洪武中，以軍功爲指揮僉事，守永平。敵騎内侵，廣率四十餘騎遇於城北，力戰，死之。事聞，遣使護喪至京，賜鈔以葬。

劉文煥。廣濟人。與兄文輝運糧，愆期當死，文輝以長請坐，文煥以兄子幼，詣吏請代不已。有司上其狀，命宥之，則文煥已死矣。太祖書「義民」二字奬之。

張訓。黄梅人。官鴻臚序班，告歸養親。聞建文帝遇難，拜辭其父士英曰：「忠孝不能兩全矣。」乃正衣冠，北面拜，投井死。遂名其井曰「忠井」。

王聰。蘄水人。以燕山中護衛百户，從起兵，累遷都指揮使，封武城侯。從丘福出塞戰死，追封漳國公，謚武毅。

薛均。徵子。性峻潔，敦孝誼。以薦舉赴南畿，上十策，授泰州同知。旋除知合州，治行爲天下第一。成祖時，擢應天府尹，益崇尚清約。年七十七，乞歸，進秩禮部侍郎，終於家。

王燾。蘄水人。七世同居，少長三百餘人，庭無間言。巡方御史微服私造其門，有二叟坐，見一婦人抱嬰兒至，肅然起立。問其故，曰：「此兒雖小，諸父行也。」御史喜曰：「不謂此間尚有古風。」請於朝，旌其門曰「孝義」。

鄭達。字叔通，廣濟人。宣德中，任盩厔知縣。開渠溉田千頃，秦民賴之。秩滿，會崑山大饑，詔加達六品俸，往莅之。始至，尫羸載道，達設粥賑饑。疫作，徧給醫藥，全活百萬人。

曹翼。蘄州人。宣德中，爲御史，巡按陝西，劾鎮守中官占種屯田，擅役士卒，田迄還民。正統四年，授僉都御史，督甘肅軍務，鋤豪强，恤軍士。在邊十年，以剛正見稱。擢副都御史，致仕。

吕鏞。蘄水人。正統時，知清流縣。鄧茂七陷清流，邑無城郭，鏞力不支，具服端坐庭中，駡賊死。

趙説。麻城人。父母同日殁，説負土成墳，廬其旁，有二白鵲來巢。正統中旌表。

鄒來學。字時敏，麻城人。宣德進士，爲户部主事，督餉關陝，規畫有條。正統中，從征麓川有功。十四年邊警，以副都御史出督軍務，扼險守隘，邊境賴之。景泰中，巡撫南畿，請存京儲備賑，復設輪運法，以省軍費。道卒，行笥惟奏議數卷。

謝昶。字永明，黄岡人。正統進士，由御史出知九江府，有循聲。巡撫貴州，平麻陽筸子坪蠻，有功。後致仕歸。

周鑑。字以人，麻城人。正統進士，授御史。景泰時，按江西，大學士陳循子不法，鑑抵其罪。遷雲南副使，到官，開寶泉壩，溉田數頃。後擢山東按察使，乞歸。

劉訓。字忠言，麻城人。正統進士，知金壇縣，有惠政。邑人王豪、錢澍貧而好學，訓以俸資給，後俱成進士。吏部尚書王翱疏其治行爲天下第一，擢山西參政。

董樸。字汝淳，麻城人。成化進士，授行人。後知重慶府，歷參政，所至稱廉直。薄田敝廬終老，爲詩類陶、韋，時稱董五言。子士毅，爲四川南充知縣，一介不取，有「素菜布衣，破轍羸馬」之謡。

李文祥。字天瑞，麻城人。成化進士，大學士萬安重其才，欲引附己，款於家。文祥素鄙安，安屬題畫鳩，文祥有「春來風雨尋常事，莫把天恩當己恩」之句，安銜之。孝宗即位，文祥上封事，語切直，謫陝西咸寧丞。弘治二年，召爲職方主事。

李汰。字清之，蘄水人。成化舉人，授永新訓導，轉義烏教諭。立教以操存踐履爲先，刻小學、家禮等書，俾學者講習。修義烏縣志，郡守饋之金，汰受之，以修學宫。考績還家，遂不仕。

周廷徵。字公賢，麻城人。正德中，以教諭擢御史，按陝西。時安化王寘鐇反，廷徵與遊擊仇某計擒之。既而太監張永至，盡奪寧夏將士功，寧夏幾再變，廷徵力爲撫定，而白其功於朝。升九江兵備。流賊劉六等南窺，廷徵晝夜籌畫，賊不敢逼。

張思齊。字希賢，蘄州人。弘治進士，授四會知縣。邑罹水患，民相聚爲盜，思齊築隄，别爲渠以導水，遂成沃壤。擢四川僉事。有河曰麻衣灘，水險壞舟，思齊治之，不復爲患。尋改霸州副使，有民控中官奪産者，思齊歸産於民，没中官家財入官，上其狀，部使者不報，遂投劾歸。

馮翺。字世舉，蘄州人。爲諸生時，旁舍火，翺負其母及先世告身以出，餘無所問。二弟早亡，撫其孤如己子。爲兖州推官，治獄多所平反。郡守委督所屬逋賦，故有賂遺，或以例告，翺驚曰：「此何例耶！」召賂者亟還之民。

陳大中。字時甫，蘄水人。正德進士，知慶遠府。土官舊各贄金帛於守，大中卻之。獞酋藍錢歷爲寇，商旅非結衆持械，莫敢行，大中率民兵直搗其穴，擒其酋，戮其黨，境遂安。擢轉運使，致仕。

邢寰。字伯宇，黄梅人。正德進士，歷吏科都給事中。時帝幸大同，久而不返，寰等疏請駕還，復偕同官力諫，皆不省。尋詔躬往泰山進香，寰等伏闕固争，帝遣人慰諭始退。太監畢真，保宸濠孝行，寰疏駁之。宸濠反，帝假親征南幸，屢請回鑾。世宗即位，多所舉劾。終官南昌知府。

張正福。羅田人。正德中，流寇掠黄州，正福及弟正顯，姪友舜、友珠，應募勦賊，皆深入賊壘，力戰死。

沙瑞。字鳳翔，黄梅人。事親至孝。任王府紀善，宸濠反，瑞泣諫，宸濠恚曰：「若不從且死。」瑞曰：「死何傷，豈可失臣節？」宸濠囚之，瑞慟哭自經死。

劉天和。字養和，麻城人。正德進士，自禮部主事改御史，按陝西，忤鎮守中官廖鏜，被逮，部民哭送者萬餘人。下詔獄，謫金壇丞。嘉靖初，累擢右僉都御史，督甘肅屯政，奏當興革者十事，田利大興。改撫陝西，請撤鎮守中官，及罷爲民患者三十餘事，帝皆從之。洮、岷番蠢動，平湖店大盜及漢中妖賊，天和皆討平之。改理河道，疏汴河及山東七十二泉，不三月訖工。因歲饑蠲徭賦。尋以兵部侍郎總制三邊，倣秦紘隻輪車以禦敵〔八〕。濟農頻入寇，敗之。晉尚書。又屢破濟農，殺其子小十王。後召還朝，專督團營，陶仲文以刺迎，稱戚屬，天和返其刺曰：「吾中外姻連無是人。」仲文銜之，屬言官劾其老，遂乞歸。卒，贈少保，謚莊襄。

「濟農」舊作「吉囊」，今改正。

石金。字南仲，黄梅人。正德進士，授御史，立朝敢言，與漢陽戴金齊名。江西副使胡世寧〔九〕發宸濠奸狀，逮詔獄，舉朝莫敢言，金力救之。嘉靖初，按廣西，土官岑猛亂，金與尚書王守仁戮力勦平。世宗用方士邵元節祈禱禁中，金上疏切諫，復與喻希禮上言時政，疏入，俱謫戍，久之宥免。

許恩。蘄水人。弱冠時，鄰家火，延及恩舍，恩冒烈燄救母，俱焚死。火止骸燼，止存兩手，尚抱母身。

曹珪。字廷獻，黄岡人。正德進士，累官御史，出按廣西，平猺、獞有功。復按陜西，時武宗遣中官迎指揮詔鳳妻過陜，珪遮留，疏論之，竟得已。歷官清儉，所有餘俸，不置私産，與異母弟共之。

王廷陳。字穉欽，黄岡人。由進士選庶吉士。武宗南巡，與同館舒芬等七人疏諫，帝怒，罰跪五日，杖於廷。出知裕州，忤巡按御史喻茂堅，削籍歸。廷陳才高，以詩文著名，有夢澤集行世。

王澄。字克清，羅田人。正德進士，初令番禺，有政績。歷官户部郎中，時尚衣太監王某恃寵而横，奪民田産園林，澄奏還之民。督淮餉，歲大饑，割俸以賑，全活甚衆。

郭慶。字善甫，黄岡人。正德中舉人，質直力學，聞王守仁講學東南，徒步往從之，三年始歸，充然有得。授清平令，勤於撫字，割俸給貧民牛種，五年乞歸，民立祠祀之。

吴璋。黄岡人。倜儻負氣，長折節讀書，爲邑掾吏。嘉靖初，議大禮，諸臣忤旨，被譴甚多，璋曰：「吾豈不可效陳東之於李綱乎？」徒步詣闕，上書申救楊廷和等，語激切甚，世宗怒，下錦衣衛獄，杖八十。後數日，太廟災，世宗問曰：「湖廣上疏小吏何在？」守者疑帝不能容，壓死以報，世宗曰：「惜哉！朕有以用之也。」

喻希禮。字節之，麻城人。嘉靖進士，擢御史。會議大禮，杖謫者多斃荒徼，希禮上疏極諫。時禁中建醮壇，希禮亦極諫。世宗震怒，大學士力救之，廷杖，謫戍六安十餘年，會赦歸。

史玉明。廣濟人。父早喪，傭工奉母，母老，艱起居，玉明負至田間，躬自進食。母卒，廬墓側，有虎患，或勸其還居，玉明泣曰：「吾父祖在此，雖爲虎食，不忍去也。」虎至，玉明拜之，弭耳去。嘉靖初，卒於墓舍，鄉人建亭，顔曰「孝子」，立碑於所耕田畔以旌之。

張明道。字希程，羅田人。嘉靖進士，歷官江西按察副使。少有大志，不營財利，嘗著綱目發明。居官清約，政績懋著，爲一時循良之冠。

黄卷。字景文，麻城人。嘉靖進士，仕至陝西副使。年四十餘，致仕躬耕，經歲不入城市。同郡耿定向、周弘禴往訪，嘗竊窺其室，一敗榻而已，嗟嘆久之。

劉采。字與質，麻城人。嘉靖進士，初知宿州，會歲饑，約己裕民，妻孥僅供饘粥。當路督課急，采移帑金代輸，至秋，民争償無逋者。歷郎署藩臬，二十五年，所至以廉能稱。遷副都御史，巡撫山東。先是，邊食告匱，詔采礦金，又每歲秋屯兵臨清以防入衛，御史請開膠萊河，通海運，東人甚苦之，采悉爲奏罷。累遷南京户部尚書，致仕。

胡明庶。字公輔，羅田人。嘉靖進士，篤志力學，尤精理數，嘗取皇極經世、律吕新書，章分句解，衍爲圖。弟明睿，力學多聞。兄弟友愛，建書院於黄道山麓，以經學教授生徒。

胡明通。羅田人。幼育於諸兄，事兄如父，同居四十年，庭無間言。領鄉薦，以兄疾不會試，兄卒，以己産畀兄子。後知信豐縣，值歲饑，設法賑濟，捐俸以益之。弭盗有功，擢判金華府，甫一月，聞母墓圮，遂告歸。家居儉約，日講程朱書不輟，學者稱東郊先生。弟明書，同舉於鄉，文學亦齊名，著有元溪集。

方民懷。字懋元，黄安人。嘉靖舉人，絶迹公府者二十年。嘗寓旅舍，有女來奔，叱之，女跪曰：「父爲債窘故耳。」民懷急取囊金，周而遣之。爲林縣令五載，多惠政。

陳萬卷。字德備，黄岡人。嘉靖間，安平典史。邑中白蓮教妖人聚衆謀襲城，萬卷知之，即日率鄉兵急擣其巢，賊方會飲舉事，聞萬卷至，整衆出禦，萬卷格鬬，擒其帥，賊作幻術，甲騎起空中，萬卷默禱大呼，風雨驟至，人馬皆墜，乃翦紙爲之也。於是衆悉就縛，所遺貲財，秋毫無取。安平人立廟祀之。

顧問。字子承，蘄州人。嘉靖進士，累官浙江僉事。恬静清謹，人稱爲「茹菜顧公」。丁内外艱，廬墓六年。隆慶間，任福建參政，乞歸，講明理學，言動必本於道。嘗自編日程，疏功過，耿定向稱之曰：「子承真聖人之徒也。」弟闕，字子良，嘉靖進士，授刑部郎。居喪，同問廬墓。累遷福建按察副使。年四十，致仕，弟兄俱以道學相劘切。

奚世亮。字明仲，黄岡人。嘉靖進士，官延平同知。會倭入寇，興化缺守，上官檄世亮攝府事。世亮疾馳入城固守，圍踰月，親冒矢石，城陷，猶轉戰，身被數創死。事聞卹廕。

瞿晟。字景明，黄梅人。嘉靖進士，授户部員外郎。會有邊警，晟計畫軍儲，凡六十晝夜，鬚髮盡白。出知廣平府，鑿長渠三百里，築四牐蓄洩，廣平自是豐饒。

耿定向。字在倫，黄安人。嘉靖進士，由行人擢御史。劾吏部尚書吴鵬奸貪，鵬以是罷。督學南畿，建崇政書院以講學。巡撫福建，平海寇，晉户部倉場尚書。告歸，居天臺山，與弟定力，講明正學，誨迪後進，學者宗之。卒，贈太子太保，謚恭簡。

李時珍。字東璧，蘄州人。由諸生爲楚王府奉祠正。精於醫術，著本草綱目，精詳該洽。萬曆時，子建元以父遺表及書列上，詔頒行天下。時珍工文詞，他所撰亦多。

袁文仕。黄岡人。性至孝，兄某，被誣繫獄，文仕代赴理，死杖下。

高澄。字汝清，黄岡人。大父暴疾，刺血籲天請代，疾愈。大母雙瞽，澄日舐之，不飲酒茹葷入内者二十年，目復明。事父母，飲食必嘗而後進。父疾，枕有百金，欲畀季子，澄令弟澥枕而伴外出。父卒，廬墓三年，人以其所居稱南城公。

李學梅。黄安人。母殁，日匍匐墓側，棲榛莽間，一日雨大作，隔溪不能渡，望墓號曰：「兒在此！」遇雪則藁卧雪中。父殁亦如之。師里人張高，得聞王守仁之學，爲耿定向所重。

周弘祖。麻城人。嘉靖進士。隆慶中爲御史，出督屯田馬政。穆宗加恩宦寺，弘祖馳疏切諫，又請蠲淮南州縣被水馬户折價，請汰内府監局、錦衣衛、光禄寺、文思院冗員，及行社倉法，詔皆從之。災異陳言，指斥時政。詔市珍寶，抗疏力争。萬曆中，官至南京光禄卿。

王廷瞻。字稚表，黄岡人。嘉靖進士。爲御史，督畿輔屯政。穆宗在裕邸，欲易莊田，廷瞻不可。隆慶元年，大雨水，請蠲皇莊租，又請限勳戚田，從之。萬曆中，以僉都御史巡撫四川，平番寇。遷兵部右侍郎，巡撫鳳陽，開宏濟河於寶應，至今賴之。官至南京刑部尚書。

張步雲。字子龍〔一〇〕，廣濟人。由舉人累官太平知府。時酋長例得襲，一酋未有子，犯法繫獄，直指録囚，得偶歸，而婦娠生子。及議襲，其弟謀奪之，誣子非酋出，賂步雲，弗受。乃拘父子於庭，刺血驗之，以情申監司。監司受賂，不直之，步雲罷官歸。

劉天衢。字一登，廣濟人。隆慶進士。萬曆初，爲御史，數上書指切政府。出爲山東僉事。擢陝西參議，駐興安，興安患水，天衢捐貲築隄，全活甚衆。改雲南副使，直指巡哀牢汰兵，兵鼓譟，劫執同知，天衢穿隧，通賊卧榻，密出之，賊大沮，遂平之。遷金滄道左參政，值緬甸入寇，天衢移駐騰衝，集八郡材官及諸司士兵分討之，盡復故地。累遷太僕卿，致仕。

耿定力。字子健，定向季弟。隆慶進士。累官按察副使，督閩學，頒楊、羅、李諸大儒微言以訓士。遷操江僉都御史，疏陳礦使之害。官至兵部侍郎。定力學以求仁爲宗，真修實踐，超然自得。

周弘禴。字元孚，弘祖弟。萬曆進士，官順天通判，劾奏兵部尚書張學顔及中官張鯨，謫判代州。遷户部主事〔一一〕，時章奏多留中，弘禴疏諫，且請早建儲。後擢御史，巡視寧夏，巡撫梁問孟取官帑交際，劾罷之。河東有秦、漢二壩，弘禴易以石，濬渠北達鴛鴦諸湖〔一二〕，大興水利。尋坐事罷歸。

梅國禎。字克生，麻城人。萬曆進士，知固安縣。政通人和，暇日較射，每就射所決訟，數語立遣。政最，入爲御史。西部降人博貝反，命國禎監李如松軍以往，如松用國禎謀，破賊，博貝自焚死。以功擢太僕少卿，官至兵部右侍郎。「博貝」舊作「哱拜」，今改正。

瞿九思。字睿夫，晟子。少有異稟，十五歲作定志論，從耿定向遊，歷主白虎、濂溪、嶽麓、石鼓書院。萬曆初，膺鄉薦。爲知縣張維翰所誣，被逮，子甲，年十四，上書訟冤得釋。九思晚年作中庸位育圖、聲樂編、實用編，又作古樂測、孔廟禮樂考等書。以薦授翰林待詔，不赴。其門人張復，湛深理學，博極羣書，所著有黄河源流圖考。復，休寧人，居黄梅。

唐治。黄岡人。以掾授冠帶，醇行若儒者。鄰家火，父柩在堂，不及舁出，治伏柩上，爲火所逼死，而室獨存，柩無恙。萬曆中旌。

王大謨。字允惟，廣濟人。萬曆進士，知太湖縣。御史列薦，入爲刑部主事。錦衣張某卒，孽子争財自殺，大謨訊之得實，具詞平允，神宗大悦。每歲熱審，中官南面，尚書以下侍坐，大謨進曰：「天威咫尺，使者當下。」中官怒詬，衆變色，大謨不爲動，上疏争之。遷員外郎，出督學雲南，捐俸搆五華書院，聚諸生講學。擢廣西左參議，致仕。

石崑玉。字汝重，黄梅人。萬曆進士，歷饒、蘇二州知府，清勤愛民，被誣落職。尋起知紹興，有惠政。累遷僉都御史，巡撫大同，在鎮四年，威惠並著。

樊玉衡。字以齊，黄岡人。萬曆進士，由廣信推官擢御史。性强直敢言，疏請皇長子出閣講學，及三王不宜並封。神宗怒，謫戍雷州。長子鼎，伏闕請代，不許。光宗立，起官，以太常少卿致仕。

閔廷甲。字翼墟，蘄水人。萬曆進士，授常州府推官，廉直有聲。擢吏部文選司郎中。時神宗欲立福王爲嗣，廷甲同孟養浩等伏闕上疏力諫，坐鐫秩。後官至通政使。

吳化。字敦之，黄安人。萬曆進士，授鎮江推官，數決疑獄，遠近神之。累遷户部主事。

舒其志。字元渚，廣濟人。萬曆進士，累遷江西按察使，兼攝九江、饒州二府事。淮王惑於寵姬，欲立其子，而錮世子於私室。姬子左右班校皆巨盜，出没彭蠡間剽掠，其志廉得其狀，悉捕置諸法。旋諷王正譬之，王悟，立世子於宫中，而罪姬及其子。稅璫李道榷湖口關，括財騰怨，其志密令戍卒聚蘆葦中，圍礮縱火，道怖，遁去。

熊嗣先。字懷慎，麻城人。萬曆舉人，官敘州府同知。以督兵死於奢崇明之難，事聞贈廕。

韋宗孝。黄岡人。事母至孝。萬曆中，爲嵩明州吏目。寇烏格陷城，被執不屈，闔門殉節，贈本州同知。「烏格」舊作「阿克」，今改正。

田金浦。字麗水，蘄州人。萬曆十六年，流民劉少溪倡亂，浦聚義勇捍衛鄉閭，知州徐希明擢浦守營，防禦本境。會賊聲言攻城，浦與州判陳策赴勦，選騎深入，斬首數十，賊奔潰。以力疲憩叢竹間，賊忽大至，奮臂殺賊，不支而死。其子宗演冒鋒刃，負尸以歸，鄉人建烈士廟祀之。

樊玉衡。字棠軒，玉衡弟。萬曆進士，知商城縣。以德化民，訟者多引去。中使採礦至商城，氣燄張甚，玉衡不爲動。調崑山，五年乞歸。後督學董其昌請謚曰孝介，從之。

李長庚。字酉卿〔一三〕，麻城人。萬曆進士，授户部主事，歷江西布政使，所在勵清操。擢副都御史，巡撫山東，盡心荒政，民賴以蘇。遷户部侍郎，督遼餉，請留金花銀濟邊。崇禎初，起吏部尚書。修撰陳于泰疏陳時弊，中官王坤奏駮，長庚劾坤。後與温體仁不合，免官。

梅之煥。字彬文，麻城人。少工騎射，有將略。萬曆進士，授吏科給事中。東廠太監李浚誣拷商人，之煥抗疏劾之。出爲廣東副使，平海寇，表進，進僉都御史，巡撫南贛。天啓初，陳序劾之煥爲楊漣黨，削籍。崇禎初，起撫甘肅，套寇入犯，大破之。温體仁用事，之焕遺書中朝，暴其過惡。悍卒王進才倡亂，之焕誅之。以温體仁譖，落職家居。麻城多盜，之焕率健兒助吏捕之，無脱者。十年，流賊薄城，勸鄉人子弟，授兵登陴，賊引去。十三年，復官，卒。

胡士容。字仁常，廣濟人。萬曆進士，授長洲知縣，有惠政。天啓中，累遷薊州監軍僉事，崔呈秀屬其妻弟爲材官，拒弗聽。有贓吏捕急，投崔氏第，取論如法。府縣爲魏忠賢立生祠，士容禁之。遷江西副使，被誣，逮鎮撫獄。崇禎初，起補陝西副使。

石有恒。字伯常，黄梅人。萬曆進士，知長興縣。海寇至，爲所執，不屈死之。事聞，謚忠烈。

劉僑。字東鄉，麻城人。世襲錦衣職，授北鎮撫司。魏忠賢屬陷汪文言〔一四〕，僑不從，削籍歸。崇禎初，起用，命訊喬允升、易應昌，僑素重二人端方，保全之。後委緝六部十三省事，僑極言耳目難信，忤旨，謫戍。馮元飈疏僑忠直，宜還職，報可。未用，卒。

王一桂。字爾持，黄岡人。萬曆舉人。崇禎間，以户部郎督餉昌平。昌平陷，闔門死節凡二十七人。事聞，贈太僕卿。本朝乾隆四十一年，賜謚忠烈。

王家録。字愧修，黄岡人。天啓舉人。崇禎中，以户部主事督糧延綏。秩滿將代，李自成攻城，家録留守，堞多壞，時天寒，令運水冰城，賊少卻。會寧夏諸賊合攻，援絶城陷，引刀自裁。獲救甦，蘸頸血書「忠義」二字，復縊死。事聞，贈光禄少卿。本朝乾隆四十一年，賜謚節愍。

游之雲。字飛卿，廣濟人。崇禎時，官陝西苑馬寺監正。流寇圍城，登陴拒守，七日不食，城陷死之。本朝乾隆四十一年，予祀忠義祠。

鄧祖禹。字又元，蘄水人。由武舉歷官遊擊，屢立功。出備辰、沅，破苗賊飛天王等。崇禎中，流寇入楚，移鎮黄州，屢戰卻賊。總督令禦賊於應城，賊圍之數重，祖禹力戰被執。欲降之，祖禹曰：「須换卻心肝乃降。」賊怒，剖其心。本朝乾隆四十一年，賜謚忠烈。

王教民。蘄水人。父三捷，爲樂陵丞。崇禎中，流寇突至，執三捷，將殺之，教民求以身代，賊殺之而舍其父。

樊維城。字紫蓋，玉衡子。萬曆進士，爲禮部主事。天啓末，魏忠賢用事，謫上林院典簿。崇禎初，抗疏請誅忠賢及其黨張體乾等，蘄崔呈秀棺，戮其尸，褒恤楊漣等十四人，召還賀逢聖等三十二人，斥吏科程爾翼，釋御史方震孺，帝並從之。累官福建僉事。罷歸，張獻忠破黃州，維城駡賊，刃洞胸死。本朝乾隆四十一年，賜謚烈愍。

郭以重。黄岡人。世爲衛指揮。崇禎末黄州城陷，自他所來赴難，妻欲止之，叱曰：「朝家畀我十三葉金紫，不能易一死耶？」賊至，欲脅之去，露刀懾之，以重即奪賊刀斬一賊，俄賊麕至，遂赴水死。本朝乾隆四十一年，賜謚烈愍。

易道暹。字曦侯，黄岡諸生。好學尚氣節。明末寇至，子爲瑚奉母走青峯巖，道暹亦攜幼子爲璉出避〔一五〕。道遇賊，脅令從，道暹厲色叱之，賊將殺道暹，爲璉請代，賊並殺之。未幾，爲瑚亦被殺。本朝乾隆四十一年，予祀忠義祠。

張邦翼。字君弼，蘄州人。萬曆進士，官至江西布政使，以廉能稱。崇禎末家居，張獻忠陷蘄，被害。本朝乾隆四十一年，賜謚節愍。

李新。字即巖，蘄州人。崇禎舉人，爲陝西僉事。家居城陷，舉家被執，欲降之，抗駡不屈死。本朝乾隆四十一年，賜謚忠烈。

李梃。字赤存，蘄州人。天啓進士，知博野縣，有異政。擢遵化兵備副使，善決疑獄，歲饑設糜賑濟，全活甚衆。後家居，張獻忠陷蘄，不屈被害。本朝乾隆四十一年，賜謚節愍。

董一化。字南鯤，蘄州人。以歲貢除知仁化縣，平冤獄，改知印江縣，致仕。流寇破城，死之。本朝乾隆四十一年，賜謚節愍。

石礪。字用之，崑玉孫。崇禎末，寇熾，礪破産繕城，捍禦勞瘁死，邑人私謚曰端毅。本朝乾隆四十一年，賜謚節愍。

周之訓。字無逸，黄岡人。萬曆進士。崇禎中，官濟南副使。大兵下濟南，之訓望闕再拜，死，闔門死節。贈光禄卿。本朝乾隆四十一年，賜謚節愍。

李樹初。字客天，蘄州人。萬曆進士。崇禎中，官山西按察副使。致政家居，築磐石、符險二砦以禦寇。流賊破城，被執不屈，與長子廷慶同遇害。次子具慶陳狀，允祀鄉賢。本朝乾隆四十一年，賜謚節愍。

張開熙。廣濟諸生。素以忠孝自砥礪，遭流賊亂，罵賊不屈死。本朝乾隆四十一年，予祀忠義祠。

王邦衡。與其子鯉，爲羅田諸生，同爲流寇所執，不屈死。本朝乾隆四十一年，俱予祀忠義祠。

於斯行。黄岡人。流寇破團風鎮，被執不屈死。本朝乾隆四十一年，予祀忠義祠。

周啓元。字善長，黄岡人。天啓舉人。崇禎中，知高苑縣，流寇陷城，殉節死。本朝乾隆四十一年，賜謚節愍。

饒京。字黄山，蘄州人。天啓進士，官御史。自淮揚巡撫歸，流賊陷城，死之。本朝乾隆四十一年，賜謚節愍。又同時死節者，有諸生李化龍、孫任、盧如鼎。如鼎以禦賊，闔家被害。乾隆四十一年，俱予祀忠義祠。

於斯昌。黄岡人。崇禎己卯舉人。慷慨好節義。以督師萬元吉薦，授兵部主事，協守贛州。城破，斯昌被執，不屈死。本朝乾隆四十一年，賜謚忠愍。

余士璋。字季美，黄岡人。崇禎進士，爲九江府推官。左兵叛，抗節不屈，斷其左臂，父老泣扶出城，越十日，卒於廬山。本朝乾隆四十一年，賜謚節愍。

胡士定。字振常，廣濟人。官潁州衛經歷，流賊陷城，罵賊死。後其子玉成亦殉節。本朝乾隆四十一年，俱予祀忠義祠。

蕭繼元。黃岡人。父爲酷吏所斃，與弟繼芃詣闕鳴冤，書不得達，而酷吏疑其從弟繼忠爲翼，誣以盜，榜笞且死，宗族牽累者甚衆。芃曰：「事急矣，伍員、伍尚事在也。」復具疏，詞甚哀切，繼元懷入，自剄闕下，竟得旨，下芃刑部獄。行撫按勘問，抵酷吏罪，出繼芃、繼忠於獄。芃，天啓甲子舉於鄉。

馮雲路。黃岡貢生。好學勵行，從賀逢聖講學，寓居武昌。崇禎十六年城陷，投安湖死。生員汪延陞，從雲路遊，亦死焉。本朝乾隆四十一年，俱予祀忠義祠。

熊霦。一作雯。黃岡諸生。與本邑馮雲路同寓鄂，城破前一日，別馮云：「大丈夫當從節義中尋實地耳。」賊至，怒罵奮身投荷池死。本朝乾隆四十一年，予祀忠義祠。

徐斐。黃岡人。明末，母爲流寇所執，斐請以身代，不許。母遇害，斐罵賊，賊磔殺之。

汪世植。字晉卿，黃岡人。負母避流寇，遇賊見殺。時廣濟人陳類兒，亦以救母見殺於流寇。

程爲常。蘄水人。明末，與徐玉蘭、蔡巨人、胡方壺、徐用極，督鄉兵禦流寇，戰死。本朝乾隆四十一年，俱予祀忠義祠。

史子見。黃岡人。明末，里有毛主伯爲獻賊僞總兵，至新家衝招兵，子見殺之。賊怒，下令：「三日不獲殺主伯者，屠其鄉。」子見挺身往，賊磔之，肉俱盡，骨猶屹立不仆，乃鎖其頸骨於彰孝坊。夜分鎖脱，骨走臨湖寺，次日賊大索獲之，復刃其首。至今鄉人以爲神，家祠之。本朝乾隆四十一年，予祀忠義祠。

周應泰。麻城人。官寧羌知州。崇禎十年，流寇陷城，以匿印罵賊，與子蘽同時遇害。本朝乾隆四十一年，賜謚節愍。

方堯相。黃岡人。官成都同知。崇禎十七年，獻賊寇成都，堯相協守監紀軍事，兵食不足，自投於池，以救免。城陷，被執不屈，遂殺於萬里橋下。本朝乾隆四十一年，賜謚節愍。

曹大震。字子旦，黃岡人。爲流寇所執，不屈死。本朝乾隆四十一年，予祀忠義祠。

程之奇。黄岡貢生。官荆門州訓導。崇禎十五年冬，闖賊攻荆門，之奇與學正張郊芳盟諸生於明倫堂，佐州牧守之，援絶城陷，俱不屈死。本朝乾隆四十一年，並予祀忠義祠。

陳顯元。蘄州人。由副榜授新安令，以城堞傾頽，不利禦寇，率士民入保闕門寨。闖賊檄降，立碎其檄，及來犯，死守月餘，力竭而陷。見賊怒罵，遂支解死。新安人立祠祀之。本朝乾隆四十一年，賜謚忠烈。

戴瑾。字可懷，黄岡人。明末聚義兵禦流寇於馬鞍山之隘，賊招之不降，積薪焚之，子孫及勇士三百七十人俱燼。時同縣曹上謨、王子見、余季貞俱以扞城禦賊見殺，本朝乾隆四十一年，俱予祀忠義祠。

盧爾惇。字以崇，黄安人。博學知兵。闖賊寇楚，爾惇設方略，募義勇，賊不敢犯邑城。應詔舉賢良方正，授巴州牧。獻賊入川，所向無堅城，巴城當賊衝，被攻甚亟。爾惇見一賊偉狀貌，意必渠魁，躬引火器中之，墮馬復甦，偵之果張獻忠也。報成都，楊閣部嗣昌，以便宜擢成都監軍副使。卒以矢窮糧盡，援絶城陷，巷戰被創死。

周之茂。字松如，麻城人。崇禎進士，歷官工部郎中。服闋，需次都下，闖賊至搜得之，迫使跪，不屈，折其臂而死。本朝乾隆四十一年，賜謚烈愍。

余鈁。字有定，黄梅人。以諸生爲荆府鳴贊，流賊陷蘄州，奇其貌，欲誘降之，鈁罵賊，賊怒殺之，闔門皆被害。本朝乾隆四十一年，予祀忠義祠。

本朝

張百程。字日闢，黄安人。能文，兼精騎射。明季寇亂，百程應試安陸，寇逼城，射殺緋衣白馬賊，遣健僕濟阻水婦女數百人，結堡保聚鄉里，土寇起，討平之，活其脅從者。至本朝，以壽終。

王躬俊。黄岡人。好義，有智略。立義學以訓鄉人子弟，倣朱子社倉法，倡捐米穀，遇歲旱，計口賑給。孔子河有問津書院，燬於兵，糾衆捐修，置田供祭。國初東山未靖，大軍進勦，躬俊集鄉勇從軍，籌餉贊方略，不匝月寇平。當事者議題敘，力辭不受。

杜濬。字于皇，黄岡人。詩文豪健，自闢町畦，有變雅堂集行世。

耿應衡。字玉齊，黄安人。性孝友。明末爲諸生，由徵辟授遵化同李〔一六〕。國初累官鄜州兵備道、寧紹台副使。初嘗游江浙，習知利弊，及官台，凡所因革，悉中時務。先是，安邑賦役繁重，雖有條鞭之法，而里甲不清，胥役飛詭，民不聊生，應衡倡爲畫一之議，始稱平，公私皆便。祀鄉賢。

官撫涣。字萃之，蘄水人。順治初，由國學生爲會稽知縣。郡守激民變，撫涣亦遇害。事聞，贈按察司僉事。嘉慶六年，補給恩騎尉世職。

劉子壯。字克猷，黄岡人。文章雄健。順治己丑進士第一，授修撰。請告歸。嘗游吴門，有小吏被誣繫獄，白縣令脱之。捐金贖難婦，俾完聚。

曹本榮。字木欣，黄岡人。順治己丑進士，改庶吉士，以清節自勵，累遷至國史院、侍讀學士。初任編修時，上聖學疏千言，有詔嘉納之。及任司業，刊白鹿洞學規以教士，奉敕同傅以漸撰易經通注九卷，鎔鑄衆説，詞理簡明，爲説經之圭臬。又著五大儒語要、周張精義、王羅擇編諸書。病亟，門生計東在側，猶教以窮理盡性之學。子宜溥，舉博學宏詞，官檢討。

李本晟。字暘若，蘄州人。順治己丑進士，由部郎出治中河，遷蒼梧道，累擢雲南布政使。在官幾二十年，清修澹泊，息事安人。後奉裁歸里。吴逆之變，以本晟久轄滇南，密遣諜授以僞劄，晟縛以獻。事聞，授太常卿，遷大理，出爲浙江巡撫。益正己率屬，屏絶苞苴，蕭然若家食。未幾卒，賜祭葬。

汪基遠。字星伯，黄岡人。順治己丑進士，知東鄉縣。縣有劇盜，基遠捕得其黨，盜率衆刦縣，遂遇害。賜祭葬，廕子。嘉慶六年，補給恩騎尉世職。

王澤宏。字涓來，黄岡人。順治乙未進士，歷官禮部尚書。疏請移湘口關還設九江，商民便之。尤工詩，福清魏憲稱其「五古則鄴下、彭澤，七古則浣花、徂徠，近體則絳州、鹿門，颸颸乎如蟬蜕之遇秋風，泠然善矣」。子材升、材任俱善詩，各有集行世。

宋必達。字其在，黄岡人。順治辛丑進士，知寧都縣。時破闖賊張志在，奉檄誅賊黨，必達白上官，免脅從者，罷歸。

王風采。字汝載，黄岡人。康熙己未進士，授會稽知縣。以戢豪强、安閭左爲務。性强記，城市窮鄉，其富家窶子，狹邪武斷之徒，能歷歷指其名。每一牘入，懸揣之，輒得其主使與曲折之故，及坐廳事，片語摘伏無遁情。任會稽十四年，民德之。從祀名宦。

金德嘉。字會公，廣濟人。父之純，以舉人知興安州，流寇薄城，誓以死守，及援至，夾擊之，圍乃解。擢漢中知府，會疾卒，興安人廟祀之。德嘉以順治十七年舉於鄉，至康熙二十一年舉會試第一，授檢討。又七年告歸，益肆力於詩古文，具有法度。

陳大輦。字子京，黄岡人。康熙壬戌進士，授永安知州。其地猺獞雜處，諭以嫁娶喪葬之禮，講學興教。調西隆，革頑輯暴，以治行第一擢福建鹽運分司。歷分巡臺厦道，整飭兵備，培植學校，撫綏番落，生番歸化者八社。以勞勩卒官。

張希良。字石虹，黄安人。康熙乙丑進士，官侍講。致仕歸，卒，年八十有二。希良湛深古學，所著有春秋大義、宋史刪、文章瀚海、格物内外編諸書，其詩文爲士林推重。

張金基。字寶持，廣濟人。性孝友。順治初，負母避亂山中，嚙雪得生。康熙中，以舉人授沔陽教諭，教士有法。卒官，諸生泣送於江上者數百人。

孫如芝。字素公，黄岡人。康熙中，以舉人知筠連縣。親喪，歸次江安，值吴逆叛，賊帥執欲官之，不屈死。

陶之駿。黄岡人。康熙中，爲茂名縣丞。土賊倡亂，之駿率兵禦之，殁於陣。事聞，廕子。

劉醇驥。字千里，廣濟人。性簡静方直，勤學不倦，工古文辭，嘗歎宋、元來文體日卑，奉左、國、史、漢爲矩矱。

顧景星。字黄公，蘄水人。博學善詩文，著白茅堂集、黄公説字數十卷。

靖乃勳。黄岡人。家貧力學，尤精三禮。性慷慨，有經濟才。本境山寇蠢動，乃勳力贊太守于成龍討平之。子道謨，康熙辛丑進士，選庶常，移疾歸。爲文深閎博雅，根柢經史，所著有禮記過庭紀聞編及果園全集行世。

高有功。蘄水人。康熙中，署廣東虎門協右營都司。征海寇戰死，事聞，贈廕，賜祭葬。

胡搢思。廣濟人。康熙中，爲鎮安府通判。時雲南土富州州判沈文崇子紹基作亂，據府城，搢思抵蓮化嶺，賊拒不得入，乃招集民衆，并調田州等土司兵議勦，賊遽棄城走，據上甲馬隘。搢思既入城，官兵未至，賊乘夜攻陷之，搢思駡賊遇害。乾隆二十九年，予祀昭忠祠。

廖士貞。黄梅舉人，知營山縣。值譚宏黨彭時亨叛，被執，不屈，賊怒殺之。事聞，贈按察司僉事，賜祭葬，廕一子應拔官汶川知縣。嘉慶六年，補給恩騎尉世職。

胡一漣。字公徜。廣濟拔貢，官兖州通判。先是，香爐口河決久未治，一漣躬督畚鍤，工成。擢東昌府同知，内遷郎中。出榷龍江關，有廉名。會荆襄長隄衝決，一漣請發帑修築，兩府賴之。擢廣西觀察，以道梗留廣東，兼管學政，旋授廣西布政使。以疾致仕。

徐本仙。字佑倫，蘄水人。康熙庚子舉人，以知縣試用雲南，權昆陽知州。雲南有滇池方三百里，而海口僅數丈，由柴廠達螳螂川，有山溪五道旁入，沙少淤，流弗能暢，近海田輒淹没。有建言五溪爲一，俾急流以刷沙者，大吏訪於本仙，本仙力言其害，上官不能奪。補文山知縣，累遷至糧儲副使。

酆正暹。黄岡人。爲海城典史。金川土豪王守禄通島船爲奸，正暹嚴治之。守禄賂以千金，不受，陰賄庖人酖之，卒。事覺，守禄等六人伏誅。

鄧一隆。黄岡人。家世孝友，一隆尤恭謹勤儉，著家規十六條，家訓四十二章，歲二次集男女序班會講。又立功過簿以勸懲，黎明子弟入塾誦讀，婦女集内室治女紅，財物悉貯公所，推一人掌其出入。服食無私，年老及有病者，别優養之。八世同居，内外無間言。雍正元年旌。

施惠。蘄水人。家極貧，父卒，傭其身以治喪葬，日供主家役。雞初鳴，出拾蘆根以給母薪，食則餘半以養母。冬寒，母無綿，乃刈艾爲絮以衣之。負母避亂，爲賊所執，叩頭流血，乞以身代，賊義而釋之。雍正元年旌。同時有戴華凌者，居喪廬墓，宋士吉者，筆耕養母，並旌。

王廷詔。蘄州諸生。有孝行。奉母向氏，避賊於黑山洞口，值强寇來劫，妻張氏以身蔽向，連受三刃得免。後母病疽，張口吮之。及卒，廷詔廬墓三年。同州有余藩者，以守母柩不忍離受害，妻張氏守節終身，並旌。

徐生明。字哉生，羅田人。父爲流賊所執，願以身代，賊義而釋之。及父卒，廬墓三年。子鉅，亦以孝稱。

王國英。字紫衢，蘄水人。性孝友。雍正五年，以諸生舉孝廉方正，授宛平縣知縣，有惠政。縣數被水，逋賦積十餘年，國英捐廉代償之。後累遷至廣東鹽運使。

劉洪度。字若千，廣濟人。由國子生知岑溪縣。猺獞時出剽掠，洪度練鄉勇，擒其渠魁，諭以義而遣之，遂感激向化。擢知石屏州，以進藏功，晉威遠府同知，擒土豪刁瀚，除其害。攝鎮遠府，兼管恩樂縣事。雍正五年，猓黑犯城，力戰死。事聞，贈知府。

曹大聲。字子先，黄岡人。父疾，侍寢不離，中夜火起，負父出，不能踰閾，爲烈燄所逼死。雍正七年旌。

吕希煜。字孟陽，黄岡人。性至孝，執父喪，盜入其家，索財無所得。希煜守父棺不去，遇害。雍正八年旌。

李長青。字春山，黄岡人。乾隆戊辰進士，授福建寧德縣知縣，洊陞陝西同州府知府。所在多惠政，潔己奉公，訓士愛民。嘉慶二十一年，予祀陝西名宦祠。

邱恩榮。字駕六，黄岡人。乾隆辛未進士，授萊蕪知縣。屢剖疑獄。鄰邑蝗起，飭鄉民豫爲捕具，入境依法捕之，蝗遂絶。調泰安，疏治泰山泉源，引汶水歸運河，民甚利之。累遷岳州知府，調衡州，卒於官。

劉崑。黄安諸生。嘉慶二年，豫省教匪闌入黄安，崑倡義捐資，團練鄉勇，設卡堵禦，遇賊被戕。同時遇害者：弟洪，子琪玉，監生熊之炅、熊文炳及熊席鼎、熊萬輝、熊朝文、熊耀楚、熊孔朝、熊立舉、熊大研、張永順，俱於八年予祀忠義祠。

王九兒。蘄水人。州判王悦民僕也。順治初，隨主行，與流寇遇，目主人使逸去。賊擒九兒，問主何在，不言，賊先剜其目，次斷手，每一揮刃，問主何在，終不肯言。

流寓

南北朝　宋

鮑照。東海郯人。文辭贍逸。臨川王義慶在江州，引爲佐史，客居尋陽。

唐

李泌。京兆人。天寶中，待詔翰林，楊國忠惡之，斥置蘄春郡。

宋

陳宗達。江州人，義門陳伯宣之後。康定初，徙居黄梅。以孝友著。

韓琦。安陽人。兄琚，天聖中守黄州，琦從兄於黄，寓居安國寺讀書。

蘇軾。眉山人。神宗時，貶汝州團練副使，安置黄州。軾與田父野老相從溪山間，築室東坡，自號東坡居士。

陳慥。眉州青神人，太常少卿希亮子。遯於黄州之岐亭，庵居蔬食，不與世相聞。山中人見其所著帽方屋而高，因謂之方山子。蘇軾謫居於黄，過岐亭，適見之，爲作方山子傳。

劉摯。東光人。紹聖初，以在相位時改新法奪職，居黄州，再貶蘄州居住。

張耒。淮陰人。紹聖中，坐黨籍，謫監黄州酒税。徽宗立，起通判黄州。坐聞蘇軾訃爲舉哀行服，貶黄州别駕，安置於黄，士人就學者衆。

朱服。烏程人。徽宗時，坐與蘇軾遊，貶海州團練副使，蘄州安置。

陳過庭。山陰人。宣和中，與蔡京、王黼、朱勔忤，出知蘄州，未半道，謫海州團練副使，黄州安置。

孫傅。海州人。宣和末，高麗入貢，所過調夫，騷然煩費。傳言索民力以妨農功，於中國無益。執政以其論同蘇軾，奏貶蘄州安置。

元

龍仁夫。永新人。至正中，徙居黄州。明五經，爲時矜式，學者稱爲麟洲先生。

吴大中。弋陽人，徙居羅田。與其妻皆善事父母，皇慶間，有司以孝聞，詔旌其門。

明

詹同。字同文，婺源人。元末遇亂，家黄州。太祖下武昌，召爲國子博士。

列女

元

張氏二烈女。蘄州人。父爲總管，長女年二十一，次年十九，俱未適人。至正十一年，寇逼蘄，相攜投州北蓮花池死。

蒲忭女。黄梅人。年十六，爲紅巾賊所執，欲污之，女紿賊於山橋僻處，拔簪刺賊目仆地，餘賊至，追刃之，駡不絶口死。

明

劉烈女。羅田人。受姚氏聘，未婚而夫殁，人欲娶之，不從，縊死。

蔡永忠妻王氏。廣濟人。寡居數載，姑逼嫁之，赴水死。

李富妻項氏。黄岡人。正德中爲流寇所劫，投江死。

劉烈女。黄岡人。正德中流寇逼黄，劫入舟中，不爲備，女投江死。

胡烈女。黄安人。正德中，年十六，爲流寇所掠，欲污之，女曰：「死則死耳，身不可辱。」賊怒刃之。

張烈女。蘄州人。正德中，避寇於江南大山磯窟中，賊搜得，欲污之，女罵不從，并其母邱氏遇害。

陶烈女。羅田人。正德中，爲流寇所掠，罵賊死。

劉漢妻張氏。麻城人。正德中，漢任商水知縣。流寇至，城陷，張同女鸞山縊死。

張文秀女。蘄州人。正德間，流寇逼蘄，文秀攜女出避，賊獲女，欲污之，女罵不從，被害。

杜鉦妻樊氏。黄岡人。鉦以救弟溺水卒，樊不食死。

劉鵬妻盧氏。黄岡人。夫卒，自縊死。

劉康妻熊氏。麻城人。許聘未嫁，康病劇，女割左股遺康食之。聞訃，請於父往哭，慟幾絶。姑泣曰：「女未適吾兒，可無死。」女曰：「吾不死安歸？」卒死之。

王封帶妻杜氏。黄岡人。夫卒，不食死。

張烈女。未詳何許人。已受聘，父徙居黄岡之團風鎮，復以女許富商，女自刭死。

李文明妻胡氏。黄梅人。文明死，胡廬於墓側，植雙柏，踰年皆茂。牧者偶折左柏枝，胡號泣曰：「左，夫道也，左枝折，吾夫其有遺憾乎？」浹月，左長與右齊，人咸以爲誠所感。

朱廷傑妻陶氏。黄岡人。字廷傑未婚，廷傑卒，自經死。

程安國妻徐氏。蘄水人。夫卒，投水死。

李新期妻申氏。蘄水人。夫卒，强暴强委禽焉，申斷髮不從，强暴劫之至家，自縊死。

姚相妻劉氏。羅田人。字相未婚，相死，人争取之，劉不從，自經死。

周宏烈妻李氏。麻城人。夫病篤，即不食，先夫一日卒。

周宏祁妻喻氏。麻城人。夫卒，以哀毀死。

奚世亮妻王氏。黄岡人。嘉靖中，世亮殉節，王甚少，苦節七十餘年。萬曆間，三次存問。年九十四卒，詔建坊旌，並賜葬。

秦一才妻杜氏。大理人。爲黄岡秦一才繼室，時年十八，一才無子卒，杜請其弟治兩棺，三年喪畢〔一七〕，服酖以殉。

劉文妻毛氏。麻城人。文早死，毛解書，工詩，求者百計勸誘，卒不動，壽八十餘，旌表。

石元岱妻王氏。黄梅人。年二十餘，孀居苦節。至年七十，有盜入室，舉家走，王獨不出。盜執問故，王曰：「吾夫棄世時，屬我無踰此門，豈敢偷生，以背遺言乎？」羣盜義而釋之。

蔡純仁妻張氏。黄岡人。年十七，歸純仁，甫期而夫殁，舅姑欲嫁之，張引刀割耳，甓封其户。寇掠鄉村，張繫組於頸以待，盜過門不入，得不死。純仁弟信亦殀，其娣徐，與張同居守節。縣令應存初，捐俸置産贍之。

王龍麟妻李氏。麻城人。夫卒後，四十日不食，戒家人勿遽蓋棺，族衆果欺其遺孤，李從棺中言：「豫知汝輩必出此。」衆慚懼去，乃瞑。

董應長妻鄒氏。麻城人。夫卒，絶食死。

賈爔妻袁氏。黄岡人。年十四適爔，二年而爔亡，遺腹生一女，歸依其父。獨處一室，女紅之外，繙閲内典。比嫁女，誡之曰：「汝往矣，自汝父死，吾目未嘗視男子。婦人一生，此目不可輕視人也。」聞者莫不敬服。

洗馬畈烈婦。蘄州人，不知其姓氏。崇禎中，爲流寇所執，矢不受污，兵以刃剖其腹，婦以手抱嬰兒，一手捧腹，立以待夫。夫至，付兒，放手死。

王靈妻孟氏。蘄水人。流寇突至，露刃脅之上馬，孟罵賊不從，賊恚甚，磔之。

何之曰妻李氏。蘄水人。流寇至，逼之去，不從，賊衆共扶之，李罵益厲，囓賊求死，賊怒刺之，創遍體死。時一婢抱李幼女在側，賊奪女，將殺之，婢不與，因伏地以身翼女。賊怒，亂刺百餘創，并女俱死。

徐一三妻畢氏。蘄水人。爲流賊所執，脅以刃，抗聲罵賊，遂見殺。

郭鞏妻柴氏。蘄水人。流寇至，被執，柴曰：「吾家累世清德，安能從賊求生耶？可速殺我。」即伏地求死，賊就背間斫之，見肝死。

南有杞妻李氏。蘄水人。性純謹，事舅姑以孝聞，爲流寇所執，促之上馬，李厲聲罵賊不止，乃亂斫之死。

楊啓顔妻王氏。廣濟人。啓顔病疽久潰，王事之謹，不辭勞瘁。流寇至，掠婦以行。賊得他婦，輒縛置馬上，王紿之曰：「吾何逃，行可也。」行十餘里，躍入道旁大渠死。越二旬，尸植立水中，面色如生。

馮如集妻龔氏。廣濟人。爲流賊所執，求死不得，詭曰：「夫有珍寶，埋某林中，汝可取之。」指其處，賊果往，龔出佩刀自刺死。

張伯瑜女。名福媛，廣濟人。隨父避兵湖上，寇至，父爲所傷，女亦被執，强使乘馬，女不從，大罵，鞭之見血，罵不絶，遂被害。

張烈女。廣濟人。流寇入境，與二嫂同避賊，解帶自縊，未死。賊至解而甦之，女罵不從，賊磔殺之。

潘龍躍妻唐氏。廣濟人。張獻忠破廣濟，執龍躍欲刃之，唐跪泣，乞代死，賊不許，遽投水死。女巽大，亦從死，賊意動，始釋龍躍。

胡晬然妻聞氏。羅田人。崇禎中，爲流寇所執，抗志不辱，大罵曰：「賊奴速殺我。」賊怒，支解之。

王烶妻胡氏。羅田人。流賊破城被掠，逼污之，不從，奪刀自刎死。

喻於義妻董氏。羅田人。流寇破城，潛赴泮池溺死，越十餘日，面色如生。

蔡容遠女。羅田人。年十九，流寇破城，被執不從，斷髮毀容，賊婦力保全之。經五日，賊令配所拾隻履，女曰：「雖死不配。」遂斫數十刀而死。

江文柱妻汪氏。羅田人。夫婦遇流賊，賊欲殺文柱而污汪氏，汪紿之曰：「釋吾夫，乃從汝。」度文柱去已遠，罵賊被害。

李君實妻王氏。黄岡人。崇禎中，流寇欲污之，王不從，寇殺其舅、姑、夫三人以脅之，王奪刀自殺。

戴崇禮妻董氏。麻城人。崇禎時，年二十，流寇入境，偕夫避難，至楊家衝，賊猝至，躍入池死。

曾偉妻石氏。黄梅人。張獻忠陷城，夫婦俱爲賊縛，石私語夫曰：「我惟以死殉，君其潛遁，勿戀我也。」俄而賊挾上馬，石投井，賊復援之，石以頭觸石，血流滿面，罵不絶，賊大怒，殺之。

盧紱妻楊氏。蘄州人。崇禎十六年，張獻忠破城，楊被掠，賊負之行，楊紿之曰：「我自能行。」攜母朱氏手，至火起處，赴烈燄俱死。

盧震初妻袁氏。蘄州人。年十七，遇張獻忠之難，度不能脱，拜辭舅姑，投井死。

王從禮妻陳氏。蘄州人。從禮早亡，陳守節四十年。崇禎末，避寇至武昌，城破，陳指庭間井，謂二子婦曰：「未亡人已得死所，若輩亦有意乎？」二婦再拜，先投井死，陳亦相繼死。

許惟高妻江氏。廣濟人。明末，遇叛卒，百計誘之，不屈，賊怒殺之。

張問達妻李氏。黄岡人。流寇陷城，投井死。時王三林妻屠氏、吴周封妻曾氏、黄正達妻蕭氏、王一翥妻樊氏、朱日灝妻李氏、奚禄詒妻王氏、杜應芳妻樊氏，俱不污於賊，見害。又易氏一族烈婦凡十二人，郭氏姊妹俱死，陶氏抱姑以死，俱未詳其夫族。

詹某妻尚氏。蘄水人。流寇至，罵賊死。時同縣蔡應兆妻吴氏，亦殉節死。

方應尊妻胡氏。羅田人。明末避兵，夫卒，投巖死。

葉正華妻余氏。麻城人。避流寇，度不免，自經死。

韓生磯妻王氏。黄安人。明末，爲流寇所掠，不從遇害。時同縣有不知姓氏婦人罵賊，爲賊反縛柱上，磔死。

饒燮中妻張氏。廣濟人。左兵西下，張與子婦黄氏俱被掠，張詈賊自殺，黄氏赴水死。子起臣尋得母屍，亦悲號而死。

田廣生妻張氏。廣濟人。避流寇，入棘中，賊牽之不出，遂倒曳之，頭面破裂，復被支解。時同縣劉仲霖妻胡氏、周世龍妻費氏、查文生妻王氏、張成見妻劉氏、黄伯常妻魯氏、朱邦樸妻曹氏、鍾恒甫妻陳氏、饒全中妻梅氏、胡是恭妻饒氏，俱遇賊見害。

張科甫女。廣濟人。爲流寇所執，自沉死。時同縣向日啓妻施氏，賊將至，投淵死。劉孟秩妻鄧氏、張簡熙妻程氏、饒牧夫妻劉氏、張明育妻徐氏、吴敏公妻王氏、楊齊聖妻劉氏、饒帝臣妻徐氏、吴敏師妻劉氏，俱遇寇投水死。王凝鼎妻張氏，賊至，投巖死。

饒某妻吴氏。廣濟人。明末避亂山中，寇逼，自焚死。

王聖臣妻洪氏。黄梅人。夫卒，守節二十餘年。流寇至，隨父行，觸城死。時同縣石一音妻梅氏、馮公甫妻商氏、洪世寵女，俱遇賊，完節死。

嚴之恒妻陳氏。黄梅人。夫亡守節，左兵之亂，攜其女投井死。

程夢斗妻周氏。黄梅人。夫爲里中惡少窘辱死，惡少止坐戍，周以冤未盡雪，觸棺死。

本朝

金烈女。黄岡人。許聘李氏次子，病尪且矬，李欲移長男配之，金父母許諾，女曰：「此何事，可移易乎？」密縫周身衣，爲自盡計。或曰：「若將投繯乎？」女曰：「女生不可見人，死可令人舉其屍耶？」夜分投江死，求屍三晝夜，卒不獲。

劉三重妻魏氏。黄岡人。年二十二，夫亡無嗣，刺一目自誓，守節四十餘年。順治中旌。

張金基妻金氏。廣濟人。順治中，與姑避亂山中，爲賊斫腦死。

周方旦妻蔡氏。麻城人。夫病疽四年，侍疾無倦色。夫卒，自經死。又同縣曹惕妻吴氏，夫亡守節。俱康熙中旌。

何烈婦。黄岡人。爲强暴所犯，不從而死。康熙中旌。

洪楠妻熊氏。黄岡人。未嫁而楠歿，父母將別議婚，女引刀自割其鼻，父母知不可奪，乃歸洪，守節七十年。康熙中旌。

徐基盤妻歐氏。黄岡人。通孝經、女誡。未婚，基盤卒，自經死。康熙中旌。

王敖妻張氏。黄安人。夫死無子，撫從子爲嗣，姑病五載，晨昏侍疾，不辭勞瘁。夏逆不靖，母子數日不得食，山水暴溢，不及避，室壁已仆忽立，若有神祐。雍正中旌。

朱懋乾妻王氏。廣濟人。夫疾，割左臂和藥。夫卒，奉舅姑益謹，姑病，割右臂以進。雍正中旌。

范彩雲妻吴氏。蘄水人。歲饑，隨夫攜子女，乞食黄岡，宿賀家坳亭。夫早出行乞，子女汲水未歸，樵子田士義欲犯之，不從，斧斫死。雍正中旌。

戴起源妻梁氏。蘄水人。夫卒，守節，性至孝，祖姑年老畏寒，每以身溫衣而進。雍正中旌。

王時聖妻陳氏。黄岡人。夫卒，子甫五歲，舅姑八十餘，兄公老病無子女，皆仰給於陳。陳自啖糠秕，而甘旨罔缺。歲大旱，斗粟千錢，食且盡，子拾遺金一橐，陳不啓視，覓還之。雍正中旌。

陳萬鑑妻李氏。黄梅人。舅與夫同日卒，值歲饑，李織紝易米，餉姑哺子，自忍飢餒，里人謂之「耐餓節婦」。雍正中旌。

程國泰妻祝氏。黄安人。字國泰，泰遠出，于歸愆期，里人李亞言謀娶之，父諾，詐令女同母省已嫁姊。道經李門，邀至家，逼成婚，女不從，自剄死。雍正中旌。

夏同霖妻蔡氏。黄岡人。夫早卒，遺孤甫周晬，未幾病篤，蔡號慟頓仆，越二日乃甦，曰：「適見吾夫曰，兒與汝相依爲命，今神憐汝，兒可不藥愈。」已而果瘥。娣姒皆早寡，蔡勉以大義，待諸從若己出。同居四十年，輯睦無間。雍正中旌。

胡任帥妻陳氏。廣濟人。夫歿，守節，侍姑孝。姑患足病，陳朝夕扶掖，稍劇則侍立待旦。雍正年間旌。

方應張妻周氏。黄岡人。夫卒，斷指自誓，守節四十餘年。乾隆間旌。

程逢泰妻龍氏。黄岡人。夫亡守節。又同縣邵光國妻張氏、曾承鞏妻何氏、胡生奇妻陸氏、吴之濼妻虞氏、謝宏才妻高氏、劉承祥妻潘氏、鄧光國妻郁氏、陳起龍妻藍氏、秦琢成妻馮氏、劉隆禮妻朱氏、沈應晟妻吴氏、陳大華妾顧氏、程大鵬妻高氏、舒其彩妻徐氏、余思皇妻曾氏、王家勳妻陳氏、王之統妻陳氏、謝其恩妻李氏、程熾祚妻朱氏、邵澄中妻張氏、陳光濟妻張氏、鄭洪勛妻秦氏、鄒一標妻龔氏、陳良佐妻胡氏、王溢勳妻孫氏、朱峙中妻陶氏、吴璋珽妻王氏、靖必昱妻祝氏、奚禄貴妻張氏、高一申妻易氏、曹本洪妻歸氏、鄭連妻丁氏、王克俊妻龍氏、蕭徵文妻李氏、夏祜申妻楊氏、胡連也妻饒氏、胡純虞妻羅氏、朱孚極妻吴氏、宋一俊妾胡氏、李天柱妻孫氏、靖必昂妻黄氏、楊春曉妻劉氏、歐陽秩妻何氏、烈婦王大任妻喻氏、陳道洙妻梅氏、湯德冶妻王氏、潘二有妻嚴氏、孫惟漢妻李氏、張瑄妻黃氏、劉隆業妻李氏、孫光錫妻劉氏、孫白怡妻張氏、王嗣可妻樊氏、樊齊文妻陳氏、魏光瀚妻王氏、許賜文妻趙氏、葉日周妻張氏、程熊占妻王氏、孫有道妻顧氏、王天爵妻周氏、張則我妻馬氏、曹廷挺妻汪氏、程方模妻黃氏、徐載安妻湯氏、徐敖金妻余氏、杜柱妻龍氏、陳啓運妾吳氏、朱蓋興妻彭氏、饒萬次妻吳氏、胡之恂妻彭氏、張其源妻朱氏、李子言妻陳氏、周則堯妻袁氏、張畹林妻唐氏、余啓先妻成氏、靖匡世妻周氏、許帝簡妻陳氏、朱一麟妻陳氏、孫光錦妻邱氏、龍南伯妻汪氏、龍勝友妻范氏、葉豐楊妻孫氏、周祚仔妻林氏、甄載耜妻劉氏、呂克純妻王氏、朱徹文妻吳氏、馮明備妻方氏、烈女吳長姑、劉文台妻程氏、雷國燦妻張氏、沈應昇妻李氏、童日康妻吳氏、蔣穎菴妻陶氏、胡德玉妻吳氏、烈婦王宗楷妻謝氏、霍維源妻喻氏、單從儒妻吳氏、汪維鉅妻鄭氏、孫士彬妻馬氏、張西在妻李氏、鄭昌妻鄧氏、方可正妻汪氏、詹世賓妻嚴氏、齊國楨妻羅氏、貞女劉長姑、桂崇妻程氏、李世麟妻舒氏、胡士昂妻吳氏、汪念祖繼妻萬氏、邱右璋妻童氏、黃鉅妻沈氏、萬信妻張氏、孫仔儒妻羅氏、梅書紵妻曹氏、韋鍾焜妻盧氏、郁重榮妻劉氏、胡啓爵妻任氏、張紹江妻姜氏、朱堯儒妻周氏、朱昭茲妻楊氏、袁以宅妻周氏、周世軸妻李氏、鄭日冕妻程氏、余光先妻朱氏、王道亨妻龍氏、劉永興妻邵氏、程元義妻靖氏、張溟妻陳氏、徐尚文妻陳氏、蕭建極妻顧氏、周懿德妻姜氏、易德皓妻徐氏、郭祚起妻高氏、童昌惠妻林氏、邱日西妻王氏、周卜恒妻陳氏、張亮工妻馮氏、梅源仁妻姚氏、烈女汪長姑、謝仁瀊妻程氏、劉昌妻梅氏、烈婦舒之巘妻胡氏、烈女楊長姑、童士觀妻袁氏、方思种妻王氏、王正宗妻王氏、陳大肇妾姚氏、孫士瑋妻曹氏、夏克炯妻蕭氏、謝加龍妻靖氏、汪鄴山妻甄氏、王必選妻周氏、貞女孫氏、李翰妻劉氏、鄭心蘭妻孫氏、張隆昱妻方氏、姜維寬妻胡氏、鄭琺妻王氏、貞女曹氏、趙世芳妻朱氏、陳宗騄妻程氏、童繼模妻舒氏、童繼松妻王氏、趙大本妻劉氏、汪聯芳妻王氏、王一豫妻徐氏、舒學易妻彭氏、趙大任妻黃氏、汪顯祖妻龔氏、姜之琇妻黃氏、吳名高妻王氏、詹宇熇妻江氏、梅光佩妻夏氏、黃世作妻劉氏、陳貞俊妻李氏、王乃立妻靖氏、曾建中妻孟氏、姜如法妻繆氏、夏克連妻王氏、葛世華聘妻王姑、王廷佩妻史氏、徐懋德妻王氏、屠銘聘妻蔣姑、張思鯨妻胡氏，俱乾隆間旌。王宗玠聘妻梅氏、劉文煥妻蘇氏、陳應楫妻林氏、陳榮發妻舒氏、劉良材妻蕭氏、詹伯章妻劉氏、程應本妻胡氏，俱嘉慶年間旌。

尹啓明妻朱氏。黄安人。夫卒，敬事舅姑，教育孤子成立。乾隆元年旌。又同縣王顯盛妻江氏、盧漳妻王氏、盧濂妻鍾氏、烈婦吴遂妻陳氏、烈婦詹用九妻陳氏、貞女張氏、貞女彭氏、程乃武妻金氏、吴翔鳳妻陳氏、吴宏妻馮氏、劉文元妻秦氏、韓步奎妻李氏、鍾澄妻張氏、吴若妻江氏、貞女胡氏、李周棟妻周氏、方萬彩妻詹氏、王風焕妻孟氏、趙映高妻盧氏、徐鍾玉妻秦氏、徐鍾儒聘妻王氏、黄泰聘妻吴氏，俱乾隆年間旌。秦輝鄂妻戴氏、熊席聘妻顔氏、彭葉氏，俱嘉慶年間旌。

李藫妻楊氏。蘄水人。年二十二夫殁，撫孤永治成名。孤卒，復撫兩孫，守節數十年卒。乾隆元年旌。又同縣李幹貞妻楊氏、鄭文衡妻張氏、徐基美妻戴氏、徐如梅妻汪氏、萬永慶妻朱氏、蔡友仁妻王氏、貞女鄒氏、畢開疆妻楊氏、李聞璠妻程氏、胡潤詔妻李氏、畢開祐妻何氏、黄從震妻袁氏、徐與參妻張氏、程正煒妻蔡氏、方師瑋妻江氏、程炳正妻周氏、程士豹妻陳氏、烈婦周耀先妻高氏、楊永焜妻王氏、周漢昭妻龔氏、楊昊妻馮氏、楊永煜妻李氏、周洪登妻柴氏、鄔世松妻周氏、張雄壽妻盧氏、張永年妻徐氏、宋國器妻鄧氏、萬永芳妻尚氏、王天佑妻胡氏、徐本信妻蔡氏、石永泉妻魯氏、何啓模妻孔氏、可先義妻陳氏、李達妻徐氏、華濟川妻張氏、范槐妻李氏、李長郁妻徐氏、南風高妻翟氏、鄧應義妻王氏、楊承材妻趙氏、姚玉麟妻倪氏、袁士龍妻項氏、周郁士妻南氏、萬繼藩妻王氏、孔世璲妻全氏、徐士俊妻林氏、姚承典妻蔡氏、歐成式妻周氏、高正簡妻王氏、張能行妻朱氏、徐澤揚妻陳氏、高佑琳妻程氏、聞源昌妻李氏、黄士炎妻華氏、鄭紹利妻佘氏、周建子妻陳氏、饒訓世妻南氏、程開儀妻樂氏、鄭毓芳妻戴氏、袁廖氏、南李氏、徐江氏、張隆氏、高張氏、戴汪氏、戴梁氏、高南氏、楊蔡氏、李湯氏、王華氏、萬張氏、郭周氏、徐楊氏、郭羅氏、歐烈女、周郭氏、吴烈婦、戴曾氏、程易氏、程聞氏、袁江氏、徐張氏、徐姚氏、劉魯氏、孔余氏、李程氏、程南氏、徐李氏、聞盧氏、聞李氏、王武氏、甘王氏、陳斐章妻郭氏，俱乾隆年間旌。張厚履妻畢氏、盧廣厚妻潘氏、閔性敏妻張氏、盧智焕妻柳氏，俱嘉慶年間旌。

潘一燝妻董氏〔一八〕。羅田人。夫殁，家貧撫孤，親操井臼，織紝以養舅姑，年七十餘卒。乾隆二年旌。又同縣王之濱妻陳氏、廖峻芳妻丁氏、廖榮芳妻夏氏、方叔美妻汪氏、烈婦胡佩玉妻張氏、劉之聖妻蕭氏、聞一善妻陳氏、郭綱妻王氏、吴承書妻孫氏、王文俊妻胡氏、李劉氏、潘童氏、朱秦氏，俱乾隆年間旌。史斌聘妻祝氏，嘉慶年間旌。

王經世妻程氏。麻城人。夫亡，甘貧撫孤，苦節數十年卒。乾隆二年旌。又同縣曾昇士妻徐氏、胡文陞妻張氏、董玉琳妻鄒氏、貞女李氏、張文址妻周氏、梅界錫妻田氏、彭選繼妻梅氏、鮑雲際妻張氏、曾之杰妻喻氏、吳應泰妻劉氏、楊知數妻蔡氏、何三曾妻葉氏、李士珍妻閔氏、李克志妻鄒氏、鮑如蜇妻劉氏、王銓妻陶氏、程世炳妻魯氏、戴如剛妻蔡氏、王觀楚妻鄒氏、楊次春妻董氏、梅廷松妻丁氏、高元愷妻淩氏、陶同文妻李氏、李廷茂妻劉氏、董子璘妻高氏、董元化妻徐氏、烈婦易士周妻程氏、涂伯祿妻戴氏、陳次水妻朱氏、唐棣妻董氏、丁韻妻陳氏、李滿坦妻袁氏、周文坤妻黄氏、王修敬妻董氏妾華氏、劉紹錡妻顏氏、汪世侃妻萬氏、梁森玉妻劉氏、李棫妻蔡氏、劉自任妻陳氏、董試妻熊氏、胡鑛妻孟氏、趙汝純妻梅氏、曾淳妻董氏、楊必選妻曾氏、貞女陳氏、袁之進妻巢氏、鮑文龍妻戴氏、貞女成氏、程九萬妻鄒氏、程鄒氏、監生鄒旭衡妻丁氏、江緒妻吳氏、張鮑氏、陳煜妻董氏、鄒知禮妻傅氏，俱乾隆年間旌。

李永觀妻顧氏。蘄州人。年二十八，夫卒，事祖姑，存殁盡禮，教子敷生爲明經，苦節三十六年。乾隆二年旌。又同州董開志妻張氏、張仕繩妻李氏、王溥懷妻章氏、王作霖妻陳氏、孝婦張氏、張士超妻駱氏、張盛憙妻田氏、張必相妻羅氏、張拱辰妻王氏、張盛燾妻蔡氏、吳奎佐妻張氏、張棻妻王氏、王民懷妻鄭氏、劉峯妻呂氏、田本起妻嚴氏、張復禮妻郭氏、胡備三妻陳氏、田本貴妻徐氏、楊眉公妻陳氏、宋世駉妻范氏、朱景榮妻孫氏、宋之煌妻陳氏、劉邦政妻曾氏、陳治猷妻張氏妾劉氏、吳文岡妻鄧氏、張宗霦妻張氏、張萬臨妻朱氏、陳法虞妻吳氏、馮元凱妻易氏、王亮猷妻張氏、陳法賜妻詹氏、陳信古妻張氏、余藩妻張氏、周延光妻舒翺妻張氏、洪方谷妻柯氏、童應修妻朱氏、張樞妻張氏、王有憲妻張氏、田之紀妻張氏、顧燕定妻王氏、胡起商妻張氏、陳斯祐妻孫氏、陳欲瑛妻李氏、管宗咸妻沈氏、駱攄懇妻吳氏、汪執信妻宋氏、李來亨妻張氏、王德駰妻胡氏、吕琮妻張氏、陳芳軾妻田氏、葉吳氏、張復俊妻章氏、桂廷祖妻張氏、汪有宗妻高氏、董文勳妻王氏、熊楚蘄妻周氏、童扶九妻朱氏、吳允執妻朱氏、王鎬衍妻李氏、龔渭沚妻田氏、龔臣安妻王氏、蕭良楫妻董氏、田仁浹妻汪氏、張仕治妻李氏、劉鏞妻余氏、劉崇文妻陳氏、張士模妻陳氏、程世瑛妻高氏、程代遠妻王氏、烈婦岳陳氏、烈婦陳氏、王琳妻李氏、范卿繹妻陳氏、陳本靖妻華氏、烈女馮氏、劉之憲妻楊氏、劉萬侯妻張氏、陳猷漢妻袁氏、王德鈺妻張氏、陳學坡妻田氏、吴元桂妻鄧氏、陳天隲妻劉氏、張起妻湯氏、林德盟妻童氏、林本仁妻王氏，俱乾隆年間旌。周希雲妻李氏，嘉慶年間旌。

朱如竹妻胡氏。廣濟人。年二十，夫卒。矢志守節，事舅姑盡孝，撫孤成立，年六十餘卒。乾隆三年旌。又同縣貞女張氏、李時集妻周氏、游錫封妻于氏、柯桓友妻張氏、熊愛江妻武氏、向懋妻陳氏、程錦妻鞠氏、程士全妻梅氏、藍季燦妻馮氏、藍炘妻劉氏、劉洪德妻程氏、烈女胡媛姑、烈女吕時大、湯又章妻項氏、胡之信妻周氏、李如俊妻舒氏、方世欽妻李氏、張以源妻金氏、于景伊妻程氏、朱勞之妻馮氏、貞女郭氏、葉日新妻李氏、藍之鳳妻張氏、費文仲妻曾氏、董焕斗妻胡氏、董焕愷妻方氏、徐樹葵妻張氏、徐樹倫妻劉氏、徐樹儀妻吴氏、貞女舒氏、貞女李潔、饒若中妻程氏、張士文妻周氏、藍士峯妻劉氏、貞女彭氏、張楚英妻夏氏、劉洪緒妻陳氏、鍾開仁妻田氏、鍾恒次妻周氏、鍾永嘉妻張氏、吴之杞妻張氏、張大德妻吴氏、吕御天妻田氏、盧光肇妻許氏、王光遴妻鄧氏、李首出妻周氏、桂應鑽妻李氏、翟之泗妻桂氏、岳復興妻饒氏、劉綸妻廖氏、吕天祥妻吴氏、吕和桂妻龔氏、劉光亨妻查氏、劉光明妻陳氏、夏曰瑁妻胡氏、夏曰玖妻蔡氏、周源禮妻劉氏、吴景湘妻張氏、陳中錫妻胡氏、胡洪熙妻游氏、劉斯覺妻查氏、陳洪卓妻藍氏、烈女居懿姑、烈女陳細大、胡本萊妻周氏、于允省妻彭氏、張懷遠妻伍氏、武正鈞妻方氏、舒健行妻胡氏、朱本經妻吴氏、張維輔妻江氏、潘能任妻陳氏、張維翰妻殷氏、董士昇妻郭氏、趙安墀妻徐氏、查錫鵬妻吕氏、張淳瑞妻方氏、查萬選妻王氏，俱乾隆年間旌，趙安壽聘妻夏氏、彭明瑛聘妻廖氏、吴德造妻姜氏、舒鏊妻張氏、舒汴妻李氏、夏有鑾妻田氏，俱嘉慶年間旌。

趙燕及妻劉氏。黄梅人。苦節數十年，撫孤成立，事舅姑以孝稱，鄉里重之。乾隆元年旌。又同縣石在鳳妻廖氏、喻赤懷妻白氏、李焜如妻余氏、吴承萬妻姚氏、李文侯妻項氏、貞女商氏、嚴翰臣妻宛氏、洪其統妻石氏、吴玉懷妻馮氏、烈婦潘同熼妻吴氏、石映莆妻張氏、詹震懷妻何氏、黄之駿妻張氏、程如玉妻劉氏、劉光朝妻董氏、梅鷺妻蔣氏、梅巘妻王氏、黄師憲妻王氏、烈婦鄭常敬妻程氏、劉安伯妻留氏、張集五妻蔡氏、王象儀妻黎氏、李紀南妻陳氏、洪望高妻石氏、李龍蒲妻劉氏、聞王謨妻張氏、毛步武妻柯氏、毛帝載妻趙氏、趙士昇妻張氏、黄利參妻游氏、石正性妻梅氏、李懷璧妻梁氏、嚴蓋羣妻曹氏、柯士昌妻邢氏、黄利物妻張氏、鄭遂妻佘氏、鄭祺妻趙氏、鄭祚永妻鄒氏、徐士楷妻李氏、劉東卉妻邢氏、喻之勳妻王氏、潘紹賢妻梅氏、洪國龍妻陳氏、王道昌妻胡氏、楊崙璧妻任氏、黄法非妻梅氏、烈婦朱端妻劉氏、胡周勳妻桂氏、熊中孚妻柯氏、江行遠妻黄氏、喻葆中妻李氏、梅逢升未婚妻洪氏、吴芳一妻喻氏、郭照妻黎氏、吴錫綱妻陳氏、劉澄清妻鍾氏、石巨濟妻陳氏、胡猗青妻石氏、李端萬妻項氏、汪守仁妻喻氏、許似梅妻廖氏、吴業妻王氏、貞女藍氏、監生吴桑妻洪氏，俱乾隆年間旌。吴本圻妻周氏、帥上敬妻蔡氏、生員帥上毓妻商氏、貢生吴象洣妻陳氏、邢廷銈妻汪氏，俱嘉慶年間旌。

仙釋

晉

羅致福。黄梅人。修道於縣北鳳臺觀，丹成，有老人來告曰：「某病龍也，願得丹療之。」致福與之，後於觀池中濯足，龍負之飛昇而去。

寶掌。中印度人。嘗卓錫黄梅紫雲山，復過廬山，抵日下，臨南海，遂返紫雲。或言其壽千歲云。

宋益。青州人。爲番禺令，棄官隱黄梅之黄齡洞。有道術，能役鬼神，救疾疫。後人立祠洞前祀之，禱雨有應。

麻姑。後趙將麻秋女。秋猛悍，築麻城，督工嚴酷，晝夜不止，必鷄鳴乃息。姑憫之，僞作鷄鳴，羣鷄皆鳴。秋覺欲撻之，姑逃入山洞修道。後於城北石橋上飛昇，人名其橋曰「望仙」，其洞曰「麻城洞」。

隋

僧璨。得達摩之道於慧可，居蘄水之青獅山，傳其法於道信。是爲三祖。

唐

道信。姓司馬氏，其先世居河内，後徙蘄州。武德中，住黄梅之雙峯山。太宗三詔不起。永徽初，坐逝。廣德間，賜號大醫禪師，是爲四祖。

弘忍。姓周氏，黄梅人。唐貞觀間，住黄梅之東禪寺以養母。咸亨中，入馮茂山結菴，上元中卒。廣德間，賜號大滿禪師。是爲五祖。

惠能。姓盧氏，新州人。來黄梅事弘忍禪師，就舂米之役。一日師會衆傳法，大弟子神秀爲偈書壁云：「身似菩提樹，心如明鏡臺。時時勤拂拭，勿令惹塵埃。」能不識字，請人書曰：「菩提本無樹，明鏡亦非臺。本來無一物，何處惹塵埃。」師見之，遂傳法。後度嶺，居韶州，爲禪家南宗之祖。是爲六祖。

神秀。姓李氏，尉氏人。居黄梅，事弘忍師，師深器異之，謂其懸解圓照。後居荆州當陽山，爲禪家北宗之祖。亦稱六祖。

宋

清皎。居黄梅縣四祖寺。年七十餘作偈，豫知終期，越十八年歿，時淳化四年。

法演。錦州鄧氏子，居黄梅縣五祖寺。南遊，徧參名宿。崇寧三年，年八十餘卒。世傳爲五祖弘忍禪師後身。

土産

茅。書禹貢：荆州，厥貢包匭菁茅。

苧布。元和志：蘄州貢。

蘄竹。明統志：蘄州出，以色瑩者爲簟，節疏者爲笛，帶鬚者爲杖。

鹿毛筆。

魚子糯米。宜釀酒。

白艾。明統志：麻城出。

連翹。

松蘿。唐書地理志：黄州貢。

羅漢菜。名勝志：出黄安縣三角山。昔有異僧種之，採宜浄食，雜以葷膩，其味頓改。

山蘭。唐以此名縣。

白花蛇。背有方勝，尾有指甲。明統志：蘄州出，能愈大風。

魶。俗呼邵荷魚，出江中。

緑毛龜。明統志：蘄州出，置壁間，數年不死，能辟塵。

校勘記

〔一〕攻平靖　「靖」，乾隆志卷二六四黄州府關隘（下同卷簡稱乾隆志）同，梁書卷二八夏侯夔傳作「静」。

〔二〕攻申州　「申州」，原作「中州」，乾隆志同，據資治通鑑卷二四〇唐紀改。

〔三〕新開口巡司　「口」，原作「路」，據乾隆志及明史卷四四地理志改。

〔四〕白杲鎮　乾隆志同。按，前文山川麻城縣東南三十里有白臯山，與此鎮同屬一地，疑此當作「白臯鎮」，鎮因山爲名也。

〔五〕麻城縣有岐亭故縣白沙永泰桑林永寧六鎮　「永寧」，原作「永安」，據乾隆志及元豐九域志卷五淮南路改。按，本志避清宣宗諱改字。

〔六〕蘄春於龍眼磯　「眼」，原作「尾」，乾隆志同，據宋史卷四〇八王霆傳改。按，本志上卷山川有龍眼磯，當即此。

〔七〕劉國寧　原作「劉國安」，據乾隆志改。按，本志避清宣宗諱改字。

〔八〕倣秦紘隻輪車以禦敵　「隻」，原作「雙」，乾隆志同，據明史卷二〇〇劉天和傳改。按，明史卷九二兵志載：「弘治十五年，陝西總制秦紘請用隻輪車，名曰全勝，長丈四尺，上下共六人，可衡敵陣。」

〔九〕江西副使胡世寧　「寧」，原作「安」，據雍正湖廣通志卷四八鄉賢志改。按，本志避清宣宗諱改字。

〔一〇〕張步雲字子龍　「龍」，原作「雲」，乾隆志同，據雍正湖廣通志卷四八鄉賢志改。

〔一一〕遷户部主事　「户」，乾隆志同，明史卷二三四周弘禴傳作「兵」。

〔一二〕濬渠北達鴛鴦諸湖　「渠」，原脱，乾隆志同，據明史卷二三四周弘禴傳補。

〔一三〕李長庚字酉卿　「卿」，原作「鄉」，據乾隆志及明史卷二五六李長庚傳改。

〔一四〕魏忠賢屬陷汪文言　「汪文言」，原作「王文言」，據乾隆志及明史卷二四四魏大中傳改。

〔一五〕道暹亦攜幼子爲璉出避　「璉」，原作「連」，據乾隆志改。按，本志避乾隆太子永璉諱改字。

〔一六〕由徵辟授遵化同李　「同李」，當是「司李」之誤。

〔一七〕三年喪畢　「畢」，原作「異」，據乾隆志改。

〔一八〕潘二爆妻董氏　「董氏」，乾隆志作「童氏」。

安陸府圖

安陸府圖

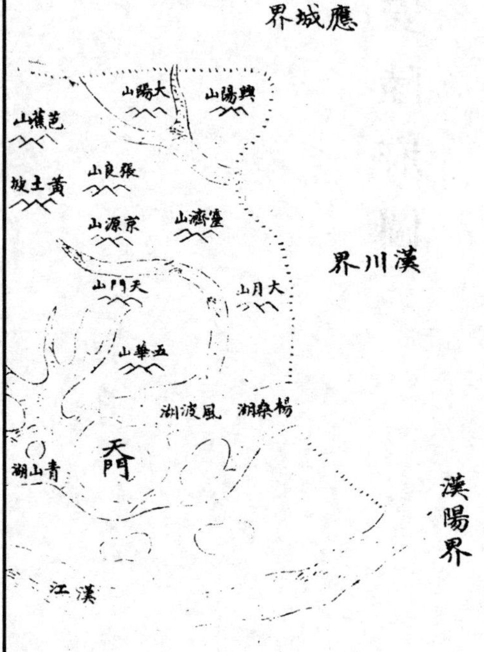

安陸府圖

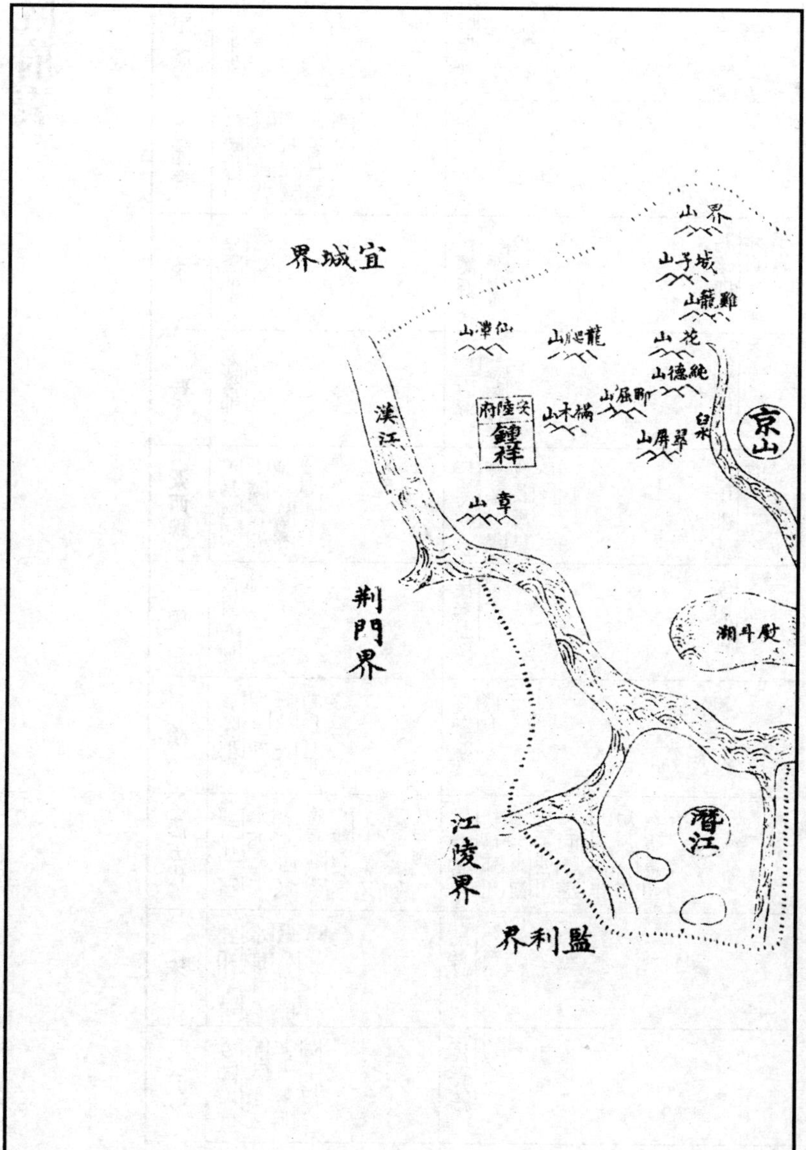

安陸府表

	安陸府	鍾祥縣
兩漢	江夏郡地。	竟陵縣地。
三國晉	竟陵郡晉元康九年析江夏西境置，屬荆州。	
宋	竟陵郡屬郢州。	萇壽縣泰始中置，爲郡治。 馮翊郡元嘉二年僑置。
齊	竟陵郡	萇壽縣屬竟陵郡。 馮翊郡
梁西魏	梁爲南司、北新二州地，西魏移置郢州。	長壽縣州治。梁改萇壽爲長壽。 漢東郡魏改。
周	改置石城郡。	長壽縣郡治。 漢東郡
隋	竟陵郡開皇初廢石城，大業初仍置郡，復故名。	長壽縣郡治。 廢。
唐五代	郢州富水郡武德四年復置郢州，貞觀初廢，十七年又置，天寶初改爲郡。	長壽縣初爲郢州治。貞觀初屬鄀州，八年屬温州，十七年屬郢州。後復爲州治。
宋	郢州富水郡屬京西南路。	長壽縣州治。
元	安陸府至元十五年升，屬荆湖北路。	長壽縣府治。
明	承天府洪武八年降府爲州，嘉靖初改承天府，屬湖廣布政司。	鍾祥縣嘉靖初更名，府治。

續表

			蓮勺縣 元嘉初置，郡治。	蓮勺縣	藍水縣 魏改爲郡治。	藍水縣	藍水縣 屬竟陵郡，後廢。	武德四年復置，貞觀初省。			
			高陸縣 僑置，屬馮翊郡。	高陸縣	漖水縣 魏更名，屬漢東郡。	漖水縣	大業初省入藍水。				
						周置漖川郡及汾川縣。	汾川縣 初廢郡，屬竟陵郡，後省。				
				齊興郡 永明中置。	齊興郡	廢。					
				上蔡縣 郡治。	上蔡縣	上蔡縣	漢東縣 開皇十八年更名，屬竟陵郡。	唐廢。			
					豐鄉縣 西魏置，兼置基州章山郡。	豐鄉縣	豐鄉縣 初廢郡。大業初廢州，屬竟陵郡。	武德四年改置基州及章山縣，旋廢。			

京山縣	潛江縣	天門縣
竟陵縣地。 新市侯國 後漢置，屬江夏郡。	竟陵、江陵二縣地。	竟陵縣 屬江夏郡。
晉末置新陽縣，屬竟陵郡。 南新市縣 晉屬江夏郡。		霄城縣 晉末置，屬竟陵郡。 竟陵縣 晉屬竟陵郡。
新陽縣 屬竟陵郡。 南新市縣 屬竟陵郡。		霄城縣 竟陵縣
新陽縣 屬竟陵郡。後廢。 南新市縣		霄城縣 竟陵縣
角陵縣 梁置新州及梁寧郡，西魏改州爲温州，易縣名。 富水縣 西魏更名，兼置富人郡。		霄城縣 梁省。
角陵縣 富水縣		竟陵縣 改縣名。
京山縣 開皇初廢郡。大業初廢州，改縣名，屬安陸郡。 富水縣 廢郡，屬安陸郡。		竟陵縣 初爲復州治，後屬沔陽郡。
京山縣 武德初復置温州，旋廢，屬郢州。 富水縣 屬郢州。	江陵縣地。	景陵縣 貞觀中屬復州，寶應初爲州治，五代晉更名。
京山縣 乾德二年廢。	潛江縣 乾德三年置，屬江陵府。	景陵縣 熙寧六年屬安州，後屬復州。
京山縣 屬安陸府。	潛江縣 至正二十七年徙治，屬中興路。	景陵縣 屬沔陽府。
京山縣 屬承天府。	潛江縣 初屬荆州府，嘉靖十年改屬承天府。	景陵縣 初屬沔陽州，嘉靖中改屬承天府。

大清一統志卷三百四十二

安陸府

在湖北省治西北五百三十五里。東西距三百五十里，南北距五百二十里。東至德安府應城縣界二百七十里，西至荆門州界八十里，南至漢陽府沔陽州界四百里，北至襄陽府宜城縣界一百二十里。東南至漢陽府治五百六十里，西南至荆州府治二百八十里，東北至德安府隨州治三百里，西北至襄陽府宜城縣界七十里。自府治至京師三千二百里。

分野

天文翼、軫分野，鶉尾之次。

建置沿革

禹貢荆州之域。春秋、戰國屬楚。秦屬南郡。漢爲江夏郡竟陵縣，西南境爲南郡地。後漢因之。晉元康九年，始分置竟陵郡，東晉末，分西境置長寧、武寧二郡。屬荆州。

南北朝宋屬郢州，南境爲巴陵郡地。齊因之。梁爲北新、南司二州之境。西魏大統十七年，移置郢州。北周改爲石城郡。

隋開皇初郡廢，以郢州領縣。大業初，仍改爲竟陵郡。東境爲安陸郡地，南境置沔陽郡，西境爲南郡地。

唐武德四年，改郡爲郢州，又分置温州。貞觀初，廢郢州。十七年，廢温州，仍置郢州。天寶元年，改爲富水郡。乾元元年，復爲郢州，屬山南東道。東南境置復州，西境爲荆州地。五代因之。

宋曰郢州富水郡，屬京西南路。東南境爲復州，南境爲荆門軍。元至元十五年，升爲安陸府，隸荆湖北路。明洪武八年，降爲州。嘉靖十年，改爲承天府，屬湖廣布政使司。

本朝改爲安陸府。康熙三年，屬湖北省，領縣五、鍾祥、京山、潛江、天門、當陽。州二。沔陽、荆門。乾隆二十八年，移沔陽州屬漢陽府。五十六年，升荆門州爲直隸州，撥當陽縣隸焉。今領縣四。

鍾祥縣。附郭。東西距一百二十五里，南北距三百十里。東至京山縣界三十五里，西至荆門州界九十里，南至潛江縣界一百九十里，北至襄陽府宜城縣界一百二十里。東南至天門縣治一百六十里，西南至荆門州治九十里，東北至德安府隨州治三百里，西北至襄陽府南漳縣治三百里。漢竟陵縣地，屬江夏郡，後漢因之。三國吴爲石城，置牙門戍。晉元康九年，置竟陵郡。南北朝宋泰始六年，置長壽縣，爲郡治。齊徙郡治竟陵，以長壽屬焉。西魏爲郢州治。北周爲石城郡治。隋初廢郡，大業初改置竟陵郡。唐武德四年，爲郢州治。貞觀元年屬鄀州，八年屬温州，十七年仍爲郢州治。五代及宋因之。元爲安陸府治。明洪武八年，省入安陸州。嘉靖十年，置鍾祥縣，爲承天府治。本朝爲安陸府治。

京山縣。在府東一百五十里。東西距二百三十五里，南北距一百八十五里。東至德安府應城縣界一百二十里，西至鍾祥縣界一百十五里，南至天門縣界六十里，北至德安府隨州界一百二十五里。東南至天門縣治九十里，西南至荆門州治一百五十里，東北至德安府安陸縣治一百八十里，西北至襄陽府棗陽縣治三百三十里。漢竟陵縣地。晉末析置新陽縣，屬竟陵郡，宋、齊因之。梁普通末，於縣置新州及梁寧郡。西魏改州爲温州，縣爲角陵。隋開皇初郡廢，大業初州廢，改縣曰京山，屬安陸郡。唐武德四年，復置温州。貞觀十七年州廢，屬郢州。五代、宋因之。元屬安陸府。明初屬安陸州，嘉靖十年屬承天府。本朝屬安陸府。

潛江縣。在府南二百二十里。東西距一百五十里，南北距一百四十里。東至漢陽府沔陽州界三十里，西至荆州府江陵縣界一百二十里，南至荆州府監利縣界八十里，北至京山縣界六十里。東南至沔陽州治一百四十里，西南至江陵縣治一百六十里，東北至天門縣治一百三十里，西北至鍾祥縣治二百十里。本漢江夏郡竟陵、南郡江陵二縣地。唐大中十一年，置白洑巡院。宋乾德三年，始置潛江縣，屬江陵府。元屬中興路。明初屬荆州府。嘉靖十年，改屬承天府。本朝屬安陸府。

天門縣。在府東南二百二十里。東西距一百八十里，南北距二百十里。東至漢陽府漢川縣界九十里，西至京山縣界九十里，南至漢陽府沔陽州界一百二十里，北至德安府應城縣界九十里。東南至沔陽州界一百三十里，西南至潛江縣治一百二十里，東北至德安府應城縣界八十里，西北至京山縣治九十里。漢置竟陵縣，屬江夏郡，後漢因之。晉末分置宵城縣〔二〕，屬竟陵郡。宋、齊因之。梁省竟陵縣。北周改宵城曰竟陵。隋開皇初置復州。仁壽三年，州移治建興，以竟陵縣屬之。大業初屬沔陽郡。唐武德五年，復置復州。貞觀七年，移州治沔陽，以縣屬焉。寶應二年，仍爲復州治，屬山南東道。五代晉天福初，避諱改縣曰景陵。宋熙寧六年，州廢，縣屬安州。元祐初，仍置復州，屬荆湖北路。建炎四年，置德安復州漢陽軍鎮撫使。端平三年，移州治沔陽，仍以縣屬焉。元屬沔陽府。明初屬沔陽州，嘉靖十年改屬承天府。本朝屬安陸府，雍正四年改名天門縣。

形勢

西浮江、漢，東馳京嶺。唐劉丹西郭橋記。東走江、淮，西通梁、漢，南逕荆、湘，北則馳騖乎陳、蔡、汝、潁之郊。宋張聲遠富水志敘。舟車往來，水陸之衝。宋石才儒風土考古記。横據上游，控扼西北。府志。

風俗

其民樸，其俗儉，其土饒粟麥，其産饒麇鹿，有西北之風。風土考古記。地多卑濕，人性純和。圖經。民狃於江、漢山澤之饒，無凍餒，亦無積聚。府志。

城池

安陸府城。周七里有奇，門五，濠廣十餘丈。即古石城，晉羊祜建。宋乾道、淳熙間增建。明嘉靖中，建月城、重門。崇禎中復建外城。本朝順治八年、康熙元年、雍正五年、乾隆四十七年屢修。鍾祥縣附郭。

京山縣城。周四里有奇，門五，濠廣三丈。南因溾水爲濠。明正德中，因舊址建。本朝順治十四年、雍正五年、六年屢修。

潛江縣城。周五里有奇，門五，水門二。明嘉靖中築，萬曆間甃甓。本朝康熙五年重葺。

天門縣城。周三里有奇，門四，四面皆湖。明成化中築，正德中甃以石。本朝順治十一年、康熙七年、雍正五年屢修。

學校

安陸府學。在府治東北。宋建，在城東二里，後因漢水衝齧，徙而北。明洪武八年，遷於鎮遠樓，十五年復舊。本朝順治中重修。入學額數二十名。

鍾祥縣學。在縣治東。舊附府學左。本朝康熙五十四年，改建今址。入學額數十五名。

京山縣學。在縣治西。宋舊學在角陵驛。明洪武五年，改建今址。本朝雍正七年重修。入學額數二十名。

潛江縣學。在縣治東。元至元十三年遷建(二)。本朝康熙中修。入學額數十五名。

天門縣學。在縣城北門外，舊在縣西南隅。明嘉靖中遷建。入學額數二十名。

郢門書院。在府城内陽春臺。明洪武中，李文忠鎮郢時建。

蘭臺書院。在鍾祥縣儒學旁。

文昌書院。在鍾祥縣東里許。明萬曆中建，本朝順治十六年修。

濂溪書院。在鍾祥縣治東七里灣之堵家堰。

甘棠書院。在鍾祥縣二南關外。

塗山書院。在京山縣東門外。康熙三十四年建。

傳經書院。在潛江縣治前西街。康熙十年建。

同仁書院。在潛江縣治西城隍街。明督學劉垓建。

中洲書院。在潛江縣治東。明邑人郭世朝建。

夢野臺書院。在天門縣東門内。明魯鐸讀書處。

東湖書院。在天門縣治東湖岸。

天門書院。在天門縣西門内。乾隆十九年建。按：潛江縣有石橋書院，今廢。

户口

原額人丁六萬九千三百五十二，今滋生男婦共三百三十二萬五千二百一十五名口，計五十萬六千二百七十七户。

田賦

田地山塘六萬二千五百六十八頃九十九畝二分有奇，額徵地丁正、雜銀一十六萬三千六百八十二兩六錢六分五釐，南糧九千六百二十九石二斗七升有奇，漕糧五千六十一石八斗有奇。

山川

從岵山。在府城内。

𣝗木山。在鍾祥縣東一里。一名武林山。寰宇記：武陵山，郡國志云左傳楚武王卒於𣝗木之下，即此山。

翠屏山。在鍾祥縣東六十里。壁立千尺，如屏障然，春夏間蒼翠欲滴。山半有泉，灌田百畝。

龜山。在鍾祥縣東六十里。下有神龜洞。

聊屈山。在鍾祥縣東七十里，接京山縣界。一名嶚崛山。水經注：臼水出竟陵縣東北聊屈山，一名盧屈山。明統志：上有白鹿池。

清平山。在鍾祥縣東南二十里。相近有寶鶴山。又東南十里有瑜靈山。

章山。在鍾祥縣西南，接荆門州界。即内方山，一名馬良山。尚書禹貢：導嶓冢至於荆山，内方至於大别。孔傳：「内方在荆州，漢所逕。」漢書地理志：竟陵，章山在東北，古文以爲内方山。水經注：沔水自荆城東南流，逕當陽縣之章山東。山上有故城，太尉陶侃伐杜曾所築也。括地志：章山在長林縣東南六十里，漢水附山之東。輿地紀勝：内方山又名章山，西魏於此立郡。名勝志：一名馬仙山，唐司馬子徽煉丹於此，故名。按：章山，漢志以爲在竟陵東北，括地志、通典皆以爲在長林，蓋是山周百里，所届者廣也。若水經注之在當陽，則似誤。

屏風山。在鍾祥縣西南八十里，接荆門州界。絶頂平衍，中有兩泉。

石城山。在鍾祥縣西十里。

三尖山。在鍾祥縣西三十里。三峯聳峙雲際，下瞰長江如帶。

闞門山。在鍾祥縣西北一百里。有石如屏，障塞山口，儼若闞門。其上有石鳳洞，列石攢峙，如鳳昂首，中容數十人。

仙潭山。在鍾祥縣北一百里。相近又有獅子山、象山，俱在仙潭口。二山對峙，如二獸蹲踞水中，爲郡城之鎮。

扁山。在鍾祥縣北二百里。

九華山。在鍾祥縣北一百十里。相近爲子母山，有二十二峯。

純德山。在鍾祥縣東北十里。舊名松林山，明嘉靖中建興獻王陵於此，改名。

龍爬山。在鍾祥縣東北二十里。明統志：上有龍爬痕。

花山。在鍾祥縣東北二十里。名勝志：舊傳臨濟祖師過此，百草皆花，故名。

界山。在鍾祥縣東北一百里，接德安府隨州界。

城子山。在鍾祥縣東北一百里。絶頂方池數頃，四面懸崖峭壁，唯一徑可登。上有古城基。又京山縣東二十里亦有城子山，其上亦有古城。

雞籠山。有鍾祥縣東北一百里，接京山縣界。其南有白水巖，北有陽明洞，中有石屏、石笋。

黄仙洞山。在鍾祥縣東北一百里。相傳黄石公憩此，因名。有龍潭深不可測，一名黄泉洞山，即敖水發源處。

京山。在京山縣東十里。一名京源山。隋書地理志：京山縣有京山。

倪子山。在京山縣東南四十五里。又東南五里有東龍尾山、西龍尾山，兩山相並，接天門縣界。

惠亭山。在京山縣南二里。一名鴨嘴山，一名鳧山。寰宇記：山上有石如鴨喙。

七寶山。在京山縣南五十里。有黑龍洞，滋水、巾水出焉。

陵子山。在京山縣南六十里。有洞，旁有石室，名帝星井。

纂子山。在京山縣南六十里。舊志：僧竟脱嘗卓錫此山，泉水湧出。又南十里有佛指山，峯尖如指。又南有雁鳴山，相傳漢光武過此聞鴈，因名。

虎爪山。在京山縣西南三十里。其土可陶瓦，石可爲石灰。又西南十里有潼泉山。

磨石山。在京山縣西南七十里，滋水出焉。相近有大脊山，上有大人蹟，亦名大蹟山。又西南十里有月掌山。

寶香山。在京山縣西南九十里。名勝志：舊傳慈忍尊者過此，手焚異香，因名。舊志：一名石人山，有白玉泉流入滋水。

横嶺山。在京山縣西八十里。一名五泉山，有五穴出泉，湧如鼎沸。又西三十里有沙子山。

扈家山。在京山縣西北十五里。宋時有扈姓者居此，上有古砦。

摩旗山。在京山縣西北六十里。上有觀，元揭傒斯、盧摯、程文海有遊記，程文海有碑。

大洪山。在京山縣西北一百二十里，接德安府隨州界。元和郡縣志：大洪山在京山縣西北二百里，孤秀爲衆山之傑，山多鍾乳。

張良山。在京山縣北十里。峯巒高峻，峭壁間有一横徑，多馬跡。寰宇記：山有張良走馬路，至今不生草木。

芭蕉山。在京山縣北六十五里。

大陽山。在京山縣北九十里，富水出焉。羣峯際空，上多猿鹿。其西北有青巖。宋書柳元景傳：元景副沈慶之征鄖山，進克大陽。

白沙山。在京山縣東北六十里。唐書地理志：富水有白沙山。輿地紀勝：去京山縣六十里，白沙水出焉。

石人山。在京山縣東北七十里。有石人在半崖間，形象可觀。

壽寧山〔三〕。在潛江縣西半里。

見龍山。在天門縣治南。層起環衛，蜿蜒如龍。

巾戍山。在天門縣西。水經注：晉元熙二年，竟陵郡巾水戍，得銅鐘七口。

天門山。在天門縣西北五十里，交京山境，即龍尾山之首。兩峯峙天，其中如門，縣以此得名。

火門山。去天門山里許，差小，兩兩相對。相傳漢光武兵度此，夜黑舉火，因名。唐書陸羽傳：羽廬火門山。明統志：唐陸羽負書於火門山，從鄒夫子學，即此。按：天門、火門本二山，舊志作爲一山，誤，今改正。

龍穴山。在天門縣東北五十里。一名龍尾山。輿地紀勝：山旁有龍穴陂，上有石脊如龍。又有石室二，曰前、後觀。

五華山。在天門縣東北七十里。一名五花山。唐書地理志：竟陵有五花山。寰宇記：五華山山嶺連屬，北接郢州。名勝志：山下有臨津門。

盤石嶺。在鍾祥縣東三十五里，接京山縣界。石徑盤旋，有上盤石、中盤石、下盤石之號。

聖人嶺。在京山縣南五十里。名勝志：相傳夫子適楚經此。

横嶺。在京山縣西北四十五里。寨子河出此。

羅漢嶺。在京山縣北一百里。一名關山嶺，又名關王嶺。上有忠義廟。明統志：上平如掌，有毬場及古城壘。

扶兒嶺。在京山縣東北二十里。又東北三十里有梅花嶺。

諸葛嶺。在天門縣南二十里。相傳爲諸葛亮屯兵處。

棠梨岡。在潛江縣西南八十里。

柘陂岡。在潛江縣西七十里。

東岡。在天門縣東七十里，當松石、華巖二湖間。唐陸羽嘗居此。

觀音巖。在京山縣東二十里。頂有瀑泉，分流四派，灌田數百頃。其下石壁峭立，殊詭百狀。洞數處，皆高敞如屋。舊志：有古娑羅樹一本，其實食之已腹疾。明嘉靖中同知陳良謨引泉爲池，池北構亭曰爽心亭。

花石巖。在京山縣西北六十里。溾水出此。

白水巖。在京山縣西北八十五里。高千餘丈，有泉從巖上飛流。

滴水巖。在京山縣東北五里，與京源山並峙。有石室，頗幽勝。

五寶巖。在京山縣東北六十里。五峯高數十丈，廣二百步，小石倒綴，瑩秀可愛。

孤樓崖。在鍾祥縣東八十里。崖懸數十丈，樓構其巔，崖下有龍潭，崖間乳水滴成石佛立像，鬚眉宛然。

珍珠坡。在天門縣西五里。明統志：土中有珠，俗傳昔有賈人販珠，覆舟於此，坡側名覆舟岡。

華嚴洞。在鍾祥縣東七十里。空曠如屋。

仙人洞。在鍾祥縣東北九十里。中有石牀、石枕。

空山洞。在京山縣南二十五里。一名空陵洞。明統志：洞口有石鼓，擊之有聲。中有石仙女、石鏡、石臺。縣志：昔人秉燭入遊，約二里許，見大河奔湍甚急，乃還。

仙女洞。在京山縣南三十里。輿地紀勝：洞門三，建炎中有道人入遊，數日而出，乃隨州也。

黑龍洞。在京山縣南四十里。有泉溉田數十頃。又西南十里有小泉洞，容數千人，有水自内流出。又西南有宋家坑洞。

白谷洞。在京山縣西北五里。有飛泉百餘丈，下匯於溾水。

隍城洞。在京山縣西北二十五里。有小穴，石塞其穴，去石得一大洞，虚明宏敞，中多奇勝。

穿洞。在京山縣東北六十里，去五寶巖里許。一山蜿蜒東行，屈曲相對，劃分兩洞。中有陂，諸谷水所會。其陰皆稻田，欲灌溉則決陂北流，足則導流南出。上爲孔道，中空而外不見，亦一勝槩。

漢水。自襄陽府宜城縣南流入鍾祥縣界，又南流入京山縣界，又東南流入潛江縣界，又東流入天門縣界，又東流入漢陽府沔陽州界。水經注：沔水又東，敖水注之，又東南與臼水合，自荆城東南流，逕當陽縣之章山東，又東，右會權口，又東南與楊口合，又東逕左桑，又東合區亮水口〔四〕，又東得合驛口，又東，謂之横桑，又東，謂之鄭潭〔五〕，又東得死沔〔六〕，又東與力口合。府志：漢水自宜城縣泰山廟入鍾祥縣境，南流一百二十里，過府城，又南流六十里，至石牌鎮，入荆門州境，至沙陽渡口東流一百里，復入京山縣境，東南流至聶家灘，又東南流五十里，入潛江縣境，又東南流一百四十里，入天門縣境，又東流一百里，至泊江，入沔陽州境。

臼水。在鍾祥縣東南，接京山縣界。今名臼成河。源出聊屈山，西流合寨子河，注於漢水。其入漢處，謂之臼口。左傳定公五年：楚王之奔隨也，將涉於成臼。注：「江夏竟陵縣有臼水，出聊屈山，西南入漢。」水經注：臼水出竟陵縣聊屈山，西流注於沔。

權水。自荆門州東南流，至鍾祥縣西南入漢。水經注：權水出章山，東南流逕權城北，又東入沔。按：府志稱權水出荆門州之蒙山，後乃逕内方山，與水經注出章山不合。

敖水。在鍾祥縣北。今名直河。水經注：敖水出新市縣東北，西南逕大陽山，西南流逕新市縣北，又西南右合枝水，又西南流注於沔，實曰敖口〔七〕。縣志：敖水源出縣東北黄仙洞山，西流逕縣北十五里，直注於漢，故名直河。又名池河。

枝水。在鍾祥縣北。水經注：枝水出大洪山，西南流逕襄陽鄀縣界，西南逕狄城東南，左注敖水。

温水。在京山縣東南。一名温湯水，一名温湯泉。南入溾水。水經注：温水出竟陵之新陽縣東澤中〔八〕，口徑二丈五尺。静以察之，則淵泉如鏡。聞人聲則揚湯奮發，可以燖雞，洪瀏百餘步，冷若寒泉。東南流注於溳水。元和志：温湯水在京山縣南十五里，壅以溉稻田，其收數倍。寰宇記：其湯有十八眼。

溾水。源出京山縣西北，流逕縣南，又東南逕天門縣，東北入蒿臺湖。水經注：溾水出竟陵郡新陽縣西南池河山，東流逕新陽縣南，又東南流注宵城縣南大湖，又南入於沔水，是曰力口。府志：溾水俗名回河，源出花石巖谷中，東南流爲閣流河，又東南爲姚家河，至京山縣城南爲縣河，又東南會縣境諸水，至天門縣東北，逕皂市南，謂之皂市河，南入蒿臺湖。

澨水。在京山縣西南。南流入天門縣，名汊水，又東流入漢陽府漢川縣界。禹貢：嶓冢導漾，東流爲漢。又東爲滄浪之水，過三澨，至於大别。史記索隱：「三澨，孔安國、鄭康成以爲水名，今竟陵有三參水，俗云是三澨水。」元和志：竟陵縣城，南臨汊水。寰宇記：汊水源出長壽縣磨石山，東南流名澨水，至竟陵縣界，名汊水。府志：澨水發源京山縣潼泉山仙女洞，名司馬河，會南河流入天門縣界。又東南流，名魚薪河，亦名西江水，合揚水河巾水河東流，爲三汊河，繞縣城南，謂之義河。又東流爲漢川縣之竹筒河。

泗水。在京山縣西南，南流入潛江縣界，一名四河，又名四汊河，又名四港河。寰宇記：泗河在京山縣西四十里，東入復州竟陵縣界。縣志：在縣西南一百二十里，縣南諸水皆匯此，南注於漢，名武當口。

三女橋水。在京山縣西北。源出馬跑泉，東南流爲司户潭，又東南與張良山泉匯爲湖，逕縣西入溾水。

五星橋水。在京山縣西北。源出沈家泉，流逕惠亭山，入溾水。

葉公橋水。在京山縣西北。源出花苑臺泉，溉田千頃，南流入溾水。

富水。在京山縣東北。今名富河。源出大洪山，東南流入德安府應城縣界。水經注：富水出竟陵郡新市縣東北大陽山。水有二源：大富水出山之陽，南流而左，合小富水；小富水出山之東，而南逕三王城東屈而西南流，右合大富水，俗謂之大泌水。又西南流逕杜城西，又東南流於安陸界。元和志：富水，南去富水縣一百步。縣志：二富水並發大洪山白龍池，繞金剛坡，分東西流，至雙河口合流，土人謂之橦河，又東南流至應城縣西，爲西河。

潛水。在潛江縣東。東南流逕漢陽府沔陽州西北，合夏水，今名蘆洑河。府志：蘆洑河自漢江分流，爲排沙渡，又南逕潛江縣城東爲縣河，又南爲總口，又南爲許家口，又東至沔陽州柏口，至柳口會漕河，又東播爲蔞蒿河，又東合夏水，是爲正流。一支自縣河分流爲洛江河，東入沔陽州界。又一支自總口分流爲馬丹河，西通直路河，宋置潛江縣，以此得名。按：此即禹貢荆州沱、潛既道之潛水，今水由漢出，與爾雅正合。

沱水。在潛江縣南。府志：自江陵縣郝穴口分江水，東北徑三湖，至縣南二里爲馬市潭，潭北五里有沱埠淵，合蘆洑河。

區亮水。在天門縣東。水經注：區亮水北承亮湖，南達於沔。

巾水。在天門縣西。一名義河。水經注：巾水出竟陵縣東百九十里，西逕巾城，城下置巾水戍。又西逕竟陵縣北，西注揚水，謂之巾口。縣志：源出京山縣之七寶山，南流名巾水河。又南，名石家河，又南合揚水河，入三汊河。

揚水。在天門縣西。發源京山縣虎爪山，名揚水河。南流名馬溪河，又南流入巾水河。水經注：揚水北逕竟陵縣西，納巾吐柘。柘水即下揚水也。按：揚水合巾水，與水經注納巾吐柘之文正符，但水經注言揚水自江陵流入，北流過竟陵，又北入沔，與今水道不合。

寨子河。源出京山縣西横嶺，南流逕鍾祥縣聊屈山西，東南爲長灘河，左合臼水入漢。

朱家埠河。在鍾祥縣西。源出靈鷲山白龍潭，東流至朱家埠入漢，不通舟楫。

豐樂河。在鍾祥縣北。源出京山縣大洪山，南至鍾祥縣豐樂驛入漢。明統志：灌田甚廣，歲賴以豐，故名。

石激河。在京山縣東。源出雷家沖、丁家沖、禪房山諸泉，匯爲河，入溾水。

五龍河。在京山縣東六十里。縣志：其源有三：一出大月山王家泉，東南匯爲寺畈河，又東爲華家河；一出靈濟山泉，東南匯爲清水壋；一爲梅花嶺諸水及盤石寺諸泉，匯爲石滚壋，又東南爲四龍河，與華家河、清水壋二水合爲五龍河，入德安府應城縣界。

小河。在京山縣西南，漢水支流。經紫荆潭，又東爲南河，合溠水入天門縣界。

七里橋河。在京山縣西。源出縣西北十五里丁家沖泉，東南流入溾水。

平壩河。在京山縣東北一百二十里。源出大洪山，東南流爲楊家河，入應城縣界。

恩江河。在潛江縣東。明嘉靖元年，知縣敖鉞自許家口鑿河十里，下通蘆洑河。

夜汊河。在潛江縣西南。縣志：分漢水西南流，謂之大澤口，亦謂策口河。又西南過雙鴈山，又西南爲直路河，入江陵縣界，亦通監利縣。一支自雙鴈西出茭芭河，歷周家磯，又西流至要口，分南北汊，南汊入江陵縣境，北汊入荆門州境。又一支自周家磯南流爲浩口河，下流入江陵、監利境。

梁里河。在潛江縣西。明隆慶間知縣梁棟濬，自梁家灣出策口河。

乾灘河。在天門縣東六十里。一名田二河。諸水匯流至此，復分二流，一自張家池口入漢，一自竹筒河入漢川縣界。

便河。在天門縣南。名勝志：元知府白景亮開，掘土得石，有「白公溝」三字，民咸異之，名白公河。

柳家河。源出京山縣東南三十里湖山寺泉，會緑水堰泉，東南流爲雲潭河。又東南入天門縣界，爲柳家河，注風波湖，逕楊林口，入汉河。

雲夢澤。在天門縣西。寰宇記：竟陵城西大澤，即古雲夢。

龍鶩湖。在鍾祥縣南三十里。明統志：水溢通漢江，又名龍母湖。

蘆洑長湖。在鍾祥縣南一百二十里。相近有赤馬野猪河。

土牆湖。在京山縣西寶香山畔。水濱有故城址。

後子湖。在潛江縣東三十里。

唐林湖。在潛江縣南三里。又果老湖，在縣南五里。陸家院湖，在縣西南五里。枝江湖，在縣西南十五里。青陽湖，在縣西北五里。太平湖，在縣北六十里。

白湖。在潛江縣西南。有東白、西白、北白三湖。

東湖。在天門縣東門外。廣袤三里，中有洲。

華巖湖。在天門縣東五十里。

上帳湖。在天門縣東七十里。又東二十里爲下帳湖。

南湖。在天門縣南門外。中界民居壇廟，析爲兩湖，在橋東者邑人延鶴讀書其中，名延家湖，僅可通舟。

西湖。在天門縣西門外。廣次於東湖，有洲曰覆釜洲。唐陸羽所居，後葬此，即建塔焉。有西塔寺，寺有陸子茶亭。

青山湖。在天門縣西十里。又西十里有熨斗湖。

北湖。在天門縣北門外。縣志：一名官池，舊通西、南二湖，水常溢，明知縣丘宜築官道於中以隔之。

風波湖。在天門縣北十里。南通義河，北通柳家河。

蒿臺湖。在天門縣東北七十里。一名楊桑湖。湖上承溾水，下通三台湖。

三台湖。在天門縣東北九十里，接德安府應城縣界。

龍鳳港。在鍾祥縣南四十里。輿地紀勝：相傳楚王乘綵舫載嬪遊此。

冷水港。在鍾祥縣西三十里。相近又有唐港。

龍窩港。在鍾祥縣西三十里，三尖山之下。

白雲三汊。在天門縣東南八十里，接漢陽府沔陽州界，下流入漢。

横桑口。在天門縣東南。水經注：沔水又東，謂之横桑。

二龍潭。在京山縣東南。相傳宋時有二龍躍此。

滚鐘潭。在京山縣東南。明統志：昔有寺鐘，忽自樓出，滚入於河，所歷處草木皆偃生。

多寶潭。在京山縣南里餘。相近有多寶寺。明統志：宋時寺爲火所燔，有鐘自巨焰中躍入於潭。

司户潭。在京山縣西北十五里。上承馬跑泉匯爲潭，界兩山中。輿地紀勝：昔有曹司户於此禱雨弗應，委身潭中，故名。

猪龍池泉。在鍾祥縣東三十里。相近有龍池泉，皆溉田百餘頃。又雙泉，在鍾祥縣東九十里。

潮泉。在鍾祥縣北。輿地紀勝：在縣北深谷中，有泉隱於石間，每潮至則水溢，有聲如雷，俄頃乃退。

珍珠泉。在京山縣西南大蹟山東。沸出如珠，流入溠水。

五泉。在京山縣西。源出横嶺，溉田甚溥，即寨子河源也。

馬跑泉。在京山縣西北二十里。明統志：漢關忠義駐兵於此山，無水，士卒渴甚，夜有虎咆哮，馬驚跑地，因而得泉。

新羅泉。在京山縣北六十里芭蕉山。輿地紀勝：相傳有新羅僧居此，一日思鄉中水，神指其地，泉即湧出。

師故泉。在京山縣北。泉在山頂。

陸子泉。在天門縣城西北隅。一名陸羽茶泉，一名文學泉，又名陸文學井。唐陸羽得此泉以試茶，故名。

甘魚陂。在鍾祥縣南。左傳昭公十三年：公子比爲王，公子黑肱爲令尹，次於魚陂。注：「竟陵縣城西北有甘魚陂。」輿地紀勝：在長林縣東一百二十里。

曲水池。在府東門外。輿地紀勝：梁太清中，邵陵王綸爲富水郡太守，雅好賓客，慕蘭亭流觴，故效焉。

龜鶴池。在鍾祥縣西。寰宇記：在長壽縣西十步。南昌尉梅福養龜鶴於此。

宋玉井。在鍾祥縣東。一名楚賢井，俗名琉璃井。輿地紀勝：在舊州學前樠木山之下。明統志：楚賢井，亦名宋玉井，郡守張孝曾建亭，名曰「楚賢」。

煉丹井。在鍾祥縣東南。明統志：相傳梅福煉丹於此。

八角井。在京山縣西南八十里。井口八角，徑二三尺，内廣丈餘。

古蹟

基州故城。在鍾祥縣南。隋書地理志：西魏置基州及章山郡。開皇七年，郡廢。大業初，州廢。舊唐書地理志：江陵府長林，武德四年於縣東北百二十里置基州及章山縣，七年廢基州，以章山屬郢州，八年省入長林。府志：基州故城，在荆門州東一百二十里，明嘉靖中改入鍾祥。

石城。今府治。晉書羊祜傳：石城去襄陽七百餘里。水經注：沔水南逕石城西，城因山爲固，晉太傅羊祜鎮荆州立，元康九年，分江夏西部置竟陵郡，治此。元和志：長壽縣城，本古之石城，背山臨漢水，吴於此置牙門戍城，羊祜鎮荆州，亦置戍焉，即今州理是也。地理通釋：郢州子城，三面墉基皆天造，正西絶壁，下臨漢江，「石城」之名本此。府志：府治居漢水東，即石城舊址也。

新陽故城。今京山縣治。南北朝宋置縣，屬竟陵郡，齊因之，隋始改曰京山。隋書地理志：安陸郡京山，舊曰新陽，梁置新州梁寧郡，西魏改州爲温州，改縣爲角陵。開皇初郡廢，大業初州廢，改角陵爲京山。寰宇記：京山縣在長壽縣東一百十里，隋改爲京山，因界内京山爲名。

盤陂故城。在京山縣西。隋書地理志：安陸郡京山，西魏置盤陂縣，大業初廢入。

富水故城。在京山縣北。西魏置，隋屬安陸郡，唐屬郢州，宋省。隋書地理志：安陸郡富水，舊曰南新市，西魏改爲富水。又置富人郡，開皇初郡廢。寰宇記：廢富水縣，在郢州北二百四十里，因界内富川水爲名。乾德二年，并入京山。輿地紀勝：在京山縣北六十里，其地平坦，可容千餘家。今爲富水寺。

新市故城。在京山縣東北。本楚地，後漢爲侯國，屬江夏郡。晉爲南新市縣。宋、齊屬竟陵郡。西魏改置富水縣，而此城廢。史記秦本紀：昭襄王八年，使將軍芈戎攻楚，取新市。後漢書光武帝紀：劉伯升招新市、平林兵。注：「新市故城，在今郢州富水縣東北。」水經注：富水西南流，逕杜城西，新市縣治也。郡國志以爲南新市，中山有新市，故此加南，分安陸縣立。

潛江故城。在今潛江縣西北。寰宇記：潛江縣在江陵府東一百十里。唐大中十一年，以人户輸納不便，置徵科巡院於白洑，乾德三年升爲縣。縣志：元至正二十七年徙今治。

竟陵故城。在天門縣西北。本楚地，秦置縣，漢屬江夏郡。後漢及晉因之。宋、齊置竟陵郡，梁末廢。戰國策：秦白起拔鄢、郢，東至竟陵。漢書地理志：江夏郡竟陵鄖鄉，楚鄖公邑。水經注：巾水西有古竟陵大城，鄖公辛所治，秦以爲縣。寰宇記：郡國志云，竟陵有偃月城，三面漳水擁焉。

宵城故城。在天門縣東。南北朝宋置縣，北周改置竟陵縣，而此城廢。隋書地理志：沔陽郡竟陵，舊曰宵城，置竟陵郡，後周改曰竟陵。縣志：天門縣東有笑城，即宵城之訛。

京山故城。在天門縣北。隋書地理志：沔陽郡竟陵有京山縣，齊置建安郡，西魏改曰光川。後周郡廢。大業初，京山縣又廢入焉。

長壽廢縣。即今鍾祥縣。宋書州郡志：竟陵太守領縣萇壽，明帝太始六年立。隋書地理志：竟陵郡長壽，後周置石城郡，開皇初郡廢。又梁置北新州及梁寧等八郡，後周保定中，州及八郡總管廢入。明統志：嘉靖十年，以府北境置縣，賜名鍾祥。縣志：長壽廢縣，在縣東南郭内，明嘉靖十九年，改建元祐宫。按：長壽縣，自劉宋至明，縣城不改，嘉靖時改縣治耳。

藍水廢縣。在鍾祥縣西北。南北朝宋置蓮勺縣，齊因之，西魏改名，隋末省。唐復置，尋省。隋書地理志：竟陵郡藍水，宋僑立馮翊郡蓮勺縣，西魏改爲藍水。舊唐書地理志：武德四年，分長壽縣置藍水縣，屬郢州。貞觀元年，省藍水入長壽。

漢東廢縣。在鍾祥縣北。南齊置上蔡縣，屬齊興郡。隋改名，屬竟陵郡。唐初省。隋書地理志：竟陵郡漢東，齊置曰上蔡。又置齊興郡，後周郡廢，開皇十八年，縣改名焉。

汾川廢縣。在鍾祥縣北。北周置，唐省。隋書地理志：竟陵郡汾川，後周置。又置㴑川郡，開皇初郡廢。

權城。在鍾祥縣西南。左傳莊公十八年：初楚武王克權，使鬬緡尹之，以叛，圍而殺之，遷權於那處。注：「南郡當陽縣東南有權城，南郡編縣東南有那口城。」水經注：權水東南流，逕權城北，古之權國也。東南有那口城。府志：舊屬荆門州，明嘉靖中改屬鍾祥。

荆城。在鍾祥縣西南。魏志文聘傳：聘攻關某輜重於漢津，燒其船於荆城。水經注：沔水自荆城東南流。輿地紀勝：荆城在長壽縣南七十里，濱漢江。

李家市城。在鍾祥縣西南。相傳五代時高氏築。

新郢城。在鍾祥縣西南，宋末築。宋元通鑑：咸淳十年，張世傑將兵屯郢，郢在漢北，新郢在漢南，横鐵絙鎖戰艦，凡要津皆施杙，設攻具。

湫城。在鍾祥縣北。左傳莊公十九年：楚子伐黄，還及湫。注：「南郡鄀縣東南有湫城。」水經注：枝水西南流，逕湫城東南。

管城。在鍾祥縣北，接襄陽府宜城縣界。通鑑：晉太元六年，秦司馬閻振、中兵參軍吴仲寇竟陵，南平太守桓石虔擊破之，振、仲退保管城。注：「據載記，石虔襲破振、仲於激水，振、仲退保管城，管城當在激水北。」

新市城。在鍾祥縣東北。水經注：敖水西南流，逕新市縣北。按：此非京山縣之新市。

三王城。在京山縣北。水經注：富水南逕三王城東。前漢末，王匡、王鳳、王常所屯，故謂之三王城。縣志：城在大陽山東，城址尚存，有臺，即三王起兵處。

呂主城。在京山縣西南土牆湖畔。舊志：城逼水濱，半淪於湖，然壇廟廛市，蹟猶可識。今俗呼爲呂主城。

劍潭城。在潛江縣西。劍音丑。名勝志：縣西四十里棠林岡，有劍潭城，相傳關忠義守南郡時築。其地近江陵界。

風城。即今天門縣治。元和志：竟陵縣城，本古風國也。古之風國即伏羲，風姓也，南臨汊水。

魯公城。在天門縣西南下白湖村。舊志：相傳三國時，魯肅屯兵於此。

莫愁村。在鍾祥縣西。唐書樂志：莫愁，石城樂所出也。容齋隨筆：莫愁者，郢州石城人，今郢有莫愁村。輿地紀勝：莫愁村在漢江之西。文獻通考：石城女子名莫愁，善歌謠。

興王故宮。在府城内。明弘治中，封憲宗子獻王祐杬於此，即故梁莊王府，建興王府，尋以地形偏下，遷於城之正中。後其子入繼大統，是爲世宗，設興都留守司以爲衛，明末廢。

卿雲宫。在鍾祥縣城内，興王舊邸。其左爲鳳翔宫，皆明世宗南巡駐蹕處。

龍飛殿。在鍾祥縣城内，興王舊邸。又有隆慶殿，皆明世宗建。

純一殿。在鍾祥縣東十里純德山。

苑田。在鍾祥縣城外，明興獻王觀稼處。

狀元坊。在鍾祥縣城内。舊志：宋政和六年進士黎亨繼上疏陳時務，帝偉之，有旨賜同狀元恩例，故里中建坊以榮之。

蘭臺。在鍾祥縣治東。輿地紀勝：楚王與宋玉遊蘭臺，即此。按：楚郢都，非隋、唐以後之郢州，此臺殆屬附會，但皮日休寶香亭記云「在蘭臺之西」，則亦由來舊矣。

子胥臺。在府東門外。名勝志：春秋時伍員入楚，屯兵於此。

梅臺。在鍾祥縣東。輿地紀勝：去城十里，相傳梅福所築。

放鷹臺。在鍾祥縣南五十里。明統志：藪澤間四望空闊，臺居其中，相傳楚王放鷹之所。

花苑臺。在京山縣西北三十里。有泉出其上。或云荆平王別苑。

武臺。在京山縣北六十里。世傳魏武習兵處。

撒花臺。在天門縣東南六里。輿地紀勝：廣百餘丈，常有異花撒焉。

白雪樓。在府城西。宋謝譔有記。寰宇記：白雪樓基，在州子城西。輿地紀勝：圖經云：「子城三面墉基皆天造，正西絶壁，下臨漢江，白雪樓冠其上。」又有宋玉石二，宋李昉守郡，得之榛莽間，移置白雪樓前。

畢家樓。在潛江縣治東。宋畢潮故里，明末燬。

白鶴樓。在潛江縣西，亦稱白鶴書院。明統志：元湖北提刑副使姚燧藏書之所，後有鶴巢其上，因名。

五客堂。在鍾祥縣西北。明統志：五客堂在白雪樓後，宋李昉守郡時，畫五禽於壁，鶴曰「仙客」，孔雀曰「南客」，鸚鵡曰「西客」，鷺鷥曰「雪客」，白鷴曰「閑客」。

鴻軒。在天門縣北。輿地紀勝：張耒謫居日所構。

孟亭。在府城內。唐皮日休有記。唐書孟浩然傳：初，王維過郢州，畫浩然像於刺史亭，因曰浩然亭。咸通中，刺史鄭誠謂賢者名不可斥，更署曰孟亭云。

寶香亭。在府城內。輿地紀勝：在龍興寺北，蘭臺之西。皮日休爲記。

解珮亭。在府城北十里漢江上。

夢野亭。在天門縣西南。一名夢野堂。輿地紀勝：在縣子城西南隅，一目而盡雲夢之野。方輿勝覽：景祐間，郡守王琪建，後晏殊、宋祁、吴育、楊友之、蘇紳、石延年皆有詩。

楊口壘。在潛江縣西北。通鑑：晉建武元年，王廙將赴荆州，留長史劉浚鎮楊口壘。

關隘

唐港關。在鍾祥縣南三十五里。

池河關。在鍾祥縣西北十五里。

鴻漸關。在天門縣南門外。

義水關。在天門縣南義河。

麗陽巡司。在鍾祥縣西九十里。舊屬荆門州，即仙居口巡檢。本朝乾隆三十二年，改屬鍾祥。

宋河鎮巡司。在京山縣東北八十里。本朝乾隆二十九年，移荆門州新城巡檢駐此。

高家場巡司。在潛江縣南六十里。本朝乾隆十二年設。

乾灘鎮巡司。在天門縣東南。明成化十三年置。本朝因之。九域志：竟陵縣有乾灘鎮。

賈塹鎮。在鍾祥縣南一百二十里。九域志：長壽縣有賈塹鎮。

穴口鎮。在鍾祥縣南一百三十里。九域志：長壽縣有穴口鎮。

曹武鎮。在京山縣東四十五里。九域志：京山縣有曹武鎮。明統志：曹操征孫權過此。

多寶灣鎮。在京山縣南。本朝雍正十二年，移縣丞駐此。

拖船埠鎮。在潛江縣東南五十里，接漢陽府沔陽州界。

興隆鎮。在潛江縣北十五里。爲水陸要衝。

岳家口鎮。在天門縣西南四十里，濱漢水。本朝乾隆年間移縣丞駐此，司水利，並設把總駐劄巡防。

洪山砦。在京山縣北。元史張柔傳：儒達曹武〔九〕，悉下緣山諸堡，攻洪山砦破之。「儒達」舊作「柔達」〔一〇〕，今改正。

大洪砦。在京山縣西北一百二十里。元史世祖紀：至元十五年，棗陽萬户言「李均收撫大洪山砦，爲宋朱統制所害」，命賙其家。

黄家灣堡。在鍾祥縣南三十里。元史巴延傳：宋人於黄家堡設守禦之具，乃遣總管李庭、劉國傑攻拔之。「巴延」舊作「伯顔」，今改正。

石城驛。在鍾祥縣城内。本在城南，本朝康熙五年改建於此。雍正六年裁歸縣。

郢東驛。在鍾祥縣東七十里，接京山縣界。

豐樂驛。在鍾祥縣北六十里，達襄陽府宜城縣界。

石牌市。在鍾祥縣南五十里漢水西，接荆門州界。縣丞分駐於此，兼管水利事。

臼口市。在鍾祥縣南九十里漢水東。

豐樂市。在鍾祥縣西北九十里，接襄陽府宜城縣界。

永隆市。在京山縣南一百里。亦稱永龍鎮。九域志：京山縣有永龍鎮。

豐谷市。在京山縣西南。元末明玉珍嘗駐兵於此，壘址尚存。

辦頓市。在京山縣西六十里。相傳漢光武頓宿於此，梁元帝有自頓還郢城南詩。

平拔市。在京山縣東北，楊家河所經。九域志：京山縣有平拔鎮。

浩口市。在潛江縣西南八十里，接荆州府江陵縣界。

皂角市。在天門縣東北六十里，接京山縣界。

津梁

利涉橋。在鍾祥縣内府治東南。

昇仙橋。在鍾祥縣東一里。輿地紀勝：與長壽縣門相值。舊傳梅福昇仙於此。

後寺橋。在鍾祥縣東吉祥寺前。

通津橋。在鍾祥縣東南。一名閘口橋。明萬曆間建。其西有石橋曰小閘，蓄洩東南之水。

曾家橋。在府治西南。舊名土橋。明工部尚書曾省吾因舊址易以石，其長廣倍昔，歲久圮。本朝康熙四年重修，東西建坊，宏敞踰昔。

板橋。在府西門外。一名武定橋。舊木橋，今易以石。

西門大橋。在府西門外，當荆、襄孔道，郵遞要津。明正德間甃以石，名西河石橋，後圮。本朝康熙四年修，下爲五洞，東西建坊。

朝宗橋。在府西門外。

磚橋。在鍾祥縣北豐樂河上。

會仙橋。在京山縣東門外。輿地紀勝：漢張楷嘗跨驢過此。今石上遺蹟特異。

宿食橋。在京山縣南八十里。

三女橋。在京山縣西。一名三里橋。

通仙橋。在潛江縣西南八十里。元建。相傳吕巖嘗過此，俗名蒿口橋。

鴈橋。在天門縣西門外。一名西橋。一名鴈叫橋。相傳陸羽爲嬰兒時棄此，羣鴈以翼覆之，因名。

柳河橋。在天門縣北四十里。本朝康熙三十五年重建。

寨子河渡。在鍾祥縣東。

唐港渡。在鍾祥縣南。相近有臼口渡。

石牌渡。在鍾祥縣南五十里。

直河渡。在鍾祥縣西北。相近有豐樂渡。

洋梓渡。在鍾祥縣東北。相近有殷家河渡。

總口渡。在潛江縣東四十里。

排沙渡。在潛江縣西北五里，通天門縣。

官城渡。在天門縣東十里。

板港渡。在天門縣東二十里。

十里隄渡。在天門縣南十里。又漿陂渡，亦在天門縣南。

車箱渡。在天門縣南五十一里。新縣志作東箱渡。

東尾渡。在天門縣南七十九里。

芙蓉渡。在天門縣南八十里。

漁汎浲渡。在天門縣西南五十里。

古角渡。在天門縣西二十五里。

隄堰

保隄觀隄。在鍾祥縣南二十里。

草廟隄。在鍾祥縣南四十里。又鐵牛關隄、紅廟隄、許家隄、茅草嶺隄、老觀廟隄、從家口隄及永鎮觀、真君廟、臼口、忠祠、王家嘗等隄，皆瀕漢以捍水。本朝雍正六年，發帑修築。

護城隄。在鍾祥縣西南。明宣德間，知縣楊季安築，長七里餘。

翟家口隄。在鍾祥縣西三十里。又西十里爲馬家嘴隄，又西十里爲操家口隄，皆漢水東隄，上接黄家灣杜公隄，中聯留連口隄，爲一府保障。

浪隄觀月隄。在鍾祥縣境。本朝乾隆四十五年築。又同時築殷家灣劉公堰月隄。

溾隄。在京山縣南。亦名縣河隄。

魯班隄。在京山縣南七寶村。

小河隄。在京山縣南小河濱。

漢隄。在京山縣西南漢水濱。

張璧口月隄。在京山縣界。本朝雍正六年發帑修。

花封隄。在潛江縣東。明正統間縣丞李鏞築。

太平隄。在潛江縣南十三里。長六百丈。

總口隄。在潛江縣南四十里。明萬曆間，知州郭僑重築，甚高廣，連亘數十里。

謝家灣隄。在潛江縣南。自灣口至唐林湖止，長五百六十丈。

車腦隄。在潛江縣西。長千餘丈。明萬曆間，改名長腦。

夜汊口隄。在潛江縣西北。明正德初，又改築新隄三百六十餘丈。

泗港隄。在潛江縣東北。兩岸皆闊五丈，各延三千五百丈。

高氏隄。在潛江縣境，自縣西北沙洋至縣東南三江口，當襄水下流。五代時高季昌據江陵，築隄二百餘里，以障漢江之水，故名。亦名仙人隄。自後屢經修治。

黄漳通順隄。在潛江縣境。本朝雍正六年發帑修。

襄河西岸月隄。在潛江縣境。本朝乾隆四十六年築。

易家拐仙人隄。在潛江縣澤口上游。本朝乾隆五十四年修築。

仙人古月隄。在潛江縣境。本朝嘉慶元年改築。

周公隄。在天門縣南，起東尾渡，至漢陽府沔陽州界南横鋪，長三十里。明弘治十二年，知縣周端增築。

馬公隄。在天門縣南馬家垸。本朝順治十五年，知府馬逢皋增築。

錢公隄。在天門縣西南四十里岳家口鎮。

利涉隄。在天門縣北，風波湖濱。

永豐隄。在天門縣北。一名永豐垸。長四里。

官吉口隄。在天門縣大河南岸。又鐵匠灣隄、上中洲隄、阮家口隄、白毛嘴隄，俱本朝雍正六年發帑修。

戴家灣月隄。在天門縣境。本朝嘉慶五年築。

五龍堰。在鍾祥縣南二十里。

蓮花堰。在鍾祥縣北三十里。

紅水堰。在京山縣東吕府村。

南昌堰。在京山縣南羊亭村。

南莊堰。在京山縣南白陽村。

天生堰。在京山縣北。堰處四山中，無泄處。産牙牙魚，如兒啼，人不忍捕。蓋即山海經所謂人魚，爾雅注所謂鯢聲似小兒者。

灌溉堰。在天門縣東南。土人瀦水灌田，以時蓄洩。

石堰渠。在天門縣北。唐書地理志：竟陵有石堰渠，咸通中，刺史董元素開。輿地紀勝：在竟陵縣西北三里，其流自五華山下通巾水。

永奠閘。在天門縣境。本朝雍正六年建。

陵墓

明

顯陵。在鍾祥縣東十里純德山陽。本明世宗本生父興獻王墓。世宗即位，追尊爲興獻皇帝，名其墓曰顯陵。

周

楚王墓。在京山縣北八十里。名勝志：縣北有大冢數十，相傳春秋時葬，不辨何王冢。

春申君墓。在潛江縣西南九十里。有碑，字磨滅不可考。

唐

許仲墓。在京山縣西五十里。府志：唐時捐地與獨孤標卓菴僧者。宋建炎中，有發之者，得黄金燈檠、温玉銚，及他物甚多。

金雞冢。在天門縣西十里。輿地紀勝：高十餘丈。相傳嘗有金雞鬭其上，黄巢欲發之，蛇蝎蠭蠆競起，不可近，遂止。旁有金雞園。

宋

新羅太子墓。在京山縣東北七十里。縣志：相傳新羅太子隨其國僧入中國，居縣之芭蕉寺，卒，葬此。

明

郢靖王墓。在鍾祥縣東南二十里寶雞山。

梁莊王墓。在鍾祥縣東南三十里瑜靈山。

魯鐸墓。在天門縣東四十里止林。

郝敬墓。在京山縣西二十里。

三烈墓。在天門縣北。明萬載縣教諭任高妻李氏及二女葬此。墓旁有祠，有司春秋致祭。詳見列女。

祠廟

伏羲廟。在天門縣東北五華山。

神農廟。在天門縣東北五華山。

禹廟。在鍾祥縣南。

漢昭烈帝祠。在天門縣南留駕河上。

泰山廟。有三：一在京山縣治東，一在潛江縣東縣河南，一在潛江縣西北白洑鋪。

漢瀆祠。在鍾祥縣西漢江濱。

龍神廟。在鍾祥縣東南臼水上。

楚二王祠。在鍾祥縣東樠木山，祀楚文、武二王。

中大夫廟。在京山縣南漢水上，祀楚大夫申包胥。

三閭大夫廟。在鍾祥縣西，漢水濱。

馬伏波祠。在潛江縣七里河東黄漢垸。明隆慶中重建。

聚義祠。在天門縣北。本鍾秀樓址，明萬曆三十七年建祠祀漢昭烈帝、關忠義、張桓侯飛、趙順平侯雲。

諸葛武侯祠。在天門縣北白湖村。明正德年間建。

李衛公祠。在鍾祥縣東，祀唐李靖。

陸鴻漸祠。在天門縣西覆釜洲上。

王荆公祠。在京山縣南惠亭山，祀宋王安石。

岳忠武王祠。在鍾祥縣西。明萬曆十二年重建。

三忠祠。在鍾祥縣西門内，祀明忠臣姚善、周憲，萬曆中又以劉槩配。

義士祠。在天門縣東南三十里桃溪潭，祀明義士唐應龍。

寺觀

吉祥寺。在鍾祥縣東三里，即唐靈濟菴。明正統中，梁莊王重建篆額，内有古松、銀杏各二株。

報恩寺。在鍾祥縣東。宋開寶二年建。

多寶寺。在京山縣南。宋乾德二年，鐵牛禪師建。

蒲騷寺。在京山縣西九十里。唐建。

大陽寺。在京山縣北九十里大陽山。唐貞元中建。

興陽寺。在京山縣東北。唐僧道欽建。宋名慈光禪院。

清河寺。在潛江縣南五十里道隆鄉。唐建。

大安寺。在潛江縣北二十里。唐初建，後廢，元泰定間重建。

蓮臺寺。在天門縣東南。舊志：邑人李登少讀書其中，題詩壁間，其子純元跋之，至今稱二絶。

燃燈寺。在天門縣東南淘溪側。有唐僧皎然碑。

竹林寺。在天門縣南便河東。唐建，後廢，明成化中重建。

龍蓋寺。在天門縣西門外覆釜洲上。一名西塔寺，一名廣教院。唐建，即僧積公得陸鴻漸處。

普濟寺。在天門縣西。舊志：中有古桂，枝榦皆空中，相傳爲漢代物。

廣福寺。在天門縣西北。一名廣惠院。明統志：秦苻堅寇襄陽，朱序母躬率女丁築城以捍，陰祝曰：「苟城不陷，願捨竟陵田園爲佛寺。」是夕水暴至，秦兵奔潰，因建此院。

元妙觀。在鍾祥縣東南。

通明觀。在潛江縣東南。本名妙庭觀。晉建，元重建，改今名。

白鶴觀。在天門縣南門外。相傳真人劉梓跨鶴而下，駐此三日，後冲舉而去。

丹臺觀。在天門縣治西南。

名宦

晉

桓石虔。譙國龍亢人。除竟陵太守。苻堅將梁成、閻震率衆入寇，石虔與弟石民拒之，賊阻激水屯管城，石虔力戰破之，進克管城，擒震，俘獲萬人。

南北朝 宋

夏侯恭叔。譙國人。孝建初竟陵令。惠化大行，木生連理，上有光如燭，咸謂善政所致。

梁

裴邃。河東聞喜人。天監中，竟陵太守。開置公田，公私便之。

蕭景。武帝從父弟也。都督、郢州刺史，在州有能名。竟陵郡接魏界，多賊寇，景移書示魏，不復侵掠。

韋放。京兆杜陵人。天監中竟陵太守。在郡和理，爲吏民所稱。

周

柳敏。河東解人。閔帝時郢州刺史，甚得物情。及將還朝，士民感其惠政，共賫酒肴及土産候之於路，敏乃從他道而還。

隋

元壽。河南洛陽人。開皇中基州刺史，有公廉之稱。

薛胄。河東汾陰人。高祖時郢州刺史，有惠愛。

唐

許志雍。貞元中郢州刺史。時于頔節制山南東道，征斂方急，志雍獨濟以寬。韓愈嘗作序送其行。

韋於屈。京兆人。貞元中京山令。革除奸弊，均賦省用。

令狐楚。宜州華原人。郢州刺史。治尚寬大，無苛政。

許渾。丹陽人。太和中郢州刺史，平易近民。

五代 晉

郭延魯。沁州綿上人。累遷復州刺史。廉平自勵，民甚賴之。秩滿，州人乞留，不許，皆遮道攀號。

宋

梁延嗣。京兆長安人。初事高氏，勸高氏納土，太祖授延嗣復州防禦使。因郊禮入朝，太祖撫慰之曰：「使高氏不失富貴，爾之力也。」

李仲寓。太宗時郢州刺史。在郡十年，爲政寬簡，部内甚治。

朱台符。眉山人。景德中知郢州，政化大洽。

朱昂。潭州人。淳化中知復州，有清節。

劉師道。開封東明人。真宗時知復州。敏於吏事，吏民畏愛之。

李端愿。上黨人。仁宗時知郢州。本路轉運使獻羨財數十萬，被賞，端愿言常賦三折，其民不堪，即上其事。帝怒，奪轉運使賞，申折變之禁。

唐介。江陵人。仁宗朝以言事貶官，量移復州。後召還，帝勞之曰：「卿遷謫以來，未嘗以私書至京師，可謂不易所守矣。」

王琪。華陽人。仁宗時知復州。民毆佃客死，吏論如律，琪疑之，留未決，已而新制下，凡如是者聽減死。

張珦。元符中，知復州，有善政，張耒作詩美之。

劉幹。博陵人。崇寧中知京山縣。通敏豈爽，好古不倦，鼎新學校，士類作興。

万俟湜。大觀中知復州，公勤清約。

范致虛。建陽人。徽宗時通判郢州，有治聲。

陳規。安丘人。建炎中，除德安府、復州、漢陽軍鎮撫使。郢州守霍明奔劉豫，以書招規，規械其使以聞。李橫圍城，造天橋，填濠，鼓譟臨城。規帥軍民禦之，礮傷足，神色不變，圍急糧盡，出家財勞軍，士氣益振。橫遣人來，願得妓女罷軍，規不許。會濠橋陷，規以六十人持火槍，自西門出，焚天橋，以火牛助之，須臾皆盡，橫拔砦去。

張孝曾。歷陽人。淳熙中知郢州。奏建廂軍、禁軍、守禦軍三營，兵安其居。復廣招募，割俸緡爲娶室家，俾生息蕃衍。又嘗築隄百里，以障水患。

李誠之。東陽人。開禧中知郢州。知金兵必至，大修邊防攻禦之具，郢賴以安。後城陷自刭，妻許氏及婦與孫皆赴水死。

李良。理宗時知長壽縣，殁於戰陣，詔贈官三轉。

黄從龍。永豐人。度宗時，郢州推官。元兵入郢，力戰死。

趙文義。端宗時，郢州副都統。元兵由藤河入漢，戰於全子湖，死之。詔恤其家。

元

陳天祥。寧晉人。至元十二年，爲郢、復州等處招討使經歷，從征渡江，因論軍中事，深爲行省參政賈居貞所器重。

張庭珍。臨潢全州人。世祖時，爲郢、復二州達嚕噶齊。性清慎，丞相巴延嘗語人曰：「諸將渡江，無不荒貪，惟我與庭珍，始終自守。」「達嚕噶齊」舊作「達魯花赤」，今改。「巴延」譯見前。

賈泰亨。至元中京山縣尹。興立學校，教民禮讓。

鄭文遲。荆州人。至正中知潛江縣。公正廉潔，剖决如流。歲饑，發粟賑濟，多所全活。

綽羅。蒙古人。至正中知安陸府。蘄賊魯法興犯安陸，綽羅募兵拒賊，敗賊前隊，乘勝追之。賊自他門入，亟還兵，城中火起，軍民潰亂，計不可遏，乃歸。服朝服，出坐公堂，賊脅以白刃，不屈，怒駡，賊以刀砍之，斷左脅而死。事聞，贈河南行省參知政事。「綽羅」舊作「丑閭」，今改正。

明安岱爾。塘烏人。由宿州判官轉潛江達嚕噶齊。賊陷潛江，率勇敢出擊，擒其僞將劉萬户。進營蘆洑，賊衆掩至，出鬬死，其家殲焉。「明安岱爾」舊作「明安達爾」，「塘烏」舊作「唐兀」，並改正。「達嚕噶齊」譯見前。

明

吴復。合肥人。明初以鎮武衛指揮同知守沔陽，别將破安陸，遂守之，改安陸府指揮使。洪武元年，破洪山砦，拔黄口砦，取鄖、均、房、竹諸山砦之不附者，悉平之。平九溪諸蠻，還守安陸。十一年，封安陸侯，繪像功臣廟。

余彦誠。德興人。洪武中知安陸州，撫字得民。

李文秉。洪武中知京山縣。獎勵學校，勸課農桑，時稱廉能。

楊季安。安福人。永樂中知竟陵縣。時沔水泛溢，城邑俱壞，季安大修隄防，至今賴之。

毛祥。西平人。正統初知京山縣。清心涖政，節用愛人。時縣丞易緯，亦能撫字。

張益。南溪人。景泰初知京山縣。積穀萬餘石，歲饑，盡發賑之，貧民全活數萬。

方向。桐城人。弘治時知安陸州。居官廉儉，遇事剛斷敏達。

史華。渭南人。弘治間知潛江縣。勸課農桑，葺理學校，諸所廢墜，罔不振興。尤敬神恤民，誠意篤志，一時訟簡盗息，號稱治邑。致仕去，人追思不置，萬曆初祀名宦。

吴璵。饒平人。正德中知京山縣。時州守王槐議割京山縣西十里以益州境，璵以京山衝劇，民苦供繕，力争之乃已。縣故無城，盗數剽掠，璵創築之。

陳良玉。富順人。正德中知竟陵縣。單車出行，勸農桑，興教化，翕然稱治。初，縣城多圮。至是大舉修築，雉堞堅完，民無勞費。

李士翱。長山人。嘉靖初擢知承天府。時純德山營顯陵，士翱區畫有方，民不爲擾。歲饑，賑粟以濟。比遷秩，行李蕭然。官至户部尚書。

敖鉞。高安人。嘉靖初知潛江縣。時大水，鉞請於朝，得免民租之半。又疏開新河以殺水患，二月告竣，民咸德之，名曰恩江。

周延。吉水人。嘉靖中知潛江縣。漢水暴漲，漂民舍，奏免秋糧，并歲辦諸需，民賴以全。

蕭廷選。潮陽人。嘉靖中知潛江縣，剛介清苦。修學校，建倉儲。漢水溢，齧學宮，障以石，督民築隄防，邑賴以全。

黃學準。南海人。嘉靖中知潛江縣。水逼北城，鳩工建石磯〔一二〕，以禦水患。

鄭文茂。縉雲人。嘉靖中知承天府。漢水數爲患，文茂築隄捍禦，民受其利。

朱熙洽。崑山人。萬曆初知潛江縣，清惠强直。縣數患水，而賦亦不均，多隱射之弊，熙洽以清田請，豪猾撓之，不爲動，法卒行，無尺寸匿者。

馮勞謙。蒲州人。萬曆中知承天府，剛正自持。時權璫杜茂羅織無辜，一時側目，勞謙力排之，璫焰乃息。

曹珩。石阡人。萬曆中知潛江縣。賦役有方，聽訟明決，士民安之。

劉季體。宜賓人。萬曆中知景陵縣。歲饑，捐俸三百緡，代充逋賦。襄、郢水漲，大璫欲曲防以害其縣，季體毅然争之，遂罷歸。

蕭漢。南豐人。崇禎中知鍾祥縣。居官不徇請謁，武備修舉。流寇薄城，漢佐巡撫宋一鶴拒賊，殺傷甚衆。元旦突圍出護顯陵，賊挾之去，説降不聽。明日城陷，送漢於吉祥寺，乃以土塊畫「鍾祥縣令蕭漢願死此寺」十字於壁，即自剄。郢人哀慕，立石，贈大理寺丞，崇祀名宦。本朝乾隆四十一年，賜謚忠烈。

羅萬象。南昌人。崇禎中知潛江縣。始至，會邑大饑，民嘯聚剽奪，萬象擒巨魁二人斬之，其黨遂散。

沈壽崇。宣城人。明末爲興都留守司。賊破城，壽崇朝服北面拜畢，坐堂上厲聲叱賊，賊直前砍之仆地，曰「得死所矣」，罵不絶口死。一子同時遇害。本朝乾隆四十一年，賜謚烈愍。

張自新。分宜人。京山典史。崇禎間統民兵往勦流賊，死於羅漢嶺。本朝乾隆四十一年，予祀忠義祠。

本朝

李啓元。大興人。順治中知安陸府。平易近民，務存寬厚，尤加意學校。值湖南用兵，措置軍需，不擾民而事集。以積勞卒官，民祠祀之。

蔚之焕。大興人。康熙初安陸府經歷。會勦西山寇李來亨等，檄之焕轉餉隨軍，至興山縣七連坪，賊兵來犯，堅守芻糧弗去，賊執脅降，不屈，支解死。事聞，優卹。

人物

漢

劉焉。字君郎，竟陵人，魯恭王後也。居陽城山中，積學教授。舉賢良方正，歷官宗正太常。時靈帝政治衰缺，四方兵寇，焉建議改置牧伯，乃出領益州牧。犍爲太守任岐及賈龍反，攻焉，焉擊殺之。四子範、誕、璋、瑁。興平元年，征西將軍馬騰與範謀誅李傕，戰敗，範及誕並見殺。璋領益州牧，從别駕張松説，迎劉備以拒曹操，遂出降備，遷璋於公安。

南北朝　宋

張興世。字文德，竟陵人。隨王玄謨伐蠻，征南郡王義宣，俱有功。官龍驤將軍。領水軍拒袁顗，建議以奇兵濳據上流，遏其糧道，顗衆饑走，遂平江陵。封作唐縣侯，徙光禄大夫。

梁

張齊。馮翊人，世居横桑。少有膽氣，從南兖州刺史張稷爲荆府司馬中兵參軍〔一二〕。高祖受禪，以翊戴功，封安昌縣侯、歷陽太守。在郡有清政，吏事甚備。遷巴西太守，討平賊姚景和。遷巴西、梓潼太守，大破魏軍於葭萌。在益部累年，與士卒同勤苦，調給衣糧資用，人無困乏，既爲物情所附，蠻獠亦不敢犯，威名行於庸、蜀。遷信武將軍，卒官，謚曰壯。

唐

陸羽。字鴻漸，竟陵人。不知所生，有僧得諸水濱，既長，以《易》自筮，得蹇之漸，曰「鴻漸於陸，其羽可用爲儀」，乃以陸爲氏，名而字之。幼時，其師教以旁行書，答曰：「終鮮兄弟而絶後嗣，得爲孝乎？」師怒，使執糞除污以苦之。又使牧牛，潛以竹畫牛背爲字。得張衡《兩都賦》，不能讀，歎曰：「歲月往矣，奈何不知書！」嗚咽不自勝。因亡去，爲優人，作詼諧數千言。太守李齊物異之，授以書，遂廬火門山。聞人善若在己，見有過者，規切至忤人。闔門著書。久之，詔拜太子文學，徙太常寺太祝，不就職。嘗隱苕溪，自號桑苧翁，又號竟陵子。貞元末卒。羽嗜茶，著《茶經》三篇。

宋

張徽。竟陵人。以詩名，所著有《滄浪集》。司馬光、范純仁皆與友善。弟徹，七持使節，八割郡符，公清超邁，以廉著節。

張迪。竟陵人。元豐進士，累官諫議大夫，有諍臣風烈。

陳嘉言。竟陵人。爲郡學諭，文行著於鄉里。開禧間，金兵入境，脅之降，嘉言大罵，自沉於水。同室六人俱死。

祝松。竟陵人。舉進士，調長水簿。端平初城陷，死之，民立祠以祀。

元

程鉅夫。名文海，避武宗諱，以字行。京山人。世祖時，累官集賢直學士。奏陳五事，取會江南仕籍，通南北之選，立考功歷，置貪贓籍，給江南官吏俸，朝廷多採行之。拜侍御史，求賢江南，鉅夫薦趙孟頫等二十餘人，帝皆擢用。至元中，僧格專政，鉅夫上疏請清尚書之政，損行省之權，罷言利之官，行恤民之事。僧格怒，奏請殺之，不許，出爲閩海道肅政廉訪使。至大中，爲翰林學士承旨。皇慶中，詔議行貢舉法，鉅夫言經學當主程、朱，文章宜革宿弊。後以病乞歸，特授光禄大夫，給驛南還。卒，贈大司徒、柱國，追封楚國公，謚文憲。「僧格」舊作「桑哥」，今改正。

明

張從道。字質德，京山人。洪武舉人，判廬州。永樂初知徽州府，調永平。興學教民，遇歲饑，不待報賑發，全活甚衆。

姚善。字克一，鍾祥人。洪武舉人，歷官蘇州知府，吴中大治。燕兵南下，善密結常、鎮、嘉、松四郡守，練民兵爲備。建文四年，詔兼督蘇、松、常、鎮、嘉興五府兵勤王，未及戰，燕王入京，被執死之。正德十二年，崇祀鄉賢。本朝乾隆四十一年，賜謚忠烈。

梁用。鍾祥人。洪武中户部主事，歷升重慶知府，有善政。卒官，民遮道送，如失所怙。

唐素。京山人。景泰舉人，知崑山縣，有殊政。徵爲南京御史，擢廣西僉事。

從龍〔一三〕。字雲峯，鍾祥人。成化舉人，知麻哈州，教以冠裳詩書。擢知懷慶府，致仕。

王希曰。字景哲，京山人。成化進士，累官廣東僉事。黎人作亂，討平之。

郭軒。字文載，竟陵人。成化舉人，除盧氏教諭，擢福建連江知縣，卒官。軒以剛正見重，諸生顯者，過縣必拜其墓。

孫交。字志同，鍾祥人。成化進士，尚書王恕薦爲選郎，交所推引皆正人。正德時，歷户部尚書，遇四方告饑，輒請蠲租發帑，遣大臣賑恤。裁抑近倖不少假，用事者不便之，遂罷歸。世宗立，起故官，首請帝日讀祖訓，寒暑毋輟經筵日講，帝褒納焉。時帑藏殫虚，交裁冗食，定經制，宿弊爲清。罷減中官監督倉場者，復請清汰上林苑内臣，多報許。尋乞歸，手詔加太子太保。卒，謚榮僖。

劉洪。字希範，鍾祥人。成化進士，歷官僉都御史，巡撫貴州。值米魯叛，剪餘黨，城其要處。進右都御史。

周憲。字時敏，鍾祥人。弘治進士，歷官江西副使。討華林賊，被執，駡賊死。事聞，贈按察使，謚節愍。憲兵敗時，子幹救父，力戰墮崖死，詔旌其門曰「孝烈」。

魯鐸。字振之，竟陵人。弘治進士，官編修。武宗立，使安南，卻其餽。歷兩京國子祭酒，教士務實學。時鄉邑大水，力請大臣往賑，存活數十萬人。嘉靖初，尚書林俊言鐸學足以崇雅黜浮，行足以廉頑立懦，復起刑部侍郎，固辭。卒，謚文恪。

程鴻。字子漸，竟陵人。弘治舉人，授通江令。民亢而士弛，鴻馴之以禮，張之以學，三年變其俗，薦剡上。丁内艱，起復補鹽城令，擢判饒州，署景鎮司馬，遷知南通州，所在多惠政。鴻，邑理學魯鐸弟子，初鐸任司成時，懲弟子無稍貸，一生跅弛被楚，已而宦達，開府吴會，或語鴻：「貴人方怨魯先生，慎無自言出其門下也。」鴻曰：「一脈淵源，以苟且取容背之，喪厥本矣。」已入謁，開府問：「公竟陵，亦識魯祭酒耶？」曰：「是業師，終身佩之不敢忘，豈但識耶！」開府默然。鴻出，即上郡求解綬，居家不以棄官故語魯氏子弟。其大節卓然如此。

劉槩。字平甫，鍾祥人，洪子。正德進士，授行人，諫南巡杖死。槩有弟渠官雲南巡撫，臬官監察御史，俱正德進士，歷官多異績，與弟槼等稱「石城五鳳」〔一四〕。

夏寵。字時承，京山人。幼有神解，讀書五行俱下，多綜貫。持身方嚴。正德間，賊數百人攻其家，父昌扞之，力屈，呼寵並逃。時寵母未葬，寵不肯去，遂衰服迎賊，賊執以去，旋感其義，釋歸。後登鄉薦。

初杲。字啓昭，潛江人。正德進士。嘉靖初授御史。議大禮，引經抗疏，忤旨，廷杖幾斃。後劾都御史席書憸邪側目。尋轉河南僉事，擢雲南參政，乞休。

商大節。字孟堅，鍾祥人。嘉靖進士，知豐城縣，歷廣東僉事，以治行聞。累官右僉都御史，巡撫保定，召理院事。諳達薄都城，詔城中居民及四方入應武舉者登陴守，以大節率五城御史統之，發帑金令便宜募士，屢條上軍民急務。比寇退，復命兼管民兵，經略京城內外，訓練鼓舞，軍容甚壯。擢右副都御史，經略如故。仇鸞惡大節獨爲一軍，不受節制，乃請畫地分守，大節争之。帝方寵鸞，責大節懷奸避難，下獄論斬，卒於獄。隆慶初，贈兵部尚書，謚端愍。「諳達」舊作「俺答」，今改正。

王格。字汝化，京山人。嘉靖進士。大禮議起，格持正論，忤張孚敬，出知永興縣。尋擢南京户部主事，轉員外，監税蘇、松。升四川僉事，調河南僉事，分巡河北。世宗南巡，格不肯賂中官，乃譖之，被逮杖謫。穆宗時授太僕寺少卿。致仕，里居五十餘年。著詩文百卷。奉詔存問。年九十四卒。

王宗茂。字時育，京山人。嘉靖進士，以行人擢南京御史。時先後劾嚴嵩者皆得禍，中外懾其威。宗茂拜官甫三月，即疏劾嵩負國八罪，并劾子世蕃與其黨萬寀不法狀。疏上，謫平陽縣丞。隆慶初，贈光禄少卿。

張師載。字巨卿，潛江人。嘉靖進士，擢南京給事中。時嚴嵩柄國，師載抗疏劾其黨，嵩銜之，出爲萊州知府。嵩令人伺其隙，竟不可得。

歐陽柟。潛江人。事親孝。一日羣盜入室，獲其父，柟挺以身代，賊怒，斷指流血，父賴免。後以歲貢官德興，多善政。

錢錞。字鳴叔，鍾祥人。嘉靖進士，知江陰縣。倭寇至，力戰死之，事聞贈廕。

曾省吾。鍾祥人。嘉靖進士，累官四川巡撫，平土司祁鑾之亂，拓地四百餘里，以功進工部尚書。

高岱。字伯宗，京山人。嘉靖進士，官刑部郎中。時董傳策、張翀、吴時來等疏劾嚴嵩，嵩欲致之死，岱力言於尚書鄭曉，得遣戍。又爲治裝，送之出郊。嵩大怒，會景王之國，出爲長史。岱善屬文，採國家大事，爲鴻猷録。又著樵論、楚漢餘談、西曹集。弟峈、嶨，皆有才名。

劉侃。字正言，京山人。嘉靖進士，任户部郎，廉正有聲。出知成都府，平薛兆乾。擢洮岷道副使，有善政。歷官福建左轄。所著有新陽詩草。

吴文佳。字士美，竟陵人。嘉靖進士，由徽州府推官，擢刑、户二部主事，司榷臨清關，以廉能聞。歷吏、禮、兵、工給事中，督昭陵工，省費鉅萬。郭正域稱其孝謹似萬石君，厚德似陳太丘，深造似程伯淳云。

劉寅。字敬甫，潛江人。嘉靖舉人，官山東道御史。有經理川湖及飭從儉二疏，剴切精詳，以直諫名於時。

魯思。字睿甫，竟陵人。嘉靖舉人。嘗得其族人鐸闡發朱、陸同異，憬然有悟於知行合一、内外交致之理。晚年析理彌精，從游日廣。人稱浄潭先生。

程宗簡。字叔可，竟陵人。以明經補河南永寧訓導。時京山李維楨觀察中州，延以優禮，曰：「鄉之望也，敢以秩視！」於是藩臬皆矜式。旋引老乞休，居家一以至性典型子弟。學富才敏，所著詞賦得古人立言深旨。年八旬，邑宰以鄉飲大賓肅之，辭不就。其卒也，維楨題所瘞曰「程有道先生之墓」。

熊湄。字子退，竟陵人。著聖學歸一宗旨，發明「尊德性，道問學」爲入德之門，與雲夢彭魯岡、孝感楊恥菴、羅東山、葉啓安，本邑黄子麻、鄒元芝諸君子相講貫，學者稱爲虎嶺先生。

鄒元芝。字殿生，竟陵人。慧性自天，日讀線裝書一寸，著易學古今正義、書學章句讀、禮記聖學經義、詩學章句誦、春秋經學本義、易見、書信、詩蔽、禮約、春秋不贊，於漢儒訓詁之外，獨闡聖學奧旨。其他天文地理、聲音律吕，辨訛正謬，皆有成書。學者稱爲三澨先生。

李維楨。字本安，京山人。隆慶進士，博聞强記，王世貞再主文柄，有「後五才子」之目，維楨其一也。由編修歷外任三十餘年。天啓初，召爲南京禮部侍郎，進尚書。有大泌山房集。

周嘉謨。字明卿，竟陵人。隆慶進士，歷官四川按察使。榷税中官丘乘雲播虐，嘉謨檄所司拒絶，而榜殺奸民助虐者，乘雲爲少戢。累遷吏部尚書。光宗即位，鄭貴妃邀封皇太后，嘉謨以大義責貴妃，事乃寢。光宗大漸，嘉謨受顧命，時李選侍居乾清宮，嘉謨草疏，率羣臣請移宮，楊漣、左光斗繼之，五日選侍始移噦鸞宮。嘉謨秉銓，公正無私，惟才是任，爲魏忠賢所惡。致仕歸，忠賢黨周維持復劾之，遂削籍。崇禎初，起南京吏部尚書，加太子太保。

劉垓。字達可，潛江人。隆慶進士。初任太平推官，有聲。入爲祠部郎。吴中行、趙用賢劾大學士張居正奪情，廷杖，垓救之，被謫。起視雲南學政，得士心。致仕歸田，閉門講學，人士翕然宗之。

陳所學。字正甫，竟陵人。萬曆進士。歷官山西巡撫，晉户部尚書。值楊漣疏劾魏忠賢，禍且不測，所學疏救，不報。璫邀閣部議事，所學力折之，忠賢默然，遂告歸。所著有松竹園諸集。

譚完。字伯起，京山人。萬曆舉人，官銅仁推官，移同知臨洮府，俱有清節治行。

郝敬。字仲輿，京山人。萬曆進士，知縉雲、永嘉二縣，有聲，擢户科給事中。時用師朝鮮，餉不繼，敬列上損益十事，條奏屯田十六策。山東税監陳增貪横，敬屢劾之，謫知江陰，投劾歸。杜門著九經解諸書。起南京行人，辭不赴。

劉應同。字襟河，潛江人。萬曆進士，知漢中府。郡有張桓侯廟，里人歲爲神娶婦，一不應，則多水旱疾疫，蓋妖物憑之。應同至，火其廟，一郡震慴，是年亦殊無故。里人感德，立祠祀焉。

歐陽東鳳。字千仞，潛江人。性至孝，舉於鄉，知縣憫其貧，遺田二頃，謝不受。萬曆中成進士，知興化縣，遷知平樂府，調常州，遷潁州兵備副使，並有政績。

胡承詔。字君麻，竟陵人。由進士授夾江令。民苦徭役，多逋亡，承詔安集之。調内江令，民病鹽課，乃親履勘諸井酌其平，上官以爲允，並條馬價雜税，皆便於民。旋擢主事，遷郎中，提學四川，任滿遷河南參議。當去蜀，會奢崇明叛，自留禦賊，分扞東城，卒以謀略取勝。天啓末，所在省會皆祠魏閹，蜀撫尤其私人，將庀材鳩工，承詔持不可，乃止。會璫敗，以計最升太僕卿。

鍾惺。字伯敬，竟陵人。萬曆進士，歷官南京禮部郎中。僦秦淮水閣讀史，有所見即筆之，名曰史懷。取歷代詩與同邑譚元春商訂，其所素取，標新領異，世傳詩歸是也。又著隱秀軒集。卒祀鄉賢。

曾發祥。鍾祥人。爲廣濟教諭。流賊陷城，不屈死。本朝乾隆四十一年，予祀忠義祠。

孫瑋。字公之，鍾祥人。爲蘄水訓導。流賊破城，罵賊死。本朝乾隆四十一年，予祀忠義祠。

胡恒。字公占，竟陵人。萬曆舉人，歷官川南道副使。崇禎末，流賊陷成都，恒率諸路兵馳救，戰敗被獲，不屈死。兄懷亦死李自成之難。本朝乾隆四十一年，賜謚烈愍。

黄卷。字蘭輝，鍾祥人。天啓舉人。事母至孝。官呈貢知縣，與上官語不合，挂冠歸。聞北京失守，不食死。本朝乾隆四十一年，賜謚節愍。

譚元春。字友夏，竟陵人。天啓末，鄉試第一。事母孝。善屬文，所著有嶽歸堂稿、鵠灣集。與鍾惺並以詩名，時稱爲竟陵體。元春好遊，足蹟遍東南，喜揚人善，士賴以成名者甚衆。卒祀鄉賢。

歐陽璲。字峋嶁，潛江人。崇禎中，知盱眙縣，廉明有聲。後致仕歸，流寇陷郢，被執，與妻同殉。本朝乾隆四十一年，賜謚節愍。

朱士完。字符禺，潛江人。崇禎舉人，流寇陷城，被執，至泗港，士完嚙指血，書「已盡節處」，遂自縊。賊所過焚燬，士完所題壁巋然獨存。本朝乾隆四十一年，予祀忠義祠。

邱甡。字兩生，潛江人。性至孝。崇禎中，流寇至，母適病，甡負母以逃，遇賊，以母病哀懇，賊爲之動，但截其耳釋去。越日母死於背，棺而瘞之淺土。甡號呼痛哭兩日，忽有應聲自土中出，啓視則母已甦矣，咸謂至孝所感。

郭鑛。潛江人，諸生之輅少子。流賊至，之輅誡諸子攜家屬避賊，鑛兄鋗同父母俱遇害。鑛聞之，即訣妻子，往求親骨，凡枕骸沉尸，靡不審視，終不獲。絶粒七日，至屍盡處，自沈水死。兄鈿、鍾爲賊所執，亦不屈死之。

彭大翮。字仲翔，竟陵人。有學行，京山郝敬遣子師之。賊逼承天，大翮上所著平賊方略，當事不能用，遂自立一砦，同兄修翮、姪龍躍，聚衆擊賊，斬獲甚衆。賊怒，乘雨夜襲之，兵敗，俱赴水死。本朝乾隆四十一年，予祀忠義祠。

楊文薦。字幼宇，京山人。崇禎進士，出萬元吉之門，官兵科給事中。元吉被圍於贛，文薦奉使湖南，過贛，見事急，即入城共圖守禦。城破，執送南昌，不食卒。

姚文衡。鍾祥人。官商水知縣。崇禎十四年，前令王化行守城被害，文衡代甫數月，賊復陷城，攜印赴井死。本朝乾隆四十一年，賜謚節愍。

陳纁。字紘公，鍾祥人。崇禎進士，歷官榆林道副使，隨瑞王入蜀，張獻忠破城，舉家殉難。本朝乾隆四十一年，賜謚節愍。

王幹。鍾祥諸生。流寇陷城，闔門赴水死。本朝乾隆四十一年，予祀忠義祠。

李哲。京山諸生。爲流寇所獲，不屈死。

王應翼。京山人。官許州知州。崇禎十四年，闖賊陷城，被害，子國同死節。本朝乾隆四十一年，賜謚節愍。

從所向。鍾祥人。官刑部主事，告歸。崇禎十六年，流賊陷城，同子士默、士熊不屈死。本朝乾隆四十一年，賜謚節愍。

劉振孫。字麟似，竟陵諸生。賊陷承天，振孫潛圖恢復，謀洩，遂遇害。本朝乾隆四十一年，予祀忠義祠。

李向中。鍾祥人。崇禎進士，授長興知縣，調秀水。福王時，歷車駕郎中。蘇松兵備副使。唐王以爲尚寶卿，閩事敗，避海濱。魯王召爲右僉都御史，從航海，進兵部尚書。及大兵破舟下，召向中不至，發兵捕之，以衰絰見，帥叱之曰：「前聘汝不至，今捕即至，何也？」向中從容曰：「前則辭官，今就戮耳。」乾隆四十一年，賜謚忠節。

本朝

劉延唐。字延綏，天門人。明崇禎進士。本朝順治初，總督佟養和聞其賢，委署荆西道副使，招撫流寇小秦王等三萬餘衆，綏輯安陸、荆州、襄陽三府流民。父喪歸。撫孤姪成立。修縣學，設義塾，建橋梁，掩胔骼，鄉人德之。

王第魁。字聚五，鍾祥人。順治中，由生員特授荆州知府，撫恤凋殘，大著治績。歷官江南布政使，疏請蠲積逋，集流亡，全活甚衆。生平以孝著。崇祀鄉賢。

涂起鵬。字當世，潛江人。順治中知平樂縣。寇犯境，力戰援絶，城陷被執，不屈死。贈廣西按察司僉事。嘉慶六年，補給恩騎尉世職。

盧倎。字鴻士，天門人。順治進士，康熙初知商南縣。吴逆賊黨陷城，不屈死。十七年，贈陜西按察司僉事，賜祭葬，廕一子。嘉慶六年，補給恩騎尉世職。

沈倫。字彛士，天門人。順治進士，康熙初知梧州府。時梧疆初闢，倫多方招徠，民漸安集。未幾，大兵討尚賊，倫籌兵食，不累民，革鹽廠浮費以惠商。後賊陷城，不屈死之。

高登先。字于岸，鍾祥人。言行不苟，至性過人。母死未葬，流寇至，守母柩弗去，賊義而釋之。順治中成進士，康熙初知浙江山陰縣。除耗羨，捐雜徭，尤加意造士。縣巨猾害民，登先廉得之，悉寘於法，盜聞之不敢入境。十三年，諸暨何克忠倡亂應耿逆，守將征之不克，登先單騎往諭，立解散。改知常熟縣，詳請減蘇、松浮糧。擢知涿州，州有水怪爲害，登先焚檄投水中，怪遂絕。

高華。鍾祥諸生。父久賈滇南，絕無音問，華以母故不敢離，比娶妻，知婦能養，即白其母往尋。於是冒險阻，衝瘴癘，犯猛虎毒蛇之境，屢瀕於死，凡三年，足蹟幾遍，晝夜號哭，無復生理。夢神語其父在某猓夷山中，覺後求之，果得其父，乃奉以歸。家貧，身課讀，妻紡績以供饘粥，父卒以天年終。鄉里咸稱其純孝云。

朱載震。字悔人，潛江人。知石泉縣，有循聲。著東浦集，力追古作者。

龔則敬。字輿德，天門人。繼母歿，廬墓三年，芝產於側。撫育弱弟，備極肫篤。

王全臣。字仲山，鍾祥人。康熙甲戌進士，授汲縣知縣。遷寧夏同知，創開大清渠，民賴其利。擢永北知府，調平涼，遷潼商道副使。時大軍駐塞外，轉輸不繼，全臣集諸商帳中告之故，俾盡出凡可食者以食軍，償如值，軍心始定。閱兩月，餉道通，而上官諱言遲誤，向所貸以給軍者，皆諉爲全臣虧項。後事白，特旨隨副都統范時繹往陝西辦理軍需。明年，往甘肅屯田效力，全臣開墾草萊，疏通水利，漸成沃壤。尋授安西兵備道。時土魯番向化，安置瓜州，全臣督率兵役，闢地開渠，築城堡，及公私廨舍，服食器用，無不備具。於是扎薩克公暨諸酋目，胥得安堵。

流寓

龔學海。字醇齋，天門人。乾隆丁巳進士，由編修歷官侍讀學士。出爲兗沂曹道，以病歸。起補岳常澧道，以詿誤降補貴州同知。時逆苗香要等聚衆攻丹江，土城卑薄，恃江水爲限，學海先期盡收江船，苗不得渡。會大雨暴漲，逆苗始星散，官兵設計勦擒之。總督吴達善上其狀，擢貴東道，不數年卒於官。

周彦芝。天門人。貢生。乾隆十一年，以孝行旌。

宋

張伯常。河南人。隱居不仕，移居郢州。司馬光、范純仁、曾鞏俱有詩寄贈。

吕大防。藍田人。哲宗時，上官均等論其隳壞王安石役法，貶秘書監，分司南京，居郢州。

張耒。淮陰人。紹聖初，謫監復州酒税。嘗構鴻軒於復，後判黄州，有望復州鴻軒詩。

元

孔克學。曲阜人。通經學，士林推重。元末荆州學正，寓沱、潛間。有集傳世。

胡興第。江西人。至正間僑寓京山，築室佛指山下，子孫三世同居。明正統六年，輸粟運關中賑饑，命旌其門曰「尚義之門」。

列女

元

張楚材妻翟氏。竟陵人。年二十餘，夫死，守節終身，與吴伯璋妻王氏，至正間旌表。

明

郢靖王妃郭氏。鳳陽人，武定侯英女。永樂十二年王薨，踰月，妃慟哭曰：「王舍我去，未亡人無子尚誰恃？」引鏡寫容，付宫人曰：「俟諸女長令識母。」遂自經卒。

温某妻唐氏。京山人。年十九，夫卒，立嗣，守節終身。又同縣黎忠妻魏氏、王宗著妻熊氏、祝喬年妻潘氏、馮忠妻郝氏、胡應科妻李氏，俱少寡，守節終身。

戴富妻徐氏。鍾祥人。夫早死，撫孤守節。又同縣陸鏜妻楊氏，撫遺腹子守節。張國詔妻黄氏，夫死無子，甘貧守節。

朱進妻高氏。潛江人。從舅姑官廣東。年二十，生二子，舅姑與夫俱亡，高扶三喪歸葬，守節六十年。又同縣方應奎妻陳氏，年十七歸方，生二子，夫卒，誓死守節終身。

宋允孝妻丁氏。京山人。年十七適宋，纔六月夫亡，痛哭不食死。

任氏三烈。任高，四川人，官竟陵訓導，隆慶中升江西萬載教諭，攜妻李氏及二女赴任，舟宿華嚴湖。羣盜挾刀突入，欲污高女，長女瑞絶裾投水，次女留罵賊被殺，李氏亦投水死。三日尸浮水面，交相抱，面如生。俱葬於竟陵，謂之「三烈墓」。

劉崇文妻程氏。竟陵人。年十三未嫁，崇文死，請於父往奠，成服，謁舅姑，閉門守節。

蕭瑞蛟妻沈氏。竟陵人。夫卒，有欲奪其志者，自經死。

初薦妻李氏。潛江人。年十七，夫亡無子，痛哭不食，誓死以殉。姑泣勸曰：「死固婦職，吾老曷依？則有俱死耳。」因勉進饘粥，别處一室，三十年如一日。萬曆中旌。

梁宣文妻蔣氏。潛江人。年二十六，夫亡，遺孤甫四月，鄰有富人賄其舅，欲强娶之。蔣抱子投河，救得免。遭舅姑喪，負土成墳。隆慶三年，漢水夜漲，鄰舍盡陷，獨蔣室如故，晨起亟遷，居始陷，聞者以爲孝節所感。萬曆中旌。

李某妻陳氏。鍾祥人。早寡無子，歸父家守志，坐卧小樓，足不下樓者三十年，臨終謂其婢曰：「我死慎勿以男子舁我。」家人忽其言，命男子登樓舁之，氣絶踰時矣，復起坐曰：「始吾言若何，而令若輩至此？」家人驚怖，從其言，目乃瞑。

劉堪妻胡氏。潛江人。夫亡無子，泣血旬日，絶水穀，舅曰：「奈吾老何？」勉起葬夫畢，廬墓左，歲一再歸省舅。會大水侵兆域，親負畚鍤障之，竟弗潰。鄰火，哭拜呼天，風乃反。歲饑盜起，家人勸且歸避，胡曰：「吾貧嫠也，即不測，此正吾死所。」萬曆中旌。

陳盛杬妻尹氏。竟陵人。年十六而寡，足弗踰閾，鄰火延及其寢，姑促使避之，扃鑰弗啓，忽反風滅焰。

胡東谷妻戴氏。竟陵人。年十六，夫死，撫前妻子守節，歲儉，藜藿不充，苦志不移。

劉芳聲妻吴氏。竟陵人。年三十無子，夫溺死，吴臨河泣七日，尸浮起，吴殮之，誓與同穴。其女適雙氏早寡，與母同守節終身。

樊伯妻吴氏。竟陵人。夫死，以毁卒。

王全壽妻鄭氏。潛江人。姑張氏病篤，泣籲身代，姑竟不起，鄭哭踊哀痛，不食死。葬之日，羣烏悲鳴集墓，人以爲孝感。

劉世則妻田氏。京山人。于歸時，夫已病，朝夕供藥餌者三年，竟不起。既殮，引繩自經，侍婢救之，因紿守者出，闔户縊死。

王紹先妻陳氏。鍾祥人。紹先官昭勇將軍，陳自幼喜讀列女傳，紹先死，陳年二十餘，事姑以孝聞，撫二子成立，詔建坊旌。年八十餘，流寇陷城，自縊死。

祝某妻李氏。京山人。年十五未婚，壻病卒，父母欲其改嫁，佯許之，自製衰服，同母往拜柩前，一慟幾絶，遂不歸。與姑同寢，紡績以供饔飧。崇禎九年，以不從賊死。

李馥先妻胡氏。鍾祥人。年十七，事姑以孝聞。流賊犯境，左良玉師潰，沿江大掠，胡掖姑避南岡嶺，遇亂兵，胡泣曰：「吾甘死姑側，義不辱於賊。」溺水死。

徐夔妻譚氏。竟陵人，譚必昌女。未嫁，夫死，誓不適人。左良玉潰兵掠境，逼辱不從，遇害。

徐惟妻唐氏。竟陵人。二十七而寡，流寇逼之，不辱死。

張繼登妻曾氏。鍾祥人。繼登官中書舍人，崇禎末城破，義不受賊污，自縊死。

莫一杜妻歐陽氏。潛江人。崇禎末，寇掠沔陽，一杜偕父逃，覓舟呼婦同行，婦曰：「舟甚狹，翁在，吾願死此。」一杜父既渡，復迴舟抵岸，將載婦，騎已至，殺一杜，欲縶婦污之，婦罵曰：「吾名家子，肯近汝賊耶！」賊怒磔之。

劉賢妻鄭氏。竟陵人。崇禎末城陷，賊欲犯之，鄭自焚死。

楊初泰妻徐氏。鍾祥人。崇禎末城破，抱十齡女投天坑水中死。同時吴璣妻張氏、錦衣百户周鼎臣媳王氏、生員李陪媳從氏，俱以拒賊見殺。

柴學參妻劉氏。潛江人。學參爲諸生，崇禎末募鄉勇拒賊，見獲，縶之營中，學參曰：「倡首者我也，肯靦顔從賊耶！」賊遂殺之。劉見夫死，即求偕斃，賊百計誘之，不從，賊怒解其屍。

王第魁妻江氏。鍾祥人。流寇將至，與姒江氏同投水死。

李紹桐妻王氏。京山人。明末亂兵猝至，王投潭死。時同縣袁勳妻鄢氏、袁紳妻楊氏、袁昌運妻李氏，皆駡賊死。

覽心亭婦人。不知姓氏、里居，爲流賊掠至亭上，駡賊死。

徐同寅妻鄒氏。竟陵人。夫卒守節，聞左兵西下，不食死。

胡恒妻樊氏。竟陵人。恒爲副使，殉節死，樊亦投水卒。子之驊從死，其妻朱氏，刺面斷髮，守節終身。

徐伯榮妻程氏。竟陵人。左兵西下，攜女及子婦熊氏赴水死。

本朝

朱若士妻張氏。京山人。夫歿，强暴欲强娶之，投花臺堰中死。

張喬妻楊氏。京山人。夫亡不食死。順治年間旌。

邵世錦妻張氏。鍾祥人。未婚夫卒，自經死。康熙年間旌。

盧天樹妻高氏。京山人。夫亡未葬，遭火起，高繞棺呼天，忽大雨如注，火滅，人以爲精誠所感。守節四十五年，康熙年間旌。

鄧先培妻吴氏。鍾祥人。夫亡守節，雍正十一年旌。又同邑楊亦恭妻汪氏，余世鏞妻彭氏，陳愨妻温氏，朱熿妻徐氏，龔朝柱妻李氏，劉廷鋭妻朱氏，羅應逵妻王氏，李輝祖妻鄭氏，監生鄭崑妻戴氏，向楷妻陸氏，生員王鈉妻涂氏，龔輝先妻戴氏，孫國楹妻謝氏，賀賢佐妻曾氏，雷舉參妻吴氏，生員茹其璋妻宋氏，邵國珍妻李氏，杜文亮妻張氏，生員賀天佐妻王氏，劉鑒妻鄭氏，原任廣西賓州吏目陸錦曜妻陶氏，王世澤妻向氏，王文昌妻蔣氏，舉人徐時會妻畢氏，貢生韓文經妻張氏，貢生艾似芝妻賴氏，艾睿妻唐氏，李有高妻胡氏，周之紀妻馬氏，陳國祚妻何氏，鄧林妻蘇氏，曾鴻妻龔氏，胡朝縉妻章氏，謝生瑛妻尹氏，王瑜妻汪氏，潘寅妻李氏，陳格妻龍氏，監生熊鉦妻楊氏，李作正妻胡氏，曾如瑛妻楊氏，胡梓妻武氏，監生曹志大妻王氏，生員解聯魁妻曾氏，周尚宗妻閻氏，馮愷妻張氏，韓士傑妻張氏，韓士俊妻孟氏，劉士泉妻李氏，生員艾兆鸞妻張氏，監生王式璠妻向氏，左輔周妻朱氏，項煒妻宋氏，生員陳國銓妻聶氏，陳禹妻龔氏，賀耀祖妻薛氏，劉大全妻王氏，生員陳玉珣妻孔氏，生員周慈永妻李氏，舒維邦妻蔡氏，王宏文聘妻楊氏，吏員酆鳳鑾妻陳氏，朱浤妻蕭氏，李惺妻熊氏，劉栻妻鄧氏，王鍾遵妻賀氏，曾炷妻趙氏，賀聖佐妻宋氏，田瀊妻王氏，貞女杜長姑，楊慧姑，俱乾隆年間旌。王㳌妻范氏，施運達妻韋氏，周晸妻陳氏，許之龍妻李氏，周之信妻趙氏，黄文江妻張氏，彭士望妻朱氏，烈女魏氏，嘉慶年間旌。

向學孜妻譚氏。京山人。夫亡守節。又同縣杜博妻孔氏，桂必昌妻倪氏，王悌妻劉氏，施宗薰妻趙氏，熊率祖妻譚氏，王樹心妻董氏，王肇槐妻聶氏，李世昌妻曾氏，郭溢妻周氏，盧汧妻黄氏，生員鄭周侯妻余氏，王之繡妻劉氏，羅繩祖妻孫氏，楊純妻李氏，何大茂妻馮氏，張潤妻向氏，監生冉鈺妻田氏，李士陽妻周氏，許廣哲妻張氏，李沆妻蘇氏，郭楝妻李氏，邵光謀妻錢氏，邵光祐妻王氏，李坤元妻魏氏，田煥妻盧氏，田煒妻何氏，監生郭嶸妻胡氏，生員謝如淵妻孫氏，王光瑞妻曹氏，貞女曹五姑，劉烑妻許氏，李正妻彭氏，黄寬仁妻黄氏，桂其開妻孔氏，陳時楫妻張氏，譚日昭妻張氏，鄧多益妻易氏，鄧九銘妻劉氏，烈女曹鳳姑，任聘達妻劉氏，李錫雲妻曹氏，田士桂妻羅氏，俱乾隆年間旌。李慕召妻陳氏，吴甫潮妻丁氏，顧崇錦聘妻楊氏，劉邠基妻夏氏，唐羣玉妻魏氏，查嘉福妻鄒氏，黄光甲妻楊氏，羅元選妻徐氏，張純仁妻章氏，錢宗錦聘妻孔氏，孟宗獻妻潘氏，蕭鈺妻王氏，俱嘉慶年間旌。

生員鄭孝中妻袁氏。潛江人。夫亡守節。又同邑生員黃開祐妻郭氏，歐陽蕡妻謝氏，鄒時顯妻許氏，田曰臣妻雙氏，謝知琫妻鄒氏，劉衛運妻管氏，貢生劉述文妻張氏，武進士張代守妻孫氏，鄒官妻朱氏，劉采妻郭氏，許應知妻歐陽氏，董久儒妻鄒氏，張昌琳妻曾氏，張尚榮妻楊氏，涂士亮妻朱氏，莫若智母魏氏，劉鈺妻葉氏，朱士準妻歐陽氏，危屹妻陳氏，楊士學妻孫氏，周廷柃妻彭氏，劉佽妻謝氏，劉玗妻謝氏，劉條妻陳氏，江自岷妻李氏，黃安石妻朱氏，劉修妻隗氏，李思孝妻聶氏，廖灼妻李氏，張承安妻王氏，鄭再玉妻李氏，何子章妻鄒氏，劉元暄妻歐陽氏，康邦珽妻陳氏，張玠妻李氏，黃士宗妻郭氏，鄧茂枝妻袁氏，陳治泰妻佘氏，郭春洛妻熊氏，孫金妻郭氏，孫遂妻蘇氏，黃其潮妻劉氏，蕭文煒妻劉氏，張瑤妻楊氏，吳昌龍妻陳氏，何子釗妻張氏，黃家檟妻劉氏，朱宏妻蔡氏，劉暹俊妻夏氏，劉心柱妻舒氏，衛仕俸妻李氏，劉行俊妻李氏，劉恬妻盧氏，吳之瓛妻嚴氏，王全壽妻鄭氏，張蘭生妻劉氏，李枝英妻章氏，高起蛟聘妻王氏，吳欽臣聘妻佘氏，蔡明益妻程氏，劉理妻朱氏，朱萬容妻劉氏，吳汝霖妻李氏，歐陽曲妻吳氏，黃石琳妻高氏，沈尚義妻文氏，戴德堯妻張氏，郭汝椿妻唐氏，郭盛時妻張氏，周大鴻妻闞氏，郭珍修妻方氏，江大霽妻沈氏，朱咸和妻蔡氏，周大槐妻吳氏，俱乾隆年間旌。李芝蔚妻陳氏，劉崧如妻杜氏，劉之麟妻趙氏，許士都妻鍾氏，俱嘉慶年間旌。

生員江一楓妻馬氏。天門人。夫亡守節。又同縣生員毛安采妻盧氏，錢鶴妻吳氏，馬廷相妻何氏，胡松齡妻譚氏，候選教諭胡春齡妻王氏，生員徐文猷妻章氏，譚之昌妻江氏，原任竹谿縣教諭程大護妻夏氏，張世道妻劉氏，生員邵可第妻盧氏，邵如嵩妻趙氏，蔣開桐妻張氏，蕭良翰妻胡氏，周維精妻尹氏，羅廷芳妻嚴氏，王詔妻張氏，王廷璽妻郭氏，王大賓妻劉氏，王朝賓妻徐氏，張大勛妻丁氏，陳觀妻江氏，生員魏以莊妻鄒氏，生員崔洵妻別氏，楊鎮妻沈氏，朱瓊妻沈氏，張坤妻周氏，監生童士毅妻別氏，生員童達妻彭氏，生員夏之祐妻唐氏，楊廷元妻田氏，樊本深妻胡氏，生員沈正鵠妻黃氏，徐日恕妻楊氏，梁騰鶴妻李氏，鄧之鳳妻石氏，陳琦妻周氏，生員夏元昇妻熊氏，夏用謙妻唐氏，生員黃泌妻吳氏，黃峯妻程氏，魯琮妻盧氏，監生涂德磬妻俞氏，舉人黃文煥妻吳氏，吳文世妻石氏，郭傳道妻孫氏，伍之奇妻鄒氏，吳士筆妻戴氏，藍一禮妻錢氏，藍斌妻劉氏，生員熊廷梅妻徐氏，黃曉妻別氏，黃驥妻蕭氏，胡大春妻別氏，涂其湛妻廖氏，魯之崑妻孫氏，劉應鼎妻龔氏，胡連妻陶氏，楊一偉妻隆氏，萬倬妻羅氏，鍾序妻胡氏，唐國慕妻周氏，楊遇春妻陳氏，李煌妻程氏，許先申妻蕭氏，陳大正妻金氏，戴璧之妻歐陽氏，陶必暹妻劉氏，張道生妻易氏，胡之燾妻郭氏，生員楊士炯妻鄭氏，周維賢聘妻熊四姑，鄢家楨妻戴氏，景其鸞妻藍氏，胡珍妻尹氏，劉應級妻何氏，石鎮妻羅氏，章必富聘妻彭四姑，彭必達妻雷氏，楊光祐妻厙氏，周時中妻王氏，王必達妻程氏，郭毓祥妻李氏，周德修妻魯氏，胡大淵妻向氏，周履義妻涂氏，黃安仁妻彭氏，黃修仁妻蕭氏，生員張之楝妻魯氏，張世傑妻鄒氏，黃聲源妻劉氏，陳爲益妻徐氏，陳爲巽妻譚氏，楊弼聖聘妻黃大姑，吳車妻王氏，蕭正昇妻李氏，錢紱妻汪氏，蔣珍妻王氏，程志信妻李氏，高朗妻倪氏，王曾哲妻徐氏，饒際會妻黃氏，生員劉其壽妻錢氏，鮮宏義妻歐陽氏，胡顯鎮妻徐氏，彭溶妻史氏，龔必鮮妻李氏，魯歸極妻涂氏，羅品賢妻劉氏，羅義泰妻潘氏，王克岐妻朱氏，鄭曾綬妻劉氏，曾正智妻傅氏，郭懋德妻歐陽氏，原任山東道御史龔徤颺妾盧氏，彭大綬聘妻樊氏，張志選妻李氏，貢生馬可秀妻梁氏，陳光治妻魯氏，楊弼沛妻張氏，周序賢妻王氏，陳希太妻石氏，彭椿妻朱氏、妾張氏，馬可傑妻朱氏，龔春海妻佘氏，朱斆祖妻陶氏，陳其道妻吳氏，李國藺妻梁氏，陳子梁妻魏氏，錢登衢妻陳氏，烈女李二姑，馬達聰女馬氏，邱志禮妻姚氏，俱乾隆年間旌。陳之維妻王氏，易桂妻周氏，楊正喜妻郭氏，甘之鈞妻魏氏，藍騰蓋妻涂氏，鄒某妻王氏，王相成妻劉氏，楊星奉妻謝氏，李耀悰妻楊氏，俱嘉慶年間旌。

仙釋

漢

董仲。青州千乘人，永子。幼靈異，數書符鎮怪。嘗遊京山之潼泉，以其山多蛇虺毒，書一符鎮之，其害遂絕。今符石尚存。

晋

法安。惠遠弟子也。義熙中，新陽縣大社樹有虎穴，法安暮投樹下，通夜坐禪，虎至，爲説法，遂弭耳去。因留之立寺，後不知所終。

唐

劉梓。號白鶴真人。煉丹於竟陵縣北靈臺觀，於縣東飛昇去。

白乳。廣明中住彌勒院，戒行精專。黄巢殘郢，復二州，以刃加之，白乳湧出，巢大驚異。

宋

警玄。住郢州大陽山。神觀奇偉，童稚出家，日不再食。年十九主講席，住大陽山，足不踰閾，脇不至席者五十年。年八十五卒。

土産

棉花。府志：天門縣出。

薺米。府志：潛江縣出。

觀音竹。府志：鍾祥縣出。

郢蘭。府志：鍾祥縣出。

白蜜。唐書地理志：復州貢。

花猫。明統志：府境出，歲輸貢。

校勘記

〔一〕晉末分置宵城縣　「宵城」，乾隆志卷二六五安陸府建置沿革（下同卷簡稱乾隆志）同，南齊書卷一五州郡志、隋書卷三一地理志等作「霄城」。

〔二〕元至元十三年遷建　「十三」，乾隆志作「三十」，未知孰是。

〔三〕壽寧山　「寧」，原作「康」，據乾隆志改。按，本志避清宣宗諱改字。

〔四〕又東合區亮水口　「區」，乾隆志同，水經注卷二八沔水傳本多作「巨」。

〔五〕又東謂之鄭潭　「鄭潭」，乾隆志「潭」訛作「南」，戴震校水經注補作「鄭公潭」。

〔六〕又東得死沔　「死」，原作「合」，乾隆志同，據水經注卷二八沔水改。按，酈注此句下原有「言昭王濟沔自是死，故有死沔之稱」數句。

〔七〕實曰敔口　「實」，乾隆志作「是」。按，二字通假。

〔八〕温水出竟陵之新陽縣東澤中　「東」，原作「天」，據乾隆志及水經注卷三一涢水改。

〔九〕儒達曹武　乾隆志同。按，元史卷一四七張柔傳作「遂達曹武」，曹武乃地名，因曹操屯兵得名。乾隆志誤以爲人名，而以「遂達」（下文又訛作「柔達」）爲職名，遂有改譯之舉。本志未察其謬，相承未改。

〔一〇〕儒達舊作柔達　「柔」，乾隆志同，元史卷一四七張柔傳作「遂」。疑乾隆志所據元史爲誤本，遂以「柔達」爲職名，因而改譯。

〔一一〕鳩工建石磯　「工」，原作「宫」，據乾隆志改。

〔一二〕從南兗州刺史張稷爲荆府司馬中兵參軍　乾隆志同。按，此句敘官職甚為舛誤。考梁書卷一七張齊傳，張稷爲荆府司馬，張齊事之，甚得信重，又隨稷歸京師，後稷爲南兗州，擢齊爲府中兵參軍。此爲張齊事稷之經過，乾隆志及本志混張稷、張齊二人前後官職爲一，甚爲謬亂。此句當作「從南兗州刺史張稷爲兗州府中兵參軍」，方合。

〔一三〕從龍　乾隆志作「李從龍」。按，雍正湖廣通志卷五三人物志亦作「從龍」，不姓李，乾隆志未知何據。

〔一四〕與弟槩等稱石城五鳳　「弟」，原作「苐」，據乾隆志改。

德安府圖

德安府圖

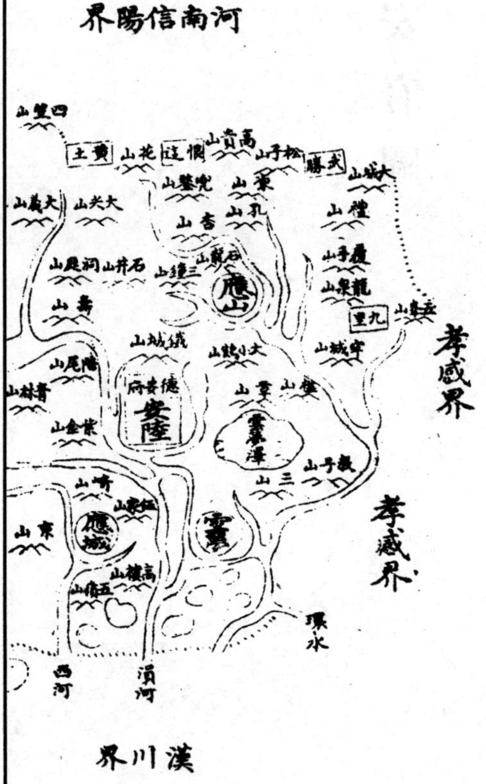
河南信陽界
四望山
黃土
花山
高貴山
松子山
武勝
禮山
香山
應山
九里
孝感界
德安府
安陸
雲夢澤
三山
壽山
雲夢
應城
東山
孝感界
環水
西河
溳河
漢川界

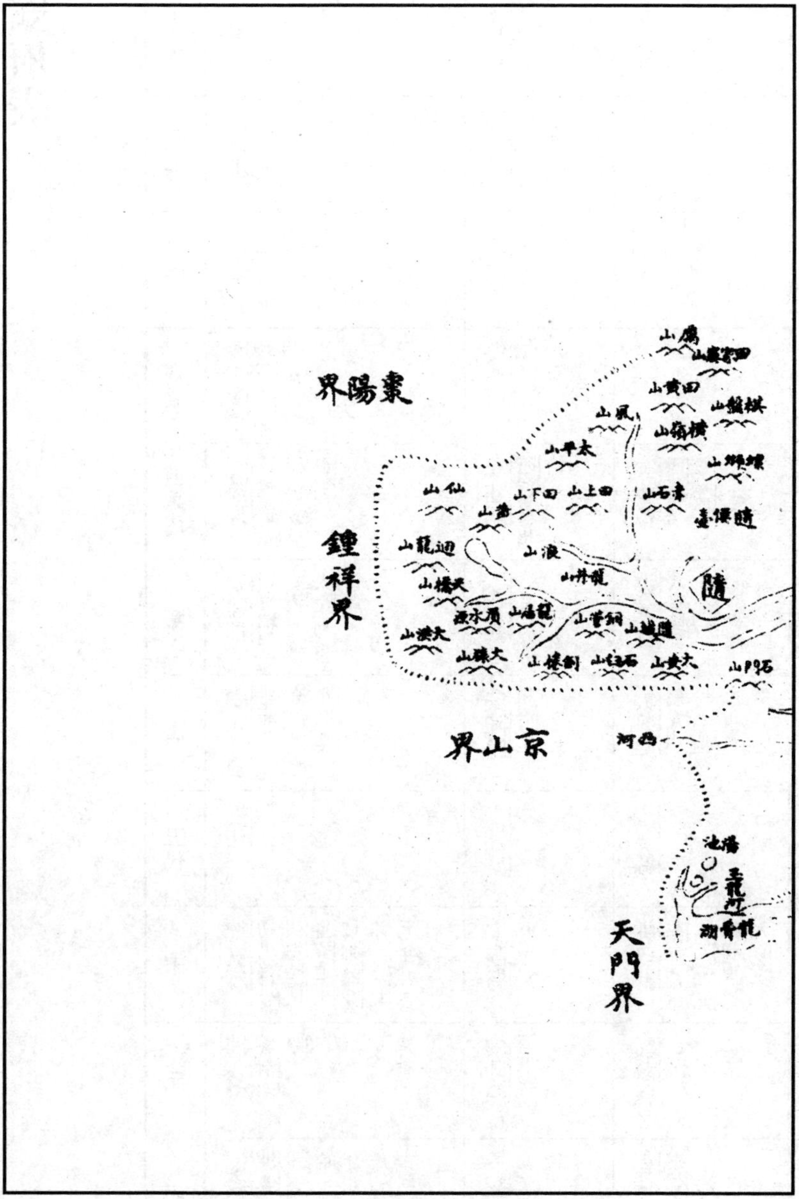
棗陽界
鍾祥界
京山界
天門界
隨
仙山
回龍山
太平山
浪山
大洪山
石門山
西河

德安府表

	德安府	安陸縣	雲夢縣
兩漢	江夏郡	安陸縣屬江夏郡。	安陸縣地。
三國晉	江夏郡	安陸縣郡治。	
宋	安陸郡孝建初改置。	安陸縣郡治。	
齊梁	梁天監中增置南司州，旋廢。	安陸縣	
西魏周	安陸郡西魏置安州，周改爲溳州。	安陸縣西魏爲州治。	雲夢縣西魏置，屬城陽郡。
隋	安陸郡初廢郡，以安州領縣。大業初復改郡。	安陸縣	雲夢縣屬安陸郡。
唐	安州安陸郡復置州，屬淮南道。	安陸縣州治。	雲夢縣屬安州，又省入應城，尋復置。
五代	安州	安陸縣	雲夢縣
宋	德安府初仍爲安州安陸郡，置安遠軍，屬荊湖北路。宣和元年升爲府。	安陸縣府治。	雲夢縣熙寧初省入安陸，元祐初復置，屬德安府。
元	德安府屬荊湖北路。	安陸縣	雲夢縣
明	德安府洪武初降州，屬黄州府。十三年復升爲府，屬湖廣布政司。	安陸縣初省入州，後復置爲府治。	雲夢縣屬德安府。

續表

應城縣	隨州	
安陸縣地。		隨縣 屬南陽郡。
曲陵縣 本名石陽，吳置，晉改名，屬江夏郡。	晉末置隨國，屬荊州。	隨縣 屬義陽郡。
應城縣 宋置，屬安陸郡。 孝建初屬安陸郡，泰始六年省。	隨陽郡 泰始中更置。	隨縣 郡治。泰始中更名隨陽，後復。
應城縣	隨郡 齊更名，梁分置曲陵縣。	隨縣 郡治。
應城縣 魏置城陽郡。	隨郡 魏初置并州，後改隨州。	隨縣 州郡治。
應陽縣 開皇初廢郡，大業初更縣名，屬安陸郡。	漢東郡 初廢郡及曲陵縣，大業初又改置。	隨縣
應城縣 武德四年復舊名，屬安州。	隨州漢東郡 復置州，屬山南東道。	隨縣
應城縣 梁曰應陽，後唐復名應城。	隨州	隨縣
應城縣 屬德安府。	隨州漢東郡崇信軍 屬京西南路。	隨縣
應城縣	隨州 屬德安府。	隨縣
應城縣 洪武十年省入雲夢，旋復置，屬德安府。	隨州 初廢州，後復置。	洪武初省入州。

厤西縣 晉置屬義陽郡。		
闕西縣 宋改闕西。		
闕西縣 屬義陽郡。	北隨安左郡 齊置，梁曰北隨郡。	定陽縣 梁置，兼置北郢州。
下溠縣 魏改瀙西，西魏更名下溠，并置肆州。周曰唐州	南陽郡 西魏更名，析置淮南郡厲城、順義二縣立冀州，尋改順州，又置安化縣。	安貴縣 西魏改縣名，改州爲款州，又改溳水郡。
開皇十六年改唐城，大業末廢。	順義縣 初廢諸郡，改安化曰寧化。大業初廢州，省舊順義縣及寧化縣入厲城，改曰順義，屬漢東郡。	安貴縣 廢郡，屬漢東郡。
唐城縣 開元中復置，屬隨州。	武德五年省。	武德四年省。
唐城縣 梁改漢東，唐復。晉又改漢東，漢乾祐初又復。		
紹興五年省。		

續表

平林縣 晉置，屬義陽郡，後屬隨國。			
平林縣 屬隨陽郡。			
平林縣 屬東隨安左郡，梁置上明郡。		梁置龍巢縣及土州、東西二永寧及真陽三郡，又置石武縣。	安化縣 齊置，屬隨郡。
平林縣	洛平縣 西魏置。	周廢三郡爲齊郡，改龍巢曰左陽。又有阜陵縣，改曰漳川。	光化縣 西魏更名新化，周又改。
平林縣 初廢郡，屬漢東郡。	上明縣 開皇中改名，屬漢東郡，後廢。	土山縣 初廢郡，尋改左陽曰真陽，石武曰宜人。大業初又改真陽曰土山，省州及宜人、漳川二縣入焉，屬漢東郡。	光化縣 屬漢東郡。
武德五年省。		廢。	光化縣 屬隨州。
			光化縣
			熙寧初廢。

	應山縣			
	隨縣地。			
		永陽縣 宋置，屬隨陽郡。	環水縣 宋置，屬義陽郡。	宋安郡 文帝置，後省，明帝復。
梁安縣 梁置，兼置崇義郡。	永陽縣 梁置，兼置應州。	永陽縣	梁廢。	宋安郡 屬司州。
梁安縣 周廢郡，別有遂安郡。	永陽縣	吉陽縣 西魏更名。		宋安郡 西魏屬南司州，周廢。
清騰縣 開皇初廢郡，七年改名，屬竟陵郡。	應山縣 開皇中更名，大業初州廢，屬安陸郡。	大業初廢。		
廢。	應山縣 武德初復置應州，旋廢屬安州。			
	應山縣			
	應山縣 初屬德安府，嘉定中屬隨州。			
	應山縣 屬隨州。			
	應山縣 洪武九年省，入隨縣。十三年復置，仍屬隨州。			

續表

宋安縣 大明八年置，後爲郡治。	東隨郡 宋置。
宋安縣	東隨安左郡 南齊更名。
樂寧縣 西魏更名，爲郡治。	東隨縣 西魏改置，屬宋安郡。
開皇中省。	禮山縣 開皇九年更名，屬義陽郡，後廢。
	武德四年復置，八年又廢。

大清一統志卷三百四十三

德安府

在湖北省治西北三百二十里。東西距三百八十里，南北距三百八十里。東至漢陽府孝感縣界八十里，西至襄陽府棗陽縣界三百里，南至漢陽府漢川縣界二百里，北至河南汝寧府信陽州界一百八十里。東南至漢陽府孝感縣治一百里，西南至安陸府京山縣治一百八十里，東北至河南信陽州界一百八十里，西北至襄陽府棗陽縣治三百十里。自府治至京師二千四百八十里。

分野

天文翼、軫分野，鶉尾之次。

建置沿革

禹貢荆州之域。春秋時鄖國，後屬楚。秦屬南郡。漢分置江夏郡，屬荆州，後漢、魏、晉因之。劉宋孝建元年，分江夏置安陸郡，屬郢州，齊因之。梁天監七年，又分置南司州，尋罷。西魏大統十六年，置安州總管府，周改曰溳州。陳復置南司州，尋廢。隋開皇初，廢安陸郡，以安州領縣。大業初，改曰安陸郡。唐武德四年，復曰安州。天寶初曰安陸郡。乾元元年，復曰安州，屬淮南道。五代因之。宋仍曰安州安陸郡，置安遠軍節度使，屬荆湖北路。宣和元年，升爲德安府。建炎四年，爲安陸、漢陽鎮撫使。紹興三年，仍屬荆湖北路。元仍曰德安府，屬荆湖北路。明洪武初降爲州，屬黄州府，十三年復爲德安府，隸湖廣布政使司。本朝因之。康熙三年，屬湖北省，領州一、縣四。

安陸縣。附郭。東西距一百九十里，南北距一百七十里。東至雲夢縣界六十里，西至隨州界一百三十里，南至應城縣界八十里，北至應山縣界九十里。東南至漢陽府孝感縣治一百里，西南至安陸府京山縣治一百八十里，東北至應山縣界五十里，西北至隨州界五十里。漢置安陸縣，屬江夏郡，後漢因之。晉爲江夏郡治。宋爲安陸郡治，齊、梁因之。西魏爲安州治，隋仍爲郡治。唐爲安州治，五代因之。宋爲德安府治，元因之。明洪武初，省入德安州。三年，復置安陸縣，爲德安府治，本朝因之。

雲夢縣。在府東南六十里。東西距五十里，南北距九十三里。東至漢陽府孝感縣界三十里，西至應城縣界二十里，南至漢陽府漢川縣界五十三里，北至安陸縣界四十里。東南至漢川縣界四十里，西南至應城縣界十里，東北至孝感縣界二十里，西北至安陸縣界四十里。漢安陸縣地。西魏大統十六年，置雲夢縣，屬城陽郡。隋屬安陸郡。唐屬安州。宋熙寧二年省爲鎮，入安陸縣。元祐初復置，屬德安府。紹興七年，移治仵落市，十八年復舊治。元、明屬德安府，本朝因之。

應城縣。在府南八十里。東西距九十里，南北距一百三里。東至雲夢縣界三十里，西至安陸府京山縣界六十里，南至漢陽府漢川縣界六十里，北至安陸縣界四十三里。東南至漢川縣治一百十里，西南至安陸府天門縣治一百三十里，東北至雲夢縣治四十里，西北至京山縣治六十里。漢安陸縣地。南北朝宋置應城縣，屬安陸郡，齊因之。西魏兼置城陽郡。隋開皇初，郡廢。大業初，改縣曰應陽，仍屬安陸郡。唐武德四年，復曰應城，屬安州。元和二年，省入雲夢。太和二年復置。五代梁開平元年，又改曰應陽，唐同光元年復故。宋屬德安府，元因之。明洪武十年，併入雲夢縣，十三年復置。本朝因之。

隨州。在府西北一百三十里。東西距三百三十里，南北距三百四十里。東至安陸縣界一百三十里，西至安陸府鍾祥縣界二百里，南至安陸府京山縣界九十里，北至河南南陽府唐縣界二百五十里。東南至安陸縣界一百三十里，西南至鍾祥縣治三百里，東北至河南汝寧府信陽州治二百五十里，西北至襄陽府棗陽縣治一百八十里。春秋時隨國。漢置隨縣，屬南陽郡，後漢因之。晉初屬義陽郡。太康九年置隨國，屬荆州。宋孝建元年，屬郢州。永光元年，屬雍州。泰始五年，改曰隨陽郡。元徽四年，屬司州。齊、梁曰隨郡。西魏大統十六年置并州，廢帝三年改曰隨州。隋開皇初廢隨郡。大業初，改隨州曰漢東郡。唐武德三年，復爲隨州。天寶初曰漢東郡。乾元初復曰隨州，屬山南東道。宋曰隨州漢東郡。乾德五年，置崇義軍。太平興國元年，改曰崇信軍，屬京西南路。元仍曰隨州，屬德安府。明初改州爲縣，後復置州，以州治隨縣省入。本朝因之。

應山縣。在府北九十里。東西距一百三十里，南北距一百三十里。東至漢陽府孝感縣界七十里，西至隨州界六十里，南至安陸縣界四十里，北至河南汝寧府信陽州界九十里。東南至孝感縣治一百八十里，西南至應城縣治一百八十里，東北至汝寧府羅山縣治三百五十里，西北至襄陽府棗陽縣治二百八十里。漢隨縣地。梁大同二年，分置永陽縣，兼置應州。隋開皇十八年，改縣曰應山。大業初州廢，縣屬安陸郡。唐武德四年，復置應州。七年州廢，縣屬安州。五代因之。宋屬德安府，嘉定中改屬隨州。元因之。明洪武九年，省入隨縣。十三年復置，隸德安府。本朝因之。

形勢

連翼、軫之分野，控荆、襄之遠勢。唐李白代答孟少府移文。北接隨、唐，東黄南鄂，西接荆、郢，亦江、漢間一都會也。地理通釋。巖石狹隘，道路交錯。文獻通考。

風俗

陂池沃衍。魏志王基傳。士民純秀，幾同鄒魯之風。宋滕元發啓。土風淳厚，士多秀傑，宋周必大泼堂記。俗喜儒學，名勝之流相望。宋李元衡學田記。

城池

德安府城。周六里有奇，高二丈餘，門四，有濠。明洪武二年建，嘉靖中築北門、月城，左右爲門。本朝康熙中建城樓。安陸縣附郭。

雲夢縣城。周三里有奇，門四，有濠。明成化中築，隆慶中增築，萬曆中甃甓。本朝順治中重修。

應城縣城。周五里有奇，門六，有濠。明成化中築，嘉靖三十六年甃甓。本朝康熙、雍正中屢修。

隨州城。周三里有奇，高一丈五尺，門四，有濠。明洪武初建，成化中濬池，弘治中築護城隄。嘉靖中又築郭外土城，增西、北二門，濬濠。本朝雍正三年修濬。

應山縣城。周三里有奇，門四，有濠。明嘉靖中建。本朝順治初修。

學校

德安府學。在府治東。宋淳熙初，建於三皇臺前。明嘉靖中徙今所。本朝順治中修。入學額數二十名。

安陸縣學。在縣治東，府學西。明洪武中建於清風街，嘉靖中徙今所。本朝康熙中修。入學額數十五名。

雲夢縣學。在縣治東。明洪武中建。本朝康熙中重修。入學額數十五名。

應城縣學。在縣治東。明洪武中建。本朝雍正中修。入學額數十五名。

隨州學。在州治東。明洪武中建。本朝順治中重建。入學額數十五名。

應山縣學。在縣治北。明洪武中建。本朝康熙中修。入學額數十二名。

漢東書院。在府城内。本朝乾隆三十二年建。

夢澤書院。在雲夢縣城内。本朝乾隆中建。

蒲陽書院。在應城縣。本朝乾隆初年建。

擒珠書院。在隨州。本朝乾隆初年建。

永陽書院。在應山縣西門内。本朝乾隆四十一年建。按：舊志安陸縣有江漢書院，在縣南文筆峯下，元趙復講學之所。又碧霞書院，在縣北石柱山下，明萬曆間葛寅亮建。今俱廢。

户口

原額人丁五萬二千九百九十一，今滋生男婦共一百九十八萬七千五百五十三名口，計三十八萬四千九百一十四户。又德安衛男婦共二十五萬四千五百九名口，計五萬一千三十九户。

田賦

田地山塘三萬三千三百四十一頃一十八畝四分有奇，額徵地丁正、雜銀七萬六千七百六一兩七錢五分三釐，南糧七千一百一十二石五斗四升七合，漕糧六千九十九石有奇，蘆課銀三十兩五分三釐。又德安衛屯田二千四百七十六頃一十五畝六分有奇，額徵丁糧銀二千五百七十五兩三錢二分五釐。

山川

紫金山。在府治前。峭壁陡絶，石色皆紫，故名。明統志載在城西二十里，今從新志改。

章山。在安陸縣東三十里。輿地紀勝：左傳定公四年吴伐楚，舍舟於淮汭，自豫章與楚夾漢。圖經云即今之章山也。

石巖山。在安陸縣南十里。荆州記：安陸南十五里有石巖山，北臨溳水。晉書張昌傳：太安二年〔二〕，昌於安陸縣石巖山屯聚，去郡八十里。水經注：溳水又南逕石巖山北。

鳳山。在安陸縣南。狀如鳳凰展翼。

白兆山。在安陸縣西三十里。上有仙人洞。唐書地理志：吉陽有白兆山。縣志：一名碧山，西去隨州大洪山百里。高二百丈許。上有桃花巖、李白讀書堂，其相屬者爲太白峯、缽盂山、長老山。彌望烟雲，縹緲天半。元李仲章建長庚書院於白兆山下。

大安山。在安陸縣西六十里。府志：四面陡削，其頂平衍，可數里許。周遭有泉。唐許紹家此。

石照山。在安陸縣西六十里。

石門山。在安陸縣西八十里。一名石佛山。層巖高峙，上有怪石聳立。

圍山。在安陸縣西八十五里。孤峯特峙，陡絶如削。其中坳坦若盂，亦曰盂山。

太平山。在安陸縣西九十里。道由石門山馬鬟嶺而上，甚險峻，爲郡名勝。有飛泉、迎陽、水簾、羅漢、金庭五洞。

石梁山。在安陸縣西北三十里。其勢如梁，連接白兆。

壽山。在安陸縣西北六十里，北接隨州界，東北接應山縣界。昔山民有壽百歲者，故名。宋鄭昂記：壽山即太白所謂「攢吸霞露，隱居靈仙」者也。

燕子山。在安陸縣西北一百里。山如燕窩。

鐵城山。在安陸縣北五里。又應山縣北四十五里亦有鐵城山。石色如鐵，上有古鐵城，其北有古砦。

蔽山。在安陸縣北四十里，接應山縣界。一名障山。

横尾山。在安陸縣北六十里。漢書地理志「江夏郡安陸」注：「横尾山在東北，古文以爲陪尾山。」元和志：陪尾山，一名横山。

石柱山。在安陸縣北。郡北瀕水，惟此山突起，郡治依焉。上有石柱高三丈。

科斗山。在安陸縣東北三十里。一名小鶴山。又大鶴山，在縣東北四十里。

槎山。在安陸縣東北五十里。脈自應山縣四望山來，蔚然特起，上多怪石，望之青翠可愛。

吉陽山。在安陸縣東北六十里，接應山縣界。山有兩峯，形如角髻，故又名合髻山。相近有雞籠山，貨郎港水出焉。

壘筆山。在雲夢縣東二十里。形如筆架。

神山。在雲夢縣東北四十里。唐書地理志：雲夢有神山。縣志：雲覆其上則雨，俗呼觀音岡。其西有葛藤山，今名張陂岡。

團山。在應城縣西北二十五里。形如彈丸。

崎山。在應城縣西北二十五里。山脈來自京山縣界。

高樓山。在應城縣東北二十五里。以峯巒層疊而名。東臨溳水。

五茄山。在應城縣東北三十里。一名伍家山。寰宇記：在縣東三十里五茄村。輿地紀勝：王得臣麈史云，伍氏所居之地。縣志：山上有龍泉，旱禱多應。

龍鬬山。在隨州東三十里。
雙尖山。在隨州東四十里。
劉季山。在隨州東四十里。
四望山。在隨州東。山最高，四望皆見。
石鑑山。在隨州東南七十里。一名現光山。有水一曲，可以照影，名曰石鑑。
仙城山。在隨州東南八十里。
隨城山。在隨州南七里。水經注：溳水逕隨縣南、隨城山北。
三爪山。在隨州南十里。有三阜如爪形。
卓劍山。在隨州南三十里。以形似名。
君子山。在隨州南七十里。舊志：山下居民多忠厚，故名。
青林山。在隨州南一百里。一名青山。山林遠望，蔚然而青。元順帝至正十一年，汝、潁兵起，隨人結屯於此，推明玉珍爲屯長。縣志：山北有古寨，相近有聚石山，相傳昔人聚石爲寨，故名。
石臼山。在隨州南一百二十里。山上有砦，其長十九里，故又名十九里山。
倒捲山。在隨州南一百三十里。
獨宗山。在隨州西南十里。山巒突起，旁無附麗。
龍居山。在隨州西南七十里。相傳隋文帝爲隨州刺史時所居宅基，今爲智門寺，有雪竇井。

大猿山。在隨州西南一百里。一名大狐山。

大洪山。在隨州西南一百二十里，接安陸府京山縣界。一名鄖山。宋書沈慶之傳：元嘉十九年，雍州刺史劉道産卒，羣蠻大動，鄖山蠻最强盛，慶之剪定之。水經注：大洪山盤基所跨，廣圓百餘里，峯曰懸鈎，爲諸嶺之秀。山下有石門，巖高皆數百仞許。入石門，又得鍾乳穴，穴中多鍾乳，滴瀝不斷。時人以溳水所導，故亦謂之爲溳山。輿地紀勝：山四面陡絶，頂有大湖，神龍所居。後龍鬬開崖，湖水南落，名龍鬬崖。西有仙女洞。又有奇峯，鸛子峯、佛兒嶺、斷足巖、明聖泉、硫黄池，皆山之勝。

天橋山。在隨州西南一百六十里。山下有娥皇洞，洞中有泉，爲滚河之源。

漢東山。在隨州西六十里。

藥山。在隨州西八十里。

迴龍山。在隨州西一百六十里。山頭旋轉如迴龍。

横嶺山。在隨州西北七十里。溠水東岸，峯巒横亘數里，魏横山縣以此名。相近有大浪山，山頂出泉，一名龍泉山。

松蓋山。在隨州西北九十里。山多大松，遠望如蓋。

栲栳山。在隨州西北一百五十里。一名黄山，溠水出焉。接河南南陽府唐縣界。

仙人山。在隨州西北一百七十里。遠望山頂，其平如掌。

唐城山。在隨州西北。元和志：在唐城縣北三十二里。

碌山。在隨州北二十里。山石可鑿爲碌。

赤石山。在隨州北三十里。山石皆赤。唐天寶六年，更名赭石山。山下有隨侯臺。

雷公山。在隨州北四十里。頂有二泉，左曰白龍池，右曰黑龍池。

厲山。在隨州北四十里。一名烈山，亦名重山，又名麗山。禮記注：厲山氏，炎帝也，起於厲山。荆州記：隨縣北界有重山，山有一穴云是神農所生處。又有周迴一頃二十畝地，外有兩重塹，中有九井，相傳神農既育，九井自穿，汲一井，則衆井動。即此地爲神農社，年常祠之。水經注：賜水南有重山，即烈山也。寰宇記：厲山高一里，下有一穴，穴口方一步，容數人立。

歷山。在隨州北六十里。相近有犁山。

驢泉山。在隨州北九十里。荆州記：驢泉山石滷潤，牛馬經過，貪其甘不肯去。土人云，牛馬解逸，即此山尋之。寰宇記：上有池，雖旱不涸。

碁盤山。在隨州北一百二十里。

觀音山。在隨州北一百三十里。一名觀音崖。山腰有石洞，東、西、北皆石壁。

田砦山。在隨州北一百五十里。一名田王山。有砦，石垣尚存。其前有月兒崖，一孔如月，高百丈，人跡罕到。

晃山。在隨州北一百八十里。一名曠山。

大義山。在隨州東北五十里。水經注：溳水出大義山。方輿勝覽：在州東北，幾環百里，民居其間，貧富自相取足，有義風，故名。

三鍾山。在隨州東北五十里。後漢書王常傳注：隨州隨縣東北有三鍾山。寰宇記：山有三堆，狀如覆鍾。

石女山。在隨州東北八十里。有石如女子狀。

鸜鵒山。在隨州東北一百十五里。隋書地理志：上明有鸜鵒山。寰宇記：石狀如鸜鵒。

安居山。在隨州東北一百十五里，接應山縣界。隋書地理志：應山有安居山。

大紫山。在隨州東北一百三十里。水經注：賜水源出大紫山。

風山。在隨州東北一百六十里。上有風聲輒雨。

田上山。在隨州東北一百七十里。其東有田下山。

仵水山。在隨州東北一百八十里，接河南汝寧府信陽州界。

孔山。在應山縣東三十里。明統志：一名洞山。山有洞穴，每大風將起，穴先有聲。下有孔山坡，正德中，都御史彭澤殺賊趙鐩於此。

謝舞山。在應山縣東六十里。有石高數仞，上有五澗，分山而下。

牢城山。在應山縣東七十里，接漢陽府孝感縣界。上有砦。

禮山。在應山縣東八十里。輿地紀勝：梁置應州於此。

大城山。在應山縣東一百里。上有古城。

應山。在應山縣東南三里。一名應臺山，又名印山。左有挂鐘峯。舊唐書地理志：永陽縣，隋改爲應山，以縣北山爲名。

湅山。在應山縣東南四十里。本名峯兒山。舊志：宋元豐間，太守滕甫自大梁赴官，途經此山，時無風雨而寒甚，因名。

吉山。在應山縣東南五十里，接安陸縣界。有南吉、北吉二山，古吉陽縣在山之南。

横山。在應山縣南二里，横亘縣治前。

石井山。在應山縣西三十里。

洞庭山。在應山縣西四十里。縣志：洞庭山旁爲峯子山，在馬坪港北，上有古砦，山下有泉，旁一穴，其深不測。

香爐山。在應山縣西北六十里。又十五里有牛心山。

石庵山。在應山縣北八里。上有圓石，望之如庵。

陽城山。在應山縣北四十里。其旁有兜鍪山，其陰有興安寨〔二〕，旁有葫蘆山。

花山。在應山縣北百里，接河南汝寧府信陽州界。山側曠衍百頃，宜棉。

石龍山。在應山縣東北二十里。荆州記：永陽縣北石龍山，出石斛如金釵。水經注：隨水出隨郡永陽縣東石龍山。元和志：有石盤迴，屈曲若龍形。

燕巢山。在應山縣東北四十里。又東北一里爲大梁山。

黄茅山。在應山縣東北四十里。嶔崟連亘，爲縣之鎮。

大黿山。在應山縣東北六十里。一名高貴山。山北有泉，流入河南汝寧府信陽州，太平河發源於此，其巔爲平靖關。荆州記：義陽郡南一百三十里有石自然若黿形。輿地紀勝：上有靈濟祠，堂前有聖水井，云有白龍。

松子山。在應山縣東北八十里，接漢陽府孝感縣界，地名新店。

雞頭山。在應山縣東北九十里。魏書地形志：樂寧有雞頭山。寰宇記：有二山遠相向，如雞頭欲鬭之狀。

環山。在應山縣東北一百里。相近有跳石山。又楊山，在縣東北一百十里。

秀嶺。在安陸縣西一里。俗名廖家山，以廖明嘗居此，故名。

月落嶺。在安陸縣西七十里。其下一巖，出瀑布如簾，列石自成大士像以百數，名曰觀音巖。

金線嶺。在隨州南七十里。有小徑，迢遞直通頂上，土色皆黃，遠望如金。

闢子嶺。在隨州北，接河南南陽府桐柏縣界。

土地嶺。在應山縣東北六十里。亦曰龍爬嶺，上有古砦。

太平頂。在隨州北一百八十里。峪岈峻絶，高數十里。南有香爐山、摩雲山、桃花洞。

七尖峯。在隨州北一百七十里。七尖並聳，下有黄龍潭，大旱不竭。

鳳凰岡。在安陸縣東三里。一名塔兒岡，又名鳳鳴岡。荆州記：安陸縣東有鳳凰岡。晉永和四年，鳳産其上。

望城岡。在應山縣東五里。明嘉靖中，知縣王朝璲議云：城外四山環繞，塔兒岡、楊通岡、應臺山等處尤高平近縣，登之可窺城中。

虎子巖。在安陸縣南十里，俗傳虎乳子文處。

青石巖。在安陸縣西五十里。有泉出其上。

白水崖。在隨州北二百里。絶高險，崖上有飛瀑如懸練。

真珠坡。在雲夢縣東。輿地紀勝：每雨過，有圓砂光瑩如珠。

仰山窪。在應山縣北一百二十里。一名仰山窩，崱屴奇怪，高可十里許，中有平田二百餘畝。

仙人洞。在隨州西南，大洪山西北十里。中有石枕、石牀、石臼，其深莫測。又穿洞，在洪山北二十里，前有河流，後有竹木，中通一竅，可以相望，上有斧鑿痕。

涢水。源出隨州西南大洪山，東南入應山縣界，又東南入安陸縣界，又東南入雲夢縣北界，又南入應城縣界，又東南仍入雲夢縣南界，又東南入漢陽府漢川縣界。水經注：溳水出蔡陽縣東南大洪山陰，東北流合石水。又東，均水注之。又屈而東南流，溠水流注於溳，右會支水。又逕隨縣南、隨城山北而東南注。又南逕石巖山北，又東南流，右會富水，又逕新城南，又會温水，又右得潼水。元和志：溳水，故清發水也，自隨州流入注於沔。春秋「吴敗楚於柏舉，從之及於清發」是也。府志：溳水源出大洪山黑龍池，北流，暖水注之。又北，石魚河水注之。逕觀音潭，聖水河水注之。東流至梅邱鎮，温泉水注之。折而東南，逕安貴鎮，溠水注之。又東南流武河，樊老湖之水注之。南流逕兩河口，澉水注之。繞州治東南流，逕望城岡，溧水合諸馬港水注之。逕廟潭渡及藥山，均水注之。逕光化鎮，浪水注之。歷雲潭、龜潭，而逕應山，會漻水，逕蒼頭渡，自平里市流入安陸縣界，逕壽山東，白竹港水流會焉。折而東南流，至石牛潭，會縣西四十里之青龍潭水。又逕埠石潭，又南會洑水，折而東流，會七里港水。又折繞城西北，合城東諸溪之水，注滚鍾潭，縈迴城西，逕櫻桃渡，會蒿橋港水，匯爲駱駝潭。又逕石灘，會石河水，歷雲夢境，會澴水、紫石橋水及女港水，歷應城境，會楊家河，至黄港河。安陸縣志：溳水舊流至駱駝灘，即迤邐而東，逕虎子巖之南，又南爲史家河，由雲夢縣利塘注黄港口。明景泰中，藩封就國，以溯流遲滯，於河之西岸高家渡、馮家灘別開小河，以便出入，水性趨直，遂成巨浸，故道漸湮。雲夢縣志：溳水舊自安陸西南流，爲史河口，逕利塘鎮，至新廟，俗謂之新廟河。又南逕白河口，分流爲縣河，其正流東南爲黄港口，又東南至縣南三十里，匯爲隔蒲潭。又東南入漢川縣界，其支流自史河下合楊家河，爲兩河口。南流名官渡河，亦東南至黄港口，合正流。自弘治以後，支流盛而正流淤。嘉靖五年，知縣潘淵築塞新河，疏通正道。未幾爲土人盜決，嗣後旋濬旋塞。本朝順治中復築濬。

章水。源出隨州界，東南入安陸縣南界，又東南入應城縣界，入溳水。今名楊家河。水經注：土山水，世謂之章水，出土山南，逕隨郡平林縣故城西，又南流，右入富水。應城縣志：楊家河，又名義河，東入溳水，曰兩河口，接雲夢縣界。按：章水本合富水始入溳，自明弘治中，溳水直決而南，遂與章水合流，自此章水不復入富，富水亦不復入溳，而逕達於漢。

洑水。在安陸縣西十五里。源出溠山，西流會壽山之於菟港水而入溳水。

灌水。在安陸縣西。源出白兆山下，有萬珠泉、白雲泉，東流爲灌水，徑縣西五里蒿橋，亦名蒿橋港，又東南入溳。

潼水。在應城縣南。水經注：潼水出江夏郡之曲陵縣西北潼山，東南流逕其縣南，東入安陸，注於溳水。隋書地理志：安陸郡應陽有潼水。

富水。在應城縣西。自安陸府京山縣流入，又東南流入漢陽府漢川縣界。今名西河。水經注：富水東南流於安陸界，左合土山水，又東入於溳。縣志：西河自三汊河七里坂東南流入縣界，徑車埠頭，又東南徑走馬灘、浮城坂，又徑燕子巖、觀音灘、同車灘、三里灘，又徑城北折而西南流，有浄港水匯焉，是名西河。又南歷鐵牛壩，會漁子港水及省港之水。又南徑櫟林市之黄家灘，會龍港之水。又南歷張長港赤岸挂口，至縣南四十五里，名梅家港。又東南至八埠口，逶迤湖澤之間，達漢川縣入漢。按：水經注富水合章水東入於溳，今惟楊家河入溳，而富水則南流徑達於漢，與章水不復相通。詳見「章水」。

浪水。在隨州南四十五里。源出大狐山，東流逕三爪山，至獅子潭入溳水。

支水。在隨州西。水經注：支水源出大洪山，而東流注於溳。按：今以此水爲均水。考水經注，均水入溳，在溠水之上，此水入溳，在溠水之下，均水已湮不可考，而遂誤以支水爲均水也。

暖水。在隨州西。出大洪山，下流入溳。

溠水。在隨州西北。今名扶恭河。周禮夏官職方氏：河南曰豫州，其浸波、溠。左傳莊公四年：楚武王伐隨，令尹鬬祁、莫敖屈重除道梁溠。注：「溠水在義陽厥西縣西，東南入溳水。」水經注：隨縣有溠水，出縣西北黄山，南逕瀙西縣西，又東南逕隨縣故城西，又南與義井水合，又南流注於溳。元和志：溠水在隨縣西四十里。明統志：西魏改瀙西曰下溠，取此。府志：溠水源出栲栳山，東南流合魯城河，又徑唐縣鎮，引驌驦陂之水，又東流過安貴鎮西，又東南入溳水。

瀙水。在隨州西北。一名魯城河。水經注：瀙水出桐柏山之陽，東南逕瀙西縣西，又東南注於溠。隋書地理志：唐城有溵水。舊志：溵水源出太平頂，南流合扶恭河，徑州西爲浮纓河，南入溳水。

漻水。在隨州東北。水經注：漻水北出大義山，南至厲鄉西，賜水入焉。又南逕隨縣注安陸也。

溧水。在隨州東北。一名錫水，一名賜水，一名厲水。水經注：賜水源出大紫山，分爲二水：一水西逕厲鄉南，西南流入於漻，即厲水也；一水逕義鄉西南入隨，又注漻。隨書地理志：平林有溧水。寰宇記：錫水出光化縣西北，源出隨縣大浩山。府志：溧水源出隨州東北五十里螺螄山，南逕厲山店，又南逕龍鬬山，亦名五陂河，過淅河渡，至望城岡南入溳水。

仵水。在隨州東北。流入河南汝寧府信陽州界。

隨水。在應山縣西。水經注：隨水出隨郡永陽縣東石龍山，西北流，南迴逕永陽縣西，歷橫尾山，又西南至安陸縣故城西，入於溳。「隨」一作「遼」，或作「漻」。寰宇記吉陽縣有東漻水、西漻水，蓋「遼」、「漻」聲近而訛〔三〕。縣志：漻水在縣西，源出兜鍪山，西南流，逕壽山南，馬坪港注之〔四〕。又南入溳。按：隨水，舊志引水經注作遼水，今從文淵閣本改正。考史記春申君傳「隨水右壤」，索隱曰：「蓋在隨之西，今鄧州之西是也。」或據此疑隨水即在隨州相近，與遼水出永陽縣東者非一水。但永陽本隨縣地，亦屬隨郡，則所云在隨之西者，不必專指今一州之地。今隨水已徙無可考。又水經注漻水篇所云入隨又注漻，舊志引之，正作「隨」，不作「遼」，是殆因隨亦注漻，遂混隨於漻，而又以同音訛「漻」爲「遼」，如寰宇記之説也。

汶水。在應山縣北九十里。流入河南汝寧府信陽州界。

鄭家河。在雲夢縣東。自縣北發源，東流逕縣東北無量橋，又東南逕楚王城北，匯流成湖。稍東相接者爲曲水湖，其水合流而南，徑謝家橋入縣河。

縣河。在雲夢縣南。溳水自白河口南數百步分流而東，環繞縣城爲縣河。至縣南稍東，匯爲碧潭，又東至縣東南五里，名洛陽河。又東逕青石橋，入漢陽府孝感縣界，通環河。又小龍河，在縣東南，由隔蒲潭合流入環。

石子河。在應城縣西南三十五里。一名李家河。源出京山縣馬耳山，東南流入縣界，逕縣西四十里高家橋，合義河，逕黑龍廟，又南流爲易家河，又南流爲石子河，經廖家砦，入龍骨湖。

五龍河。在應城縣西南。一名三龍河，源出京山縣林泉山，東南入縣界，爲二龍港、四龍港，又南逕縣西南五十五里響水潭，又南流五里爲五龍湖，會陽池港之水，由白洋港入三台湖，通漢川縣之金帶河。

龍石河。在應城縣西。一名毛家河。源出京山縣馬耳山，東南流入縣界，逕縣西北四十里鐵佛寺，歷縣西三十里宋家冲，名趙家河。又南逕縣西二十里淩水橋，又東南五里爲龍石河，由廖家砦注龍骨湖。

石魚河。在隨州西南，即石水。水經注：石水出大洪山，東北流注於溳，謂之小溳水。

聖水河。在隨州西北第三都。源出觀音山，東南流至州西八十里入溳。

黃沙河。在應山縣東。南流入漢陽府孝感縣界。一名環水。寰宇記：環水源出應山縣雞頭山，初流一百步，遶山環流，因名。南流逕吉陽城東，入孝感界。縣志：黃沙水東南流，廣港、月港水注之，至七里岡會東河。

東河。在應山縣東。源出縣西北二里，曰汶水。東南流，環城東爲濠，徑應臺山，瀦爲池。東流注於方家河，亦曰東湖。折而東南流，天井澗、簸箕港水注之。又折而東北，白泉河、中界河水注之。又東南逕太平鎮，二吉水注之。又逕七里岡入黃沙河。

白泉河。在應山縣東。亦名白沙河，東南流合於東河。

太平河。在應山縣東太平鎮。源出大龜山。又有中界河，在縣東三十五里，南流入東河。

雲夢澤。在安陸縣南五十里，東南接雲夢縣界。周禮職方氏：荆州其澤藪曰雲夢。爾雅：九藪，楚有雲夢〔五〕。左傳宣公四年：鬬伯比生子文焉，邧夫人使棄諸夢中。注：「江南安陸縣東南有雲夢城。」元和志：史記司馬相如傳云，楚有七澤，其小者名雲夢，方九百里。左傳云「䢵子之女，棄子於夢中」，無「雲」字，「楚子濟江入雲中」，復無「夢」字。以此推之，則雲、夢二澤，本自別矣。而禹貢及爾雅皆曰雲夢者，蓋雙舉二澤而言之，故後代以來，通名一事。寰宇記：雲夢澤在安陸縣東南，闊數十里，南接荆、湘。通鑑：五代晉天福五年，安審暉敗唐兵於雲夢澤。按：左傳楚昭王涉雎濟江，入於雲中。杜預注謂雎至枝江入江。漢書地理志謂南郡華容有雲夢澤，故先儒蔡沈注禹貢，以爲雲夢方八九百里，華容、枝江、江夏、安陸皆其地也。今考古之華容，杜佑以爲今監利，胡三省以爲今石首。曹操赤壁之敗，行雲夢澤中失道，當在監利、石首間。而令尹子文初生，棄於夢中，石晉安審暉破南唐兵於雲夢，則當在安陸也。要之，安陸以南、華容以北、枝江以東，皆古之雲夢澤，後世悉爲邑居聚落。

紫雲湖。在雲夢縣東二十五里。

石羊湖。在雲夢縣東三十里。

百丈湖。在雲夢縣東四十里。

王漢湖。在雲夢縣東四十五里。其南爲龍陽湖，又南爲龍湖，去縣六十里，俱互相委輸，南達溳水。

龍鬚湖。在雲夢縣東南五十里。

羅陂湖。在雲夢縣東南。

清水湖。在應城縣東南，西接三台湖。

三台湖。在應城縣南三十里。一名三台河，上接五龍湖。

龍骨湖。在應城縣西南四十里，上接三台湖，南接漢川縣界。

女港。在安陸縣東。源出縣東北六十里之土橋，南流逕普安橋、金龍橋，又南流逕新安橋入溳。

貨郎港。在安陸縣東南二十里。一名紫石橋水。源出縣東北雞籠山，南流入溳。

白竹港。在安陸縣西。源出壽山，東南流至縣西三十里，南入溳水。

東港。在應城縣東南。源出縣東十里白家港，東流徑雙橋，又東南流十里，注於清水湖。

湯池港。在應城縣西。古名温水，亦名温泉，亦名玉女泉。隋書地理志：應陽有温水。寰宇記：温泉在應城縣西南。人静則泉清，人鬧則泉沸。縣志：温泉俗稱湯池，周圍二十餘丈，狀如釜，水有硫氣，翻沸不息，是爲上池，可資灌溉。池南數丈，復有沸泉出土中，熱稍減，爲下池。二池皆能愈疾，居人因於下池之南甃石爲二坎，引水浴焉。其南出之水，流爲湯池港，至響水潭，入五龍潭河。

省港。在應城縣北。源出安陸府京山縣，自縣北三十里入境，東南流徑高橋，又南流至縣東北五里，爲蕭家港。又西南徑縣北三里古城港，又南徑縣南二里太平橋，又西流爲漁子港。至縣西南二里窰灣，會菱湖水入西河。

簸箕港。在應山縣東南三十里。一名高橋港。源出縣西南山中，折而東北流入東河。

馬坪港。在應山縣西六十里。源出縣西北界，徑峯子山。又南合界河，其水源出峯子山北、馬鞍山南，流合馬坪港。又南徑壽山南入隨水。

黿潭。在隨州東六十里。又有雲潭，在州東南五十里。

温泉。在隨州西梅丘。一名湯泉。在大洪山下，流入溳水。

聖泉。在隨州西北觀音山頂。旱禱即雨。

滴巖泉。在應山縣東北石龍山内。巖高數丈，泉流飛瀉而下。一名滴水泉。

鵲陂。在雲夢縣東二十里。

驌驦陂。在隨州北唐城鎮白雲鄉。左傳定公三年：唐成公如楚，有兩肅爽馬，子常欲之。按：唐城爲古唐國地，陂以此爲名。

夜光池。在隨州城西北隅。名勝志：即隨侯得珠處。

白龍井。在應城縣東北二十里伍家山麓。旱可禱雨。

義井。在隨州南。水經注：義井水出隨城東南，井泉常湧溢而津注，冬夏不異，相傳謂之義井。下流合溠水。州志：舜子井在州治東南一里，亦名義井。

古蹟

安陸故城。在今安陸縣北。漢置縣，歷代因之。水經注：安陸縣故城，因岡爲墉，峻不假築。梁書韋叡傳：叡至安陸，增築城二丈餘，更開大塹，起高樓。元和志：安陸縣本漢舊縣，屬江夏郡，隋改屬安州，其城三里，西枕溳水。元史地理志：宋淳熙間徙治漢陽，元至正十三年還舊治。縣志：故城在縣西北，晉太尉陶侃伐杜曾所築。按：漢、晉舊城，不知何年徙於今治，舊志俱不詳。

曲陵故城。在應城縣東南。三國吴置縣，南北朝宋省入安陸，而此城廢。宋書州郡志：曲陵縣本名石陽，吴立，晉太康元年改曰曲陵，明帝泰始六年併安陸。水經注：曲陵縣治石潼故城，城圓而不方。

江夏故城。在雲夢縣東南。元和志：雲夢縣東南、溳水之北有江夏故城，周數里。據山川言之，此城南近夏水，餘阯寬大，則前漢江夏郡所理也。寰宇記：江夏故城，漢爲郡城，今雲夢縣東南。

隨縣故城。今隨州治。春秋隨國，漢置縣，南北朝宋改曰隨陽，西魏置隨州，歷代因之。左傳桓公六年：楚武王侵隨。注：隨國今義陽隨縣。宋書州郡志：隨陽太守，晉武帝太康年，分義陽爲隨國。明帝泰始五年，改爲隨陽。領縣隨陽，漢隨縣。後與郡俱改。隋書地理志：漢東郡，西魏置并州，後改曰隨州。大業初置漢東郡。元和志：隨郡自宋以還，多以封建子弟爲王。後魏大統十六年，改隨州，後遂因之。舊唐書地理志：隋漢東郡〔六〕，武德三年改隋州。胡三省通鑑注：楊堅受周禪，遂以隨爲國號〔七〕。又以周、齊不遑安處，去辵作隋，以辵訓走故也。元史地理志：隨州，宋爲崇信軍，又爲棗陽軍，後因兵亂，遷徙無常。元至元十二年歸附，十三年即黄仙洞爲州治。州志：元即黄仙洞爲州治，在大洪山，尋徙今州治。按：周書文帝本紀：魏廢帝三年，改并州曰隨州。元和志作大統十六年，似誤。

平林故城。在隨州東北。漢平林地，晉置縣，唐初省。後漢書劉聖公傳：地皇三年，平林人陳收、廖湛等聚衆千餘人，號「平林兵」。隋書地理志：漢東郡平林，梁置上明郡，開皇初郡廢。唐書地理志：隋州隋，武德五年，省平林縣入焉〔八〕。元和志：平林故城，在隨縣東北八十里。寰宇記：隨縣東北有平林鄉。

厥西故城。在隨州西北。晉置縣，南北朝宋改闕西，魏改瀙西，西魏改下溠。隋改唐城，尋廢。唐復置曰唐城，宋省入隨縣，而此城廢。晉書地理志：義陽郡厥西。宋書州郡志：隨陽太守領縣闕西。隋書地理志：漢東郡唐城，後魏曰瀙西，置義陽郡，西魏改瀙西爲下溠。又立肆州，尋曰唐州，後周省均、款、湞、歸四州入之，改曰唐州。開皇十六年，改下溠曰唐城，大業初，州及諸縣並廢入焉。元和志：唐城縣，梁於此置下溠戍，後没魏，改爲下溠鎮。隋開皇三年，改鎮爲唐城縣，大業二年廢。開元二十四年，採訪使宋鼎奏置。寰宇記：唐城縣在隨州西北一百五十里，梁乾化三年改曰漢東，後唐同光元年復故，晉天福元年又改曰漢東，漢乾祐元年復故。宋會要：紹興五年，省唐城縣爲鎮，屬隨縣。州志：唐縣鎮，在溠水之東北岸鎮司村。按：唐書地理志隋州唐城〔九〕，開元二十六年析棗陽縣置，當即此縣。或大業二年以後并入棗陽，而開元復析置歟？

光化故城。在隨州東南。齊置安化縣，西魏改新化，北周改光化，隋、唐因之，宋省入隨縣，而此縣廢。元和志：光化縣西北至隨州三十四里，本漢隨縣地，南齊分其地立安化縣，後魏文帝改爲新化，廢帝改爲光化。王存九域志：熙寧元年廢爲鎮，入隨縣。舊志：今仍爲光化鎮。

順義故城。在隨州北八十里。南北朝梁置，唐初省入隨縣。隋書地理志：漢東郡順義，梁置北隨郡，西魏改爲南陽，析置淮南郡，以厲城、順義二縣立冀州〔一〇〕，尋改爲順州，又置安化縣。開皇初郡並廢，十八年改安化曰寧化。大業初州廢，改厲城爲順義，其舊順義及寧化並廢入。唐書地理志：隋州隋，武德五年省順義縣入焉。

土山故城。在隨州東北五十里。南北朝梁置縣，唐初省。隋書地理志：漢東郡土山，梁曰龍巢，後周改曰左陽，開皇十八年改爲真陽，大業初又改爲土山州。

禮山故城。在應山縣東。南北朝宋立東隨郡，南齊爲東隨安左郡，魏爲東隨縣，隋改爲禮山，唐初省入應山縣。隋書地理志：義陽郡禮山，舊曰東隨，開皇九年改焉。唐書地理志：安州應山，武德四年析置禮山，八年省。按：魏書地形志宋安郡樂寧有武陽關、雞頭山，疑樂寧亦禮山地，而隋志不言。隋已有禮山，而唐後析置，蓋隋末省入應山，諸書失載。

平靖故城。在應山縣北五十里。隋書地理志：安陸郡應山有平靖郡，西魏又置平靖縣，開皇初郡廢，大業初又省平靖縣入焉。輿地紀勝：在應山縣北麻場市，今爲平靖村。

吉陽廢縣。在應山縣北。隋書地理志〔一一〕：安陸郡安陸，有舊永陽縣，西魏改曰吉陽，大業初廢入。元和志：吉陽故城，在應山縣北五十里。

清騰廢縣。在隨州西南。隋書地理志：竟陵郡清騰，梁置曰梁安，開皇七年改名焉。

安貴廢縣。在隨州西北。隋書地理志：漢東郡安貴，梁置曰定陽，西魏改曰安貴。唐書地理志：隋州隋，武德四年省安貴縣入焉〔一二〕。

橫山廢縣。在隨州西北。隋書地理志：漢東郡安貴，西魏置戟城郡及戟城縣，後廢戟城郡，改戟城縣曰橫山。大業初，廢橫山縣入焉。

上明廢縣。在隨州東北。晉書毛寶傳：庾亮西鎮，請爲輔國將軍、江夏相，督隨、義陽二郡，鎮上明。隋書地理志：漢東郡上明，西魏置曰洛平縣，開皇十八年改名。州志：州東北有上明鄉。

環水廢縣。在應山縣東。南北朝宋置縣，梁省。宋書州郡志：義陽太守領縣環水。

鄖城。在安陸縣境。括地志：安州安陸縣城，本春秋時鄖國城。元和志：安州，春秋時鄖國。通鑑：晉太元八年，苻堅大舉入寇，慕容垂拔鄖城。按：漢書地理志鄖鄉在竟陵。左傳杜預注：「鄖國在雲杜。」今考鄖川、雲夢及蒲騷皆在德安府界，疑括地志、元和志之説爲長。

上昶城。在安陸縣西北。三國魏志王基傳：基表城上昶，徙江夏郡治之，以偪夏口。元和志：今安州西北五十三里上昶故城是也。

楚王城。在雲夢縣東北。輿地紀勝：在雲夢縣東一里，楚昭王奔鄖時築。

新城。在雲夢縣東南。水經注：涢水逕新城南，永和五年，晉大司馬桓温築。縣志：新府城在縣東南四十里，城垣尚存，即新城也。

蒲騷城。在應城縣西北。元和志：故浮城縣，在應城縣西北三十五里，即古蒲騷城也。左傳「莫敖狃於蒲騷之役」、「鄖人軍於蒲騷」是也。後魏於此置浮城縣，隋廢。縣志：今城西北三十里，有浮城坂，俗又稱故城坂。

古唐城。在隨州西北九十里。左傳注：唐屬楚之小國，義陽安昌縣東南有上唐鄉。漢書地理志：舂陵上唐鄉，故唐國。後漢書王常傳：常引軍與荆州牧戰於上唐，大破之。水經注：石水東北逕上陽縣故城南，本蔡陽之上唐鄉。

楚子城。在隨州東。寰宇記：楚子城在光化縣北十八里。左傳桓公八年：楚子合諸侯於沈鹿，黄、隨不會，楚子伐隨，因築此城以逼之，故曰楚子城。州志又有魯城，在州西北一百二十里，溠水之西。

雲公城。在應山縣東七里。輿地紀勝：東臨環水，高六丈。

厲鄉。在隨州北。今名厲山店。左傳僖公十有五年：齊師、曹師伐厲。注：「義陽縣有厲鄉。」漢書地理志：南陽郡隨厲鄉，故厲國也。注：「厲讀曰賴。」帝王世紀：神農氏起烈山，爲烈山氏。今隨厲鄉是也。」水經注：溳水南至厲鄉西，賜水西逕厲鄉南，鄉故賴國也，有神農社。通鑑：唐興元元年，曹王皋擊李希烈將於厲鄉，走之。

斷蛇丘。在隨州西。水經注：溠水側有斷蛇丘。隨侯出而見大蛇中斷，因舉而藥之，故謂之斷蛇丘。後蛇啣明珠報德。元和志：斷蛇丘，在隨縣西北二十五里。

於菟村。在雲夢縣西十里。寰宇記：於菟村，即楚鬬伯比外家處，生鬬穀於菟，爲楚令尹子文是也。

辛相林。在安陸縣東十八里。輿地紀勝：在紫石村，唐許氏松柳所在。名勝志：唐許紹嘗與高祖同學，封譙國公，卒葬此林。

李氏東園。在隨州南。宋歐陽修有李秀才東園記。

七相堂。在府治東。輿地紀勝：郡守陸世良建。七相者：唐郝處俊，宋張齊賢、寇準、宋庠、吕大防、范純仁、蔡確。

五桂堂。在府治西。輿地紀勝：元豐中，方城范公爲掌書記，官舍西偏有桂甚茂，後范公之子致君、致明、致虚、致祥、致厚相繼登第，因搆五桂堂。周必大爲之記。

跨鼇堂。在安陸縣北二十里。宋鄭昂記：平沙回岸，縈帶城郭，商帆漁舟，出没烟波。楚國山水之觀，未有以易此者。

四賢堂。在應山縣治西南。輿地紀勝：連舜賓二子庶、庠，從學二宋，相繼登第，世謂「人才二宋，盛德二連」。張耒有記。

郝處俊釣臺。在安陸縣西三十里。九域志：安州有郝侍郎釣魚臺，云郝處俊也。輿地紀勝：在安陸縣石漴村。

越王臺。在雲夢縣北十四里。地名仵落市。宋時曾置縣於此。明統志：相傳越王所築。

隨侯臺。在隨州北八里。文獻通考：隨縣有隨侯臺。

浮雲樓。在府治內。唐杜牧有安州浮雲樓寄懷張郎中詩。

漢東樓。在隨州治南，即今南門樓。唐李白登此有詩。

范公亭。在府治中。輿地紀勝：舊名吕公亭，吕丞相大防貶安陸時寓此。後范致堯亦寓此讀書，因改名焉。

車蓋亭。在安陸縣治西北。

尹公亭。在隨州治東。名勝志：宋龍圖閣尹洙，慶曆中貶隨州，寓居城東金燈院，後人立尹公亭，曾鞏爲記。

溳陰亭。在隨州治西。宋張商英建。

廢馬監。在應城縣東十五里。宋乾道五年置，故址尚存。

王世則宅。在應山縣西四十里。

鄭獬宅。在應山縣西九十里。

關隘

順義關。在隨州北八十里。

仵水關。在隨州北一百二十里。

平林關。在隨州東北上明鄉，即古平林縣地，當楚、豫之交，最爲阸要。

黄土關。在應山縣西北九十里。

平靖關。在應山縣東北七十里，接河南汝寧府信陽州界。古名冥阸，一名黽塞，亦名鄳阸，與黄峴、武陽號義陽三關。俗名恨這關。左傳定公四年：左司馬戌謂子常曰：「塞大隧、直轅、冥阸。」戰國策：莊辛曰：「穰侯受命於秦王，填黽塞之内，而投己於黽塞之外。」史記蘇秦傳：蘇代曰：「秦欲攻魏重楚，則以南陽重楚，殘均陵，塞鄳阸。」張守節正義：「申州有平靖關，蓋古鄳縣之阸塞。」元和志：平靖關，因古平靖縣爲名。後魏大統十六年置，隋大業二年廢。齊志云義陽有三關，此則其一，在安州北一百七十里，在應山縣北六十五里，北至申州九十里，東至百雁關一百六十里。地理通釋：此關因山爲障，不營濠隍，故名平靖關。有大小石門，皆鑿山爲道，以通往來，荆楚守隘之地也。吕氏春秋：九塞，冥阸其一焉。乃平靖也。

百雁關。在應山縣東北。一名白雁關。元和志：昔有雁息其上，故名。在安州東北二百里，在應山縣北九十里。北至申州九十里，東至禮山關一百里。

禮山關。在應山縣東北，接河南汝寧府信陽州界。一名武陽關，今名武勝關。魏書地形志：樂寧有武陽關。元和志：禮山關，因古禮山縣爲名。武德八年縣廢，即齊志所謂武陽關也。在安州東北二百四十里，在應山縣東北一百三十里，北至申州一百五十里。輿地紀勝：武陽關，今名大塞嶺。地理通釋：左傳「大隧」，乃武陽也。後魏元英至義陽，將取三關，先策之曰：「三關相須，如左右手，若克一關，兩關不待攻而破，宜先攻東關。」又恐其并力於東，使李華向西關，分其兵勢，自攻東關，六日而拔。進攻黄峴及西關，梁將皆走。

鳳現關。在應山縣東北一百二十里。俗傳有鳳凰現於山下，因名。

長江埠巡司。在應城縣東四十里。

合河店巡司。在隨州南七十里。

梅丘鎮巡司。在隨州西北九十里。輿地紀勝：有東西二梅丘。

唐縣鎮巡司。在隨州西北九十里。即古唐城。

高城總巡司。在隨州東八十里。

三里店巡司。在應山縣西北黄土關。

高竂鎮。在安陸縣南三十里。舊有巡司，今移合河店。

漴頭鎮。在安陸縣西北二十里石漴村。亦曰潼頭。周書文帝紀：西魏大統十六年，柳仲禮率衆亂，楊忠逆擊於漴頭，大破之。

興安鎮。在雲夢縣東十五里。

隔蒲潭鎮。在雲夢縣南，臨涓水。

利塘鎮。在雲夢縣北二十里。

崎山鎮。在應城縣北四十里。舊有巡司，今移長江埠。

出山鎮。在隨州東北一百八十里。舊有巡司，今移高城總。

太平鎮。在應山縣東四十里。

廣水鎮。在應山縣東五十里。

平里市鎮。在應山縣西南九十里。舊有巡司，本朝雍正十年移三里店。

井子頭。在應山縣西五十五里，接隨州界。

四十里衝。在隨州北一百六十里。南北相距四十里，四面皆山，因名。

闞兒口。在隨州北，接河南南陽府桐柏縣界。

界牌口。在隨州北，接河南南陽府桐柏縣界。路甚險隘。

石門。在隨州南七十里段家岡。舊有石坊，今存遺址。

土門。在隨州西一百七十里。夾山中通一路，今有門樓。

蒼臺營。在隨州東南七十里段家河東。

諸葛砦。在安陸縣東。輿地紀勝：在安陸縣羅陂村。舊傳諸葛武侯所立。

高臺砦。在雲夢縣南。

田王砦。在隨州北一百八十里。古避兵處，石垣尚存。

黄陵砦。在應山縣東二十五里。又牢城砦，在縣東五十里。大城砦，在縣東八十里大城山之陽，有古城址。

鵶孤砦。在應山縣東北四十里何家山。

鐵城砦。在應山縣西北四十里。又興安砦，在縣北四十里。

牛心砦。在應山縣東北四十里，東接武勝關。又狄將軍砦，在縣東北八十里，下有古洞。

椴樹埡。在隨州東南長岡店西五十里。陡峻，爲州南要地。

胡金店。在雲夢縣西北，近新廟河。本朝順治中始立。
淅河店。在隨州東南十五里。
長岡店。在隨州東南。
均川店。在隨州西四十里。
官潭店。在隨州西七十五里。
汪家店。在隨州西北栲栳山下。其相近又有道人林諸處，皆有徑路，可達河南南陽府唐縣。
白趕店。在隨州西北栲栳山西。
櫟林市。在應城縣南八里。

津梁

紫石橋。有五：一在安陸縣東十八里，名下紫石橋；一在安陸縣東二十里，名中紫石橋；一在安陸縣東北四十里，名上紫石橋；一在隨州南五十里；一在應山縣西北七十里。
好石橋。在安陸縣南二十五里，接雲夢縣界。
通濟橋。在安陸縣西半里。橫亘十有二尋，廣尋有七尺。
無量橋。在雲夢縣東北。

太平橋。在應城縣南二里。一名旅利橋。元至正中建。

青龍橋。在應城縣南五里，西河、省港合流處。

樂善橋。在隨州東南十五里。

光化橋。在隨州東南三十五里。

雲潭橋。在隨州東南五十五里。

阜民橋。在隨州南一里。

漢東橋。有二：一在隨州南八十五里，一在應山縣東五十里。

歲豐橋。在隨州西一里。又名李公橋。

回龍橋。在隨州北二十五里。

渡蟻橋。在應山縣南一里。爲南北通衢。彭大翼山堂肆考：宋郊兄弟嘗隨父官應山，後人因郊渡蟻事，遂以名橋。

井子橋。在應山縣西五十里。

馬坪橋。在應山縣西六十里馬坪港，接隨州界。

汶水橋。在應山縣北三十餘步。

西河渡。在應城縣西一里。

淅河口渡。在隨州東南十五里。

兩河口渡。在隨州西南三里。

木瓜園渡。在隨州西二里。

隄堰

漬河隄。在雲夢縣南漬河北岸，馬家灣蕭里埠一帶。歲罹水患，而隔蒲潭尤甚。明正德中，知縣涂瓘始築隄捍之，歷久漸潰。本朝康熙五年重築。

韓信隄。在雲夢縣東北十五里。長數百丈，上有廟，俗稱韓王岡。

鳳皇隄。在隨州北六十里歷山東。府志：似鳳形，有兩翅，高低爲隄。

陵墓

古

隨侯墓。在隨州北九十里。地名石門，高二丈，相傳爲隨侯冢。寰宇記：在隨州北二十里。

漢

黄香墓。在德安府同知署後。

黄瓊墓。在安陸縣西白兆山下。

唐

許紹墓。在安陸縣東十八里紫石村，即宰相林。

宋

張君房墓。在安陸縣南二十里董店，俗呼爲張金紫墳。

歐陽華墓。在應城縣西太平鄉。華，歐陽修之叔，修爲銘其墓。

連舜賓墓。在應山縣南。

連庠墓。在應山縣西五里。

鄭獬墓。在安陸縣南八十里楊家河畔。

元

趙孝婦墓。在應城縣南十里龍港口。

明

何宗彦墓。在隨州城内。

楊漣墓。在應山縣東天井澗。

陳烈婦墓。在應山縣北里許。

祠廟

神農廟。在隨州北厲山。寰宇記：厲山穴口石上有神農廟。

舜祠。在隨州北厲山。

隨文帝祠。在隨州東南。寰宇記：在隨縣東南一里。唐天寶七年置。

蒲騷廟。在應城縣西南。輿地紀勝：廟中神乃楚武王像。縣南有三冢，相傳爲楚武王冢。

季梁廟。在隨州南。元和志：廟在隨縣南門外道西三十二步。

令尹子文廟。在雲夢縣東北。輿地紀勝：在縣西十里於菟村，後遷縣之艮隅。宋元祐中，賜額「忠應」。

伍子胥廟。在雲夢縣東十五里女兒港。旁有龍穴，龍起毀廟宇，巨礎圍丈餘，今尚存。

楚襄王廟。在雲夢縣東。寰宇記：在縣東子城内。

四忠祠。在應山縣治東。初名東張公祠，祀唐張巡。明萬曆初，增宋岳飛、李庭芝，後又配祀楊漣。

謝公祠。在應城縣治東，祀宋儒謝良佐，朱子作記。

馬都司祠。在應山縣東北樹林口。明正德中，霸州寇掠楚、豫，河南都指揮馬震率十餘騎追捕至此，力不敵死。因建祠祀之。

楊忠烈祠。在應山縣治西，祀明都御史楊漣。

寺觀

報恩寺。有三：一在安陸縣治西，梁天監中建；一在隨州城內；一在應山縣城內。

水西寺。在安陸縣西四里。一名救苦寺，今名勝業院。

石佛寺。在安陸縣西八十里。唐元和七年建。

百法寺。在雲夢縣城内西南隅。唐太宗時敕建賜額。明正統十年重建。

泗州寺。在雲夢縣南五十里。

上方寺。在應城縣西。

聖寺。在應城縣西南。明永樂間，僧了訔居此。

妙高寺。在應城縣北半里。俗呼古城。寺内有鳩雪堂。

金燈寺。在隨州東上明鄉。

洪山寺。在隨州西南大洪山。

萬壽寺。在隨州西南大洪山。

龍興寺。在應山縣東二十里天井澗。幽窅紆折，自澗口入凡九曲，五里許至山門石梁，正殿後毘盧殿平揖諸峯。

經臺寺。在應山縣東南五十里吉山下。

寶林寺。在應山縣北二十里。前臨大河，基周數里。後有松、栗二坪，木皆參天。宋、元皆有碑碣。明洪武間，賜名正覺寺。

乾明寺。在應山縣東北六十里大龜山上。唐建。

元真觀。在安陸縣北。

紫星觀。在雲夢縣東。

青龍觀。在應城縣西二十五里。

神農觀。在隨州北一百八十里。

名宦

漢

蕭由。東海蘭陵人。平帝時，江夏太守。平江賊成重等有功。

侯霸。河南密人。王莽初，隨宰。縣界曠遠，濱帶江湖，亡命者多爲寇盜，霸按誅豪猾，分捕山賊，縣中清静。

董宣。陳留圉人。江夏劇賊夏喜等寇亂，宣爲太守，到界移書曰：「朝廷以太守能擒奸賊，故辱斯任，今勒兵界首，檄到，幸思自安之計。」喜等聞懼，即時降散。

三國　魏

桓禺。譙郡人。嘉平中江夏太守，清儉有威惠。

晋

陶侃。鄱陽人。爲江夏太守。陳恢寇武昌，侃出兵禦之。以運船爲戰艦，或言不可，侃曰：「用官物討官賊，但須列上有本末耳。」於是擊恢，所向必破，凡有虜獲，皆分士卒，身無私焉。

南北朝　宋

宗慤。涅陽人。文帝時，隨郡太守。雍州蠻屢寇，慤敗之。又南新郡蠻帥田彦生，率部曲叛，屯據白楊山，柳元景攻之未下，慤帥其所領先登，衆軍隨之，羣蠻由是畏服。

齊

蕭敷。南蘭陵人。隨郡内史。招懷遠近，士庶安之。

梁

夏侯亶。譙郡人。天監八年司州刺史，領安陸太守。甚有威惠，邊人悦服。

西魏

權景宣。天水顯親人。大統末安州刺史。梁定州刺史李洪遠初款後叛，景宣惡其懷貳，密襲破之，自是酋帥懾服，無敢叛者。又别破梁陸法和、羊亮於溳水。又遣别帥攻拔魯山，多造舟艦，益張旗幟，臨江欲渡，以懼梁人。梁將王琳在湘州，景宣遺書，諭以禍福，琳遂舉州款附。

周

梁睿。安定烏氏人。武帝時，安州總管，有惠政。

于翼。洛陽人。武帝時，安州總管。時大旱，溳水絶流，翼遣主簿禱白兆山，即日澍雨，歲遂有年，百姓感頌之。

皇甫璠。安定三水人。武帝時，隨州刺史。政存簡惠，百姓安之。

隋

元景山。洛陽人。周末安州總管。時桐柏山蠻爲亂，景山擊平之。高祖受禪，以景山爲行軍元帥，陳將魯達、陳紀以兵守湞口，景山擊走之，甑山、沌陽二鎮守將皆棄城遁，大著威名。

李衍。遼東襄平人。開皇中安州總管，有惠政。

辛彦之。隴西狄道人。高祖時，隨州刺史。於時州牧多貢珍玩，惟彦之貢祭物，高祖善之，謂朝臣曰：「人安得無學？彦之所貢，稽古之力也。」

唐

韋思謙。鄭州陽城人。高宗時，應城令。負殿，不得進官，吏部尚書高季輔曰：「余始得此一人，豈以小疵棄大德耶？」擢御史，後爲名臣。

劉長卿。河間人。大曆間隨州刺史，以詩馳聲。

伊慎。兖州人。德宗時，李希烈反，慎率兵圍安州，希烈之甥劉戒虚以兵來援，慎逆擊於應山，擒之，示城下，州開門降。以功爲安州刺史。攻隨州，戰厲鄉，斬首五十級，喻降李惠登。拜安黄州節度使。

李惠登。營州柳城人。李希烈反，屬以兵二千使屯隨州，惠登挈州以歸，即拜刺史。州數被亂，惠登視人所謂利者行之，害者去之，政清静，居二十年，田畝闢，户口日增，人歌舞之。於是節度使于頔狀其績，詔加御史大夫，升隨爲上州。

令狐緒。宣州華原人。宣宗時，隨州刺史，有德政。

李去惑。僖宗時，隨縣令。王仙芝攻城，去惑堅守，待援不至，城陷死之。按：舊志作李去感，今依府志改正。

五代　梁

劉玘。雍丘人。貞明中守安州，以城中闤闠櫛比，冬月井多涸，乃於城西北隅依石壁造水樓，懸綆而汲，以備不虞。明年吳人圍安陸，汲道絶，大得水樓之利。

漢

王祚。隨州刺史。漢法輦牛革送京師製鎧，遇暑雨多腐壞。祚請頒鎧甲之式於諸州，令裁之以輸，民甚便之。

周

李瓊。幽州人。世宗時，安州防禦使。治郡寬簡，民請立碑頌德，詔中書舍人竇儀撰文賜之。

宋

張齊賢。冤句人。太宗時，知安州。真宗即位，召拜兵部尚書，同中書門下平章事。

師頏。内黄人。太宗時，知安州，所至以簡静爲治。

歐陽華。廬陵人。真宗時，隨州推官。大洪山奇峯寺有僧數百，轉運使疑其有奸狀，令往按。華審其無他，僧賂以金，不受，即令僧轉賑饑民，多所全活。

李孝基。趙郡人。仁宗時，知隨州。所治雖劇，然事來亟斷，甫日中，庭已空矣。或問其術，曰：「無他，省事耳。」

司馬旦。夏縣人。知安州。治郡有大體，所施設取於適理便事。

范純仁。吴縣人。英宗時，通判安州。力求人間利病，隨時興革，朞月政化大行，風俗改易。至哲宗時爲相，復忤章惇，落職，知隨州。

滕元發。東陽人。神宗時，言新法之害，黜知安州。多善政。

謝良佐。上蔡人。徽宗時，應城令。時胡安國以典書使者行部，過之，不敢問以他事〔一三〕，因介紹請以弟子禮見。入見，吏卒植立庭中，如土木偶人，肅然起敬，遂稟學焉。

陳規。安丘人。靖康末安陸令。盜祝進等攻德安府，守棄城遁，父老請規攝守事，規遣兵討進，連戰敗之。建炎元年，除知德安府。李孝義、張世以步騎數萬薄城，陽稱受詔招規。規登城視其營壘，曰：「此詐也，亟爲備。」夜半孝義兵圍城，遂大敗之。與羣盜楊進相持十八日，進技窮，以百人自衛，抵濠上求和。規出城與交臂語，進感之，折箭爲誓而去。董平引衆窺城，遣其黨李居正、黄進入城求犒，規斬進，授居正兵爲前鋒，大破之。

吴柔勝。宣州人。嘉定中知隨州。時再議和好，戒開邊隙，旁塞之民，事與北界相涉，不問法輕重皆殺之。郡民梁皐有馬，爲北人所盜，追之急，北人以矢拒皐，皐與其徒亦發二矢，北界以爲言，郡下七人於獄。柔勝至，立破械縱之，具始末報北界而已。收土豪孟宗政、扈再興，隸帳下，後宗政、再興皆爲名將。築隨州及棗陽城，招四方亡命，得千人，立軍曰「忠勇」，營柵器械悉備。

趙方。衡山人。嘉定中知隨州。時南北初講和，旱蝗相仍，方親走四郊以禱，一夕大雨，蝗盡死，歲大熟。

元

德格蘇。高昌人。至元中德安府達魯噶齊。土人蔡知府者以衆叛，德格蘇率衆平之。主將怒，將屠其城，德格蘇請曰：「叛者蔡知府數人而已，城中人何預焉？盍誅其黨與而止，毋令濫及非辜。」主將嘉其誠懇，城遂得全。「德格蘇」舊作「鐵哥术」，「達魯噶齊」舊作「達魯花赤」，今改正。

明

張寬。福建人。洪武中知德安府。兵燹之後，署廨、學校殘燬，寬修葺之。下令州縣，招徠耕種。子弟可教者，督以誦習。在任七年去。

汪灌。休寧人。洪武初知雲夢縣。創學勸農，民久而慕之。

杜智。蕪湖人。洪武中知隨州。以催科考殿，例當遣，廷臣奏其治狀，詔乘傳復任。

諸葛平。陽朔人。洪武間知應山縣。廉能愛民，均徭簡賦，吏服其威，民安其惠。

孫士良。永樂初知應山縣。政事簡惠，賦役以均，未三考，人户增三千餘口，開墾荒田五十餘頃。

朱幹。永樂初知應城縣。律已公正，政勤而廉，民懷吏戢。秩滿升知隨州。

陳嘉慶〔一四〕。潁上人。永樂間知安陸縣。精敏有才，節縮甲里，賦均徭簡，乃酌量其法，名曰便民政略，徧諭閭閻，俾民不爲吏胥所欺。

陳莘。廣西人。永樂間知隨州。咨訪利病，循行阡陌，或微服與野老談，使盡言，布政悉協人情。闢田四百餘頃，民受其利。

范理。天台人。正統時知德安府隨州。民田爲楚王護衛所占，猶令輸賦，理奏悉還民。歲再巡屬邑，省耕牧，廉疾苦，部内大治。

饒政。望江人。正統中德安府學教授。莊重謹飭，教有成規，雖祁寒盛暑不輟。

呂綸。昆明人。成化中知隨州，嚴明廉慎。值歲旱民饑，綸素衣跣足禱雨，發倉賑貧。初夏，民納祗候錢，綸曰：「五穀未登，錢必假貸於人者。」令還主，候秋赴納。

胡世寧〔一五〕。仁和人。弘治中德安府推官。時岐王初就藩，從官驕，世寧裁之。他日復請湖田，堅持不可。

黄鞏。莆田人。弘治時德安府推官。諸所修舉，以正風俗、作人材爲先，飭學宫，表董孝子祠。

周衡。宜興人。正德時知應城縣。實心任事，以道化民，立謝上蔡祠，建常平倉。

李逢。豐城人。嘉靖間知德安府。明敏剛毅，務先教化，黠吏莠民，悉置之法。

徐元貞。繁昌人。嘉靖時知德安府。嚴毅仁恕，下車輒令曰：「農民力不能耕者告，守爲備耕具。」遷立學宫。歲荒，即募流民築河隄，民得活而水無患。

吴哲。貴州人。嘉靖中知應城縣。有機略。邑土城數圮，哲延富民集讌邑庭，議陶甓甃之，皆欣然各任力所優，注多寡丈尺於籍中。已乃分地書姓名標識之，民樂事勸功，匝月而城成。

潘淵。天台人。嘉靖時知雲夢縣。濬史河口利塘及楊家河，築隄捍水，雲夢既享其利，應城、安陸俱無水患。

唐可大。秦州人。嘉靖中以德安府通判攝雲夢縣事。邑有天井湖，寬四百餘畝，居民據爲利。可大廉得其實，清覈還官，請置爲學田，以給學宮贍貧士。

羅黄裳。高明人。嘉靖中知雲夢縣。逐積猾，恤貧困。當景藩就國及喪還，經楊家河，黄裳威望素著，又饒幹用，故奄豎慴服而民不擾。

朱之臣。成都人。萬曆中知德安府。下車之日，爲文以誓神曰：「瞿塘、灔澦，臣之歸路。妄攜一文，浪翻舟覆。」爲如水堂以延問字者，名士多出其門。

龐應賓。瀘州人。萬曆中同知德安府事。凡地方利害，閭閻苦樂，悉周知之。人皆熟識，見即問疾苦若家人，郡人咸以大父稱之。

鄭二陽。開封人。天啓中德安府推官。治獄多所平反。歲大祲，煮粥活人。公餘集郡子弟講學，擇知名士爲塾師。應山楊漣死璫禍〔一六〕，懸贓巨萬，爲作募疏醵金，詞義悲壯，觀者泣下，争輸助焉。

張紹登。餘干人。崇禎間知應城縣，清廉耿介，不畏强禦。流寇陷城，紹登冠帶端坐堂上，賊將手擒之，紹登奮拳毆賊，賊衆擁上，遂被害。贈太僕少卿。本朝乾隆四十一年，賜謚烈愍。

李之經。永興人。應城教諭。賊破城，率民拒戰，死之。子應泰亦以身殉。本朝乾隆四十一年，予祀忠義祠。

張國勳。黄陂人。崇禎間應城訓導。流寇陷城，駡賊死。贈國子監學正。

蔡宗虞。四川人。崇禎間知雲夢縣。聞寇警，鑿濠增堞，團練編户，激奬義勇。九年冬，寇圍城，攻七晝夜，宗虞悉力堵禦，數擒賊將，援至，圍遂解。

諶吉臣。新建人。崇禎間知雲夢縣。闖賊陷城，吉臣被執，不屈，遂遇害。本朝乾隆四十一年，賜謚烈愍。

王燾。崑山人。崇禎間知隨州。殲滅土寇李良喬。又禦流賊，擊斬三百餘人。賊攻益力，相持二十餘日，燾知必敗，整冠帶自經死。賊焚其署，燾屍直立不仆，賊駭走。已覓州印，得之燾所立尺土下。贈太常少卿，謚烈愍。本朝乾隆四十一年，賜謚節愍。

濮有容。分水人。崇禎中知安陸縣。流賊陷城，闔門十九人死難。本朝乾隆四十一年，賜謚烈愍。

徐世淳。嘉興人。崇禎間知隨州。流賊圍城，募士死守，躬自登陴拒戰。城陷，率鄉兵巷戰，中數十創死。其子肇梁，及兩妾、臧獲等死者二十餘人。事聞，贈太僕少卿，諭祭葬，立廟州城。本朝乾隆四十一年，賜謚烈愍。

佘堉。銅陵人。隨州州判。崇禎十四年三月賊至，知州徐世淳殉節，七月賊再至，堉署州印，城陷罵賊死。本朝乾隆四十一年，賜謚節愍。

沈元鑑。金壇人。隨州吏目。獻賊犯隨，防守兩月，援不至，被執，脅降不從死。本朝乾隆四十一年，予祀忠義祠。

本朝

吳宗孟。寶豐人。順治進士，知雲夢縣。留心撫輯，民困以甦。縣多盜，設法弭捕殆盡。楚俗好鬼，宗孟察縣境内淫祠悉毀之。

白彦良。武進人。康熙進士，知雲夢縣。軫民疾苦，時里長最爲民累，彦良首除之。

劉景齡。字鶴年，漢軍人。乾隆武進士，任德安營參將。廉明公恕，得軍民心。嘉慶元年，教匪據孝感胡家寨，景齡令城中嚴守，自率所部攻賊，馬陷淖中遇害。事聞，予雲騎尉世職，軍民建祠祀之。

人物

周

季梁。隨大夫。楚武王侵隨，使薳章求成焉。隨人使少師董成，王毁軍而納少師。少師歸，請追楚師，季梁止之曰：「天方授楚。楚之羸，其誘我也。君姑修政，而親兄弟之國，庶免於難。」隨侯懼而修政，楚不敢伐。

鬬穀於菟。字子文，生於䢵。楚成王時，代子元爲令尹。未明而立於朝，日晦而歸食，自毁其家以紓難。三仕不喜，三已不愠。舉子玉爲令尹，悉告以舊令尹之政。孔子嘗稱之曰「忠」。

鬬克黄。令尹子文孫，楚箴尹也。楚滅若敖氏，克黄使於齊，還聞亂，其人曰：「不可以入矣。」箴尹曰：「棄君之命，獨誰受之？君，天也。天可逃乎？」遂歸復命，而自拘於司敗。王思子文之治楚國也，曰：「子文無後，何以勸善？」使復其所，改命曰生。

漢

黄香。字文彊，安陸人。年九歲失母，思慕憔悴。年十二，太守劉護召署門下孝子，甚見愛敬。香博學能文，京師號曰「天下無雙，江夏黄童」。初除郎中，肅宗詔詣東觀，讀所未嘗見書。後召詣安福殿言政事，拜尚書郎，數陳得失。累遷尚書令，遂管樞機，甚見親重。香祇勤物務，憂公如家，東平清河奏妖言卿仲遼等，所連及且千人，香科别據奏，全活甚衆。每郡國疑罪，務求輕科。又曉習邊事，均量軍政，皆得事宜。在位多所薦達。

周章。字次叔，隨人。爲郡功曹。時竇憲封冠軍侯就國，章從太守行春，冠軍至，太守欲謁之，章進諫，不聽，前拔佩刀絶馬鞅乃止。及憲被誅，公卿以下多以交關得罪，太守幸免，以此重章。舉孝廉，六遷爲五官中郎將。永初元年，代尹勤爲司空〔一七〕，家無餘財，諸子易衣而出，并日而食。

黄瓊。字世英，香子。永建中徵拜議郎，遷尚書僕射。初，瓊隨父在臺閣，習見故事。及居職，練達官曹，争議朝堂，莫能抗奪。遷尚書令，元嘉元年，爲司空。桓帝欲褒崇大將軍梁冀，使二千石以上會議其禮。胡廣等咸稱冀之勳德，制度賞賚，宜比周公。瓊獨建議比霍光、鄧禹，朝廷從之。冀以爲恨。爲太尉，冀所託辟召，一無所用。舉奏州郡素行貪汙，至死徙者十餘人，海内翕然望之。尋五侯擅權，自度力不能匡，乃稱疾不起。疾篤，復上疏諫。卒，贈車騎將軍，謚忠侯。

漢濱老父。不知何許人。桓帝幸竟陵，過雲夢，百姓莫不觀者，老父獨耕不輟。尚書郎張温使問之，笑而不答。温下道百步與之言，老父曰：「我野人，了不達所語。昔聖王宰世，茅茨土階，而萬人以安。今子之君，勞人自逸，縱游無忌，子何忍欲人觀之乎？」温大慙，問其姓名，不答而去。

黄琬。瓊孫。少辯慧。瓊爲魏郡太守，建和元年日食，太后詔問瓊所食多少，瓊思其對，而未知所況。琬年七歲，在旁曰：「何不言日食之餘，如月之初？」瓊大驚，即以其言應詔。後拜童子郎，辭不就。知名京師。稍遷五官中郎將，陳蕃深相敬待，數與議事。爲權富郎所中傷，陷以朋黨，禁錮幾二十年。光和末，太尉楊賜薦拜議郎，累遷豫州牧。董卓秉政，徵爲司徒，遷太尉，封陽泉鄉侯。卓議遷都長安，琬駮之，坐免。及徙西都，轉司隸校尉，與王允同謀誅卓。及卓將李傕、郭汜破長安，收琬下獄死。

晉

王廙。江夏人。官江安令。張昌搆亂江夏，士庶莫不從之，惟廙與秀才吕蕤不從。昌以三公位徵之，廙、蕤密將宗室北奔汝南，投豫州刺史劉喬。鄉人期思令李權、常安令吴鳳、孝廉吴暢糾合善士，得五百餘家，追隨偏等，不豫妖逆。

李充。字宏度，江夏人。善楷書。辟丞相王導掾，轉記室參軍。嘗著學箴，深抑虚無之士。爲大著作郎。於時典籍混亂，充删除煩重，以類相從，分作四部，甚有條貫。累遷中書侍郎，卒官。子顒，亦有文義，多所述作，郡舉孝廉。從兄式，以平隱著稱，善楷隸。中興初，仕至侍中。

南北朝　陳

徐度。字孝節，安陸人。初從梁始興内史蕭介征諸山洞，以驍勇聞。侯景之亂，陳武帝克廣州，平蔡路養，破李遷仕，計畫多出於度。景平，封廣德縣侯。梁敬帝時，徐嗣徽等引齊寇濟江，度破之。陳天嘉元年，以平王琳功，封湘東郡公。終官司空，贈太尉，謚忠肅。

徐敬成。度子。幼聰慧，好讀書，機警善占對，以識鑒知名。光大元年，隨吴明徹平華皎。五年，復隨明徹北討，齊人皆城守弗敢出，克淮陰、山陽、鹽城三郡，仍進克鬱州，進號壯武將軍。卒官安州刺史，謚曰忠。

唐

樊興。安州人。從唐公平長安，授左監門將軍。從秦王積戰功多，封營國公。貞觀六年，陵州獠反，命討之。又從李靖擊吐谷渾，改封襄城郡公。太宗征遼，以興忠謹，副房喬留守京師。卒，贈左武侯大將軍、洪州都督。

許紹。字嗣宗，安陸人。元皇帝爲安州總管，紹兒時，與高祖同學相愛。大業末，任夷陵通守。後王世充篡立，以黔安、武陵、澧陽歸國，封安陸郡公。擊走蕭銑將楊道生，擒銑將陳普環，取銑荆門城，制書褒美，進譙國公。卒於軍。貞觀中贈荆州都督。

子圉師，有器幹，研涉藝文，擢進士第。龍朔中爲左相，坐子罪免官。久之爲虔州刺史，遷相州。以寛治，州人刻石頌美。進户部尚書。卒，贈幽州都督，謚曰簡。

許欽寂。紹曾孫，嗣封譙國公。萬歲通天元年，契丹入寇，詔爲隴山軍討擊副使，戰崇州，敗，爲敵所擒。方圍安東，脅令説屬城未下者，欽寂呼安東都護裴元珪曰：「賊朝夕當滅，幸謹守。」遂被害。贈蘄州刺史，謚曰忠。弟欽明，以軍功累遷涼州都督。嘗輕騎按部，會突厥默啜兵奄至，被執見害。兄弟死王事，世稱其忠。

郝處俊。安陸人。父相貴，甑山縣公。處俊十歲而孤，故吏歸賵，辭不受。及長，好學。貞觀中第進士，襲父爵，累遷吏部侍郎。高麗叛，詔處俊副李勣討之。入敵境，賊遽至，處俊據胡牀不顧，密遣精鋭擊之，賊卻。入拜東臺侍郎，轉中書侍郎，監修國史。上元初，帝觀酺翔鸞閣，時赤縣與太常音伎分東西朋，帝詔雍王賢主東，周王顯主西，因以角勝。處俊曰：「二王春秋少，意操未定，乃分朋造黨，使相誇争勝負，非所以導仁義、示雍和也。」帝遽止。帝多疾，欲遜位武后，處俊諫沮。拜侍中，罷爲太子少保。武后雖忌之，以其操履無玷，不能害。卒，贈開府儀同三司、荆州大都督。孫象賢，垂拱中爲太子通事舍人。后素銜處俊，因事誅之，臨刑極罵乃死。

五代　周

鄭建中。安陸人。家饒貲，好施舍，遇親故必周之。每大雨過，輒載瓦代人補屋漏，隆冬月蠲僦舍錢無算。

宋

連舜賓。字輔之，應山人。少舉毛詩不中，遂歸養其父正，不復仕。家多貲，悉散以周鄉里。教其二子庶、庠以學，曰「此吾貲也」。歲饑，出穀萬斛，減價以糶。及卒，遠近往哭。歐陽修曰：「連處士以一布衣終於家，應山人至今思之。其長老教子弟，必以處士爲法，曰爲人如連公足矣。」

宋庠。字公序，安陸人。本名郊，登第後改名。舉進士，試禮部皆第一。郭皇后廢，庠與御史伏閤争論，坐罰金。密州豪王澥殺人，宰相陳堯佐右澥，庠力争，卒抵死。寶元中，以右諫議大夫參知政事，儒雅練習故事。後以檢校太尉同平章事，充樞密使，封莒國公。英宗即位，改封鄭國公，以司空致仕。卒贈太尉，謚元獻。帝爲篆墓碑曰「忠規德範之碑」。庠儉約不好聲色，讀書至老不倦，天資忠厚，嘗曰：「逆詐恃明，殘人矜才，吾終身弗爲也。」

宋祁。字子京。與兄庠同舉進士，禮部奏祁第一，章獻太后不欲以弟先兄，乃擢庠第一，而寘祁第十。累遷太常博士。李照定新樂，胡瑗鑄鐘磬，祁皆典之。改龍圖學士、史館修撰，修唐書。景祐中詔求直言，祁上奏，主於强君威、别邪正、急先務，皆切中時病。唐書成，遷左丞，進工部尚書。卒，遺奏請擇宗室賢材進爵爲王，爲匕鬯之主。又自爲誌銘及治戒，以授其子。祁兄弟皆以文學顯，而祁尤能文，善議論，後謚景文。

連庶。字君錫，舜賓子。舉進士，調商水尉、壽春令，縣大治。以母老乞監陳州税，求歸。久之，歐陽修、祖無擇言庶文學行義，宜在臺閣，起知崑山縣，辭，遷職方員外郎，卒。

連庠。字元愷，庶弟。登科爲都官郎中，敏於政事，號良吏。庠始與庶在鄉里時，宋郊兄弟、歐陽修皆依之。及二宋貴達，不阿其志，退居二十年。守道好修，非其人不交，非其義，秋毫不可污也。

鄭獬。字毅夫，建中孫。少負俊材，登進士第一，知制誥。英宗即位，獬言：「陛下初臨御，宜詔内外，許令盡言，臣下進見，乞虚心訪以得失。」帝嘉納之。神宗初，拜翰林學士，以不肯用新法，爲王安石所惡，出知杭州，徙青州。方散青苗錢，獬言但見其害，不忍民無罪而陷憲網，引疾祈閑，提舉鴻慶宫。卒。家貧子弱，其柩藁殯僧屋十餘年，滕甫爲安州，乃克葬。

劉逵。字公路，隨州人。進士高第，累遷中書侍郎。首勸徽宗碎元祐黨碑，寬上書邪籍之禁，凡蔡京所行悖禮虐民事，稍稍澄正。未滿歲，御史余深、石公弼論迹專恣反覆，罷知亳州。

連萬夫。應山人。補將仕郎。建炎四年，羣賊犯應山，萬夫率邑人保山砦，賊不能犯。寇浪子者，以兵至，圍之三日，卒破砦，賊知萬夫勇敢有謀，欲留爲用。萬夫怒，厲聲罵賊，爲所害。贈右承務郎。

王登。字景宋，德安人。淳熙四年進士，調興山主簿。邊事亟，制置使吳淵具書幣招登，登至沙市，椎牛釃酒，得七千人，竟立奇功於沮河。趙葵爲制置使，握登手曰：「景宋一身膽，惜相見晚也。」俾參宣撫司。遷軍器少監、京西提點刑獄，威聲日振。

李庭芝。字祥甫，應山人。後徙隨州，復徙德安。嘉熙末，荆帥孟珙以庭芝權建始縣，期年民皆知戰守。淳祐初舉進士第，辟珙幕中。珙卒，棄官歸。後主管兩淮制置司事，守揚州，破李璮兵。咸淳末，元兵圍揚，遣使招降，庭芝悉誅之。既而益王遣使招庭芝，庭芝至泰州，裨將以城降，庭芝赴蓮池，水淺不得死，被執至揚遇害。

邊居誼。隨州人。初事李庭芝，積戰功，至都統制。咸淳十年，以京湖制置帳前都統守新城。居誼善御下，得士心，凡戰守之具，治之皆有法。元兵至沙陽，居誼率舟師拒之。呂文煥，居誼故主將也，已降元，招居誼不從，又射榜檄入壁中。居誼曰：「吾欲與參政語耳。」文煥聞之，以爲居誼降己也，馳馬至，伏弩亂發，中文煥及馬，馬仆，幾鈎得之，衆挾文煥以他馬奔。越二日，總制黄順降，其部曲欲縋城出，居誼悉驅入當門斬之。文煥乃麾兵攻城，居誼取家金盡散將士，往來督戰，城破火發，居誼拔劍自殺，不殊，赴火死。丞相巴延壯其勇，購得其屍燼中觀之。事聞，贈利州觀察使，立廟死所。「巴延」舊作「伯顔」。今改正。

元

趙復。字仁甫，德安人。元兵陷德安，姚樞奉詔即軍中求儒，得復以歸。世祖在潛邸，召問曰：「我欲取宋，卿可導之乎？」對曰：「宋吾父母國，未有引他人以伐父母者。」世祖悦，不强之仕。楊惟中與姚樞議建太極書院，請復講授其中，復作傳道圖、師友圖，著伊洛發揮及希賢録，由是許衡、郝經、劉因皆得其書而尊信之。北方知有程朱之學，自復始。復爲人樂易而耿介，雖居燕，不忘故土，以江漢自號，學者稱之曰江漢先生。

明

王興福。隨州人。元至元中守徽州，遷知杭州，俱有善政。洪武二年召還，父老遮留。擢吏部尚書。

程本。雲夢人。洪武初，以人材授本學訓導，升代府奉祀。王多失政，本直諫，爲王所杖，幾斃。既失德上聞，府僚皆獲罪，獨宥本。升汝寧府同知。

樊士信。應城人。洪武進士，兵部主事。燕兵起，士信往督淮餉，簡精鋭，飭部伍，謹斥堠，軍聲大振。北兵知淮不可渡，乃取道於徐。士信聞之，疾馳至徐，與程濟等協力邀擊，大敗北兵。後北兵悉衆南下，諸路兵俱潰，乘勝破徐，士信死焉。萬曆初，詔褒死事諸臣，立祠祀之。

陳壽。隨州人。洪武舉人，户部主事。永樂時，累遷工部侍郎。時太子監國，壽陳兵民困狀，又乘間言左右干恩澤者多，恐累明德，太子深納之。後坐累繫獄死。仁宗立，贈工部尚書，謚敬肅。

童寅。字以敬，隨州人。永樂進士，官至江西按察使，廉介勤恪。卒官，家無餘貲。

程春震。字時舉，雲夢人。成化進士，授建昌知縣。以通敏强幹聞。擢御史，巡按大同、廣西，皆有聲。以忤汪直，左遷安岳知縣。邑大旱，賑恤安集，全活甚衆。

徐珪。字必信，應城人。弘治初，爲刑部吏。時李廣用事，其黨楊鵬監東廠，頗專恣。珪手疏千言，乞革東廠，下詔獄。踰年廣敗，陳鳳梧以爲言，授桐鄉丞，加知州服俸。

陳金。字汝礪，應城人。成化進士，知婺源縣，有異政。歷官右副都御史，巡撫雲南。孟養與孟密搆兵，金遣官撫之，其酋罷兵修貢。正德初擢右都御史，總督兩廣軍務，平馬坪、洛容獞亂。江西盜起，以金總制南畿、浙江、福建、廣東、湖廣軍務，累破劇賊。加少保，入掌都察院事，致仕。金虚心好善，剛果有爲，志在立功，不問家事。

陳才傑。應山人。性孝友。正德七年，劉六等寇應山，才傑領民赴戰，死之。

安大寃。雲夢人。沖澹不樂仕進，博學好古，兼精緯候。正德末年，夜占異之，曰：「帝星明於江漢，其應在安陸州。」踰年，世宗果從興邸入繼。年九十四，卧疾，猶倚牀披覽不輟。子孫勸止之，曰：「吾以書藥疾也。」學者稱爲曲湖先生。

顔木。字惟喬，應山人。正德進士，居都下，與黄岡王廷陳稱楚兩傑。知許州，改知亳州，坐中傷免。性嗜書，善研究，文思精勁，歸益淬厲名節。居馬坪二十餘年，吟誦不輟，學者翕然宗之。

傅鳳翔。字德輝，應山人。嘉靖進士，知上蔡縣。拜御史，按江西、浙江，卓有風采。累官兵部右侍郎，以通敏稱。

高翀。字允升，安陸人。嘉靖進士，累官右副都御史，巡撫貴州。平苗亂，誅叛卒李昂。

劉鵬。字南夫，安陸人。嘉靖間，壽藩軍尉横擾市民，郡守抑之，王疏劾守，詔廷尉訊。鵬佐守對簿，守事白，左遷，就見其廬，鵬不見，守歎服久之。

吴一魁。安陸人。父道東，以誣論辟，一魁年十二，徒跣赴京師，值肅宗郊祀，伏道旁陳冤狀。帝嘉其孝，宥其父，賜帛馳驛歸里。

周玧。字潤夫，應城人。嘉靖進士，知永嘉縣，入爲吏科給事中。剛正不撓。世宗南巡，疏擊權貴，廷杖謫典史。起知婺源縣，累遷兵部右侍郎，病免。

李幼滋。字元樹，應城人。嘉靖進士，授行人，改禮科給事中。以拂權貴意，謫邵武縣丞。移安慶推官，累官工部尚書。

以治河功，加太子少保。性端嚴，不輕假人嚬笑，莅官持法，居鄉以秉禮稱。

楊芷。字次泉，安陸人。嘉靖進士，知吳江縣。平毛葫蘆之亂，擢工部主事，累遷江西布政使。告歸，嘗謂其諸子曰：「我觀子弟之不肖者，只是未嘗讀書，學力既到，俗氣自消。」人以爲名言。

陳德潤。字玉甫，應城人。温雅端方，勤學勵行。爲諸生，邑令盧湘延以訓子，久之湘子歸貴陽，而湘以事被繫郡獄，潛以二篋寄德潤所，人無知者。湘暴卒，越二年，其子自貴陽來迎柩，德潤呼至家，持篋付之，曰：「令君寄也。」封識如故。其子請剖物以謝，不受。

劉伯燮。字元甫，安陸人。隆慶進士，授户部主事，改工科給事中。遇事敢言，彈劾不避權要。督學滇南，操執清慎。累官廣東按察使，以母老不赴。

陳棨。字應虹，應城人。隆慶進士。性嚴正，明治體，莅官廉能，以户部尚書卒官，贈少保。

李諮。字蓋伯，應山人。以貢入太學。知平武縣，多善政，奔喪歸，邑人立石頌之。居鄉循禮，鄉人稱爲和節先生。

鄒觀光。字孚如，雲夢人。萬曆進士，爲吏部郎，公平廉正，門無私謁。性孝友，丁父憂，廬墓三年。藏書數千卷於學宫，勒石記之，俾士就讀。建尚行書院講學，學者多從之。與吉安鄒元標齊名，時稱「二鄒先生」。官至太僕卿。

何宗彦。字君美，隨州人。萬曆進士，累官詹事，遷禮部侍郎。屢疏請東宫講學，皇孫就傅。宗彦清修有執，遇事侃侃，時望甚隆。旋乞假去。光宗立，即家拜禮部尚書，兼東閣大學士。還朝，屢加少師，兼吏部侍郎。卒，贈太傅，謚文毅。

楊紹中。字長源，雲夢人。萬曆進士，知餘干縣。累遷爲貴州監軍副使。以計擒叛苗，擢雲南布政使，致仕歸。

楊漣。字文孺，應山人。萬曆進士，知常熟縣，擢兵科給事中。光宗不豫，鄭貴妃據乾清宫，帝趣禮部封貴妃爲皇太后，漣與左光斗昌言於朝，共詰責鄭養性，令貴妃移居後宫。漣遂劾崔文昇用藥無狀，請推問，且言貴妃封號尤乖典常，請亟寢前命。疏上，逐文昇，停封太后命。光宗晏駕，諸大臣慮皇長子勢孤，欲共託之李選侍。漣曰：「天子豈可託婦人？且選侍豈可託幼主者？」遂趣諸大臣趨乾清宮，奉駕至文華殿。中官欲奪還，漣訶之，奉駕入慈慶宮。是時李選侍居乾清，漣抗疏論之，選侍遂移宮。天啓二年，擢太常少卿，進左副都御史。魏忠賢用事，漣劾忠賢二十四大罪，遂削籍，尋逮下詔獄，酷法拷訊，於夜中斃之。産入官，不及千金，母妻止宿譙樓，二子至乞食以養。徵贓令急，鄉人競出貲助之，下至賣菜傭，亦爲輸助。其節義感人如此。崇禎初，贈太子太保，謚忠烈。兄清，諸生時同漣讀書山中，慕里中二宋、二連，人亦以宋、連目之。清以貢生，歷官金華同知，漣被璫禍，罷官家居。事雪，復同知衢州府，致仕。

王瑊。字崑璧，應城人。萬曆進士，歷官甘肅巡撫，入爲兵部侍郎。時魏忠賢專横，瑊遂不爲禮，拂衣歸。流寇陷城，瑊率家人捍禦，力不支，被害。本朝乾隆四十一年，賜謚節愍。

饒可久。字甄安，應城人。事母徐氏，以孝聞。崇禎初，知大興縣。以疏改三朝要典，謫光禄寺典簿。閹黨除，累遷知府，守制歸。流賊薄城，可久率衆堅守，及城陷，命妻程氏曰：「臣宜忠，婦宜節，吾已分死，汝輩各早爲計。」其妻及女遂縊死。可久被執，賊强使拜，罵曰：「頭可斷，膝不可屈。」賊怒，刃之。本朝乾隆四十一年，賜謚節愍。

袁啓觀。字君白，雲夢諸生。流賊至，啓觀立寨自守，賊執之去，不屈，遇害。本朝乾隆四十一年，予祀忠義祠。

喻於義。隨州貢生。流賊陷城，於義以母老不能出城，遇賊，跪求母命，遂被殺。母守尸痛哭，賊感動，遂釋其母。

劉申錫。隨州舉人。崇禎中，豫養死士百人，及賊陷城，倡義圖復。兵敗，爲賊將白旺所殺，百人皆戰死。本朝乾隆四十一年，予祀忠義祠。

廖應元。字乾初，安陸諸生。流寇至，鄉民皆結寨自保，賊將白旺連陷數寨，應元益堅守，爲奸執送，罵賊而死。本朝乾隆四十一年，予祀忠義祠。

黃在中。字暢美，雲夢諸生。少嗜學，事母以孝聞。崇禎末，授徒應城。時母年八十餘，喪明，寇至，在中負母逃，爲賊所得，賊刃其母，在中抱母屍且哭且駡，賊怒亦殺之。

趙士選。隨州人。崇禎時，流寇至，士選同父避難峯峩寨，父病行遲，未至寨被執，士選願以身代，賊遂釋其父，而執士選至黃州。適其家耕牛亦被掠在營，牛見士選垂淚，士選亦泣，賊憐而並釋之。

李儲元。字敏真，雲夢人。篤於孝友，母疾，嘗藥餌，浣厠牏，晨夕不懈。母卒，哀毁骨立。流賊熾，儲元聚族立砦，賊誘砦長盡攜男婦入城，儲元堅守拒之，竟免於難。

寇可教。字圖雲，應城人。累官工部郎中。李自成陷京師，駡賊死。同縣徐晤可，官錦衣百户，亦殉其難。本朝乾隆四十一年，賜謚節愍。

范純元。字建侯，應城人。流賊陷城，父被執，純元號泣曰：「吾願就戮，無傷吾父。」賊並殺之。

柳宗旦。字鼎極，雲夢諸生。教授里塾，以資給諸弟。歲饑，設粥賑流民。流賊陷城，欲官之，宗旦大駡，賊怒，斧其首死。妻劉氏亦以節終。同縣朱善昌、左璞，皆不屈於賊死。宗旦與善昌、璞，俱於本朝乾隆四十一年，予祀忠義祠。

李聯元。雲夢人。居曲水湖，離城三里許。流寇夜襲城，過其地，聯元恐城中不知，率族衆大呼，聲聞城内，賊怒擒殺之。本朝乾隆四十一年，予祀忠義祠。

施爾奇。字簡之，雲夢諸生。流寇犯其里，伏梃拒之，被害。其妻劉氏與女同往救，俱死。同縣柳列奎，亦以拒賊見殺。本朝乾隆四十一年，予祀忠義祠。

張用晦。雲夢諸生。流寇陷白雲寨，義兵恢復，用晦起兵應之，戰敗不屈死。本朝乾隆四十一年，予祀忠義祠。

本朝

洪起元。字瑞芝，應城人。明末從父避亂，遇賊欲殺其父，起元奪刀殺賊。本朝順治二年，應募授千總。金聲桓叛於南昌，起元時署寧都遊擊，率兵從巡撫劉武元禦賊，斬戮無算。廣東叛鎮李成棟犯贛州，起元與參將鮑虎擊破之。康熙十三年，閩藩耿精忠叛，招誘起元，起元發其書，擊賊於白米堰、黄瑞山等處，屢斬賊將。十五年，平常山、淳安諸賊，恢復雲和、松陽諸城。累官至左都督。

楊之易。字元仲，漣子。方漣被逮，欲赴闕上書，請以身代，漣力止之。本朝累官知松江府，兼海防同知。賊匪據南匯，之易討平之。提督吴勝兆叛，之易駡賊遇害。事聞，贈江南按察副使，賜祭葬。

周宗成。隨州人。性孝友，重節義。明季流寇肆掠，宗成避亂鄂城，城陷，負老母，攜孤姪，奔還隨州，結義砦，練鄉卒，合郡難民争依之，賊不敢犯。連年饑饉，多方賑濟，全活無算。至本朝以講學爲事，鄉里共欽之。康熙五年祀鄉賢。

洪一棟。起元子。以軍功授臺灣海防同知，稽查水口，商船驗到放行，不受私餽。臺灣民鮮蓋藏，旱澇無備，一棟請平糶，民得無飢。秩滿當代，士民請留。在任九年，卒於官，從祀名宦祠。

黄蘇。字奎臨，雲夢人。順治己亥進士，爲掖縣令。甫下車雪七姓冤獄。邑瀕海，民苦逃盗株連，蘇嚴緝捕，除渠魁，民賴以安。治行爲山左最。

徐則敏。應城人。康熙間知蕭山縣，操守廉介，禮士恤民。值大造丈量，則敏清其弊，由是貧弱免賠糧之累。

許治。字均宇，雲夢人。乾隆己未進士，知華亭縣。秋雨傷稼，松江六縣民紛紛持死禾塞府署，提督黄某方勒兵防變，治急趨軍門止之。至府署，婉轉開導，踰時始散。復力請於守，報災賑卹。調元和令，檄辦越江隄工，凡礙廬墓處，治白大吏稍紆曲以保全之。

程大中。字拳時，應城人。乾隆丁丑進士，授青溪知縣。績學能文，著四書偶見五卷。又著别録十種，内四書識遺一種，博洽精慎，盛行於世。

陳方順。安陸人。少孤，事母以孝聞。母殁，廬墓七年。乾隆年間旌。

周文瑞。監生，應城縣人。事親能致色養。親殁，廬墓哀慕，感動鄉鄰。與邑民陳建勳，俱於嘉慶元年以孝行旌。

許兆椿。雲夢人。乾隆壬辰進士，由編修改御史，洊升巡撫，歷吏、刑、工、倉場侍郎，及漕運總督。守松江時，所屬七邑災歉，兆椿稟請報災緩征，上海令撓其事，兆椿復請曰：「災重民困，今之持異説者，非注意錢漕之利，即全不關心民瘼之員，願勿聽。」大吏查勘得實，卒從其請。遊擊楊天相報獲洋盜張茅等十七名，總督檄兆椿訊狀，始知茅等皆閩民渡洋貿易者，有蹤跡可憑，立予平反。讞定，遊擊寘重典。巡撫貴州，擒黎平苗匪歐桃等二百餘名，旬日蕆事，苗境無驚。任倉場侍郎五十日，查辦蠹吏高天鳳積弊，倉儲肅清。嘉慶二十一年，予祀江蘇名宦祠。

流寓

漢

馬武。南陽湖陽人。少時避讎，客居江夏。王莽末，竟陵、西陽三老起兵於郡界，武往從之。後從世祖擊賊，拜捕虜將軍，封揚虚侯。

戴良。汝南慎陽人。再辟司空府，彌年不到，州郡迫之，乃將妻子逃入江夏山中，優游不仕，以壽終。

岑晊。南陽棘陽人。罹黨錮之禍，李固、杜喬誅，晊逃竄，終於江夏山中。

唐

李白。蜀人。遊安州，娶許氏女，讀書白兆山之麓，題其石曰桃花巖。

宋

歐陽修。廬陵人。從父華爲隨州推官。修少孤，因寓於隨。

列女

元

趙孝婦。應城人。早寡，事姑孝，家貧傭織於人，得美食必持歸奉姑。嘗念姑老，一旦不諱，倉卒無棺，乃鬻子買杉成櫬，置於家。鄰家火，孝婦亟扶姑出避，棺重不可移，乃撫膺大哭曰：「吾賣兒得棺，今將燬於火，可若何？」風忽返，得不焚，人以爲孝感所致。

宋孝女。應城人。母劉氏，因產得廢疾，女十歲始知，曰：「母爲我致疾，我當報之。」及笄，翦髮誓不適人，養母四十餘年，志操無玷，母死未踰月而殞。

明

葉貞明妻陳氏。隨州人。正德中，流賊劉六等掠隨，陳挈二子以避，遇賊欲污之，不從。殺其二子以脅之，又不從，乃刳其孕而死。同時華貞妻陳氏、劉本根妻席氏，俱應山人，亦罵賊不辱而死。

吴金妻周氏。應山人。流賊入境，欲污之，不從，乃縛几上，剖腹而死。

朱比妻張氏。安陸人。未嫁，比卒，父母爲議婚，女曰：「吾身已許朱矣，豈得復有二言！」是夜自經死，巡撫汪道昆奏表其墓。

劉自義妻李氏。安陸人。夫卒，殮畢，絶粒死。

陳天佑妻周氏。安陸人。年二十四，夫亡，家甚貧，父母欲奪其志，不從，居城南三十里鯉魚灘，一夕山水暴至，周身伏夫柩，誓與俱没。水忽退丈許，比閭漂没，周氏獨存。

徐某妻張氏。應城人，名廉姊。幼字徐，年十七，壻夭，父母將改聘，女登樓自刎，端坐不僵。事聞，建坊墓後。

張宏初妻周氏。應城人。夫亡，自刎死。

闞坤妻安氏。雲夢人。年十九，夫殁，欲殉之不得。越月，聞其母疾，乃奉夫主往母所，母微諷欲奪其志，安號泣不應，登樓縊死。

嚴一敬妻姜氏。安陸人。夫卒子幼，撫子成立，補諸生，乃謂子曰：「吾以汝故，不早殉地下，未盡之事，汝自勉之。」遂絶粒死。

周治岐妻王氏。安陸人。夫卒，有欲奪其志者，引斧欲自斷其臂，乃止。

黄應泰妻佘氏。應城人。夫卒，事姑盡孝，族中有欲奪其志者，火其旁舍，將及室，忽大雨滅火，人異之。教子師憲膺鄉薦，曰「吾可以見汝父地下矣」，不食死。

熊雲斐妻吕氏。隨州人。雲斐隨父任，早死，吕年十九，欲自盡，姑勸之，吕勉扶夫櫬歸葬畢，盡散其所有，閉户七日不食死。

楊漣妻詹氏。應山人。事繼姑以孝聞，姑病，刲股者三。漣罹璫禍，庶子之環甫生，撫之如己出。

彭濛妻陳氏。應山人。年十五適濛，濛貧，陳脱簪珥奉舅姑膳。濛死，抱屍痛哭，斷左手中指，翦髮爲三，一付姑，一付母，一裹斷指納濛棺中〔二八〕，絶粒七日而亡。貧不能殮，縣令姬文華捐俸殯之。

王國俊妻黄氏。應山人。未婚而國俊卒，女請父母往弔，即留殯。殯畢，遂留養姑。明年營葬事畢，乃拜訣母與姑，不食九日死。

王芳妻楊氏。應山人。芳墜於水，楊亟赴救之，芳溺益深，遂俱死。

何志崇妻饒氏。應城人，知府饒可久女。流寇薄城，女謂其夫曰：「父死忠，母死節，女合死孝。夫子前程遠，當速行。」乃抱母同縊死。

徐堯封妻吴氏。雲夢人。流寇至，被執，命製衣，吴奪刀自刺，賊怒磔之。

萬之益妻沈氏。安陸人。爲流寇所執，欲污之，沈詈拒之，賊連刃三女以懾之，終不屈，延頸就死。

梁凝禧妻馮氏。隨州人。崇禎中，夫婦避寇至西河，勢急欲同死，馮曰：「君無子，又老母在，幸速逃，明早可於此地尋我。」凝禧遂逃，次早果得尸於分手處。其妹適謝繼尊，亦罵賊剖腹死。

沈之選妻榮氏。安陸人。事舅姑以孝聞。流寇至，家人俱避匿，榮祖姑老不能行，榮獨依破堡中，不忍去，爲賊所執，堅抱屋柱，以死拒賊，遂遇害。

何昌應妾劉氏。安陸人。流寇白旺據郡城，昌應官指揮，間道走鄂請兵，旺因執劉以招之。劉曰：「吾夫世受國恩，豈爲兒女故降賊乎！」大罵，躍入水死。

黄都妻何氏。安陸人。崇禎中避賊於山砦，砦破被執，賊先殺都，曳何前往，何堅抱都尸，濺血染面，罵曰：「死則俱死，肯獨生乎！」賊怒磔之。

闕陳諫妻吕氏。雲夢人。流寇陷城，婦取魚網結其體甚固，俄賊至，命縫衣，吕投翦大罵，賊怒磔之。

韓玉岡妻徐氏。雲夢人。夫被流賊迫溺水，徐罵賊，躍入中流，次日相攜浮出。

萬長祚妻左氏。雲夢人。流寇俘之馬上，左奮身投地大罵，賊磔死之。

李烈女。雲夢人。年十六，流寇南下，隨母兄避難，及寇至湖濱，女屬兄善事母，赴水死。

樂某妻李氏。雲夢人。避亂烏泥河，潛水中，賊獲之，不屈，罵賊死。

何宗聖妻徐氏。隨州人。流寇至，罵賊死。同州熊本厚妻梁氏、帥以正妻賀氏、靳龍顔妻王氏，俱罵賊不污死。

瞿楚文妻李氏。應山人。流賊將殺其夫，李自城墜下伏夫身，賊並殺之。

余孚尹妻李氏。安陸人。爲流寇所執，不屈死。

戴樞妻萬氏。安陸人。流寇將至，投淵死。時同縣文景隆妻宣氏，亦以寇亂投淵死。

楊熙遠妻何氏。雲夢人。流寇至，罵賊死。時同縣左維新妻周氏、左闌妻熊氏、彭文運妻張氏、田璽妻徐氏、湯某妻徐氏、左獻臣子婦曹氏，俱遇賊殉節死。

饒孚哲妻曹氏。應山人。孚哲官州判，張獻忠陷城，其姑程氏先自縊，曹遂同夫之妾劉氏赴水死。

閔則哲妻程氏。應山人。流寇破青堆山，罵賊死。時同縣楊之賦妻傅氏、沈岐英妻楊氏，俱殉節死。

本朝

張桂芳妻羅氏。應城人。夫亡姑病，刲股療之，後子及子婦俱夭，孫復殤，守節四十五年。康熙中旌。又郭柄妻嚴氏、周興妻張氏、周廷佐妻陳氏，俱於康熙年間旌。

滎希臯妻喬氏。安陸人。夫亡子幼，家業爲兄所占，困苦流離，撫二子可久、天相，俱爲諸生，孫綸領鄉薦。康熙中旌。

郝公瑱妻陳氏〔一九〕。應山人。家貧，事姑極孝。夫亡，水漿不入口者數日，守節三十餘年。康熙中旌。又同縣郝之謍妻陳氏，青年苦節，康熙五十七年旌。

張銘妻李氏。安陸人。銘卒，子自齡五歲，李紡績奉舅姑。姑疾，鄰火將延室，李泣跪禱，反風滅火。後自齡爲諸生，娶馮氏而復夭，馮氏亦節孝。李患滯下，馮躬浣厠牏，久而不懈，及卒，哀禮兼盡。雍正中俱旌。

汪俁妻馬氏。安陸人。以節孝受旌。又同縣江大年妻金氏，李崇謙妻蕭氏，金峯妻鍾氏，金祖清妻羅氏，李世植妻王氏，烈婦尹氏、吴氏、沈氏，貞女李姑，貢生黄光闕妻沈氏，萬善修妻康氏，貞女吴三姑，杜蕡妻盧氏，章俁妻彭氏，李應世妻江氏，俱乾隆年間旌。生員徐覲妻馮氏，李仍綗妻鄭氏，李嗣白妻李氏，孫天序妻胡氏，孫大德妻龔氏，彭必泰妻孫氏，孫瑩聘妻陳氏，俱嘉慶年間旌。

許達妻蔡氏。雲夢人。夫亡守節。又同縣柳兆祉妻魯氏，戴催妻柳氏，戴士瑗妻張氏，龔士遠妻易氏，陳之儒妻阮氏，陳倎妻楊氏，徐焯妻左氏，郝文楫妻楊氏，郝世道妻張氏，萬詮妻吳氏，戴揚休妻柳氏，戴綬宇妻劉氏，王廷獻妻徐氏，戴賜綋妻張氏，王斌妻郭氏，李蔚妻欒氏，江朝海妻涂氏，王昌祚妻熊氏，陳陵碧妻汪氏，曾毓發妻熊氏，柳庚元妻魯氏，彭世思妻謝氏，劉明雄妻陶氏，俱乾隆年間旌。戴正華妻張氏，安汝焕妻饒氏，聶五齊妻吳氏，左源妻許氏，左高掄妻程氏，褚聲遠妻任氏，左中椿妻張氏，左鵬越妻李氏，馮光時妻李氏，程心璋妻安氏，王麟妻尹氏，袁民瞻妻陳氏，烈婦錢映奎妻嚴氏，李宗伊妻黄氏，俱嘉慶年間旌。

閔介清妻張氏。應城人。夫亡守節。又同縣陳良達妻周氏，陳良進妻廖氏，魯旦妻徐氏，黄鶴吟妻胡氏，張於易妻徐氏，萬次述妻劉氏，王必隆妻高氏，涂堯夫妻朱氏，周道興妻李氏，石棟妻李氏，烈婦沈焕彩妻田氏，貞女丁氏、陳氏，烈婦張某妻馮氏，貞女劉小姑，俱乾隆年間旌。余執中妻汪氏，徐遴可妻陳氏，李正英母宋氏、妻宋氏，陳儀妻張氏，張峯妻盧氏，楊道美妻彭氏，陳正襄妻黄氏，楊方州妻陳氏，吳慎言妻陳氏，楊本妻戴氏，李大模妻魯氏，李斯勳妻毛氏，貞女艾權姑、丁二姑、陳才姑、吳二姑，俱嘉慶年間旌。

張之振妻趙氏。隨州人。夫亡守節。又同州戴履袵妻張氏，王之翰妻馮氏，黄良璧妻梁氏，陳大華妻張氏，余奎妻丁氏，黄佳琳妻沈氏，魏體樞妻陳氏，劉士毅妻李氏，吳宗倫妻劉氏，烈婦王宏文妻杜氏，王雲伯妻嚴氏，黄某妻謝氏，羅世棻聘妻任大姑，辛正萬妻沈氏，李谷成妻劉氏，劉廷德妻馬氏，俱乾隆年間旌。匡玥妻張氏，王良德妻匡氏，萬瑛妻李氏，蔣玉輪妻劉氏，俱嘉慶年間旌。

毛世達妻江氏。應山人。夫亡守節。又同縣天賜妻吳氏，楊三捷妻聶氏，程調妻高氏，劉珩妻孫氏，王曰義妻李氏，陳載錫妻袁氏，吳國鼎妻程氏，吳珊妻涂氏，劉全仁妻郝氏，何維才妻熊氏，秦宗鼇妻張氏，秦志觀妻劉氏，湛明妻李氏，姚灼妻朱氏，周贊曾妻盧氏，張起光妻湛氏，盧毓秀妻龍氏，劉全道妻徐氏，烈婦李廣文妻蕭氏，陳某妻羅氏，涂國珍聘妻黄氏，周方大妻張氏，周乃大妻楊氏，俱乾隆年間旌。黄榮妻程氏，劉必達妻彭氏，吳商連妻楊氏，李成信妻汪氏，鄧光林妻楊氏，鄧培妻潘氏，潘儁妻胡氏，柯學孔妻劉氏，魏國柄妻劉氏，魏自恭妻姜氏，毛成德妻楊氏，盧甡麟妻嚴氏，烈女郭名德女、陳士奇女，俱嘉慶年間旌。

仙釋

唐

大用。不知何許人。元和七年，行腳至安州石佛山，遂建寺居。示寂後，建塔山之陽，禱雨塔前輒應。明萬曆中，知縣高一迪啓視，容色如生，髮垂肩，爪盤於膝。

善信。豫章人。從馬祖遊五臺山，歸隨州大洪山。寶曆二年，隨州旱，州人將禱於湖神，善信以殺生止之，曰：「吾爲爾曹雩。」獨坐三日，果大雨。

宋

守澄。隨州人。杖頭掛葫蘆數十，往來均、房間，豫道吉凶多奇中。或立積雪，或卧道傍，人稱之爲風仙。

智緣。隨州人。熙寧中，王韶謀取青唐，言番俗重僧，僧節斡察克拉主部帳甚衆，請智緣與俱至邊。神宗遣乘傳而西，稱「經略大師」。入番中，説節斡察克拉歸化，他族俞龍珂等皆輸款。召還，爲右街首坐〔二〇〕。「節斡察克拉」舊作「結吴叱臘」，今改正。

元

魯大宥。號洞雲，應山人。幼入武當山學道。至元中，住紫霄南巖，年八十餘。點墨片紙，能療異疾。

明

趙童。應城人。洪武初，乞食縣中，莫詳其年。懸藥杖頭，治病立愈。邑中九十餘老人，言幼見童貌，至今未改。寒時坐雪中，去坐丈許無雪；溽暑坐卧赤日中，無汗垢。日居應城不他出，而人多於襄、鄖、荆、岳間見之。

張三丰。遼東人。一食盡數斗，或數月辟穀。安陸縣太平山一童子，嘗從之遊，語人曰：「張出遊必偕我，但令我閉目。一日竊視，乃空中也。」三丰聞之，遂遣去。乃邀父老登山爲别，揖衆使坐，旋下山取食物，往返二百餘里，頃刻而至。後不知所終。

靈山。安陸人。祝髮跣足，居草庵中。流寇至，不避，賊問曰：「如何成佛？」曰：「不殺人，不放火，便是活佛。」賊棄弓矢羅拜去。

土產

青紵布。唐書地理志：安州貢。宋史地理志：德安府貢。寰宇記：安州土產。

漆。明統志：各縣俱出。

白蠟。明統志：各縣俱出。

根子菜。明統志：根似蔓菁而大，惟安陸有之。

藥。桔梗、蒼朮，各縣俱出。蒼耳、景天，安陸縣出。石膏，應城縣出。三稜、丹參、沙參、旋覆花，隨州出。茴香、赤小豆，應山縣出。

枸子。一名木蜜，一名拐棗，能解酒毒，雲夢縣出。

銀魚。應城縣出。

校勘記

〔一〕太安二年　「二」，原作「三」，據乾隆志卷二六七德安府山川（下同卷簡稱乾隆志）及晉書卷一〇〇張昌傳改。

〔二〕其陰有興安寨　「興安」，乾隆志作「興庵」。

〔三〕蓋遼謬聲近而訛　「遼」，原脱，據乾隆志補。

〔四〕馬坪港注之　乾隆志同，「港」下疑脱「水」字。

〔五〕九藪楚有雲夢　「九藪」，乾隆志同。按，爾雅釋地實有「十藪」，上古有九藪之説，漢人增「周有焦護」，遂成「十藪」。

〔六〕隋漢東郡　「隋」，原作「隨」，乾隆志同，據舊唐書卷三九地理志改。

〔七〕遂以隨爲國號　「隨」，原作「隋」，據乾隆志及資治通鑑卷一七七隋紀胡三省注改。

〔八〕隋州隋武德五年省平林入焉　兩「隋」字，原作「隨」，乾隆志同，據新唐書卷四〇、舊唐書卷三九地理志改。「五年」，乾隆志及新唐書地理志同，舊唐書地理志作「八年」。

〔九〕唐書地理志隋州唐城　「隋」，原作「隨」，乾隆志同，據新唐書卷四〇地理志改。按，下引唐志多作「隨」，並改。

〔一〇〕以厲城順義二縣立冀州　「以」，原無，乾隆志同，據隋書卷三一地理志補。

〔一一〕隋書地理志　「理」，原作「里」，據乾隆志改。

〔一二〕武德四年省安貴縣入焉　「四年」，乾隆志同。按，此本新唐書地理志，舊唐書卷三九地理志云武德五年省安貴縣。

〔一三〕不敢問以他事　「問」，原作「間」，乾隆志同，據晦庵集卷八〇德安府應城縣上蔡謝先生祠記改。

〔一四〕陳嘉慶　「嘉」，原作「家」，據乾隆志及雍正湖廣通志卷四四名宦志改。

〔一五〕胡世寧　「寧」，原作「安」，據乾隆志及明史卷一九九胡世寧傳改。按，本志避清宣宗諱改字。

〔一六〕應山楊漣死璫禍　「楊漣」，原作「楊璉」，據乾隆志及雍正湖廣通志卷四四名宦志改。

〔一七〕代尹勤爲司空　「尹勤」，原作「尹勒」，據乾隆志及後漢書卷三三周章傳改。

〔一八〕一裹斷指納濛棺中　「裹」，原作「裏」，乾隆志同，據文意改。

〔一九〕郝公瑱妻陳氏　「瑱」，原作「塡」，據乾隆志及雍正湖廣通志卷六九列女志改。

〔二〇〕召還爲右街首坐　「坐」，原無，乾隆志同，據宋史卷四六二僧智緣傳補。按，「坐」或作「座」，二字同。

荆州府圖

荆州府圖

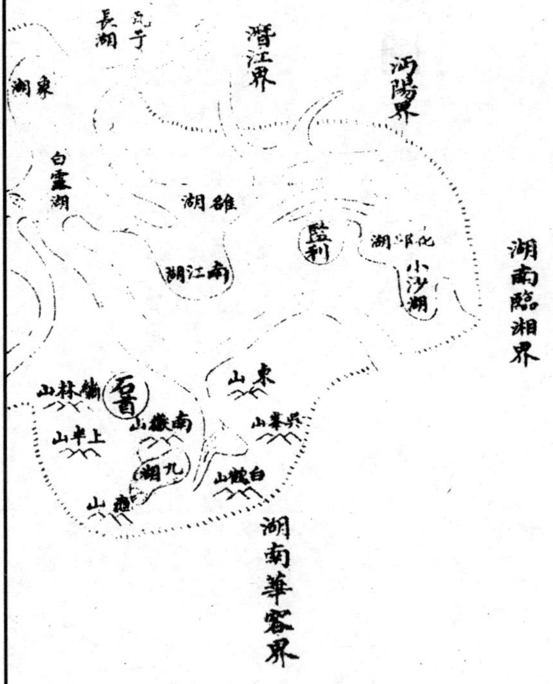

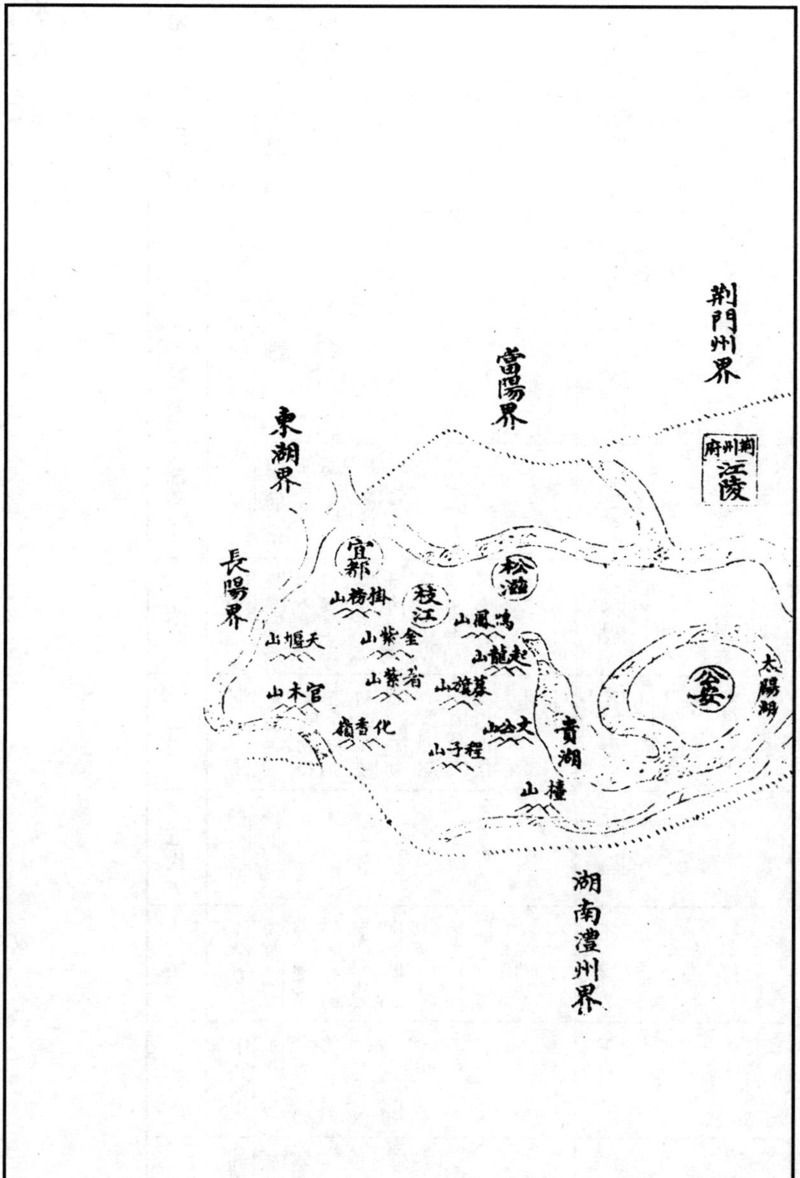
荆門州界
當陽界
東湖界
長陽界
荆州府
江陵
宜都
枝江
松滋
公安
太陽湖
掛榜山
鳴鳳山
金紫山
起龍山
官木山
化香嶺
文公山
程子山
橦山
湖南澧州界

荊州府表

	荊州府	江陵縣
兩漢	南郡 秦置，項羽改臨江國，高祖五年復。	江陵縣 漢置郡治。
三國	荊州 初屬蜀，治公安。後屬吳，徙治南郡。	江陵縣
晉宋	荊州南郡 太康元年改南郡爲新郡，尋復故。	江陵縣 兼爲州治。
齊梁	荊州南郡 梁元帝建都於江陵。	江陵縣
魏周陳	江陵總管府南郡 魏以江陵封後梁，置總管府。	江陵縣
隋	南郡 開皇初廢府及郡，七年復置江陵總管，二十年改荊州總管，大業初復爲南郡。	江陵縣 郡治。
唐	荊州江陵郡 武德初復置州，天寶初改江陵郡，上元初建南都，升爲江陵府，屬山南東道。旋罷南都。	江陵縣 上元二年分置長寧縣，大曆六年仍省入府治。
五代	屬高季興，爲南平國。	江陵縣
宋	江陵府 屬荊湖北路。建炎二年升帥府，四年置荊南府，紹興五年罷，淳（興）〔熙〕中復爲江陵府。	江陵縣
元	中興路 至正十三年置上路總管府，天曆二年改名，屬河南行省。	江陵縣
明	荊州府 屬湖廣布政司。	江陵縣 府治。

續表

	公安縣
郢縣 前漢屬南郡，後漢廢。	
	南郡 吳置。 公安縣 蜀置荊州，吳置縣，爲郡治。
新興郡 廣牧縣 東晉僑立。	南平郡 晉太康初改名。 江安縣 晉太康初改名，仍爲郡治。
新興郡 廣牧縣 梁以後廢郡。	南平郡 江安縣 屬南平郡。
華陵縣 西魏置，梁置郡州，周改縣曰紫陵。	荊州 陳移置。 公安縣 陳復舊名，爲荊州治。
安興縣 仁壽中改名。 紫陵縣 初廢州，屬南郡。	廢。 公安縣 屬南郡。
貞觀中省。 廢。	公安縣 屬江陵郡。
	公安縣
	公安縣 屬江陵府。
中興縣 至元中置，屬中興路。	公安縣 屬中興路。
廢。	公安縣 崇禎初移治，仍屬荊州府。

續表

	石首縣	監利縣
孱陵縣漢置，屬武陵郡。	華容縣地。	華容縣地。
孱陵縣蜀廢，吴復屬南郡。		監利縣吴置，尋省。
孱陵縣屬南平郡。	石首縣晉置，屬南郡，宋省。	監利縣晉復置，屬南郡。永嘉中又置豐都縣，與監利俱屬成都國，建興中省入。宋孝建初改屬巴陵郡。
孱陵縣齊爲郡治。	華容縣地。	監利縣屬巴陵郡。
孱陵縣		監利縣
開皇九年省入公安。		監利縣屬沔陽郡。
	石首縣武德四年復置，屬江陵郡。天寶初屬荆州。	監利縣屬復州。
	石首縣	監利縣後梁屬江陵府。
	石首縣屬江陵府。乾德二年析置建寧縣，熙寧中省，元祐初復置，崇寧初又省。	監利縣屬江陵府，端平中移治。
	石首縣屬中興路。	監利縣屬中興路。
	石首縣屬荆州府。	監利縣屬荆州府。

續表

	松滋縣	枝江縣
華容縣 漢置，屬南郡，後漢爲侯國。	高城縣 屬南郡。後漢省入孱陵縣。	枝江縣 漢置，屬南郡。
華容縣	高城縣 魏復置，屬安豐郡。	枝江縣 屬宜都郡。
華容縣 懷帝時僑置成都國，建興中罷，復屬南郡。	南河東郡 晉僑立河東郡，宋曰南河東。 松滋縣 晉僑置，郡治。	枝江縣 晉屬南郡。
華容縣 梁廢。	河東郡 齊復曰河東。 松滋縣	枝江縣
	河東郡 陳天嘉二年兼置南荆州，尋罷。 松滋縣	枝江縣
	松滋縣 屬南郡。	枝江縣
	松滋縣 屬江陵郡。	枝江縣 上元二年省，大曆中復屬江陵郡。
	松滋縣	枝江縣
	松滋縣 屬江陵府，紹興中移治。	枝江縣 熙寧六年省，元祐初復，建炎四年爲江陵府治，紹興五年罷，咸淳中徙治。
	松滋縣 屬中興路。	枝江縣 屬中興路。
	松滋縣 屬荆州府。	枝江縣 屬荆州府。

	宜都縣
	臨江郡 後漢建安十三年置。 夷道縣 漢置，屬南郡，後漢末爲郡治。
	宜都郡 蜀改名。 夷道縣 郡治。
旌陽縣 晉屬南郡。宋元嘉中省入枝江。	宜都郡 夷道縣 晉太和中更名西道，旋復。
	宜都郡 夷道縣
	宜都縣 陳天嘉初置。 宜都郡 夷道縣
	宜昌縣 開皇九年置松州，十一年廢，更縣名，屬南郡。 開皇七年省。 夷道縣 屬夷陵郡。
	宜都縣 武德二年復舊名，兼置江州，六年改東松州，貞觀八年罷，屬硤州。 初屬江州。貞觀八年省。
	宜都縣
	宜都縣 屬硤州。
	宜都縣 屬硤州路。
	宜都縣 屬夷陵州。

大清一統志卷三百四十四

荆州府一

在湖北省治西八百里。東西距五百四十里，南北距二百十里。東至漢陽府沔陽州界二百里，西至宜昌府東湖縣界三百四十里，南至湖南澧州界一百九十里，北至荆門州界二十里。東南至湖南岳州府華容縣界二百八十九里，西南至宜昌府長陽縣界二百六十里，東北至安陸府潛江縣治一百六十里，西北至荆門州當陽縣治一百五十里。自府治至京師三千二百八十里。

分野

天文翼、軫分野，鶉尾之次。

建置沿革

禹貢荆州之域。周爲楚地，春秋時爲郢都。秦昭襄王二十九年拔郢，置南郡。漢高祖元年，爲臨江國。五年，仍爲南郡。景帝二年，爲臨江國。中二年，仍爲南郡。武帝時，置荆州刺史，南郡隸焉。後漢因之。三國初屬蜀，後屬吳，晉平吳因之。晉書地理志：武帝平吳，分南郡爲南平郡。又懷帝時，割南郡之華容、州陵、監利三縣〔一〕，別立豐都，合四縣置成都郡，爲成都王穎國，居華容縣。愍帝建興中，併還南郡。元帝渡江，又僑立新興、南河東二郡。宋書州郡志：南郡，晉太康元年改曰新郡，尋復故。按：吳之南郡治公安，晉初蓋因之，故以此爲新郡，尋改公安曰南平，故復以此爲南郡也。爲荆州刺史治所。宋、齊因之。梁元帝平建康，定都江陵。地理通釋：梁元帝興復，即位於江陵，以建康凋殘，江陵全盛，從胡僧祐等議，詔王僧辯鎮建康。尋入西魏，以封後梁主蕭詧爲附庸，置江陵總管府。隋開皇初廢，七年併梁，復置江陵總管。寰宇記：隋初改江陵爲鎮，以隸襄州，至七年改爲荆州。二十年改爲荆州總管。大業初復曰南郡。唐武德四年，改爲荆州。五年，置大總管府。天寶初曰江陵郡。乾元元年，復爲荆州大都督府。至德二載，置荆南節度使。上元元年，升爲江陵府。舊唐書地理志：上元元年置南都，以荆州爲江陵府，長史爲尹，屬山南東道，觀察制置，一準兩京。唐書地理志：上元元年，號南都爲府，三年罷都，是年又號南都，尋罷都。五代時爲南平國。五代史職方考：荆、歸、峽三州爲南平。宋曰江陵府，江陵郡，荆南節度使〔二〕，宋史地理志：舊領荆湖北路兵馬鈐轄，兼提舉本路及施、夔州兵馬巡檢事。建炎二年，升帥府。四年，置荆南府、歸峽州、荆門公安軍鎮撫使。紹興五年罷，始置安撫使，兼營田使。六年爲經略、安撫使，七年罷經略，止除安撫使。淳熙元年，還爲荆南府，未幾復爲江陵府制置使。景定元年，移治於鄂〔三〕。咸淳十年，荆湖四川宣撫使兼江陵府事。屬荆湖北路。元至正十三年，改上路總管府。天曆二年，改爲中興路，元史地理志：以文宗潛邸，改爲中興路。隸河南行省，曰荆湖北道。明洪武初，改曰荆州府，屬湖廣布政司。本朝因之。康熙三年，屬湖北省，領縣七。

江陵縣。附郭。東西距一百十五里，南北距七十里。東至安陸府潛江縣界七十五里，西至枝江縣界四十里，南至公安縣界五十里，北至荆門州界二十里。東南至石首縣治一百八十里，西南至松滋縣治九十里，東北至安陸府潛江縣治一百六十里，西北至荆門州當陽縣治一百五十里。春秋楚郢都。漢置江陵縣爲南郡治，後漢因之。晋兼爲荆州治，宋、齊以後因之。隋爲南郡治。唐爲江陵府治，五代、宋、元因之。明爲荆州府治，本朝因之。

公安縣。在府南一百二十里。東西距一百二十里，南北距一百三十五里。東至澧州安鄉縣界七十里，西至松滋縣界五十里，南至澧州界六十五里，北至江陵縣界七十里。東南至岳州府華容縣治一百八十里，西南至澧州治一百四十里，東北至石首縣治一百二十里，西北至松滋縣治一百五十里。漢置孱陵縣，屬武陵郡，後漢因之。三國蜀漢析置公安縣。吴爲南郡治。晋太康元年，改縣曰江安，郡曰南平，孱陵仍屬焉。南北朝宋因之。南齊移郡治孱陵，江安爲屬縣。陳復爲公安。光大二年，以江陵屬後梁，乃於公安置荆州。隋開皇九年，省孱陵入公安，仍屬荆州。唐屬江陵府，五代及宋因之。元屬中興路。明屬荆州府，本朝因之。

石首縣。在府東南一百八十里。東西距一百九十里，南北距二百十里。東至監利縣界一百二十里，西至公安縣界七十里，南至岳州府華容縣界一百三十里，北至監利縣界八十里。東南至岳州府巴陵縣界一百二十里，西南至澧州安鄉縣界六十里，東北至監利縣界八十里，西北至江陵縣界八十里。漢華容縣地。晋析置石首縣。南北朝宋省。唐武德四年復置，屬江陵府。天寶元年屬荆州，五代及宋因之。元屬中興路。明屬荆州府，本朝因之。

監利縣。在府東二百四十里。東西距二百五十里，南北距一百五十五里。東至漢陽府沔陽州界一百七十里，西至江陵縣界八十里，南至岳州府華容縣界二十五里，北至漢陽府沔陽州界一百三十里。東南至岳州府臨湘縣治一百六十里，西南至華容縣治一百二十里，東北至沔陽州界一百三十里，西北至江陵縣治一百四十里。春秋楚容城。漢置華容縣，屬南郡，後漢因之。三國吴析置監利縣，尋省。晋太康五年復立，屬南郡。永嘉中屬成都國，建興中仍還南郡。南北朝宋孝建元年改屬巴陵，齊因之。梁以後廢華容入監利，屬荆州。隋屬沔陽郡。唐屬復州。五代梁屬江陵府，宋因之。元屬中興路。明屬荆州府，本朝因之。

松滋縣。在府西南一百二十里。東西距一百二十五里，南北距二百八十里。東至公安縣界八十五里，西至枝江縣界四十里，南至澧州界一百九十里，北至枝江縣界九十里。東南至公安縣界一百二十里，西南至宜都縣界八十里，東北至江陵縣界九十里，西北至枝江縣治六十里。漢置高成縣，屬南郡。後漢省爲孱陵縣地，屬武陵郡。魏復立，屬安豐郡。晉僑置松滋縣，屬南郡。咸康四年，置南河東郡，南北朝宋因之。齊曰河東郡。陳天嘉二年置南荆州，尋廢。隋平陳，廢河東郡，縣屬南郡。唐屬江陵府，五代及宋因之。元屬中興路。明屬荆州府，本朝因之。

枝江縣。在府西一百八十里。東西距二百十里，南北距九十里。東至江陵縣界一百八十里，西至宜都縣界三十里，南至松滋縣界六十里，北至宜都縣界三十里。東南至松滋縣界三十里，西南至宜昌府長陽縣界一百五十里，東北至荆門州當陽縣治一百八十里，西北至宜昌府東湖縣治一百二十里。古羅國。漢置枝江縣，屬南郡。三國屬宜都郡。晉仍屬南郡，宋、齊至隋因之。唐上元二年省入長寧縣。大曆六年復置，屬江陵府，五代因之。宋熙寧六年省入松滋，元祐初復置。元屬中興路。明屬荆州府，本朝因之。

宜都縣。在府西北一百八十里。東西距一百里，南北距一百三十里。東至枝江縣界五十里，西至宜昌府長陽縣界五十里，南至澧州界八十里，北至宜昌府東湖縣界五十里。東南至枝江縣治三十里，西南至長陽縣界一百二十里，東北至荆門州當陽縣界八十里，西北至東湖縣治九十里。漢置夷道縣，屬南郡，後漢因之。建安十三年，曹操置臨江郡。十五年，先主改曰宜都郡，晉、宋、齊因之。陳析置宜都縣。隋開皇七年郡廢，九年置松州，十一年州廢，改宜都曰宜昌，屬南郡。唐武德二年，復改宜昌爲宜都，置江州。六年，改江州爲東松州。貞觀八年州廢，屬硤州。五代及宋因之。元屬硤州路。明屬夷陵州，隸荆州府，本朝因之。雍正十三年，改夷陵州爲宜昌府，宜都縣仍屬荆州府。

形勢

方城以爲城，漢水以爲池。左傳。西通巴、巫，東有雲夢之饒。史記貨殖傳。北據漢、沔，利盡南海。東連吴、會，西通巴、蜀。蜀志諸葛亮傳。含帶蠻蜑，土地遼落，稱爲殷曠。南齊書州郡志。爲上流重鎮，有西陜之號。元和志。左顧川、陜，右控湖、湘，而下瞰京、洛。宋史趙鼎傳。

風俗

其俗剽輕，易發怒。地薄，寡於積聚。史記貨殖傳。四方湊會，故益多衣冠之緒，稍尚禮義經籍焉。隋書地理志。流傭浮食者衆，五方雜居。寰宇記。

城池

荆州府城。周十八里有奇，門六，有濠。舊傳爲漢關忠義所築。晉桓温增建。明初修，萬曆十年拓修。本朝順治三年重建，中有界城。東爲滿洲將軍駐防地，西爲官署、民居。雍正六年修，乾隆二十一年、五十三年、嘉慶八年重修。江陵縣附郭。

公安縣城。周三里有奇，門四。舊濱江，數爲江水衝激。明崇禎十二年，徙於祝家岡，東北去舊城五十五里。本朝順治、康熙間屢修，乾隆三十二年重修。

石首縣城。周七里有奇，門五，有濠。明弘治中因舊址建。本朝順治初修，康熙七年重修。

監利縣城。周五里有奇，門五，有濠。明正德十年築，萬曆元年改拓甃甓。本朝順治六年修，康熙十九年、四十一年重修。

松滋縣城。周五里，門四，有濠。明正德中築，崇禎時甃甓。本朝康熙六年修，二十三年重修。

枝江縣城。周五里有奇，門五，有濠。明洪武二十二年築，成化四年甃甓。本朝康熙三年修，雍正六年、乾隆五年重修。

宜都縣城。周三里有奇，門五，有濠。明成化六年因舊址建。本朝順治四年，僑治白洋渡。康熙元年修復舊址，三十六年又修。

學校

荆州府學。在府治西南。明洪武中因元舊址建，明末燬。本朝順治中重建，康熙中修，乾隆五十三年重修。入學額數二十名。又荆州府駐防旗童，於嘉慶四年奏准，五六名取進一名。十二年又奏准照小學之額，設立廩增各二名，五年一貢。

江陵縣學。在縣治南。舊在城東南沙市，明洪武中遷今縣治北，明末燬。本朝康熙六十年重建今址，乾隆九年重修。入學額數二十名。

公安縣學。在縣治南。舊濱江。明崇禎中遷新縣。本朝順治九年重建，雍正元年修，乾隆中屢修。入學額數二十名。

石首縣學。在縣西門内。明洪武初因元故址建。本朝雍正三年修，乾隆中屢修。入學額數二十名。

監利縣學。在縣治東。明洪武中建。本朝順治七年重建，康熙、雍正間屢修。入學額數二十名。

松滋縣學。在縣治東。宋建，胡瑗、張栻有記。明洪武初因故址建。本朝康熙中修。入學額數十二名。

枝江縣學。在縣治西福傳山。明崇禎十三年建。本朝康熙三年修，四十年遷建城東南，五十二年、五十八年凡再修，雍正元年又修。入學額數十二名。

宜都縣學。在縣治東。明洪武中建。本朝康熙中屢修。入學額數八名。

荆南書院。在府城内南紀門之西。本朝康熙五十八年，知府邱天英建，并置田以供課讀。

龍山書院。舊在府城東，明察院前射圃也。本朝乾隆十八年移建學宫旁，四十九年移建城西隅。

公安書院。在公安舊縣寇公祠旁。一名竹林書院。宋孟珙因蜀士聚於公安，建爲書院，以没入田廬贍之。元廉希憲重修。本朝乾隆二十七年復葺。

繡林書院。在石首縣。乾隆十七年建。

丹陽書院。在枝江縣城内縣署後。乾隆四十四年建。

清江書院。在宜都縣治東北。元時建於白洋驛後。明正德中改名北山書院，嘉靖間移此，改今名。按：舊志載石首縣有崇正書院，枝江縣有白水書院，今并廢。

户口

原額人丁三萬五千七百一十四，今滋生男婦共三百二萬八百七十四名口，計五十一萬一千四百四十四户。又荆州衛男婦共五十三萬一千六百四十六名口，計四萬三千九百二十三户。荆州左衛男婦共二十八萬五千八百五十七名口，計四萬八千一户。荆州右衛男婦共三十一萬七千八百二十六名口，計三萬六千八百四十四户。

田賦

田地山塘八萬九百六十頃四十二畝九分有奇，額徵地丁正、雜銀一十五萬七千一百三十兩五錢六分三釐，南糧七千一百一十三石五斗四升七合，漕糧一萬九千一百八十五石七斗，蘆課銀三千八十六兩二錢七分七釐。又荆州衛屯田一千九百八十頃八十二畝六分，額徵丁糧銀三千四百五十兩三錢一分四釐。荆州左衛屯田二千二百二十一頃七分有奇，額徵丁糧銀四千八百四十九兩九錢四釐。荆州右衛屯田二千二百三十四頃一畝有奇，額徵丁糧銀四千四百八十一兩五錢九分四釐。

山川

東山。有二：一在江陵縣東。輿地紀勝：在縣東，臨北海上。一在石首縣東南七十里，一名白鶴山，相近有七子峯、鹿角峯，暨宋建寧縣舊址。又江陵縣東十里有蛇如山，一名蛇入山。

卸甲山。在江陵縣治西南。舊志云是吕蒙棄甲處。又擲甲山，在縣西一里許，相傳關忠義軍士卸甲於此。

西山。在江陵縣西二里，沮、漳水由此入江。

龍山。在江陵縣西北十五里。晉書孟嘉傳：九月九日，桓温燕龍山，僚佐畢集，有風至，吹嘉帽墮落，嘉不之覺。温命孫盛作文嘲嘉，嘉即答之，其文甚美。

太暉山。在江陵縣西北十五里。

馬房山。在江陵縣西北二十里。

八嶺山。在江陵縣西北四十里。上有八嶺，蜿蜒如龍。

紀山。在江陵縣北十里。府境山之最著名者。

稽功山。在江陵縣北。相傳五代時，高季昌築荆南外城，稽課土功於此。

竝母山。在江陵縣境。唐余知古渚宫故事：江陵徐母貲産巨萬，劉表爲荆州，母以家財迎表，曰：「素以賣竝爲業，老無兒息，願死得一塚，不見毁廢。」表許之。死葬江陵西江岡，墓西有小山，因呼爲竝母山。

太歲山。在公安縣東六十里。山高六十丈，延亘里許。其中峯最高，名曰太歲碑。

黄山。在公安縣東南七十里。山上土石皆黄，一名謝山，又名金華山，又名金峯山。寰宇記：黄山，或作「皇」，昔呼爲雎山，今或稱王山云。新志：旁有雲井、玉井，二井相貫，旱祈輒應。

香積山。在公安縣西一百五十七里。又十三里爲麝香山。

龍蓋山。在石首縣東二里。一名南嶽山。名勝志：上有石湫。水經注云大江右得龍穴水口是也，山麓有李衛公祠堂，公下江陵，曾駐師於此。

小埏山。在石首縣東二十里。

列貨山。在石首縣東三十里。一名獵貨山。下有彭田港，通洞庭湖。每水潦，湖船輒艤山下貿易，故名。

石首山。在石首縣東。元和志：江中有石孤立，爲北山之首，因名。舊唐書地理志：石首縣，取縣北石首山爲名。按：水經注大江東過龍穴而後逕石首山，今龍穴已在縣東，則石首應在極東界。府、縣志俱云在縣西北，殆誤以陽岐山當之耳。

石龍山。在石首縣東南。寰宇記：在建寧縣東南六十五里，下有石龍淙，石壁上有龍形。

石門山。在石首縣東南。

繡林山。在石首縣西南二里。明統志：舊名岐陽山。漢昭烈娶孫夫人於此。錦障如林，因名。舊有繡林亭。

麓湖山。在石首縣西南四十里。山下有湖，其麓爲高陵岡。相傳梁孝宣公主葬處。

陽岐山。在石首縣西百步〔四〕。一名東嶽山。晉書隱逸傳：劉驎之居於陽岐，在官道之側。水經注：江水又東，右逕陽岐山北，山枕大江。舊唐書地理志：石首縣，顯慶元年移治陽岐山下。

楚望山。在石首縣西二里。一名望夫山。昭烈入蜀，孫夫人鑿石爲臺於此望之，名金石臺。今臺形尚存。

問市山。在石首縣西二十里。

獅子山。在監利縣東南一百十里。上有軒轅井，相傳黄帝張樂洞庭，即此。又東南二十里曰楊林山，高不百丈，臨江岸，與臨湘縣之臨湘山對峙。

白螺山。在監利縣東南一百四十里。細石磷磷，突起平地，下俯小沙、洪湖，皆在襟帶間，與華容縣之鴨欄山相對。其旁有白螺磯、白螺洲。水經注：江水又左逕白螺山南。寰宇記：在玉沙縣西南一百四十五里。

竺園山。在松滋縣東三十里。名勝志：隋開皇間有僧過此，謂人曰：「此山似吾舍衛國竺園。」因名。其下爲鹿頸坡，形如鹿頸。旁有微徑，僅通人行。

黿山。在松滋縣東三十里。山下有洞曰靈黿洞。

虎頭山。在松滋縣南十五里。相近者曰金羊山。昔人於山下掘得石，色如金，形如羊，故名。或訛爲青羊山。

文公山。在松滋縣南九十里。相傳朱子嘗講學於此。

高峯山。有二：一在松滋縣南一百里，一名高山，上有二池；一在宜都縣西南九十里，横亘三十餘里，接宜昌府長陽縣、湖南澧州石門縣界。

程子山。在松滋縣南一百二十里。相傳程伯子嘗遊此。

雲臺山。在松滋縣南一百三十里。俗名擡山。高數百丈，山腰有四穴如甕，將雨即雲氣出。

巴山。在松滋縣西南十五里。一名麻山。晉書杜預傳：太康元年，牙門管定等夜襲樂鄉，起大巴山。宋書符瑞志：宋元嘉十三年二月丁卯，甘露降巴山。寰宇記：荆南志云，春秋時，巴人伐楚，後遁而歸，有巴復村在山北，因曰巴山。

起龍山。在松滋縣西南八十里。古名涜山。山腰有轎兒巖，山有田宜稻，旁有池曰黑龍，資以灌溉。漢書地理志：南郡高成涜山，涜水所出。

雞鬬山在松滋縣西南一百五十里。

月嶺山。在松滋縣西四十里。又二十里曰石瓦山，山形鱗次似瓦。又十里曰明月山，山嶺亭亭如月。又西二十五里曰九岡山，寰宇記謂之九包山，昔人題詩「山帶九岡青」是也。

福傳山。在枝江縣治西。形如覆船，舊名覆船山。又治北大通寺後有金雞山。

石鼓山。在枝江縣東南十里。峙立江濱，其形如鼓。

紫山。在枝江縣南五里。杜甫詩「雲隨白水落，風振紫山悲」，即此。一名著紫山。山前有文筆峯。明統志：漢昭烈入蜀，嘗於此息馬更衣，因名。昭烈愛其山水秀麗，建景帝祠，祠前有井曰神井。

募旗山。在枝江縣南二十里。相傳關忠義樹旗此山，以募軍士。

官木山。在枝江縣西南三十五里。初設縣治，取木於此。

金紫山。在枝江縣西五里。初日映山，色如金紫。又五里曰掛榜山。又十里曰石龍口山，以形似名。向南有石龍洞，水可溉田。

龍羣山。在宜都縣南十五里。

羊腸山。在宜都縣南七十里。荆州記：夷道縣東南有羊腸山，登之望見南平、沮、漳。自巴陵左右數百里，皆見此山。寰宇記：山高一千三百丈，曲屈如羊腸狀。

奇峯山。在宜都縣南七十里，接松滋縣界。

鼎足山。在宜都縣西南四十里。俗名架鍋山，三峯如鼎。

鯉魚山。在宜都縣西南六十里。山崖有石如鯉魚，霧騰則雨。

大梁山。在宜都縣西南八十里。縣境諸山，無高於此者。又二十里有通靈山，尖秀如削。相近有天堰山，絶頂三池，瀦水不竭。

三台山。在宜都縣西十五里。

宋山。在宜都縣西北三十里。宋姓者世居其下，因名。

勾將山。在宜都縣西北四十里。

丹山。在宜都縣西北。山間時有赤氣，籠蓋林間，嶺如丹色，因名。

荆門山。在宜都縣西北五十里，與虎牙山相對。荆州記：荆門江南，虎牙江北，荆門上合下開。水經注：荆門、虎牙二山，楚之西塞，水勢急峻，故郭景純江賦曰：「虎牙桀豎以屹崪，荆門闕竦而磐礴。」州志：荆門山絶頂有石横跨兩壁如橋，謂之仙人橋。舟行至此，先避虎牙而南，復避荆門而北，爲大江絶險處。

女觀山。在宜都縣西北。水經注：夷道縣北有女觀山，昔有思婦，夫官於蜀，登此山絶望，憂感而死。鄉人哀之，因名。山頂孤墳尚存。

石羊山。在宜都縣東北三十里。山多白石如羊。又有雞頭山，在縣北清江之間。

畫扇峯。在江陵縣東。一峯迥出，遠望如扇，故名。

秀峯。在松滋縣東南三里。四時葱鬱。

雙劍峯。在松滋縣南七十五里。上有煉丹臺。

高峯。在宜都縣西南九十里。横亘二十餘里，峭拔如城，接宜昌府長陽縣界。

城壕嶺。在石首縣東三十里。宋岳飛討楊么，駐兵於此，一夕壘土成之。

陽和嶺。在枝江縣南，紫山西北。宋、元學宫基也。相傳耕者曾獲銅籩於此。

走馬嶺。在松滋縣東南三十里。

馬鬃嶺。在宜都縣南七十里，通澧州慈利、石門大路。上有仙女洞。

界嶺。在宜都縣東北六十里，接荆門州當陽縣、宜昌府東湖縣界。

諸倪岡。在江陵縣東三十里。五代時，高季興將倪可福有功，分賜土田，子孫世居之，故名。又縣東五十里有斑竹岡，見唐韓翃送人之江陵詩。又縣東一百二十里有大戰岡，相傳關忠義戰處。又祭祀岡，在縣故郢城東門外，楚東郊也，歲時嘗祭祀於此。

豫章岡。在江陵縣東南。水經注：豫章口西北有豫章岡。

赤坂岡。在江陵縣西。水經注：紀南城西南有赤坂岡。

走馬岡。在監利縣北七十里。相傳高季興躍馬於此。

三十里岡。在宜都縣東五十里，接枝江縣界。

射垛巖。在松滋縣西南十五里，濱江。

穿孔巖。在宜都縣西南十五里。横亘平衍，可通車馬。

燕子巖。在宜都縣西半里，清江右岸。絶壁突出江濆。

鎮流砥。在江陵縣東南十五里沙市東。一名象鼻嘴，突出大江數十丈，捍激江水，聲如萬雷。

石簰。在枝江縣東南三里。江邊有石如簰，水涸乃見。

馬鬃磧。在宜都縣東北三里大江中。夏没冬見，行舟畏之。

八仙洞。在石首縣西二里，與楚望山連。傳有仙蹟。

星辰洞。在松滋縣南四十里。一名新勝洞。中有極深龍潭。

仙女洞。在松滋縣南九十里。高山怪石，洞出其下，洞門可達者四五重，每轉愈曲。

紅崖子洞。在松滋縣南一百里。山勢巀嵲，絶壁有洞門，門有流水，入數里復有重門，内有石室二層，可容數百人，深四十里許。

梅平洞。在松滋縣西八十里。石壁峻峭，以三尺梯登，中容數百人，有石牀、石磨。

羅老洞。在枝江縣西南二十五里。深二丈許。昔有羅姓隱此，故名。中有潭清冽，明成化四年大旱，居民禱雨於此，其年有秋。

雙謦洞。在宜都縣南六十里。分左、右二門，中有水，曲折可以流觴，紫溪源於此。又縣西南六十里有風鼓洞。

潮音洞。在宜都縣境。舊名湧泉洞。深里許，石柱大數十圍，潭深莫測。

大江。自宜昌府東湖縣，流入宜都縣界，又東南入枝江縣界，又東至松滋縣界，又東至江陵縣界，又東南至公安縣界，又東南至石首縣界，又東入監利縣界，南岸與岳州府華容、巴陵、臨湘三縣分界，又東入漢陽府沔陽州界。水經注：江水又東逕上明城北，又東會沮口，又東逕燕尾洲，東得馬牧口，又東逕江陵縣故城南，又東逕郢城南，東得豫章口，又東，涌水注之，又逕南平郡孱陵縣之樂鄉城北，又東，右合油口，又東逕公安縣北，江水左會高口，又東得故市口，又右逕陽岐山北，又東，左合子夏口，又東，左得侯臺水口，右得龍穴水口。江水自龍巢而東，得俞口，又東得清陽、土塢二口，右逕石首山北，又東逕赭要，左得飯筐上口，又東逕竹町南，又東，左得二夏浦，又左逕白螺山南。府志：大江自虎牙灘入宜都縣界，至清江嘴，過縣城北六十五里至白水港，入枝江縣界。過清夾洲，逕枝江城，歷浰洲、漏洲、羊角洲，過松滋縣北，又東爲上、下百里洲。自枝江縣界至此，凡一百六十里。中分三派，下流復合爲一，入江陵縣界，逕鴨子口、龍洲、新淤洲、新泥洲，凡二百里抵二聖洲，入公安縣界。又四十里入石首縣界，過天生洲、萬石灣，至陽岐山，逕縣城北，逕團河洲、劉發洲、蔡家洲、赭要洲，凡一百九十里抵塔市口，入監利縣界，過金牛洲、殷家洲、兔兒洲，凡一百三十里，至荊河口，會洞庭湖水，流至白螺磯，入漢陽府沔陽州界。按：禹貢「岷山導江，東別爲沱，又東至於澧」，而今澧水北去江二百餘里，説者遂以禹貢之文爲不可解。考水經注云：「江水又東逕上明城北，江汜枝分，東入大江，縣治洲上，故以枝江爲稱。又江陵縣西有洲，號曰枚迴洲，江水自此兩分而爲南、北江。」寰宇記云：「百里洲首派別，南爲外江，北爲内江。」王晦叔云：「枝江縣百里洲，夾江、沱二水之間，其與江分處謂之上沱，與江合處謂之下沱。」蓋南江在古時，爲岷江之正流。江陵縣西南二十里有虎渡口，南江從此東南流，注於澧水。而北江則沱水也。其後北江漸盛，南江漸微，世反以南爲沱、北爲江矣。

夏水。在江陵縣東南，東流入監利縣界，又東流入漢陽府沔陽州界。一名長夏港，又名魯洑江，又名大馬長川。漢書地理志：華容夏水首受江，東入沔，行五百餘里。水經：夏水出江津，於江陵縣東南，又東過華容縣南。注：江津豫章口東有中夏口，是夏水之首，江之汜也。夏水自華容縣東北逕成都郡故城南，又東逕監利縣南，又東，夏楊水注之。寰宇記：盛弘之云：「夏首又東二十餘里有滑口，二水之間謂之夏洲，首尾七百里。」郭仲産云：「此水冬塞夏通，因名夏水也。」舊志：夏水在監利縣東南三十里，一名魯洑江，其上流曰大馬長川。

涌水。在江陵縣東南。自監利縣流入，夏水枝流也，俗名乾港河。左傳莊公十八年：閻敖遊涌而逸。杜預注：涌水在南郡華容縣。水經注：江水又東，涌水注之，水自夏水南通於江，謂之涌口。

沮水。在江陵縣西，自襄陽府南漳縣流入荆門州遠安縣界，又南入當陽縣界，合漳水，南至府城西入江。水經注：沮水東南逕汶陽郡北，即高安縣界，南逕臨沮縣西，又屈逕其縣南，又東南逕當陽縣城北，又南逕麥城西，與漳水合，又東南逕長城東，又東南流注於江，謂之沮口。府志：沮水入遠安縣南流，會福河溪水，西會通天樓河，繞縣南流，會老龍洞溪水，至當陽縣合溶市合漳水，至江陵入大江。其入江處，謂之兩河口，即沮口也。按：沮水舊分二支，一支自江陵入江，一支自枝江入江。枝江之流，明萬曆二十五年，因沮水泛溢，甃壖塞之，沮水遂逕從江陵入江，其塞處謂之瓦剅河。

靈谿水。有二。一在江陵縣西。荆州記：大城西九里有靈谿水。水經注：江水北合靈谿水，水無泉源，上承散水，合成大谿，南流注江。江谿之會，有靈谿戍。一在公安縣南。隋書地理志：公安有靈谿水。按：舊志監利縣西北有靈港水，引水經注：「華容縣有靈港水，西通赤湖。」今據文淵閣本亦作靈谿，似監利之靈谿水，與江陵、公安爲三矣。但觀江水逕江陵下，即至華容，下文揚水本在江陵，而入華容，靈谿水注之，則靈谿乃在江陵爲上流，至監利其下流耳，實非二水。舊志別出靈港水，誤也。公安之靈谿，府志亦云今無考。

揚水。在江陵縣北。水經注：江陵紀南城西南有赤坂岡，岡下有瀆水，東北流入城，名曰子胥瀆。又東北出城西南，注於龍陂，陂水又逕郢城南，東北流，謂之揚水。又東北，路白湖水注之。又東歷天井北，又東北流，東得赤湖水口，又東入華容縣，有靈谿水，北流注於揚水。揚水又東北與柞溪水合，柞溪東注船官湖，又東北入女觀湖，又東入於揚水。

淪水。在公安縣東。水經注：油水東有景口，景口東有淪口，淪水南與景水合，又南通澧水及諸陂湖。舊志：城東河，江水自江陵縣虎渡口分流，入公安縣東北境爲東、西港，又東南流八十里至四水口。又四十里至三汊河，分爲二：一南出安鄉縣景港河，一西流通縣南百里牛浪湖，入松滋縣界溪河。

油水。在公安縣西，自松滋縣流入。「油」古作「繇」。一名白石水，今名油河。漢書地理志：南郡高成繇水，南至華容入江，過郡二，行五百里。水經：油水出武陵孱陵縣西界，又東北入於江。注：縣有白石山，油水所出，東逕其縣西，與洈水合，逕公安縣西，又北流注於大江。

洈水。在松滋縣南。源出縣西南起龍山，南河出山南，北河出山北，合而東流，入王家湖，至公安縣界入油河。今名梅溪河。水經注：洈水出高成縣洈山，東逕其縣下，東至孱陵縣入油水。

白水。在枝江縣西。源出宜昌府鶴峯州，自宜都縣流入，入於江。

丹水。在宜都縣西南。東北流入清江。水經注：丹水出望州山，山根東有湧泉成溪，即丹水所發也。天陰欲雨，輒有赤色，故名。又東北注於夷水。

夷水。在宜都縣北。自宜昌府長陽縣界流入，今名清江。水經：夷水又東過夷道縣北，東入於江。注：夷水又東逕釜瀨，又東北，丹水注之，又東北逕夷道縣北而東注，又逕宜都縣北，東入大江。亦謂之佷山北谿。府志：清江至白巖鋪，入宜都縣界，過蘄塘灣市，至清江口入江。

丫角廟河。在江陵縣東七十里。自漢江分流，入安陸府潛江縣界夜叉口，至丫角廟入境，分二派：一流入瓦子長湖；一南流匯水諸湖，入監利縣界，又東五里爲浩子口河。

虎渡河。在江陵縣西南二十里，龍洲南岸。大江逕此分流，南至公安縣界東、西港口，會孫黄河、便河之水，東過焦圻、一箭河，至港口入洞庭。即禹貢所云「東至於澧」是也。輿地紀勝有虎渡隄，在大江南岸。後漢時郡境猛獸爲害，郡守法雄令毁去陷阱，害遂息。宋乾道四年寸金隄決，江水齧城，帥方滋使人決虎渡隄以殺水勢。七年，漕臣李燾復修築之〔五〕。

漕河。在江陵縣北。自荆門州流入，至城東北名草市河。至城東南沙市，名沙市河，亦名龍門河。方輿勝覽：江陵府城下漕河乃晉元帝時所鑿，自羅堰口入大漕河，由里社穴、沌口、沔水口直達漢江。按：江陵先有大漕河在縣北。晉書杜預傳「舊水道惟沔、漢達江陵，千數百里，北無通路，預乃開楊口，起夏水達巴陵，内瀉長江之險，外督零、桂之漕」，是爲大漕河，今荆門州之建陽河是也。其上流亦淤，不能通漢，而下流匯爲瓦子湖。至宋元嘉中所開，乃東城下漕河，又入於大漕河者也。宋端拱元年，閻文遜奏開東漕渠，自獅子口入漢，達於襄陽。天禧末，尚書郎李夷庚濬古渠，達夏口，以通賦輸。後諸口多淤塞，今漕河上流，僅自紀山通草市，名太暉港，與大漕河不相通矣。宋志又云高季興於城西柳門及子城置倉開漕，高從誨以龍山門迎城，開白洑河水入城，北向東漕河。此又縣西別開之漕河也，今湮没無考。

焦山河。在石首縣東。一名焦山港。大江支流。自調絃口分流，逕焦山下，入岳州府華容縣境，注洞庭湖。

便河。在石首縣西二里，通縣南二十五里列口，達洞庭湖。久塞。明正統十一年開濬，嘉靖間復濬，置官倉於河干，民便輸漕。

分鹽河。在監利縣北七十里。又有胭脂河，僞漢陳友諒以此河漁利，充侍妾脂粉費。下二里又有横河，北通分鹽。三河皆入十里外龍潭河，入漢陽府沔陽州界。

林長河。在監利縣東北三十里。

石牌河。在松滋縣南。上流數百步有龍潭，又數里有龍洞，下流合澆水。又有裴家河，在縣南，流入油水。又縣南有吴仁河，自赤岸潭遶劍峯山麓而東流。

漢陽河。在宜都縣西南。自歸州長陽縣流入，合清江。

鶴澤。在江陵縣西。名勝志：羊祜鎮荆州，嘗於澤中取鶴，教之翔舞，以娱賓客。

雲夢澤。在監利縣南。漢書地理志：南郡華容，雲夢澤在南。水經注：監利縣土卑下，澤多陂池，西南自州陵東界逕於雲杜、沌陽爲雲夢之藪。韋昭曰：「雲夢在華容縣。」按：春秋魯昭公三年鄭伯如楚，子産備田具，以田江南之夢。郭景純言華容縣東南巴邱湖是也。杜預云：「枝江縣、安陸縣有雲夢，蓋跨川亘濕〔六〕，兼包勢廣矣。」

五葉湖。在江陵縣城内，古渚宫地。昔湖側有張被，五葉同居，故名。

東湖。在江陵縣東門外五里。宋張商英種蓮，建佛華寺，與名賢泛賞其間，廣袤數里。

三湖。在江陵縣城東。荆州記：江陵城東三里餘有三湖，廣數十里，倚北湖、倚南湖、廖臺湖皆其一隅。水經注：龍陂水又東北流，路白湖水注之。湖在大港北，港南曰中湖，南隄下曰昬官湖。三湖合爲一水，東通荒谷，春夏水盛，則南通大江，否則南迄江隄。

王湖。在江陵縣東五十里。又瓦子湖，亦在縣東五十里，一名長湖。上通大漕河，水面空闊，無風亦瀾，會三湖之水以達沔。相近有象湖、豉湖。

紅馬湖。在江陵縣東一百里。上承三湖，下入白螺，春夏水漲，浩淼無涯。近南即白鷺湖，上承長夏港水，東流南曲，襟帶民居。唐大曆中王棲霞隱此。又縣東南四十里有夾湖。

南湖。在江陵縣南三里。唐鄭審謫江陵，構亭其上。杜甫寄審詩云「南湖日叩舷」，即此。又礟臺湖、蝦蟇湖，在縣南三十里。百子湖、小塘湖，在縣南四十里。

大金湖。在江陵縣西南五十里。

西湖。有二：一在江陵縣西十里，一在松滋縣東南。廣十里，中多菱芡。

赤湖。在江陵縣東北，與瓦子湖相連。一名太白湖。李白曾泊舟於此，故名。東出梅家嘴，與三湖合流。水經注：赤湖周五十里，城下陂池多來會同。

重白湖。在公安縣東四十里。又縣南三十五里有蒲家湖。又縣南六十里有烏泥湖。

牛浪湖。在公安縣南。又縣西南三十里有斗隄湖，其形如斗，邑之巨障。又七十里有軍湖。

白水湖。在公安縣西北十里。相近有貴紀湖。

神油湖。在公安縣北二十餘里茅穗鄉。又白蓮湖，在縣東北四十里。又二十里有陸遜、王茂二湖。又有柳浪湖，在舊縣西南，湖中高阜數十畝，皆種柳。

鶴巢湖。在石首縣東三里，龍蓋山東北。又平湖，在縣東十里，溉田甚廣，多蓮藕。又十里有萬乘湖。又二十里有披甲湖。又十里有冷水湖。

上津湖。在石首縣東南三十五里。

曹屯湖。在石首縣西南四十五里，相傳魏武屯兵處。又縣西四十里有張屯湖，云是張飛屯兵處。

蔣師湖。在監利縣東十五里。

南江湖。在監利縣西。又西北三十里有蓮頭湖。又縣北六十里有化邱湖，洲平如砥，水遶如玦。又縣東北三十里有白艷湖，大抵皆江夏之溢流。

天井湖。在監利縣北六十里。南齊書祥瑞志：建元元年，郢州監利縣天井湖，水色忽澄清，出棉，百姓採以爲纊。

邱家湖。在松滋縣東三十里，中有羅公洲。又二十里有馬溪湖。西有蓮花壋，延亘數里。又東十里爲豆花湖，東接張柏，南通沙河，西通馬溪，北近大隄。又二十里有張柏湖，闊二十餘里，接江陵縣界。

三岡湖。在松滋縣東南，流入公安縣界。水環四十餘里，中有鐵嘴岡、湖中岡、王家岡。相近又有黃家湖、唐林湖、蝦子湖、大口湖、大耳湖，並水漲則合，水落則分。

孫家湖。在枝江縣東北七十里。

潘家溪。在松滋縣西五里。又五十五里有羊子溪，流入唐林湖。

滄茫溪。有二：一在枝江縣東十五里，東流與渃溪合；一在宜都縣東北三十里，一名瑪瑙溪。輿地紀勝：滄茫溪生五色石，細紋，紅如瑪瑙，青如玻璃。舊志：源出宜都縣東北三十里岡，即東林陂，曲折成溪，下流入大江。

渃溪。在枝江縣東三十里。水通大江，江行多避風於此。

三郎溪。在枝江縣東南三里石篺之左。

洋溪。在枝江縣南，接松滋縣界，東北入江。

紫溪。在宜都縣南。源出雙壑洞，西流入漢陽河。

富金溪。在宜都縣西三十里。產竹木柴炭。

杌木溪。在宜都縣西北三十里。逆流溪北，遶杌木洲入江。又十里有白巖溪，兩岸險峻，竹木叢生。

梔子溪。在宜都縣西北五十里。水可灌田。又十里有橫溪。

泥港。在江陵縣東北六十里。周廣二十里，支流曲浦，纏絡町墟。

洋港。在公安縣東北四十里，白蓮湖左。又蓮花港、黄土港，俱在東北。板橋東港、黑林港在魯陂。

竹林港。在石首縣西北六十里。地多竹。元大德中，江水決於此，爲隄防要口。

曹鞭港。在監利縣東三十里。

劉郎浦。在石首縣西北。一名劉郎洑。通鑑：後唐天成三年，高季興水軍至劉郎洑。胡三省注：「江陵府石首縣沙步有劉郎浦，蜀先主納吴女處。」

燕尾洲。在江陵縣西南十五里。水經注：江水又東逕燕尾洲。

枚迴洲。在江陵縣西南六十里。水經注：江陵縣有洲號曰枚迴洲，江水自此兩分而爲南、北江。北江有故鄉洲，洲下有龍洲，洲東有寵洲。二洲之間，世擅多魚。其下謂之邴里洲，洲有高沙湖。湖東北有小水通江，名曰曾口。寰宇記：荆州志云：「州大洲有三。首曰枚迴，盛弘之以爲村名，舊云是梅槐合生成樹，故謂之梅槐；中名景里；下名鷰尾。」荆南志云：「此洲北江呼爲薔薇江。」按：梅槐合生之説，與邴里别作景理、奉城别作蚌城，俱是聲相近而訛也。

九十九洲。在江陵縣西六十里，分屬枝江、松滋二縣界。水經注：盛弘之曰：「自枝江縣西至上明，東及江津，其中有九十九洲。」南史梁元帝紀：江陵先有九十九洲，桓玄爲荆州刺史，鑿破一洲，以應百數，隨而崩散。太清末，枝江楊闇浦復生一洲，明年而帝即位。承聖末，其洲與大岸相通，惟九十九云。

采石洲。在公安縣東北十里。湧出江心，上多五色石，邑人遊者，恒以得石多寡角勝焉。

赭要洲。在石首縣東。水經注：大江又東逕赭要。赭要，洲名，在大江中，次北湖洲下。

浰洲。在枝江縣東五里大江中。浰洲之下曰漷洲，漷洲之下曰關洲，關洲之尾又有王家堰。

㴜洲。在枝江縣東六十里。㴜洲之尾曰灞洲，灞洲之東南曰南渚洲，去縣七十里，一名羊角洲。又南爲響龍潭，北爲江岔口。又十里爲蘆洲，其下爲樺洲。

百里洲。在枝江縣東，接江陵縣界。水經注：盛弘之曰：「枝江縣左右有數十洲，槃布江中，百里洲最大，其中桑田甘果，映江依洲。」寰宇記：荆州圖云：「其上寬廣，土沃人豐，陂潭所産，足穰儉歲，又時宜五穀〔七〕。」荆南志云：「縣界内洲大小凡三十七，其十九人居，十八無人居。」縣志：明嘉靖中，爲江水衝斷，分爲上百里洲、下百里洲。

澌湟洲〔八〕。在枝江縣東南八十里。舊爲澌、湟二洲，後併爲一。約寬五十餘里，有石閘。宋史地理志云：嘉熙元年，枝江曾移治澌湟洲。

迤洲。在枝江縣東北。一名延洲。水經注：枝江縣東北十里土臺北岸有迤洲，長十餘里。

富城洲。在枝江縣東北。

豫章口。在江陵縣東南。晉書劉毅傳：王弘等率軍至豫章口，於江津蟠舟而進。水經注：江水又東得豫章口，夏水所通也。西北有豫章岡，蓋因岡而得名矣。或言因楚王豫章臺名。

鶴穴口。在江陵縣東南九十里。一名郝穴口。大江經此分流，東北入紅馬湖。宋書五行志：桓玄在荆，詣刺史殷仲堪，行至鶴穴，逢一老公驅青牛，形色瓌異，玄即以所乘牛易之，乘至零陵涇溪，駿駛非常，因息駕飲牛，牛逕入江水不出。按：郝穴與虎渡爲大江南北岸分洩要口，明嘉靖初築塞郝穴，大江遂溢。隆慶中復濬。又縣志云，獐捕穴在鶴穴上，九穴之一也。元大德間，重開六穴口，江陵則鶴穴，監利則赤剥穴，石首則宋穴、楊林、調絃、小岳，而獐捕不與焉。松滋有采穴，潛江有里社穴，合諸穴而九。

江津口。在江陵縣南。水經注：洲上有奉城，亦曰江津戍。戍南對馬頭岸，北對大江，謂之江津口，故洲亦取名焉。江大自此始。家語云：「江水至江津，非方舟避風，不可涉也。」郭景純云：「濟江津以起漲。」言其深廣也。荆州方輿書：江水又逕御路口東，播於沙市津，巷口即古江津口。

龍穴口。在石首縣東。水經注：大江右得龍穴水口，江浦右迤也，北對虎洲。又洲北有龍巢，地名也。昔禹濟江，黄龍夾舟，故水地取名矣。按：路史以龍巢及水口皆在江陵，荆州輿圖書謂江水過子夏口而得龍山，故名龍穴。當從輿圖。

斷岡口。在石首縣東二十五里。相傳爲楊么所斷，以通舟楫。

宋穴口。在石首縣東三十里。

調絃穴口。在石首縣東六十里。岸上有調絃亭。水溢則洩入監利界。又東十里有朱家套。

楊林穴口。在石首縣西三十里。相近有白沙套。又三十里有西湖口，水通澧州安鄉縣，入洞庭湖。

小岳穴口。在石首縣西北十五里，大江北岸。水溢時，通柳子口。柳子口在縣北六十里，水泛時，通漢、沔。

尺八口。在監利縣東南九十里，上通大江，下通夏水。

西江口。在監利縣東南。水經注：江水又東左得二夏浦，俗謂之西江口。

錦水口。在監利縣西北四十五里。

毛家口。在監利縣東北二十二里，夏水經流處。

落馬灣。在石首縣東十五里。又四十五里有潭子灣，相近有李金灣。

萬石灣。在石首縣西楚望山麓，與劉郎浦相近。

車水灣。在監利縣東四十里，宋時江漲於此。

堆烏灘。在枝江縣東五里，響聲如雷，入蜀第一灘也。

白馬淵。在江陵縣東十里，漢水入郡交匯處。

荷葉淵。在江陵縣東南十五里。又二里爲張老淵，俱在高王古隄下。又有巢伯淵，去大江五里，相傳昔有巢翁居此。

蒲家淵。在監利縣西二十里。又三十里有水頭淵。

湖里淵。在宜都縣西北。水經注：夷道縣北有湖里淵，淵上橘柚蔽野，桑麻闇日。西望佷山諸嶺，重峯叠秀，青翠相臨，時有丹霞白雲遊曳其上。

黄潭。在江陵縣東三十里。宋史河渠志：紹興二十八年，監察御史都民望言：「江陵縣東沿江北岸古隄一處，地名黄潭。建炎間，邑官開決放入江水〔九〕，設險禦盗，既而潦漲，因民訴塞之，宜於農隙修補，勿致損壞。」從之。縣志：在大江北，逼近江隄，内外皆水，捍築最難爲力。

五色潭。在江陵縣西龍山門外。水氣上浮，時成五色，或亦謂之龍潭。相傳下有九牛三鑊以鎮水災。又白龍潭，在縣北四十里紀山寺後。潭石黯黑，相傳有伏龍，禱雨輒應。

白楊潭。在石首縣南五里。水通洞庭湖，商賈所集，東抵黄金隄，兩岸多白楊，潭以此名。

龍潭。在松滋縣東十里。相傳有龍潛此。

余家潭。在松滋縣東二十里。隄防要口。

石泉。在松滋縣治東。水出石潭中，四時不竭。

六眼泉。在松滋縣西南八十里。分六眼湧出，復合爲一。

石笋泉。在枝江縣東南六十里。其石如笋，傍有泉。

赤魚泉。在宜都縣西二十里，時有赤魚游泳其中。又五里有五眼泉，上有龍祠，五竅流泉，時有龍見。

龍陂。在江陵縣紀南城西南。晉書武帝紀：咸熙四年冬十月，吴將萬郁寇襄陽，遣太尉義陽王望屯龍陂。水經注：龍陂，古天井水也，廣圓二百餘步，在靈溪東江隄内。水至淵深，有龍見於其中，故曰龍陂。

清風池。在江陵縣治東北隅。方數百步。又有明月池，皆在分省街南。五代時高氏所鑿。又天鵝池，在縣西四十里。

藕池。在石首縣西五里，濱大江。明嘉靖四十五年，江決於此，亦隄防要口。

白水池。在監利縣治旁。又縣治學宫後有瑞蓮池，明永樂中嘗産並蒂蓮，故名。又縣治後有小山池。又孟家池，在縣東一里，産千葉蓮。

大城池。在監利縣東南一百里，通尺八口。相近有許家池，其廣如湖，民漁其中。

飲馬池。在枝江縣南五里。又有蓮花池，産白蓮則兆豐年。

天井。在江陵縣東二十里。水經注：楊水又東歷天井北，井在方城北里餘，廣圓二里，其深不測。井有潛室，見輒兵。西岸有天井臺，臨際水湄，遊憩之佳處也。

八角井。在江陵縣東。下有泉竇通江，以水淺深，識江流消長。後人作石塔鎮之。

澆花井。在江陵縣東南。荆州志：章臺寺内有沉香井，楚靈王所甃也。亦名澆花井。

廉泉井。在石首縣治前。其水瑩潔，大旱不涸。

麻山井。在松滋縣西南十五里。

大通井。在枝江縣治西。水可療病。相近有鐵索井。

鹽井。在宜都縣南三里，明星嶺東。三竅湧出，味稍鹹，遠近汲之。

仙井。在宜都縣西北三十里宋山上。一名仙女井。相傳宋時有女，羽化於此，旱禱輒應。

無盡井。在宜都縣東北十里，張商英墓前。商英别號無盡居士，井因以名。

雲池。在宜都縣北大江中。水淺乃見，中富魚蝦，民藉其利。

龍窩。在宜都縣東南十五里，大江右岸。相傳龍潛於此。

古蹟

江陵故城。今府治。本春秋楚渚宫地。漢置江陵縣，歷代因之。舊唐書地理志：江陵縣今治所，晉桓温所築城也。輿地紀勝：後唐同光四年，高氏嘗分置碧泉縣，與江陵分理，江陵故城在東南。名勝志：縣有東西二城。蕭詧稱藩於魏，魏以詧爲梁王，居西城，置總管以輔之，居東城，是也。縣志：江陵子城，高氏内城也，倪可福所築。明初，湘獻王居之，號湘城。天啓丁卯，惠藩至國，又號惠城。崇禎十四年毁。按：唐僖宗乾符五年，王仙芝至荆，遂陷羅城，將佐共治子城守之，是則羅城者大城，而子城在内，非自高氏始有内城也。

郢縣故城。在江陵縣東南。楚平王所都。漢置縣，屬南郡。後漢省。漢書地理志：南郡郢，楚别邑，故郢。水經注：江水又東逕郢城南，子囊遺言所築城也。地理通釋：屈原哀郢曰：「顧龍門而不見，孰兩東門之可蕪。」注云：「楚都南關二門，一名龍門，一名修門。兩東門，郢都東關有二門也。」

安興故城。在江陵縣東三十里。晉置新興郡，領廣牧縣，宋、齊因之。後廢郡。隋改縣曰安興，唐省。晉書地理志：元帝渡江，僑立新興郡。宋書州郡志：新興太守領縣定襄、廣牧、新豐。隋書地理志：南郡安興，舊置廣牧縣，開皇十一年省安興入，仁壽初改曰安興。唐書地理志：江陵，貞觀十七年省安興縣入焉。

孱陵故城。在公安縣南。漢置縣，屬武陵郡。晉改屬南平郡。隋省。宋書州郡志：南平内史領縣孱陵，二漢舊縣，屬武陵。晉太康地志屬南平。水經注：孱陵縣治故城，劉備孫夫人更修之。其城背油向澤。隋書地理志：公安，開皇九年省孱陵縣入。

公安故城。在今公安縣東北。三國漢置縣。晉改名江安，屬南平郡。陳復曰公安，移荆州治此。隋屬南郡。唐、宋俱屬江陵府。元屬中興路。明末始還今治。江表傳：周瑜爲南郡太守，分南岸地以給劉備，别立營於油江口，改名爲公安。宋書州郡志：南平内史領縣江安，晉武帝太康元年立。陳書陸子隆傳：時荆州新置治於公安，城池未固，子隆修建城郭。舊志：公安縣舊治油江口，明崇禎元年始還今治。

建寧故城。在石首縣東南七十里。宋置縣，尋省。寰宇記：建寧縣在江陵郡東二百三十里。唐元和十一年，以人户輸納不便，於白臼置徵科巡院。乾德三年，升爲建寧縣。輿地紀勝：建寧縣，元祐元年復置，崇寧五年復省，以其地入石首、監利、華容三縣。縣志：今縣東七十里有建寧廟，即縣故址，在東山。

華容故城。在監利縣西北。本春秋許容城地。漢置縣，屬南郡。南齊後廢。漢書地理志「南郡華容」注：「應劭曰：春秋『許遷於容城』是。」宋書州郡志：南郡太守領縣華容，漢舊縣，晉武帝太康初省，後復立。水經注：華容縣北臨中夏水。杜佑通典：監利縣，漢華容縣。

監利故城。在今監利縣北。晉屬南郡。宋、齊俱屬巴陵郡。隋屬沔陽郡。唐屬復州。宋屬江陵府，南渡後移於今治，而此城廢。宋書州郡志：巴陵太守領縣監利。按晉起居注，太康四年，復立南郡之監利縣，尋復省之。言由先有而被省也。疑是吴所立，又是吴所省。孝武孝建元年，割南郡之監利縣，度屬巴陵。水經注：監利縣，江之北岸上有小城，故監利縣尉治也。寰宇記：監利縣，梁開平三年，以高氏割據，遂屬荆州。舊志：宋端平間，孟珙帥荆湖，以舊城圮於水，遷今治。故城在縣北上坊東村，今曰舊縣。

成都故城。在監利縣西北。晉置，爲成都王穎國，尋併。晉書地理志：懷帝時，割南郡之華容、州陵、監利三縣，别立豐都，合四縣置成都郡，爲成都王穎國。建興中併還南郡。

高成故城。在松滋縣南。漢置縣，屬南郡。後漢省。漢書地理志：南郡高成。通典：松滋縣，漢高成縣地。

松滋故城。在今松滋縣西。晉置縣，屬南郡。宋、齊屬河東僑郡。隋仍屬南郡。唐、宋屬江陵府，南渡後移治。宋書州郡志：南河東太守領縣松滋。前漢屬廬江，後漢無。晉屬安豐，疑是有流民寓荆土故立。隋書地理志：南郡松滋，江左舊置河東郡，平陳郡廢。舊唐書地理志：荆州松滋，漢高成縣地，屬南郡。松滋亦漢縣名，屬廬江郡。晉時松滋人避亂至此，乃僑立松滋縣，因而不改。舊志：宋紹興間，嘗遷治縣東南二里之瀼口，即今治。

枝江故城。在今枝江縣東。漢置枝江縣，屬南郡。唐、宋俱屬江陵府，南渡後始移治。荆州記：縣舊治沮中，又移出百里洲，西去郡一百里。水經注：江汜枝分，東入大江，縣治洲上，故以枝江爲稱。其地故羅國，蓋羅徙也。羅故居宜城西山，楚文王又徙之於長沙。輿地紀勝：舊縣在百里洲西首，曰岑頭，縣居其上。後漢岑彭曾憩此，因名。宋史地理志：江陵府枝江，建炎四年，江陵寄治，紹興五年還舊。嘉熙元年，移漸湟洲〔一〇〕。咸淳六年，移江南白水埠下沱市。

夷道故城。在宜都縣西北。漢置縣，屬南郡，後漢因之。晉、宋、齊俱屬宜都郡。隋屬夷陵郡。唐省入宜都。宋書州郡志：宜都太守領縣夷道，漢舊縣。水經注：夷道縣，漢武帝伐西南夷，路由此出，故曰夷道。桓温父名彝，改曰西道。魏武分南郡置臨江郡，劉備曰宜都，治在縣東四百步。故城，吴丞相陸遜所築也。舊唐書地理志：貞觀七年，省夷道入宜都。通典：漢夷道縣故城，在今宜都縣西。

紫陵廢縣。在江陵縣東。隋置縣，唐初廢。隋書地理志：南郡紫陵，西魏置華陵縣，後周改名焉。其城南面，梁置鄀州，又置雲澤縣。大業初，州縣俱廢入焉。

長寧廢縣。在江陵縣西。唐書地理志：上元元年，析江陵置長寧縣，二年省枝江入長寧。大曆六年，復置枝江，省長寧。

中興廢縣。在江陵縣東南沙市，地名赤岸。元至元中置縣，明初省。

旌陽廢縣。在枝江縣北。晉書地理志：南郡旌陽。宋書州郡志：文帝元嘉十八年，省併枝江。二漢無旌陽。見晉太康地理志，疑是吴所立。

紀南城。在江陵縣北。楚文王以後所都，一名郢城。水經注：江陵西北有紀南城，楚文王自丹陽徙此，班固言楚之郢都也。括地志：紀南故城，在荆州江陵縣北五十里。通鑑：晉義熙元年，南陽太守魯宗之擊破桓振將温楷於柞溪，進屯紀南。名勝志：紀南城，以在紀山之南而名。

冶父城。在江陵縣東南。左傳桓公十三年：莫敖縊於荒谷，羣帥囚於冶父以聽刑。荆州記：荒谷北有小城，名曰冶父。水經注：三湖東通荒谷，東岸有冶父城。

津鄉城。在江陵縣東。荆州記：江陵縣東三里有津鄉。

方城。在江陵縣東。一名萬城，宋趙葵避父諱改。水經注：楊水北逕方城西，方城即南蠻府也。盛弘之曰：「南蠻府東有三湖。」

江津城。在江陵縣南，亦稱奉城。水經注：奉城故江津長治所，舊主度州郡貢於洛陽，因謂之奉城。通鑑：晉義熙元年，劉毅等諸軍至馬頭，桓振挾帝出屯江津。注：「江津戍在江陵，南臨江渚。」按：寰宇記有蚌城，即奉城之訛。

馬牧城。在江陵縣南。水經注：江陵城南有馬牧城，西側馬徑。府志：城旁即馬牧口。

赤湖城。在江陵縣東北。輿地紀勝：赤湖城在江陵縣赤湖。

孫夫人城。在公安縣西。元和志：在孱陵縣城東五里，漢先主孫夫人所築。

吕蒙城。在公安縣東北。入蜀記：光孝寺後有廢城，髣髴尚存，圖經謂之吕蒙城。

馬頭城。在公安縣東北。一稱馬頭戍。荆州記：灌羊湖西三十里有馬頭戍。水經注：江津戍南對馬頭岸，昔陸抗屯此，與羊祜相對。通典：馬頭故城，在公安縣西北。

倉儲城。在公安縣東北。水經注：淪水相接，悉是南蠻府屯。側江有大城，相承云倉儲城，即邸閣也。名勝志：今縣北倉隄一帶俱是城蹟，但爲水淹，微見遺址。

龍城。在公安縣西永安鄉。一名龍牆，上曰上龍牆，下曰下龍牆，中有城曰雞鳴城。遺址甚具。

鄖城。在松滋縣東南五十里。一名楚城。楚昭王時鄖公所築。

諸葛城。在松滋縣東五十里。相傳諸葛亮所築。

樂鄉城。在松滋縣東。水經注：江水又逕南平郡孱陵縣之樂鄉城北，吴陸抗所築。後王濬攻之，獲吴水軍都督陸景於此。

上明城。在松滋縣西。水經注：江水又東逕上明城北。晉太元中，苻堅寇荆州，刺史桓沖徙渡江南，使劉波築之，移州治此。其地夷敞，北據大江。

丹陽城。在枝江縣西。後漢書郡國志：南郡枝江有丹陽聚。通典：枝江縣，楚文王自丹陽徙都，亦曰丹陽。

息壤。在江陵縣南。山海經：洪水滔天，鯀竊帝之息壤，以湮洪水。帝怒，令祝融殺之羽山。輿地紀勝：溟洪録云，江陵府南門有息壤，元和中裴宇牧荆州，掘之得石城，與江陵城同。中徑六尺八寸，徙棄之。是年，霖雨不止，遂埋之。

劉驎之故里。在石首縣西陽岐山下。世説：桓車騎在荆州，張玄爲侍中，使至江陵，路經陽岐村，俄見一人持半小籠生魚，徑來造船云：「有魚欲寄作鱠。」張乃維舟而納之。問其姓氏，稱是劉遺民。張素聞其名，大相欣待。劉了無停意，既進鱠便去。張乃追至劉家，爲設酒，殊不清旨，方共對飲，劉便先起云：「今正伐荻，不宜久廢。」張亦無以留之。

青楊巷。在江陵縣東南沙市。北史何妥傳：蘭陵蕭昚有雋才，住青楊巷，妥住白楊頭，時人爲之語曰：「世有兩雋，白楊何妥，青楊蕭昚。」

垂車坊。在江陵縣東。方輿勝覽：朱昂，太宗朝爲翰林學士，引年請老，上以荆南故苑賜之，力辭，乃賜城東一坊。是時知制誥陳堯咨爲尹，爲題其坊曰「垂車」。

津鄉。在枝江縣西。左傳莊公十八年：巴人伐楚。十九年，楚子禦之，大敗於津。水經注：枝江縣西三里有津鄉，郭仲産云，尋楚禦巴人，枝江是其途便，此津鄉即其地也。

渚宫。在江陵縣城内西北隅。左傳文公十年：子西沿漢泝江將入郢，王在渚宫下見之。水經注：今城，楚船官地，春秋之渚宫。名勝志：渚宫，楚之别宫。梁元帝於渚宫故地修造臺榭。

湘東苑。在江陵縣城内，今廢。渚宫故事：湘東王繹於子城中造湘東苑，穿池構山，長數百丈，植蓮浦中，緣岸雜以奇木。其上有通陂閣，跨水爲之。南有芙蓉亭。東有禊飲堂，堂後有隱士亭，亭北有真武堂，堂有射堋馬埒。其西有鄉射堂，堂置行堋，可得移動。東南有連理堂，堂前柰生連理，當時以爲湘東踐祚之瑞。北有映月亭、修竹堂、臨水齋。前有高山，山有石洞，潛行委宛二百餘步。山上有陽雲樓，樓極高峻，遠近皆見。北有臨風亭、明月樓。又有竹林堂。

一柱觀。在松滋縣東邱家湖中。渚宫故事：宋臨川王義慶在鎮，於羅公洲立觀甚大，而惟一柱，故名。府志：宋紹興二十年，松滋縣令吕令問移觀之名於大橋。

五花館。在江陵縣城内。錢易南部新書：荆南城中舊有五花館，待賓客之上地也。

萬卷閣。在江陵縣治東。明統志：宋咸平初，朱昂與弟協致仕，於所居建此閣，藏其手抄書萬卷，故名。

釣臺。在江陵縣東。水經注：龍陂北有楚莊王釣臺，高三丈四尺，南北六丈，東西九丈。

漸臺。在江陵縣東六十里。劉向列女傳：貞姜，齊侯女，昭王夫人。昭王出遊，留之漸臺之上。

絳帳臺。在江陵縣西南。方輿勝覽：漢馬融爲南郡太守，坐高堂，施絳帳，前授生徒，後列女樂。今子城鼓角樓之西絳帳臺，是其處也。

落帽臺。在江陵縣西北龍山，以晉孟嘉事築。

大暑臺。在江陵縣東北。水經注：赤湖東北有大暑臺，高六丈餘，縱横八尺。一名清暑堂。秀宇層明，通望周博，遊者登之以暢遠情。輿地紀勝：宋臨川王義慶在郡，築清暑臺。按：寰宇記作大楚臺。

讀書臺。在江陵縣東。南北朝梁文範先生劉虯讀書處。名勝志：江陵城東法相院，五代時高從誨建，有讀書堂，蓋本之南梁文範先生也。

濯纓臺。有二：一在江陵縣西。唐相段文昌嘗於江陵街西見有大宅，門枕流渠，醉後濯纓而言曰：「我爲江陵節度，必買此宅。」衆皆笑之。後果鎮荆，遂買此宅。時人呼爲濯纓臺。一在監利縣北。輿地紀勝：楚屈原濯纓處。

董王臺。在石首縣北五十里。相傳董允與諸葛亮駐兵處。

繫馬臺。在石首縣南八十里。相傳岳飛討楊么時，在此繫馬。

章華臺。在監利縣西北。左傳昭公七年：楚子成章華之臺。杜預注：「臺今在華容城内。」水經注：離湖側有章華臺，臺高十丈，基廣十五丈。左丘明曰，楚築臺於章華之上。韋昭以爲章華亦地名也。括地志：章華臺在荆州安興縣東八十里。范致明岳陽風土記：華容世傳有章臺，非也，古章臺在今監利縣離湖上。

荆臺。在監利縣北。渚宫故事：昭王欲遊荆臺，司馬子期進曰：「荆臺之遊，左江右湖，前望獵山，下臨方望，其樂使人遺老而忘死，願大王無遊焉。」明統志：家語「楚王遊荆臺」，即此。

庾臺。在枝江縣東百里洲北。輿地紀勝：相傳庾子山宅。

吴相臺。在宜都縣南三里。明統志：吴相陸遜引兵屯此，因建。

將軍臺。在宜都縣北五里沙灣村。周十餘丈。相傳亦陸遜所建。

棲霞樓。在江陵縣西。水經注：江陵城西有棲霞樓，俯臨通隍，吐納江流。縣志：劉宋臨川王義慶建。

清德樓。在江陵縣治前。王應麟玉海：後周長孫儉爲荆州刺史，吏民請爲儉立清德樓，建碑頌德，詔許之。

雄楚樓。在江陵縣北城上。唐杜甫有「西北城樓雄楚都」句，高氏因以名城樓。或作楚雄樓，非。

江漢樓。在江陵縣城内。高氏建。劉恕十國春秋：元貞元年，建樓於内城東門上，曰江漢樓。

望沙樓。在江陵縣城東南。南平高季興，建樓以望沙津，名曰望沙。陳堯咨更名仲宣樓。

曲江樓。在江陵縣東南。舊名南樓。唐長史張九齡嘗登樓賦詩。宋張栻重建易名，朱子有記。

竹林堂。在江陵縣城内。寰宇記：竹林堂，宋臨川王義慶所作，梁元帝因而修之。堂前有竹名桂竹，其西有篠，冬月抽笋，似桂而辛。

博古堂。在江陵縣東。輿地紀勝：在新東門外。燕人田偉歸朝，授江陵尉，因家於此，藏書至五萬七千卷。黄魯直過之曰：「吾校禁中祕書，游江南文士家，圖書之富，未有過田氏者。」

望堂。在宜都縣西北。水經注：夷道城東北有望堂，地特峻，下臨清江，遊矚之名勝也。

百花亭。在江陵縣東四十里。名勝志：江陵縣東梁家臺上舊有百花亭，唐李頎詩云：「百花亭漫漫，一柱觀蒼蒼。」

幽棲亭。在江陵縣城内。宋朱昂致仕時所建，陳堯咨爲題其額曰「幽棲」。

江亭。有二：一在江陵縣城南大江北岸，宋黄庭堅得吴城龍女詞處。一在松滋縣治後，唐杜甫、孟浩然俱有詩。

杜息亭。在公安縣西南斗隄。一名公安山館。一名少陵草堂，因唐杜甫憇息於此，後人建亭。杜甫集：大曆三年戊申正月，去夔出峽，三月至江陵。秋，移居公安。名勝志：中隄口有少陵草堂，有亭曰杜息。唐杜甫移居公安山館詩云「雞鳴問前館」，蓋山館者，古郵也。

繡林亭。在石首縣西南二里。黄庭堅題扁。

止渴亭。在宜都縣南十五里。山谷間有泉味甚佳，行者於巖畔鑿竅，得水止渴，因以名亭。

合江亭。在宜都縣北，濱江。唐建，後圮。元大德四年重建，明嘉靖中重修。孫光憲北夢瑣言：唐路侍中巖鎮宜都，後移鎮渚宫，祖帳合江亭，以官妓行雲等十人侍宴。巖即於離筵作感恩多詞十首，至今傳播。

猇亭。在宜都縣北三十里大江北岸。一名興善坊，今名虎腦背市。三國蜀志先主傳：章武二年，陸遜大破先主軍於猇亭。

孟撫莊。在公安縣南門外。宋孟珙開閫荆襄，曾置莊於此。

白蓮莊。在公安縣北。明户部尚書鄒文盛故居。有荷池數十頃，爲一縣之勝。

王氏義門。在石首縣東。明初義民王堡之後，累世同居。

褚都督義門。在松滋縣境。名勝志：松滋有褚都督義門，相傳是褚遂良子孫，宋鄭獬有詩。

宋玉宅。在江陵縣城西三里。北周庾信居之。庾信哀江南賦：「誅茅宋玉之宅。」

羅含宅。在江陵縣西北。晉書羅含傳：含轉荆州别駕，以廨舍喧擾，於城西池小洲上立茅屋，織葦爲席而居。名勝志：今承天寺是其故址。

郭仲産宅。在江陵縣東。渚宫故事：郭仲産爲南郡從事，宅在江陵城東十五里枇杷寺南，其村亦名枇杷村。

王鎮惡宅。在江陵縣東五里。今爲靈曜寺。

宗少文宅。在江陵縣東。南史宗少文傳：少文於江陵三湖立宅。

梁震宅。在江陵縣東六十里。江陵縣有多寶陂。江漢志云昔荆臺處士梁震所居，名梁家臺。

胡安國宅。在江陵縣北，地名新店。安國有宅於此，子孫遂居焉。元時曾復其家。

伍員宅。在監利縣西北。相傳宅中有倒插槐，員奔吴時所植。

劉虯宅。在松滋縣境。渚宫故事：松滋縣陟屺寺，即劉虯宅故址。

劉凝之宅。在枝江縣東。水經注：枝江縣東二里有縣人劉凝之故宅。

陸法和宅。在枝江縣東。

范儕精廬。在枝江縣東北。水經注：富城洲上有道士范儕精廬。自言巴東人，少游荆土，而多盤桓縣界，惡衣麤食，蕭散自得，言來事多驗，而辭不可詳。人心欲見，欻然而對，貌言尋求，終弗遇也。雖遲跨諸洲，而舟人未嘗見其濟涉。後東遊廣陵，卒於彼土。儕本無定止處，宿憩一小庵而已，弟子慕之，於其昔遊共立精舍以存其人。

韋宙別業。在江陵縣東。北夢瑣言：唐相國韋公宙善治生，江陵府東有別業，良田美産，最號膏腴，而積稻如坻，皆爲滯穗。

鼉穴。在公安縣西南廖解村。盧溥江表傳：公安有靈鼉鳴，童謡曰：「白鼉鳴，龜背平，南郡城中可長生，守死不去義無成。」及諸葛恪被誅，弟融果刮金印龜，服之而死。名勝志：三國時有靈鼉鳴，此其穴也。

校勘記

〔一〕割南郡之華容州陵監利三縣　「州陵」，原作「江陵」，乾隆志卷二六八荆州府建置沿革（下同卷簡稱乾隆志）同，據晉書卷一五地理志改。

〔二〕荆南節度使　按，據文意當言荆南節度，「使」字不必出，乾隆志無「使」字，是。

〔三〕景定元年移治於鄂　「景定」，原作「景元」，乾隆志同，據宋史卷八八地理志改。

〔四〕在石首縣西百步　「西」，原作「四」，據乾隆志及太平寰宇記卷一四六山南東道荆州改。

〔五〕漕臣李燾復修築之　「李燾」，原作「李壽」，據乾隆志及讀史方輿紀要卷七八湖廣改。按，據宋史卷三八八李燾傳，李燾乾道中除直顯謨閣、湖北轉副使。

〔六〕蓋跨川亘濕　「濕」，乾隆志及水經注卷三二夏水引杜預注作「隰」。按，此亦當讀作「隰」。

〔七〕又時宜五穀　「時」，乾隆志同，太平寰宇記卷一四六山南東道荆州作「特」。

〔八〕澌湟洲　「湟」，乾隆志及雍正湖廣通志卷九山川志、讀史方輿紀要卷七八湖廣皆作「洋」。按，今通行本宋史卷八八地理志江陵府枝江下云：「嘉熙元年，移澌涅洲。」疑本志從宋史地理志改，但誤「涅」爲「湟」，抑或傳本不同，待考。

〔九〕邑官開決放入江水　「放」，原作「故」，乾隆志同，據宋史卷九七河渠志及讀史方輿紀要卷七八湖廣改。

〔一〇〕嘉熙元年移澌湟洲　「湟」，乾隆志作「涅」。按，參校勘記〔八〕。

大清一統志卷三百四十五

荆州府二

關隘

古江關。在宜都縣西北荆門、虎牙二山之間。

普通關。在宜都縣東北五十里。舊設巡司，今裁。

沙市巡司。在江陵縣東南十五里，即古沙頭市。本朝雍正七年，移通判駐此。入蜀記：過白湖抛江至井子鋪，日入泊沙市。自公安至此六十里，自此至荆南陸行十里，舟不復進矣。

虎渡巡司。在江陵縣西南二十里。

龍灣市巡司。在江陵縣東北一百二十里。

孱陵鎮巡司。在公安縣東北六十里。舊名孱陵驛。

白螺磯巡司。在監利縣東南一百四十里。

窰圻巡司。在監利縣西四十里。

分鹽所巡司。在監利縣北七十里。

磨盤洲巡司。在松滋縣東南一百一十里。

涔陽鎮。在公安縣南。以在涔水之陽而名。

藕池鎮。在石首縣西五里。

涴市鎮。在松滋縣東。

朱家河。在監利縣西北四十里。本朝雍正十年，移瓦子灣巡司駐此。乾隆五十六年裁，改主簿。

黃華戍。在江陵縣東四十里。

破冢戍。在江陵縣東南三十里，大江東岸。世説：顧長康作殷荆州佐，請假還東，爾時例不給布颿，顧苦求之，乃得。發至破冢，遭風大敗。南史宋臨川烈武王道規傳：徐道覆奄至破冢，道規使劉遵爲遊軍拒道覆，自外横擊，大破之。通鑑：宋元嘉三年，謝晦率衆二萬發江陵，列舟艦，自江津至於破冢。

靈谿戍。在江陵縣西南。水經注：江、溪之會，有靈谿戍，背河面江，西帶靈谿，故名。

西坪砦。在松滋縣南九十里。

紅崖子砦。在松滋縣南一百里。舊設巡司，今裁。

郝穴口。在江陵縣東南九十里。舊設巡司，乾隆五十六年裁，改主簿。

油口。在公安縣東北。水經注：江水又東，右合油口。

清江口。在宜都縣西北，清江之右。

荆南驛。在江陵縣公安門外。今裁歸縣。

孫黄驛。在公安縣西一里。今裁歸縣。

流店。在枝江縣東百里洲尾。舊有驛，今廢。

草市。在江陵縣東鎮流門外。

倪軍市。在江陵縣東六十里。高氏將倪可福屯兵於此。

蒲胥市。在江陵縣北郢城内。南齊建校尉府於此。左傳宣公十三年：楚子使申舟聘於齊，及宋，宋人殺之。楚子聞之，投袂而起，車及於蒲胥之市。

米市。在石首縣西五里。

楊林市。在石首縣西十里。

小沙市。在監利縣東。

草坪市。在松滋縣東。

沙沱市。在枝江縣東二里。

江口市。在枝江縣東八十里。

董市。在枝江縣東六十里。亦謂之董灘口。

草埠市。在枝江縣東北一百二十里。

白洋市。在宜都縣東十里，大江北岸。

灣市。在宜都縣北十里，清江北岸。

紅花沱市。在宜都縣北三十里，大江西岸。

周老嘴集。在監利縣北。接安陸府潛江縣界。

津梁

沙橋。在江陵縣東草市。通鑑：晉義熙元年，桓振自鄖城襲江陵，建威將軍劉懷肅自雲杜引兵馳赴，與振戰於沙橋。又宋元嘉三年，雍州刺史劉粹自陸道帥步騎襲江陵，至沙橋，周超率萬人逆戰，大破之。本朝乾隆六年重修。

分水橋。有二：一在江陵縣東鎮流門外濠隄上。明弘治中建。一在縣東南公安門外。

安興橋。在江陵縣東三十里。橋之下曰安興港，港側市曰城河口，皆以舊縣得名。又東二十里有華張橋，相近有華筵橋。又東十里有倪軍橋。又縣東南四里有白雲橋。又有武安橋。

會通橋。在江陵縣西。爲衆水會流處。下有鐵窗大渠。

龍陂橋。在江陵縣城北十五里。又縣東北二十里有王猛橋。又五十里有新壋橋。相近有郭公橋。

鎮安橋。在公安縣東一里。明永樂中建。相近有石浦橋，舊架木，正統中易以石。

白馬橋。在公安縣西南六十里。明嘉靖七年，邑人户部尚書鄒文盛重建，改名恩波橋。

三穴橋。在公安縣西三十里。明正統中建。橋下爲七門，江水支流，自虎渡口南入洞庭湖，逕此。

黄鐘橋。在公安縣南。明正統中建。本朝乾隆十七年重修。

黄金橋。在石首縣南三里。以近黄金隄而名。本在黄金隄上，本朝順治間移於隄北。

照影橋。在石首縣西三里。相傳漢昭烈帝孫夫人照影於此。又縣北五十里有吴王橋，相傳孫權所建。

燕家橋。有二：一在監利縣東十五里，一在縣西十五里。

磚橋。在監利縣東十五里。本朝康熙十五年建，乾隆元年修。

廣濟橋。在監利縣南門外。明萬曆中建。本朝康熙五十年重修。一名李公橋。

曹家橋。在監利縣東北三十里林長河上。

隄尾橋。在松滋縣東五里。舊以板築，明弘治中易以石。

洋溪橋。在枝江縣東二十里。

花溪橋。在枝江縣西五里。

湘王橋。在枝江縣東北草埠市。明湘獻王建。

朝天橋。在宜都縣東二里。

官莊橋。在宜都縣南十里。本朝雍正九年修。

東溪橋。在宜都縣北十里。

大江渡。在公安縣東。

孫黄渡。在公安縣西南二里。

金牛渡。在石首縣南七里。

馬公渡。在監利縣東。

石家渡。在監利縣西。

龐公渡。在監利縣西。

雞鳴渡。在監利縣北。

虞氏渡。在松滋縣南六十里。

江口渡。在枝江縣東八十里。

白洋渡。在宜都縣東十里。

白水港渡。在宜都縣南三十里，接枝江縣界。

清江口渡。在宜都縣北。

隄堰

新開隄。在江陵縣東一百二十里。長四百五十丈。

李家埠隄。在江陵縣東。自方城至鎮流砥，亘數千丈。

萬城隄。在江陵縣西南。自得勝臺至玉路口，工段極長。乾隆五十三年九月，江水暴漲，潰決二十餘處，水衝入城内，不没者數版。命大學士阿桂馳往撫卹，費帑金二百餘萬兩，修築完固，永慶安恬。

金隄。在江陵城東南二十里。一名黄潭隄。本朝雍正六年發帑修。水經注：江陵城地東南傾，故緣以金隄。自靈溪始，桓温令陳遵造。遵善於防工，使人打鼓遠聽之，知地勢高下，依傍創築，略無差失。南史梁始興王憺傳：天監六年，荆州大水，江溢隄壞，憺親帥將吏，冒雨築之。雨甚水壯，憺登隄歎息，終日輟膳，刑白馬祭江神，酹酒於流，以身爲百姓請命，言終而水退隄立。江陵志餘：高氏修築金隄，厥後江勢改徙，隄遷於外，而看花臺一帶猶存古蹟，土人呼爲高王古隄。

文村隄。在江陵縣東南五十里。本朝雍正六年發帑修，並濬小柳口、洪漁口、柘林港、林家橋等處。

柴紀隄。在江陵縣荆江北岸。本朝嘉慶元年增修。

荆江大隄。在江陵縣南。本朝嘉慶元年重修。

寸金隄。在江陵縣西龍山門外。高氏將倪可福築。

沙隄。在公安縣東。自沙隄至調絃口，凡四千一百餘丈，其間藕池、長頭尤爲要害。

大江禦水隄。在公安縣東。上接江陵，下抵石首，長一百里。縣治平曠，宋端平三年，孟珙築隄以禦水。元大德七年，竹林港隄大潰，自是不時決溢。迨明初修築沿江一帶隄塍，西北接江陵上灌洋，東南接石首新開隄，隄長一萬二千五百餘丈。其間雷勝旻灣〔一〕、窑頭鋪、艾家堰、竹林寺、二聖寺、江池湖、狹隄淵、沙隄鋪、新淵隄、郭家淵、施家淵諸隄，凡十一處，尤爲要害。本朝雍正六年發帑修。

斗湖隄。在公安縣南。又西南三里有油河隄，又縣北有横隄、倉隄，又東北有趙公隄。五隄俱宋孟珙所築。此外又有楊公隄、黄家灣隄、太子廟隄，俱本朝順治中修築。

黄金隄。在石首縣南五里。元大德中，薩題勒密什所築。縣南去洞庭湖一百餘里，每秋霖泛漲，輒至城下，自築黄金隄障之，水患遂息。此隄不特防禦外浸，亦利内洩，因設橋閘，以時啓閉。

「薩題勒密什」舊作「薩德彌實」，今改正。

風火隄。在石首縣南二十里。明正統六年築。

白洋潭隄。在石首縣南。相近有橋堰隄。俱防洞庭湖水。

萬石隄。在石首縣西五里。下即萬石灣。宋縣令謝麟所築。

新興隄。在石首縣西。防竹林港水。

臨江大隄。在石首縣北。一名新開隄。自縣西北公安縣界至縣東列貨山，共長九千三百丈。

百家隄。在石首縣北四十里。本朝雍正六年發帑修，並濬黄金橋剅口。

護城隄。在監利縣境，長三千六百丈。本朝嘉慶元年重修。

程公隄。在監利縣境，長一千四百七十九丈。本朝嘉慶元年重修。

朱家埠隄。在監利縣東三十里。

車木隄。在監利縣東四十里。宋末大水決隄，一夜大雷雨，明日得雷車轂於其上，邑人循轂蹟爲隄，至今賴之。此隄與瓦子灣隄，皆捍江水上流，防洞庭溢，極爲要害。

方寧隄(二)。在監利縣東駱家灣。本朝順治七年築。

瓦子灣隄。在監利縣東南八十里。

新沖隄。在監利縣西南五十里。

黄師隄。在監利縣西四十里。明正德十一年築，關邑利害最大，隄工亦最鉅。嘉靖後屢決屢修，明末盡圮。本朝順治七年重築。

蒲家臺隄。在監利縣西。本朝順治七年築。

龍潭口隄。在監利縣北五里。

把火隄。在監利縣北五里。本朝雍正五年發帑修。

孫家月隄。在監利縣東北。本朝乾隆十八年拓築，三十年重修。按：此隄例係民修，乾隆五十三年，荆州江水異漲，特命發帑三萬兩，與荆州隄工一律修築。

大山坡月隄。在監利縣下鄉。又有張家峯月隄。俱本朝雍正六年發帑築。

何家月隄。在監利縣下鄉。本朝乾隆九年發帑築。

孫張王公月隄。有二道。在監利縣東鄉。本朝乾隆五十三年發帑修。

大隄。在松滋縣東。自隄尾橋至江陵之虎渡口，長亘八十餘里。本朝雍正六年發帑築，又新築孟堰坑月隄。

五通廟隄。在松滋縣境。省志：五通廟、胡思堰、清水坑、馬黄岡等隄，凡十九處，皆隄防要害。

百里洲隄。在枝江縣東。東自百里洲，歷楊林洲、賽甎灘、蔣斗灣、窰子口，至流店，皆有隄，而蔣斗灣尤要害。縣志：上下二洲，舊皆沿洲築隄，以防水決。明萬曆中，於洲尾流店作閘門洩水，又於大隄外作護浪小隄，徧植榆柳固岸。後爲江水所決，至今不時修築。

古城腦隄。在枝江縣東北。自董灘口土臺、古城腦而下，至灌子灘，皆有隄，而古城腦尤要害。

毛家堰。在宜都縣南二里，長三百丈。

魯家陂堰。在宜都縣東北三十里，長二百七十丈。縣境尚有鄒公、三亭、王家、寺莊、任家、清水、官郭、易家等堰，凡十有七。

西垸。在石首縣西。又西有高家垸、郝家垸、里平垸、官莊垸。

毛老垸。在石首縣距城七十里。本朝嘉慶元年，因水漫沖缺，新建月隄一道，長二百五十丈。

梅肇垸。在石首縣北三十里，長三千九百丈。又有楊林垸，本朝雍正六年發帑修。

太平垸。在松滋縣東。相近有太來垸。俱本朝雍正六年修。

陵墓

南北朝　梁

元帝陵。在江陵縣南。南史元帝紀：梁王詧以車一乘，葬於津陽門外。

後梁

宣帝陵。在江陵縣北四十里紀山。

明帝陵。在江陵縣北四十里宣帝陵西。

周

楚穆王冢。在枝江縣西二十里。

楚莊王冢。在江陵縣西龍山鄉。

楚康王冢。在江陵縣東。輿地紀勝：在郢城西。

楚平王冢。在江陵縣東一百二十里。

楚懷王冢。在枝江縣東百里洲。

孫叔敖墓。在江陵縣城内。後漢書郡國志「南郡江陵」注：「皇覽曰：孫叔敖冢在城中白土里。」

楚樊妃墓。在江陵縣西。唐張九齡曲江集：郢城西北有大古冢數十，觀其封域，多是楚時諸王，而年代久遠，不復可識。惟直西有樊妃冢，後人爲植松柏，故行路盡知之。

漢

胡寵墓。在監利縣西北。水經注：夏水又逕交趾太守胡寵墓北。漢太傅廣身陪陵，而此墓側有廣碑，故世謂廣冢，非也。其文言是蔡伯喈之辭。

趙岐墓。在江陵縣東南。後漢書趙岐傳：岐年九十餘，先自爲壽藏，圖季札、子産、晏嬰、叔向四像，居賓位。又自畫其像，居主位，皆爲贊頌。敕其子曰：「我死之日，墓中聚沙爲牀，布簟白衣，散髪其上，覆以單被，即日便下，下訖便掩。」注：冢在今荆州故郢城中。

晋

范西戎墓。在監利縣西北。水經注：夏水歷范西戎墓南。王隱晉書地道記曰，陶朱冢在華容縣，樹碑云是越之范蠡。晉太康地記、盛弘之荆州記、劉澄之記並言在縣之西南。郭仲産言在縣東十里。檢其碑題云「故西戎令范君之墓」，碑文缺落，不詳其人，稱蠡是其先也。碑是永嘉二年立，觀其所述，最爲究悉，以親經其地，故違衆説，從而正之。

南北朝　北齊

顔之推父母墓。在江陵縣東草市。

唐

劉度墓。在江陵縣東山南。度，唐進士，官尚書。

五代　南平

高氏三王墓。在江陵縣西龍山鄉郝泉里。武信王季興、文獻王從誨、正懿王保融也。

宋

唐介墓。在石首縣西北龍山。

趙觀墓。在石首縣東南。

謝麟墓。在石首縣西。

張商英墓。在宜都縣東白洋市。

姚肩墓。在枝江縣東上百里洲。

史子翬墓。在枝江縣西二十里。

明

楊溥墓。在石首縣西十五里高陵岡。

鄒師顏墓。在宜都縣西北清江北岸三里。

伍文定墓。在松滋縣南雲臺山。

袁宏道墓。在公安縣東北。

祠廟

江神祠。在江陵縣東南。乾隆五十四年敕建，御書扁額曰「恬流普衛」。

漢景帝廟。在枝江縣南紫山上。

楚莊王廟。在江陵縣東南沙市。

于公祠。在江陵縣東南沙市，祀漢于定國。

馬伏波祠。有三，一在江陵縣東草市，一在石首縣西南，一在監利縣北八十里，祀漢馬援。

劉公祠。在江陵縣東南沙市，祀漢劉昆。

吳王廟。在石首縣東南東山。

關帝廟。荆州府城關廟有五：一在公安門内，一在擲甲山，一在南門内，一在石馬頭，一在草市。石馬頭之廟最古，惟在南門内者，相傳其地即關忠義督荆州時府基，明初建，萬曆中重建，本朝順治七年重修，雍正十年又修，並增建祠宇於後，乾隆五十三年發帑重修。又嘉慶元年於荆右衛署旁，掘出鐵礮，經畫吏奏請另建新廟一座。謹按：關忠義都督荆州，威鎮華夏，而忠義昭垂，靈祐顯著，本朝尊崇之典，視古加隆。原本仍與張桓侯並載入名宦志内，不足以昭敬祀，故謹附識於此。餘詳山西解州。

張桓侯祠。在宜都縣西，祀漢張飛。

晉三公廟。在江陵縣西。唐江陵尹吕諲建，祀晉羊祜、杜預、陶侃。有記，元結撰。後人即祀諲於西偏。

李衛公祠。在石首縣東龍蓋山上，祀唐李靖。

韓文公祠。在江陵縣東南沙市，祀唐韓愈。

成公祠。在江陵縣城内。李昉册府元龜：唐天祐中，朱全忠奏成汭死於王事，請與杜洪俱立廟祀。

倪公廟。在江陵縣西五里，祀南平將倪可福，以築隄有功祀之。

寇萊公祠。在公安縣東北，祀宋寇準。宋史寇準傳：準既卒，歸葬西京，道出京南公安縣〔三〕，人皆設祭哭於路，折竹植地挂紙錢，踰月視之，枯竹皆生筍。衆因立廟祀之。

三相祠。在公安縣東北，祀宋寇準、孟珙、元廉希憲。

包孝肅祠。在江陵縣東草市，祀宋包拯。

胡安定祠。在松滋縣城内儒學中，祀宋儒胡瑗。

岳忠武王祠。在石首縣西，祀宋岳飛。

朱子祠。有二：一在監利縣東南，一在松滋縣南九十里。

寺觀

長沙寺。在江陵縣城内。晉永和中，郡人滕畯捨宅建。畯故長沙太守，因名長沙寺。内有阿育王像，屢著靈異，後移置天皇寺。

天皇寺。在江陵縣東。梁建。今改名乾明寺。唐杜甫詩集自注：「此寺有晉右軍書，張僧繇畫孔、顏十哲形像。」渚宫故事：荆州天皇寺，圖盧舍那佛像，夜有奇光，發於屋壁。又於柏堂内，圖孔、顏十哲像。或謂釋門之内，何寫素王之容？僧繇笑曰：「吾誠偶然，安知其不利於後也？」及後周滅二教，梁爲附庸，荆楚祠宇莫不拆燬，惟天皇寺有宣尼像，遂爲國庠。時人歎其先覺。

莊嚴寺。在江陵縣東南沙市。唐貞元中建。

曾口寺。在江陵縣西南曾口。南北朝梁建。

静勝寺。在江陵縣西十五里。唐咸亨間建。

紀山寺。在江陵縣北。隋開皇中建。

承天寺。在江陵縣西北。晉永和中建。洪邁容齋四筆：黄魯直初謫戍涪，既得歸，而湖北轉運判官陳舉以時相趙挺之與有小怨，訐其所作承天寺塔記，以爲幸災，遂除名，羈管宜州。

陟屺寺。在江陵縣東北三十里。南北朝梁建。

雙田寺。在公安縣西南。唐建。

二聖寺。在公安縣東北。一名興化寺，一名萬壽寺，又名光孝寺。晉太和三年建。寺凡數遷，初在江邊，唐建於梅園，明洪武中水傾潰，復徙椒園。

吴封寺。在石首縣東六十里東山。三國吴建。

長隄寺。在石首縣南二十里。梁建。

高陵寺。在石首縣西十五里高陵岡。梁天監元年建。

白犢寺。在石首縣西四十里。晉建。

玉田寺。在石首縣西楚望山下。唐乾元二年建院，宋改爲寺，本朝順治初重修。

福田寺。在監利縣東。又有紫微寺，宋王十朋皆有詩。

羅漢寺。在監利縣治西南。

開利寺。在松滋縣東三里。又相近有報恩寺。

苦竹寺。在松滋縣南九十里。

浄居寺。在枝江縣東十里。

等界寺。在枝江縣東南。元延祐中建。

傳慶寺。在宜都縣東十里。三國吴建，明末燬，本朝順治初重建。又縣東三十里有法湧寺，元建。

大暉觀。在江陵縣西北大暉山上。

玄妙觀。在江陵縣城内。東晉永和二年建，元至正二年重修。

太平觀。在公安縣東。宋建。

修真觀。在石首縣南。宋建。

荆臺觀。在監利縣北。唐羅隱有詩。

上清觀。在監利縣治西北。宋政和間建。

雙泉觀。在枝江縣南五里紫山。

佑聖觀。在宜都縣治西。唐建。

名宦

漢

蕭育。蘭陵人。哀帝時，南郡江中多盜賊。拜育爲太守，育威信素著，至南郡，盜賊解散。

劉昆。陳留東昏人。光武帝時，爲江陵令。縣連年火災，昆輒向火叩頭，多能降雨止風。

法雄。扶風郿人。元初中，遷南郡太守，斷獄省少，户口增益。

馬融。扶風茂陵人。桓帝時爲南郡太守，教養諸生，常以千數。

三國　漢

張飛。涿郡人。曹操入荆州，昭烈帝奔江南，操追之，及於當陽之長坂，帝使飛將二十騎拒後。飛據水斷橋，敵皆無敢近之者。帝既定江南，以飛爲宜都太守，後轉任南郡。

廖化。襄陽人。爲關忠義主簿。關敗屬吴，思歸昭烈帝，乃詐死，因扶持老母西行，遇帝於秭歸，帝以爲宜都太守。

吴

陸遜。吴郡吴人。孫權時，領宜都太守。荆州士人新還，仕進或未得所，遜上疏乞普加抽擢，權納其言。以破蜀漢功，拜輔國將軍，領荆州牧，改封江陵侯。

朱然。丹陽故鄣人。孫權假然節鎮江陵，魏遣曹真等來攻，圍守六月，不能克，由是然名震敵國。封當陽侯。子績襲業，拜平魏將軍、樂鄉督。魏王昶率衆攻江陵城，不克而退，績追昶及於紀南。

雷譚。領宜都太守，政令嚴肅，威鎮境外。

虞忠。會稽餘姚人。爲宜都太守。晉伐吴，與陸晏、陸景堅守不下，城潰被害。

晉

羅含。桂陽耒陽人。爲荆州主簿。桓温臨州，補征西户曹參軍。温嘗使含詣江夏太守謝尚，有所檢刻，含還，温問所劾事，含曰：「公謂尚何如人？」温曰：「勝我。」含曰：「豈有勝公而行非耶？故一無所問。」轉州别駕。後遷宜都太守。

桓沖。譙國龍亢人。孝武帝時爲荆州刺史，移鎮上明，使其兄子石虔伐苻堅襄陽太守閻震，擒之。又使朱綽討平堅將郝貴，降魏興、上庸、新城三郡。卒於江陵。兄子石民，監荆州軍事、西中郎將、荆州刺史。苻堅既破，子丕僭號，石民遣將斬之。復討丁零翟遼，斬乞活黄淮，以前後功進左將軍。

羅企生。豫章人。殷仲堪鎮江陵，桓玄攻之，仲堪以企生爲諮議參軍。仲堪走，玄至荆州，荆州人士無不詣者，企生獨不往，而營理仲堪家，曰：「我是殷侯吏，何面目復就桓求活？」玄即收企生，問何言，曰：「乞一弟以養老母。」許之。又謂曰：「吾相遇厚，何以見負？」對曰：「使君既興晉陽之甲，軍次尋陽，並奉王命，各還所鎮，口血未乾，而生姦計，力劣不能翦除兇逆，恨死晚也。」玄遂害之。先是，玄以羔裘遺企生母胡氏，及企生遇害，母即日焚裘。

劉道規。彭城人。宋武帝少弟。義熙中爲荆州刺史。盧循黨荀林寇江陵，桓謙亦自蜀來寇，道規乃會將士告曰：「欲去者不禁。」因夜開城門，衆咸憚服，莫有去者。於是率衆斬謙，遣諮議劉遵追荀林，斬之巴陵。初，江陵士庶皆與謙書，言城中虛實，道規一皆焚燒，衆乃大安。

南北朝　宋

劉義慶。道規嗣子，封臨川王。元嘉九年，爲荆州刺史。始至及去鎮，迎送物並不受。州統内官長，親老不隨在官舍者，一年聽五吏餉家。在州八年，爲西土所安。

劉義季。武帝少子，封衡陽王。元嘉十六年，爲荆州刺史。先是，師旅應接，府庫空虛，義季蓄財節用，數年復充。二十一年，徵爲征北大將軍，發州之日，帷帳器服，諸應隨刺史者悉留之。

朱修之。義陽平氏人。孝武時爲荆州刺史。修之立身清約，百城貺贈一無所受，惟以蠻人宜存撫納，有餉皆受，得輒與佐吏賭之，未嘗入己。去鎮之日，計在州以來燃油及私牛馬食官穀草，以私錢六十萬償之。

齊

蕭嶷。高帝子。宋末爲鎮西將軍、都督荆州刺史。省停府州儀迎物，遣免士庶相告訐坐執役者三千餘人，見囚五歲刑以下不連臺者皆原遣。以市税重，多所寬假。建元元年，赦詔未至，嶷先下令，蠲除部内昇明以前逋欠。

庾蕈。新野人。明帝時，再爲荆州别駕。清身率下，杜絶請託，妻子不免饑寒，帝手敕褒美。

梁

蕭秀。武帝弟，封安成郡王。天監七年，遷荆州刺史。立學校，招隱逸。是歲，魏懸瓠城人反，司州刺史馬仙琕籤荆州，求應赴。秀曰：「待敕非應急也。」即遣兵赴之。沮水暴長敗田，以穀二萬斛贍之。散遣貧老單丁吏百餘人。百姓甚悦。荆州嘗苦旱，咸欲徙市開渠。秀乃責躬，親祈楚望，俄而甘雨即降，遂獲有年。秀弟恢，封鄱陽郡王，爲荆州刺史。嘗謂長史蕭琛曰：「漢時王侯，屏藩而已，視事親民，自有其職。今之王侯，不守藩國，當佐天子臨民，清白其優乎。」坐者咸服。

蕭憺。武帝弟。齊和帝時，率雍州將吏，諭降蕭璝，詔以爲都督、荆州刺史。梁天監元年，加安西將軍，封始興郡王。廣開屯田，減省力役，存問兵死之家，辭訟皆決於俄頃，曾無留事。六年，州大水，江溢隄壞，憺親率將吏，冒雨築之。邴州南岸數百家，水長驚走，登屋緣樹，憺募人救之，一口賞一萬，州人乃免。又分遣諸郡，遭水死者給棺槥，失田者與種糧。是歲嘉禾生於州界。

韋叡。京兆杜陵人。天監七年，爲南郡太守。司州刺史馬仙琕自北還軍，爲魏人所躡，三關擾動，詔叡督衆軍援焉。叡至安陸，魏人乃退。

孔休源。會稽山陰人。武帝時爲晉安王長史，南郡太守，行荆州府事。帝敕王曰：「孔休源人倫儀表，汝年尚幼，當每事師之。」尋始興王憺代鎮荆州，復爲憺府長史、太守，行府事如故。在州累年，平心決斷，請託弗行。

范縝。南鄉舞陰人。爲宜都太守。性不信鬼神，時夷陵有伍相祠、漢三神廟，縝下教斷不祠。

樂子雲。南陽淯陽人，家居江陵。承聖末，爲江陵令。魏克江陵，衆奔散，呼子雲，子雲曰：「不如守以死節。」遂仆地，卒於馬蹄之下。

西魏

長孫儉。河南洛陽人。文帝時，授荆州刺史。所部鄭縣令泉璨爲民所訟，推之獲實，儉即大集僚屬，謂曰：「此由刺史教誨不明，信不被物，非泉璨之罪。」遂於廳事前肉袒自罰，捨璨不問。於是屬城肅勵，莫敢犯法。

陳

陸子隆。吴郡人。文帝時，遷都督、荆州刺史。荆州新置，居公安，城池未固，子隆修立城郭，綏集夷夏，號爲稱職。

周

崔士謙。博陵安平人。天和中，授江陵總管、荆州刺史。外禦强敵，内撫軍人，風化大行，號稱良牧。卒於州，闔境痛惜之，立祠堂四時享祭。

隋

乞伏慧。鮮卑人。高祖時，爲荆州總管。其俗輕剽，慧躬行樸素以矯之，風化大洽。

韋世康。京兆杜陵人。高祖時，拜荆州總管。爲政簡静，百姓愛悦。

達奚長儒。代人。開皇中，轉荆州總管三十六州諸軍事。高祖謂之曰：「江陵要害，國之南門，今以委公，朕無慮也。」歲餘卒官。謚曰威。

楊汪。弘農華陰人。高祖時，歷荊州刺史。聽政之暇，必延生徒講授。

唐

李靖。京兆三原人。蕭銑據江陵，武德四年，靖率輕兵五千破之，入其都，號令靜嚴，軍無私焉。或請靖籍銑將拒戰者家資以賞軍，靖止不籍，由是江、漢列城爭下。以功封永康縣公，檢校荊州刺史。

李孝恭。高祖從子。武德四年，平蕭銑，遷荊州大總管。置屯田，立銅冶，百姓利之。弟瓌代爲荊州都督，政務清靜，嶺外酋豪皆如約，不敢爲亂。

蘇良嗣。京兆武功人。高宗時，遷荊州長史。帝遣宦者采怪竹江南，所過縱暴。至荊，良嗣囚之，上書言狀，帝下詔慰獎，取竹棄之。

楊元琰〔四〕。閿鄉人。武后時，爲荊州長史，遷州刺史，咸有風績。

張柬之。襄陽人。武后時，爲荊州長史，狄仁傑以宰相才薦之。

李暠。隴西成紀人。武后時，爲枝江丞，張柬之稱爲「帝宗千里駒」。

韋虛心。京兆萬年人。景龍中，爲荊州長史。有鄉豪負勢干法，虛心籍其貲，入之官。

韓朝宗。京兆長安人。明皇時，遷荊州長史。喜識拔後進，李白有與韓荊州書。

張九齡。韶州曲江人。開元末，貶荊州長史，以直道黜，不戚戚嬰望，惟文史自娛。

呂諲。河中河東人。肅宗時，拜荆州長史。建請荆州置南都，詔可。於是更號江陵府，以諲爲尹，置永平軍萬人，遏吳、蜀之衝，以湖南之岳、潭、郴、道、邵、連，黔中之涪，凡七州，隸其道。諲爲治不急細務，決大事，剛果不撓，號令嚴明，賦斂均一，故闔境無盜賊，民歌咏之。

元結。河南人。肅宗時，以水部員外郎佐荆南節度使呂諲府，甚有聲績。

盧景亮。幽州范陽人。張延賞節度荆南，表爲枝江尉，掌書記。

韓愈。鄧州南陽人。貞元末，爲江陵法曹參軍。

裴潾。河南聞喜人。力諫憲宗餌方士金丹，貶江陵令。

王潛。相州安陽人。穆宗時，節度荆南。疏吏惡，榜之閭里，殺尤縱者。分射三等，課士習之，不能者罷，故無冗軍。

杜悰。京兆萬年人。咸通十四年，爲荆南節度使。秦匡謀討蠻，兵敗奔悰，悰劾其不能伏節，詔斬匡謀。

五代　南平

梁延嗣。京兆長安人。少事高季興，充衙内馬步都指揮使。勸繼沖納土於宋。

宋

盧懷忠。河間人。太祖將出師，遣懷忠使荆南，還奏，即以爲前軍步軍都監。荆湖平，判四方館事，知江陵府。四年伐蜀，以供億之勞，充客省使。

郭贄。襄邑人。太宗時，知荆南府。俗尚淫祀，屬久旱，盛陳禱雨之具。贄始至，命悉徹去，投之江，不數日大雨。

陳恕。南昌人。太宗時，知江陵府。大發羣吏奸贓，郡内惕息。

雷有終。郃陽人。淳化中，知江陵府。西征李順，命爲峽路隨軍轉運使，同知兵馬事，調發規畫，皆有節制。

張遜。高唐人。李順亂，命爲右驍衛大將軍，知江陵府。峽路漕卒二千人聚江陵，或告其謀變以應蜀，議盡誅之，遜止捕斬首惡，餘黨親加撫慰。太祖嘉之。

張齊賢。冤句人。太宗時，知荆南府。敏於吏道，庭無滯訟。

邵日華。桂陽人。太宗時，通判荆南，賜緋魚。

嵇適。宋城人。爲石首主簿。民有父子坐重繫，府檄按之，適抵其父而子獲免。父死，假人言曰：「主簿，仁人也。行且生賢子。」明年生穎，爲翰林學士。

宋太初。晉城人。咸平初，知江陵府。蠻寇擾動，太初以便宜制遏，詔獎之。

王子融。益都人。真宗時，知荆南府。盜張海縱掠襄、鄧，至荆門，子融閲州兵將迎擊之，賊引去。

馬亮。合肥人。真宗時，再知江陵府。有智略，敏於政事。

徐的。建安人。攝江陵府事。城中多惡少年，欲爲盜，輒夜縱火，一夜十數發。的籍其姓名，使相保任。曰：「爾輩遞相察，不然，皆爾罪也。」火遂息。太子洗馬歐陽景，猾横不法，的發其奸，竄之嶺外。

李若谷。徐州豐人。天聖中，知荆南。士族元甲恃廕屢犯法，若谷杖之。王蒙正爲駐泊都監，挾太后姻横肆，若谷繩以法。監司右蒙正，奏徙若谷潭州。

王質。單父人。爲荆湖北路轉運使，嘗攝江陵府。或訴民約婚後期，民言貧無資以辦，質問其費，出私錢與之。吏捕盜人衣者，盜叩頭曰：「迫饑寒至此。」質命取衣衣之，遣去。

鮮于侁。閬州人。爲江陵右司理參軍。唐介稱其名於上官，交章論薦，侁盛言左參軍李景陽、枝江令高汝士之美，乞移與之，介益以爲賢。

余良肱。分寧人。調荆南司理參軍。屬縣捕殺人者自誣服，良肱驗屍與刃，疑之，請自捕逮，未幾更獲真殺人者。民失財物逾十萬，逮平民數十人，方暑，搒掠號呼，或有附吏耳語，良肱急捕之，贓盡得。

張頡。桃源人。爲江陵推官。歲旱饑，朝廷遣使安撫，頡條獻十事，活數萬人。

魏瓘。知荆南府。時下溪州蠻彭士羲叛，將發兵討除，瓘條上三策，以招徠爲上，守禦爲下，攻取爲失，不報。後卒如瓘議。

謝麟。甌寧人。調石首令。縣苦江水爲患，麟疊石障之，人得安堵，號謝公隄。

王回。仙遊人。調松滋令。荆、沔俗用人祭鬼，回捕治甚嚴，其風遂革。

楊時。將樂人。張舜民在諫垣，薦爲荆州教授。

程千秋。河南人。徽宗時，知公安縣。時羣盜起，千秋率民禦之，岳、鄂、鼎、澧，皆賴以安。

解潛。紹興元年知荆南府。奏辟宗綱、樊賓。措置屯田，其後荆州軍食仰給，省縣官之半焉。

王彦。上黨人。紹興五年知荆南府，充歸、峽、荆門、公安軍安撫使。自蜀買牛千七百頭授官兵，耕營田八百五十頃，分給將士有差。

薛弼。永嘉人。高宗時，知荆南府。劇盗伍俊既降復叛，弼誘至，斬之。

范如圭。建陽人。高宗時，通判荆南府。荆南舊户口數十萬，寇亂後，時蠲口錢，百未還一二，議者希秦檜意，遽增之，積逋數十萬，如圭白帥，悉奏蠲之。

劉琦。德順軍人。高宗時，知荆南府，凡六年，軍民安之。江陵縣東黄潭漲溢，琦命塞之，斥膏腴田數十畝，流民自占者幾千户。

李道。相州人。高宗時，以所部戍荆南府，代劉琦爲御前諸軍統制。金將劉士萼屯光化境，道掩擊焚其舟，萼遁去。

滕琛。高宗時，知松滋縣。遷縣治，建廟學，爲政有方，民懷其惠。

趙雄。資州人〔五〕。孝宗時，知江陵府。請城江陵，城成而民不擾。

張栻。綿竹人。孝宗時，知江陵府，安撫本路。一日去貪吏十四人。湖北多盗，栻首劾大吏縱賊，捕斬奸民之舍賊者，令其黨相捕告以除罪，羣盗皆遁。郡瀕邊屯，禮遇諸將，加恤士卒，勉以忠義，衆咸感奮。並淮姦民出塞爲盗，捕得數人中有北方亡奴，栻曰：「無使疆場之事其曲在我。」命斬盗以徇，而縛其亡奴歸之北。劾信陽守劉大辨虚增所招流民之數〔六〕，請論其罪，章累上，大辨易他郡，栻遂求去。

張孝祥。烏江人。孝宗時，知荆南湖北路安撫使。築寸金隄以息水患，置萬盈倉以儲漕運。

劉甲。龍游人。孝宗時，知江陵府、湖北安撫使。甲謂：「荆州爲吴、蜀脊，高保融分江流瀦之爲北海，太祖嘗令決去之，蓋保江陵之要害也。」即因遺址浚築，亘四十里。

辛棄疾。歷城人。慷慨有大略。孝宗時，知江陵府兼湖北安撫。光宗時，復知江陵府。

劉宰。金壇人。紹興中調江陵尉。歲旱賑荒，邑境多所全活。禁絶巫風妖術，令改業爲農。緣事出郊，與吏卒同疏食飲水。去官，惟筐藏主簿趙師秀倡和詩而已。

袁樞。建安人。慶元中，知江陵府。江陵歲爲巨浸，樞爲室廬，徙民居之，種木數萬，以爲捍蔽。

吴獵。醴陵人。開禧中，江陵告饑，除獵荆湖北路安撫，知江陵府。請出大農十萬緡以賑饑，遣人招商分糴爲平糶計。金攻襄陽，荆爲重鎮，乃修成「高氏三海」，築八匱，上下分注之，水勢四合，可限戎馬。金人圍襄陽、德安，再侵竟陵，獵遣卒分援，又調大兵及忠義、保捷，分道夾擊，金人遂去，德安、襄陽之圍皆解。吴曦反，獵請以王大才、彭輅任西事，仍分兵抗均、房諸險，漕粟歸、峽，以待王師。

李大性。四會人。嘉定中，知江陵，充荆湖制置使。江陵當用兵後，饑饉疾疫相繼，大性首議賑貸，凡三十八萬緡有奇；蠲放虚羡十有四萬五千緡，流移復業者，皆奏免征榷；劾毁兩路戎司冒受付身〔七〕，凡三千四百九十有七道，左選一清。江陵錢重楮輕，民持貲入市，有終日不得一錢者，大性奏依襄、郢例，通用鐵錢，於是泉貨流通，民始復業。

宇文紹節。廣都人。嘉定中，除湖北京西宣撫使，知江陵府。統制官高悦在戍所肆爲殺掠，紹節至帳前，收其部曲，俄有訴悦縱所部爲寇者，紹節杖殺之。

張洽。清江人。嘉定中，授松滋尉。湖右經界不正，洽請行推排法，令民自實其土地疆界、産業之數，投於匱，乃籌覈而次第之，吏奸無所匿。後十餘年，訟者猶援以爲證。

趙方。衡山人。權江陵府。增修三海八匱，以壯形勢。進秘閣修撰，知江陵府、主管湖北安撫司使、兼權荆湖制置使。時金偪於兵，計必南徙，方築堡荆門東西兩山上，增戍以遏其衝。

劉愚。龍游人。調江陵府教授。早晚爲諸生講論，同僚相率以聽。秩滿，貧不能歸。

吴淵。宣州人。理宗時，知江陵府、兼夔路策應大使。調兵二萬，往援川蜀，其後力戰於白河、沮河、玉泉。

孟珙。棗陽人。理宗時，爲鎮北軍都統制。元攻江陵，圍急，詔先遣張順渡江，珙以全師繼之，破砦二十有四，還民二萬。嘉熙元年，封隨縣男〔八〕，兼知江陵府、京西湖北安撫副使。詔珙收復襄陽，指授方略，發兵深入，所至以捷聞。四年，進封子，後復自夔帥知江陵府。以城東無隘可守，修復内隘十有一，别作十隘於外，障沮、漳之水而東之，俾遶城北入漢，三海遂通爲一，隨其高下，爲匱蓄泄。三百里間，土木之工百七十萬，民不知役。後卒於江陵。

鄒永年。知松滋縣，政令清肅，道不拾遺，吏民畏而愛之。

汪立信。六安人。理宗時，辟荆南制置使幹辦。制置趙葵爲馬光祖所誣，立信力争不得，投劾去。後爲荆湖安撫制置，知江陵府。襄陽被圍急，立信上疏請益安陸府屯兵，凡邊戍皆不宜抽減。移書責賈似道，似道終斥之。

楊霆。醴陵人。知監利縣，立決疑獄。辟荆湖制置幹官，帥吕文德常試以兵事，口占授吏，頃刻成案，文德驚服。即薦除通判江陵府，庶務叢集，霆隨事裁決，處之泰然。暇日詣郡庠，與諸生講學。又取隸官閒田，增益廩稍，選民之强壯者，農隙訓練之，親閲試，行賞激勵，皆獲其用。

司馬夢求。敘州人。咸淳末，調江陵沙市監鎮。沙市距城十五里，恃水爲防，德祐元年，湖水涸，元兵横遏中道，乘南風縱火，都統程文亮逆戰降，夢求朝服望闕再拜，自經死。

孟紀。德祐元年，爲都統，元兵破沙市城，死之。

元

許楫。忻州人。廉希憲鎮江陵，以楫爲左右司員外郎，荆南父老以金帛求見，楫曰：「汝等已爲大元民矣，今置吏以撫字汝輩，奚用金帛以求見？」

胡祇遹。武安人。至元中，爲荆湖北道宣慰副使。有佃民訴田主謀爲不軌，祇遹察其冤，坐告者。

暢師文。南陽人。至元三十一年，爲山南道肅政廉訪使。松滋、枝江歲發民防水，往返數百里，師文悉罷其役。駙馬家人怙勢不法，師文治其甚惡者流之。

毛好義。成宗時，知公安。政事嚴明，令行禁止。

薩題勒密什。大德間知石首縣。勸民力穡，建學造士，開水道以疏江流，築隄護之。「薩題勒密什」譯見前。

王都中。福寧州人。武宗時，爲荆湖北道宣慰副使。適歲大祲，躬履山谷拯饑民，賴全活者數十萬。

卜天璋。洛陽人。天曆二年，蜀兵起，荆楚大震，拜山南道廉訪使。厲風紀，清吏治，州郡肅然。時穀價頓湧，乃下令勿損穀價，聽民自便，於是舟車爭集，米價頓減。

朱顯文。知公安縣，恪守清節。後罹兵變饑饉，一家淪喪，而潔身守義，終不以利禄動心。

布琳尼敦。累官至山南廉訪使，治中興，每按部，威惠翕然。至正十二年，寇侵中興，射之多死，賊稍退。明日復擁衆來襲東門，與戰，被執，不屈而死。「布琳尼敦」舊作「卜理牙敦」，今改正。

尚都。元末爲中興路判官。寇殺主將布琳尼敦，尚都出擊之，既而東門失守，反鬬力屈，賊執之使降，尚都大罵，賊怒，刳腹刲肉而死。「布琳尼敦」譯見前。

明

周政。洪武初知荆州府。招集流亡，修治學校，政聲遠聞。

陳獻。銅梁人。洪武中知監利縣。有司造官楮，民病之，獻奏減大半。

陳直方。應城人。洪武初任石首教諭。具知人鑑，於弟子中許楊溥有公輔器，後果爲名相。

王滿。汝寧人。洪武二十二年，知枝江縣。復設縣治，造廨舍，興學校，勞績懋著。

刁鵬。祥符人。永樂中知荆州府。在任九年，門無私謁，囊無贏帛，凡所設施，皆有條理。

范理。天台人。宣德中知江陵縣。民累逋租十四萬，上官徵之急，不能償。時將卒墾田立户，號曰畸零，不供役，理定其等，諭令各出僱役米，因以償租，逋畢完。縣當孔道，理爲治清肅，權貴過者，無敢漁一錢。

馬祥。汲縣人。正統初知石首縣。公平仁恕，吏畏民懷。

張岀。上虞人。正統中知荆州府。果於有爲，事苟利民，不恤叢怨，毅然爲之。秩二滿，民乞留，詔增二秩再任。

張愷。寧波人。正統中知江陵縣。興學校，建公署，革弊釐奸，吏民畏服。

俞雍。武進人。正統中知公安縣。清介有志節，自奉甚約而愛民甚摯。定徭賦之則，區畫詳盡。除道成梁，百廢具舉，尤慎於用刑，民感其慈惠。

錢昕。蘇州人。天順中知荆州府。江陵、潛江水溢，昕築黄潭隄捍之，長亘數百里。暇即課諸生講學，所成就多知名士。

石敏中。江津人。成化中知松滋縣。歲饑發賑，江漲增築隄防。會鄖、襄盜起，軍供旁午，敏中措置有方，民不告病。

楊德修。長壽人。弘治中爲松滋訓導。訓迪有方，寒暑課業不輟。

邊貢。歷城人。正德初知荆州府。廉静自守，事集而民不擾，政寬而下不欺。

蔣瑶。歸安人。正德中知荆州府。公明廉介，士民畏服。聞母喪，即日就道。荆民懷其德，立祠祀之。

姚隆。嘉定人。正德中知荆州府。七年，民安事集，以忤當路免，民老幼遮道泣送。後立祠祀之，與劉永、蔣瑶稱三賢守。

邵經邦。仁和人。嘉靖初，以工部主事，榷税荆州府。甫三月，税額已滿，遂啓關任民商出入，遠近稱之。

李元陽。大理人。嘉靖中知荆州府。舊隄圮，七州縣皆患水，治之無成績，元陽身任之，再期而成。及憂歸，一府皆垂涕遠送，立祠祀焉。

牛愷。六安人。嘉靖間知石首縣。聽訟明斷。承天府營獻陵，愷供役，區畫盡善，邑人賴之。

李純朴。定遠人。嘉靖間，以御史謫知監利縣。甃甎城，建大觀書院。

趙賢。汝陽人。嘉靖末知荆州府。大水民饑，徧行村落，計口給賑，已而築隄捍水，疏渠溉田，民深德之。大盗楊勝德、黄中等爲亂，賢單車詣勝德壘諭降之，中等相率歸附。

周宗武。臨川人。隆慶中知宜都縣。毁淫祠神像，改建正心書院。

朱正色。南和人。萬曆中知江陵縣。始治縣，即力行條鞭法，凡賦税不便民者盡蠲之。時起復張居正，中官賫詔至，從人甚衆，正色令吏籍其名，謂之曰：「若已悉載我籍，有魚肉百姓者，即疏爾罪。」諸惡悚慄而退。

楊雲才。臨桂人。萬曆間知公安縣。獄訟不用勾攝，質民於庭，數言立決。清丈田糧，單騎郊行，履畝定税，著爲令甲。嘗置釜數十於庭，村民入城輸納，不覓逆旅，炊食已即返，故民詣縣如歸。

蕭以裕。清江人。萬曆中知宜都縣。時遣中官征督舊逋，擅開紅花沱金礦，民震擾，以裕請於撫按，上疏罷之。

高斗樞。鄞縣人。崇禎初知荆州府。流寇來逼，無一卒可用，乃籍民爲兵，出舊礮百餘，置城上徧試之。適賊哨騎至，聞聲驚遁。部議覈屯田之役於民者，徵其舊賦，斗樞力持不可，乃止。

羅安邦。荆州守將。崇禎十二年，楊嗣昌檄救夷陵柞谷，深入，遇賊香油坪，被圍援絶，軍覆，死之。本朝乾隆四十一年，賜謚烈愍。

胡鳴岡。績溪人。崇禎十四年，知枝江縣。李自成陷荆州府，遣使説之降，鳴岡焚其書，囚僞使於獄。後出城巡徼，船卒謀叛，奪其印獻賊，鳴岡卒不屈，賊改容謝之去。

撖君錫。絳縣人。明末，爲荆州府訓導。十六年冬十二月，李自成陷府城，文武吏皆先期遁，賊帥羅汝才搜學宫，見君錫長髯偉軀，端坐明倫堂上，詢知與己同鄉貫，誘之降。君錫罵曰：「賊奴豈不知世有不畏死男子耶！予朝廷命官，誰與爾賊爲桑梓者？」汝才恚甚，縛繫公安門外賊營梔樹上，歷三晝夜。君錫罵愈厲，汝才執弓射之，君錫徐諭曰：「死非我所懼，但我學官，當死文廟側耳。」賊遂捽置城内雲路坊下，割舌斷臂而死。本朝乾隆四十一年，予祀忠義祠。

方應星。武昌人。以武舉爲巡撫宋一鶴所擢，官都司，授精兵三百防守，號遠洋營。崇禎十六年，闖賊據襄陽，遣人招降不從，賊數萬騎攻城，三日城陷，應星被執，誘以僞職，大駡死之。

本朝

甘文奎。豐城人。順治初，官荆襄道參議。以計擒賊首王魁等，其黨深銜之，乘文奎受代出署，遂破城縛之去。極刑逼降，文奎厲聲駡，不屈死之。贈光禄卿，廕子。

張占鼇。山西人。貢生。康熙三年，任荆州通判。值勦流賊郝摇旗於鄖陽山中，占鼇督餉從，賊突犯大營，官軍失利，占鼇堅守軍儲不爲動，被執。賊露刃脅降，占鼇怒叱之，遂遇害。詔贈湖廣按察司僉事，廕一子入監。

人物

漢

胡剛。南郡華容人。清高有志節。平帝時，大司農馬宫辟之。值王莽居攝，剛解其衣冠，懸府門而去，遂亡命交阯，隱於屠肆之間。後莽敗，乃歸鄉里。剛六世孫廣，字伯始，歷任四公，封育陽安樂鄉侯。

蒯越。字異度，南郡人。劉表爲荆州刺史，請與謀畫，使越誘宗賊帥，至者十五人，皆斬之。復與龐季説降江夏賊陳虎，江南悉平。曹操平荆州，以爲光禄勳，封侯。

三國　漢

霍峻。字仲邈，枝江人。初依劉表，表卒，歸昭烈帝。帝以峻爲中郎將，守葭萌城。劉璋將向存等攻圍峻一年不能下，出擊大破之，斬存。昭烈帝定蜀，以爲梓潼太守，卒官。還葬，帝親率臣僚弔祭。子弋，字紹先，後主立太子璿，以弋爲中庶子。盡言規諫，甚得切磋之體。領永昌、建寧太守，還統南郡，進安南將軍。魏之入蜀，弋請勤王不得，最後始降。

馮習。字休元，南郡人。隨昭烈帝入蜀，帝東征吴，習爲領軍，大敗於猇亭，死焉。

董和。字幼宰，枝江人。昭烈帝定蜀，爲掌軍中郎將，與諸葛亮並署左將軍大司馬府事，獻可替否，共爲歡交。死之日，家無儋石，亮甚追思之。

晋

董允。字休昭，和子。後主時，爲黄門侍郎。諸葛亮將北征，遷爲侍中，領虎賁中郎將，事爲防制，甚盡匡救之理。後以侍中守尚書令，卒官。

南北朝　宋

朱詹。江陵人。性好學，家貧無資，累日不爨，時吞紙以實腹。寒無氊袍，抱犬而卧，志不廢業，卒成學士。

甄恬。字彦約，江陵人。數歲喪父，哀感若成人，家人以肉汁和飯飼之，恬不肯食。年八歲，恨不識父，悲泣累日，忽若有見，言形貌則其父也。家貧養母，嘗得珍羞。及居喪廬墓，有白鳩、白雀棲宿其廬。州將始興王憺表其狀，詔旌表門廬，加之以爵位，官至安南行參軍。

劉凝之。字隱安，枝江人。兄盛公，高尚不仕。凝之推家財與弟及兄子，立屋野外，非其力不食，辟召一無所就。荆州年饑，衡陽王義季慮凝之餒斃，餉錢十萬，凝之大喜，將錢至市門，觀有饑色者悉分與之，俄頃立盡。一旦攜妻子汎江湖，隱居衡山之陽，采藥服食，妻子皆從其志。

陳

宗元饒。江陵人。少好學，以孝聞。武帝時，爲廷尉卿、尚書左丞。宣帝初，遷御史中丞。性公平，善持法，吏有犯法，政不便時者，隨時糾正，多所裨益。遷南康内史，後爲吏部尚書。

唐

蔡允恭。江陵人，後梁左民尚書大業子。工爲詩。仕隋歷起居舍人，煬帝有所賦，必遣教宫人，允恭恥之，數稱疾，由是疏斥。貞觀初，除太子洗馬。著後梁春秋。

劉洎。字思道，江陵人。貞觀中，爲尚書右丞，累加銀青光禄大夫。太宗欲聞己過，洎曰：「頃上書有不稱旨，或面窮詰，無不羞汗，恐非所以開言路。」帝稱善。及征遼東，詔兼左庶子，輔皇太子監國。

岑文本。字景仁，江陵人。父子象，爲人訟不得申。文本年十四，詣司隸理冤，辨對哀暢。命作蓮花賦，文成，合臺嗟歎，遂得直。性沉敏，善文辭。貞觀中，擢中書舍人，詔誥皆所草定，敏速過人。遷侍郎，封江陵縣子，踰年爲中書令。從伐遼東，至幽州，病卒。謚曰憲。生平口未嘗言家事，或勸其營産業，歎曰：「吾漢南一布衣，無汗馬勞，以文墨位宰相，俸入已重，尚何殖産業耶？」

岑長倩。文本從子。永淳中，累官兵部侍郎、同中書門下平章事。武后時，加特進、輔國大將軍。和州浮圖上大雲經，著革命事。后詔天下立大雲寺，長倩争不可，罷爲武威道行軍大總管，征吐蕃。未至，召還下獄，來俊臣誣以謀反，見殺。睿宗立，追復官爵，備禮改葬。

俞文俊。江陵人。垂拱三年，新豐縣有山湧出，武后以爲休徵，名曰慶山，四方畢賀。文俊上言：「陛下以女主處陽位，反易剛柔，故地氣塞隔，而山變爲災，宜側身修德，以答天譴。」太后怒，流於嶺外，後爲六道使所殺。

岑參。文本之後。天寶中進士，工詩，官右補闕，論斥權佞。代宗時，出刺嘉州。杜鴻漸表爲幕職，終於蜀。

戎昱。荆南人。至德間，以文名，登進士第，衛伯玉辟爲從事。京兆尹李鑾欲妻以女，命改姓，昱拒之。建中間，歷辰、虔二州刺史。

劉蜕。字復愚，荆南人。荆南歲解舉人，多不成名，蜕始及第，號破天荒。爲文奇詭岸傑，自成一家。

崔道融。荆南人。爲永嘉令，累官右補闕。唐末不仕朱梁，避地入閩。

宋

夏侯嘉正。字會之，江陵人。太平興國進士，歷官著作佐郎。嘗使巴陵，作洞庭賦，人多傳寫。端拱初，太宗召試詞賦，擢爲右正言，直史館。

褚彦逢。江陵人。五世同居，兄弟五人，皆年七十餘。至道中，轉運使表其事，詔補彦逢教練使。

朱昂。江陵人。好學有清節，聚書至多，號朱萬卷。咸平二年，拜工部侍郎。致仕，詔本府歲時存問，命其子正辭知公安縣，以便侍養。

高懌。字文悦，季興四世孫。十三能屬文，通經史百家，從种放受業，放奇之，不敢處以弟子行。范雍建京兆府學，召懌講授，諸生常數百人。

張景。字晦之，公安人。少從河東柳開遊，悉出家書畀之，嗜學益力，與孫僅、朱嚴輩相切磨。真宗詔有司徵天下士，景居首列，爲房、參二州文學參軍，轉寶應簿，後攝理真州事。所著有洪範、王霸論數十篇。

崔遵度。字堅白，江陵人。純介好學。太平興國進士，累官左司諫，於勢利泊如也。仁宗時，壽春王開府，命遵度與張士遜並爲王友，官至判司農寺。

龐天祐。江陵人。以經籍教授里中。父疾，天祐割股食之，疾愈。復喪明，天祐又復舐之。父年八十餘，大中祥符四年卒。天祐負土封墳，結廬其側，晝夜號不絶聲。知府陳堯咨上其事，詔旌門廬，築闕表之。

唐介。字子方，江陵人。父拱，卒漳州，州人合錢以賻，介尚年幼，謝不取。擢第，官平江令，調知任丘縣，通判德州，轉殿中侍御史。劾張堯佐，並及宰相文彦博、諫官吴奎，貶英州别駕，直聲動天下。後復爲殿中侍御史，累遷知諫院。治平二年，出知太原府。熙寧元年，拜參知政事。王安石執政，介數與爭論，安石强辨，而帝主其説，介不勝憤，疽發於背，卒。贈禮部尚書，謚曰質。

樂京。荆南人。事母至孝。嘉祐初，以薦得校書郎，爲湖陽、赤水二縣令。神宗求言，京上疏以畏天保民爲請。助役法行，京白提舉常平官言不便，使之條析，又不報，自列丐去。詔奪著作佐郎，十年乃復官。監黄州酒税，以承議郎致仕。元祐初，召赴闕，不至，終於家。

唐淑問。字士憲，介子。第進士，官御史裏行。初詔侍臣講讀，淑問言王者之學，不必分章句，飾文辭，當延登正人，博訪世務，以求合先王。河北饑，流人就食京師，淑問條三策上之。滕甫爲中丞，淑問立數其短，帝以爲邀名，出判復州。久之，提點湖北刑獄，言新法不便，黜知信陽軍，病免。哲宗立，司馬光薦其行己有恥，召爲左司諫。以病致仕，數月卒。

唐義問。字士宣，介子。熙寧中，以辟召爲司農管勾公事，從曾孝寬使河東。還奏事，擢湖南轉運判官。奏除羨賦，移使京西。時陝西大舉兵，多亡卒，義問請令詣官自陳，給券續食。元祐中，用文彦博薦，知集賢修撰。帥荆南，請廢渠陽諸砦。蠻楊晟秀斷之以叛，即拜湖北轉運使，討降之，復砦爲州。尋入元祐黨籍。

唐恕。介孫。崇寧初，爲華陽令。以不能奉行茶法忤使者，謝病免歸。其弟意，爲南陵令，亦以病自免。兄弟杜門躬耕，尋以宣教郎致仕。靖康元年，御史中丞許翰言其高行，詔起爲監察御史。意亦以吴敏薦召對，貧不能行，竟餓死江陵山中。

項安世。字平父，江陵人。淳熙進士，官秘書正字。光宗以疾不過重華宫，安世上書諫，不報。尋遷校書郎。紹熙五年，召朱子至闕，未幾予祠，安世率館職上書留之，俄爲言者劾去官，坐學禁廢錮。開禧中，起知鄂州，遷户部員外郎、湖廣總領。金人圍德安，安世不俟朝命，遣兵解圍。尋權宣撫使，坐免。所著有易玩辭諸書，多行於世。

劉鼎孫。字伯鎮，江陵人。官翰林學士。厓山破，驅家屬并輜重沉海，鼎孫被執，一夕得脱，卒蹈海。

元

尹夢龍。中興人。母喪，負土爲墳，結廬居其側，手書孝經千餘卷，散鄉人讀之。有羣烏棲其塚樹。

向遜。宜都人。自宋末及元，九世同爨，人無間言，稱爲義門。

明

傅瓛。松滋人。吴元年，授江西行省參政，遷參知政事。與李善長定律，務從簡當。洪武元年，上郊廟議。時京師火，四方水旱相仍，帝諭修省，瓛以天心仁愛爲對，且自引咎。官至禮部右侍郎。

劉儁。字子奇，江陵人。洪武進士，歷兵部右侍郎。建文時，爲侍中。成祖即位，進尚書，大征安南，以儁參贊軍務。簡定復叛，儁再出，參贊沐晟軍務。晟敗績於生厥江，儁襲賊至大安海口，颶風大作，後軍不繼，被執，駡賊死。洪熙初，贈少傅，謚節愍。

裴璉〔九〕。字汝器，監利人。洪武中，薦入太學。知劍州，遷浙江僉事。永樂中，調江西。凡再免官，再起御史，論事不避權勢。出按階州賊，捕斬首惡數人，餘釋不問。後以忤當事出知易州。仁宗初，召爲刑部侍郎，言事忤旨，出知涪州。老於家。次子綸，字景宣，永樂進士，居翰林，爲王振所扼。景泰初，爲山東布政使，劾鎮守太監覃廣，罷之。卒，贈禮部尚書，謚文僖。

何忠。字廷陳，江陵人。永樂進士，授御史。三殿災，言事忤旨，出爲交阯政平知州。及黎利反，大將王通敗績，遣忠及千户桂勝齎疏詣闕，乞濟師，未出境，爲賊所得，脅之降，兩人並不屈死。忠贈南寧府同知，謚忠節。

鄒師顔。字希賢，宜都人。起家太學生。永樂中任御史，人不敢干以私。遷大理寺丞，署户部事。與夏原吉同下獄。仁宗即位，釋之，擢禮部右侍郎，踰年告歸省墓，還至通州卒。貧不能歸喪，宣宗命給官舟送之。

楊溥。字弘濟，石首人。建文進士，授編修。永樂中，侍皇太子爲洗馬。時宫僚多得禍，溥繫獄十年，讀書不輟。仁宗立，擢翰林學士，入閣參機務。正統中，進少保、武英殿大學士。卒，贈太師，謚文定。溥有文學，遇事持正，與楊士奇、楊榮同心輔政，時號「三楊」。

劉魁。字景星，監利人。諸生時，與楊溥遊，溥呼爲老友。監利建學，魁伏闕上書，願得名師，詔以李鐸視學事。初，魁讀書荆臺觀，勸羽士任倫歸儒，倫遂舉鄉薦，於監臨前盛稱魁才，直指召魁同宴鹿鳴。越三年，魁亦膺鄉舉。仁宗時，溥執政，疏薦之，辭不赴。詔迫之出，授大足學訓導。旋乞休，溥繪修篁古木圖，并詩贈之。子祥，以孝行聞。魁卒，祥夜廬墓側，旦歸奉母。母卒，亦廬墓三年。成化中旌表。

傅啓讓。石首人。永樂進士，授河南按察僉事，清慎有爲。嘗奏築隄以禦河水。官至大理少卿。

李志。松滋人。永樂中，以人材拜監察御史，剛毅執法。宣德間，屬國朝貢不至，廷議遣兵擊之，志奏曰：「朝貢雖缺，遽加以兵，非懷遠之道。」遂止。

余汝弼。字廷輔，宜都人。勤學好問，居家孝友。里嘗大疫，同諸兄弟煮湯藥糜粥，徧飲食之。登永樂中鄉薦，擢營繕主事，遷屯田郎中。卒之日，家無餘儲。

張純。字志中，江陵人。永樂進士。宣德中，授監察御史，累擢僉都御史，巡撫畿內，風紀丕振。仕終兵部尚書。

王恂。字用誠，公安人。宣德進士，授檢討。博學工文，操行簡素。後擢大理寺丞，巡撫貴州，蠻夷畏服。官至國子監祭酒。

劉祥。監利人。以右軍都督府事〔一〇〕，死正統己巳之難。天順間録其子。

汪浩。字弘初，石首人。景泰進士，歷官四川按察僉事。諸郡寇作，浩擒斬萬餘。擢僉都御史，巡撫四川，平劇賊趙鐸等。加副都御史，討都掌叛夷，平之。所著有平西録。

劉懋。字勉之，江陵人。成化進士，授刑科給事中，封駮無所避。值權閹汪直用事，懋首劾之。尋論昭德貴妃專寵，杖繫詔獄。出爲浙江按察僉事，以憂歸。家居數十年，足跡不至城市。

王宗義。石首人。自宗義以上，五世同居。成化中旌表。

蘇昭。字廷顯，宜都人。童稚時日記千言。後爲南平令，致仕。一日江濱遇孤子守骸而泣，昭問其由，對曰：「父知巴陵，殁於此。」昭遂出資殮之，助之還。

王軾。字用敬，公安人。天順進士。弘治中，歷官大理寺卿。軾素精法比，與刑部裁定問刑條例，頒之天下。尋拜南京户部尚書，督軍討平貴州普安賊婦米魯之亂。改南京兵部，參贊軍務。武宗立，致仕。卒，贈太保，謚襄簡。

劉思賢。字用賓，石首人。弘治進士，歷户部郎中。正德間，以忤中官劉瑾繫獄免官。瑾誅，起知重慶府，累遷工部侍郎。恭慎端愨，囊無餘儲。

伍文定。字時泰，松滋人。弘治進士。正德時，歷常州、嘉興二府推官，擢知河南府，皆有政績。調吉安，與王守仁平宸濠。遷廣東右布政使，累擢兵部尚書，兼右都御史。督兵討雲南土酋安銓，復移師征芒部叛酋普奴。召還，致仕卒。天啓初，謚忠襄。

曾璉〔一一〕。江陵人。正德中，以吏員任四川綿州判官。率兵禦流寇廖麻子，力屈死之。贈上林苑監丞，廕子。

鄧俊。石首人。正德中，以吏員任四川營山縣典史，時鄢賊猖獗，城陷，俊與次子俱死。事聞，廕其長子官。

朱輔。字翼公，公安人。成化進士，授南陽同知，有異政。擢御史，出爲浙江嘉湖道參議。禦倭失援，不屈死。倭首以屍歸，百姓爲斂，事聞，賜祭贈官。

鄒文盛。字時鳴，公安人。弘治進士，除給事中。勘事遼東，按鎮守中官廖玘罪。正德時，巡撫貴州，累破諸苗。嘉靖初，歷户部尚書，首疏鹽政、錢法十一事，稽覈馬坊芻豆破冒，宿弊爲清。乞歸卒，贈太子少保，謚莊簡。

何皞。字太古，公安人。景泰舉人，知睢寧縣，有異政。尋以户部郎告歸。世宗御題賜犢歸莊圖以寵之。

李夢祥。字幼徵，監利人。嘉靖進士，授温州府推官，執法有聲。後改工部主事，尋出知思南府。竭力禦苗寇，鄰郡多陷而思南獨完。

范希賢。字水南，松滋人。嘉靖舉人。扃户著書，不事干謁。所著有水南集。

王期勤。字少月，松滋人。萬曆進士，知無錫縣。倡始築城，數月而畢。後倭寇所至殘毀，無錫以城固無恙。歷官職方郎中。

王之誥。字告若，石首人。嘉靖進士。由知縣累遷兵部員外郎，出爲河南僉事。討師尚詔有功。歷大同兵備副使，以擣板升功，增秩，歷僉都御史，巡撫遼東。大興屯田，上便宜八事，行之。進兵部侍郎、三邊總督〔一二〕。神宗初，召爲刑部尚書，乞終養歸。卒，謚端襄。

張居正。字叔大，江陵人。嘉靖進士，由庶吉士授編修。隆慶時，歷禮部尚書、武英殿大學士。神宗立，累進中極殿大學士、太師。居正以時乘積玩，次第振刷，十年之中，時號太平。卒，贈上柱國，謚文忠。未幾削去，崇禎初始復焉。

劉楚先。字衡野，江陵人。隆慶進士，授檢討，累官禮部侍郎兼學士。神宗時，國儲未定，楚先七上疏請婚冠期，不報。家居十六年，起禮部尚書，掌詹事府事。卒，贈太傅，謚文恪。

袁宏道。字中郎，公安人。與兄宗道、弟中道，並有才名，時稱「三袁」。宗道萬曆十四年會試第一，官至右庶子。宏道萬曆二十年進士，爲禮部主事。謝病歸，築園城南，植柳萬株，號曰柳浪，與中道及一二老衲居焉。久之，起文選主事。縛胥吏作奸者送刑部，置大辟，都人大快。官至稽勳郎中。所著有瀟碧堂集。中道亦萬曆進士第，官至南京禮部郎中。

周天祚。字白石，松滋人。天啓進士，知南充縣，擢户部主事。請裁冗費，數忤中官，憂憤卒。

毛羽健。字芝田，公安人。天啓進士，歷知萬、巴二縣，並有聲。崇禎初，徵授御史，疏劾楊維垣、阮大鋮附閹罪，二人遂被斥。王師討安邦彦久無功，羽健上言：「賊巢在大方，黔其前門，蜀之遵義其後户，黔道險，必從遵義進兵。」後如其言，賊乃滅。又極陳驛遞之害，以蘇民困。嘗疏奏温體仁、謝陞、王永光、周延儒之奸，積忤權要，落職歸。

陸師贄。字岷源，江陵人。萬曆舉人，知江安縣，入爲御史。閹黨劾之，有「楊漣密友」之語，坐罷職歸。流寇陷荆，舉家渡江避難，悒悒而死。

謝璉〔一三〕。監利人。萬曆進士，由兵部主事。歷官廣東、山東參政，登萊巡撫。崇禎中死節，贈兵部右侍郎，賜葬祭恩廕。本朝乾隆四十一年，賜謚節愍。

劉楷。字甸方，江陵人。爲諸生，有膂力。崇禎九年，賊寇荆州，楷率義勇楊黄毛等數十人設伏邀之，斬賊帥，荆州圍解。楊黄毛歿於陣。楷後隨王參將以三千人赴汝寧，戰死。本朝乾隆四十一年，予祀忠義祠。

傅汝爲。字于宣，江陵人。崇禎進士，知秀水、歸善二縣，擢南京兵部主事。崇禎十五年，闖賊陷南陽郡縣，汝爲出守汝寧，顧語妻子曰：「吾世受國恩，頂踵不足惜，家有八十老父，汝輩可疾歸奉養。」賊至，欲降之，不屈。賊怒，用以祭礮死。本朝乾隆四十一年，賜謚節愍。

陳萬策。江陵人。天啓中，舉於鄉，有時名。崇禎十六年，李自成據襄陽，叛臣喻上猷薦萬策於自成，具書幣徵之，歎曰：「我不能奮身滅賊，尚可惜頂踵耶？」夜自經死。本朝乾隆四十一年，予祀忠義祠。

李開先。字石麓，江陵人。天啓舉人，與萬策齊名，亦爲上猷所薦。使者至，開先瞋目大罵，頭觸牆死。本朝乾隆四十一年，予祀忠義祠。

張允修。字建初，居正子。官尚寶卿〔一四〕。崇禎十七年，張獻忠陷城，允修題詩於壁，不食死。本朝乾隆四十一年，賜謚忠愍。

張同敞。居正曾孫。少負志節，下筆千言立就。以廕爲中書舍人，奉使慰問湖廣諸王，因令雲南調兵〔一五〕。明亡，與瞿式耜同殉節死。就刃時，首殞，尸直立，躍而前者三，人皆辟易。本朝乾隆四十一年，賜謚忠烈。

王維藩。字現南，江陵諸生。闖賊破荆州，維藩率妻朱氏及二女避難，遇賊，妻女赴井死，維藩見殺。本朝乾隆四十一年，予祀忠義祠。

王圖南。字北溟，江陵諸生。被賊執，不屈死。本朝乾隆四十一年，予祀忠義祠。

謝幼安。字公嗣，江陵人。賊至龍灣爲所獲，幼安罵賊，賊截其舌死。本朝乾隆四十一年，予祀忠義祠。

龐瑜。字堅白，公安人。由貢生爲陝西崇信知縣。流寇陷城，瑜被執，罵賊磔死。瑜貌魁梧，有膂力。家貧，以耕自給，夏日戽水灌田，執書從牛後朗讀。喜讀易，之官時，筮得姤之革，驚曰：「吾其歿於西乎？且有兵象。」後皆驗。贈固原知州，廕子。本朝乾隆四十一年，賜謚烈愍。

楊一登。枝江人。崇禎末，流寇亂，以驍勇爲團練長。寇奄至流店，一登率衆大破之。後賊數萬悉至，一登力禦，三戰皆捷。翌日賊併力復戰，父子俱歿於陣。本朝乾隆四十一年，予祀忠義祠。

張大道。字行之，宜都人。官照磨，歸里，流賊張君用據城，大道團三千餘人攻之，賊夜襲營，父子五人力戰死。本朝乾隆四十一年，予祀忠義祠。

王端冕。字服先。江陵舉人，知趙州，以廉惠得民。崇禎十五年，城破被執，死之。事聞，贈官崇祀。本朝乾隆四十一年，賜謚節愍。

侯偉時。字異度，公安人。崇禎進士，知陽江縣，有惠政，擢工、吏二部主事。北都破，隱湖、湘間，後大兵至，被執，諭降不屈而死。本朝乾隆四十一年，賜謚烈愍。

鄧巖忠。江陵人。由鄉舉爲衢州推官，州破，自縊死。本朝乾隆四十一年，賜謚節愍。

唐自綵。江陵人。知臨安縣。杭州破，逃山中，有言其受魯王敕者，捕獲不屈死。從子階豫同死節〔一六〕。本朝乾隆四十一年，賜謚忠節。

王時化。江陵人。知昭化縣。崇禎末，闖賊陷城，死之。本朝乾隆四十一年，賜謚節愍。

本朝

張可前。字箸漢，江陵人。順治進士，任瑞州府推官，有惠政。擢吏部主事，陞郎中，以親老乞養歸。服闋，補原官，累陞副都御史。疏請於蘭州設將軍，控制河西。旋晉刑部侍郎，轉兵部，致仕。年八十三卒。先是，荆、安二府協修江、漢兩隄，屢築屢潰，可前請於上官，力主兩地自衛之説，以杜推諉，隄工始固，民利賴之。

胡在恪。字念蒿，江陵人。順治進士，歷官刑部郎中。督學江南，杜絶請託。補江西鹽驛道，致仕歸。幼時父督課嚴，嘗以硯擊其背，至耄，背每發痛，則思慕涕泣。弟年逾七十，偶病即撫摩顧視，寢食俱廢云。

咼正儀。公安人。順治進士，授南陽府推官。坦易敏決，斷獄如神。後裁缺，知廣寧縣，撫循有方。卒於官，民哭送之。南陽有咼公橋，邑人比之峴首云。康熙間，與父重望同祀鄉賢祠。

周士元。監利人。隨總督蔡毓榮攻辰龍關，有功，授雲南督標守備。歷陞福寧鎮總兵，平巨寇高松香，調南澳總兵。海賊陳君元逃亡，計擒之。卒，賜祭葬。

侯章華。公安人。父令邱，受害衡、湘間，年十歲，其人撫爲己子，持肉與食，章華淚下曰：「既殺我父，吾忍食殺父人手中肉乎？」其人遂逐之。尋以哀慕卒。

李繼昌。江陵人。好施與，賑饑掩骸，完人婚娶，給助囚糧，四十餘年不懈。妻朱氏，尤與合志。邑遭吴逆變後，道殣相望，朱煮糜以給，酷暑執勞釜鬵間，湯火沸騰著乳上，肉爲潰爛，朱無悔心。里人咸感稱其義。

張應宗。號魯峯，江陵人。乾隆丙辰副榜，官大冶教諭。應宗讀書穎敏，自經史外，兵算樂律諸書無不究覽。亦工詩古文，所著韻衡三卷，於古韻頗有發明。其以沈約鍾山應教諸詩，證四聲八病之言不出於約。又謂反切本非梵音，以華嚴字母，乃中華譯經之文，並非天竺本義，爲説尤精確。

彭承堯。松滋人。由武進士授藍翎侍衛，補四川都司。乾隆三十六年，隨征金川，有戰功，歷陞至四川提督。五十八年，論平廓爾喀功，圖像紫光閣，命儒臣製贊。旋調廣西提督，以勦辦貴州狆苗功，加太子少保銜。凱旋日，染瘴卒於軍。

劉名芳。江陵增生。孝事父母。乾隆五十三年，郡西北萬城隄潰，水自西門入，城中居民登城堞避水，名芳母柩在堂，與子繼諲攀號不忍去，同時淹斃。五十四年旌表。

黄義峯。字際雲，江陵人。官保康縣教諭。嘉慶元年，白蓮教匪犯保康，義峯先謀捕勦，賊恨之，割其首懸於市。其妻王氏，子紹元，僕多富、張成、吴升，同時被戕。事聞，入祀昭忠祠。

張發瑶。宜都人。嘉慶元年，灌灣腦邪匪張正謨倡亂，良民被脅者多，發瑶潛約良民應官兵，以紅布爲號，爲内外夾攻之計，事泄被戕。妻王氏、媳李氏及孫女同時殉節。嘉慶四年旌。

李國治。宜都人。爲邪匪張正謨所脅，不從，謀與張發瑶内應官兵，事泄被害。妻聶氏及二女同時殉節。嘉慶四年旌。

流寓

周

管修。齊人。寓於楚。白公之亂，葉公聞其殺齊管修也而後入。

三國　魏

司馬芝。河南温人。避亂荆州，於魯陽山遇賊，同行者皆棄老弱走，芝獨坐守老母。賊至，以刃臨芝，芝叩頭曰：「母老惟在諸君。」賊曰：「此孝子也，殺之不義。」遂得免害。推鹿車載母，居南方十餘年，躬耕守節。曹操平荆州，以芝爲管長。

晉

皇甫方回。安定朝那人，謐子。少遵父操，兼有文才，避亂荆州，未嘗入城府。刺史陶侃每造之，著素士服，望門輒下而進。王敦遣從弟廙代侃，以方回爲侃所重，不來詣己，乃收斬之，荆土莫不垂涕。

劉驎之。南陽人。居於陽岐，在官道之側，人物來往，莫不投之，驎之躬自供給。車騎將軍桓沖聞其名，請爲長史，固辭不受。去驎之家百餘里，有一孤姥，病將死，歎息謂人曰：「誰爲埋我，惟有劉長史耳。」驎之先聞其患病，往候之，值其命終，乃身爲營棺殯送。

南北朝　宋

宗炳。字少文，南陽涅陽人。於江陵三湖立宅，武帝辟爲太尉掾，不起。宋受禪，及元嘉中，頻徵不起。好山水，愛遠遊，有疾還江陵，歎曰：「老疾將至，名山恐難徧覩，惟澄懷觀道，卧以遊之。」古有金石弄，爲諸桓所重，惟炳傳焉。從父弟彧之早孤，事兄恭謹，家貧好學，雖文義不逮炳，而真澹過之。元嘉初，大使陸子貞表薦，徵員外散騎侍郎，不就。

宗慤。字元幹，炳兄子。慤年少，叔父炳問其所志，答曰：「願乘長風，破萬里浪。」元嘉二十二年，除振武將軍。討破林邑將范毗沙，攻拔區粟，入象浦，遂克林邑。孝武伐逆，以爲南中郎諮議參軍，事平，拜左衛將軍，封洮陽侯。大明三年，竟陵王誕據廣陵，慤求赴討，事平，入爲左衛將軍。官至安蠻校尉、雍州刺史，加都督。謚曰肅侯，配享孝武廟庭。

齊

劉虬。字靈預，南陽涅陽人，徙居江陵。少而抗節好學，須得禄便隱。宋泰始中，仕至晉平王驃騎記室、當陽令，罷官歸家静處，徵辟皆不應。以江陵西沙洲去人遠，乃徙居之。建武二年卒。

宗測。字敬微，炳孫。少静退，不樂人間。母喪，身負土植松柏。長子賓爲南郡丞，付以家事，遂往廬山。

宗向之。炳宗人。亦好山澤，徵辟一無所就，以壽終。

樂頤之。字文德，南陽涅陽人，世居南郡。仕爲京府參軍，父在郢病亡，頤之忽悲戀涕泣，因請假還，中路果得凶問，便徒跣號咷。遇商人附載西上，水漿不入口數日。湘西刺史王僧虔引爲主簿，棄官去。吏部郎庾杲之嘗往候，頤之設食，惟枯魚菜葅。杲之曰：「我不能食此。」母聞之，自出常膳魚羹數種，杲之曰：「卿過於茅季偉，我非郭林宗。」仕至郢州中從事。

樂預。字文介，頤之弟。亦至孝。父亡，悲感悶絶，吐血數升。官至驃騎録事參軍。隆昌末，預謂丹陽尹徐孝嗣曰：「外傳籍籍，似有伊周之事，人笑褚公，至今齒冷，無爲效尤。」孝嗣改容謝之。建武中，爲永世令，人懷其德。

庾易。字幼簡，南陽新野人，徙居江陵。志性恬静，不交外物。齊臨川王暎臨州，表薦之，餉麥百斛，辭不受。徵爲司空主簿，不就，卒。

梁

樂藹。南陽淯陽人，家居江陵。齊豫章王嶷爲荆州刺史，以藹爲驃騎行參軍。或譖藹廨門如市，嶷遣覘之，方見藹閉閤讀書。後爲大司馬記室。永明八年，用爲荆門從事。梁天監初，累遷御史中丞。性公彊，居憲臺甚稱職。出爲廣州刺史，卒。

宗夬。炳孫。少勤學，有局幹。仕齊爲驃騎行參軍。齊鬱林爲南郡王，使管書記。及即位，夬爲秣陵令，鬱林遇害，惟夬與傅昭以清正免。梁武帝受禪，歷太子右衛率、五兵尚書，參掌大選。

劉坦。字德度，虬從弟。仕齊爲孱陵令、南中郎録事參軍，以幹濟稱。梁武帝起兵，除行湘州刺史。齊東昏遣安成太守劉希祖破平都，移檄湘部，州人欲泛舟逃，坦悉聚舟焚之，誅叛黨鍾元紹。天監中，論功封荔浦子，遷蜀郡太守，未至卒。

庾詵。字彦賓，新野人，居江陵。幼聰警篤學，性托夷簡，蔬食敝衣，不修產業。梁武帝少與詵善，及起兵，署爲平西府記室參軍，誅不屈。普通中，詔以爲黄門侍郎，稱疾不起。卒年七十八，詔謚貞節處士。子曼倩早有令譽，元帝在荆州，爲中録事，後轉諮議參軍。所製文章，凡九十五卷。

庾承先。字子通，潁川鄢陵人，家居江陵。少沉静，有志操。受學於南陽劉虬，强記敏識，出於羣輩。辟功曹不就。晚居土臺山，鄱陽王恢在州，要與游處，令講老子，遠近名僧咸來赴集，皆得所未聞。中大通三年卒，刺史厚自贈賻，門人黄士龍讓曰：「先師臨終之日，誡約家門，薄棺周形，巾褐爲斂。雖蒙賚及，不敢輕承教旨，以違平生之操。」錢布輒付使反，時論高之。

韓懷明。上黨人，客居荆州。十歲，母患尸疰，每發輒殆。懷明於星下稽顙祈禱，忽聞空中有人曰：「童子毋自苦。」未曉而母平復。十五喪父，負土成墳，賻助無所受。免喪，與鄉人郭麐俱師南陽劉虬。虬嘗一日獨居涕泣，家人云是外祖亡日，時虬母亦已亡矣。懷明即日罷學，還家就養。家貧，力供甘脆，朝夕不離母側。母年九十以壽終。懷明水漿不入口一旬，號哭不絶聲，有雙白鳩巢其廬上，服釋乃去。及除喪，蔬食終身。梁天監初，刺史始興王憺表言之，州累辟不就，卒於家。

庾黔婁。字子貞，新野人。易子。少好學，仕齊爲編令，有異績。徙孱陵令，到縣未旬，父易在家遘疾，黔婁忽心驚，即日棄官歸家。時易疾始二日，每稽顙北辰，願以身代。易卒，黔婁廬於冢側。梁時爲益州長史，從鄧元起平成都，珍寶一無所取，惟請書數篋。尋除蜀郡太守。元起死於蜀，部曲皆散，黔婁身營殯殮，攜持喪柩歸鄉里。東宫建，侍皇太子讀，甚見知重。遷散騎常侍，卒。

庾於陵。字子介，黔婁弟。能言玄理，博學有才思。齊隨王子隆，召爲荆州主簿。子隆爲明帝所害，惟於陵與宗夬獨留經理喪事。永元末，除東陽遂安令。梁天監中，爲太子洗馬。洗馬向取甲族，武帝曰：「官以人清，豈論甲族？」時論以爲美。

庾肩吾。字子慎，於陵弟。八歲能賦詩。晉安王在雍州，被命與劉孝威等抄撰衆籍，號「高齋十學士」。及即位，擢爲度支尚書。侯景之亂，避地會稽，間道奔江陵。承聖中，歷江州刺史，領義陽太守，封武康縣侯。

劉之遴。字思貞，虬子。八歲能屬文，年十五，舉茂才明經對策，即調爲太學博士。後官至都官尚書、太常卿。之遴好屬文，多學古體，著春秋大意十科、左氏十科、三傳同異十科，合三十事上之。侯景陷臺城，將立蕭正德爲帝，使之遴授璽紱，之遴剃髮被法服，乃免。

劉之亨。字嘉會，之遴弟。好學，美風姿，善占對。大通六年，出師南鄭，詔湘東王繹節度諸軍，之亨以司農卿爲行臺承制。大致剋復，之亨封臨江子。代之遴爲南郡太守，有異績。卒，荆土懷之。之亨弟子仲威，少有志氣，頗涉文史，蕭莊稱尊號，以爲御史中丞，隨莊終鄴中。

樂法才。藹子。與弟法藏俱有美名。歷位少府卿、江夏太守。因被代，表求便道還鄉，至家，割宅爲寺，棲心物表。法藏位征西録事參軍，早卒。

劉三達。之遴子。數歲能屬文。州將湘東王繹盛集賓客，召而試之，説義屬詩，皆有理致。年十二，聽江陵令賀革講禮還，覆述不遺一句。年十八卒，之遴深懷悼恨，乃題墓曰「梁妙士」以旌之。

陳

徐世譜。巴東魚復人，居荆州。勇敢有膂力，善水戰。梁侯景之亂，從陸法和戰於赤亭湖，大敗景軍，擒景將任約。隨王僧辨攻郢州，以功封魚復縣侯。景平，以衡州刺史資，領河東太守。魏剋江陵，世譜東下依侯瑱。紹泰元年，徵爲侍中。陳永定二年，遷護軍將軍。歷官特進、右光禄大夫。謚曰桓。

周

庾信。字子山，肩吾子。幼聰敏絶倫，博覽羣書，尤善春秋左氏傳。父子出入禁闈，恩禮莫比。與東海徐摛子陵，文並綺艷，號「徐庾體」。梁元帝即位，拜右衛將軍，封武康縣侯。聘於西魏，屬西魏滅梁，遂留長安，官至司宗中大夫。作哀江南賦以致其意。

唐

袁滋。蔡州朗山人。客荆、郢間，起學廬教授。建中初，黜陟使趙贊薦於朝〔一七〕。

李遜。字友道，唐宗室，客居荆州。累遷濠州刺史，入爲虞部郎中。由衢州刺史政最，擢浙東觀察使。入爲給事中。故事，天子以畸日聽政對羣臣，遜奏「陛下求治，下有所陳，當不時上，不宜限以日」，憲宗從之。後爲忠武節度使。遜爲政抑强植弱，貧富均一，所至有績可紀。官至刑部尚書。卒，謚曰貞。子方玄，第進士。署江西府判官，有論死者十餘囚，方玄審其冤，悉平貸之。終處州刺史。

李建。字杓直。遜弟，與兄俱客荆州。母憐其孝，常曰：「倭子勸吾食，吾輒飽。勸吾藥，吾疾瘳。」倭子，建小字也。貞元中，補校書郎。德宗思得文學者，或以建聞，帝問左右，宰相鄭珣瑜曰：「臣爲吏部時，當補校書者八人，他皆藉貴勢以請，建獨無有。」帝喜，擢左拾遺、翰林學士。李師古以兵侵曹州，建作詔諭還之，辭不假借。以兵部郎中知制誥。宰相有竄定藁詔者，亟請解職。官至刑部侍郎。雖通顯，未嘗置垣屋，以清儉稱。

五代　梁

梁震。邛州依政人。唐末進士。朱温篡唐，歸蜀，過江陵，高季興愛其才，欲奏爲判官，震恥之，欲去恐及禍，及請以白衣侍樽俎。季興重之，呼爲前輩。震終身稱前進士，後自稱荆臺隱士。

孫光憲。陵州貴平人。游荆渚，高從誨署爲從事，歷保融、繼沖三世，皆在幕府。累官至檢校秘書監兼御史大夫，賜金紫。宋太祖時，光憲勸繼沖獻三州之地。

元

謝端。蜀之遂寧人。宋末避兵江陵，因家焉。幼穎異，弱冠與尚書宋本同以文學齊名，時號謝宋。史杠宣慰荆南，薦之姚樞〔一八〕。延祐五年，擢進士乙科，官至翰林直學士。端善爲政，績譽藉然。其文章嚴謹有法，預修三朝實録及累朝功臣列傳，時稱其有史才。

明

宋登春。直隸新河人。能詩，兼工繪事。寓居江陵，與山左謝榛皆以布衣名一時。

列女

晉

皮京妻龍氏。字憐，西道人。年十三，適宜都皮京，未踰年，京卒，京二弟亦相次殞。憐貨其嫁時資粧，躬自紡織，數年間，三喪俱舉，每時享祭無闕。守節窮居，五十餘載而卒。

南北朝 宋

宗炳母師氏。南陽涅陽人。炳父繇之，湘鄉令，母同郡師氏，聰辨有學義，教授諸子。後徙居江陵。

宗炳妻羅氏。炳不應徵聘，妻羅氏亦有高情，與炳協趣。

劉凝之妻郭氏。梁州刺史郭銓女。遣送豐厚，凝之悉散之屬親，妻亦能不慕榮華，與凝之共儉苦，乘薄笨車，出市貿易，周用之外，輒以與人。

齊

劉虬妻樂氏。南陽涫陽人，樂藹姊。家居江陵，適徵士同郡劉虬。明識有禮訓。藹爲州，迎姊居官舍，三分禄秩以供焉。

元

向存仁妻張氏。宜都人。存仁早卒，其弟存禮亦早世。存仁妻張氏、存禮妻杜氏，各一子。二婦年皆未及三十，俱守節，至元中，旌其門曰「節義」。

明

鄭克誠妻宋氏。石首人。夫卒，時年二十五，既終喪，姑以子幼家貧，欲奪其志，宋以死自誓。會姑病篤，宋割股奉姑啖之，遂愈。又撫姑之幼子，完其婚娶。守節五十七年，洪武中，有司以聞，旌命未下而卒。

闞福妻李氏。江陵人。夫醉卧，鄰火延及屋，李舍幼子女，負夫烈焰中，相持莫能動，並子女死焉。

王善妻杜氏。江陵人。善卒，有子倫甫二歲，姑勸之嫁，杜痛哭自誓。姑年八十卒，以禮殮葬。教子成立，孀居四十餘年。正統中旌。

張原泰妻姚氏。石首人。姑病目，舐之愈。姑殁，勤女紅以給殯葬，三年不食肉。正統中旌。

周鏞妻魏氏。石首人。年二十四而寡，誓守四十餘年。景泰中旌。

張蘭妻尹氏。石首人。蘭早卒，尹年二十五，紡績以給衣食，養姑九十而卒，孀居五十餘年。天順中旌。

沈彦清妻于氏。江陵人。清卒，于年二十八，家貧，養姑撫子，守節四十餘年。成化中旌。

何洪妻李氏。松滋人。洪早卒，李年二十七，無子，苦節不二。弘治中大水，度不能自存，曰：「年饑若此，嫠婦安所求活乎？」因自縊死。

粱從善妻向氏。宜都人。年二十六，夫卒，子儼方在孩提。養姑撫子，守節六十餘年。以壽終。

陳氏女。江陵人。未笄，正德七年，賊過其地，被掠，度不能免，乃投水死。求得其屍，顔色如生。

李淳妻王氏。松滋人。正德末年，流寇入其居，欲劫汙之，大駡不從，被害。

何清妻楊氏。枝江人。清卒，楊年二十四，子存中時在襁褓。楊撫孤礪節，壽至九十。嘉靖中旌。

徐迪妻蔣氏。石首人。迪嘉靖中鄉舉，殁時蔣年二十四，父母欲奪其志，以死拒之。庭有柏樹，旦夕依柏悲號，樹爲之枯。二年枝葉復發，里人異之，稱爲柏夫人。萬曆中旌。

潘鉞妻羅氏。監利人。鉞舉孝廉，肄業南雍，歸，歿於水。羅痛哭欲絶，撫其子成立。羅季女適萬姓，早寡，亦苦志。人稱「母女雙節」。

咼楙妻劉氏。公安人。年二十四，夫卒。撫遺孤文昌，教之成名。守節垂三十年，有司旌其門。

毛璣妻張氏。公安人。許配毛璣，未嫁而璣卒。張甫十四歲，守節，壽至七十。萬曆中旌。

袁宗道妾胡氏。公安人。年二十六，宗道卒於京邸，誓死守，終身茹蔬，待嫡出子如己出。臺使者旌之。

王維暐妻梁氏。江陵人。維暐死，梁年二十，絶粒五日，晨起拜姑及母，撫棺哭，目皆裂，絶於喪次。

余鳳儀妻駱氏。宜都人。年二十八，鳳儀卒，無嗣，里人勸之嫁，駱以刀自剄，不殊，自是人不敢言。勤紡績以養舅姑，年六十，旌門。

李氏。宜都人，鄭伯貴妻。鄭爲盜，屢諫不從，李自殺以屍諫。知縣陶之文題其墓碑曰「哲婦」。

劉士忠妻李氏。宜都人。年二十夫死，子甫三歲，李勤苦教子，撫三孫成名。年八十六終。孫漢，天啓中成進士，詔旌其門曰「節義文章」。

鄭友妻熊氏。江陵人。年二十餘，夫死，誓守節，奉事舅姑，辟纑課子，四十餘年。

劉如海妻熊氏。監利人。爲如海繼室，事二祖姑以孝聞。前妻子在朝方九歲，且多病，鞠育過於所生。年二十九而寡，課在朝，天啓時成進士。後贈恭人。年七十三卒。

王道妻張氏。江陵人。年二十六，夫病革，子化行月餘，張抱至道前曰：「兒存與存，兒亡與亡。」道隨瞑，張以甆破面流血，閉一室，非舅姑命不出。會父卒，即室中爲位哭。語兄若弟：「未亡人不敢歸唁。」其守禮如此。

王廷卿妻狄氏。江陵人。廷卿爲諸生，早卒，未葬，狄誓三年服闋，當與同穴，及期不食死。

胡盡忠妻文氏。枝江人。年二十三，夫亡，遺腹子仲禮，撫之成立，始終一節。

楊氏。松滋人。夫爲諸生，忘其姓，年二十殁。楊年十八，兩子方在襁褓。日則侍舅姑，提攜兩穉子，嬉戲於前，夜則飲泣，咽不成聲。未浹歲，姑忽感疾，扶抱進湯餌，凡二十年如一日。

張維妻王氏。枝江人。未嫁，維卒，王擗踊呼號，水漿不入口者數日。欲往弔，父母不許。王請兄往爲代奠，母虞有他變，令婢守之。王俟婢寢熟，潛出赴水死。

楊一敬妻嵇氏。枝江人。年二十，夫死無嗣。剪髮自誓，設夫像祀之。有司三旌其門。年七十終。

李本溶妻柳氏。松滋人。年十九而寡。子幼，父母諷其嫁，柳即溺水求死，卒全其節。

徐嶧母雷氏。江陵人。家貧苦節。崇禎十五年，闖賊至沙市劫掠，雷度不免，縱火自焚死。

蕭中妻張氏。江陵人。崇禎十五年，闖賊至沙市，不及避，賊欲污之，張罵賊死。

涂升庸妻王氏。江陵人。崇禎十五年，賊至江陵，升庸被害，王罵賊攖其怒，捽王髮，控馳十餘里，至馬驛街，不屈，賊縛於杆殺之。

沈氏。江陵人，沈肇隆女。年十九，繼室於馮。甫一載，夫亡，姑亦寡。沈與姑同守節。崇禎時，賊陷荆州，沈暗置刃懷間，賊覺，將劫之，沈乃大罵，賊刃其面，落數牙，罵不絶口死。

繡衣女子。不知何許人。荆賊任光樂犯之，死不從，囚之别室，遣老嫗勸諭之。女曰：「妾已名登鬼録，死後乞姆以抔土掩吾骸耳。」俯首就刃，顔色不變。觀者咸爲流涕。

涂天麟妻殷氏。江陵人。年二十餘守節。崇禎十六年，闖賊陷江陵，殷藏牆穴中，夜以書櫃縱火自焚，抱孫女泣曰：「汝不幸爲女子於此，不死更何待。」遂赴火。二子被掠歸，從鄰嫗得骸骨，葬焉。

徐宏修妻田氏。江陵人。宏修爲諸生，崇禎十七年，賊破白兔河，宏修死之。田氏哭而奔投於水，水淺，賊追及，欲犯之，田大罵不屈，遂遇害。

潘有穀妻劉氏。監利人。有穀爲諸生，崇禎十七年，城陷被害，劉噴血罵賊死。

胡公恪妻王氏。監利人。與女蕊姑俱爲賊掠，女時年十三，絶粒七日，憤罵不輟，賊怒刃之。王氏抱幼女赴水死。

胡良儒妻袁氏。松滋人。年二十，夫病瘧遠出而死。柩至，袁往河下設奠，痛哭畢，躍入水中，移時屍浮水面，遶夫舟以行。事聞，爲立烈婦碑。

宋氏女。宜都人，宋名録女。崇禎十七年，賊將張君用屠其家，女方垂髫，賊欲活之，女延頸受刃，宋一家遂絶。

王奇妻尹氏。松滋人。奇爲諸生，明末夫婦俱爲賊執，欲犯之，先殺奇，尹大罵，以夫血塗面，拔賊殺夫之刃自刎死。

徐兆麟妻何氏。石首人。事姑至孝，後遇賊，赴水死。

劉氏。江陵人，劉汝濟女。年十八，夫先罹賊難死，劉矢志靡他。崇禎十七年，流寇張獻忠大掠，劉倉卒出走，與祖母蕭氏同被賊執，遂赴水死。旬日汝濟覓得其屍，並其夫合葬於邑之天井淵。

傅乘乾妻文氏。江陵人。居紀山，乘乾死，文少寡。崇禎末，攜子避賊，宿林中，不入人家，子復死。遇賊刃之八創，不從，以節終。

侯令邱妾劉氏。公安人。適江陵侯令邱，官京師。崇禎十七年，闖賊犯闕，令邱欲舁劉送他所，劉曰：「君早自匿，勉圖報國，盍封我置一室，勿以爲念。」令邱如言脱身去，劉自領至履，皆用針線密縫，遂自縊死。賊平，有鍼匠張某感其節，收葬之。

侯氏。公安人。侯令邱二女，一適田氏，流賊至，舅姑驚惶莫措，女曰：「無憂，兒就掠，一室可免。晚當尋兒於紀湖之潭。」語竟，賊挐之去。翌日尋之不得，後五日復涕泣往尋，屍乃冒水出，面色如生，血自鼻流如泉。一適王氏，避賊湖中，賊至，亦蹈水死。

咼公達妻龔氏。公安人。子修儀娶劉氏，崇禎末，流寇大至，欲污龔，抗志不辱，爲賊所殺。劉見姑隕命，抱姑首痛哭，且大駡，亦絶命於姑側。賊衆歎息而去。

李曙實妻潘氏。宜都人。曙實爲諸生，明末爲土寇汪姓者所殺，逼潘爲子媳，潘乘間投河死。三日屍浮水面，顔色如生。

田學謨妻毛氏。公安人。田死，毛無子，撫側室所生三子如己出。孀居苦節，後遇賊被執，不屈死。

本朝

陳壯猷妻劉氏。江陵人。順治元年六月，流賊掠之去。劉駡賊曰：「我忠臣劉儁後，肯受賊污耶！」賊怒殺之。

裴旗徵妻王氏。監利人。流賊掠其夫去，王抱兒至河干望之，賊至驅王行，不從，母子俱死。

徐鐸妻劉氏。宜都人。夫爲獻賊殺，劉攜女依父母避亂。父母繼亡，女亦夭，營將某强聘之，劉寓書於兄，自縊死。

王某妻鄭氏。江陵人。適鄉民王某。王死，市豪見其美，强娶之。鄭密縫衣牢不可解，憤駡不從以死。

蕭汝六妻陳氏。江陵人。年二十，夫卒。止一女，女死依母。母死，無所依，饑寒交迫，終不易其志而死。

劉烈女。江陵人。名又大。年十六，父母他出，土豪戴某夜入其室，逼污之。不從，被殺。康熙四十三年，知縣捕戴置之法。四十四年旌。

毛瀚澄妻金氏。枝江人。許嫁毛爲繼室。未嫁，夫卒，金欲赴哭，父母阻之。夜投繯，獲救。遂歸毛，撫前室一子二女如己出，孝事病姑，年五十二卒。雍正十年旌。

毛上達妻王氏。江陵人。割股以療姑病。又石首花氏女，父病亟，女年十八，割股救之，皆愈。

劉共祐妻李氏。江陵人。青年守節，備歷艱辛。又同縣李茂棲妻左氏，張士崑妻徐氏，管鐸妻張氏，韋鞋妻王氏，王棉祖妻馬氏，李嵩妻劉氏，李靖邦妻樊氏，張暟妻李氏，張世惺妻廖氏，陳銓妾韓氏，李明章妻吳氏，賀禧妻任氏，萬士元妻許氏，袁如崇妻彭氏，陳銓繼妻麥氏，袁必昌妻廖氏，葉蔚聞妻李氏，貞女高氏，顏光旦妻伍氏，謝洪祚妻田氏，李天相妻陳氏，歐陽維立妻趙氏，鄭日明妻夏氏，王士鳳妻劉氏，許衍澍妻李氏，陳光榮妻張氏，武正邦妻劉氏，高岷妻姜氏，顏汝霖妻李氏，歐陽曩妻張氏，許衍滙妻張氏，張元度妻賀氏，雷思武妻張氏，黃金堯妻樊氏，楊宗時妻張氏，馮澤久妻溫氏，皮作梅妻段氏，蕭相妻毛氏，左馮緒妻陳氏，鄭家英妻毛氏，文鋒妻張氏，陳治訓妻荆氏，王應賢妻胡氏，馮鐸妻郭氏，劉國信妻張氏，朱宗孟妻楊氏，王師亮妻尹氏，朱恒妻伍氏，毛偉妻李氏，程國昌妻王氏，潘廷謙妻吳氏，艾振麟妻劉氏，艾士墢妻張氏，楊琨妻張氏，袁敦和妻陳氏，黃甲香妻李氏，蔣璲妻孫氏，蔣珍妻沈氏，蔣世培妻周氏，頓傳岱妻雷氏，陳國偉妻李氏，謝懷山妻程氏，陳朝楫妻馬氏，陳壽山妻李氏，樊峻妻劉氏，徐滿魁妻尹氏，周刪妻王氏，張如岱妻戴氏，甘廷珍妻周氏，陳士謨妻高氏，汪長齡妻胡氏，汪遐宗妻邵氏，朱儼鑰妻陳氏，嚴克睿妻李氏，黃廷楷妻潘氏，葉高妻陳氏，胡曰鼎妻劉氏，嚴克信妻王氏，嚴克熾妻李氏，張綬隆妻李氏，楊棋妻刁氏，馮次旦妻帥氏，溫如玠妻黃氏，傅克堯妻張氏，徐鳳喈妻李氏，徐應麟妻周氏，張大建妻周氏，郭紹宗妻吳氏，高文訓妻夏氏，張襄臣妻章氏，劉紹宣妻樊氏，蔡祚鑑妻曹氏，劉文禧妻李氏，皮作楫妻向氏，皮正國妻蕭氏，周錫英妻劉氏，金玉燦妻呂氏，王之榮妻朱氏，王以佺妻嚴氏，謝昌明妻陳氏，楊第選妻王氏，朱一正妻雷氏，雷鳴鸞妻沈氏，柳邦彥妻潘氏，郭遇富妻賀氏，李宗玉妻劉氏，張如嵋妻田氏，劉廷棟妻艾氏，魏國椿妻帥氏〔一九〕，朱祖熺妻陳氏，朱祖勳妻吳氏，廖榮妻韓氏，烈婦陳氏，俱乾隆年間旌。李正玉妻王氏，孫士朝妻黃氏，張秉升妻李氏，段宗聖妻趙氏，龍正國妻胡氏，李衡山妻張氏，劉作樑妻吳氏，李超倫妻劉氏，張克用妻文氏，王化儒妻蘇氏，鄢文煊妻王氏，胡志任妻金氏，吳相班妻馬氏，王文溥妻楊氏，鄧貽勳妻郭氏，貞女賀氏，俱嘉慶年間旌。

張韶妻黃氏。公安人。夫死守節，阨窮全行。又同縣陳開萊妻王氏，饒商六妻陳氏，雷自聲妻劉氏，李士敏妻唐氏，劉毓珍妻王氏，孫文炳妻李氏，郭士麟妻朱氏，咼司南妻劉氏，范文元妻毛氏，袁夢松妻饒氏，譚佑我妻張氏，曹三省妻謝氏，陳家璧妻周氏，楊僑文妻陳氏，游大漣妻汪氏，劉清遠妻程氏，嚴世亨妻張氏，毛廷瑞妻劉氏，唐彩瑛妻龔氏，劉文訓妻李氏，樊國棟妻趙氏，戴世祿妻劉氏，米士林妻袁氏，文前武妻李氏，郭紳祖妻張氏，鄒毅任妻沈氏，李同方妻王氏，烈婦沈逢盛妻曹氏，烈女李二姑，周道鳴聘妻葉氏，俱乾隆年間旌。馬有泰聘妻毛氏，楊方一妻張氏，彭穀順妻朱氏，朱儒楹妻陳氏，咼履直妻毛氏，俱嘉慶年間旌。

李石臣妻徐氏。石首人。節孝兼備，始終不渝。又同縣管久繩繼妻趙氏，王爲國妻孟氏，鄭其宏妻劉氏，王友恒妻李氏，王衷獻妻陳氏，鄭其僎妻羅氏，閔子具妻謝氏、妾王氏，劉定曇妻張氏，劉之鯤妻張氏，鄧志鳳妻王氏，烈女袁氏正柱，烈婦劉某妻李氏，俱乾隆年間旌。趙士焞妻鄭氏，趙林妻袁氏，張學聖妻陳氏，龔宗忠聘妻陳氏，劉瑜妻謝氏，黃應堂妻劉氏，黃鍾秀妻頓氏，黃鍾椅妻李氏，黃萬春妻劉氏，俱嘉慶年間旌。

夏錫智妻穆氏。監利人。夫死守節，節孝兩盡。又同縣盧士英妻姚氏，柳宗衡妻王氏，唐道賴妻李氏，朱教德妻張氏，王學泗妻佘氏，唐如銓妻朱氏，嚴一聖妻張氏，彭尊五妻張氏，王懋勳妻楊氏，萬成妻何氏，李士宗妻胡氏，龔家理妻李氏，龔家斅妻楊氏，羅沛洲妻曾氏，胡維京妻易氏，董藩妻錢氏，胡履華妻劉氏，朱文珌妻張氏，季宏仁妻劉氏，謝玉章妻張氏，李純安妻王氏，徐士英妻周氏，趙爲職妻朱氏，佘吉士妻王氏，龔承勗妻萬氏，劉翰妻張氏，貞女范氏，張傳綬妻宋氏，康時龍妻聶氏，廖之煥妻齊氏，廖良軻妻汪氏，廖良輅妻王氏，羅光岳妻戴氏，吳奉治妻連氏，胡復孫妻張氏，顏作賦妻游氏，袁肇昌妻柳氏，黎僑妻張氏，連希瑩妻王氏，李珊妻游氏，賀鎔妻黃氏，游岱妻陳氏，張茂崐妻田氏，羅有縉妻劉氏，楊尚松妻朱氏，朱大鵬妻田氏，李明觀妻張氏，烈婦劉某妻張氏，烈女徐姑，俱乾隆年間旌。

徐成序妻周氏。松滋人。孝義兩全，矢志苦節。又同縣佘以牧妻鄒氏，貞女毛氏，胡從龍妻許氏，伍蘧妻李氏，鄒新舜妻蕭氏，張星炳妻文氏，張璠妻文氏，鄧生禹妻唐氏，謝天眷妻吴氏，陳大學妻鄧氏，田大穎妻龔氏，杜開琇妻王氏，范文鉉妻陳氏，許之瑄妻王氏，王宏圖妻唐氏，吴士俊妻佘氏，張一泰妻烈婦陳氏，許可秀妻烈婦温氏，姚英妻鍾氏，李泌妻陳氏，胡士愈妻佘氏，佘某妻周氏，吴某妻沈氏，嚴國瓊妻吴氏，俱乾隆年間旌。熊笏妻周氏，許士甸妻趙氏，熊全笏妻田氏，俱嘉慶年間旌。

田葢禄妻周氏。枝江人。夫死守節，苦志終身。又同縣趙世璠妻阮氏，陳明賢妻覃氏，楊受露妻雷氏，李文洙妻譚氏，劉芳藁妻蕭氏，施孔日妻田氏，劉名世妻蕭氏，馮淳妻張氏，王琬妻馮氏，吴璋友妻曹氏，唐時熼妻鄒氏，劉永華妻烈婦黄氏，烈女淡大姑，俱乾隆年間旌。郭森聘妻熊氏，黄宗軾妻胡氏，黄瀚妻姚氏，烈女曾引大，俱嘉慶年間旌。

歐進妻袁氏。宜都人。青年守志，孝節兼盡。又同縣楊琮妻謝氏，李國柱妻詹氏，趙佐妻楊氏，胡暹妻李氏，羅詔修妻尹氏，貞女李丙姑，俱乾隆年間旌。王士翰妻羅氏，嘉慶年間旌。又張發瑶妻王氏、媳李氏、孫女粹姑，李國治妻聶氏，媳周氏，女正姑、么姑，俱於嘉慶元年教匪張正謨滋事，守正被戕。四年旌。

仙釋

南北朝　梁

陸法和。不知何許人，隱於江陵百里洲。衣食居處，一與戒行沙門同。有道術，能先知禍福。侯景之亂，遣任約擊湘東王於江陵，法和自請征約。時縱火攻，風不便，法和執白羽扇麾風，風即返，約於是大潰。約既平，法和言蜀賊將至，請守巫峽，親運石塡江，三日水不流，武陵王紀果遣兵來，渡峽口，勢蹙，一戰而殄之。元帝以爲郢州刺史，封江乘縣公。入齊爲太尉，無疾而告弟子死期，至時焚香禮佛，坐繩牀而終。浴訖將殮，屍縮小止三尺許。文宣帝令開棺視之，空棺而已。

隋

智顗。荆州人。俗姓陳，少欲出家雲遊，母止之曰：「甘旨誰供？」智顗指茅化爲稻，指水化爲油，遂入天台山。後歸當陽玉泉山，建道場。

岑道願。江陵人。隋初避難，泝三峽至萬州江南山下修鍊，食黄精，百歲餘，蜕迹而去。

大通。汴人。俗姓李氏，生而神秀。仁壽中，卓錫江陵玉泉，談經折理，勸勉愚俗，南北學徒幾萬人。時有能禪師居曹溪，學者宗之，因號「南能北李」。

唐

慧安。枝江人。衛氏子，嵩嶽住持。隋煬帝徵之不赴。至唐武后時，迎至都下，景龍中示寂。

道悟。婺州東陽縣張氏子。年十四出家，精修梵行。謁南嶽石頭得法，居荆州城東之天皇寺。江陵尹右僕射裴潾稽首問法，悟接之無加禮，裴愈歸向。元和丁亥四月，命弟子先期告終。又渚宫崔氏子，亦名道悟，年十五出家，於馬祖言下大悟，祖囑曰：「汝若住持，莫離舊處。」悟返荆州，去郭不遠，結草爲廬。節使來訪，初怒悟不加禮，擒擲江中。及歸，遍衙火發，乃悔，投拜躬往迎師。見師在水，衣都不濕，益相敬重。遂於城西造天皇寺供焉。

崇信。江陵人。投天皇寺出家，後詣澧陽龍潭棲止。

五代　南平

僧齊已。益陽人。俗姓胡。初出家潙山同慶寺，復棲衡嶽東林。性耽吟詠，項有贅瘤，號詩囊。高從誨延之於龍興寺，置爲僧正。自號衡嶽沙門，作渚宫莫問篇十五章，又著詩十卷，名白蓮集。

宋

道穆。居荆州神山三十餘年，禱雨輒應。

土産

金。元史食貨志：産金之所，河南省曰江陵府。

方紋綾。唐書地理志：江陵縣土貢。

貲布。唐書食貨志：江陵府土貢。

青緑石。府志：出松滋縣鳳凰山。

貝母。唐書地理志：江陵府土貢。

烏梅。唐書地理志：江陵府土貢。

梔子。唐書地理志：江陵府土貢。

覆盆。唐書地理志：江陵府土貢。

石龍芮。唐書地理志：江陵府土貢。

丁公藤。府志：宜都縣出。

龍牙草。千歲藟。積雪草。百合。俱江陵縣出。

校勘記

〔一〕其間雷勝旻灣　「旻」，原作「銘」，據乾隆志卷二六九荆州府隄堰（下同卷簡稱乾隆志）及雍正湖廣通志卷二〇水利志改。

按，本志避清宣宗諱改字。

〔二〕方寧隄　「寧」，原作「安」，據乾隆志改。按，本志避清宣宗諱改字。

〔三〕道出京南公安縣　「京南」，乾隆志同。按，中華書局點校本宋史卷二八一寇準傳據續資治通鑑長編卷一〇一、編年綱目卷九改「京南」爲「荆南」，是。

〔四〕楊元琰　「琰」，原作「炎」，據乾隆志及舊唐書卷一八五下楊元琰傳改。按，本志避清仁宗諱改字。

〔五〕趙雄資州人　「資州」，原作「賓州」，據乾隆志及宋史卷三九六趙雄傳改。

〔六〕劾信陽守劉大辨虛增所招流民之數　「劉大辨」，乾隆志同，宋史卷四二九張栻傳「辨」作「辯」。

〔七〕劾毀兩路戎司冒受付身　「付身」，原作「副身」，乾隆志同，據宋史卷三九五李大性傳改。

〔八〕封隨縣男　「隨縣」，原作「隋縣」，乾隆志同，據宋史卷四一二孟珙傳改。按，隨縣，南宋時屬京西南路襄陽府隨州。

〔九〕裴璉　「璉」，原作「連」，據乾隆志及雍正湖廣通志卷四九鄉賢志改。按，本志避乾隆皇太子永璉諱改字。

〔一〇〕以右軍都督府事　「右軍」，乾隆志同，明一統志卷六二荊州府人物劉祥傳作「左軍」。

〔一一〕曾璉　「璉」，原作「連」，據乾隆志及明一統志卷六二荊州府人物改。按，本志避永璉諱改字。

〔一二〕進兵部侍郎三邊總督　「侍郎」，乾隆志同，明史卷二二〇王之誥傳作「左侍郎」。

〔一三〕謝璉　「璉」，原作「連」，據乾隆志及雍正湖廣通志卷五三人物志改。按，本志避永璉諱改字。

〔一四〕官尚寶卿　乾隆志同。按，明史卷二一三張居正傳及雍正湖廣通志卷六〇忠臣志皆謂張允修廕尚寶丞。

〔一五〕因令雲南調兵　乾隆志同，明史卷二一三張同敞傳作「因令調兵雲南」，此蓋語倒，易生歧義。

〔一六〕從子階豫同死節　「階」，乾隆志同，海天逸史卷一六、南天痕卷一六等作「偕」。

〔一七〕黜陟使趙贊薦於朝　「趙贊」，原作「趙質」，乾隆志同，據新唐書卷一五一、舊唐書卷一八五下袁滋本傳改。

〔一八〕薦之姚樞　「姚樞」，乾隆志同。按，中華書局點校本元史卷一八二謝端傳改作「姚燧」，校勘記引考異云：「案姚樞當爲姚燧之譌。樞本不以文章自負，且樞卒於至元十七年，是時謝端甫生兩歲，無緣得見樞也。後讀蘇天爵所撰神道碑，正作文公燧。」

〔一九〕魏國椿妻帥氏　「椿」，乾隆志作「棟」。

襄陽府圖

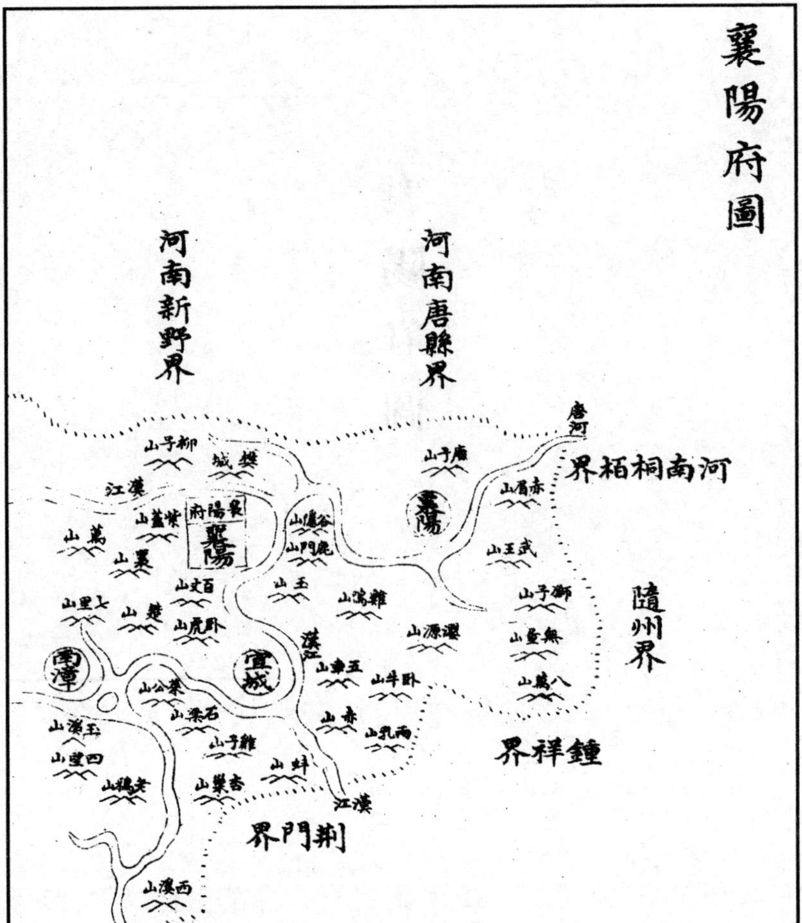
襄陽府圖
河南新野界
河南唐縣界
唐河
河南桐栢界
隨州界
鍾祥界
荆門界
當陽界
漢江
漢江
襄陽府
襄陽
棗陽
宜城
南漳
樊城
柳子山
赤眉山
紫蓋山
萬山
谷隱山
鹿門山
百丈山
七里山
楚山
卧虎山
獅子山
無量山
八疊山
卧牛山
赤山

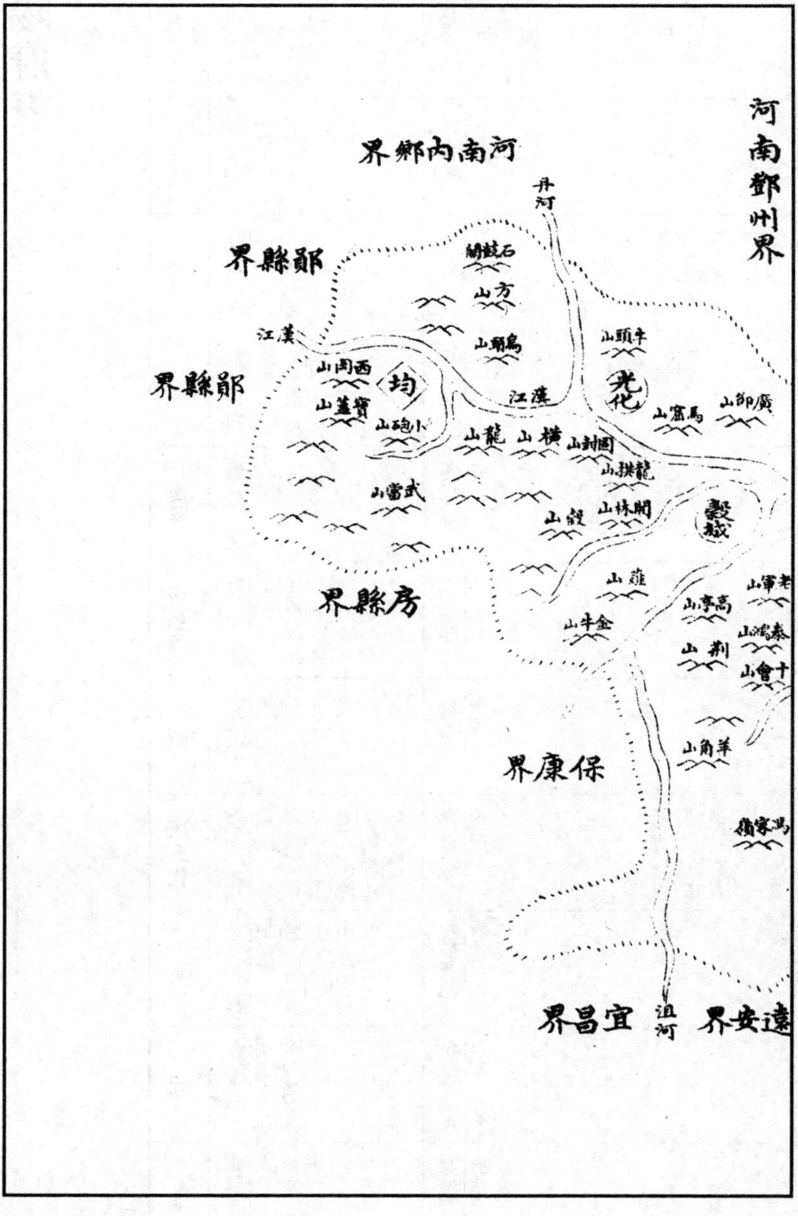
河南鄧州界
河南內鄉界
丹河
鄖縣界
鄖縣界
漢江
方山
牛頭山
光化
均
寶蓋山
龍山
橫山
漢江
武當山
穀城
房縣界
雉山
金牛山
荊山
羊角山
保康界
宜昌界
沮河
遠安界

襄陽府表

	襄陽府	襄陽縣
兩漢	南郡地。後漢建安十三年分置襄陽郡。	襄陽縣 屬南郡。後漢末爲襄陽郡治。 鄧縣 屬南陽郡。
三國	襄陽郡 屬魏。	襄陽縣 郡治。 鄧縣
晉	雍州 襄陽郡 太元中置州，尋省。	襄陽縣 州郡治。 孝武僑置京兆郡。 鄧縣 屬義陽郡。又析置鄧城縣，尋省。
宋	雍州 襄陽郡 元嘉中復置州。	襄陽縣 京兆郡 鄧縣 郡治。
齊梁	雍州 襄陽郡	襄陽縣 京兆郡 梁省。 鄧縣
西魏周	襄州 襄陽郡 西魏改州名，周置總管府。	襄陽縣 州治。 周省。
隋	襄陽郡 開皇初廢郡存州，大業初又改州爲郡。	襄陽縣 郡治。
唐五代	襄州 襄陽郡 武德四年復置州，天寶元年改爲郡，乾元初復爲州。	襄陽縣 州治。 鄧城縣 唐貞元中復置，屬襄州。
宋	襄州 襄陽郡 屬山南東道。宣和中升州爲府。	襄陽縣 府治。 省。
元	襄陽路 屬河南江北行省。	襄陽縣 路治。
明	襄陽府 洪武初改府，屬湖廣布政司。	襄陽縣 府治。

續表

	宜城縣
山都縣屬南陽郡。	邔屬南郡。 宜城縣秦置邔縣。惠帝更名，屬南郡。
山都縣	邔縣 宜城縣
山都縣屬襄陽郡。	邔縣屬襄陽郡。 宜城縣屬襄陽郡。 晉末嘗置武寧郡，旋廢。
山都縣屬新野郡。	邔縣 廢。 馮翊郡元嘉中置，初治襄陽，後移治。
山都縣齊屬義安郡。 義安縣齊置，兼置義安郡，後廢。	邔縣梁改置率道縣。 馮翊郡梁廢。
安養縣西魏置，兼置河南郡。又有樊城縣，周省入。 山都縣周省。 常平縣西魏初置義安縣，後改名，兼置長湖郡。	率道縣
安養縣廢郡，屬襄陽郡。 常平縣廢郡，屬襄陽郡。又魏置旱亭縣，大業初省。	率道縣屬襄陽郡。
天寶初更名臨漢縣，貞元中徙廢。 貞觀八年省。	宜城縣天寶元年更名，屬襄州。
	宜城縣屬襄陽府。
	宜城縣屬襄陽路。
	宜城縣屬襄陽府。

	南漳縣
鄀縣 屬南郡。	中廬、臨沮二縣地。
鄀縣	
鄀縣	
華山郡 宋置。 華山縣 郡治。 南天水郡 宋置，領華陰、西縣、略陽、河陽四縣。 略陽縣 宋置，屬南天水郡。 鄀縣 郡治。	
華山郡 華山縣 南天水郡 領略陽、華陰、西三縣。後廢。 略陽縣 梁置德廣郡。 鄀縣	南襄郡 齊置，屬安蠻府，領新安、武昌、建武、武平四縣。
西魏廢。 漢南縣 西魏更名，屬襄陽郡。 上洪縣 西魏更名。 周廢。	南襄陽郡 西魏改置，周置沮州，尋廢。
漢南縣 屬襄陽郡。 上洪縣 廢郡，屬襄陽郡。	廢。
貞觀八年省。 初屬鄀州，貞觀初省。	

思安縣 西魏廢新安等縣，改置郡治。
南漳縣 開皇十八年更名，屬襄陽郡。
南漳縣 武德二年屬襄州，分置荆山縣，又分置重州，領荆山、重陽、平陽、渠陽、土門、歸義六縣。七年省渠陽入荆山，平陽入重陽，又省土門、歸義并房州之永清。貞觀元年廢重州，以荆山屬襄州，移重陽入州城，改屬遷州。八年省重陽入荆山，又省
南漳縣 屬襄陽府。
南漳縣 屬襄陽路。
南漳縣 屬襄陽府。

		中廬縣 屬南郡。		
		中廬縣		
	上黃縣 晉置，屬襄陽郡。	中廬縣 屬襄陽郡。		
	上黃縣 屬華山郡。	中廬縣		
	上黃縣	中廬縣 梁廢。	穰縣 梁置。	安定郡 齊置，領新安縣，後廢。
	重陽縣 西魏改名，尋廢。		義清縣 西魏更名。	
			義清縣 屬襄陽郡。	
南漳 入義清。開元十八年省荊山，移南漳治故城，仍改名南漳。			義清縣 屬襄州。	
			中廬縣 太平興國初更名，仍屬襄州。紹興五年省。	

棗陽縣				
蔡陽縣 屬南陽郡。	章陵郡 後漢末置。			
蔡陽縣 屬義陽國。	義陽國 初改置國，尋改名。			
蔡陽縣 屬義陽郡。	義陽郡			
蔡陽縣 屬新野郡。	廢。			
廣昌郡 齊置。	郡治。	蔡陽郡 齊置。	蔡陽縣 郡治。	
廣昌郡 周移昌州來治。	廣昌縣 周置爲州治。	蔡陽郡 後魏改置南雍州，西魏又改蔡州。	蔡陽縣 州治。	後魏置南荆州，西魏改昌州，周徙，改置安昌郡。
春陵郡 初廢郡存州，大業初又改。	棗陽縣 仁壽初更名，爲郡治。	初廢郡，大業初廢州。	蔡陽縣 屬春陵郡。	廢
武德初復置昌州，五年改爲唐州。貞觀中徙。	棗陽縣 初爲州治。貞觀九年屬唐州，十年屬隨州。	省。		
棗陽軍 屬隨州。紹興十二年升軍。				
棗陽縣 廢軍，仍爲縣，屬南陽府。至元中屬襄陽路。				
棗陽縣 屬襄陽府。				

	穀城縣
章陵縣 前漢屬春陵侯國，後漢建武六年改置縣，後爲郡治。	筑陽縣 屬南陽郡。
安昌縣 更名	筑陽縣
安昌縣	筑陽縣 屬順陽郡。 成帝置義成郡，治襄陽。 沔陽縣 太康中置，屬順陽郡。
廢。	扶風郡 宋置。 筑陽縣 郡治。 義成郡 義成縣 宋置郡治。 沔陽縣 屬扶風郡。
	扶風郡 義成縣 齊徙筑陽，移縣及郡治。 義成郡 後徙。 義成縣 後徙。 沔陽縣 梁省。
春陵縣 周置，爲郡治。	西魏廢。 義成縣
春陵縣 屬春陵郡。 清潭縣 屬春陵郡。	穀城縣 開皇中更名，屬襄陽郡。
初屬昌州，貞觀初省。 初屬唐州，武德五年省。	穀城縣 屬襄州。
	穀城縣 屬襄陽府。
	穀城縣 屬襄陽路。
	穀城縣 屬襄陽府。

光化縣
酇縣 屬南陽郡。
酇縣
順陽郡 初置，後徙，僑置廣平郡。 酇縣 郡治。
廣平郡 酇縣 屬廣平郡。
廣平郡 梁改置酇城郡。 酇縣 梁省。
西魏徙。
光化軍 乾德初置，熙寧五年廢，元祐初復屬京西南路。 光化縣 初置乾德縣，爲軍治。熙寧中更名，屬襄州。後復爲軍治。
光化縣 初廢，至元十四年復置，屬南陽府，尋屬襄陽路。
光化縣 萬曆中徙治，屬襄陽府。

	均州			
陰縣 屬南陽郡。		武當縣 屬南陽郡。		
陰縣 屬南鄉郡。		武當縣 屬南鄉郡。		
陰縣 屬順陽郡。		武當縣 屬順陽郡。		
陰縣 屬廣平郡。	始平郡 宋置。	武當縣 郡治。	平陽縣 宋置，屬始平郡。	
陰縣	始平郡	武當縣	平陽縣 梁省。	均陽縣 梁置。
陰城縣 西魏更名，爲酇城郡治，周廢郡。	武當郡 西魏改郡名，周又移豐州及興平郡來治。	武當縣 州郡治。		均陽縣
陰城縣 屬襄陽郡。	初廢二郡，改州曰均州。大業初州亦廢。義寧二年復置武當郡。	武當縣 屬淅陽郡。		均陽縣 屬淅陽郡。
貞觀中省入穀城。	均州武當郡 武德初又置均州，貞觀初廢，八年復置。	武當縣 州治。又平林縣，隋置，武德七年省入。		武德八年省。
	均州武當郡 宣和初置武當軍，屬京西南路。	武當縣 州郡治。		
	均州 屬襄陽路。	武當縣		
	均州 屬襄陽府。	省。		

續表

廣福縣梁置，兼置廣福郡。
廣福縣
安福縣初廢郡，仁壽初更名，屬淅陽郡。
貞觀初省。

大清一統志卷三百四十六

襄陽府一

在湖北省治西北六百八十里。東西距六百七十里，南北距二百七十里。東至德安府隨州界二百十里，西至鄖陽府鄖縣界四百六十里，南至荆門州界一百八十里，北至河南南陽府新野縣界九十里。東南至安陸府治三百二十里，西南至宜昌府治五百七十里，東北至南陽府治二百二十五里，西北至鄖陽府治四百七十里。自府治至京師二千六百二十里。

分野

天文翼、軫分野，鶉尾之次。

建置沿革

禹貢荆、豫二州之域。通典：南漳一縣則荆州之域，餘並荆河州之域。按：荆河州，即豫州也。周爲鄧、穀、盧、羅、鄾、鄀諸國之地。春秋屬楚。秦爲南郡北境。漢爲南郡襄陽縣，後漢因之。建安十三年，分置襄陽郡，屬荆州。三國屬魏。晉初爲荆州治，東晉僑置雍州，又僑置梁州，尋省，又置安蠻校尉。晉書職官志：武帝置南蠻校尉於襄陽。元康中，南蠻校尉，爲荆州刺史。江左初省，安帝時，於襄陽置安蠻校尉。南北朝宋仍置雍州。宋書州郡志：文帝元嘉二十六年，割荆州之襄陽、南陽、新野、順陽、隨五郡爲雍州。西魏恭帝元年，改曰襄州。周置總管府。隋開皇初，郡廢。大業初府廢，復改爲襄陽郡。元和志：隋置行臺，屬荆州。武德四年，復曰襄州，置山南道行臺。七年，罷行臺，置都督府。貞觀七年，府罷。開元二十一年，爲山南東道採訪使治所。至德二載，置山南東道節度使，仍治襄陽。天寶元年，改爲襄陽郡。乾元元年，復爲襄州。元和志：永貞元年，升爲大都督府。五代因之。宋曰襄州襄陽郡，山南東道節度使，屬京西南路。宣和元年，升爲襄陽府。元至元十年，降爲散府。十一年，復爲總管府。又立荆湖等路行樞密院。十二年，又立荆湖行中書省，後復罷，屬河南江北行中書省。明洪武初曰襄陽府，改屬湖廣布政使司。本朝因之。康熙三年，屬湖北省，領州一，縣六。

襄陽縣。附郭。東西距一百三十里，南北距一百五十里。東至棗陽縣界七十里，西至穀城縣界六十里，南至宜城縣界六十里，北至河南南陽府新野縣界九十里。東南至宜城縣治一百二十里，西南至南漳縣治一百二十里，東北至棗陽縣治一百四十里，西北至穀城縣界六十里。漢置縣，屬南郡，後漢因之。三國魏爲襄陽郡治。晉屬襄陽郡。南北朝爲襄陽郡治。唐爲襄州治。宋爲襄陽府治。元爲襄陽路治。明仍爲府治，本朝因之。

宜城縣。在府東南一百二十里。東西距一百二十里，南北距一百二十里。東至棗陽縣界七十里，西至南漳縣界五十里，南至安陸府鍾祥縣界七十里，北至襄陽縣界五十里。東南至安陸府京山縣治三百九十里，西南至南漳縣界五十里，東北至棗陽縣治一百三十里，西北至襄陽縣界七十里。春秋楚邔邑。秦置邔縣，漢因之，屬南郡。後漢爲邔侯國。晉屬襄陽郡，宋、齊因之。梁改爲率道縣。後魏改置宜城郡。周廢郡，縣屬武泉郡。隋屬襄陽郡。唐武德四年，屬鄀州。貞觀八年，還屬襄州。天寶元年，改曰宜城。宋屬襄陽府。元屬襄陽路。明仍屬襄陽府。本朝因之。

南漳縣。在府西南一百二十里。東西距二百里，南北距四百二十里。東至宜城縣界七十里，西至鄖陽府保康縣界一百三十里，南至荆門州遠安縣界三百六十里，北至穀城縣界六十里。東南至荆門州治三百里，西南至宜昌府治四百七十里，東北至襄陽縣治一百二十里，西北至保康縣治二百里。漢、晉爲臨沮、中廬二縣地。漢屬南郡。晉屬襄陽郡。齊置南襄郡，領新安、武昌、建武、武平四縣，屬寧蠻府(一)。西魏改爲郡，曰南襄陽郡，并新安等四縣爲重陽縣。周置沮州，尋廢，改縣曰思安。隋開皇初郡廢，改縣曰南漳。唐武德二年，析置荆山縣。貞觀八年，省南漳入義清。十八年，荆山移治南漳，仍名南漳，屬襄州。宋屬襄陽府，紹興五年，移治中廬鎮。元仍還舊治，屬襄陽路。明屬襄陽府，本朝因之。

棗陽縣。在府東北一百四十里。東西距一百四十里，南北距一百八十里。東至德安府隨州界六十里，西至襄陽縣界八十里，南至安陸府鍾祥縣界一百二十里，北至河南南陽府唐縣界六十里。東南至隨州治一百六十里，西南至襄陽縣治一百四十里，東北至南陽府桐柏縣治一百里，西北至南陽府新野縣治一百四十里。漢置蔡陽縣，屬南陽郡。後漢爲蔡陽侯國，分置襄鄉縣，俱屬南陽郡。晉省襄鄉，蔡陽屬義陽郡。宋屬新野郡，仍置襄鄉，屬義陽郡。後省蔡陽，以襄鄉屬河南郡。齊置廣昌郡，屬寧蠻府。後魏屬荆州。西魏屬昌州。周改襄鄉爲廣昌縣，爲昌州治。隋開皇初郡廢。仁壽元年，改縣曰棗陽。大業初改州曰春陵郡。唐武德三年，仍曰昌州。五年，改曰唐州。九年，唐州移治比陽，縣仍屬唐州。十年，改屬隨州。宋紹興十二年，升爲棗陽軍。元廢軍，仍爲縣。至元十四年，屬南陽府。十九年，屬襄陽路。明屬襄陽府，本朝因之。

穀城縣。在府西北一百四十里。東西距二百十里，南北距一百四十里。東至襄陽縣界九十里，西至均州界一百二十里，南至南漳縣界一百十里，北至光化縣界三十里。東南至襄陽縣治一百二十里，西南至鄖陽府保康縣治二百里，東北至河南南陽府新野縣治二百里，西北至均州治二百三十里。古穀伯國。漢置筑陽縣，屬南陽郡。後漢爲筑陽侯國。晉屬順陽郡。宋孝武時，僑置扶風郡，又分置義成縣，爲義成郡治。齊因之。西魏廢扶風郡，後周廢義成郡。隋開皇初，省筑陽縣入義成。十八年，改爲穀城，屬襄陽郡。唐武德四年置酇州，五年州廢，屬襄州。宋屬襄陽府。元屬襄陽路。明屬襄陽府，本朝因之。

光化縣。在府西北一百八十里。東西距一百二十里，南北距七十五里。東至襄陽縣界六十里，西至均州界六十里，南至穀城縣界二十五里，北至河南南陽府鄧州界五十里。東南至襄陽縣治一百八十里，西南至鄖陽府保康縣治二百里，東北至鄧州界六十五里，西北至均州治一百四十里。春秋爲下陰地。漢置陰縣，屬南陽郡，後漢因之。三國魏屬南鄉郡。晉屬順陽郡。宋、齊屬廣平郡。西魏改曰陰城，置酇城郡。後周郡廢。隋屬襄陽郡。唐武德四年屬酇州，五年州廢，屬襄州。貞觀八年縣省。宋乾德二年，置光化軍及乾德縣。熙寧五年，廢軍，改縣曰光化，仍屬襄州。後復置軍，屬京西南路，後軍與縣俱廢。元至元十四年，復置縣，屬南陽府。十九年，改屬襄陽路。明屬襄陽府，本朝因之。

均州。在府西北三百九十里。東西距一百七十里，南北距二百六十里。東至光化縣界一百二十里，西至鄖陽府鄖縣界五十里，南至穀城縣界一百四十里，北至河南南陽府內鄉縣界一百二十里。東南至光化縣界一百四十里，西南至鄖陽府房縣治二百七十里，東北至南陽府淅川縣治一百五十里，西北至鄖縣治一百十里。戰國時謂之均陵，屬楚地。漢置武當縣，屬南陽郡。後漢因之。三國魏屬南鄉郡。晉屬順陽郡。宋僑置始平郡。後魏改爲武當郡。北周移豐州來治。隋開皇初郡廢，改豐州爲均州。大業初州廢，屬淅陽郡。義寧二年，復置武當郡。唐武德元年，仍曰均州。貞觀元年州廢，屬淅州，八年復置。天寶元年，改爲武當郡。乾元元年，復爲均州，屬山南東道。天祐二年，徙武定軍來治，三年廢。宋亦曰均州武當郡，屬京西南路。宣和元年，升爲武當軍節度。元曰均州，初屬湖北道宣慰司。至元十九年，屬襄陽路。明洪武初，省武當縣入均州，屬襄陽府，本朝因之。

形勢

檀溪帶其西，峴山亘其南，爲楚國北津。晉習鑿齒襄陽記。北接宛、許，南阻漢水，其險足固，其土足食。晉庾亮表。西接梁益，與關隴咫尺；北去河洛，不盈千里。土沃田良，方城險峻。晉庾翼疏。跨對樊、沔，爲荆、郢之北門，代爲重鎮。元和志。

風俗

其民尚文，其俗尚侈。襄陽圖志。勁悍決烈，兼秦、楚之俗。襄陽郡志。

城池

襄陽府城。有正城，有新城。新城附正城東北，周十二里有奇，高二丈五尺。門六。北倚漢水爲濠，東、西、南鑿濠長十里，廣二丈九尺。明初鄧愈因舊址建。本朝順治中修。襄陽縣附郭。

宜城縣城。周五里有奇，高一丈七尺，門五，有濠。明成化初築，嘉靖中拓修。本朝順治中修，嘉慶十九年重修。

南漳縣城。周四里，高一丈六尺，門六，有濠。明嘉靖中因舊址建。本朝乾隆二十四年修。

棗陽縣城。周四里有奇，高二丈二尺，門五，有濠。明景泰初因舊址建。本朝雍正、乾隆中修。

穀城縣城。周三里有奇，高一丈八尺，門四，有濠。明成化初因舊址建。本朝順治、雍正中屢修。

光化縣城。周四里有奇，高一丈八尺，門四，有濠。明隆慶中因舊址建。本朝乾隆二十三年修。

均州城。周六里有奇，高二丈五尺，門四，有濠。明洪武中因舊址築。永樂中甃石。本朝康熙、雍正、乾隆中屢修。

學校

襄陽府學。在府治東南。明洪武初建。本朝順治中修，雍正初重葺。入學額數二十名。

襄陽縣學。在縣治南。明洪武初建。本朝順治中修，康熙、雍正、乾隆間屢修。入學額數二十名。

宜城縣學。在縣治東。明宣德中，因宋、元舊址重建。本朝順治、康熙中修葺。入學額數十五名。

南漳縣學。在縣治東。明宣德中，因宋、元舊址重建。本朝雍正、乾隆中重修。入學額數八名。

棗陽縣學。在縣治東南。明洪武中建。本朝順治中修，乾隆初再修。入學額數十五名。

穀城縣學。在縣治東南。宋知縣狄栗建聖廟，爲學舍於旁，藏九經，歐陽修爲記。明初因故址建。本朝順治、康熙中屢修。入學額數十二名。

光化縣學。在縣城内。明萬曆初改建。本朝順治中修，乾隆五年重修。入學額數八名。

均州學。在州治東。宋咸平中建。明洪武初，因宋、元舊址重建。本朝順治、康熙中重修，乾隆十五年再修。入學額數十二名。

鹿門書院。在襄陽府城大北門内。本朝雍正十二年建。

乳泉書院。在襄陽府署東。本朝雍正中建。

鄢郢書院。在宜城縣治西北。本朝康熙中建。

沮漳書院。在南漳縣署西。本朝乾隆二十四年建。

鳳山書院。在南漳縣城外西北鳳凰山下。本朝乾隆五十七年建。

春陵書院。在棗陽縣小東門外。本朝乾隆十四年建。

筑陽書院。在穀城縣境。本朝乾隆二十年建。

復文書院。在光化縣阜城街。本朝乾隆二十年建。

南陽書院。在均州城南門内。本朝康熙五十一年建。案：襄陽縣舊有峴山書院，明萬曆中建。棗陽縣舊有滄浪書院。後俱廢。

户口

原額人丁二萬六千一百三十六，今滋生男婦共一百八十二萬九千六名口，計三十一萬一千七百七十一户。又襄陽衛男婦共二十九萬三千九百一十七名口，計二萬一千一百九十七户。

田賦

田地山塘七萬九千八百一十五頃一十六畝四分有奇，額徵地丁正、雜銀九萬一千三十兩九錢五分。又襄陽衛屯田三千三百五十七頃七十二畝四分有奇，額徵丁糧銀一萬七百七十一兩一錢六釐。

山川

鳳凰山。在襄陽縣東南十里。一名鳳林山。隋書地理志：襄陽有鳳林山。宋杜綰雲林石譜：鳳凰山地中出石，巉巖險怪，如大山勢，色青黑，叩之有聲。又南漳縣西北五里亦有鳳凰山。

谷隱山。在襄陽縣東南十三里。輿地紀勝：山分二支，一亘而南，一西迤里許，俯漢江。明統志：晉習鑿齒隱遁處。一作穀隱。舊有紫金寺。

鹿門山。在襄陽縣東南三十里。襄陽記：鹿門山舊名蘇嶺山。建武中，襄陽侯習郁立神祠於山，刻二石鹿，夾神道口，俗因謂之鹿門廟，遂以廟名山也。

峴山。在襄陽縣南九里。一名峴首山。吴志孫堅傳：堅圍襄陽，單馬行峴山。晉書羊祜傳：祜樂山水，每風景必造峴山，置酒言詠。水經注：峴山上有桓宣所築城，又有桓宣碑，羊祜鎮襄陽嘗登之。及祜卒，後人立碑於故處，望者悲感，謂之墮淚碑。山上又有鎮南將軍胡羆碑，又有征西將軍周訪碑。元和志：峴山東臨漢水，古今大路。

白馬山。在襄陽縣南十里。一名白鶴山。郭仲産南雍州記：每年三月三日，刺史禊飲於此。輿地紀勝：山以白馬泉名。

卧龍山。在襄陽縣南十里，下有習家池。

伏龍山。在襄陽縣南二十里。方輿勝覽：曾鞏知州事，嘗祈雨於此山。又均州北亦有伏龍山。

百丈山。在襄陽縣南二十里。輿地紀勝：舊傳有麝香獸棲止，劉表遣人採藥，遇麝香藏坎，得麝數斗，如石蓮。

虎頭山。在襄陽縣西南三里。名勝志：上有漢昭烈濯筆池。

䶂山。在襄陽縣西南五里。一名下武當山。名勝志：上有石，襄人以三月三日來遊，謂可免災。山麓有劉先主亭。

楚山。在襄陽縣西南八里。一名馬鞍山。一名望楚山。寰宇記：宋元嘉中，武陵王駿爲刺史，屢登陟焉。以望見鄢城，改爲望楚山。後遂龍飛爲孝武帝，所望之處，時人號爲鳳嶺。高處有三墩，是劉弘、山簡等九日宴賞之所。

風子山。在襄陽縣西南八里。輿地紀勝：有隧道、風穴。

襄山。在襄陽縣西五里。寰宇記：荆楚之地，水駕山上者，皆呼爲「襄」。

柳子山。在襄陽縣西七里。水經注：檀溪水出縣西柳子山。明統志：梁簡文爲州日，泛舟窮柳子之源，即此。

阿頭山。在襄陽縣西九里。後漢書郡國志：襄陽有阿頭山。又岑彭傳：彭潛兵渡沔水，擊張楊於阿頭山。

摩旗山。在襄陽縣西十里。相傳元人聚兵，嘗摩旗於此。有岡巒起伏凡九里，名九里沖。

隆中山。在襄陽縣西二十里。諸葛亮家於鄧，在襄陽城西二十里，號曰隆中。縣志：山畔爲草廬，山半爲抱膝石，隆起如墩，可坐十數人，下爲躬耕田。

桃花山。在襄陽縣西二十五里。府志：舊傳有桃千樹，故名。考金水港發源桃花嶺，即此。

土門山。在襄陽縣西四十里。其形如門，深數十里。俗名土門沖。

鶴子山。在襄陽縣西五十里。下有鶴子川。

紫蓋山。在襄陽縣西北五里。輿地紀勝：淳熙中，帥高夔改名中峴山。

萬山。在襄陽縣西北十里。一名方山，一名蔓山，一名漢皋山。韓詩外傳：鄭交甫將南適楚，遵彼漢皋臺下，乃遇二女佩兩珠，大如荆雞之卵。襄陽耆舊傳：縣西九里有方山。父老傳云交甫所見玉女遊處，北山之下曲隈是也。晉書杜預傳：預好爲後世名，刻石爲二碑，紀其勳績，一沉萬山之下，一立峴山之上。水經注：方山上有鄒恢碑，魯宗之所立也。元和志：襄陽縣方山，與南陽郡鄧縣分界處。府志：下有解佩渚、沈碑潭。

獨樂山。在襄陽縣西北二十里。一名樂山。水經注：沔水又東逕樂山北。昔諸葛亮好爲梁甫吟，每所登遊，故俗以樂山爲名。

團山。在襄陽縣北十八里。宋史扈再興傳：金人來自團山。

查牙山。在襄陽縣東北。寰宇記：查牙山在鄧城縣東四十里。

鍾山。在襄陽縣境。隋書地理志：襄陽有鍾山。

雞鳴山。在宜城縣東二十五里。又東有偏頭山。

兩乳山。在宜城縣東三十里。兩峯並峙如乳。

天龍山。在宜城縣東四十里。上有天龍坑，闊丈許，深不測。

南泉山。在宜城縣東七十里。山南有泉。

赤山。在宜城縣東南五十里。土石皆赤，下有深潭，名釣魚洞。又有下滴水崖。又穀城縣東南七十里亦有赤山，俯臨漢水。

太山。在宜城縣南。水經注：宜城縣有太山。

雞子山。在宜城縣西南二十五里。上有風洞，又有天坑。相近有女觀山。

萊公山。在宜城縣西二十五里。上產仙韭。

石梁山。在宜城縣西三十里。南雍州記：石梁山形似橋梁。

小尖山。在宜城縣西三十里。其形尖小，俗名沖天鳳。

五車山。在宜城縣東北二十里。下有上滴水崖。

舞旗山。在南漳縣東三十里。以形似名。

玉溪山。在南漳縣南一里。九域志：玉溪山其峯高峻，有溪水聲淙淙如玉佩，故名。

四望山。在南漳縣南三十里。一名大府山。登其巔可東望襄陽，西望房縣，南望荊門，北望穀城，故名。司馬光通鑑：唐建中二年，梁崇義發兵攻江陵，至四望。

青溪山。在南漳縣南六十里，接荆門州當陽、遠安兩縣界。荆州記：臨沮縣有青溪山，晉郭璞爲臨沮長，嘗遊於此，賦遊仙詩。

老雅山。在南漳縣南七十里。周四十里，險峻幽深，人跡不至。宋元通鑑：咸淳八年，元翟招討將軍由老雅山徇荆南。

八疊山。在南漳縣西南六十里。一名柤山，一名沮山。北齊書陸法和傳：八疊山多惡疾人，法和採藥療之，皆差。山中毒蟲猛獸，法和授其禁戒，不得噬螫。元和志：沮山在縣東北一百八里。吴時朱然、諸葛瑾，乘山險道，北出沮中，去襄陽城百五十里。或云司馬宣王鑿八疊山，開路於此停租也。

荆山。在南漳縣西八十里。山有馮家嶺，漳水所出。書禹貢：「荆河惟豫州。」孔傳：「豫州西南至荆山。」又：「荆及衡陽惟荆州。」孔傳：「荆州北據荆山。」左傳昭公四年：晉司馬侯曰：「荆山，九州之險也。」又十三年：楚右尹子革曰：「昔我先王熊繹，辟在荆山。」注：「在新城沶鄉縣南。」漢書地理志：臨沮，禹貢南條荆山在東北，漳水所出。水經注：荆山在景山東一百餘里，雖羣峯競舉，而荆山獨秀。蕭德言括地志：「荆山在荆山縣西八十里，本臨沮縣地。」元和志：荆山三面絶險，惟東南一隅纔通人徑。寰宇記：卞和得玉於楚荆山，頂上有池，周迴四十餘步，喬松翠柏，列繞其旁。并有石室，相傳云是卞和宅。舊志：下有抱玉巖，即卞和得玉處。

康狼山。在南漳縣西八十里。水經注：夷水導源中廬縣界康狼山。山與荆山相鄰。

臨漳山。在南漳縣西一百八十里。本名雞頭山。北臨漳水。

司空山。在南漳縣西北一百三十里，接鄖陽府保康縣界。明成化中，尚書白圭破流賊劉通於此。

白石山。在南漳縣北一百十里。元和志：襄水出南漳縣北白石山。

馬穴山。在南漳縣北。水經注：馬穴山，漢時有數百匹馬出其中。馬形小，似巴滇馬。三國時，陸遜攻襄陽，於此穴又得馬數十匹，送建業。蜀使至，有家在滇池者，識其馬毛色，云其父所乘馬，對之流涕。

靈山。在南漳縣境。隋書地理志：義清有靈山。

大雅山。在南漳縣境。輿地紀勝：大雅山在中廬舊縣西九十里。

洞兒山。在棗陽縣東三十里。出石炭。

大阜山。在棗陽縣東六十里。一名大父山。水經注：白水出安昌縣故城東北大父山。

霸山。在棗陽縣東南五十里。一名武王山。隋書地理志：棗陽縣有霸山。輿地紀勝：世傳楚武王嘗獵此。

資山。在棗陽縣東南六十里。輿地紀勝：深邃闊遠，可以耕種，修篁大木，環山之民皆資焉。

光武山。在棗陽縣東四十里。一名白水山，一名獅子山。上有光武廟。唐書地理志：棗陽有光武山。

瀴源山。在棗陽縣南七十里。一名大鼓山，一名石鼓山，一名石虎山。隋書地理志：蔡陽有大鼓山。輿地紀勝：瀴水源出棗陽縣石鼓山。府志：瀴源山上有二石，名曰東、西石虎。

金牛山。有二：一在棗陽縣南八十里，一在穀城縣南八十里。

紀山。在棗陽縣南一百五十里，接宜城縣界。

唐子山。在棗陽縣北五十里，接河南南陽府唐縣界。後漢書光武帝紀：光武進屠唐子鄉。注：「唐子鄉有唐子山。」水經注：唐子陂在唐子山西南，有唐子亭。

甘泉山。在棗陽縣東南六十里。輿地紀勝：甘泉山地肥水甘。

赤眉山。在棗陽縣東北八十里。輿地紀勝：相傳漢末赤眉賊嘗軍於此，名北寨。

團石山。在棗陽縣東北九十里。輿地紀勝：在棗陽、湖陽兩縣界。其石白而團，故名。

萬銅山。在穀城縣東南九十里。俗傳唐時山有廣德寺，嘗鑄萬斤銅鐘於此。

五垛山。在穀城縣東南九十里。明天順初，改名永安山。

高亭山。在穀城縣南五里。水經注：高亭山有靈，士民奉之。

薤山。在穀城縣西南八十里。一名伏龍山。荆州記：筑陽縣西北有薤山。寰宇記：諸山雲起，此山無雲，終不降雨；諸山無雲，此山雲起，必降大雨。土人以爲恒驗。因山薤爲名。山上有孤竹三根，三年生一筍，筍就竹死，代謝如春秋。

倒驢山。在穀城縣西九十里，接鄖陽府房縣界。

穀城山。在穀城縣西北十里。一名穀山，一名穀神山。隋書地理志：穀城有穀城山。寰宇記：穀神山上有石城，號曰穀城。

界山。在穀城縣西北一百二十里。有大小二山，接均州界。

開林山。在穀城縣北四里。一名闞林山。荆州記：筑陽縣北四里有開林山。水經注：沔水南逕闞林山東，本郡陸道之所由。山東有二碑：其一即記闞林山。先時或斷山岡以通平道，民多病，守長冠軍張仲瑜，乃與邦人築斷故山道，作此銘。其一郭先生碑。先生名輔，字甫成，有孝友悦學之美，其女爲立碑於此。並無年號，皆不知何代人也。

屏風山。在穀城縣北九十里，接光化縣界。

馬窟山。在光化縣東南五里。寰宇記：舊名馬頭山，敕改爲馬窟。輿地紀勝：唐天寶六載改名。

葫荻山。在光化縣西五十里，接均州界。

固封山。在光化縣西北五里。九域志：光化縣有固封山。輿地紀勝：在城西北九里，順陽王城西。本名崇山，唐天寶六載改名。

三尖山。在光化縣西北六十里，接河南南陽府淅川縣界。

麒麟山。在光化縣北五里。一名牛頭山。

杏兒山。在光化縣北七十里，接河南南陽府鄧州界。地多杏樹，因名。有杏花洞，深不可測。

烏頭山。在均州東三十里。

大觀山。在均州東南三十五里。下有小觀山。

龍巢山。在均州東南六十里。水經注：龍巢山在沔水中，高十五丈，廣員一里二百三十步，山形峻峭，其上秀林茂木，隆冬不凋。

龍山。在均州東南七十里，下即均水口。

武當山。在均州南一百里。水經注：武當山一曰太和山，亦曰嵾上山，又曰仙室。荆州圖副記曰，山形特秀，異於衆嶽，峯首狀博山香爐，亭亭遠出，藥食延年者萃焉。晉咸和中，歷陽謝允舍羅邑宰，隱遁斯山，故亦曰謝羅山。元和志：武當山高二千五百丈，周迴五百里，陰長生於此得仙。寰宇記：中央一峯，名曰參嶺，高二十餘里，望之秀絶，出於雲表，清朗之日，然後見峯頂。南雍州記云：「武當山，學道者常數百，相繼不絶，若心有隆替，輒爲百獸所逐。」又云：「山有石門、石室，相承云尹喜所棲之地。」明統志：山有二十七峯、三十六巖、二十四澗、五臺五井、三泉三潭。初名仙室山。其中一峯最高者爲天柱峯，亦曰紫霄峯，巖曰紫霄巖。永樂中營建宫館，改名大嶽太和山。按：寰宇記有三天人峯，亦武當山峯之一。

女思山。在均州南一百里。寰宇記：漢武當長來羣女嫁爲河内張德子婦〔一〕，隨夫還至此山，南望其父，思慕而死，即葬此山。

石階山。在均州南一百里。隋書地理志：武當有石階山。寰宇記：石階山，一名華嶽地肺，一名肺山。杜光庭洞天福地記云：「西北角有大松樹，樹下生草名救窮，冬夏不枯，日食三寸，絶穀不飢，陶隱居謂之西嶽佐命。」

長山。在均州西南。唐書馮行襲傳：均之右有長山，當襄陽貢道。

西岡山。在均州西五里。又四十五里爲紫山，又西十里爲黄洋山，又西十里爲佛家山，接鄖陽府鄖縣界。

方山。在均州北十五里。又北三十五里爲龍門山。相近有石鼓山。又北十里爲青崖山、牛頭山。又北六十里爲遠山。

分水嶺。在宜城縣東南六十里。有水分流，北入縣界，南入荆門州界。

走馬岡。在宜城縣東南六十里。相傳關忠義練兵於此。

九十九岡。在棗陽縣東南，接德安府隨州界。胡三省通鑑注：自棗陽至厲鄉，道路交錯，號九十九岡。

卧龍岡。在均州北四十里。

謝公巖。在襄陽縣西南五里。宋謝莊曾遊此。上有仙人洞，其草經冬不萎，可避寒。

刻木谷。在南漳縣南十五里。輿地紀勝：南漳縣有刻木谷，相傳爲孝子丁蘭所居。

白水峪。在光化縣北四十五里。

夫子埡。在宜城縣南四十里。俗傳以爲夫子所經得名。

仙女洞。在襄陽縣西北三十里。明正德中，聶賢採仙女洞石爲隄，即此。

斜溪洞。在南漳縣東南九十里。

汶陽洞。在南漳縣西一百里。古汶陽郡，以此得名。

西溪洞。在南漳縣西一百四十里。其地四山險峻，崖壁如削。有龍山廟。

漢水。自鄖陽府鄖縣東南入均州界，又東南入光化縣界，又南入穀城縣界，又東南入襄陽縣界，又東南入宜城縣界，又東南入安陸府鍾祥縣界。水經注：漢水又東逕琵琶谷口，又東北流，又屈東南過武當縣東北，又東爲伋子潭，又東南逕武當縣故城北，又東南逕縣城東，又東逕龍巢山下，又東南逕涉都縣東北，又東南逕酇縣之西南，又東逕穀城縣南，又東南逕陰縣故城西，又南逕筑陽縣東，又東爲漆灘，又東過山都縣東北，又東逕樂山北，又東逕隆中，又東逕襄陽縣北，東合檀溪水，又逕平魯城南，又從縣東屈西南，淯水從北來注之，又逕桃林亭東，又東南逕蔡洲，又東南逕邑城北，又東合洞口，又東過中廬縣東，淮水自房陵縣淮山東流注之，又東南流逕黎邱故城西，又南逕邔縣東北，又南得木里水會，又南逕宜城縣東，夷水東流注之，又逕鄀縣故城南。府志：均州北二十里有漓門灘，東五里有鐵爐灘，東南十五里有亂石灘，又東南五里有石門灘，又東南有魚梁灘、大浪灘，皆漢水所經也。自均州沙陀營入光化縣境，七十里逕縣南，又東流五十里至涓口灘，共一百二十里，入穀城縣界，二十五里過縣，再七十五里至界河，共一百里，至襄陽縣界。自府城西北三十里白家灣抵城北，稍東而左，會唐、白諸河之水，亦名襄水。折流逕城東而西南流，又一百里抵小河口，入宜城縣界，凡五十里至縣東，又南過乾河口，會蠻河。又南八十里至泰山廟，入安陸府鍾祥縣界。

淯水。在襄陽縣東北。自河南南陽府唐縣流入縣界，名唐河。南流與濁水合，名唐白河。又南入於漢，一名泌河。水經注：淯水東南逕士林戍東，西過鄧縣東，右合濁水。又南逕鄧塞東，又逕鄾城東，南入於沔。又沔水篇注：襄陽城東有東白沙，白沙北有二洲，東北有宛口，即淯水所入也。寰宇記：泌河在鄧城縣東北一百十里，流逕縣界，與白河合。又泌白水，是泌、白相合河口。文獻通考：晉平吴後，杜元凱在荆州，修召信臣遺跡，激用濁、淯諸水，以浸原田萬餘頃，分疆刊石，使有定分，公私同利，衆庶賴之。舊志：唐河由河南唐縣，逕喬家灣，入襄陽縣境，至兩河口，會白河，再會滚河入漢。

白水。源出棗陽縣東六十里大阜山，西南流，名滚河。至襄陽縣界西流入唐白河。水經注：洞水出安昌縣故城東北大父山，西南流謂之白水。又南逕安昌故城東，屈逕其縣南。又西南流而左會昆水，又西合瀘水，又西南流注於沔水。輿地紀勝：白水即劉白河源，西流三十里名滚河。又西流三十里合瀘河。舊志：滚河源出蛾皇洞泉水，流入縣境，又八十里至兩河口，會沙河。

按：此白水爲光武所興之地。而濁水一名白河，因此水合昆水，即名滚河，而濁水之名白河反著矣。

金水。在襄陽縣西南。府志：發源桃花嶺，由檀溪入漢。

濁水。在襄陽縣北。自河南南陽府新野縣流入縣界，名白河，亦名宛水。水經注：淯水右合濁水，俗謂之弱溝水，上承白水於朝陽縣，東南流逕鄧縣故城南。習鑿齒襄陽記曰：「楚王至鄧之濁水，去襄陽二十里。」即此水也。濁水又東逕鄧塞北，東流注於淯。寰宇記：鄧城縣有宛水，自新野縣流入。輿地紀勝：白河水東北自穰縣流入光化軍界，又出襄陽界，與泌河合，入漢江。勝二百石船。舊志：白河自新野縣魏家灣入襄陽縣境，至兩河口入唐河。

鄢水。在宜城縣西南。源出南漳縣西康狼山，東流入宜城縣南入漢。「鄢」一作「漹」。亦名夷水，又名蠻水，今名蠻河。左傳桓公十三年：楚屈瑕伐羅，及鄢，亂次以濟。杜預注：「鄢水在襄陽宜城縣入漢。」水經：沔水南過宜城縣，夷水自房陵縣東流注之。注：夷水，蠻水也。桓温父名彝，改曰蠻水。導源中廬縣界康狼山，東南流歷宜城西山，謂之夷谿。又東南逕羅川城，又謂之鄢水，又謂之淇水。又東注於沔。昔白起攻楚，引西山長谷水，即是水也。括地志：鄢水源出義清縣西托伏山。寰宇記：蠻水西自義清縣界，東南流入宜城縣，逕縣西，去縣三十里有白公湍。南雍州記云：秦將白起伐楚之日，涉此水而濟，因號白公湍。今有三磧，亦名三洲赤石湍。舊志：蠻河源出南漳縣西保康縣界之荒山，東南流，曲折百餘里，逕縣城南。又東會潚水溪。又東會清涼水，出宜城縣界，至破河腦，分二支：一支遶縣東乾河口入漢，一支遶縣東南三十里，至鍾祥縣境入漢。

沶水。在宜城縣西。自鄖陽府保康縣流入南漳縣界，東流至宜城縣界，入鄢水。水經注：沶水又東歷軨鄉，謂之軨水。又東歷宜城西山，謂之沶谿。東流合於夷水，謂之沶口也。

疎水。在宜城縣北。出南漳縣北，東流至宜城縣界入漢。一名襄水，一名涑水。水經注：疎水出中廬縣西南，東流至邔縣北界，東入沔水，謂之疎口也。元和志：襄水出南漳縣北一百一十里白石山。寰宇記：今土人呼爲涑水，上流亦呼爲襄。

漳水。在南漳縣南。南流入荆門州當陽縣界。水經：漳水出臨沮縣東荆山，東南過蓼亭。又東過章鄉南。注：漳水東南流，又屈西南逕編縣南，又南歷臨沮縣之章鄉南。

沮水。在南漳縣西南。自鄖陽府保康縣流入，又南流入荆門州遠安縣界。今名潮水河。水經注：沮水東南流，逕沮陽縣東南，又東南逕汶陽郡北，即高安縣界，又南逕臨沮縣西，青谿水注之，又屈逕其縣南。

昆水。在棗陽縣東南。西流入白水。水經注：昆水導源安昌縣城東南小山，西流逕金山北，又西南流逕縣南，西流注於白水。

瀴水。在棗陽縣西南。其源爲南泉。隋書地理志：蔡陽有瀴水。吴從政襄沔記：瀴水源出石鼓山，西流逕襄陽縣界一百五十里入漢，不通船運。

瀘水。在棗陽縣西南。西流入於白水。今名沙河。水經注：瀘水出襄鄉縣東北陽中山，西逕襄鄉縣故城北，又西逕蔡陽縣故城東，西南流注於白水。府志：沙河在棗陽縣南，源出鹿頭店，西流入滚河。

溲水。在棗陽縣東北。北流入河南南陽府唐縣界。水經注：溲水出湖陽北山，西流北屈，逕平氏城西，而北入澧水。輿地紀勝：南溲河在棗陽縣東北一百里，北流入唐州界。

筑水。在穀城縣南。自鄖陽府保康縣流入，至縣東南入漢。今名南河。漢書地理志注：筑水出漢中房陵，東入沔。水經注：筑水，杜預以爲彭水也。東南流逕筑陽縣。水中有孤石挺出，其下澄潭，石根如竹根而黄色，見者多凶，號爲承受石。筑水又東逕筑陽縣故城南，又東流注於沔，謂之筑口。元和志：在穀城縣南二百二十步。舊志：南河在縣南一里，源出房縣景山，曰沮水。逕保康縣之洞庭廟，分流入境，接流一百八十里，會古羊河入漢。府志：筑口在穀城縣東二十里。

粉水。在穀城縣北。自鄖陽府保康縣流入，東流入漢。今名粉漬河。水經：粉水東流過鄖邑南，又東過穀邑南，東入於沔。注：粉水至筑陽縣西而下注於沔水，謂之粉口。寰宇記：粉水出房州房陵縣，東流入穀城縣南。雍州記云，蕭何夫人漬粉鮮潔，異於諸水，因名。

汎水。在穀城縣北。自鄖陽府保康縣界流入，東流入漢。今名古羊河。水經注：汎水東逕汎陽縣故城南，又東流注於沔，謂之汎口。舊志：古羊河，源出房縣滴水巖，名八渡河。東北流至石花街，名古羊河。又東一百里至縣城東北，折而南，會南河入漢水。

洛溪水。在光化縣東。水經注：洛溪水出陰縣西北集池陂，東南流逕洛陽城北，東南注沔水。

温水。在光化縣南。源出縣東南馬窟山，西南入漢。寰宇記：温水在乾德縣南七里，西南入漢。

均水。在光化縣西北。自河南南陽府淅川縣流入均州界，又南流至光化縣界，入漢。名小江河。水經：均水南當涉都邑北，南入於沔。注：均水南逕順陽縣西，南流注於沔水，謂之均口，地理志謂之育水。案：「育」或作「淯」，非。據漢志，弘農郡盧氏縣有育水，南至順陽入沔。此育水即均水，非自鄧入沔之淯水也。

曾水。在均州南。水經注：曾水導源武當縣南武當山，逕越山陰，東北流注於沔，謂之曾口。府志：曾水有平堰、龍堰，灌田百頃。

平陽水。在均州北。水經注：平陽川水出武當縣北伏龍山，南歷平陽川，逕平陽故城下，又南流注於沔。

淳河。在襄陽縣東。西流入漢。舊志：宋咸平中，知襄州景耿望奏置營田務〔三〕，襄陽縣有淳河，灌田三千頃，宜城有蠻河，溉田七百頃，又有屯田三百餘頃，於是歲入甚廣。熙寧四年，前知襄州史炤言，開修古淳河一百六里，灌田六千七百頃。

清泥河。在襄陽縣西北，東流入漢。蜀志先主傳：樂進在清泥，與關某相拒。陳書章昭達傳：太建二年，蕭巋於江陵大蓄舟艦於清泥中。宋元通鑑：咸淳八年，李庭芝將兵救襄陽，襄陽西北一水曰清泥河，源於均房，即其地造輕舟百艘，乘順流進團山下。

七里河。在襄陽縣北十里。東流入白河。

清河。在襄陽縣東北十里。南流入唐白河。

泥河。有二：一在襄陽縣東北九十里，南流入唐白河。一在光化縣北，匯西北諸水入漢。

鴨潼河。在宜城縣東五里。明嘉靖中，漢水溢，衝迎水洲，改徙鴨潼河，新洪逼城五里許。

潘家河。在宜城縣東七十里。流逕石板灘，至陰港入漢。

瀟溪河。在南漳縣東二里。源出縣北瀟溪寺，東流南折入蠻河。

清涼河。在南漳縣東。源出西溪洞，東流入蠻河。

合洪河。在南漳縣南。源出西溪洞，東南流六十里入漳水。

華陽河。在棗陽縣東四十里。源出武當山，西流入白河。

中河。在棗陽縣東南。輿地紀勝：中河發源藥子河，西北流八十里至磨劍潭，又西流十里合滚河。

鎮北河。在棗陽縣北十里。西流入襄陽縣界，入唐河。

黑水河。在穀城縣東六十里，接光化縣界。

白石河。在穀城縣西南三十里。中有白石。

乾汊河。在穀城縣北。漢水漲，則與古羊河通，水落則涸。

朱寨河。在光化縣東六十里。輿地紀勝：在光化軍城東。自北界磚灘河接本軍，逕葛堰、朱寨，出吴莊，至襄陽縣界入漢江。

陟溝河。在光化縣南三十里。入漢。

浪河。在均州東南九十里。出太和山，東北流入漢。

響河。在均州北十里。源出方山，南流入漢。

洄湖。在襄陽縣東南。水經注：蔡洲東岸，西有洄湖，停水數十畝，長數里，廣減百步，水色長渌，楊儀居上洄，楊顒居下洄，與蔡洲相對。在峴山南廣昌里。

襄陽湖。在襄陽縣南。水經注：襄陽湖水，上承鴨湖，東南流逕峴山西，又東南流注白馬陂水，又東入侍中、襄陽侯習郁魚池。

檀溪湖。在襄陽縣西六里，延四里，袤二里，西山二百里外之水皆歸焉。雨則泥濘汎漲，爲行者患。明萬曆中築長隄其中，於是水不得爲困，汙田變爲膏腴。

鴨湖。在襄陽縣西。水經注：鴨湖在馬鞍山東北。

楊柳湖。在宜城縣東南一里。

石子湖。在宜城縣東南四十里。下有潭甚深邃。

臭湖。在宜城縣南。故襄城東，古名臭池，亦名臭陂。水經注：白起攻楚，引西山長谷水灌城，水潰城東北角，百姓隨水流，死於城東者數十萬，城東皆臭，因名其陂爲臭池。韓愈宜城驛記：臭陂有蛟害人，漁者避之。

天鵞湖。在宜城縣西十五里。

糠皮湖。在宜城縣西北七里。

磨珠湖。在宜城縣北二里。

丁家湖。在穀城縣東南七里。

百頃湖。在光化縣東南三十里。

茨湖。在光化縣東南。宋紹興中李道破金兵於此。

樊家湖。在光化縣南十五里。

檀溪。在襄陽縣西南。世説：劉備屯樊城，劉表請備宴會，蒯越、蔡瑁欲因會取備。備潛遁出，所乘馬名的盧，走渡襄陽城西檀溪水中，溺不得出。備曰：「的盧可努力！」乃一踊三丈，遂得過。水經注：水出縣西柳子山下，東爲鴨湖。自湖兩分，北渠即溪所導也，北逕漢陰臺西。又北謂之檀溪，傍城北注，西去城里餘，北流注於沔。一水東南出。應劭曰：「城在襄水之陽，故曰襄陽。」是當即襄水也。梁書武帝紀：東昏即位，高祖潛造器械，多伐竹木，沉於檀溪，密爲舟裝之備。元和志：檀溪在襄陽縣西南，今已乾涸。

田塍港。在襄陽縣東南三十里。東流入漢。又隆盛港，在縣東南四十里。土山港，在縣南五十里。俱東流入漢。

竹篠港。在襄陽縣西北三十里。石牌港，在縣西北三十里。俱西北流入漢。

黄龍港。在襄陽縣東北四十里。東流入唐河。

拖槍港。在宜城縣東十里范家營。俗傳宋將范文虎爲阿珠所敗，拖槍過此而名。「阿珠」舊作「阿术」，今改正。

朱家港。在宜城縣東三十里。源出上泉沖，西流入漢。

陰港。在宜城縣東三十里。源出南泉，西流入漢。

王城港。在宜城縣東五十里。西流入漢。

練港。在宜城縣東南四十里。源出卧牛山，至赤山入漢。

龍潭港。在宜城縣西南一里。東入漢。

毛家港。在宜城縣北二十五里。源出潑陂，東流逕張家橋入漢。

樓子汊。在宜城縣東南二十五里。又糠坡汊，在縣南十里。羊祜汊，在縣北三十里。以上三汊，皆漢水旁出者也。

龍爬溝。在襄陽縣西北磚橋鋪，接穀城縣界。

潺溝。在襄陽縣北。通鑑：梁天監八年，魏荆州刺史元志將兵七萬寇潺溝，雍州刺史吴平侯昺，命司馬朱思遠等擊破之。

撓溝。在襄陽縣北。一名鬧溝。晉書庾翼傳：賊五六百騎出樊城，翼遣冠軍將軍曹據，追擊於撓溝北，破之。通鑑：齊永泰元年，崔慧景、蕭衍大敗於鄧城，軍主劉山陽斷後，慧景過鬧溝。

木里溝。在宜城縣東。一名木渠。水經注：楚時於宜城東穿渠，上口去城三里，漢南郡太守王寵又鑿之，引蠻水灌田，謂之木里溝。逕宜城東而東北入於沔，謂之木里水口也。舊志：宋治平中，縣令朱紘訪故道修復之。淳熙十年，縣令陳表臣重修治之，起水門四十有六，通陂四十有九(四)，以溝旁地爲屯田，爲利甚溥。

長渠。在宜城縣西南四十里。一名白起渠。水經注：夷水舊堨，去城百里許，水從城西灌城東，入注爲淵，今熨斗陂是也。後人因其渠流以給陂田，城西陂謂之新陂，覆地數十頃。西北又爲土門陂，從平路渠以北、木蘭橋以南，西極土門山，東跨大道，水流周通，自新陂東入城，逕漢南陽太守秦頡墓北，又逕金城前，又東出城東注臭池。又入朱湖陂，亦下灌諸田。又入木里溝。又白起渠，溉三千頃，膏良肥美，更爲沃壤。元和志：長渠在義清縣東南二十六里，派引蠻水。昔秦將白起攻楚，引西山長谷水兩道，争灌鄢城。一道使沔北入，一道使沔東入，遂拔之。曾鞏長渠記：宋至和二年，縣令孫永，理渠之堙塞而去其淺隘，遂完故堨。

府志：宋紹興三十二年，王徹言襄陽故有二渠，長渠溉田七千頃，木渠溉田三千頃，今廢堙，請以時修復。

龍尾洲。在襄陽縣東南三十里漢水中。一名虎尾洲。

小汎洲。在穀城縣南七十里。產瓜甚美。

滄浪洲。在均州西北。書禹貢：嶓冢導漾，東流爲漢。又東爲滄浪之水。水經注：武當縣西北漢水中有洲名滄浪洲，庾仲雍漢水記謂之千齡洲，非也。地説曰：「水出荆山，東南流爲滄浪之水。」按：禹貢「又東爲滄浪之水」，不言過而言爲者，明非他水決入也，宜以尚書爲正。元和志武當縣西北四十里水中有洲，名滄浪洲。即禹貢滄浪之水。

會丹灘。在襄陽縣東南。宋元通鑑：咸淳七年，范文虎將衛卒及兩淮舟師十萬，進至鹿門，阿珠夾江爲陣，别令一軍趨會丹灘。「阿珠」譯見前。

漆灘。在襄陽縣西北。水經注：沔水又東爲漆灘，新野郡山都縣與順陽筑陽，分界於斯灘矣。

交丫灘。在宜城縣東南破河腦，蠻水與漢水交流處。又倒上洪灘、石羊灘、湍灘，俱在縣東南。

罐子灘。在宜城縣北二十里卧虎崖下。宋元通鑑：咸淳五年，夏貴於新郢敗績，范文虎復以舟師援貴，至罐子灘。

連四洪灘。在宜城縣北。旁有四洪相連，故名。

漁浦潭。在襄陽縣南八里。

黑龍潭。在光化縣北五里。旱禱輒應。宋歐陽修有黑龍潭祈雨文。

佷子潭。在均州北。水經注：潭有石磧洲，長六十丈，廣十八丈。世以此洲爲佷子葬父於斯，故潭得厥目焉。

金沙泉。在宜城縣東一里。輿地紀勝：金沙泉造酒極美，世謂之「宜城春」，又謂之「竹葉春」。

珍珠泉。在宜城縣東七十里。西流入漢。

一碗泉。在南漳縣西二百里歇馬廟傍。石上有坎，容勺水，取之不竭。

汝泉。在棗陽縣南八十里。輿地紀勝：在武王山東，其水北流入中河。

古靈泉。在穀城縣南五十里。

温泉。在光化縣南五里太和鄉。

神陂。在棗陽縣西南。習鑿齒襄陽耆舊傳：蔡陽松子亭下有神陂，中多魚，人捕不可得。

習家池。在襄陽縣南。水經注：習郁依范蠡養魚法，作大陂，陂長六十步，廣四十步，池中起釣臺。池北亭，郁墓所在也。其水下入沔。晉書山簡傳：簡鎮襄陽，諸習氏荆土豪族，有佳園池，簡每出遊嬉，多之池上，置酒輒醉，名之曰高陽池。元和志：習郁池在襄陽縣南十四里。寰宇記：縣南有習家魚池，池中釣臺尚在。府志：白馬山下有白馬泉，即習家池。

洗馬池。在宜城縣東六十里。相傳關忠義洗馬於此。

珍珠池。在南漳縣西南二十里雙池寺内。人於池傍蹴呼，則池水四面跳涌。

蔡子池。在棗陽縣北半里。荆州記：棗陽縣有蔡倫宅，傍有池名蔡子池，相傳倫造紙處。

卧牛池。在穀城縣南八十里廣德寺内。傍産何首烏。

鹽池。在均州東南一百里。元和志：鹽池水四周，上生紫氣，池左右草木十餘里，氣所染著，上如雪霜，嘗之鹽味。土人謂之鹽花。

大頂龍池。在均州南武當山五龍峯頂。自麓至頂四十里，祈禱無不應。舊志：龍池一名靈池，流爲黑虎澗，匯爲白龍潭，注於磨針澗。

諸葛井。在襄陽縣西二十里隆中山東。南雍州記：隆中諸葛亮舊宅有舊井一，今涸。齊建武中，有人修井，得一石枕，高一尺二寸，長九寸，獻晉安王。縣志：隆中山畔，孔明隱處，有智井名六角井。

王粲井。在襄陽縣西北。上有魏侍中王粲石井闌記。輿地紀勝：襄陽縣西北方山東陂下有王粲井。蘇軾萬山詩有云「下有仲宣闌，綆刻深容指」是也。

昭王井。在宜城縣南。韓愈宜城驛記：宜城驛東北有井，傳是昭王井。有靈異，至今人莫汲。

校勘記

〔一〕屬寧鑾府　「寧」，原作「安」，據乾隆志卷二七〇襄陽府建置沿革（下同卷簡稱乾隆志）及南齊書卷一五州郡志改。按，本志避清宣宗諱改字。下文同改。

〔二〕漢武當長來羣女嫁爲河内張德子婦　「來羣」，乾隆志同，宋刻本太平寰宇記卷一四三山南東道均州作「來邵」。

〔三〕知襄州景耿望奏置營田務　「景耿望」，乾隆志同。按，宋史卷一七六食貨志、續資治通鑑長編卷四四宋真宗咸平四月丙子條及文獻通考卷七田賦考皆作「耿望」，宋會要輯稿食貨六及讀史方輿紀要卷七九湖廣五則作「景望」。知其人名史有傳訛，孰是待考。

〔四〕通陂四十有九　乾隆志同。按，讀史方輿紀要卷七九湖廣五謂「通舊陂四十有九」。

大清一統志卷三百四十七

襄陽府二

古蹟

中廬故城。在襄陽縣西南。古廬戎地。「盧」亦作「廬」。漢置縣，屬南郡。晉、宋、齊屬襄陽郡。梁省。左傳文公十四年：廬戢黎及叔麇〔一〕，誘殺鬬克及公子燮。注：「廬，今襄陽中廬縣。」漢書地理志「南郡中廬」，注：「師古曰：在襄陽縣南。今猶有次廬村，以隋室諱忠，故改中爲次。」水經：沔水東過中廬縣東。注：縣即春秋廬戎國也。括地志：中廬故城，在義清縣北二十里。元和志：中廬，秦時謂之伊廬。項羽亡將鍾離昧，家在伊廬，是也。

山都故城。在棗陽縣西北。秦置縣，漢屬南陽郡，宋屬新野郡，齊屬義安郡，後周省。後漢書岑彭傳：彭夜勒兵馬申令軍中，使明旦西擊山都。注：「在今襄州義清縣東北。」水經注：沔南有固城，城側沔川即新野山都縣治也。舊南陽之赤鄉，秦以爲縣，漢爲侯國。隋書地理志：襄陽郡安養，後周廢山都縣入。

漢南故城。今宜城縣治。南北朝宋置華山縣，齊因之，西魏改曰漢南。唐貞觀中省，貞元中還宜城縣治此。宋書州郡志：華山太守，孝武大明元年立，今治大隄，領縣華山。隋書地理志：漢南，宋曰華山，西魏改縣，曰漢南，屬宜城郡，後周廢宜城郡，屬武泉。舊唐書地理志：武德四年，襄州領漢南縣。貞觀八年，省漢南入率道。又襄州宜城，宋立華山郡於大隄村，即今治。

韓愈宜城驛記：于太傅帥襄陽，遷宜城縣。寰宇記：大隄城，今宜城縣也，相傳呼爲大隄城，迄今不改。

上洪故城。在宜城縣東。南北朝宋置天水郡略陽縣，西魏改曰上洪。唐省。南史焦度傳：宋元嘉中，平楊難當，度父明與千餘家隨居襄陽，乃立天水郡略陽縣以居之。隋書地理志：襄陽郡上洪，宋僑立略陽縣，梁又立德廣郡。西魏改縣曰上洪，開皇初郡廢。又梁置新野郡，西魏改曰威寧。後周廢。舊唐書地理志：武德四年，鄀州領上洪縣。貞觀元年省。

若縣故城。在宜城縣東南。春秋鄀國，楚滅以爲邑，昭王徙都於此。秦置縣，漢及晉屬南郡，宋、齊屬馮翊郡，後周廢。漢書地理志：南郡若，楚昭王自郢徙此。注：「師古曰：春秋傳作鄀。」水經注：鄀縣，古鄀子之國也，自商密遷此，爲楚附庸。楚滅之以爲邑，縣南臨沔津。秦以爲縣。括地志：故鄀城在樂鄉縣東北三十三里。元和志：春秋鄀國城，在樂鄉縣北三十七里。

宜城故城。在今宜城縣南。本楚鄢地，秦置鄢縣，漢改名宜城，屬南郡。晉屬襄陽郡。南北朝宋廢。史記秦本紀：昭襄王二十八年，大良造白起取鄢。正義：「鄢城在襄州。」漢書地理志：南郡宜城，故鄢，惠帝三年改名。水經注：夷水自新陂東入城。城故鄢郢之舊都。括地志：故宜城在率道縣西南九里。元和志：故宜城，在宜城縣南九里。秦昭王使白起伐楚，引蠻水灌鄢拔之，即此城也。元統志：漢宜城故城，在今縣南十五里。

率道故城。在宜城縣北。梁置。唐天寶初，改爲宜城縣，貞元中移治。隋書地理志：襄陽郡率道，梁置。元和志：後魏宜城郡，周改爲率道縣，唐因之。天寶元年，改爲宜城縣。寰宇記：後魏分新野郡之池陽縣地立率道縣。唐武德四年，屬鄀州。貞觀八年，改屬襄州。縣志：縣北三十里有古城隄，地名東洋，古城跡猶存。按：率道縣，隋志以爲梁置，元和志以爲周置，寰宇記以爲後魏置。未詳孰是。

邔縣故城。在宜城縣東北。本楚邑，秦置縣，漢屬南郡，晉、宋、齊屬襄陽郡。梁改置率道縣，而此城廢。水經：沔水南過邔縣東北。注：縣故楚邑也，秦以爲縣。元和志：宜城縣，本漢邔縣地也。城東臨漢江。古諺曰「邔無東」，言其東逼漢江，其地短促。

鄧縣故城。在襄陽縣北。春秋時鄧國。漢置縣，屬南陽郡。晉改屬義陽郡，又分置鄧城縣，屬襄陽郡，尋省。宋、齊屬京兆郡，後周省。唐復置鄧城縣，屬襄州。宋省。史記秦本紀：莊襄王二十八年，大良造白起攻楚，取鄧。正義：「鄧城在襄州。」漢書地理志：南陽郡鄧，都尉治。注：「應劭曰：鄧侯國。」元和志：故鄧城在臨漢縣東北二十二里。舊唐書地理志：鄧城，貞元二十一年，移臨漢縣古鄧城置，乃改臨漢爲鄧城縣。寰宇記：鄧城縣，在襄州北二十三里。輿地紀勝：紹興七年，省鄧城縣爲鎮，入襄陽。按：晉志有鄧縣，屬義陽郡。又有鄧城，屬襄陽郡。疑漢、晉之鄧縣，尚在新野、襄陽之間。自晉分置鄧城，宋、齊以後，當即因鄧城地爲鄧縣，唐以後遂屬襄州。是唐之鄧城，未必古之鄧國也。

上黄故城。在南漳縣東南五十里。水經注：晉武帝平吴，割臨沮之北鄉、中廬之南鄉，立上黄縣，治軨鄉。舊唐書地理志：晉立上黄縣，後魏改爲重陽縣。

編縣故城。在南漳縣西南。漢縣故城在荆門州界，晉隆安五年移治此。梁省。水經注：漳水又逕編縣南，縣舊城東北一百四十里〔二〕。高陽城西南〔三〕，移治許茂城，城南臨漳水。按：寰宇記「晉隆安五年，於編縣故城置長林縣」，移治當在是時也。

重陽故城。在南漳縣西南。隋書地理志：襄陽郡南漳，西魏併新安、武昌、武平、武安、武建五縣，置重陽，又立南襄陽郡，後周置沮州，尋廢，復改重陽縣曰思安，開皇初郡廢，十八年改縣曰南漳。舊唐書地理志：武德二年，分南漳置荆山縣。又於縣治西一百五里置重州，領荆山、重陽、平陽、渠陽、土門、歸義六縣。七年，省渠陽入荆山，省平陽屬重陽。又省土門、歸義入房州之永清。貞觀元年，廢重州，以荆山屬襄州，移重陽入州城，改屬遷州。八年，省南漳入義清，省重陽入荆山。開元十八年，省荆山，移治於南漳故城，乃改爲南漳。

廣昌故城。今棗陽縣治。南齊置郡，後置縣。隋改爲棗陽縣。南齊書州郡志：寧蠻府領廣昌郡〔四〕。隋書地理志：春陵郡棗陽，舊曰廣昌，并置廣昌郡。又西魏置東荆州，尋廢。元和志：廣昌，隋改爲棗陽縣，因棗陽村爲名。府志：廣昌館，即古廣昌縣。唐韓愈有詩。

春陵故城。在棗陽縣東。漢爲侯國，屬南陽郡。後漢改爲章陵縣。三國魏改曰安昌，屬義陽郡。隋仍曰春陵，屬春陵郡。唐省。漢書地理志：南陽郡春陵侯國，故蔡陽白水鄉。注：「師古曰：元朔五年，以零陵泠道之春陵鄉封長沙王子買〔五〕，爲春陵侯。至戴侯仁，以春陵地形下濕，上書徙南陽。元帝許之，以蔡陽白水鄉徙仁爲春陵侯。」後漢書光武帝紀：長沙定王發，生春陵節侯買。注：「春陵故城，今在隨州棗陽縣東。」又郡國志：南陽郡章陵，故春陵，世祖更名。注：「建武十八年，使中郎將耿遵築城。」水經注：安昌故城，故蔡陽之白水鄉。光武改爲章陵縣，置園廟焉。魏黄初二年，更今名。故義陽郡治也。隋書地理志：春陵郡，後魏置南荆州，西魏改曰昌州，統縣春陵，舊置安昌郡。開皇初，郡廢。元和志：春陵故城，在棗陽縣東南三十五里。舊唐書地理志：隋春陵郡，武德三年改爲昌州，領春陵。五年廢昌州。貞觀元年省春陵。元統志：有城二座。在縣南約三十里，名舊城，又名昌城。城北有臺，高二丈。

清潭故城。在棗陽縣南。隋置縣，唐省。隋書地理志：春陵郡清潭。舊唐書地理志：武德五年，廢清潭縣。府志：清潭店，在棗陽縣南九十里。

蔡陽故城。在棗陽縣西南。漢置縣，屬南陽郡，後漢因之。晉改屬義陽郡，宋屬新野郡，隋屬春陵郡。唐初省。後漢書注：蔡陽縣故城在今隨州棗陽縣西南。隋書地理志：春陵郡蔡陽，梁置蔡陽郡，後魏置南雍州，西魏改曰蔡州，分置南陽縣，後改曰雙泉，又置千金郡。開皇初，郡並廢。大業初，州廢，雙泉廢入焉。按：新舊唐書地理志俱無蔡陽，亦不言省自何時，疑唐初省也。

瀴源故城。在棗陽縣西南。西魏置縣，隋省。隋書地理志：春陵郡，西魏置瀴源縣，大業初廢。府志：瀴源店，在棗陽縣南七十里。

襄鄉故城。在棗陽縣東北。後漢置縣，屬南陽郡。晉省。南北朝宋復置，屬河南郡，齊因之。後周改置廣昌縣。通典：漢襄鄉故城在棗陽縣東北。元和志：後漢分蔡陽，立襄鄉縣，周改爲廣昌。

筑陽故城。在穀城縣東。漢置縣，屬南陽郡，後漢因之。晉屬順陽郡，宋、齊屬扶風郡。隋省。漢書地理志：南陽郡筑陽，故穀伯國。宋書州郡志：扶風太守領縣筑陽。水經注：筑水東逕筑陽縣故城南，縣故楚附庸也。秦平鄢、郢，立以爲縣。隋書地理志：襄陽郡穀城〔六〕，梁有筑陽，開皇初廢。元統志：故筑陽城，在穀城縣東四里，東臨漢江，西臨筑水。

南陽故城。在穀城縣東南。隋書地理志：襄陽郡陰城，梁置南陽郡，西魏改爲山都郡，後周省。元統志：南陽城在穀城縣東南三十里，相傳周司馬侃所築。

陰縣故城。在光化縣西。春秋下陰地。漢置縣，屬南陽郡，後漢因之。晉屬順陽郡。宋、齊俱屬廣平郡，西魏改陰城，唐省。宋乾德二年，於其地置乾德縣。熙寧五年，改爲光化縣。明隆慶間，遷縣治而此城廢。左傳昭公十九年：楚工尹赤遷陰於下陰。注：「陰縣，今屬南陽郡。」後漢書注：「陰縣故城，在今襄州穀城縣界北。」水經注：沔水又東南逕陰縣故城西，故下陰也。隋書地理志：襄陽郡陰城，西魏置酇城郡，後周廢。舊唐書地理志：貞觀八年，省陰城入穀城。寰宇記：乾德二年，改襄州陰城鎮爲光化軍，析穀城縣遵教、翔鸞、漢均三鄉〔七〕，置乾德縣爲治，以年號爲名。九域志：熙寧五年，廢光化軍爲光化縣，屬襄州。府志：縣舊治在縣西十五里西集街。明隆慶中，以漢水時溢，改建於阜城衛，即今治。

酇縣故城。在光化縣北。漢置縣，屬南陽郡。晉爲順陽郡治。南北朝宋、齊屬廣平郡，梁省。漢書地理志：南陽郡酇，侯國。注：「襄州陰城縣有酇城鄉。」後漢書鄧禹傳：光武即位，禹封爲酇侯。注：「酇縣在襄州穀城縣東北。」水經注：酇縣治故城，南臨沔水，謂之酇頭。薛瓚曰今南鄉酇頭是也。茂陵書：在南陽。通典：漢故酇城，在穀城縣東北，蕭何所封。説文云：酇音贊，縣在南陽。䣜，在何反，縣在沛郡。按班固泗水亭高祖碑云「文昌四友，漢有蕭何，序功第一，受封於䣜」，又江統徂淮賦云「戾䣜城而倚軒，實蕭公之故園」，謂何封沛郡之䣜。近代戴規辯字與姚察訓纂，傍將衆説，俱因此論。規即斷云：「何封沛之䣜，夫人封南陽之酇。臣瓚及文穎等注皆據茂陵書，蕭何所封在南陽。」按：茂陵書去何不遠，指事爲親。且地理志以酇爲侯國，䣜則不言。又何本傳：「子祿薨，無子，高后封何夫人同爲酇侯，小子延爲筑陽侯。孝文元年，罷同，更封延爲酇侯。」尋筑陽距酇三十餘里，若惟夫人封酇，則小子延獨繼其母，理甚不然也。鮑至南雍州記云：「城内見有蕭相國廟，相傳謂爲城隍神。」遠近而推，茂陵書亦可依矣。寰宇記：漢酇縣在乾德縣北三里，西臨漢江。府志：酇城故址，惟存二墩，在舊縣前。今傾入漢水。

武當故城。在均州北。戰國時均陵地，屬楚。漢置縣。唐移縣治而此城廢。史記蘇代傳：殘均陵。索隱：「均陵在南陽，今之均州。」隋書地理志：淅陽郡武當，舊置武當郡。又僑置始平郡，後改爲齊興郡。梁置興州，後周改爲豐州。開皇初，二郡並廢，改爲均州。大業初，州廢。通典：武當縣，魏屬南鄉郡，郡城後漢延岑築。元和志：均州，漢武當縣地，因山爲名。江左僑立始平郡，寄治襄陽，宋武帝割武當縣以隸之。後魏改爲武當郡。舊唐書地理志：貞觀八年置均州，領縣武當。顯慶四年，移於今所。寰宇記：齊興郡及興州、豐州，本治鄖鄉，周武成元年，始移理延岑城。元史地理志：均州武當，兵亂遷治無常，至元十四年復置。按：武當故城，據通典及元和志，即延岑城。元統志謂延岑城在穀城縣，似誤。今縣治，元所置，亦非唐之舊也。

京兆廢郡。在襄陽縣西。晉置。南北朝梁廢。唐書地理志：孝武於襄陽僑立京兆郡。宋書州郡志：京兆太守，初僑立，治襄陽。朱序没氏，孝武太元十一年復立。

河南廢郡。在襄陽縣北。晉置，隋廢。晉書地理志：孝武於襄陽僑立河南郡。宋書州郡志：河南太守僑立，始治襄陽。孝武大明中，分沔北爲境。隋書地理志：襄陽郡安養，西魏置河南郡，開皇初廢。

弘農廢郡。在襄陽縣境。南北朝宋僑置，西魏廢。宋書州郡志：弘農太守，宋明帝末立，寄治五壟。

馮翊廢郡。在宜城縣南。南北朝宋僑置，梁廢。宋書州郡志：馮翊太守，三輔流民出襄陽，文帝元嘉六年立，治襄陽。

秦南廢郡。在宜城縣北。隋書地理志：梁置秦南郡，後周廢。按：其地當在黎丘城下秦洲之南，故名。

武建廢郡。在宜城縣北。隋書地理志：襄陽郡漢南，後周廢武建郡入。今治都。

扶風廢郡。在穀城縣東。晉置，梁廢。晉書地理志：孝武於襄陽僑立扶風郡。宋書州郡志：扶風太守，僑立，治襄陽，今治筑口。

義成廢郡。在光化縣西北。晉置，後周廢。晉書桓宣傳：宣平襄陽，以其淮南部曲立義成郡。又地理志：孝武於襄陽僑立義成郡。宋書州郡志：義成太守，晉武帝立，治襄陽，今治均。隋書地理志：襄陽郡穀城，舊曰義成，置義成郡。周廢郡，開皇十八年，改縣名焉。按：義成郡，桓宣傳以爲宣所置，當在成帝時。而地理志及宋州郡志俱云孝武時立，當是中廢而復置耳。宋志義成郡治均州，當在光化縣西北，而隋志又以爲穀城縣即義成改置，不知何時移治，諸書俱未詳。隋志又有梁所置義成郡，亦廢入穀城縣。

廣平廢郡。在光化縣北。晉置，梁廢。宋書州郡志：廣平太守，江左僑立，治襄陽，今爲實土。

常平廢縣。在襄陽縣西。隋書地理志：襄陽郡常平。西魏置曰義安，置長湖郡，後改縣曰常平。開皇初，郡廢。又後魏置旱停縣〔八〕，大業初廢。唐書地理志：襄陽，貞觀八年，省常平縣入焉。

惠懷廢縣。在宜城縣境。隋書地理志：襄陽郡漢南，後漢廢惠懷、石梁、歸仁、鄾等四縣入。

義清廢縣。在南漳縣東北六十里。隋書地理志：襄陽郡義清，梁置曰穰縣。西魏改曰義清，屬歸義郡。後周廢郡及左安、開南、歸仁三縣入焉。又有武泉郡，開皇初廢。元和志：襄州義清縣，東北至州五十八里。本漢中廬縣地。寰宇記：義清縣，唐貞觀二年自中廬縣東北三十里移於今所，今復爲中廬縣。輿地紀勝：紹興五年省爲鎮。

豐良廢縣。在棗陽縣南。隋書地理志：舂陵郡，後魏置豐良縣，大業初廢。

汎陽廢縣。在穀城縣西。晉置，梁省。宋書州郡志：扶風郡汎陽，晉武帝太康五年立，屬順陽。水經注：汎水東逕汎陽縣故城南，晉分筑陽立。

安福廢縣。在均州西。隋書地理志：淅陽郡安福，梁置曰廣福，併爲郡。開皇初，郡廢，仁壽初改焉。舊唐書地理志：武德元年，置南豐州，領安福縣。貞觀元年，省安福入鄖鄉。

平陵廢縣。在均州北。舊唐書地理志：隋義寧二年，置平陵縣。武德七年省。九域志：武當縣有平陵鎮。

平陽廢縣。在均州北。南北朝宋置，梁省。宋書州郡志：始平太守，領縣平陽。江左平陽郡民流寓立此。水經注：平陽川逕平陽故城下，又南流注於沔。

均陽廢縣。在均州東北。隋書地理志：淅陽郡均陽，梁置。舊唐書地理志：武德八年，省入武當。

鄧塞城。在襄陽縣東。水經注：鄧塞，鄧城東南小山也，方俗名之爲鄧塞。昔孫文臺破黄祖於其下。元和志：在臨漢縣東南二十二里，南臨宛水。魏常於此裝治舟艦以伐吴，陸士衡表稱「下江漢之卒，浮鄧塞之舟」，謂此。

新城。在襄陽縣東南十里。宋元通鑑：咸淳三年，夏貴援襄樊，阿珠謂諸將「宜整舟師，以備新城」。明日貴舟果趨新城。府志：縣境凡有牛首、安陽、古城、紅崖、白河、沙河、漁浦、新城、淳河、滾河十城。蒙古圍襄陽，分築諸城於要津，以絶糧援。故址尚存。「阿珠」譯見前。

邑城。在襄陽縣西南。水經注：沔水東南逕邑城北，習郁襄陽侯之封邑也，故曰邑城。

夫人城。在襄陽縣西北。晉書朱序傳：序鎮襄陽，苻丕來攻，序母韓自登城履行，謂西北角當先受弊，遂領百餘婢，并城中女丁，於其角斜築城二十餘丈。賊攻西北角，果潰。衆便固新築城，丕遂引退。襄陽人謂此城爲夫人城。元和志：襄州理中城，東邊一處有土赤色，昔苻丕攻襄陽，朱序用道法，以硃砂薰之，至今土色有異。西北角夫人城，序母修築。

鄾城。在襄陽縣北。古鄾子國，晉置縣，後廢。左傳桓公九年：楚子使道朔將巴客以聘于鄧，鄧南鄙鄾人攻而奪之幣。注：「鄾在今鄧縣南，沔水之北。」後漢書郡國志：南陽郡鄧，有鄾聚。水經注：淯水南逕鄧塞東，又逕鄾城東，古鄾子國也。

樊城。在襄陽縣北。水經注：樊城周四里，南半淪水，城西南有曹仁記水碑，杜元凱重刊其後，書伐吴之事也。元和志：襄州臨漢縣，南至州二十里，即古樊城。西魏於此立安養縣，屬鄧城郡。周天和五年，改屬襄州。天寶元年，改爲臨漢縣，縣城南臨漢水。輿地廣記：鄧城有樊城鎮。府志：樊城與襄陽對峙，城西有鐵牕口，晉人鑄鐵檽，列樹隄岸，以通水道，如牕檽然。

偃城。在襄陽縣北。三國魏志徐晃傳：晃助曹仁伐關某，晃前至陽陵陂屯，關屯偃城。括地志：偃城在安養縣西北三里。陽陵陂又在偃城西北五里。

平魯城。在襄陽縣北。水經注：沔水又逕平魯城南。城，魯宗之所築也，東對樊城。

壘城。在襄陽縣北。水經注：城北枕沔水，即襄陽縣之故城。楚之北津戍，今大城西壘是也。唐書張柬之傳：柬之授襄州刺史，會漢水漲，齧城郭，柬之因壘爲隄，以遏湍怒，闔境賴之。縣志：壘城，築壘附近大城，猶今砦堡，即水經注所謂「西壘」也。

楚王城。在宜城縣南。水經注：鄀縣北有大城，即楚昭王爲吴所迫，自郢徙都之所。括地志：楚昭王所徙，在故鄀城東五里。韓愈宜城驛記：楚昭王廟後小城，蓋王居也，其内處偏高，廣圓八九十畝，號殿城，當是王朝内之所也。多甎，可爲書硯。曾鞏韓公井記跋：楚故城，今謂之故牆，「城」改爲「牆」者，由梁太祖父名誠，當時避之，故至今猶然。按：府志楚王城在宜城縣東北，誤。

蠻城。在宜城縣南。水經注：淇水逕蠻城南，城在宜城南三十里。

觀林城。在宜城縣南五十五里，地名王城港，城址猶存。

羅川城。在宜城縣西南，古羅國。左傳桓公十二年：楚師分涉于彭，羅人欲伐之。注：「羅在宜城縣西山中。」水經注：夷水歷宜城西山，又東南逕羅川城，故羅國也。

黎丘城。在宜城縣北。後漢書光武帝紀：秦豐自號楚黎王。注：「黎丘故城，在襄州率道縣北。」又郡國志：邔有黎丘城。水經注：沔水東南逕黎丘故城西，其城下對繕洲，秦豐居之，故更名秦洲。城在觀城西二里。建武四年，朱祐自觀城禽豐於黎丘，是也。

孟城。在棗陽縣西南十八里。

岑彭城。在棗陽縣東北。元統志：岑彭城在棗陽縣東北三十里，相傳彭征秦豐時，築城牧馬於此。

洛陽城。在穀城縣東。宋書州郡志：河南郡洛陽縣，孝武大明元年省。水經注：洛溪水，流逕洛陽城北，東南注沔水。

穀城。在穀城縣北。春秋時穀國。春秋桓公七年：穀伯綏來朝。注：「穀國在南鄉筑陽縣北。」水經注：穀城在穀城山上，春秋穀伯綏之邑，墉闉頽毁，基塹亦存。

張飛城。在穀城縣西南五里。水經注：沔口，張飛襲張郃於此。

學城。在穀城縣東北。水經注：沔水又東逕學城南。舊説昔者有人立學都於此，值世荒亂，生徒罔依，遂共立城以禦難，故城得名。

涉都城。在光化縣西。漢書功臣表：涉都侯喜，元狩三年封。後漢書郡國志：筑陽有涉都鄉。水經：沔水東南過涉都城東北。注：故鄉名也。漢武帝封南海守降侯子嘉爲侯國。均水於縣入沔，謂之均口。

順陽王城。在光化縣北。寰宇記：固王古城，在乾德縣東北五里。晉咸寧中，封扶風王子暢爲順陽王，城内有順陽碑。府志：順陽王城，在固封山下。又有空城，在光化縣北五里。

三王城。在均州境。寰宇記：武當縣有三王城。前漢末，王匡、王鳳、王常所築，各一城，今號三王城。府志：一在州東南，一在州西南，一在州東北。

和城聚。在均州境。後漢書郡國志：武當有和城聚。

柤中。在南漳縣西。一作沮中。襄陽記：柤中在上黄界，去襄陽一百五十里。魏時夷王梅敷兄弟三人部曲萬餘家屯此，分布在中廬、宜城西山鄢、沔二谷中，土地平敞，宜桑麻，有水陸良田，沔南之膏腴沃壤，謂之粗中。通典：南漳縣有地名沮中，吳朱然屯處。王應麟地理通釋：沮中即今襄陽南沮水左右地。

冠蓋里。在襄陽縣南，接宜城縣界。水經注：宜城縣有太山，山下有廟。漢末，刺史二千石卿長數十人，朱軒華蓋，同會於廟下，荊州刺史行部見之，雅歎其盛，號爲冠蓋里，刻石銘之。

白沙里。在襄陽縣東北。襄陽耆舊傳：龐德公孫奂，晉太康中去官歸鄉，居白沙里。

南陔里。在襄陽縣境。楚記：唐尹怦淳孝，龍朔中，刺史封道洪改其閭曰南陔里。

銅鞮坊。在府城内。明統志：在郡城山南東道樓左。楚人好唱白銅鞮，因以名坊。

木香村。在宜城縣西六十里。寰宇記：宜城縣有木香村，段成式别業於此。村生異竹，成式圖送徐商。

五陌村。在光化縣西南。寰宇記：南雍州記云，酇城南四里有五陌村，榆樹連理，異木合幹，高四丈，鄉人以爲社。其樹今已枯。

牽羊壇。在府城内。舊傳刺史初至，必牽一羊詣壇遶之，以其所遶之數，驗治州之年多寡。晉文帝爲刺史，羊行六次不止，果八年。

劉琦臺。在襄陽縣東。元和志：劉琦臺，琦與諸葛亮登臺去梯言之所也。

將臺。在襄陽縣南三里。相傳元將阿爾哈雅築。「阿爾哈雅」舊作「阿里海牙」，今改。

漢陰臺。在襄陽縣西南。水經注：檀溪水北逕漢陰臺西，臨流望遠，意寄漢陰，故因名臺。

杜康臺。在宜城縣治東五十步。俗傳杜康造酒於此。

打鼓臺。在宜城縣南八里。相傳白起操軍於此。下有走馬隄。

分經臺。在南漳縣東北。梁昭明太子同隱士劉虯、法慧分經之所。

呼鷹臺。在棗陽縣東。一名景升臺。水經注：魚梁洲南有層臺，號曰景升臺。蓋劉表治襄陽之所築也。表性好鷹，嘗登此臺歌野鷹來曲。

卧牛臺。在棗陽縣境。輿地紀勝：漢光武帝騎青牛於此。

誦經臺。在均州北武當山。世傳陳希夷誦易處。

文選樓。在府治南。輿地紀勝：梁昭明太子統建，延賢士劉孝威、庾肩吾、徐防、江伯操、孔敬通、惠子悦、徐陵、王囿、孔爍、鮑至等十餘人，著文選於此。

山南東道樓。在府城内。元統志：舊府治有唐李陽冰篆書「山南東道」四字。淳祐辛亥，程士元爲守，創立層樓。府志：今改爲鎮南樓。

南平樓。在襄陽縣治前。元守帥楊珪建。

霽景樓。在光化縣境。方輿勝覽：光化軍有霽景樓。

宗海樓。在均州東一里，下臨漢水。宋宣和中建。

聞喜亭。在府治内。唐太守裴坦建。

漢廣亭。在府北小北門西。淳熙中，安撫使馬夔建。

桃林亭。在襄陽縣東南。水經注：沔水又逕桃林亭東。輿地紀勝：桃林在襄陽縣南六里。南雍州記云，晉桓沖北伐，屯軍於此。時方食桃，至春其核萌生，遂成茂林。縣志：即今縣南桃花嶺也，舊有桃林館，今廢。

望海亭。在襄陽縣南一里。方輿勝覽：在卧龍山絶頂。

峴山亭。在襄陽縣南峴山上。宋熙寧初，史中煇因舊址重建，歐陽修有記。

清水亭。在襄陽縣境。楚紀：申徽爲襄陽刺史，代還，人吏送之，乃留題於清水亭。

赤松子亭。在棗陽縣西南。襄陽耆舊傳：蔡陽有赤松子亭，即南都賦所謂松子神陂者也。

樂善堂。在府城内。梁簡文爲晉安王，鎮襄州日，畫前刺史十三人像於堂，故名。

學業堂。在襄陽縣南，相傳諸葛亮讀書處。

高齋。在府城内。襄沔記：襄陽城内刺史宅有高齋，梁簡文爲晉安王，鎮襄陽日，引劉孝威等於此齋，綜覈詩集，時號爲「高齋學士」。其南又有一齋，梁武帝臨州，寢卧此齋，常有五色雲迴轉，狀如盤龍，屋上恒有紫雲騰走，形似繖蓋，遠近望者，莫不異焉。武帝於此龍飛。

龐統宅。在襄陽縣東。輿地紀勝：士元、德操二宅，俱在呼鷹臺側。

蔡瑁宅。在襄陽縣東南。水經注：沔水又東南逕蔡洲，漢長水校尉蔡瑁居之，故名。府志：襄陽縣東南有蔡村。

孟浩然宅。在襄陽縣東南鹿門山。

宋孝武宅。在襄陽縣南。帝鎮襄陽時所居。

習郁宅。有二：一在襄陽縣南習家池畔，一在宜城縣東。水經注：豬蘭橋北有習郁宅，宅側有魚池，池不假功，自然通洫，長六七十步，廣十丈，常出名魚。

龐德公宅。有二。一在襄陽縣南。後漢書龐公傳：龐公居峴山之南。輿地紀勝：龐德公宅，在峴山南廣昌里。縣志：鹿門山有鹿門寺，寺左有三高祠，即龐德公舊宅。一在襄陽縣東北。水經注：沔水中有魚梁洲，龐德公所居，士元居漢之陰，在南白沙，世故謂是地爲白沙曲。司馬德操宅洲之陽。名勝志：宅内舊刻范蔚宗贊。按：後漢書龐德公居峴山南，後入鹿門山，採藥不返。魚梁洲之居，乃其孫奂所居。水經注似誤。

徐庶宅。在襄陽縣西。水經注：檀溪之陽，有徐元直、崔州平故宅。習鑿齒與謝安書云：「每省家舅，縱目檀溪，念崔、徐之交，未嘗不撫膺躊躇，惆悵終日。」名勝志：徐庶宅地名甘耳沖，今清虚菴是其故址。

諸葛亮宅。在襄陽縣西隆中山東。水經注：沔水歷孔明舊宅北。亮語劉禪曰：「先帝三顧臣於草廬之中，咨臣以當世之事。」即此宅也。沛國劉季和鎮襄陽，與犍爲人李安共觀此宅，命安作宅銘。永平五年，習鑿齒又爲其宅銘。南雍州記：隆中諸葛亮故宅，堂前有三間屋地，基址最高，云是孔明避暑臺。元和志：諸葛亮宅在襄陽縣西北二十里。輿地紀勝：在襄陽縣西隆村。

繁欽宅。在襄陽縣西北。襄沔記：繁欽宅、王粲宅，並在襄陽。

王粲宅。在襄陽縣西北。襄陽耆舊傳：王粲與繁欽同鄰並井，其墓及井見在。襄陽記：王粲宅在襄陽縣西二十里峴山陂下。

司馬徽宅。在襄陽縣東北漢水北。

宋玉宅。在宜城縣南三十里。水經注：宜城縣南有宋玉宅。按：宋玉宅有三，此其里居也。一在歸州，從屈原遊學時所居。一在江陵，則服官郢都時居之。

王逸宅。在宜城縣南。今俗呼王家屋場。

漢光武宅。在棗陽縣東南。後漢書光武帝紀注：光武舊宅，今在隨州棗陽縣東南，宅南二里有白水。水經注：白水陂，其陽有漢光武故宅，所謂白水鄉蘇伯阿望氣處也。元和志：後漢代祖宅，在棗陽縣東南三十里。

張東之園。在棗陽縣南五里。園址猶存。

格壘。在穀城縣東南十二里。府志：漢末劉表將李氏甚富，有僕數百，以其奴户率衆保此，因號格壘。

善謔驛。在宜城縣北二十里。輿地紀勝：在宜城縣北，即淳于髡放鷹處。

晉柏。在襄陽縣東南。襄陽名勝志：相傳柏爲羊祜手植。

社柏。在均州南門。段子遊均州圖經：南陽武當南門有社柏樹，大四十圍，梁蕭欣爲守，伐之，忽有大蛇從樹腹中出，羣蛇隨入南山，其聲如雷雨。

義犬冢。在府城南。搜神記：昔吴王孫權時，有李信純，襄陽紀南人，家養一犬，字曰「黑龍」，一日信純城外飲酒大醉，歸家不及，卧草中。時遇太守鄧遐出獵，見田草深，遣人縱火爇之。卧處有一溪，相去三五十步，犬即奔往入水，濕身來卧處，周迴以身濕之，火至濕處即滅。犬運水困乏，致斃於側。信純聞於太守，太守憫之，命具棺衾葬之。今紀南有義犬冢，高十餘丈。

校勘記

〔一〕廬戢黎及叔麇　「麇」，原作「麋」，乾隆志卷二七〇襄陽府古蹟同，據左傳文公十四年改。

〔二〕縣舊城東北一百四十里　乾隆志同，戴震校水經注，句末添「也」字。

〔三〕高陽城西南　乾隆志同，戴震校水經注改作「西南高陽城」，是。

〔四〕寧蠻府領廣昌郡 「寧」，原作「安」，據乾隆志及南齊書卷一五州郡志改。按，本志避清宣宗諱改字。

〔五〕以零陵泠道之春陵鄉封長沙王子買 「泠道」，原作「冷道」，乾隆志同，據漢書卷二八上地理志顔師古注改。

〔六〕襄陽郡穀城 「郡」，原作「縣」，乾隆志同，據隋書卷三一地理志改。

〔七〕析穀城縣遵教翔鸞漢均三鄉 「遵教」，原作「導教」，乾隆志同，據太平寰宇記卷一四五山南東道光化軍改。

〔八〕又後魏置旱停縣 「停」，原作「亭」，乾隆志作「倚」，皆誤，據隋書卷三一地理志下改。

大清一統志卷三百四十八

襄陽府三

關隘

東津渡關。在襄陽縣東十里。古稱櫝門關。府志：府東櫝門關，元圍襄樊時置。宋將張貴被執，見阿珠於櫝門關，不屈見殺是也。「阿珠」舊作「阿朮」，今改正。

鳳林關。在襄陽縣南七里。輿地紀勝：襄陽縣有鳳林關。府志：濱江作險，爲水陸之門，一旅可守。

觀音閣關。在襄陽縣南九里。

西柳關。在襄陽縣西三里。

老龍隄關。在襄陽縣西北十里。

七里店關。在襄陽縣北七里。

雞頭關。在南漳縣南一百里雞頭山下。

瑪瑙關。在南漳縣西三十里。

猫兒關。在南漳縣西四十里。

隘門關。在南漳縣西一百五十里。

石鼓關。在均州東五十里。

小江口關。在均州東南八十里，接光化縣界。路出河南。

槐樹渡關。在均州北五里。

油瓶關。在均州北六十里。

吕堰鎮巡司。舊名吕堰驛，在襄陽縣北七十里。明初置，本朝因之，設巡檢司。

雙溝巡司。在襄陽縣東北七十里。明置巡司，本朝因之。

田家集巡司。在宜城縣西七十里。本朝嘉慶十一年設。

方家堰巡司。在南漳縣東五十里。明置，本朝因之。

石花街巡司。在穀城縣西五十里。本朝嘉慶十一年設。

左旗營巡司。在光化縣西北二十五里。明成化初置巡司。本朝康熙中移於周家嘴，後復舊。

油坊灘鎮。在襄陽縣西三十里。

樊城鎮。在襄陽縣北三里。古樊城也。本朝雍正元年，府同知移駐於此。

鄧城鎮。在襄陽縣北三十里。即古鄧城。

大安鎮。在襄陽縣境。九域志：襄陽縣有大安、鳳林、峴首、沈碑、漢陰、朝宗、八疊、東岸八鎮。

雲水洲鎮。在宜城縣東五里。
清水港鎮。在宜城縣東南十五里。
陰港鎮。在宜城縣東南三十五里。
破河腦鎮。在宜城縣南四十里。
廖家河鎮。在宜城縣西南二十里。
羊祜汊鎮。在宜城縣北二十五里。相近有毛家埠鎮。
武安鎮。在南漳縣東四十三里。
七里灘鎮。在南漳縣西七里，亦名七里頭鎮。
長坪鎮。在南漳縣西一百里。
柴店鎮。在穀城縣東南三十里。
甎橋鎮。在穀城縣東南七十里。
羊皋鋪鎮。在穀城縣南三十里。
次胡鎮。在光化縣南。九域志：光化縣有次胡鎮。按：「次胡」疑即「茨湖」之訛。
周家嘴鎮。在光化縣西北。
油坊。在襄陽縣西北一百里，接河南南陽府鄧州界。舊名北泰山廟鎮。明嘉靖中移油坊灘巡司於此。本朝因之，嘉慶十一年裁。
郭海營。在宜城縣境。本朝雍正八年設把總分防。

倪家營。在光化縣北四十里。

天保砦。在南漳縣境。本朝雍正八年設把總分防。

紫山砦。在南漳縣境。設把總分防。

傅家砦。在光化縣境。本朝雍正八年設把總分防。

高頭堡。有二：一在襄陽縣西南團山之南；一在穀城縣南，接南漳縣界。

石門堡。在南漳縣北四十里。明成化中建。

潼口。在襄陽縣南五十里，當南北要路。

陰谷口。在襄陽縣西。

王基埠口。在襄陽縣西北七十里，爲水陸之會。

黨子口。在光化縣西北八十里，水路通河南南陽府淅川縣。

漢江驛。在襄陽縣西一里。明初建於城南五十里，成化中遷今所。

鄢城驛。在宜城縣南。明正統元年置，本朝因之。

劉昇店。在棗陽縣東四十里。

大板橋店。在棗陽縣南二十里。

清潭店。在棗陽縣南九十里。

李老人店。在棗陽縣西北七十里。

鹿頭店。在棗陽縣東北六十里。

梁家店。在光化縣北四十里。

胡莊。在光化縣東六十里。

牛首市。在襄陽縣西北四十里。九域志：鄧城縣有牛首、樊城、高舍三鎮。府志：東南臨漢江，爲均、鄖要路。

陡溝市。在穀城縣東十五里。

黄旗埠口市。在穀城縣東南四十里。相近有塌廟灘市。

新店市。在穀城縣西二十五里。

石羊集。在襄陽縣東一百二十里，接河南南陽府鄧州界。

馬家集。在襄陽縣西北五十里。

薛家集。在襄陽縣西北七十里。

龍王集。在襄陽縣西北一百里。

馬腦觀。在穀城縣西一百八十里陰巖山。本朝乾隆十九年設巡司，嘉慶十一年裁。

津梁

通濟橋。在襄陽縣南三里。

礟石橋。在襄陽縣北十里。相傳宋吕文焕守襄陽，元兵立礟石於此，因名。

豬蘭橋。在宜城縣東北。水經注：沔水東逕豬蘭橋。本名木蘭橋，橋之左右豐蒿荻，劉季和於橋東大養豬，襄陽太守曰：「此中作豬屎臭，可易名豬蘭橋。」百姓遂以爲名。

清涼橋。在南漳縣東三十里。

丁蘭橋。在南漳縣東七十里。

優梁橋。在棗陽縣東南十里。水出分水嶺，逶迤百折而匯於漢。

車橋。在棗陽縣西南一百里。

鎖風橋。在穀城縣南九十里。

陡溝橋。在光化縣東南三十里。

紅崖橋。在光化縣西南七里。

梅溪橋。在均州南六十里。有上、中二橋。

天津橋。在均州南八十里。相近有大聖橋。

蔡村渡。在襄陽縣東南八里，爲棗陽、宜城兩縣往來通道。

龍王洲渡。在宜城縣東南五十里。

鑾河渡。在宜城縣西南五十里。

仙人渡。在穀城縣東八里。

紫店渡。在穀城縣南三十里。

臨江渡。在光化縣西北。北出商、鄧，南達均、房，此爲津要。

隄堰

襄陽城隄。在府城外四面。寰宇記：襄陽城有古隄，後漢胡烈所築。名勝志：隄隋時已有之，唐神龍元年宰相張柬之因壘爲隄，自是襄陽置防禦守隄使〔一〕。府志：唐會昌元年，山南東道節度使盧鈞築隄。宋乾道八年，荆南守臣葉衡請築襄陽沿江大隄。明正德十一年大水，副使聶賢又築隄護之，襄人呼爲聶公隄。北自老龍隄至長門，皆沿城甃石，南自萬山麓至土門皆仍古大隄，東南自土門至長門即賢所築。隆慶二年，副使徐學謨請於東、西、南門外，各去城二里，築護城隄，自是屢加修築。

長隄。在襄陽縣西檀溪中。明萬曆中，知府高若愚築。

老龍石隄。在襄陽縣西北十里。明萬曆中，巡道楊一魁築。本朝乾隆中重修。五十四年，命大學士阿桂估勘，添砌石壩，以禦沙磧。

救生隄。在宜城縣西南五里。宋史河渠志：淳熙八年，襄陽府守臣郭杲，修護城隄以捍江流，繼築救生隄。爲二牐，一通於江，一達於濠，當水涸時，導之入濠，水漲時，放之於江，自是水無汎濫之患。

護城隄。在宜城縣東北。明嘉靖末，知縣雷嘉祥築。

永豐堰。在襄陽縣北。宋史河渠志：慶元二年，襄陽守臣程九萬募工修鄧城永豐堰，防金兵衝突之患，且爲農田灌溉之利。

武安堰。在南漳縣東四十五里。又靈溪堰，在南漳縣東五十里。元何文淵重修武安靈溪二堰記：武安、靈溪，皆在故中廬縣界。武安堰，唐大曆四年節度使梁崇義修。宋紹熙改元都統率公，淳祐十二年荆湖制置李曾伯，兩命屯田官葺而完之。靈溪堰，首受清涼河，即古之木里溝，宋治平二年宜城令朱紘，淳熙十一年總領蔡戡等，凡兩濬治。大德六年，中政院同僉書李英奉旨修築。

平堰。在棗陽縣西。宋史河渠志：紹定五年，孟宗政守棗陽〔二〕，自城至軍西十八里，由八疊河徑漸水側，水跨九阜，建通天槽八十有三丈，溉田萬頃〔三〕，立十莊三轄，使軍民分屯，邊儲豐牣。

蓮花堰。在光化縣東二十里。

坪堰。在均州南石板灘。

響河堰。在均州北方山下。

大白堰。在均州北響河堰之東北。其北有青塘。

陵墓

漢

章陵。在棗陽縣東。後漢書城陽恭王祉傳：建武二年，以皇祖、皇考墓爲昌陵〔四〕，置陵令守視，後改爲章陵。元和志：

代祖父南頓君陵，在棗陽縣東二十七里。

周

楚王墓。在襄陽縣南。輿地紀勝：習池北有大冢，相傳是楚王冢。齊建元中，盜嘗發之。

楚莊王墓。在襄陽縣北鄀城内。

伍舉墓。在光化縣西北三十里富村鄉。

卞和墓。在南漳縣西南一百二十里荆山抱玉巖東。

穀伯墓。在穀城縣西北穀山。

淳于髡墓。在宜城縣北十七里。輿地紀勝：在宜城縣北善謔驛中。

宋玉墓。在宜城縣南三十里，宋玉宅後，有三冢並列。明嘉靖中，建祠其旁。

漢

習郁墓。在襄陽縣南習家池上。

岑彭墓。在棗陽縣東北四十里。

黄憲墓。在宜城縣西北十五里。輿地紀勝：在縣北官路東。府志：俗呼黄連冢。憲，汝南人，來訪王逸，卒葬此。

婁壽墓。在光化縣東南十八里。輿地紀勝：墓東五步有漢熹平初所立碑，題云「先儒婁先生墓」。

劉表墓。在襄陽縣東。水經注：襄陽城東門外二百步劉表墓，太康中爲人所發，見表夫妻顔色如生。墓中香氣遠聞三四里，經月不歇。今墳冢及祠堂猶高顯整頓。

秦孝子墓。在襄陽縣東。水經注：沔水西有孝子墓。河南秦氏，性至孝，事親無倦，親殁之後，負土成墳，常泣血墓側。人有詠蓼莪者，爲涕泣，悲不自勝，於墓所得病，不能食，虎常乳之，百餘日卒。今林木幽茂，號曰孝子墓。

蔡瑁墓。在襄陽縣東南。水經注：孝子墓南有蔡瑁冢，冢前刻石爲大鹿，狀甚大，頭高九尺，制作甚工。

丁蘭墓。在襄陽縣北鄧城鎮。

黄尚墓。在宜城縣東。水經注：邔縣南有黄家墓，墓前有雙石闕，彫制甚工，俗謂之黄公闕。黄公名尚，爲漢司徒。

秦頡墓。在宜城縣南。水經注：新陂水歷宜城大城中，逕漢南陽太守秦頡墓北。頡，鄀人也，以江夏都尉，爲南陽太守，出經宜城中，見一家東向，頡住車視之，曰：「此處可作冢。」後卒於南陽，喪還，至昔住車處，車不肯進，故吏爲市此宅葬之，孤墳尚整。

三國　漢

向寵墓。在宜城縣北毛家港。

魏

學生墓。在光化縣東南。水經注：陰縣東有冢，縣令濟南劉熹，魏時宰縣，雅好博古教學，立碑載生徒百有餘人不終業而夭者，因葬其地，號曰生墳。南雍州記：學生墓，在陰縣城東南十八里。

晉

王叔和墓。在襄陽縣南峴山南。

南北朝　梁

邵陵王綸墓。在襄陽縣西南望楚山南。

唐

張柬之墓。在穀城縣西北涓口都。

孟浩然墓。在襄陽縣東南鳳林山。唐書孟浩然傳：樊澤爲節度使時，浩然墓庳壞，符載以牋叩澤，澤乃更爲刻碑鳳林山，封寵其墓。

劉言史墓。在襄陽縣城外五里。皮日休劉棗强碑：劉先生言史，不詳其鄉里，相國隴西公夷簡節度漢南，先生爲從事司功掾，不恙而卒。相國葬之，去襄陽郭五里。

宋

張士遜墓。在光化縣西南十七里紅崖。宋仁宗篆其碑，曰「舊德之碑」。今半淪漢水。

李仲芳墓。在光化縣舊城東門外友于村。有歐陽修墓表。

歐慶墓。在光化縣西北廣節山。亦有歐陽修墓表。

明

鄧愈墓。在穀城縣西四十里。

任亨泰墓。在襄陽縣東南鳳凰山。

陳讓墓。在穀城縣治西。

王琰墓〔五〕。在棗陽縣東古城内。

李端墓。在棗陽縣河東一里。

祠廟

帝舜廟。在均州南。

大禹廟。在均州南。

高帝廟。在襄陽縣西南。

光武帝廟。有二：一在襄陽縣東；一在棗陽縣東南獅子山。

太山廟。在宜城縣南。水經注：宜城縣有太山，山下有廟。

斜溪廟。在南漳縣西一里，即龍王廟。宋紹興間，敕賜廟額。

龍王廟。在均州東門外滄浪亭北濟渡處。

樊侯祠。在襄陽縣北樊城，祀周仲山甫。

穀伯廟。在穀城縣北八里。

楚昭王廟。在宜城縣南。韓愈宜城驛記：昭王井東北數十步有楚昭王廟。舊廟屋極宏麗，今惟草屋一區。然問左側人，尚云每歲十月，民相率聚祭其前。

蕭相國廟。在光化縣北一里，祀漢蕭何。

高亭山祠。在穀城縣東。潛確類書：筑口上有高亭山祠，其神舊傳是蕭相國像。

鄧侯廟。在光化縣北三里，祀漢鄧禹。

劉公祠。在襄陽縣治東，祀漢劉表。

龐公祠。在襄陽縣東，祀漢龐統。明建。又稱鳳棲書院。

諸葛武侯廟。在襄陽縣西隆中山，即武侯故宅。本朝雍正八年修。

三高祠。在襄陽縣東南。明嘉靖間建，祀漢龐德公，唐孟浩然、皮日休。

羊侯廟。在襄陽縣南峴山西，祀晉羊祜。晉書羊祜傳：祜卒，襄陽百姓於峴山祜平生遊憩之所建碑立廟，歲時饗祭焉。

習杜祠。在襄陽縣南峴山。明建，祀晉習鑿齒、唐杜甫。

三忠祠。在襄陽縣西，祀宋張順、張貴、范天順。

雙廟。在均州西三十里，祀宋張順、張貴。

寺觀

隆慶寺。在府城内。舊名圓通寺。唐開元初建。

鳳林寺。在襄陽縣東南十里。名勝志：鳳凰山舊有梁武帝寺，宋之問使過襄陽，登鳳林山閣，有詩，即此處也。

谷隱寺。在襄陽縣東南十三里。晉釋道安居此。

鹿門寺。在襄陽縣東南三十里。晉建。

報恩寺。有三：一在宜城縣西門内，明洪武間建；一在棗陽縣東一里，宋建；一在均州東北一里。

普濟寺。在南漳縣東。宋建。

靈泉寺。在南漳縣東南五十里。一名静林寺。晉隆安初建。

寶林寺。有二：一在棗陽縣東十里，明宣德中建；一在光化縣南，宋建。

漻源寺。在棗陽縣南七十里。元至正初建。

甘泉寺。在棗陽縣東北甘泉山。元至正初建。

唐德寺。在穀城縣東九十里。隋大業中建，明胡濙有記。

崇安寺。在穀城縣東南半里。宋建。

金牛寺。在穀城縣東南八十里。宋宣和中建。

不二寺。在穀城縣南七十里。梁太清中建。

洞山寺。在穀城縣西二十里。唐貞觀中建。

福嚴寺。在光化縣東。

月燈寺。在光化縣東北三十里。元至正中建。

太和宫。在均州南武當山。本朝康熙十二年因舊址修。府志：元時有五龍、紫霄、真慶三宫。明增建太和宫。又有南巖、玉虚、清微、朝天、瓊臺、王母、紫虚、紫建等宫，俱在武當山。

遇真宫。在均州南武當山大頂北。明永樂中建。

佑聖觀。在穀城縣治東。元至正間建。

聖母觀。在穀城縣西南薤山上。宋大中祥符中建。

修真觀。在均州南武當山。

名宦

漢

王寵。爲南郡太守。引蠻水以灌田，謂之木里溝，至今民賴其利。

難忘。」

龍述。京兆人。爲山都長，馬援稱其敦厚周慎，口無擇言，謙約節儉，廉公有威，誡子弟效之。

胡烈。爲襄陽太守，惠化及人。塞補決隄，民因歌曰：「譬春之陽，如冬之日。耕者讓畔，百姓豐溢。惟我胡父，恩惠難忘。」

晉

杜預。京兆杜陵人。代羊祜都督荆州。繕兵甲，耀威武，表陳伐吴之計。既平上流，於是沅、湘以南，至於交、廣，吴之州郡，皆望風歸命。孫晧既平，以功進爵當陽縣侯。

劉弘。沛國相人。太安中，使持節南蠻校尉、荆州刺史。遣軍討張昌，悉降其衆。荆部守宰多闕，弘請補選，敘功銓德，隨才補授，甚爲論者所稱。在任勸課農桑，寬刑省賦，歲用有年，百姓愛悦。舊制，峴、方二山澤中不聽百姓捕魚，弘下教改其法。時流人在荆州，羈旅貧乏，多爲盜賊，弘給其田種糧食，擢其賢才，隨資敘用，專督江漢，威行南服。每有興廢，手書守相，誠懇款密，人皆感悦，争赴之。咸曰：「得劉公一紙書，賢於十部從事。」卒於襄陽，士女嗟痛，若喪所親。

皮初。劉弘用爲都戰帥。破張昌有功，弘薦爲襄陽太守。

蒯恒。元帝時，爲義軍督運牙門將，討張昌有功，劉弘薦爲山都令。

郭舒。順陽人。劉弘牧荆州，引爲治中。弘卒，舒率將士推弘子璠爲主，討逆賊郭勱，滅之，保全一州。

周訪。汝南安成人。元帝時，以破杜曾功，遷梁州刺史。屯襄陽，務農訓卒，勤於採納，威風既著，遠近悦服。嘗欲宣力中原，慨然有平河洛之志。善於撫輯，士衆皆爲致死。

甘卓。丹陽人。元帝時，假節督沔北諸軍，鎮襄陽。外柔内剛，爲政簡惠，估税悉除，市無二價。州境所有魚池，先恒責税，卓不收其利，皆給貧民。西土稱爲惠政。王敦稱兵，卓露檄遠近，陳敦肆逆，率所統致討。襄陽太守周慮等密承敦意，乃襲害卓於寢。

易雄。長沙瀏陽人。爲舂陵令。譙王永拒王敦，雄承符馳檄遠近，列敦罪惡，宣募縣境，數日之中，有數千人。敦遣魏乂、李恒攻之，雄捍禦累旬，死者相枕，力屈城陷，爲乂所虜，意氣慷慨，神無懼色。敦遣殺之，當時莫不傷惋。

桓宣。譙國銍人。石勒荆州刺史郭敬戍襄陽，陶侃使宣攻樊城，拔之，遂平襄陽。侃使宣鎮之，宣招懷初附，勸課農桑，簡刑罰，略威儀，或車載鉏耒，親耘隴畝。十餘年間，石虎再遣騎攻之，宣能得衆心，每以寡弱拒守。庾亮謀北伐，以宣爲都督沔北前鋒征討軍事，假節鎮襄陽。虎使騎七千渡沔攻之，三面爲地窟攻城，宣募精勇，出其不意，殺傷數百，多獲鎧馬，賊解圍退走。宣遣步騎取南陽諸郡百姓没賊者八千餘人以歸。宣久在襄陽，綏撫僑舊，甚有稱績。

鄧遐。陳郡人。爲襄陽太守。襄陽城北沔水中有蛟常爲害，遐入水，蛟繞其足，遐揮劍截蛟數段而出。桓温憚遐勇，免其官。

郗恢。高平金鄉人。孝武帝時，督梁、秦、雍、司、荆、揚、并等州諸軍事，雍州刺史，鎮襄陽，甚得關隴之和，降附者動有千計。

南北朝　宋

張邵。吴郡吴人。元嘉五年，領寧蠻校尉、雍州刺史〔六〕。邵至襄陽，修立隄堰，創田數千頃，公私充給。

劉道産。彭城吕人。元嘉中，爲雍州刺史，兼襄陽太守。善於臨職，政績尤著。蠻夷前後不受化者皆順服，百姓樂業，由此有襄陽樂歌，自道産始。卒官，道産澤被西土，及喪還，諸蠻皆備衰絰號哭，追送至於沔口。

劉秀之。東莞莒人。孝武鎮襄陽，以爲撫軍録事參軍、襄陽令。襄陽有六門堰，灌良田數千頃，堰久決壞，公私廢業，秀之修復之，雍部由是大豐。

朱修之。義陽平氏人。孝武初，累遷寧蠻校尉、雍州刺史，加都督。政在寬簡，士庶悦附。南郡王義宣反，修之討平之，封南昌縣侯。立身清約，百城貺贈，一無所受，去鎮之日，秋毫無犯。計在州以來，然油及私牛馬食官草穀，以私錢六十萬償之。

齊

蕭赤斧。高帝從祖弟，爲雍州刺史。在州不營産利，勤於奉公。

張瓌。吴郡吴人。武帝即位，爲寧蠻校尉、雍州刺史，加都督。後安陸王緬臨雍州，行部登蔓山，有野老來乞，緬問：「何不事産而行乞耶？」答曰：「張使君臨州理物，百姓家得相保，後人政嚴，故至行乞。」緬由是深加嗟賞。

蕭緬。高帝兄子。累遷寧蠻校尉、雍州刺史，加都督。緬留心詞訟，人人呼至案前，親自顧問。有不得理者，勉喻之，退皆無恨，爲百姓所畏愛。及卒，喪還，百姓緣沔水悲泣，設祭於峴山，爲立祠。

王茂。太原祁人。永元中爲雍州長史、襄陽太守。梁武便以王佐許之，事無大小皆諮焉。

梁

韋愛。京兆杜陵人。高祖義師起，以愛爲南平王司馬，帶襄陽郡。時京邑未定，雍州空虚，魏興太守顔僧都等據郡反，州内驚擾。愛沈敏有謀，素爲州里信服，乃推心撫御，曉示逆順，率募鄉里，得千餘人，與僧都等戰於始平郡南，大破之。

蕭景。武帝從父弟。天監中爲寧蠻校尉、雍州刺史，加都督。魏荆州刺史元志攻潺溝，驅迫羣蠻，羣蠻悉渡漢水來降，議者以蠻屢爲邊患，可因此除之，景曰：「窮來歸我，誅之不祥。」乃開樊城受降。擊志於潺溝，大破之。景初到州，省除參迎羽儀器服，不得煩擾吏人。修葺城壘，申警邊備。理詞訟，勸農桑，郡縣皆改節自勵，州内清静，抄盜絶迹。

西魏

申徽。魏郡人。恭帝時，出爲襄州刺史。時南方初附，舊俗官人皆通餉遺，徽性廉慎，乃畫楊震像於寢室以自戒。及代還，人吏送者數十里不絶。徽自以無德於人，慨然懷媿，因賦詩題於清水亭。長幼聞之，競來就讀，遞相謂曰：「此是申使君手迹。」並寫誦之。

周

令狐整。燉煌人。孝閔帝時，權鎮豐州。廣市威惠，傾身撫接，數月之間，化洽州府。於是除整豐州刺史。請移治武當，詔可其奏。獎勵撫導，遷者如歸，旬月之間，城府周備。及秩滿代至，民吏戀之，老幼送整，遠近畢集，數日停留，方得出界。其得人心如此。

李遷哲。安康人。天和四年鎮襄陽。陳將章昭達攻逼江陵，梁主蕭巋告急於襄州，遷哲往救，率所部守外城，與陳將程文季戰，親自陷陣，陳人乃退。陳人又壞龍川寧朔隄〔七〕，引水灌城，城中驚擾，遷哲塞隄止水，募驍勇出擊，頻有斬獲，衆心稍定。俄敵入郭，焚燒民家，乃率騎分兵出南北門，首尾邀之，陳人復敗。是夜大風，遂乘闇進擊，殺傷甚衆，陳人始遁。

王長述。京兆霸城人。歷襄州刺史，有能名。

隋

季禮成。狄道人。文帝時，拜襄州總管，有惠政。

裴政。聞喜人。文帝時，爲襄州總管。妻子不之官，所受秩俸，散給僚吏。民有犯罪者，陰悉知之，或竟歲不發，至再三犯，乃因都會時，於衆中召出，親按其罪，合境惶懾。令行禁止，小民蘇息，稱爲神明。爾後不修囹圄，殆無争訟。

薛道衡。河東汾陰人。仁壽中，檢校襄州總管。在任清簡，吏民懷其惠。

顔師古。京兆萬年人。仁壽中，李綱薦授安養尉，以幹治聞。

房彦謙。清河人。爲襄州總管。初，内史侍郎薛道衡，一代文宗，位望清顯，重彦謙爲人，深加友敬。及爲襄州，辭翰往來，交錯道路。道衡轉牧番州，路經彦謙所，留連數日而别。

唐

李慎。太宗子，封紀王。貞觀中，遷襄州刺史。以治當最，天子璽書勞勉，人爲立石頌德。

張公謹。魏州繁水人。貞觀初，爲襄州都督，以惠政聞。

韓思復。京兆長安人。初自滁州刺史遷襄州，開元中，以吏部侍郎復爲襄州刺史，治行名天下。故吏盧僎、邑人孟浩然立石峴山。子朝宗，開元二十二年以襄州刺史兼山南東道。襄州南楚故城有昭王井，傳言汲者死，行人雖暍困不敢視，朝宗移書諭神，自是飲者無恙，人號韓公井。

元結。河南人。肅宗時，以吏部員外郎參山南東道來瑱府，時有父母隨子在軍者，結説瑱令給其父母衣食，瑱納之。瑱罷，結攝領府事，固辭，侍親歸樊上。

柳公綽。京兆華原人。長慶中爲山南東道節度使。行部至鄧縣，吏有納賄、舞文二人同繫獄，縣令以公綽素持守，謂必殺貪者，公綽判曰：「贓吏犯法，法在；奸吏壞法，法亡。」誅舞文者。

裴度。河東聞喜人。太和中，出爲山南東道節度使。白罷元和所置臨漢監，收千馬納之校，以善田四百頃還襄人。

盧鈞。京兆藍田人。會昌初，漢水害襄陽，拜鈞山南東道節度使。築隄六千步，以障漢暴，盧肇作詩以美之。

五代　梁

劉玘。雍丘人。太祖時，爲襄州都指揮使。山南節度使王班爲亂軍所殺，推玘爲留後，玘僞許之，明日饗士於庭，伏甲幕中，酒半，擒爲亂者殺之。

漢

劉審交。文安人。高祖時，爲襄州防禦使，有善政。

宋

邊光範。陽曲人。建隆四年，襄州節度慕容延釗征湖南，以光範權知州事，路當衝會，餉饋無闕。延釗卒，復知襄州，大軍數萬由陝路討蜀，出漢上，光範復當供億，人不知勞。

趙延進。頓丘人。宋初伐蜀，以襄州當川路津要，命爲鈐轄，同知州務。蜀平，專領郡事。漢水歲壞隄，害民田，常興工修築，延進累石爲岸，遂絶其患。

曹翰。大名人。乾德二年，太祖征蜀，移翰刺均州。澗谷深險，翰令鑿石通道，師旋以濟。詔兼西南諸州轉運使。自石門徑趨歸州，餉運不乏。

張金操。江東人。乾德四年，知光化軍。時三司請場院主吏有羨餘粟及萬石、芻五萬束以上者賞，金操上言：「苟非倍取民租，私減軍餘，何以致之？宜追寢其事。」詔從之。

高保寅。太祖時，知光化軍。張士遜其邑人也，保寅一見，許以遠大，議者多其知人。

魏丕。相州人。淳化中，爲襄州刺史。境内久旱，丕誠禱二夕，雨霑足。

夏竦。德安人。真宗時，知襄州。屬歲饑，大發公廩，不足，竦又勸州大姓出粟，得二萬斛，全活者四十餘萬人。

耿望。真宗時，知襄州。請於舊地兼括荒田，置營田上、中、下三務，築隄堰，集鄰州兵六百人，市牛分給之，種稻三百餘頃。又請於唐州赭陽陂置務如襄州，歲種七十餘頃。

張逸。滎陽人。真宗時，知襄州鄧城縣，有能名。知州謝泌將薦逸，先設几案，置章其上，望闕再拜曰：「老臣爲朝廷得一良吏。」乃奏之。

李仲芳。清河人。祥符間，知光化軍。漢水東至乾德，匯而南，水悍暴而岸善崩，民居其衝，仲芳爲作石隄，民數千家皆賴以安。

王洙。宋城人。仁宗時，知襄州。會貝卒叛，州郡皆洶洶，襄佐史請罷教閱士，不聽。又請毋給真兵，洙曰：「此正使人不安也。」命給庫兵，教閱如常，人無敢譁者。

周湛。南陽穰人。仁宗時，知襄州。襄人不善陶瓦，率爲竹屋，歲久侵據官道，簷廡相逼，火數爲害。湛至，度其所侵悉徹之，自是無大患。

馬尋。須城人。知襄州。時襄州饑，人或羣入富家掠囷粟，獄吏鞫以强盜。尋曰：「此脫死耳，其情與强盜異。」奏得減死論，著爲例。

狄栗。仁宗時，知穀城縣。縣政久廢，栗期月稱治，修禮興學，自是人知尚文，風俗淳美。

孫永。長社人。知宜城縣。舊有白起渠久壞，永率民理塞去隘，時其蓄洩。

劉元瑜。河南人。知襄州。富人子張銳少孤弱，同里車氏規取其財，乃取銳父棄妾他姓子養之，比長使自訴，陰賕吏爲助，州斷使歸張氏，銳莫敢辨。既同居逾年，車即導令求析居。元瑜察知，窮治得奸狀，黥車竄之，人服其明。

歐陽修。廬陵人。仁宗時，爲乾德令，有惠政。

劉兼濟。祥符人。爲襄州兵馬監押。漢江暴漲，兼濟解衣涉水，率衆捍城，州賴以完。

張子憲。冤句人。知光化軍。戍卒逐其帥韓綱，餘黨作亂，子憲招降之。征税重，人多逋負，子憲奏除之。

張唐英。新津人。爲穀城令。縣圃歲畦薑，貸種與民，還其陳，復配賣取息，銓曹指爲富縣。唐英至，空其圃，植千株柳，作柳亭其中，聞者咨羡。

歐陽棐。修子。神宗時，知襄州。曾布執政，其婦兄魏泰倚聲勢來居襄，規占田園，强買民貨，郡縣莫敢誰何。指州門東偏官邸廢址爲天荒，請之，棐却之。衆爲之請，棐竟持不與。

葉康直。建州人。知光化縣。縣多竹，民皆編爲屋，康直教用陶瓦以息火患。凡政皆務以利民。時豐稷爲穀城令，亦以治績顯。人歌之曰：「葉光化，豐穀城。清如水，平如衡。」

朱紘。熙寧初，爲宜城令，修復木里溝，溉田千頃。

豐稷。鄞人。爲穀城令，以廉明稱。

仇悆。益都人。徽宗時，爲鄧城令。滿秩，耆幼遮泣不得去。

宗澤。義烏人。建炎初，知襄陽府。時金人有割地之議，澤上疏諫，高宗覽其言壯之。

王焕。建炎中，知武當縣。賊犯均州，焕率邑人保山砦，賊至，舉家死之。

陳桷。温州平陽人。紹興中知襄陽府，充京西南路安撫使。襄、漢兵火之餘，民物凋瘵，桷請於朝，乞蠲減賦稅。均、房兵叛，桷遣將平之而後以聞。漢水決溢，躬率兵民築隄，民居賴以無虞。

虞允文。仁壽人。隆興元年，除湖北京西制置使。時朝議欲棄唐、鄧、海、泗四州，允文五疏力争。三年，拜四川宣撫使，過襄陽，奏修府城。

張杓。綿竹人。慶元中，知襄陽府。陳應祥黨琪等謀襲均州，杓部分掩捕，斬其爲首者二人，盡釋黨與，反側以安。

莫濛。歸安人。知光化軍。諜知金渝盟，郡乏舟，衆以爲慮，濛力爲辦集，及敵犯境，民賴以濟。

柴中行。餘干人。開禧中，爲京西轉運使。中行謂襄陽乃自古必争之地，修禦尤宜周密，天方旱，盡捐調稅，斥征官，黜務吏，甘澍隨至。官取鹽鈔贏過重，課日增，鈔日壅，中行揭示通衢，一錢不增，商賈大集。改知襄陽，兼京西帥。時襄州兵政久弛，中行白於朝，考覈軍實，舊額二萬二千人，存者纔半，亟招補虛籍。劾李珙不法，以懲貪守，明扈再興有功，以厲諸將。

李燔。南康建昌人。朱子弟子。爲襄陽府教授。復往見朱子，凡諸生未達者，先令訪燔，俟有所發，乃從朱子折衷，諸生畏服。

趙方。衡山人。嘉定中，爲京湖制置使，兼知襄陽府。金人圍棗陽，方遣孟宗政、扈再興等援之，圍解。金兵又逼至棗陽、隨州，相持踰年，無日不戰，敵三面來攻，方與宗政等表裏合謀，犄角追擊，金兵遂潰。金額爾克復大舉圍棗陽，方命宗政守城，金頓兵八十餘日不能拔。遣再興剋期合戰，宗政自城中出夾擊，金兵大潰，額爾克單騎遁。金兵至樊城，方命再興陣以待之，方親視師，金人三日不敢動，遂遁。再興敗金兵於靈山，方得疾，力疾犒師，第其功上之。病革曰：「未死一日，當立一日紀綱。」引再興臥內，勉以報國。貽書宰相，論疆場大計。卒之夕，有大星隕於襄陽。「額爾克」舊作「訛可」，今改正。

楊恢。知均州。建立比干祠，以勸忠勵俗。金兵圍均州甚急，恢率官吏盡力固守，卒全其城。

陳表臣。爲宜城令。愛民如子，持己不汙，修水渠以廣溉田，起水門四十六，民享其利。

李曾伯。淳祐中，爲京湖安撫、制置兼屯田使。疏言襄陽新復之地，請蠲租三年，詔從之。

張順。民兵部將也。咸淳中，襄陽受圍，李庭芝募死士往援，求將得順與張貴，俱智勇，素爲諸將所服。發舟出江，貴先登，順殿之，乘風破浪，徑犯重圍。黎明抵襄陽城下，城中聞救至，踴躍百倍。及收軍，失順，越數日，有浮屍遡流上，被甲冑，執弓矢，直抵浮梁，視之順也。身中四槍六箭，怒氣勃勃如生，諸軍驚以爲神，結冢斂葬，立廟祀之。

張貴。亦民兵部將，號竹園張。援襄陽圍，既抵襄城，募二士能伏水中，數日不食，使持蠟書赴郢求援。還報，許發兵五千，駐龍尾洲，以助夾擊，刻日既定。貴東下，帳前一人亡去，貴至小新城，元兵得逃卒之報，據龍尾洲，出不意，殺傷殆盡，貴身被數十創力不支，見執，不屈死。襄帥吕文煥，以貴附葬順冢，立雙廟祀之。

牛富。霍丘人。咸淳中，爲侍衛馬軍司統制，戍樊城。累戰不衂，數射書襄陽城中，遺吕文煥，相與固守爲脣齒。兩城凡六年不拔，富力居多。城破，富率死士百人巷戰，死傷不可計，身被重傷，赴火死。贈靜江軍節度使，謚忠烈，賜廟建康。

王福。咸淳中。爲裨將守樊城，城破，牛富死，福亦赴火死。

元

楊惟中。弘州人。太宗時，皇子科紏伐宋，命惟中於軍前行中書省事。克宋襄陽諸府，凡得名士數十人，收伊洛諸書送燕都，立宋大儒周惇頤祠，建太極書院，延儒士趙復、王粹等講授其間。「科紏」舊作「闊出」，今改正。

賈貞。鄭州人。世祖時，知襄陽府。視政暇，未嘗廢學，從戎亦橐駝負書。

安達拉。蒙古人。至順元年，遷襄陽路達嚕噶齊。山西大饑，河南行省恐流民入境爲變，檄守武關，安達拉驗其良民，輒聽度關。既入，煮粥以食，所活數萬人。又城臨漢水，歲有水患，爲築隄城外，遂以無虞。「安達拉」舊作「諳都剌」，「達嚕噶齊」舊作「達魯花赤」，今俱改正。

塔布台。蒙古人。爲襄陽録事司達嚕噶齊。魏王軍汝、亳，塔布台來供餉，王爲賊所執。塔布台馳騎奪王，亦爲賊所得，賊令其拜，拒而詬之，且與縛者角，遂支解之。「塔布台」舊作「塔不台」，今改正。「達嚕噶齊」譯見前。

博囉特穆爾。高昌人。至正中，爲襄陽路達嚕噶齊。捕斬郧縣叛人田端子等。未幾，帥兵救穀城，與賊相持，軍乏食，遣從子瑪哈實哩求糧於襄陽，不應。明年，襄陽失守，領義兵二百人，且戰且引至監利，乃糾合諸義兵五千人，仍趨襄陽，連戰敗賊，生擒賊黨劉咬兒。又梟賊將劉萬户、許堂主等。是日甫至襄，兵猶未食，賊大至，與戰，抵暮被重創，麾其姪曰：「吾以死報國，汝無留此。」瑪哈實哩泣曰：「死生從叔父。」既而被執，罵賊遇害。瑪哈實哩帥家奴求其尸，戰殁於陣，舉家死者二十六人。「博囉特穆爾」舊作「孛羅帖木兒」，「達嚕噶齊」譯見前。「瑪哈實哩」舊作「馬哈失力」，今俱改正。

谷廷珪。知襄陽縣。特默格兵入境，官吏皆遁，廷珪與主簿張德獨不去，被執不屈，死之。「特默格」舊作「鐵木哥」，今改正。

明

鄧愈。虹縣人。從太祖起兵，爲湖廣行省平章，鎮襄陽。開設公署，增築城池，撫安兵民，江漢士庶樂業，四境以安。

尹希文。武清人。洪武間，知宜城縣。邑人愛之，秩滿輒乞留，在任二十七年，卒官。

高寧〔八〕。正統初，知穀城縣，勤於政事。古羊、粉水二河隄岸久圮，寧修完好，年歲屢豐。

李人儀。榮昌人。天順中，知襄陽縣，以幹濟稱。

何源。涇州人。正統中，知襄陽府。築大隄，修學宫及羊祜祠，民德之，爲立「漢峴同清碑」。

王琬。吴縣人。成化中，知光化縣。劇賊劉千斤作亂，朝廷出師勦平，流民散處山澤，慮生變，議盡驅出境，琬獨事招徠。既而遣都御史原傑來撫安，琬乃單騎入山，諭以威德，編爲里社，緩其賦役，民遂帖然。後以中貴人往來需索，棄官歸。

徐翀。豐城人。弘治中，知棗陽縣。邑鮮積儲，翀乃規畫置豫備倉二所，儲穀至萬斛，值歲歉，民甚賴之。

聶賢。長壽人。正德中，補湖廣荆南兵巡副使，駐襄陽。彊毅饒幹用。修城及大隄，築蔣家埠捍水，全活者萬家。

吴華。東鄉人。正德中，知襄陽府。愛民養士。建尊經閣，集百家書，公餘輒講論指授諸生。毁淫祠，奬忠節，凡古名賢無祠者，創廟宇置田祭之。

吴昂。海鹽人。正德中，知宜城縣。民有領種官莊者，畝收三分，謂之老畝，又量田加租。昂斟酌租課，但徵老畝租，民皆便之。

安邦。確山人。正德中，知棗陽縣。會流賊趙鐩、劉文質等來攻，凡二十七晝夜，邦率衆力禦，城得全。賊退，即築城，民皆安堵。

呂顒〔九〕。寧州人。嘉靖中，知襄陽府。漢水暴漲，壞隄及城，顒多方捍之，民賴以安。

徐學謨。嘉興人。嘉靖時，知襄陽府。時景王之國，以安陸地小，欲以襄之沙市益之，學謨力持不可，王不能奪。在任剛毅不撓，以廉著聲。

王可賓。内鄉人。隆慶中，知南漳縣。建講堂以造士，丈地畝以均徭役，清隱漏，民懷其惠。

萬振孫。合肥人。萬曆中，知襄陽府。作人造士，置學田一千三百餘畝，社學一百有八所，獨建書院一，助建者六所。

馮若愚。慈谿人。萬曆中，知襄陽府。時宗藩擾民，羣校絡繹，出侮州邑長吏，若愚一切禁斷之，藩不敢逞。又詔開礦，稅璫聚亡命生事，若愚捕璫役數十人，悉縛以石，投諸江，璫遂戢。尋中以事，罷去。

何棟如。無錫人。萬曆中，襄陽府推官，執法公明。時稅璫驕横，棟如按捕其黨，置之法。中蜚語被逮，尋得白。

王業浩。餘姚人。初知穀城縣，卓異，調繁襄陽，輕刑緩賦，勸農息争。會下詔捕蝗，鄉民負擔來獻，業浩計蝗發賑，民德焉。

劉宇。興安州人。萬曆中，知襄陽縣。廉公有威，臨事敏幹。初，宜城大猾占襄民地七百畝，收其租入，而遺賦以累襄民者十餘年，宇按視之，立呼前輸賦者，盡分其地。

王之瀚。絳州人。萬曆中，知棗陽縣。力阻開礦，忤稅監陳奉，被逮下獄，斥爲民。

王家業。西安人。萬曆中，知均州。州南四十里石板灘有堰灌田數百頃，廢圮近百年，家業涖任，特爲修治，至今賴之。

金九陛。全椒人。崇禎中，知棗陽縣。釋寃獄，恤窮黎，蝗不入境。流寇躪鄖、襄，九陛練民兵，儲糧以待。七年，張獻忠入境，九陛潛兵擊之，殺其渠混天一字王。賊再來攻，九陛却之，自是不敢犯。

胡承熙。應天人。崇禎中，知均州，有能聲。遷刑部員外郎，未行，流寇陷城，執之不屈，與其子爾英死之。本朝乾隆四十一年，賜謚節愍。

王瑞枏。永嘉人。崇禎中，擢兵備僉事，駐襄陽。張獻忠就撫於熊文燦，瑞枏力持不可，與左良玉謀執之，文燦不從。未幾獻忠叛，留書於壁，具列上官受賕之數，而題其末曰：「不受我賕者，王兵備一人也。」唐王召入閩，復歸温州，城破自經死。本朝乾隆四十一年，賜謚忠節。

阮之鈿。桐城人。崇禎中，知穀城縣。未至任，張獻忠陷城，據之以求撫，總理熊文燦許之，處其衆數萬於四郊，漸肆行劫。之鈿上牒言狀，不報。明年，獻忠叛，之鈿仰藥未死，賊殺之，焚其屍。贈尚寶少卿。本朝乾隆四十一年，賜謚忠節。

鄺曰廣。南海人。崇禎時，襄陽府推官。流寇至，曰廣守南城，夜半賊上城，曰廣冠服危坐不爲動，賊殺之。子逢明、逢泰俱被害。本朝乾隆四十一年，賜謚烈愍。

黎民安。金谿人。官遊擊，駐襄陽。流寇陷城，民安率所部千人搏戰，矢盡被縛，駡賊死。本朝乾隆四十一年，賜謚烈愍。

張克儉。長治人。官襄陽副使。時楊嗣昌以獻賊羅汝才降卒散處房、竹間，克儉上書言不便，不聽。崇禎十四年，獻賊假軍符入襄陽，焚襄王府，克儉奔救，爲賊所執，大駡死。本朝乾隆四十一年，賜謚忠節。

周建忠。秦州人。知穀城縣。崇禎十五年，闖賊陷城，被執不屈死。本朝乾隆四十一年，賜謚烈愍。

李大覺。金谿人。崇禎時，知穀城縣，兼署襄陽縣事。城陷，繫印於肘，縊死堂上。本朝乾隆四十一年，賜謚節愍。

郭裕。新淦人。崇禎中，知棗陽縣。流寇來犯，時左良玉屯近邑，裕邀與共擊却之。後賊衆復至，裕發礮石，斃賊無算。賊攻益力，城陷，裕身被數槊，大駡，爲賊支解，闔門遇害。本朝乾隆四十一年，賜謚忠烈。

萬敬宗。南昌人。崇禎末，知光化縣，流寇破城，死之。本朝乾隆四十一年，賜謚節愍。

陳美。新建人。崇禎末，知宜城縣。流寇來攻，率民守城，躬冒矢石，固拒八晝夜，力盡被執，罵不絶口，賊怒，以火然其身死。本朝乾隆四十一年，賜謚忠烈。

本朝

李藻。陽城人。順治初，豫親王帥兵南下，委署襄陽副使，議復荆州。襄陽城門久燬，藻潛度尺寸，密爲門，由水道載入，翼日門成，賊衆駭遁。

劉開文。鄒平人。順治初，任下荆南道副使。王光泰叛，被執死之。時知府王鑛、襄陽知縣潘朝祐俱死難。鑛，祥符人。朝祐，杞縣人。

王良弼。平順人。順治初，知光化縣。城中止十七家，多方招徠，民稍安集。時流賊未熸，良弼多方防禦，寢食城上月餘，力疾冒矢石戰守，賊遁去。良弼以勞瘁卒。

姚延儒。烏程人。順治初，知南漳縣。賊郝摇旗等陷城，死之。事聞，贈官廕子。時同死者，訓導賀來泰，天門人。

唐士傑。遼東人。順治中，知南漳縣。流賊盤踞西山，士傑力戰不勝，自焚死。

湯家相。趙城人。順治進士，知南漳縣。甫下車而寇至，堅壁清野，遣兵斬僞將馬臣、孫信，寇乃遁去。招民墾田六百餘頃，修永泉、八觀水利，漳民賴之。

王進忠。山海衛人。康熙初，襄陽前營遊擊。勦西山賊，遇伏死之。

張所藴。高陽人。康熙初，襄陽前營守備。勦西山賊，血戰三晝夜，矢盡遇害。時戰死者，千總李三畏，鄧州人。把總孫繼岡，新野人。

王翼孫。長洲人。襄陽吕堰驛巡檢。嘉慶元年,教匪至吕堰,翼孫率兵勇堵禦,殺賊陣亡。恩予雲騎尉世職。

李鍾。大興人。官襄陽府司獄。嘉慶六年,委辦糧站於均州之周府菴,遇賊不屈死。恩予雲騎尉世職。

人物

周

宋玉。楚邔邑人。屈原弟子,雋才辨給,善屬文。爲楚大夫,閔其師屈原忠而放逐,乃作九辨以述志。唐勒讒之於襄王,復著賦以自見,後世修辭者稱之。

漢

劉縯。字伯升,舂陵人,光武帝之長兄。性剛毅,慷慨有大節。王莽篡,縯發舂陵子弟,部署賓客,與新市、平林兵合軍而進,斬甄阜、梁丘賜於潢淳水,破嚴尤、陳茂於育陽。後爲更始所害。光武即位,追封齊王,謚曰武。

習融。襄陽人。有德行不仕。子郁,字文通,建武中拜侍中,封襄陽侯。

劉珍。一名寶,字秋孫,蔡陽人。少好學。永初中,爲謁者僕射,鄧太后詔使校定東觀諸書。又詔作建武以來名臣傳。延光五年,轉衛尉,卒官。珍著誄、頌、連珠凡七篇,又撰釋名三十篇,以辨萬物之稱號。

王逸。字叔師，宜城人。元初中，舉上計吏，爲校書郎。順帝時爲侍中。著楚辭章句行於世。其賦、誄、書、論及雜文，凡二十一篇。又作漢詩百二十三篇。子延壽，字文考，少遊魯國，作靈光殿賦。後蔡邕亦造此賦，未成，及見延壽作，甚奇之，遂輟翰焉。

李昺。字子然，鄳人。習魯詩、京氏易，篤行好學，不羨榮禄，室家相待如賓。州府辟召，及公車徵，皆不應。

何顒〔一〇〕。字伯求，襄鄉人。少遊學洛陽，與郭林宗、賈偉節等相善，顯名太學。友人虞偉高有父讐未報，篤病將終，顒往候之，偉高泣訴，顒感其義，爲復讐，以頭醊其墓。及陳蕃、李膺之敗，顒與蕃、膺善，乃變姓名，亡匿汝南。黨事起，顒私入洛陽，爲求援救，全免者甚衆。黨錮解，辟司空府。董卓秉政，與司空荀爽、司徒王允共謀卓。以他事爲卓所繫，憂憤而卒。

謝該。字文儀，章陵人。明春秋左氏，爲世名儒，門徒數百千人。建安中，河東人樂詳條左氏疑滯數十事以問，該皆爲通解之，名謝氏釋行於世。仕爲公車司馬令。父母老，託疾去官。少府孔融薦拜議郎，以壽終。

龐德公。襄陽人。居峴山之南，未嘗入城府。夫妻相敬如賓。荆州刺史劉表數延請，不能屈，乃就候之。德公釋耕於壟上，而妻子耘於前，表指而問曰：「先生苦居畎畝，而不肯官禄，後世何以遺子孫乎？」德公曰：「世人皆遺之以危，今獨遺之以安，雖所遺不同，未爲無所遺也。」表歎息而去。後遂攜其妻子登鹿門山，採藥不返。

司馬徽。字德操，襄陽人。善知人，同郡龐德公稱爲「水鏡」。先主嘗問世事於徽，徽曰：「儒生俗士，豈識時務？識時務者，在乎俊傑。此間自有伏龍鳳雛。」先主問爲誰，曰：「諸葛孔明、龐士元也。」

黄承彦。襄陽人。高爽開朗，爲沔南名士，以女妻諸葛亮。

蒯良。字子柔，中廬人。劉表爲荆州刺史，延之與謀。良曰：「衆不附者，仁不足也。附而不治者，義不足也。苟行仁義，百姓歸之，如水就下，何患不從。」

蒯越。字異度，良弟。深中足智，大將軍何進辟爲東曹掾。越勸進誅諸閹宦，進猶豫不決，越知進必敗，求出爲汝陽令。佐劉表定荆州，遣人誘宗賊斬之。又與龐季説降江夏賊張虎、陳生於襄陽。後歸曹操，官光禄勳，封侯。

楊慮。字威方，襄陽人。少有德行，爲江南冠冕，州郡禮召，諸公辟請，皆不能屈。年七十卒。鄉人宗貴，號曰「德行楊君」。

三國　漢

龐統。字士元，襄陽人。德公從子，少樸鈍未有識者，惟德公重之。年十八，使詣司馬徽，徽與語，自晝達夜，甚異之，稱爲南州士之冠冕。後爲郡功曹。先主領荆州，統以從事守耒陽令，在縣不治，免官。魯肅遺先主書曰：「龐士元非百里才，使處治中、别駕之任，始當展其驥足耳。」諸葛亮亦以爲言。先主與語，大器之，以爲治中從事，親待亞於亮。從先主入蜀，勸取益州，進圍雒縣。統帥衆攻城，爲矢所中，卒，年三十六。先主痛惜流涕，追賜爵關内侯，謚曰靖。

習珍。襄陽人。仕蜀漢爲裨將。孫權襲害關忠義，珍與樊胄等舉兵弗克，潘濬招降，珍曰：「我必爲漢鬼，不爲吴臣。」糧盡自裁。

馬良。字季常。兄弟五人，並有才名，鄉里爲之諺曰：「馬氏五常，白眉最良。」良眉中有白毛，故以稱之。先主辟良爲左將軍掾，後遣使吴，孫權敬待之。先主稱尊號，以良爲侍中。及東征吴，遣良入武陵，招納五溪蠻夷，蠻夷渠帥皆受印號，咸如意旨。會先主敗績於夷陵，良亦遇害。

董恢。字公緒，襄陽人。入蜀，以宣信中郎副費禕使吴。孫權問禕曰：「楊儀、魏延，牧豎小人，若一朝無諸葛亮，必爲禍亂矣。諸君曾不知防慮乎？」禕不能答。恢曰：「儀、延不協，起於私忿，無黥、韓難御之心也。今方掃除强賊，混一區夏，功以才成，業由才廣，若捨此不任，防其後患，非長計也。」諸葛亮聞之，以爲知言。恢還，辟爲丞相府屬，遷巴郡太守。

習禎。字文祥，襄陽人。有風流，善談論。隨先主入蜀，歷雒、郫令，南廣漢太守。子忠，亦有名，官至尚書郎。忠子隆，爲步兵校尉，掌校祕書。

輔匡。字元弼，襄陽人。隨先主入蜀。益州既定，爲巴郡太守。建興中，徙鎮南右將軍，封中鄉侯。

楊儀。字威公，襄陽人。初爲關忠義功曹。建興三年，丞相亮以爲參軍，遷長史。亮數出軍，儀常規畫分部，籌度糧穀，不稽思慮，斯須便了，軍戎節度，取辦於儀。十二年，隨亮出屯谷口，亮卒，儀領軍還。魏延反，儀討平之。

楊顒。字子昭，襄陽人。入蜀爲巴郡太守、丞相諸葛亮主簿。亮常自校簿書，顒諫曰：「爲治有體，上下不可相侵，故古人稱坐而論道，謂之三公。今明公爲理，親自校簿書，流汗竟日，不亦勞乎？」亮謝之。後爲東曹屬，典選舉。

馬謖。字幼常，良弟。以荆州從事，隨先主入蜀。除綿竹、成都令，越巂太守。才氣過人，好論軍計，丞相諸葛亮深加器異。亮征南中，問計於謖，謖曰：「用兵之道，攻心爲上，願公服其心而已。」亮納其策，赦孟獲以服南方，故終亮之世，南方不復反。

廖化。字元儉，襄陽人。爲關忠義主簿。荆州既屬吴，思歸先主，乃詐死，因攜持老母晝夜西行。會先主東征，遇於秭歸，先主大悦，以化爲宜都太守。後主時，爲丞相參軍。後假節領并州刺史，封中鄉侯，以果烈稱。

向朗。字巨達，宜城人。少師事司馬德操。先主以爲巴西太守，後主時領丞相長史。建興六年免官。朗少以吏能見稱，及去職，潛心典籍，年踰八十，猶手自校書，講論古義，不干時事。執政以下，皆敬重焉。子條，亦博學多識，爲御史中丞。

向寵。朗兄子。先主時爲牙門將。秭歸之敗，寵營特全。後爲中部督，典宿衛兵。時諸葛亮當北行，特表稱「將軍向寵，性行淑均，曉暢軍事」，遷中領軍。延熙三年，征漢嘉蠻夷，遇害。

魏

龐山民。德公子。有令名。娶諸葛亮姊。爲魏黄門吏部郎。

吴

李衡。字叔平，襄陽人。聞羊道有人物之鑒，往干之，道曰：「多事之世，尚書劇曹郎才也。」是時校事郎吕壹，操弄威柄，大臣莫敢言。道曰：「非李衡無能困之者。」遂共薦爲郎。孫權引見，衡口陳壹奸短數千言，權有媿色，數月壹被誅，而衡大見顯擢。後爲丹陽太守，加威遠將軍。

張悌。字巨先，襄陽人。少有名理。孫休時，爲屯騎校尉。晋伐吴，孫晧使悌督諸葛靚等，帥衆渡江逆戰，靚大敗退走。使迎悌，悌不去，靚自牽之，悌曰：「今日以身殉社稷，復何遁也！」靚收淚放之，爲晋軍所殺。

習温。襄陽人。識度廣大，始爲荆州大公平，甚得州里之譽。歷長沙、武昌太守，選曹尚書。長子宇，執法郎，每出，車騎導從甚盛，温怒杖責之曰：「貴而能貧，始可以無患。可以侈靡競乎？」

晋

羅憲。字令則，襄陽人。父蒙，爲蜀廣漢太守。憲年十三，能屬文，早知名。性方亮嚴整，待士無倦。輕財好施，不營産業。由蜀歸晋，持節領武陵太守。泰始初入朝，詔曰：「憲忠烈果毅，有才策器幹，可給鼓吹。」卒，追封西鄂侯，謚曰烈。

龐渙。襄陽人，德公孫。晉太康中，爲牂牁太守。去官歸鄉，鄉人宗敬之，里中化其德讓，少壯皆代老者擔負。

羅友。字它仁，襄陽人。累官廣、益二州刺史。在藩舉其宏綱，不存小察，甚爲民吏所安悦。

習鑿齒。字彦威，襄陽人。博學洽聞，以文筆著稱。荆州刺史桓温，辟爲從事，累遷别駕。温出征伐，鑿齒或從或守，所在任職，每處機要，莅事有績。善尺牘論議，温甚器遇之。時温覬覦非望，鑿齒在郡，著漢晉春秋以裁正之，起漢光武，終於晉愍帝，於三國時，以蜀爲正統，凡五十四卷。臨終上疏，謂晉宜越魏繼漢，不應以魏後爲三恪。

南北朝　宋

柳元景。字孝仁，襄陽人。世祖鎮襄陽，以元景爲武威將軍，隨郡太守。朝廷大舉北侵，加元景建威將軍，總統軍帥，向陜合戰，魏軍大潰。再出北侵，威信著於境外。世祖即位，拜侍中，尋轉寧蠻校尉、雍州刺史。平魯爽及臧質，封巴東郡公。受遺詔輔幼主，當朝理務，有宏雅之美。時在朝多事産業，惟元景獨無所營。

齊

柳世隆。字彦緒，元景兄子。讀書折節，涉獵文史，與張緒、王延之、沈琰爲君子交〔一〕。宋時以平沈攸之功，封貞陽縣侯。齊高帝踐阼，進爵爲公。居母憂，寒不衣絮，杖而後起。性清廉，惟專攻墳典，在朝不干世務，垂簾鼓琴，風韻清遠，甚獲世譽。卒贈司空，謚忠武。子忱，年數歲，世隆及妻閻氏疾，忱衣不解帶經歲。及居喪，以毀聞。梁時封州陵伯。

梁

柳慶遠。字文和，元景弟子。仕齊爲魏興太守。郡遭暴水，人欲移於杞城，慶遠曰：「吾聞江河長不過三日。」命築土而已，俄而水退，百姓服之。梁武帝臨雍州，辟爲別駕，盡誠協贊。武帝受禪，封雲杜侯，出爲雍州刺史。士庶懷之，卒謚忠惠。

柳惲。字文暢，世隆子。少有志行，好學，善尺牘，與陳郡謝瀹鄰居，深相友愛。瀹曰：「宅南柳郎，可爲儀表。」試守鄱陽相，聽屬吏得盡三年喪禮，署之文教，百姓稱焉。梁武帝至建業，惲上牋請城平之日，先收圖籍，及遵漢高寬大之義，帝從之。惲立性貞素，再爲吴興太守，人吏懷之。少工篇什，復善彈琴，投壺射必命中，碁品第二。武帝嘗稱之曰：「柳惲可謂具美，分其才技，足了十人。」惲弟憕，累官蜀郡太守，爲政廉恪，益部懷之。惲子偃，年十二，武帝引見，問：「讀何書？」對曰：「尚書。」問：「有何美句？」對曰：「德惟善政，政在養民。」衆咸異之。後爲駙馬校尉，封都亭侯。

馮道根。字巨基，酇人。少失父，家貧，傭賃以養母。年十二，以孝聞。高祖起義師，以道根爲驍騎將軍，嘗爲先鋒陷陣，能檢御部曲。高祖嘗指道根示尚書令沈約曰：「此人口不論勳。」約曰：「此陛下之大樹將軍也。」歷處州郡，和理清静。在朝廷雖貴顯，而性儉約。所居無器服侍衛，蕭然如素士，當世服其清退。爲散騎常侍、左軍將軍。卒，謚曰威。

郭祖深。襄陽人。武帝時，爲後軍行參軍，詣闕上封事二十九條，帝雖不能悉用，然嘉其正直。爲南津校尉，搜檢奸惡，不避彊禦，朝野憚之。絶於干請，令行禁止。江中嘗有賊，祖深自率兵討之，遂大破賊，長江肅清。

吉翂。字彦霄，馮翊蓮勺人，家居襄陽。幼有孝性，遭所生母憂，水漿不入口。父爲吴興原鄉令，爲吏所誣，逮詣廷尉，翂爲吏訊，虚自引咎，罪當大辟。翂年十五，撾登聞鼓，乞代父命。武帝疑其受教於人，敕廷尉嚴加脅誘，廷尉乃盛陳徽纆，厲色問之，對曰：「誠不忍見父極刑，明詔聽代，不異登仙。」廷尉矜之，欲寬其械，翂弗聽，竟不脱械。事聞，帝宥其父。後丹陽令欲舉翂純孝，翂固辭曰：「父辱子死，斯道固然。若翂當此舉，則是因父賣名。」固拒止之。後辟本州主簿，監萬年縣，期月化行。

張景仁。廣平人。父爲同縣韋法所殺，景仁時年八歲，及長，志在復讐。後遇法於公田渚，手斬其首以祭父墓，詣郡自縛，乞依刑法。簡文在鎮，下詔褒美之，原其罪。

柳敬禮。慶遠孫。累官扶風太守。大寶中陷於侯景，與南康王會理謀襲景，剋期將發，蕭賁告景，遂遇害。

杜崱。襄陽人。父懷珤，累有軍功，卒謚桓侯。兄嶷，膂力絶人，號爲杜彪。崱幼有志氣，以膽勇稱。歸梁元帝，封枝江縣公，討平侯景，破齊將郭元建，敗降陸納，平武陵王於硤石，卒謚武。崱兄弟九人，兄嵩、岑、嶷、岌、巘、岸，及弟巀、幼安，並知名。岑子龕，元帝時封中廬縣侯，破侯景將侯子鑒。江陵既陷，貞陽侯淵明紹梁嗣，改封溧陽縣侯。

張彪。襄陽人。臨城公大連出牧東揚州，以彪爲中兵參軍。後奉表元帝，帝甚嘉之。及侯景平，王僧辯遇之甚厚，引爲爪牙。僧辯見害，彪據會稽，拒陳文帝，敗入若耶山，爲陳將章昭達所殺。

周

柳霞。一名遐，字子昇，元景族孫。幼而爽邁，神彩嶷然。仕梁，除尚書工部郎。周保定中，徵爲霍州刺史，導民以德，民感化之。天和中卒。霞有志行，父卒於揚州，自襄陽奔赴，六日而至，哀感行路。奉喪泝江西歸，中流風起，舟幾覆，霞抱棺號慟愬天，俄頃風息。其母嘗乳發疽，霞吮膿止其痛，旬日遂瘳。咸以爲孝感所致。

柳靖。字思休，霞子。少方雅，博覽墳籍。梁大定中，爲尚書度支郎，歷河南德、廣二郡守，雅達政事，所居皆有治績。隋文帝徵之，以疾固辭，閉户以琴書自娱，足不歷園庭。子弟有過，靖必下帷自責，長幼相率拜謝於庭，靖然後見之，勗以禮法。於是鄉里亦化之。

杜叔毗。字子弼，襄陽人。早孤，事母以孝聞。仕梁，爲宜豐侯蕭修府直兵參軍。西魏達奚武圍修於南鄭，修令叔毗請和，周文帝見而禮之。使未及還，而修中直兵曹策謀以城降武，時叔毗兄君錫、從子映、映弟晰各領部曲，策誣以謀叛加害。叔毗志在復讐，恐坐及其母。母曰：「若曹策朝死，吾以夕殁，亦所甘心。」遂白日手刃策於京城，面縛請就戮。周文帝舍之。遭母憂，哀毁骨立，殆不勝喪。後從南伐，軍敗，爲陳人所禽，將降之，叔毗辭色不撓，遂被害。

隋

柳莊。字思敬，霞子。少有器量，博覽墳籍，兼善辭令。蔡大寶見之，歎曰：「襄陽水鏡，復在於兹。」後仕隋爲給事黄門侍郎。明習舊章，雅達政事，凡所駮正，帝莫不稱善。官至饒州刺史。

柳䛒。字顧言，世隆曾孫。少聰敏，解屬文，好讀書，所覽將萬卷。仕梁入隋，轉晋王諮議參軍。王好文雅，招引才學之士諸葛潁、虞世南等百餘人以充學士，而䛒爲之冠，王以師友處之。官至祕書監，封漢南縣公。

唐

張柬之。襄陽人。中進士第。永昌元年，以賢良召，年七十餘矣。對策者千餘，柬之爲第一。出爲合、蜀二州刺史。故事，歲以兵五百戍姚州，地險瘴，到輒死，柬之上疏論其弊。俄爲荆州長史，以狄仁傑薦，遷秋官侍郎。姚崇復薦之，即日拜同鳳閣鸞臺平章事，進鳳閣侍郎。首建謀誅張易之、昌宗，迎中宗復辟，以功封漢陽郡王。爲武三思所讒，罷知襄州。持下以法，雖親舊無所縱貸。未幾，流瀧州，憂憤卒。景雲元年，贈中書令，謚曰文貞。

杜易簡。襄陽人。九歲能屬文，長博學，爲岑文本所器。官至開州司馬。

杜審言。字必簡，易簡從弟。少與李嶠、崔融、蘇味道爲「文章四友」，官至修文館直學士。坐事貶吉州司户，司馬周季重搆其罪，繫獄。審言子并，年十三，刺季重於座，爲左右所害。

尹怦。字守忠，襄陽人。父嗣宗，居喪盡禮。怦年十三，竭力畎畝，勤苦養親。父疾篤，怦不解衣，歷年，形貌頓瘠，幾至殞滅。父卒廬墓，負土成墳，朝夕號慟，有紫芝産墓側。龍朔中，刺史封道洪改其閭爲南陔里，張柬之爲記。子恭先、孫仁恕，皆有孝行。

席豫。字建侯，襄陽人。年十六，擢上第，太平公主聞其名，將表爲諫官，豫恥汚遁去。俄舉賢良方正異等，累遷考功司員外郎，進紬清明。拜吏部侍郎，典選六年，拔寒遠士，多至臺閣，當朝推知人。天寶六年，進禮部尚書，以使者按行江南、江東、淮南。南方俗，死不葬，豫教以埋斂，明列科防，俗爲之改。豫清直無欲，當官不爲權勢撓。卒，謚曰文。弟晉，亦以文名當時。

孟浩然。襄陽人。少好節義，喜拯人患難，隱鹿門山。年四十乃遊京師，嘗於太學賦詩，一座嗟伏無敢抗。張九齡、王維雅稱道之。採訪使韓朝宗約同至京師，欲薦諸朝，會故人至，劇飲歡甚，遂不赴。

杜甫。字子美，審言孫。天寶十三年，獻三大禮賦，帝奇之，擢右衛率府胄曹參軍。會禄山亂，天子入蜀，肅宗立，自鄜州羸服奔行在，爲賊所得，亡走鳳翔上謁，拜右拾遺。房琯敗陳濤斜，罷相，甫上疏救，出爲華州司功參軍。棄官客秦州，俄流落劍南，依嚴武。武表爲檢校工部員外郎。武卒，客耒陽，卒。甫數遭寇亂，挺節無所汚，爲歌詩，傷時撓弱，情不忘君，人憐其忠云。

柳識。字方明，襄陽人。工文章，與蕭穎士、元德秀、劉迅相上下。練理創端，往往詣極，當時作者，服其簡拔。

柳渾。字夷曠，襄陽人。天寶初，擢進士第，累官尚書右丞。朱泚亂，渾匿終南山，賊素聞其名，以宰相召，渾羸服步至奉天，改官散騎常侍。貞元三年，同中書門下平章事。帝嘗擇吏宰畿邑，而政有狀，召宰相語，皆賀帝得人，渾獨不賀，曰：「此特京兆尹職耳，非陛下所宜。」帝然之。渾瑊與吐蕃會盟，渾曰：「吐蕃難以信結，臣竊憂之。」後吐蕃劫盟，將校皆覆，帝大驚曰：「卿儒生，乃知軍戎萬里情乎！」益禮異之。渾清儉不營家産，善屬文。卒，謚曰貞。

朱放。字長通，襄州人。隱居剡溪。貞元初，召爲拾遺，不就。有詩一卷。

鮑防。字子慎，襄陽人。代宗時，屢遷太原節度使，人樂其治，詔圖形別殿。貞元元年，策賢良方正，得穆質、柳公綽、崔邠等，世美防知人。卒，贈太子少保，謚曰宣。防工詩，與中書舍人謝良弼友善，時稱「鮑謝」云。

皮日休。字襲美，襄陽人。咸通八年進士。崔璞守蘇，辟軍事判官。入朝，授太常博士。後爲黄巢所殺。日休工詩，與陸龜蒙齊名，號「皮陸」。

馮行襲。武當人。以謀勇稱。中和初，鄉豪孫喜聚衆謀攻城，行襲伏士江澳，誘喜斬之。劉巨容表爲均州刺史。李茂貞養子繼臻據金州，行襲攻破之。昭宗授行襲金州防禦使。楊守亮將襲京師，道金、商，行襲逆戰破之，就擢戎昭軍節度使。

宋

張巨源。襄陽人。五世同居，詔旌門。巨源素習法律，太平興國中，賜明法及第。

劉芳。襄州人。五世同居，詔旌門。淳化四年，來賀壽康節，賜進士出身。

常元紹。襄州人。十世同居，真宗時旌表，仍蠲其課調。

張士遜。字順之，乾德人。淳化進士，歷知射洪、襄陽、邵武縣，以寬厚得民。真宗時，充河北轉運使。河侵棣州，詔徙州陽信，糧多不可遷，士遜貸粟於瀕河數州，期來歲輸陽信，公私利之。仁宗時，同中書門下平章事。康定初，士遜言禁兵久戍邊，其家有不能自存者，帝命出内藏緡十萬賜之。致仕卒，謚文懿。士遜持正寬厚，人有挾怨誣訐執政諫官者，恒於帝前解免之，被搆陷者多獲保全。子友直，字益之，仁宗令館閣讀書，累遷知越州。州民每春斂財，大集僧道士女，謂之祭天，友直下令禁絶，取所斂財建學，以延諸生。弟友正，字義祖，居小閣學書，足不出户，積三十年不輟，遂以書名。

歐慶。字貽孫，光化人。以通三禮出身，居官廉平，宗族孤幼者，皆養於家。及卒，歐陽修爲表其墓。

戴國忠。光化人。慶曆進士，官屯田郎中，歐陽修稱其「忠信篤於朋友，孝弟孚於宗族，禮義達於鄉里」。

張問。字昌言，襄陽人。進士起家，通判大名府。羣牧地冒入於民，有司按籍括之，持詔書奪民田，至毁室廬，發丘墓，問以爲非朝廷意，具狀以聞，仁宗立罷之。擢河北轉運使，所部地震河決，議欲調民三十萬築隄，問言隄未能爲益，勞民非計，神宗從之。熙寧末，知滄州，獨不行新法。累官正議大夫。

米芾。字元章，襄陽人。歷官知無爲軍，召爲書畫學博士。爲文奇險，不蹈襲前人。妙於翰墨，沈著飛翥，得王獻之筆意。畫山水人物，自名一家。尤工臨移，至亂真不可辨。官至知淮陽軍。子友仁，字元暉，力學嗜古，亦善書畫，世號小米，仕至兵部侍郎，敷文閣直學士。

張嵲。字巨山，襄陽人。宣和三年，上舍選中第。紹興五年召對，嵲言荆、襄、壽春當擇良將勁兵戍守其地，除秘書省正字。六年，地震，嵲奏請薄賦安民。再遷著作郎，請擇儒臣爲川、蜀、荆、襄帥。九年，除司勳員外郎，金人敗盟，詔命兩省卿監郎曹，各草檄以進，獨取嵲所進者，播之四方。升實録院修撰，論王德擅退軍，不當授承宣防禦使，封還詞頭。官至敷文閣待制。

李道。光化人。紹興三十一年，爲荆南都統。金將劉萼入光化，道率鋭卒至茨湖，與萼對壘，無日不戰。萼毁光化屋，作船栰以渡江，道率衆下水鏖戰，盡奪船栰，遂復光化。

孟宗政。字德夫，棗陽人。豪偉有膽略。開禧中金兵逼襄、鄧，宗政率義士奪其輜重。累官京西鈐轄，駐劄襄陽。金兵至棗陽，趙方檄宗政援之，午發峴首，遲明抵棗陽，馳突如神，金兵宵遁。差權棗陽軍。初視事，一愛僕犯新令，立斬之，軍民股栗。於是築隄積水，修治城堞，簡閲軍士。金兵圍城歷三月，大小七十餘戰，宗政身先士卒，金兵奔潰。額爾克攻棗陽，百方守禦，血戰十五陣，額爾克棄帳走。宗政出兵，拔湖陽縣，燔燒積聚，夷蕩營砦，金人自是不復窺襄漢。中原遺民來歸者以萬數，宗政發廩贍之，爲給田創屋與居，籍其勇壯，號忠順軍，俾出没唐、鄧間，威振境外。卒之日，邊城爲罷市慟哭。「額爾克」譯見前。

孟珙。字璞玉，宗政子。從父在行間，屢建策立功，累遷京西副將，總忠順軍。紹定元年，創平堰於棗陽，建通天槽八十三丈，溉田十萬頃，立十莊三轄，使軍民分屯，歲收贍裕。未幾，爲京西兵馬鈐轄。斬鄧賊武天錫，破金將武仙，擢江陵府副都統制。端平元年，與元兵破蔡州，滅金帥。師至東京謁陵。二年，授主管馬軍司公事，駐黄州。朝辭，帝問和議，對曰：「臣介胄之士，當言戰，不當言和。」元兵北攻，詔珙往援，累戰皆捷，復郢州、荆門、襄陽。珙策元兵必道施、黔以透湖、湘，乃遣兵屯峽州、歸州，以弟瑛駐施州，弟璋駐澧州，以禦之。進四川宣撫使，大興屯田。元兵至，珙下令，不許棄寸土。權開州梁棟棄城，斬以狥，由是諸將稟令惟謹。後鎮江陵卒，謚忠襄。珙忠君體國，與人一以恩意撫接。其學邃於易，著警心易贊。

石潨。光化人。博通古今，其詩淡泊，時出偉麗，有滄浪集。官至朝散郎。

張惟孝。字仲友，襄陽人。通春秋，工騎射。開慶元年至江陵，宣撫姚希得奇其才，羅致之。時鼎、澧五州甚危，惟孝擊鼓耀兵，不數日，衆至萬人，數戰俱捷，江上平。制置使吕文德招之，不就而遁。

元

金希説。襄陽人。博通經史，善屬文，官至内臺御史。弟希舜，亦有才名。

陶元榦。襄陽人。淹貫經史，尤明易理，嘗注易，世稱爲陶易。

明

蘭以權。襄陽人。博學能詩。洪武初，以才選授中書省照磨。時廣西未靖，遣以權撫之。至則宣布德威，獠人感化。未幾升應天府尹，以端謹稱。

任亨泰。襄陽人。少穎悟。洪武中，擢進士第一，歷官禮部尚書。太祖重其學行，每呼襄陽任而不名。出使安南，爲蠻邦所重。

陳讓。穀城人。洪武舉人，授刑部主事，讞獄明允。改御史，尋擢刑部郎中，以公廉稱。

廖昇。襄陽人。早以學行知名。洪武中爲左府斷事，擢太常少卿。建文元年，修高帝實録。燕師渡江，昇慟哭與家人訣，自縊死。本朝乾隆四十一年，賜謚忠節。

李文郁。字允實，襄陽人。由貢生授教諭。永樂中，累遷户部侍郎，佐夏原吉治河。未幾，坐事謫遼東二十年。洪熙初，召爲通政參議。性介直，持守堅正，久處患難，不移其志。

王忠。字克誠，襄陽人。永樂中，襲寬河衛千户。扈從北征，先登，戰殁於三岔口，贈都督。

王訥。穀城人。永樂進士，授高唐知州。教稼穡，新學校，均租賦，省刑罰。值歲荒，賑救多所全活。秩滿，父老詣闕懇留。宣宗經其地，聞訥善政，嘉之，賜以金綺。

宋祐。襄陽人。天性至孝，母病刲股，及殁，水漿不入口者累日，啜粥者十有五年。待諸弟極友愛。子釗，亦以孝聞。

杜衡。南漳人。居家孝友，父卒，廬墓三年。景泰初，任楚雄府推官，持己廉潔，决獄平恕，秩滿致仕，行李蕭然。

曹璘。字廷輝，襄陽人。成化進士，歷官御史。孝宗時，抗疏勸講學行孝，凡十事，悉嘉納之。出按兩粤，遠近肅清。訪陳獻章於新會，服其言論。引疾歸，卜居山中，三十年不入城市，徵召皆不應。

王琰〔一二〕。字良璧，棗陽人。成化進士，歷官御史，巡按蘇松，釐奸剔弊，吏民懾服。後以直諫杖斃。囊無贏帛，棹衾不備，合臺共相佽助，始克舉喪。

李端。字表正，棗陽人。成化進士，官御史，剛毅質直。中官汪直憾之，誣以事下錦衣獄，謫永寧經歷。後遷温州知府，有善政。

王凝。字道甫，宜城人。嘉靖進士，充裕府講讀。時穆宗在青宫，起居不慎，凝獨正色直諫，穆宗每優容之。後巡撫雲南，綏懷遠近，滇人比之王恕。

宋鼇。光化人。以貢生爲建平縣丞。倭入寇，上官檄鼇禦之，追至上海，城陷死。

張鸞。均州人。性孝友，嘗讓産於兄子。嘉靖中，以貢生爲葉縣丞，有惠政。嘗植柳於官治，人稱「張柳」。

韓應龍。字五雲，光化人。萬曆舉人，授南平令，累升長蘆運使。歸里，值李自成據襄，不屈自縊死。本朝乾隆四十一年，賜謚節愍。

丘瑜。字德如，宜城人。天啓進士，崇禎中歷官少詹事。襄陽陷，瑜上卹難宗、擇才吏、旌死節、停催徵、蘇郵困、禁勞役六事，洊升東閣大學士。後被賊執，不屈死。賊陷襄時，瑜父民忠，妻龔氏，媳廖氏，女二，俱被執，不屈死。子之陶，僞降於賊，蠟書與孫傳庭，謀爲内應，事泄遇害。一門死難，共七人，民忠、之陶，俱於本朝乾隆四十一年予祀忠義祠。

方岳貢。字禹修，穀城人。天啓進士。崇禎初，出守松江，築沿海石隄及倉城。擢山東副使，督漕運。吏部尚書鄭三俊舉其廉能，晉副都御史。十六年入政府，後與丘瑜同殉難。兄岳朝，萬曆中知昭化縣，以茂績著聞，榷關九江，有廉名。

常存畏。穀城人。天啓舉人，崇禎中赴會試，爲流賊所執，欲劫爲首領，駡不絶口死。本朝乾隆四十一年，予祀忠義祠。

蔡思繩。字孺思，襄陽人。由貢生官羅平知州。歸值流寇陷城，死之。時同縣宋大勳，以福州通判家居，亦殉難。本朝乾隆四十一年，俱賜謚節愍。

徐澤。字兑若。崇禎進士，知遵義縣。獻賊陷城，死之。本朝乾隆四十一年，賜謚節愍。

李世儒。穀城人。流賊作亂，世儒負母避兵山巖，爲賊所逼，令棄母隨營，世儒徒跣負母如故，遂被害。

李友竹。字靖節，均州人。事繼母以孝聞。闖賊陷城，死之。本朝乾隆四十一年，予祀忠義祠。

本朝

李藻。棗陽人。順治初，以守城死難。無子，妻趙氏亦守節，有司旌其門。

王謹微。字堯錫，襄陽人。康熙癸未進士，授銅仁知縣。縣處邊徼，民被冤抑者，無所控告，謹微得其實，爲申雪之。上官嫌其屢翻成案，遣人密訪，略無私意，但聞百姓感頌聲，乃器重之。旋以老乞休。

朱錦標。均州歲貢。康熙間，官湖南耒陽縣訓導。著四書直解。入祀鄉賢。

蘇大有。字元亨，襄陽人。由行伍累官至古州鎮總兵。雍正六年，丹江生苗梗化，大有率將備攻克賊寨甚多，丹江以平。貴州清水江九股生苗及古州降苗，聚處數萬，大有撫馭有方，苗民畏服。其臨陣身先士卒，與共甘苦。八年，以積勞成疾卒。賜祭葬，予祀賢良祠。

蔡成貴。襄陽人。雍正中，由行伍累官至安籠總兵，勦八達寨逆猓顏光色等，又勦鄧橫寨苗。擢雲南提督。以陣亡士卒家口無資，乃請以大理城外三十里草廠募民開墾，收租以養贍之，並請恩免科糧，營中孤寡實沾其惠。以老致仕。

劉宇廣。南漳人。父榮，知醴泉縣，緣事戍遼左，宇廣生於戍所。及長，艱苦備嘗，鬻身贖父罪，奉父南旋，色養盡孝。乾隆十四年旌。

衛逵。南漳人。性至孝，爲里黨所推，公舉被旌。

龍在天。穀城人。事父母盡孝，鄉里無間言。與同邑宋玉階，均於乾隆年間旌。

張楚龍。襄陽人。乾隆四十年，以把總從征金川陣亡。嘉慶六年，補給恩騎尉世職。

趙先寅。襄陽人。年一百十一歲，五世同堂。乾隆四十五年予旌，並賜御筆扁額。

吴珍。宜城人。由歲貢生官保康訓導。嘉慶元年，教匪掠境，珍駡賊被害。其子生員先登、連登傳刃自刎死。

流寓

漢

杜根。潁川定陵人。永初元年，爲郎中。時和熹鄧后臨朝，權在外戚，根以安帝年長，宜親政事，乃與同時郎上書直諫。太后收執根等，令盛以縑囊，於殿上撲殺之。執法者私語行事人使不加力，根得蘇，因逃竄，爲宜城山中酒家保，積十五年，酒家知其賢，厚敬待之。及鄧氏誅，左右皆言根之忠，方歸鄉里。

潁容。陳國長平人。初平中，避亂荆州，聚徒千餘人。劉表以爲武陵太守，不肯起。著春秋左氏條例五萬餘言。

丁蘭。河内人。寓居南漳，少喪父母，不得奉事，乃刻木爲人，髣髴親形，事之若生，每事必告焉。

趙戩。長陵人。客於荆州，劉表厚禮焉。及曹操平荆，乃辟之，執戩手曰：「恨相見晚。」

三國　漢

諸葛亮。琅琊陽都人。從父玄與荆州劉表有舊，將亮及弟均往依之。玄卒，亮躬耕隴畝，好爲梁父吟，自比管仲、樂毅。

先主屯新野，徐庶薦之，先主遂詣亮，凡三往，乃見。屏人與語，先主善之，於是情好日密。先主曰：「孤之有孔明，猶魚之有水也。」

南北朝　魏

薛憕。汾陰人。曾祖避地襄陽，憕少孤，躬耕養祖母，暇則覽文籍，未嘗登世禄之門。孝昌中，還洛陽。

唐

甄逢。無極人。父濟，爲襄陽參謀，因家宜城。逢少孤，及長，耕宜城野，自力讀書，不謁州縣。歲饑，節用以給親里；大穰，則賑其餘於鄉黨貧狹者。朋友有緩急，輒出家貲周贍，以義聞。逢以父濟不汙禄山僞命，名未在國史，欲詣京師自言，元微之移書史館修撰韓愈，愈答書褒之。

錢徽。吴興人。第進士後，居穀城。穀城令王郢以財貨饋遊士，坐是得罪，觀察使樊澤視其簿，獨徽無有，乃表署掌書記。澤卒，周澈主留事，吝賞，徽頒衣絮於軍，衆大悦。

宋

胡旦。渤海人。以秘書少監致仕。後居襄州，既喪明，猶令人誦經史，隱几聽之，不少輟。卒於襄州。

韓維。雍丘人。紹聖中，坐元祐黨，謫崇信軍節度副使，均州安置。

列女

明

李夢陽。字獻吉，慶陽人。罷官後，居襄四載，因漢水溢，乃歸。在襄日，著漢濱賦。

漢

彭娥。宜城人。時遭亂，娥方出汲，聞賊至，棄汲器走還，與賊遇。賊縛娥出溪邊，將污之，溪邊有峭壁，娥呼曰：「皇天有神，我豈受污於賊奴！」遂以頭觸石者再，山忽崩，賊皆壓死。

三國　魏

龐林妻習氏。襄陽人。方曹操破荆州，習與林分隔，守養弱女十有餘年。後林隨黄權降魏，始復聚。魏文帝聞而賢之，賜牀帳衣服，以顯其義節。

吴

李衡妻習氏。襄陽人。衡爲丹陽太守，時孫休爲琅邪王，在郡治，衡素繩以法，習氏每諫不從。會休立，衡憂懼，欲奔魏。妻曰：「不可，逃叛求活，何面目見中國人？琅邪王素好善慕名，終不以私嫌殺君，可自囚詣獄，表列前失，顯求受罪，乃當逆見優饒。」衡從之，果得無患。又加威遠將軍。衡每欲治家，妻輒不聽，後密遣客於武陵龍陽汎洲上作宅，種甘橘千株。衡亡後，兒以白母，母曰：「人患無德義，不患不富，若貴而能貧方好耳。」

南北朝　梁

衛敬瑜妻王氏。霸城王整姊，嫁敬瑜。年十六而敬瑜亡，父母舅姑咸欲嫁之，王乃截耳置盤中爲誓，乃止。手種墓前柏樹，忽成連理。户有燕巢，嘗雙飛來去，後忽孤飛，王以縷繫燕足爲誌，後歲燕復來，猶帶前縷。雍州刺史西昌侯藻嘉其美節，起樓於門，曰「貞義衛婦之閭」，又表於墓。

杜龕妻王氏。僧辯女也。龕與陳武帝有隙，據吴興以拒之。其部將杜泰説龕降陳，王氏曰：「霸先仇隙，何可求和？」因出私財賞募，復大敗陳軍。後龕爲陳文帝所殺，王氏截髮出家。

張彪妻楊氏。天水散騎常侍皦之女，適彪。彪仕梁，爲東揚州刺史，據城拒陳文帝。陳將章昭達遣人害之，欲妻楊，楊佯許之，請殯葬彪。葬畢，割髮毀容，誓不更行。文帝悼之，許爲尼。後武帝軍人求取之，楊投井垂死，積火温燎乃甦，復起投火死。

宋

賈某妻韓氏。名希孟，巴陵人。嫁襄陽賈尚書瓊子。襄陽亂，避歸岳州，元兵破岳，被擄，書一詩於衣上，投江死。

元

劉平妻胡氏。平，渤海人。至元中，挈家戍棗陽，夜宿沙河，虎至銜平去，胡拔刀追斫之，扶平抵棗陽城，以傷卒。事聞旌卹。

朱某妻丁氏。棗陽人。夫死，以身殉，詔旌之。

尹大中妻黄氏。穀城人。至正末，爲流賊所掠，黄罵賊不從，遂遇害。

明

孔世熙妻陳氏。光化人。世熙病革，陳剪髮繫世熙臂，曰：「願以此髮見地下。」世熙卒，家貧，父兄爲微詞動之，陳大恚，取盞擲地，誓不至父兄家。翁卒，事繼姑王氏以孝聞。詔旌其門。

周鳳妻王氏。襄陽人，名淑傑。夫殁，自經死。

張真妻宋氏。南漳人。許聘真，真有疾，父母欲改嫁之，誓死不從。真死，及葬，具履襪詣墓所焚之，歸自經。

譚紀妻熊氏。均州人。紀殁，家貧無依，熊爲人作女工，撫養二子，親族勸改嫁，熊以死誓，守節四十餘年。詔旌其門。

檀天齡妻張氏。棗陽人。夫卒，自毁其面，誓不改節，撫二子成立。子維喬卒，媳錢氏與姑同守，人稱一門雙節。

冷紱妻何氏。南漳人。夫疾，禱神願以身代，夫愈。何果疾作，不肯飲藥，卒。

張某妻任氏。光化人。未嫁，夫溺水死，任聞之，自經死。

韓應龠妻孔氏。光化人。早寡，事舅姑以孝，教二子有方。事聞，神宗命有司歲給布米以旌之。

張聯奎妻何氏。宜城人。流賊寇宜城，何與子順童入城避難，賊至，執何，抗罵不屈，引頸受戮。順童年甫七歲，抱屍號慟，臨死猶罵賊，兩手挽母衣不釋。

王貽貞妻劉氏。襄陽人。流寇陷城，偕貽貞避難，爲賊所得，逼之不從，罵賊而死。同時蔣成録母李氏、譚補衮妻雷氏，俱不從賊，投水死。

黄中色妻韓氏。光化人。流寇陷城，韓遇賊拉之行，韓罵曰：「死賊勿污我手。」賊怒斷其手，罵益甚，遂剔其目，割其舌死。

張明道妻齊氏。光化人。流寇陷城，姑與夫俱被虜，齊語賊曰：「吾夫文弱無用，姑老矣，殺之何益？祈放歸，我隨汝去。」賊信之，遂釋其姑與明道，齊隨賊至舟，投水死。

伍全教妻冷氏。南漳人。流寇陷城，罵賊投井死。

杜建中妻何氏。南漳人。流寇陷城，賊入其室，欲污之，不從，罵賊死。

周興岐妻沈氏。南漳人。早寡，聞流寇將至，自經死。

本朝

汪尚德妻方氏。襄陽人。守節四十年。順治初，值流寇至，爲所殺。

周禧妻白氏。均州人。營兵持刀入室，欲污之，不從，自刭死。康熙中旌。

朱卯妻薛氏。光化人。遇强暴，守正被戕。

陳楚産妻劉氏。襄陽人。青年守節，白首全貞。乾隆中旌。又同縣馮士諤妻陳氏，嚴調元妻方氏，蔡徵寬繼妻馬氏，范檩妻劉氏，徐晉錫妻蔣氏，蔡云智妻張氏，徐經妻韓氏，韓亭妻王氏，李至臻妻曹氏，陳之灃妻王氏，乾應朝妻劉氏，李珍妻劉氏，周明科妻陳氏，蔣洪仁妻沈氏，劉澂鳳妻毛氏，劉國豐妻盧氏，樊茂才妻李氏，趙應科妻劉氏，韓士運妻金氏，賀龍霖妻曹氏，賀文英妻劉氏，劉芬林妻張氏，劉維藩妻閆氏，蕭驥妻王氏，申國棟妻曹氏，劉景琨妻胡氏，敖志敏妻鄭氏，喬古云妻何氏，劉湛霖妻盧氏，金仰昊妻王氏，孔毓美妻曹氏，凃本妻劉氏，李士瑾妻左氏，李廷弼妻劉氏，汪珩妻朱氏，毛周璜妻金氏，陳之驌妻程氏，吴國泰妻趙氏，王必選妻馮氏，陳景瀾妻謝氏，張九連妻田氏，張九佩妻崔氏，趙崇信妻張氏，王正妻任氏，周之柱妻吴氏，雷正春妻蔣氏，曾自貴妻陳氏，王枚妻曹氏，陳憲祖妻黄氏，王靖妻白氏，田德新妻朱氏，張嚮明妻汪氏，劉玠妻吴氏，殷德崇妻蕭氏，譚世妻覃氏，許必傑妻黄氏，劉子正妻王氏，黄坤元妻夏氏，廖偉勳妻傅氏，王瑄妻任氏，王淇妻袁氏，李朝芳妻盧氏，徐宗文妻曹氏，張式古妻王氏，詹穎妻任氏，蕭錦妻胡氏，張九柯妻王氏，張希齡妻楊氏，孟維安妻王氏，馮良能妻郭氏，陳世芳妻朱氏，莫其璋妻吉氏，朱煒妻張氏，朱元贊妻黄氏，王民農妻胡氏，孟漢妻張氏，李宗堯妻楊氏，張仲剛妻單氏，王廷秀妻徐氏，熊兆生妻李氏，王昌思妻晏氏，劉仁妻顧氏，賈繹妻雒氏，徐誼妻馬氏，金鳳來妻傅氏，聶承先妻張氏，宋起蛟妻劉氏，金德徧妻凃氏，單國華妻王氏，劉紹基妻嚴氏，蔡煒妻劉氏，陳于藻妻王氏，王之藩妻張氏，蔡永元妻雷氏，夏館妻金氏，崔思至妻戚氏，崔玢妻陳氏，陳秉儉妻黎氏，彭廷富妻李氏，俱乾隆年間旌。李登殿妻張氏，吴繼泰妻劉氏，曾裔翰妻喬氏，趙之魁妻陸氏，馬有禮妻張氏，陳灼妻李氏，方文質妻徐氏，李必温妻張氏，烈婦牛定谷妻吴氏，烈女汪朝鼎女，俱嘉慶年間旌。

羅鎬妻吴氏。宜城人。夫殁守節。乾隆中旌。又同縣鄭思僑妻許氏，江濬川妻于氏，邱嶧妻黄氏，王葦妻李氏，陶宏緯妻許氏，劉煌妻陳氏，劉邦楣妻張氏，李嘉樂妻覃氏，劉邦楷妻熊氏，趙永祐妻李氏，尹楚倫妻劉氏，李鑼妻胡氏，彭崧妻許氏，劉欽妻王氏，陳提妻劉氏，龍公選妻張氏，徐志禮妻王氏，傅玉妻黄氏，周盛聘妻陳氏，孫連聘妻黄氏，侯三聘妻柯氏，烈婦張士舉妻李氏，烈女楊伸姐，張二大、侯玉大、彭健茂女，貞女陳素貞，俱乾隆年間旌。魯瑾甫妻張氏，張聲遠妻吳氏，龍柱妻李氏，朱某妻孫氏，李尚志妻劉氏，李煥妻曾氏，黄桂妻張氏，烈女劉大姑，俱嘉慶年間旌。

劉起元妻徐氏。南漳人。夫歿守節。乾隆中旌。又同縣劉成玉妻彭氏，馮開初妻高氏，劉啓榮妻何氏，熊采妻鄧氏，衛天爵妻楊氏，舒泰妻周氏，胡濬妻陶氏，胡鴻妻唐氏，胡溥繼妻廖氏，胡濯妻施氏，彭偉妻陳氏，陳柳妻施氏，彭騰龍妻任氏，彭琯妻汪氏，全倬妻魯氏，彭志儒妻趙氏，張念孔妻黄氏，易曰謙妻潘氏，藍琼妻曾氏，鄭尚德妻何氏，蕭俊妻潘氏，廖于德妻洪氏，廖磊妻張氏，鄭某妻胡氏，申奉均妻聶氏，熊開泰聘妻樊氏，俱乾隆年間旌。何名夏妻羅氏，王瓊妻楊氏，俱嘉慶年間旌。

劉煦妻李氏。棗陽人。夫歿守節，乾隆中旌。又同縣陳桂芳妻施氏，李璿妻張氏，唐陶任妻戴氏，張師良妻劉氏，曹鋭妻賀氏，袁大閎妻李氏，施溉妻錢氏，錢體升妻李氏，楊堪妻雷氏，傅季生妻汪氏，侯服周妻張氏，唐奏治妻王氏，史忠國妻孟氏，楊萬早妻劉氏，孫璋妻楊氏，袁二端妻王氏，侯得爵妻劉氏，李崇妻靖氏，李延齡妻張氏，伍希先妻謝氏，黄志林妻羅氏，袁二媧妻盧氏，張爲傑妻張氏，蔣雲妻王氏，烈婦萬某妻徐氏，俱乾隆年間旌。張某妻方氏，李登科妻操氏，郭世煥妻楊氏，史某妻葛氏，史光宗繼妻萬氏，周希盛妻姜氏，丁雲衢妻張氏，劉爲義妻周氏，烈女高氏，貞女吳氏，俱嘉慶年間旌。

劉永仁妻吳氏。穀城人。夫歿守節，乾隆中旌。又同縣顔昇妻劉氏，曹琮妻蕭氏，葉生庭妻朱氏，王本文妻王氏，尚作賢妻吳氏，王廷桂繼妻丁氏，余璐妻吳氏，陳學漢妻李氏，黄金魁妻周氏，文某妻劉氏，烈婦龍非池妻程氏，俱乾隆年間旌。張大海妻蕭氏，雷世材妻莊氏，潘興穀妻秦氏，余富妻張氏，彭某妻朱氏，王泉妻宋氏，蔡一楷妻曹氏，楊德泰妻冷氏，烈女張氏，俱嘉慶年間旌。

王宏章妻莫氏。光化人。夫歿守節，乾隆中旌。又同縣焦鵬妻袁氏，劉懷德妻張氏，鍾榛妻程氏，鄧起魁妻吳氏，陳繼聰妻樊氏，秦禮生妻計氏，余志萬妻王氏，朱纓妻袁氏，徐遴妻張氏，徐裔尉妻舒氏，李正楠妻張氏，俱乾隆年間旌。唐風化妻魏氏，王之鎬妾趙氏，張運銓妻虞氏，李思德妻謝氏，常漢清妻楊氏，俱嘉慶年間旌。

張爾翰妻郭氏。均州人。夫歿守節，乾隆中旌。又同州戴纕妻朱氏，秦廷聘妻袁氏，俱乾隆年間旌。趙存魁妻陸氏，鄒席珍妻賈氏，羅尚義妻邊氏，賈舜齡妻周氏，俱嘉慶年間旌。

仙釋

晉

耆域。天竺人。惠帝時，至襄陽，將渡江，舟人見其衣服敝陋，不許同舟，比舟達北岸，耆域已先渡。

竺法慧。關中人。晉建元初，至襄陽，時大旱，慧臨死語衆人曰：「吾死後三日，天當雨。」至期果大雨。

唐

龐蘊。衡陽人。元和中，北遊襄陽，因家焉。以舟盡載珍橐數萬沉之湘流，舉室修行，洞達禪宗。臨終，刺史于頔問疾，蘊謂之曰：「但願空諸所有，慎勿實諸所無。」言訖而化。世稱龐居士。

宋

王鼎。襄陽人。寄業醫卜，自號王風子。人不見其飲食。一日行江干，人見其水中有二影，驚問其故，鼎曰：「若欲更見之乎？」須臾見十影，衆皆駭異。真宗召至禁中，旋辭去，不知所之。

土産

蔗。薑。唐書地理志：襄州貢蔗、薑。

綸草。襄陽縣出。

萬年松。鶱林葉。靈壽杖。茅香。明統志：俱太和山出。

白蘘荷。府境出。可爲菹，又解蠱毒。

榔梅。明統志：出太和山。

山雞。元和志：均州開元貢山雞尾。

麝香。元和志：襄州、均州貢。

羚羊。駝牛。俱均州出。

我師禽。出均州太和山。

藥。龍膽草、鳳眼草、淫羊藿、杜萓、隔山消、九仙子石、燈心草、金沸草、刺春，俱均州出。

校勘記

〔一〕自是襄陽置防禦守隄使　「使」，原作「城」，乾隆志卷二七一襄陽府隄堰(下同卷簡稱乾隆志)同，據明曹學佺大明一統名勝志湖廣省卷之七襄陽府改。

〔二〕宋史河渠志紹定五年孟宗政守棗陽　乾隆志同。按，此有三誤。下引文字遍檢宋史河渠志未見，其實乃出自宋史卷四一二孟珙傳，一誤。孟宗政是孟珙之父，嘉定十六年已去世，此云其紹定五年守棗陽，謬甚，二誤。據孟珙傳，創平堰者乃孟珙，時間亦在紹定元年，此云紹定五年建平堰，三誤。然言平堰是紹定五年孟宗政所建早見於讀史方輿紀要卷九七湖廣五，其誤蓋始於顧祖禹，乾隆志沿其誤，本志亦相承未察。

〔三〕溉田萬頃　乾隆志及讀史方輿紀要卷九七湖廣五同，宋史孟珙傳作「溉田十萬頃」，此當脱「十」字。

〔四〕以皇祖皇考墓爲昌陵　「昌」，原脱，據乾隆志及後漢書卷一四宗室四王三侯傳補。

〔五〕王琰墓　「琰」，原作「炎」，據乾隆志及雍正湖廣通志卷四九鄉賢志改。按，本志避清仁宗諱改字。

〔六〕領寧蠻校尉雍州刺史　「寧」，原作「安」，據乾隆志及宋書卷四六張邵傳改。按，本志避清宣宗諱改字。下文同改。

〔七〕陳人又壞龍川寧朔隄　「寧朔」，原作「安朔」，據乾隆志及周書卷四四李遷哲傳改。按，本志避清宣宗諱改字。

〔八〕高寧　「寧」，原作「安」，據乾隆志改。按，本志避清宣宗諱改字。

〔九〕吕顒　「顒」，原作「容」，據乾隆志改。按，本志避清仁宗諱改字。下文同改。

〔一〇〕何顒　「顒」，原避清仁宗諱改作「容」，據乾隆志及後漢書卷六七何顒傳改回。下「楊顒」條，「顒」原亦作「容」，亦據乾隆志改。

〔一一〕與張緒王延之沈琰爲君子交　「琰」，原作「炎」，避清仁宗諱改也，今據乾隆志及南史卷三八柳世隆傳改。

〔一二〕王琰　「琰」，原作「炎」，避清仁宗諱改也，今據乾隆志回改。

鄖陽府圖

鄖陽府圖

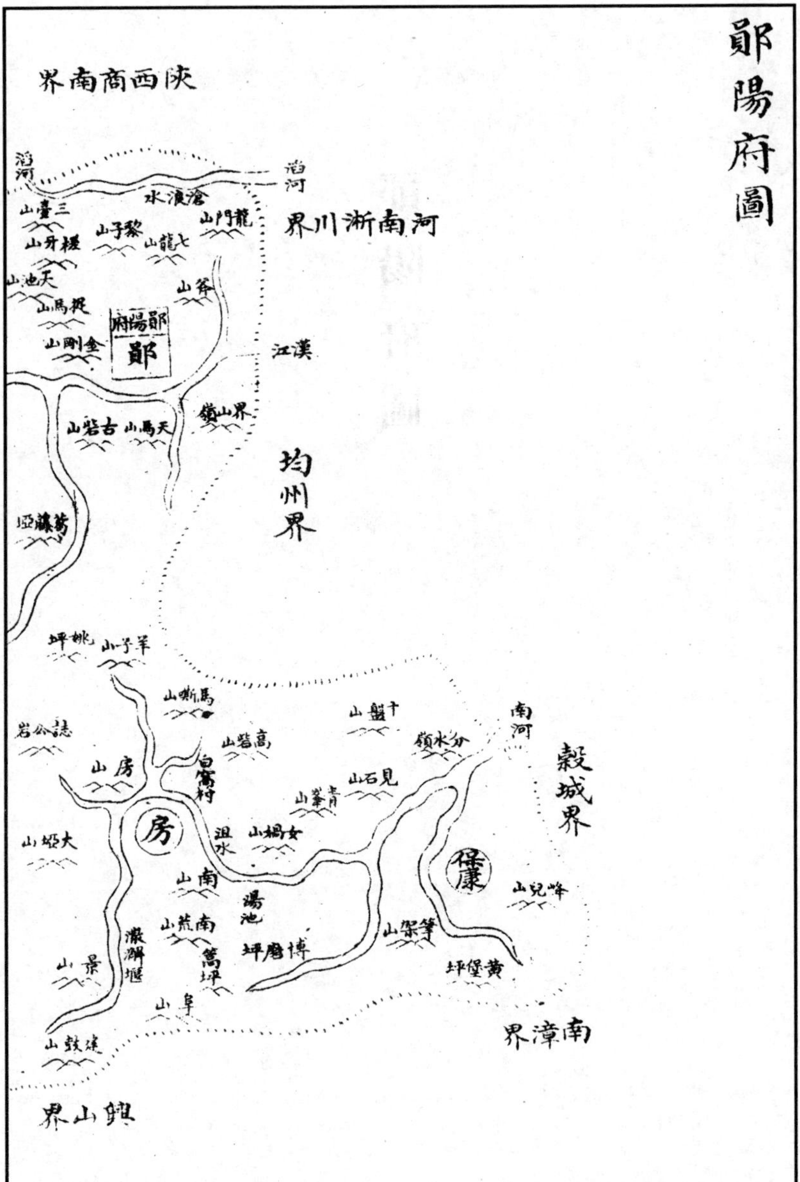

陝西商南界
滔河
滔河
滄浪水
三臺山
黎子山
龍門山
河南淅川界
七龍山
天池山
鄖陽府
鄖
金剛山
漢江
界山嶺
天馬山
均州界
葛藤埡
姚坪
羊子山
馬嘶山
十盤山
南河
高砦山
分水嶺
誌公岩
白鶴村
房山
見石山
青峯山
穀城界
房
沮水
女媧山
保康
峰兒山
南山
湯池
南荒山
筆架山
博磨坪
景山
黃堡坪
阜山
南漳界
興山界

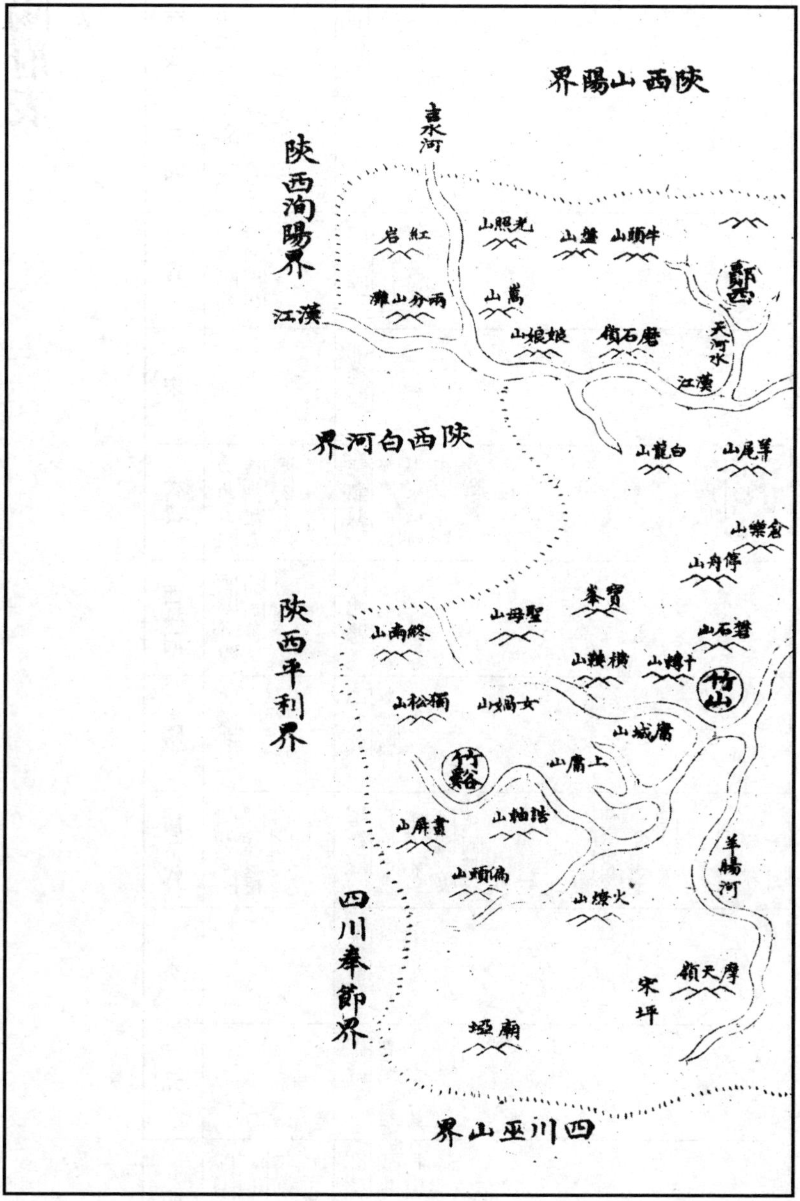
陝西山陽界
陝西洵陽界
陝西白河界
陝西平利界
四川奉節界
四川巫山界
鄖西
竹山
竹谿
漢江
天河水
紅岩
光照山
盤山
牛頭山
萬山
娘娘山
磨石嶺
白龍山
停舟山
寶峯
聖母山
終南山
女媧山
上庸山
畫屏山
火燒山
摩天嶺
宋坪

鄖陽府表

	鄖陽府	鄖縣
兩漢	漢中郡地。	長利縣地。
三國	魏魏興、新城、上庸三郡地。	
晉	初屬荆州，後屬梁州。	鄖鄉縣 太康初置，屬魏興郡。
宋		鄖鄉縣
齊梁	齊析置齊興郡，梁置興州。	鄖鄉縣 齊屬齊興郡，梁爲興州治，分置堵陽縣。 齊興郡 齊置，後省。
西魏周	西魏改豐州，周徙。	鄖鄉縣
隋	淅陽郡地。	鄖鄉縣 屬淅陽郡。
唐五代	唐初置南豐州，旋廢爲均州地。	鄖鄉縣 初爲南豐州治，兼領堵陽、黄沙、固城三縣。八年廢州及三縣，屬均州。貞觀初屬淅州，八年還屬均州。
宋		鄖鄉縣
元		鄖縣 初廢，後復更名，仍屬均州。
明	鄖陽府 成化十二年置，屬湖廣布政司。	鄖縣 成化中爲郡治。

房縣	
房陵縣 初爲防陵，屬漢中郡。後漢改名，置房陵郡。	
新城郡 魏置。 房陵縣 廢郡，屬新城郡，尋爲郡治。 綏陽縣 魏置，屬新城郡。 昌魏縣 魏置，屬新城郡。	
新城郡 房陵縣 郡治。 綏陽縣 昌魏縣 屬新城郡。	
新城郡 房陵縣 綏陽縣 昌魏縣	
新城郡 齊改郡名南新城，梁復故，兼置岐州。 房陵縣 州郡治。 綏陽縣 昌魏縣	齊興縣 齊置爲郡治，後廢。
新城郡 西魏改岐州曰光遷國，周又改遷州光遷郡。 光遷縣 周更名。 綏陽縣 西魏置綏州。 西魏廢。	
房陵郡 初郡廢，大業初復置，改郡名。 光遷縣 郡治。 廢。	
房州 房陵郡 唐初復置遷州，貞觀中廢移房州來治，屬山南道。 房陵縣 武德初分光遷置受陽縣，旋省入。貞觀中更名爲房州治。	
房州 房陵郡 雍熙三年升保康軍，屬京西南路，紹興中屬利州路。 房陵縣	
房州 屬襄陽路。 房陵縣 至正二年省入州。	
廢。 房縣 洪武八年降州爲縣。初屬襄陽府，成化中改屬鄖陽府。	

竹山縣	竹溪縣
後漢建安二十年置上庸郡。 上庸縣 屬漢中郡。	武陵縣 屬漢中郡，後漢廢。
上庸郡 上庸縣 郡治。 建始縣 魏置，屬上庸郡。	武陵縣 魏復置，屬上庸郡。
上庸郡 上庸縣 微陽縣 更名。	武陵縣 晉昌郡 東晉置。
上庸郡 上庸縣 微陽縣	武陵縣 新興郡 宋末改。
上庸郡 梁廢。 安城縣 梁改置。 微陽縣 梁省。	廢。 新豐縣 齊置，屬上庸郡。 新興郡 梁省。
西魏置羅州。 竹山縣 西魏改名，爲州治。	上庸縣 西魏更名，周又改孔陽。
開皇初改房州，大業初廢。 竹山縣 屬房陵郡。	上庸縣 復名，屬房陵郡。
初復置房州，貞觀十年徙。 竹山縣 屬房州。	武德初復置武陵縣，貞觀中省。 上庸縣 屬房州。
竹山縣	開寶中省。
竹山縣	
竹山縣 洪武初省，旋復置，屬襄陽府。成化中改屬鄖陽府。	竹溪縣 成化十二年置，屬鄖陽府。

續表

	保康縣	鄖西縣
	房陵縣地。	長利縣 屬漢中郡，後漢省。
	祁鄉縣 魏置，屬新城郡。	
吉陽縣 郡治。	祁鄉縣	長利縣 晉復置，屬魏興郡，尋省。
吉陽縣 郡治。	祁鄉縣　沮陽縣 宋置，屬汶陽郡。	北上洛郡
吉陽縣 梁省。	祁鄉縣 梁省。　沮陽縣	梁改置南洛州。
	大洪縣 西魏置，屬光遷國。周更名永清。　西魏廢。	西魏改上州。
	永清縣 屬房陵郡。	長利縣 義寧二年復置。　大業初省。
	永清縣 屬房州。	貞觀初省入上津。
	開寶中省。	
	保康縣 弘治十一年析置，屬鄖陽府。	鄖西縣 成化十二年析置，屬鄖陽府。

續表

	平陽縣魏置，屬魏興郡。
	興晉縣太康初改名。
北上洛縣宋置，郡治。	興晉縣
上洛縣	興晉縣
上洛縣	西魏廢。
上津縣義寧二年改名，置上津郡。	
上津縣武德初改郡曰上州，尋廢，屬商州。	
上津縣紹興十三年改屬金州。	
省。	
洪武八年復置，十年省，三十年又置，屬襄陽府，後廢。	

大清一統志卷三百四十九

鄖陽府

在湖北省治西北一千二百五十里。東西距七百十里，南北距七百六十里。東至河南南陽府淅川縣界一百五十里，西至陝西興安府平利縣界五百六十里，南至宜昌府興山縣界五百八十里，北至陝西商州商南縣界一百八十里。東南至襄陽府南漳縣界四百一十里，西南至平利縣界五百六十里，東北至淅川縣界一百三十里，西北至商州山陽縣界二百八十里。自府治至京師二千五百里。

分野

天文翼、軫分野，鶉尾之次。

建置沿革

禹貢梁、荆二州之界。春秋時爲麇、庸二國地。戰國時爲秦、楚二國地。史記楚世家：頃襄王十九年，割上庸、漢北地予秦。秦爲漢中郡地。漢爲漢中郡之長利及房陵、上庸諸縣。後漢末，分南境置上庸、房陵二郡。三國魏以北境置魏興郡，又改房陵郡爲新城郡，與上庸俱屬荆州。晉因之，初屬荆州，惠帝改屬梁州。南北朝宋因之。齊分置齊興郡，俱屬梁州。梁置興州、岐州，廢上庸郡。西魏改興州爲豐州，改新城郡爲光遷國。北周國廢，豐州徙，寰宇記：豐州，周武成元年，移治延岑城。按：即今襄陽府均州。改岐州爲遷州。隋大業初，改曰房州。二年，改曰房陵郡，屬梁州，其北境屬淅陽郡，隸豫州。唐武德元年，改房陵郡爲遷州。貞觀十年，改曰房州，其北境屬均州。天寶初，改房州曰房陵郡。乾元初，復曰房州，俱屬山南東道。宋仍曰房州房陵郡。雍熙三年，升保康軍，其北境仍屬均州，俱屬京西南路。紹興中，房州保康軍屬利州路，後改爲保寧軍。元爲房州及均州之鄖縣，屬襄陽路。明成化十二年，置鄖陽府，明統志：鄖陽府領縣七：鄖、房、竹山、上津、竹溪、鄖西、保康。隸湖廣布政使司，并設撫治都御史。本朝因之。順治十六年，省上津縣。康熙三年，屬湖北省，六年罷撫治。領縣六。

鄖縣。附郭。東西距一百三十里，南北距三百四十里。東至襄陽府均州界六十里，西至鄖西縣界七十里，南至房縣界一百六十里，北至陝西商州界一百八十里。東南至均州界六十里，西南至竹山縣界一百二十里，東北至河南南陽府淅川縣界一百三十里，西北至鄖西縣界七十里。漢爲漢中郡長利縣地。晉太康五年，置鄖鄉縣，屬魏興郡，宋因之。齊屬齊興郡。梁爲興州治。隋初屬均州。大業元年，屬淅陽郡。唐武德元年，置南豐州，八年州廢，縣屬均州。貞觀元年屬淅州，八年還屬均州。宋因之。元初廢，至元十四年復置，改曰鄖縣，仍屬均州。明成化十二年爲鄖陽府治，本朝因之。

房縣。在府西南三百十里。東西距三百三十里，南北距四百五十里。東至保康縣界一百八十里，西至竹山縣界一百五十里，南至宜昌府興山縣界二百七十里，北至鄖縣界一百八十里。東南至保康縣治一百八十里，西南至興山縣界三百三十里，東北至鄖縣治二百六十里，西北至竹山縣界二百三十里。春秋時麇國防渚地。戰國屬楚。漢置防陵縣，屬漢中郡。後漢改爲房陵。建安末，置房陵郡，縣爲郡治。三國魏爲新城郡治，晉、宋因之。齊爲南新城郡治。梁爲新城郡治，兼爲岐州治。西魏爲光遷國治。北周改曰光遷縣，爲光遷郡治。隋大業二年，爲房陵郡治。唐武德初，爲遷州治。貞觀十年爲房州治，改曰房陵，宋因之。元至正二年省入房州。明洪武八年，降州爲房縣，屬襄陽府。成化十二年改屬鄖陽府，本朝因之。

竹山縣。在府西南三百六十里。東西距一百四十里，南北距三百三十里。東至房縣界五十里，西至竹谿縣界九十里，南至房縣界九十里，北至陝西興安府白河縣界二百四十里。東南至房縣界九十里，西南至竹谿縣界二百九十里，東北至鄖縣界一百里，西北至興安府洵陽縣界一百八十里。古庸國。秦曰上庸。漢置縣，屬漢中郡。後漢末分置上庸郡。魏黄初元年，并入新城郡。太和二年復置，尋廢。景初元年復置。晉及宋、齊因之。梁郡縣俱廢，改置安城縣。西魏改縣曰竹山，兼置羅州。隋開皇十八年，改曰房州。大業初州廢，縣屬房陵郡。唐武德初，復置房州。貞觀十年，州移治房陵，以縣屬焉。宋、元因之。明洪武初省，十三年復置，屬襄陽府。成化中屬鄖陽府，本朝因之。

竹谿縣。在府西南五百九十里。東西距一百十里，南北距四百里。東至竹山縣界六十里，西至陝西興安府平利縣界五十里，南至四川夔州府奉節縣界三百六十里，北至竹山縣界四十里。東南至竹山縣界三百里，西南至平利縣界三百里，東北至竹山縣治一百八十里，西北至平利縣界一百十五里。漢置武陵縣，屬漢中郡。後漢省。三國魏復置，初屬新城郡，後屬上庸郡。晉、宋因之。南齊分置新豐縣，仍屬上庸郡。西魏改新豐曰上庸。北周改曰孔陽。隋開皇十八年復曰上庸，屬房陵郡。唐屬房州。宋開寶中併入竹山。明成化十二年，復分置竹谿縣，以尹店巡司爲縣治，屬鄖陽府。本朝因之。

保康縣。在府東南三百四十里。東西距二百三十里，南北距一百九十里。東至襄陽府穀城縣界五十里，西至宜昌府興山縣界一百八十里，南至襄陽府南漳縣界九十里，北至房縣界一百里。東南至南漳縣界七十里，西南至興山縣界一百八十里，東北至穀城縣治一百里，西北至房縣界七十里。漢房陵縣地。西魏分東境置大洪縣，屬光遷國。北周改曰永清，屬遷州。隋屬房陵郡。唐屬房州。宋開寶中省入房陵。明弘治十一年，復析置保康縣，以潭頭坪爲縣治，屬鄖陽府，本朝因之。

鄖西縣。在府西一百三十里。東西距一百八十里，南北距一百七十里。東至鄖縣界六十里，西至陝西興安府白河縣界一百二十里，南至鄖縣界五十里，北至陝西商州山陽縣界一百二十里。東南至鄖縣界五十里，西南至白河縣界一百六十里，東北至商州商南縣界八十里，西北至商州鎮安縣界二百九十里。漢置長利縣，屬漢中郡。後漢省。晉復置，屬魏興郡，後又省。南北朝宋爲北上洛縣地。隋爲上津縣地。義寧二年，復置長利縣。唐貞觀初，省入上津。明成化十二年，析鄖、上津二縣地置鄖西縣，以南門堡爲縣治，屬鄖陽府，本朝因之。

形勢

東通襄、鄧，西逼秦、蜀，南接荆、澧，北據商、洛。溪流湍激，崖逕險崎。廖道南楚紀。北抵華陽，南跨江、漢，西踰嶓冢，東盡滍水，實秦、梁、荆三藩之陲，而又間錯巴、蜀。王世貞提督行臺記。

風俗

男子燒畬爲田，婦人績麻爲布，以給衣食。方輿勝覽。民性樸魯簡嗇，流寓多而土著少。楚故略。

創府以來，禮樂興行，土風不變。府志。

城池

鄖陽府城。周六里有奇，高二丈一尺，門七。北枕山，西、南阻漢水，東門外濠長五十餘丈，廣二丈二尺，深九尺。明天順八年築，成化十二年甃甓，嘉靖中因舊址增拓。本朝順治十四年修，雍正中重修。鄖縣附郭。

房縣城。周四里有奇，高二丈，門四，有濠。明洪武中建。本朝順治、康熙中修，乾隆五十九年、嘉慶元年重修。

竹山縣城。周三里，高一丈四尺，門四。明成化中因舊土城甃石，正德五年建月城。

竹谿縣城。周二里，高一丈五尺，門四，有濠。明成化中築，弘治中增拓東城，正德九年甃甓。本朝嘉慶五年修。

保康縣城。周三里許，高一丈三尺，門五。明弘治中築，嘉靖十二年甃甓。本朝嘉慶三年修。

鄖西縣城。周里許，高一丈三尺，門四，有濠。明成化中築，正德十六年甃甓。本朝順治中修，嘉慶二年重修。

學校

鄖陽府學。在府城東。明嘉靖中建。本朝順治、康熙中復修，雍正四年、乾隆四十六年、嘉慶元年、十年重葺。入學額數二十名。

鄖縣學。在縣治西南。明嘉靖中建。本朝康熙中修。入學額數十五名。

房縣學。在縣東門外。舊在城内，明嘉靖中改建今所。本朝康熙、雍正、乾隆中屢葺，嘉慶七年移建演武廠舊址。入學額數十二名。

竹山縣學。在縣治北。舊在縣治東，明成化中改建，後燬。本朝康熙中修復，乾隆中屢修，入學額數八名。

竹谿縣學。在縣治東。明成化中建。本朝康熙、雍正中屢修，乾隆四十五年再修。入學額數八名。

保康縣學。在縣治西。明弘治中建，後圮。本朝康熙中重建，乾隆四十年修。入學額數八名。

鄖西縣學。在縣治南。明成化中建，後燬。本朝順治、康熙中重修。入學額數十二名。

龍門書院。在府城東北。明嘉靖中建。本朝雍正十年、乾隆十三年、四十七年、嘉慶二年屢修。

房陵書院。在房縣城南。乾隆三十三年建。

上庸書院。在竹山縣治西。順治、康熙間先後建，乾隆三十八年改建縣治東北，五十年重葺。

五峯書院。在竹谿縣城南關外。乾隆二十九年建。

西津書院。在鄖西縣東關外。乾隆二十四年建。

户口

原額人丁五千四百有三，今滋生男婦共五十八萬七千一百四十一名口，計七萬四千九百二十五戶。

田賦

田地山塘四萬九千二百六十九頃八畝一分有奇，額徵地丁正、雜銀一萬三千六百一十五兩三錢九分三釐，又米五千二百四十石一斗三升六合有奇。

山川

兜鍪山。在鄖縣東十里。寰宇記：即漢中郡與南陽分界處。

紅巖山。在鄖縣東南一里龍滚灘側，勢高峻。明成化中改名赤壁山。

龍門山。在鄖縣東南七十里。兩崖對峙如門，水從中出，東北入漢。

天馬山。在鄖縣南二里。舊志：下臨漢江。相傳有白馬晝夜出嚙田稻，土人逐之急，即投崖下水中，久之崖忽崩裂如劈，壁上有「天馬山」三字甚明，馬不復見，字至今存。明統志：又名天馬崖。

寶蓋山。在鄖縣西南三里。一名西山。水經注：漢水又東逕鄖鄉縣南之西山。元和志：西山今名寶蓋山，南臨漢水。寰宇記：寶蓋山北有崖，旁視之有一穴甚明朗，號爲「星牖」。縣志：漢水經崖下，兩崖扼束，爲控守要津。

古塞山。在鄖縣西南八里。一名大塞山。

羊尾山。有二：一在鄖縣西南五十里，一在鄖西縣西南一百二十里。

鵶鶻山。在鄖縣西北二里。甚高峻，多鵶鶻巢，因名。

金剛山。在鄖縣西北二十里。

捉馬山。在鄖縣西北三十里。

三臺山。在鄖縣西北八十里。山勢三疊。

龍山。在鄖縣西北一百里。輿地紀勝：頂有張、黄二真人葬履壇。

滄浪山。有二：一在鄖縣北一百里，一在竹山縣北一百里。

天井山。在鄖縣北一百七十里。

斧山。在鄖縣東北二十里。

雷峰山。在鄖縣東北六十里。極高峻，俗名雷峰坳。

風火山。在鄖縣東北六十五里。

黎子山。在鄖縣東北七十里。上有關。又東北三里有石雞山。

亂石山。在鄖縣東北一百二十里。

防山。在鄖縣境。隋書地理志：鄖鄉有防山。

精舍山。在鄖縣境。唐書地理志：鄖鄉有精舍山，本名獨山，天寶中更名。

鄖城山。在鄖縣境。九域志：鄖鄉縣有鄖城山。

牛心山。在房縣東一里。舊有關。

青峯山。在房縣東八十里。又東十五里有見石山。

石盤山。在房縣東一百四十五里。以山逕盤繞而名，亦名十盤山。

倒驢山。在房縣東九十里，接襄陽府穀城縣界。高險難陟。

建鼓山。在房縣東南一百里。元和志：建鼓山在房陵縣南一百十三里，與馬騣山連接。二山並高峻，冬夏積雪。寰宇記：袁崧云登勾將山，見馬鬣、建鼓，巖然半天。華陽國志云：「山水之艱，有馬鬣、建鼓之險，即此。」

望夫山。在房縣東南二百里，接保康縣界。輿地紀勝：在房陵縣東南渡口。

景山。在房縣南。水經注：沮水出東汶陽郡沮陽縣西北景山，即荆山首也。淮南子曰沮出荆山，杜預云水出新城郡之西南發阿山，蓋山異名也。寰宇記：景山在永清縣西南二百里，東與荆山連接〔一〕。一名雁浮山。雁南翔北歸，徧經其上，土人由兹改名爲雁塞山。

南山。在房縣南三里。一名鳳凰山。

定山。在房縣南七里。潘岳閒居賦「房陵朱仲之李」，出此。輿地紀勝：吴曾漫録云，房陵定山有朱仲李園三十六所。

阜山。在房縣南一百五十里。左傳文公十六年：楚大饑，戎伐其西南，至於阜山。

楊子山。在房縣西南一百二十里。筑水所出。

月明山。在房縣西十五里。明統志：下有崖，夜望之光明如月。

房山。在房縣西三十里。隋書地理志：光遷有房山。元和志：房山在房陵縣西南四十三里。其山西南有石室似房，因名。寰宇記：山在房陵縣西南四十里。

九室山。在房縣西四十里。一名爛柯山。輿地紀勝：爛柯山下有九室，唐置九室宫，後爲陳摶修煉之所。

馬息山。在房縣北七十五里。有馬息古驛。

雞鳴山。輿地紀勝：在房縣北一百里。

馬嘶山。在房縣北一百二十里。最高險。

高塞山。在房縣東北二十五里。

香耳山。在房縣東北一百里。

維山。在房縣境。後漢書郡國志「漢中郡房陵」，注：「有維山，維水所出。」

五女山。在房縣境。輿地紀勝：房陵縣有五女山，在鄧村。

兩乳山。在房縣境。輿地紀勝：房陵縣有兩乳山。

霍山。在竹山縣東三里。上有蓮花池。

長腰山。在竹山縣東。輿地紀勝：相接者爲東谷。

方城山。在竹山縣東南三十里。括地志：竹山縣東南四十一里有山，山南有城，長十餘里，名方城。元和志：方城山頂上平坦，四面險固。寰宇記：方城山在竹山縣東三十里。輿地紀勝：方城又有望楚山。圖志云楚懷王二十八年，秦與齊、韓、魏共發兵攻楚方城，秦軍登山以望楚國，故名。

香爐山。有二：一在竹山縣東南五十里，一在竹山縣西南一百三十里。

龍祇山。在竹山縣南二里。寰宇記：相傳有道士王若沖，於此服柏葉成仙。

雞公山。在竹山縣南三里。

火燎山。在竹山縣南一百六十里。

望仙山。在竹山縣南。輿地紀勝：其右相連者爲九女山。

白馬塞山。在竹山縣西南三十里。一名白馬山。水經注：堵水旁有白馬山，山石似馬，望之逼真，側水謂之白馬塞，孟達爲守，登之而歎曰：「劉封、申耽，據金城千里而更失之乎！」爲上堵吟，音韻哀切，有惻人心，至今水次尚歌之。

上庸山。在竹山縣西南四十里。

百丈山。在竹山縣西南。輿地紀勝：百丈山在竹山縣微江對岸，隔岸者曰二溪山。按：微江今已湮不可考。

横鞍山。在竹山縣西五里。一名馬鞍山。輿地紀勝：横鞍山與庸城山相近。

筑山。在竹山縣西五里。有白雲巖。

懸鼓山。在竹山縣西五里。一名庸城山。隋書地理志：竹山有懸鼓山。寰宇記：庸人於此山置鼓，因名。九域志：竹山縣有庸城山。

鼉山。在竹山縣西十里。鼉水所出。

黄茅關山。在竹山縣西十五里。山路險峻，舊有關。

十轉山。在竹山縣西二十五里。以山徑盤曲而名之。

鶴山。在竹山縣西三十里。

燕子山。在竹山縣西三十五里。輿地紀勝：在竹山縣寶峯鎮之左。

女媧山。在竹山縣西五十里。輿地紀勝：山與燕子山相對。

團山。在竹山縣西一百里。

聖母山。在竹山縣西北三十里。明統志：世傳有聖母仙過此，見惡蛇舉而擲之，迄今周迴四十里無蛇。

寶峯山。在竹山縣西北七十里。

中山。在竹山縣西北一百五十里。山有三峯最高，有七寶巖，一名七寶山。

停舟山。在竹山縣北一百里。

礬石山。在竹山縣北。輿地紀勝：舊產礬石。

倉樂山。在竹山縣東北一百五十里。輿地紀勝：舊經云，昔有邑人徐元周積粟於此，後遇饑饉，發倉粟以救賑，鄉人德之，故名。

黃竹山。在竹山縣東北。一名黃竹嶺。元和志：在竹山縣北百里，山上竹色皆黃，因名。又後魏改置竹山縣，因黃竹嶺爲名。寰宇記：黃竹山在竹山縣東一百里。

花林山。在竹山縣境。隋書地理志：竹山縣有花林山。

神武山。在竹山縣境。輿地紀勝：竹山縣有神武山。

誥軸山。在竹谿縣東百步，自南迤東橫擁水口。

龍頭山。在竹谿縣東一里。

五峯山。在竹谿縣東十五里。五峯並聳，相近有楮山。

白崖山。在竹谿縣東三十里。一名白巖山。崖石突起色白，其西有風洞，口闊二丈，其中深廣不可測。

長蘿山。在竹谿縣東。元和志：長蘿山在上庸縣北五里。

騎牛山。在竹谿縣東南一百二十里。

紅崖山。在竹谿縣南十五里。相近有大峪山。

鼓圓山。在竹谿縣南六十里。兩山對峙，南爲南鼓圓，北爲北鼓圓。下各有洞，旱可禱雨。

馬鹿山。在竹谿縣南六十里。山産馬鹿故名。

紅土山。在竹谿縣南一百二十里。

算盤山。在竹谿縣南一百五十里。相近有白楊山。

終南山。在竹谿縣南二百里。東有子房城。

偏頭山。在竹谿縣西南二十里。明統志：偏削如拱揖狀。

峒崎山。在竹谿縣西南三十里。一名銅溪山。上有砦爲設險處，有銅溪洞。

王冢山。在竹谿縣西南。寰宇記：在上庸縣西六十里。相傳上有王冢三，因名。

畫屏山。在竹谿縣西五里。一名畫屏峯。明統志：絶崖峻嶺，奇秀如畫。

左旗山。在竹谿縣西三十里。

香山。在竹谿縣西四十里。

雞籠山。在竹谿縣西北三十里。一名雞峯山。

連錢山。在竹谿縣西北六十里。迴環相連，形若布錢。相近有藍旗山。

獨松山。在竹谿縣北三十里。

青華山。在竹谿縣北七十里。

岞峪山。在保康縣東五十步。一名萬朝山。迤邐層疊三五里許，縣中諸山皆從此處發脈。

三十六榜山。在保康縣東三十里。峯巒環列三十有六，若排榜然。

大漆山。在保康縣東五十里。

司空山。在保康縣東南八十里，接襄陽府南漳縣界。

老架山。在保康縣南二十里。

馬鞍山。在保康縣南五十里。極高峻。又鄖西縣西六十里亦有馬鞍山，旁峯崛起而中稍平。

石人山。在保康縣南一百五十里。

砦山。在保康縣南一百八十里。

九龍案山。在保康縣西南九十里。

馬盤山。在保康縣西南一百里。輿地紀勝：山側有麈子洞。

筆架山。在保康縣西二百步。

冬瓜山。在保康縣西四十里。有四石形如冬瓜。又西八十里有萬安山。

五臺山。在保康縣西北五十里。又西北四十里有三尖山。

萬連山。在保康縣北三里。上有真武洞。

罐子山。在保康縣北五十里。

照珠山。在保康縣境。隋書地理志：永清有照珠山。

百武山。在保康縣境。隋書地理志：永清有百武山。

天池山。在鄖西縣東南四里。一名天池嶺，上有池水，四時不竭。

火車山。在鄖西縣東南三十里。一名火車嶺。

南門山。在鄖西縣南五里。危峯突起，狀如列戟。

娘娘山。在鄖西縣西南八十里。極險峻，下有九洞皆有泉，名娘娘洞。洞下泉出如沸，緣山田疇資其灌溉。

黄龍山。在鄖西縣西，舊上津縣東五十里。山下有洞，洞有泉，禱雨多應。相近有趙胡山。

嵩山。在鄖西縣西，舊上津縣南五十里，自陝西興安府洵陽縣子房山分支。

鑛山。在鄖西縣西，舊上津縣南百里。產鐵。

盤山。在鄖西縣西，舊上津縣南一百二十里。

廣順山。在鄖西縣西北二十里。

牛頭山。在鄖西縣西北五十里，接陝西商州山陽縣界。

光照山。在鄖西縣西北六十里。懸崖峭壁皆巨石。

五峪山。在鄖西縣西北，舊上津縣北五里。自秦嶺分支，有五峯攢聚。

周恭山。在鄖西縣西北，舊上津縣西北二十里。相傳有周恭隱於此。

十八盤山。在鄖西縣西北，舊上津縣西北五十里。勢高峻，盤折十八曲方至其頂。亦名紅巖。

詔及山。在鄖西縣西北。隋書地理志：上津有詔及山。

黄山。在鄖西縣北數步。

大嶺。在鄖縣東二十里。

陡嶺。在鄖縣東二十五里。

摩天嶺。在竹山縣南。

界牌嶺。在鄖西縣東七十里，接鄖縣界。嶺居其中，故名。

磨石嶺。在鄖西縣南三十里。上有石，堅細可爲磨。

觀軍嶺。在鄖西縣西北，舊上津縣南。

任嶺。在鄖西縣西北，舊上津縣北三十里。

鶻嶺。在鄖西縣西北，接陝西商州山陽縣界。一名鐵鶻嶺。輿地紀勝：上津縣有鶻嶺，極險峻。紹興十六年和好成，割鶻嶺關外韋馱坪爲界。府志：嶺在舊上津縣西五十里。山形壁立，勢若鷹隼，山内有洞。

五星峯。在竹谿縣北一里。五峯相連。

九里岡。在竹山縣北七里。
車停岡。在竹谿縣南二十里。
焦嶺岡。在竹谿縣南四十五里。
椒林岡。在竹谿縣北四十里。
尖巖。在鄖縣南四十里。懸崖峭削，屹立千尺。
阿姑巖。在鄖縣北二里。
滴水巖。在房縣東二百里。汎水所出。
誌公巖。在房縣西北四十里。輿地紀勝：房州西三十里鳳凰山道林巖，僧寶誌掛錫之地。
魚鮀巖。在竹山縣西南一百八十里。「鮀」疑當作「魷」。
韭菜巖。在竹山縣東北二百里。
白雲巖。在竹谿縣東。
鹽井巖。在竹谿縣南一百里。
紅巖。在保康縣西九十里。其色紅。
白巖。在鄖西縣西，舊上津縣南一百里。
赤崖。在房縣西。輿地紀勝：在房陵縣西房陵鄉。
懸鼓崖。在鄖西縣西南三里。上有巨石如懸鼓，因名。

滴水崖。在鄖西縣西北三十里。

如來崖。在鄖西縣西北一百三十里，舊上津縣東北四十五里。俗名趕龍岡。

白谷。在房縣境。輿地紀勝：在房縣東陽溪對岸。

艷谷。在竹山縣境。輿地紀勝：艷谷在竹山縣，與神武山相對。

摘星坡。在鄖縣東二十五里。一名謫仙坡。

八疊坡。在保康縣北八十里。

烏呼埡。在保康縣北十五里。其山多石崎嶇，行者長呼，故名。

黄連埡。在鄖西縣南四十里。舟行入漢之埠口。

梭羅洞。在鄖縣西南四十里。有水可溉田百餘畝。

武陽洞。在鄖縣西北五十里。凡禱雨多應。

學古洞。在竹山縣北五十里。一名學堂洞。府志：洞極幽邃，其規制像學舍，深闊容衆，臺、凳、硯俱石，相傳夫子適楚講學於此。

觀音洞。在鄖西縣北七十里。洞前有潭最深。名勝志：内有鍾乳，滴成大士像。

千人穴。在鄖西縣北。寰宇記：在上津縣東七十里。穴口廣闊三丈，深二百步，可容千人。中有石脂凝滴若乳，味甘治疾，常有石燕羣飛，出入其中。

漢水。自陝西興安府白河縣東入鄖西縣界，又東入鄖縣界，又東入襄陽府均州界。水經注：漢水又東逕長利谷南，又東歷姚方。經：又東過堵陽縣，堵水出自上粉縣北流注之。注：漢水又東謂之澇灘，冬則水淺而下多大石。又東爲浄灘，夏水急盛，川多湍洑，行旅苦之。又東逕鄖鄉南之西山，又東逕鄖鄉縣故城南，又東逕琵琶谷口。舊志：漢江自白河縣界，逕兩岔灘，至木瓜溝入縣境，曲折東流二百八十里，至府城。過城又九十里，至遠河口，入均州界。

堵水。源出竹谿縣西，東流逕縣南，又東逕竹山縣界，又東北逕房縣界，又東北至府城西三十里入漢。一名庸水，一名武陵水，俗名陡河。水經注：堵水出建平郡界故亭谷，東歷新城郡，水旁有別溪，又東北逕上庸郡，又東逕方城亭南，東北歷嵾山下，而北逕堵陽縣南，北流注於漢，謂之堵口。寰宇記：堵水源出金州平利縣界黄平源嶺下。圖經云，竹山郭帶堵水，水通漢江，舟船往來，商賈所湊。輿地紀勝：即今南江，通漢江。府志：南江河源出平利縣界，可通竹筏。入白土關，東流至竹谿縣，過秋溝塘，名縣河。至廖家河，與竹谿河會。又東流十里至上城，與浄峪河會。又東三十里合駱家河，爲水坪河。又二十里與龍堰河會，曰兩河口，一名潭口。又東五里與樊定河合。又東入竹山縣界，爲竹山江，與柿河、羊腸河合，名東兩河口。又與霍水合，亦名霍河。又東北流入房縣北境，歷黄龍灘，至花果園流入鄖縣南境，名陡河，北流入漢。按：鄖陽府境唯堵、筑二水爲大，諸水皆入其中。合府之水隨地易名，其實皆二水所經耳。又按：新城在東，上庸在西，水經注先新城而後上庸，恐誤。

筑水。源出房縣西南，逕縣城北爲高梘河，一名馬欄河。東流入保康縣界，爲隔渡河。又東北流入襄陽府穀城縣界。古名彭水。左傳桓公十二年：楚師分涉於彭。杜預注：「彭水在新城昌魏縣。」漢書地理志：房陵有筑水。水經注：筑水出梁州新城郡昌魏縣界。元和志：筑水出房陵縣西北華山，經縣北二里。寰宇記：筑水在房州理北，東流逕永清縣南，又東北流至襄州穀城縣南，又東北注於漢。府志：筑水一名南梘河，一名高梘河。出房縣楊子山，流至穀城縣入漢。按：舊志有沮水，出房縣西南，東北流入城西隅，爲澈瀨堰，此即筑水之源，訛爲沮水也。又竹山縣西有筑水，源出筑山，南入堵水，與此水同名而源流異。

汎水。在房縣東。東流入保康縣界，又東流入襄陽府穀城縣界，今名八渡河。水經注：汎水出梁州閬陽縣，又東逕巴西，歷巴渠北新城、上庸，自汎陽縣以上，山深水急，杠渚崩湍，水陸逕絶。隋書地理志：永清有汎水。府志：八渡河源出縣東滴水巖，下流爲古羊河，入漢江。按：汎水之源，水經注以爲遠在巴西，今其上流已湮，可見者唯房縣之東滴水巖矣。

泝水。在房縣南。東流入保康縣界，又東流入襄陽府南漳縣界。一名零水。水經注：零水即泝水也。上通梁州没陽縣之默城山，司馬懿出沮之所由，其水東逕新城郡之泝鄉縣。

霍水。在房縣西。北流入竹山縣界，入堵水，俗名章落河。隋書地理志：光遷有霍水。輿地紀勝：霍水導源自房陵，至竹山入堵。

粉水。在房縣東北。又東流逕保康縣界，又東流入襄陽府穀城縣界。今名粉清河，又名粉青河。水經：粉水出房陵縣東，流過郢邑南。注：粉水導源東流，逕上粉縣，取此水以漬粉，則皓耀鮮潔，有異衆流，故縣、水皆取名焉。寰宇記：粉水出永清縣東北永林山。

沮水。源出房縣界，東流入保康縣界，又東南流入襄陽府南漳縣界。一名睢水，今名大市河。左傳定公四年：楚子涉睢。注：「睢水出新城昌魏縣東南，至枝江縣入江。」漢書地理志：房陵東山，沮水所出，東至郢入江，行七百里。水經：沮水出漢中房陵縣。元和志：沮水出永清縣西南景山。

浸水。在竹山縣西。寰宇記：浸水在竹山西四十里。源出王家山，南流入武陵水，堪浣纑紗，色白如練。按：武陵水即堵水。

上庸水。在竹山縣西。源出上庸山，南流入堵水。

龕水。在竹山縣西。寰宇記：源出縣西十里，流入堵水。其水多蛇，一名龜水。

上元水。在竹山縣北。今名北星河。寰宇記：上元水在縣北六十里，源出庸嶺下，南流入孔陽水。有潭深不可測，或投石其中，即卒風暴雨。府志：北星河在竹山縣北三里。源出陝西白河縣界，合水坪、狼峪、觀音諸水，南入堵水。

孔陽水。在竹谿縣西，南流入堵水。今名浄峪河。元和志：孔陽水在上庸縣西五十步。寰宇記：孔陽水源出檀溪嶺上。其水洗物除垢，亦堪磨刀劍，甚利也。

甲水。在鄖西縣西。自陝西興安府白河縣界，流至鄖西縣界入漢。一名吉水，亦稱夾河。水經注：甲水出秦嶺山東，南流逕金井城南，又東逕上庸郡北，與關柎水合，又東南逕魏興郡之興晉縣南，又東，右入漢水。寰宇記：甲水在上津縣西二百步，南注漢水。府志：夾河源出秦嶺，逕豐陽關入上津縣境，繞縣西而南，順流一百三十里入漢。縣志：吉水在上津縣西鐵鶻嶺下。舊志：夾河南流入漢，可通小舟。

神定河。在鄖縣東南二十里。源出縣南六十里十堰店，北流入漢。

將軍河。在鄖縣西南一百二十里。北流入漢。

曲遠河。在鄖縣西北。南流入漢。其入漢處謂之曲河口。

滔河。在鄖縣西北一百七十里。自陝西商州商南縣流入，東一百四十五里至盤道保，流入河南南陽府淅川縣界。

趙河。在鄖縣北七十里。源出縣東北一百四十里馬喊泉，西南流至縣東爲盛水堰，溉田百餘頃。

白巖河。在房縣東南九十里。源出縣南皁山，東北流入保康縣界，入筑水。

北河。在房縣北。東流入粉水。寰宇記：北河源出縣西界，繞城東流，不通船，有石岸門阻隔之。

爛泥河。在房縣東北。自黄家埡西流至白窩村，入筑水。

羊腸河。在竹山縣西南。北流入堵水。

柿河。在竹山縣西南。源出竹谿縣，流逕曾家壩，東流與秦坪河合。又東流入竹山縣界，東北流入東兩河口，入堵水。縣東南七十里有白沙河，東南一百四十里有小葛河，俱北流入柿河。縣南四十里有秦坪河，亦東流入柿河。

住峪河。在竹谿縣東南六十里。北流入堵水。

浪河。在竹谿縣南五十里。北流入堵水。

竹谿河。在竹谿縣西北。一名長望川。源出雞籠山，南流入堵水。

麻河。在竹谿縣北三十里。一名駱家河。南流入堵水。

龍堰河。在竹谿縣東北。南流入堵水。縣東北有安燕河，下流與龍堰河合。

樊定河。在竹谿縣東北四十里。東南流入堵水。

深溪河。在保康縣東南一百里。東流入襄陽府南漳縣界。

板倉河。在保康縣南五十里。北流爲洞庭河，繞縣西而東，北流入筑水，亦名縣河。

東流河。在保康縣南六十里。東流入南漳縣界。

歇馬河。在保康縣南一百里。東流入南漳縣界。

桑坪河。在保康縣南一百里。東流入南漳縣界。

雞冠河。在保康縣南一百五十里。東流入南漳縣界。

湯峽河。在保康縣西三十里。一名湯洋河。水温可療疾，東流入筑水。

豆沙河。在保康縣西北十五里。南流入筑水。

長河。在保康縣北。源出房縣西，流至張家坊，入保康縣境，至柳家坪入筑水。

清溪河。在保康縣東北十五里。南流入筑水。
掌口河。在保康縣東北四十里。一名蔣口河，南流入筑水。
激浪河。在鄖西縣東三里。下流入天河。又有五里河，在縣東北五里，東流合激浪河。
歸仙河。在鄖西縣東南五十里。南流入漢。
箭流河。在鄖西縣東南五十里。又縣西南五十里有火梅溝河。下流俱入漢。
八道河。在鄖西縣東南。本縣東北山泉引流而南，至縣東五里爲南門河，又西南合天河。
羊頭溝河。在鄖西縣南五里。西流入天河。
真峪河。在鄖西縣西門外。流入天河。
天河。在鄖西縣西一里。源出縣西北牛頭山，南流會泉水入漢。巨石障流，明嘉靖二十七年疏治之，可通小舟。
麥峪河。在鄖西縣西北。合縣西北三十里五里坪河、縣西北七十里黄沙河、縣西北八十里水東河，入天河。
噩谷河。在鄖西縣西北，舊上津縣西北五里。一名五峪河。又縣東南八十里有冷水河，縣西南八十里有八里河，下流俱入甲水。
龍滚灘。在鄖縣東一里。
湯泉。在房縣東十里。夷堅志：泉内有硃砂。
蘇泉。在保康縣後山下。明統志：民取水於河，知縣蘇惠和憫其險遠，因後山有泉，疏導繞流，凡近縣者莫不稱便，因名。
大湯池。在房縣東十五里土地嶺下。小湯池，在縣南十里青崖山下。二池皆四時常煥，澄澈愈疾。

蓮花池。有三：一在竹山縣東三里霍山頂東崖，一在竹山縣西上庸水西崖，一在鄖西縣西北。

天池。在鄖西縣西南一百二十里。居民引以灌溉。明統志：上津縣西南有池二畝許。

相公池。在鄖西縣北七里，宋張士遜游覽處。

古蹟

鄖鄉故城。即今鄖縣治，古鄖關地。晉置鄖鄉縣，元改爲鄖縣。漢書地理志：漢中郡長利有鄖關。水經：漢水又東過鄖鄉南。注：又東逕鄖鄉縣故城南，縣故黎也，即長利之鄖鄉矣。地理志曰有鄖關，李奇以爲鄖子國。晉太康五年，立以爲縣。華陽國志：魏興郡領員鄉縣，本名長利。元史地理志：均州鄖縣，兵後僑治無常，至元十四年復置。

堵陽故城。在鄖縣西南。梁置縣，後省。唐復置，尋又省。水經：漢水又東過堵陽縣。注：堵水北逕堵陽縣南。舊唐書地理志：武德元年，置南豐州，領堵陽縣。貞觀元年省入鄖鄉。

房陵故城。今房縣治，春秋麇國地。漢置縣，元省入房州。左傳文公十一年：楚子伐麇，成大心敗麇師于防渚。水經注：堵水東歷新城郡，郡故漢中之房陵縣也。漢末以爲房陵郡，魏文帝合房陵、上庸、西城立以爲新城郡，以孟達爲太守，治房陵。元和志：房州即春秋時防渚，魏爲新城郡，周武帝改爲遷州，貞觀十年廢遷州，自竹山縣移房州治於廢遷州廨，即今州治也。元統志：房州，宋建炎二年，移治竹山。紹興三年，復還於房陵之張羅坪，六月移理南山之南。紹定四年，遭兵復燬，明年復立州治，遷於城南五里。德祐元年，知州黄思賢以城來降，還舊治。

綏陽故城。在房縣西南一百七十里。三國魏置縣，西魏置綏州，隋廢。宋書州郡志：新城太守領縣綏陽，魏立，後改爲秭歸。晉武帝太康二年，復爲綏陽。隋書地理志：房陵郡光遷有舊綏州，開皇初廢。

昌魏故城。在房縣西南。三國魏置縣，西魏廢。宋書州郡志：新城太守領縣昌魏，魏立。水經注：筑水出梁州新城郡魏昌縣界，縣以黄初中分房陵立。按：「魏昌」即「昌魏」之訛。

上庸故城。在竹山縣東南。古庸國。秦置縣，漢以後因之。梁改置安城縣，西魏改曰竹山。書牧誓：庸、蜀、羌、髳、微、盧、彭、濮人。孔傳：「庸在漢江之南。」史記秦本紀：昭襄王三年，與楚上庸。三十四年，秦與魏、韓上庸地。後漢書郡國志：漢中郡上庸，本庸國。三國魏志明帝紀：太和二年，分新城之上庸、武陵、巫縣爲上庸郡。四年省上庸郡。景初元年，分魏興之魏陽、錫郡之安富、上庸爲上庸郡。晉書地理志：荆州上庸郡，魏置，統縣上庸。惠帝以上庸屬梁州。隋書地理志：房陵郡竹山，梁曰安城，西魏改焉，置羅州。開皇十八年改曰房州。大業初州廢。元和志：竹山縣本漢上庸縣，後漢於縣立上庸郡。後魏改置竹山縣。元統志：宋紹定四年焚燬，移於縣南。元初還舊治。府志：縣治始建於方城山，後遷於上保縣河，再遷於今治〔二〕。

微陽故城。在竹山縣西。魏置建始縣，晉改名，梁省。宋書州郡志：上庸太守領縣微陽，魏立曰建始，晉武帝改。

安鄉故城。在竹山縣境。華陽國志：上庸郡領安鄉縣。魏咸熙元年，以爲公國，封蜀後主。後廢。按：梁改上庸，置安城縣，蓋以安鄉故縣得名。

武陵故城。在竹谿縣東。漢置縣，後漢省。三國魏復置，梁省。唐又置，尋省。寰宇記：古上庸城，在廢上庸縣東四十里武陵故城是也。

吉陽故城。在竹谿縣西。東晉置，梁省。晉書地理志：桓温平蜀之後，以巴、漢流人立晉昌郡，領吉陽、東關縣。府志：上土城在竹谿縣西五十里，即吉陽故址。下土城在竹谿縣北五里，即東關故址。

長利故城。在鄖西縣西。漢置縣，後漢省。魏復置。晉改置鄖鄉縣。隋復分置，唐省。水經注：漢水又東逕長利谷南，入谷有長利故城，舊縣也。唐書地理志：商州上津，義寧二年置長利縣，貞觀元年廢。按：宋書州郡志以爲晉之錫縣，漢長利所改。今考華陽國志，員鄉本名長利。水經注漢水先逕錫縣故城，後逕長利故城。宋志恐不足據，今不從。

興晉故城。在鄖西縣西北。魏立平陽縣，晉改名，西魏廢。水經：漢水又東，左得育漢〔三〕。注：興晉、旬陽二縣分界於是谷。宋書州郡志：魏興太守領縣興晉，魏立曰平陽，晉武帝太康元年更名。寰宇記：平陽故城在廢黄土縣東，晉太康三年魏興郡自錫縣移理於此。

上津故城。在鄖西縣西北一百四十里。南北朝宋置北上洛縣，隋改爲上津縣。元省，明復置。本朝順治十六年省。宋書州郡志：上洛太守領縣北上洛。隋書地理志：上洛郡上津，舊置北上洛郡，梁改爲南洛州，西魏又改爲上州。唐書地理志：商州上津，義寧二年置上津郡，武德元年曰上州，貞觀八年州廢，以上津來屬。府志：明洪武八年復置，屬襄陽府，成化中改屬鄖陽。

黄沙故城。在鄖西縣東。唐書地理志：均州鄖鄉，武德元年置黄沙縣，八年省。

淅川廢縣。在房縣境。舊唐書地理志：武德元年遷州置淅川縣，五年廢。

新豐廢縣。在竹谿縣東南。元和志：齊新豐縣，魏改孔陽縣，因界内孔陽水爲名。開皇三年，罷孔陽縣，仍移上庸縣理於廢孔陽縣理，屬羅州。貞觀十年改屬房州。寰宇記：廢上庸縣在房州西二百五十里。梁改武陽立新豐縣，又改爲武陵縣。後魏改爲京川縣。廢帝二年，改爲孔陽縣。隋改上庸，今併入竹山。九域志：開寶中省上庸縣。

漫川廢縣。在鄖西縣北四十里。隋書地理志：上洛郡上津，後周併漫川縣入。

開化廢縣。在鄖西縣北。隋書地理志：上洛郡上津，後周併開化縣入。寰宇記：廢開元縣在上津縣東七十里。魏前廢帝二年置，後周保定三年廢。按：隋書地理志作開化，寰宇記作開元，疑誤。

泝鄉廢縣。在保康縣南。三國魏立，梁省。「泝」亦作「祁」。宋書州郡志：新城太守領縣祁鄉。何志：魏立。晉太康地志作「泝」。水經注：新城泝鄉縣分房陵立。

沮陽廢縣。在保康縣南。南北朝宋置，西魏廢。宋書州郡志：汶陽太守領縣沮陽。何志：新立。

永清廢縣。在保康縣西。元和志：永清縣西至房州一百十里，本房陵縣地。後魏廢帝分房陵東境置大洪縣，周武帝改爲永清縣，屬遷州。隋改屬房陵郡。寰宇記：後魏大洪縣，屬光遷國，後周保定二年移於今理，乃改爲永清。今併入房陵。九域志：永清縣，開寶中廢。

受陽廢縣。在保康縣西南一百五十里，接房縣界。今名受陽坪。舊唐書地理志：武德元年遷州置受陽縣，七年廢。輿地紀勝：唐受陽縣在南山之南。王圻續文獻通考：受陽縣後治竹山縣南境。舊志：受陽坪在保康縣西南。明成化中，官軍討鄖陽賊，逼房縣西山，賊懼欲走受陽，都御史白圭檄別將往受陽截其奔軼，即故受陽城。

漢王城。在鄖縣東北一百二十里。相傳漢光武嘗屯於此。

秦王城。在竹山縣南。輿地紀勝：在縣南一里。唐景龍中掘得石刻云，秦白起伐楚，於此下砦。

九斤城。在保康縣北五十里。舊志：相傳昔人築城於此，將成，稱其土重九斤，以水土輕浮遂棄之。今址尚存。

城子坪。在竹山縣西一百二十里。城址尚存，蓋古時縣治也。

濮王故宮。在鄖縣西北。輿地紀勝：唐濮王蕘，妃閻氏捨宮爲延福寺，即今乾明寺。

廬陵王宮。在房縣南。唐中宗在房州所居。輿地紀勝：龍光寺在房州南，即廬陵王故宮。

至喜館。在房縣北二十里。輿地紀勝：舊名悔來館，紹興十四年漕使周綰易今名。

梳粧臺。在鄖縣東。輿地紀勝：在府城東六十里。

方城亭。在竹山縣東南方城山。左傳文公十六年：楚廬戢黎侵庸，及庸方城。注：「上庸縣東有方城亭。」水經注：堵水又東逕方城亭南。

喜豐亭。在竹山縣治東。宋縣令鄭延年建。明統志：宋慶元間建。

登爽亭。在竹山縣治東。府志：元達實布哈至正間爲竹山令建。「達實布哈」舊作「塔失不花」，今改正。

去思亭。在鄖西縣東南。明知縣侯爵有善政，去後民思之，立此亭。

鬼田。在竹山縣東二里。寰宇記：鬼田隔堵水，約二頃，不生樹木，止有茅荻。每歲清明日祭而燎之，豫卜其豐儉。燎草至盡，即是年豐。風俗爲驗，於今亦然。

關隘

馬山口關。在鄖縣西五十里。明宣德間置。成化五年，築土城，周八十丈。

青桐關。在鄖縣西北七十里。

白桑關。在鄖縣東北八十里。

黎子關。在鄖縣東北一百二十里。故黎地。名勝志：地理志云鄖有關，李奇以爲黎子國。郡城東北有黎子關，乃沿黎子之名。

湯池關。在房縣東十五里。以大、小湯池名。

馬欄關。在房縣東三十五里。
房山關。在房縣西三十五里。
高梘關。在房縣北十五里。
黄茅關。在竹山縣西北五十里。
吉陽關。在竹山縣西一百里。
小關。在竹谿縣西南，接陝西興安府平利縣界。
白土關。在竹谿縣西五十里，接平利縣界。
六郎關。在鄖西縣西南一百七十里，舊上津縣南六十里。
雞嶺關。在鄖西縣西五十里。
馬鞍關。在鄖西縣西六十里。
李四關。在鄖西縣西北八十里。
黄龍鎮巡司。在鄖縣西百二十里。本朝乾隆三十五年移江峪塘巡司駐此。
九道梁巡司。在房縣西三百六十里，通四川大寧縣要道。本朝乾隆四十八年設。
板橋山巡司。在房縣西北一百八十里。
官渡河巡司。在竹山縣南一百二十里。明成化間築堡。本朝嘉慶十一年設巡司。
小嶺鎮。在鄖縣西南四十里。

武陽鎮。在鄖縣西北二十里。
馬昌鎮。在鄖縣西北二十里。
雷峰埡鎮。在鄖縣東北七十里。舊有巡檢司，今裁。
城關鎮。在竹谿縣東七十里。
中山鎮。在竹谿縣東北六十里。
江口鎮。在鄖西縣西，舊上津縣南一百二十里。漢江津渡口也。
白家營。在鄖縣東十五里。
博磨坪砦。在房縣東南一百八十里。
老砦。在房縣南十里。
羊角砦。在房縣西四十里。
取毒砦。在竹山縣西一百八十里。
中山砦。在竹山縣西一百五十里。
得勝砦。在竹谿縣南五十里。
九龍砦。在保康縣西南九十里。
金花砦。在鄖西縣東南四十里。
廖家砦。在鄖西縣東南五十里。

朱家砦。在鄖西縣西南五里。高山絶頂，路徑僅通，上設城墉，基址猶存。

北山砦。在鄖西縣西北一百五十里。

黄柿坪堡。在鄖縣北一百十里。

梅家堡。在鄖縣東北一百三十里。

馬良坪堡。在房縣東北二百里，接保康縣界。明成化末建。

望夫山堡。在房縣東南一百八十里，接保康縣界。明嘉靖中置。東抵馬良坪，通荆門州遠安縣界，北通襄陽府均州武當山。

洪坪堡。在竹山縣南二百里。歧路四通。明弘治中建。

鄧家壩堡。在竹山縣南九十里。

四莊坪堡。在竹山縣西九十里。明成化中建。

三界堡。在竹山縣西北一百八十里，西接竹谿縣界，北接陝西興安府白河縣界。明萬曆中建。

常平堡。在保康縣東南九十里，東至襄陽府南漳縣九十里。一名長坪店。

馬鞍山口堡。在鄖西縣南五里。

廟川堡。在鄖西縣西二百六十里，舊上津縣西一百里。路達商、洛，山深徑僻。明嘉靖八年建堡。

上津堡。在鄖西縣西北一百四十里。本朝乾隆十九年設巡司。嘉慶十一年裁，設通判駐此。

壽陽坪。在房縣西南一百八十里。

椒園坪。在房縣北一百里。

大木廠。在房縣西北一百四十里。舊有官亭。

麥場埡。在房縣東北九十里。舊有官亭。

安陽口店。在鄖縣東五十里。

崖屋店。在鄖縣西南一百二十里。

安城店。在鄖縣西七十里。

柏木店。在房縣西南一百八十里。

歇馬河店。在保康縣南一百里。

洞庭廟店。在保康縣東北四十里。

羊尾山店。在鄖西縣西南一百二十里。

閻家店。在鄖西縣北三十里。

章落河市。在房縣西八十里。

生河市。在竹山縣南二十五里。

泥灣市。在竹山縣南五十里。

保豐市。在竹山縣西八十里。舊爲鎮，亦名寶豐，又名寶峯。九域志：竹山縣有寶豐鎮。

津梁

永濟橋。在鄖縣東三里。

神定橋。在鄖縣東南十五里。

西河橋。在房縣西門外。

元石橋。在竹山縣西五里。長五丈。

麻家橋。在竹山縣西六十里。

仙濟橋。在竹山縣西七十里。

坪河橋。在竹谿縣東十里。

望川橋。在竹谿縣西二里。

惠政橋。在保康縣北門外。

偏橋。在鄖西縣東南十六里，達鄖縣孔道。

勝輿橋。在鄖西縣南一里。

天橋。有二，俱在鄖西縣。一在縣西北八十里。一在縣西北，舊上津縣西二十里，在兩崖間，高十一丈餘，元至正間建。

沄洲渡。在鄖縣東南四十里。路出均、襄。

時家灣渡。在鄖縣東北一百二十里。爲陸走唐、鄧之道。

斗河渡。在房縣東南六十里。

兩河口渡。在竹山縣西南九十里。

縣河渡。在竹谿縣東六十里。

掌口渡。在保康縣北五十里。

隄堰

捍江隄。在鄖縣東。長三百餘丈。明成化十四年御史吴道宏增築，又名吴公隄。

武陽堰。在鄖縣西北二十里。

盛水堰。在鄖縣北五里。本朝康熙十七年修築。

澈瀣堰。在房縣西南十五里。

甘溪堰。在竹谿縣東三十里。

老虎堰。在竹谿縣西南四十里。

田旗堰。在保康縣東五十里。

蛇渠堰。在保康縣西北一百五十里。

千工堰。在鄖西縣西北十五里。明洪武初築。水出黑龍潭，溉田千餘畝。

麥峪河堰。在鄖西縣西北三十里。

陵墓

周

尹吉甫墓。在房縣東七十里。方輿勝覽：尹吉甫世傳爲房陵人。今房之人尹姓爲多，豈其苗裔歟？明統志：尹吉甫墓在縣東，有碑剥落。按：直隸天津南皮縣有尹吉甫墓，載在祀典。謹並存之。

趙王遷墓。在房縣北。元和志：在房陵縣北九里。寰宇記：又有大冢三所在縣南，號三王冢。名勝志：秦使王翦滅趙，徙趙王遷於房陵，王思故鄉作山木之謳，聞者莫不流涕。卒因葬焉。

漢

張敖墓。在房縣西百餘里。

唐

濮恭王泰墓。在鄖縣北五里。輿地紀勝：地名長辨村。有廟。

廬陵王世子墓。在竹谿縣北三里。高大如丘陵。世傳中宗在房州，韋后生子殀，葬於此。

宋

張士遜墓。在鄖縣西四里。明統志：張相國墓在府城西，有華表石人，謂即張士遜墓。

明

蕭烈婦墓。在鄖西縣西五里。

祠廟

女媧廟。在竹山縣西五十里女媧山下。

洞庭神廟。在保康縣東北四十里。

澂瀨龍王廟。在房縣西南澂瀨堰。宋建，禱雨輒應。

尹公廟。在房縣西南三里。祀周尹吉甫。輿地紀勝：唐咸通中建。

蕭相國廟。有二：一在房縣舊守禦所西；一在鄖西縣西，舊上津縣治。祀漢蕭何。

黄公祠。在房縣西，祀漢黄香。

歇馬廟。在房縣西五十里，祀漢關忠義，相傳嘗歇馬於此。

諸葛武侯祠。在房縣西五十里，祀漢諸葛亮。

原公祠。在鄖縣西北一里，祀明撫治都御史原傑。

忠烈廟。在鄖西縣治西南。祀明死事同知朱褒。

寺觀

興福寺。在鄖縣西。明建。

惠感寺。在房縣西一里。

龍興寺。在房縣西北一百里。明統志：唐柳宗元岳州聖安寺碑云「無姓和尚，始居房州龍興寺」，即此。

大梵寺。在竹山縣東一百里。

豐登寺。在竹谿縣東。

幽静寺。在保康縣北一里。

清明寺。在鄖西縣西北，舊上津縣東。唐貞觀間建。

乾興寺。在鄖西縣北五里。

迎恩觀。在鄖縣治北。舊名唐德觀，明弘治中改名。

白鶴觀。在鄖縣西十五里。

望仙觀。在房縣西四十里。府志：有漢費長房遺蹟。

名宦

三國 魏

蒯祺。建安二十四年，蜀主命孟達攻房陵，祺爲房陵太守，爲達所執，不屈死之。

晉

吉挹。馮翊蓮勺人。孝武帝初，爲魏興太守。苻堅將韋鍾來攻，挹力拒之，斬七百級，加督五郡軍事。鍾率衆欲趨襄陽，挹又邀擊，斬五千級。鍾怒，迴軍圍之，又屢挫其鋒。後鍾衆繼至，城陷，引刀欲自殺，友奪其刀。會鍾執之，閉口不言，不食而死。

郭寶。太元中，上庸太守桓沖遣伐苻堅，魏興太守褚桓、上庸太守段方並降之，新城太守麴常遁走，三郡皆平。

西魏

泉仲遵。上洛豐陽人。廢帝元年，於上津置南洛州，以仲遵爲刺史。仲遵留情撫接，百姓安之。先是，民多背叛，仲遵以廉簡處之，羣蠻率服。

周

蕭撝。蘭陵人。保定三年，爲上州刺史。爲政仁恕，以禮讓爲本。嘗至元日，獄中囚悉放歸家，聽三日然後赴獄，諸囚並依限而至，吏民稱其惠化。秩滿當還，部民李漆等三百餘人上表乞留，詔嘉美之。

李禮成。隴西狄道人。武帝時，遷州刺史。時朝廷有所徵發，禮成以蠻夷不可擾，擾必爲亂，上表固諫，帝從之。

隋

竇賢。開皇中，任遷州刺史。莅政有聲，士民懷之。

唐

張知謇。幽州方城人。中宗在房州，禁察苛嚴，知謇與董元質、崔敬嗣繼爲刺史，供億保戴不少弛。帝復位，拜左衛將軍。

崔敬嗣。靈昌人。中宗在房州，吏多肆慢不爲禮，敬嗣爲刺史，獨盡誠推敬，儲給豐衍。

韋景駿。京兆萬年人。中宗時，遷房州刺史。州無學校，好祀淫鬼，景駿興貢舉，通隘道，作傳舍，罷祠祀無名者。

宋

辛文悦。開寶三年知房州。時周恭帝降封鄭王，出居是州，上以文悦長者，故命焉。

楊仲元。管城人。知鄖鄉縣。宰相張士遜先塋隸境内，將屬之，召不往，至則按籍均役之，雖堂帖求免不爲減。

陳希亮。眉州青神人。仁宗時，盜起京西，富弼薦知房州。州素無兵備，希亮以牢城卒雜山河户得數百人，日夜部勒，聲振山南。殿侍雷甲，以兵百餘人逐盜竹山，所至爲暴，希亮即勒兵阻水拒之，命持滿無得發，士皆植立如偶人，甲射之不動，乃下馬拜，請死。吏士皆欲斬甲以徇，希亮獨治爲暴者十餘人，使甲以捕盜自贖。供奉官崔德贇捕賊黨軍子不獲，圍竹山民向氏，殺父子三人，梟首南陽市，曰：「此黨軍子也。」希亮察其冤，下德贇獄，未服。黨軍子獲於商州，詔賜向氏帛，復其家，流德贇通州。或言華陰人張元走夏州，爲元昊謀臣，詔徙其族百餘口於房，饑寒且死。希亮言元事虚實不可知，請釋其族，詔從之。老幼哭庭下，畫希亮像祠焉。

李璆。汴人。徽宗時，知房州。時既榷官茶，復强民輸舊額，貧無所出，被繫者數百人。璆至，即日盡釋之。

晉鷟。紹興初知房州。適桑仲蹂躪，軍士絶糧，鷟令軍開墾，至秋大熟。貧民能爲工匠者，令修製軍器農具。移州治，創州學，俾民遺子弟入學，免其役税。

明

馬伯庸。洪武初知鄖縣。撫字流民，興舉庶務，人懷其惠。

原傑。陽城人。成化時劉千斤等爲亂，流民逋寇多潛匿秦、楚、蜀三省之交，命傑以户部侍郎出撫。傑遍歷山谿，宣朝廷德意，諸流民皆願附籍，得户十一萬三千有奇，户各授田，用輕則定賦，置鄖陽府及析置諸縣，擇良吏爲有司。又置湖廣行都司，增兵戍守。以地界三省，事無統紀，請特設撫治。經理周密，措置宏遠，由是流人得所，四境乂安。

吴道宏。宜賓人。成化中以大理少卿撫治鄖陽，綏輯流移，加意安撫。

吴遠。安福人。成化中，原傑開設府治，博選才望。遠由鄧州知州薦爲知府，經營創建，有勞來還定安集之功。

侯爵。歸德人。成化中知鄖西縣。時縣治新設，庶務草創，爵悉心規畫。秩滿去，士民建祠祀之。

曾熙。泰和人。成化中知竹谿縣。時縣初分設，逋逃新附，熙推誠招撫，民甚安之。

戴珊。浮梁人。弘治中巡撫鄖陽。以房縣幅幀太廣，東南地連山峒，乃析置保康縣。嘗自製陣法，訓練兵伍。蜀寇野王剛躪竹山、平利諸縣，珊遣將誅之，釋脅從數千人，遂定。

胡倫。四川人。弘治中知鄖陽府。郡東靈泉之西有武陽、盛水二堰，溉田甚博，歷久淪没，歲比不登，民往往争水致訟。倫割俸鳩工董治，甃以巨石，翼以巨幹，蓄泄有時，至今賴之。

蘇惠和。蓬溪人。弘治中知保康縣。時縣治初創，惠和建城池，創公署，興學育才，分疆定籍。在任九年，户口蕃息。

陳雍。餘姚人。正德間撫治鄖陽。時荆、襄、漢、沔及監利、潛江諸邑，民遭墊溺，雍悉出公帑，又借武當山香税，親詣所在，立法賑濟，全活者甚衆。

王縝。東莞人。正德中撫治鄖陽。武宗西狩，傳將幸武當，諸郡豫備供億，科斂民財，衆心駭愕。縝令郡邑不爲備，中貴往來横恣者，縝痛抑之。

曾槐。商城人。正德間知上津縣。時蒿蘆盜起，槐捐俸甃磚城，盜不爲害。

王以旂。江寧人。嘉靖間撫治鄖陽。時平利、竹、房盜起，倚險行劫，以旂遣指揮李時、同知張直會擒之。又給貧民牛種，賑恤流亡，民大悦。

陳鑰。潮陽人。嘉靖中知竹谿縣。時邑經賊殘破，復業者少，鑰勞心撫字，親歷桑田，勸民耕作，又請歲減賦税十之三，民甚德之。

張文英。武陽人。嘉靖中竹谿主簿。土寇掠境，力戰死。

汪道昆。歙縣人。隆慶中撫治鄖陽。悉卻供億，爲政不察察，而大綱畢舉。

王世貞。太倉人。萬曆中撫治鄖陽。彈斥貪墨，清戎政，核軍屯，鄖陽屹然成雄鎮。

宋豸。容城人。萬曆中知鄖陽府。清田賦，稽户籍。又以各屬屯糧米麥，一例並折，高下重輕，未免偏累，請分别夏麥秋粟，釐定成書，鄖民永享其利。

陳暹。富順人。萬曆中知鄖縣。時議開鑛採金，遣中官至鄖，暹言鑛脈已絶，遂得報罷。

朱衣。南京錦衣衛人。萬曆中，自鄖西知縣，調任房縣。民田每苦旱潦，衣於縣南鑿石爲斗門，大者三，小者三十五，爲管七十餘，以時蓄洩，溉田萬餘畝。

潘可賢。烏程人。萬曆間知保康縣。建倉積穀，以備歲饑，民甚賴之。

蔡復一。同安人。天啓中撫治鄖陽。時亢旱三月不雨，復一步禱，自狀其罪。又不雨，乃令開囹圄，素冠布袍坐其中，是夕甘雨如注。

黄從貴。元城人。崇禎中知房縣。時寇盜出没，從貴獨守孤城，援絶城陷，駡賊死。本朝乾隆四十一年，賜謚節愍。

盧象昇。宜興人。崇禎七年，流賊破鄖陽，命象昇以僉都御史撫治。至則屬縣殘壞，兵缺餉，且從賊，象昇鎔所服銀盔帶市具，椎牛犒軍，勵以忠義，衆咸誓死。時蜀寇返楚者駐鄖之黄龍灘，象昇與總督陳奇瑜分道夾擊，連戰皆捷，漢南寇幾盡。因請益鄖駐兵，減賦税，繕城郭，貸鄰郡倉穀，募商採銅鑄錢，鄖得完輯。

郝景春。江都人。崇禎間知房縣。修城濬隍，繕守備，賊至屢挫之。會羅汝才就撫，安插房縣，已而與張獻忠俱叛，城陷，景春死之。其子鳴鸞及僕陳宜俱從死。事聞，贈太僕寺卿，立祠致祭。本朝乾隆四十一年，賜謚忠烈。

楊道選。房縣守將。崇禎間羅汝才陷城，同郡將張星炫，俱不屈死。本朝乾隆四十一年，賜謚烈愍。

蔣宗縉。銅仁人。崇禎中知鄖西縣。流寇猖獗，宗縉繕甲厲兵，堅壁固守，屢解重圍。後官軍雲集，文武僚吏多聚於上津，宗縉悉心調度，芻糧無缺，而民不受征繕之累。

方國儒。歙縣人。事母以孝聞。崇禎中知保康縣。縣小無備，流寇至，率鄉兵禦之，及敗被執，駡賊死。本朝乾隆四十一年，賜謚烈愍。

劉元伯。崇禎間知鄖西縣。流賊攻圍日久，力盡援絶，城陷死之。本朝乾隆四十一年，賜謚節愍。

李孔效。遼陽人。崇禎中知竹谿縣。李自成、張獻忠先後圍城，孔效悉力捍禦。左良玉擁兵不救，防兵内潰，城遂陷，孔效持利刃伏短垣間，賊過輒殺之，盡力格鬭，被執不屈死。本朝乾隆四十一年，賜謚節愍。

楊鏡。四川人。崇禎中知保康縣。空城無人，招集逃亡，浚池修城，作保障計。賊突至，城破，閉門自盡。本朝乾隆四十一年，賜謚節愍。

王紹正。竹谿訓導。崇禎七年，獻賊陷城，不屈死。本朝乾隆間，予祀忠義祠。

曹同。巢縣人。知鄖西縣。崇禎八年城陷，賊索印，大駡不與，賊擊骨肉皆碎。本朝乾隆四十一年，賜謚節愍。

龔懋澤。閩縣人。崇禎八年，以湖廣都司經歷攝篆上津，闖賊陷城死。本朝乾隆四十一年，賜謚節愍。

屠紹臯。寧國人。知上津縣。崇禎十年，獻賊陷城，被執不屈死。本朝乾隆四十一年，賜謚節愍。

朱邦聞。房縣主簿。崇禎十二年，賊陷城，被執脅降，駡賊死，全家殉難。本朝乾隆間，予祀忠義祠。

王元會。益州人。知鄖西縣。崇禎十二年，獻賊等夜襲城，死之。本朝乾隆四十一年，賜謚節愍。

萬惟壇。曹縣人。官鄖西縣佐。闖賊陷城死，妻李氏殉難。本朝乾隆四十一年，賜謚節愍。

本朝

徐啓元。奉天人。明末，以都御史撫治鄖陽。時流寇路應彪、馮養珠等寇鄖，啓元守禦數年，復以密計殺賊。順治二年，率土來歸，仍命撫治。

劉璿。廣平人。順治初任鄖陽府同知。王光泰叛，被執遇害。時同殉難者，鄖縣知縣趙丕承，正定人。

李承鑛。大同人。順治初知房縣。時縣城爲流寇所毀，承鑛居羊角砦，招撫流亡，老少歸業。賊潛山谷中，一日夜行三百里，襲破砦，被執不屈死。

謝泰。字彙征，大興人。順治己丑進士，知竹山縣。時寇賊充斥，泰駐鶯崖寨，川寇劉二虎、郝搖旗來犯，泰率鄉勇卻之。土賊楊明啓與川寇合，泰知鶯崖不可守，移壁蔣家寨。賊復來攻，築木城二十餘里爲長圍，泰以計殺賊八百有奇。後援兵至，圍始解。泰乘勝追勦，賊多投河死。以全邑功，遷軍前督餉同知。告歸卒，祀忠義祠。

許文耀。福建人。康熙初任鄖陽通判。楊來嘉叛，上官檄文耀往撫。文耀諭以利害，賊無從意，文耀切責之，遂遇害。事聞，贈卹。

穆生輝。山西天鎮人。任鄖陽總兵。土寇犯境，力戰死。

傅桂芳。永清人。康熙中竹山營遊擊。賊譚宏犯鄖陽，桂芳中鎗歿。詔贈都司僉書。

朱綵。高唐州人。康熙中知鄖陽府。舊有武陽、龍門諸堰，歲久湮廢，民失水利，綵捐貲修復，歲獲倍登。復講學勸農，緝盜安良，郡中翕然稱治。卒祀名宦。

劉大成。新昌人。知竹山縣。嘉慶元年，教匪曾世興陷城，與典史吴國華均以殺賊損軀。恩予優卹。國華，大興人。

陳世章。江西人。知保康縣。縣無城，嘉慶元年，邪匪猝入境，督率兵勇勦賊，與守備孫掄魁同被害。恩加優卹。

蕭水清。字廉泉，平遠人。保康典史。嘉慶元年，教匪突入縣署，水清與教諭黄義峯拒署門，門開不可闔，各手刃賊十餘人，力竭俱死。恩予優卹。水清子其馨、其芳，姪祚超，及妻弟林良鳳，幕客范紹晉，皆不屈死。妻林氏、媳韓氏，及其女孫，皆闔門自殺。

宗超海。字雲峯，贛縣舉人。知竹谿縣，多善政。嘉慶元年，教匪滋事，勢倉猝無備，督撫駐武昌，距邑且千里，超海度陝省較近，具狀請援，幕客以越境請兵有難色，超海憤然曰：「一邑生靈，朝不及夕，可拘常格乎？」陝撫秦承恩適至興安，得狀遣兵，一邑獲全。七年，予祀名宦祠。

黄詔。山陰人。房縣九道梁巡檢。嘉慶四年，教匪犯境，詔率鄉勇堵禦，力竭遇害。賜卹如例。

金克俊。大興人。乾隆庚子舉人，嘉慶五年，署房縣知縣，隨營勦賊陣亡。恩旨照知縣例賜卹。

人物

周

尹吉甫。房陵人。食采於房，詩人爲之歌六月之章。

晋

王遜。字邵伯，魏興人。累官上洛太守，私牛馬在郡生駒犢，秩滿悉以付官。永嘉中爲寧州刺史。時外逼李雄，内有夷寇，吏士散没，城邑丘墟，遜披荒糺厲，收聚離散，誅豪右不奉法者，征伐諸夷，俘馘千計，於是莫不振服，威行境土。遣子澄奉表勸進於元帝，帝封遜褒中縣公。李驤寇寧州，遜使將軍姚崇、爨琛拒之，戰於堂狼，大破驤等。崇以道遠不敢渡水窮追，遜執崇鞭之，怒甚，髮上衝冠，冠爲之裂，夜中卒。謚曰壯。

西魏

扶猛。字宗略，上甲黄土人。世爲上洛郡蠻渠帥。梁時爲新城、上庸太守，南洛、北司二州刺史，封宕渠縣男。魏廢帝元年，降魏，授車騎大將軍、羅州刺史。從賀若敦討信州，破之。入白帝城，撫慰民夷，莫不悦服。後又破蠻帥文子榮於汶陽，進爵臨江縣公。轉綏州刺史。從衛公直援陳將華皎，時軍不利，唯猛所部獨全。又從田弘破漢南諸蠻，前後十餘戰，每有功。

明

李善。房縣人。洪武初，授國子助教，歷工部郎中。榷課蘆茶，出納稱平。旋以引年致仕。

彭忠。竹山人。永樂舉人，累官常州知府。郡爲三吴劇地，時成祖營建北京，民苦征徭，忠撫字盡善，治行爲天下第一。

陳瑛。竹山人。永樂初以明經應詔，除刑科給事中。性剛直，奏劾無所忌，朝廷重之。

潘榮。竹山人。永樂初，刑部主事。讞決無私，嘗曰：「一點墨，一人命，可不慎乎！」人服其言。

楊五。保康人。兄弟五人以射獵爲業，有勇名。劉千斤、石和尚作亂，欲掠遠安，憚五兄弟不敢越。乃以重賂假道，五陽受之，而設伏以待，賊覺，乃遁去。寇平，授左千户不就，力耕終其身。

周清。竹谿人。正德中進士，不樂仕進，隱居教授。嘉靖初爲處州府推官，循聲丕著，以賢能徵，卒於途。

朱褒。字崇益，鄖西人。嘉靖舉人，歷官揚州府同知。倭寇刧掠海壖，褒率兵力戰死。事聞，贈布政司參議，廕其子，立祠祀焉。

赫奕。鄖縣人。嘉靖中舉人，授永昌府推官，昭雪冤獄。轉晉下川南參議。適奢寇爲亂，奕親冒矢石，平之。陞廣東布政使，未任卒。川督朱燮元以平奢功，疏於朝，贈兵部侍郎，廕其一子。

温如玉。鄖縣人。嘉靖進士，累官御史，巡撫蘇松。時江南島寇初平，物産凋耗，如玉一意撫循，民咸蘇息。尋擢山東按察副使，以病歸。如玉謹廉隅，敦孝友，居官二十年，故廬不增一椽。

徐成楚。字衡望，竹谿人。萬曆進士，知内黄縣。有訟鬻田不鬻井者，陽不應，使人浚井，得鐵鎮枯骨，乃十年前田主所潛殺布商也，遂按伏法，邑人神之。歲旱，蝗不入境，擢給事中，糾劾不避權貴。

歐陽照。竹谿人。萬曆進士，累官給事中，出爲隴西道副使。爲政持大體，有能名。

吴應元。鄖西人。以掾起家，慷慨有國士風。任巴西典史，以廉敏稱。天啓三年，奢崇明亂，得應元欲授以僞職，應元罵曰：「某雖末吏，官自天朝，豈向爾死賊求署耶！」拔刀自刎。事聞，令建祠祀之。

喻元傑。鄖西人。兄弟三人皆諸生。崇禎十年，流賊夜襲城，母陳氏方卧疾，家人悉逃，獨元傑侍母側。母促之去，元傑泣曰：「舍母偷生，何以生爲？」賊至，母子俱被害。

寇士元。鄖西人。明末寇亂，士元以諸生散家財募士破賊，知縣蔣宗縉署爲守備，後力戰死。本朝乾隆四十一年，賜謚節愍。

劉泗源。鄖縣諸生。明末路、馮二賊圍鄖城，城中食盡將潰，泗源縋城入賊營，爲諜以間之，兩賊互相猜疑，天明遁去。

本朝

謝廷賓。保康貢生。有智略，郝賊盤踞房、竹間，往往以輕騎掠野，廷賓糾合鄉里，保全山砦，間出奇兵襲賊，賊不敢縱，人賴以安。

甘繼芳。竹谿人。明季流賊出没邑境，繼芳糾合義勇守禦。本朝康熙初，授守備，駐中峯砦、左奚〔四〕。會楊來嘉叛，連洪、謝二賊來攻，知縣曹席珍入中峯，與繼芳協力爲前後二門，拒守經兩月。有縣役通賊破砦，賊執席珍，繼芳曰：「主砦者我也。」因厲聲殺賊，至五峯嶺，被害。

梁應旭。鄖西人。天性純孝，里黨咸稱之。乾隆九年旌。

吴正孝。竹山人。以千總從征金川，陣亡。嘉慶六年，補給恩騎尉世職。

魏一輪。竹山人。乾隆庚子舉人。嘉慶元年，教匪滋事，一輪與兄庫大使廷佐、武舉廷宣，率鄉勇堵禦，一輪殺賊被戕，妻子亦遇害。廷佐孫藻、姪孫元喜及二僕俱死於賊。

黄富國。字世封，竹山武生。嘉慶元年，教匪陷竹山，富國隨西安將軍恒瑞攻復縣治，追斬賊首曹海陽於北星河，隨勦别賊，皆有功。每出戰張黑幟，賊目之爲黑虎軍。洊擢督標守備。二年，勦賊於山口，兩峯壁立，賊麕至，洞胸死。事聞，恩予卹廕如例。

甘杜。竹谿歲貢生。嘉慶元年，任來鳳訓導。教匪猝至，偕地方官固守，城陷死之。事聞議卹。

流寓

宋

龔夬。瀛州人。上疏乞正元祐后册位號，及元符后不當並立，書報聞。已而元祐后册再廢，言者論夬嘗建言，詔削籍編管房州。

劉光祖。簡州陽安人。趙汝愚既罷相，韓侂胄擅朝，目士大夫爲僞學逆黨，禁錮之。光祖撰涪州學記，諫官張釜指爲謗訕，奪職謫居房州。

明

毋德純。南充人。嘉靖四年，以議大禮戍鄖陽，開館授徒於鄖。

列女

明

蕭烈女。陝西人。成化間年十九，以歲荒隨父流寓上津。會官軍逐流民甚急，有强暴詐稱官軍，執欲污之，蕭度不免，自經死。

熊養性妻曾氏。鄖縣人。許字養性，養性病卒，女聞之，自經死，家人合葬焉。

于一鳴妻張氏。鄖縣人。夫溺死，張哀毁卒。

劉顯清妻許氏。保康人。年十九，顯清墜水死，許聞奔哭，索尸不獲，因自沉。後於穀城河並得兩尸。事聞獲旌。

郭大美妻景氏。竹谿人。事姑至孝，夫歿姑復卒，景慟哭死於柩旁。

張應龍妻馮氏。鄖西人。夫卒無子，殯前二日自經。

段雲錦妻徐氏。鄖縣人。崇禎十六年，李茂春倡亂，徐與雲錦弟雲章妻趙氏，以死相誓，衣襦皆密縫之。已而爲賊所掠，行至武陽觀音洞，見懸崖臨水數十仞，奮身投焉。

楊應明妻侯氏。鄖縣人。應明官通判，值李茂春之亂，侯被掠，欲污之，侯駡曰：「我朝廷命婦，豈從汝死賊！」賊怒殺之。

郭以新妻寇氏。鄖西人。流寇至，夫婦攜子匿山中，邏賊獲之，舉刃將殺其夫與子，寇紿賊曰：「此吾兄也，汝勿害，吾從汝。」賊信而舍之，以新遠去，乃大駡賊，賊惜其姿，以手曳之，寇舉石擊中賊面，賊怒殺之。首已隕，猶行百步，遇石乃仆。

陳丹餘妻宋氏。鄖縣人。崇禎末，偕女遇賊見執，宋度必不免，行詣槐陰下，母女急抱樹而駡曰：「吾母子甘死白日下，豈受汝暗室污哉！」賊曳之不動，以刃斷其指，駡益厲，並殺之。

王焻妻黄氏。鄖縣人。李茂春之亂，被掠大駡，且拾梃擊賊，賊怒殺之。

李紹賢妻曾氏。鄖縣人。明末兵變，投厠死。死踰月得屍，顔色不變。

鞠養睿妻黄氏。保康人。明末遇賊不屈，觸石死。

本朝

胡廷聘妻許氏。鄖縣人。順治四年，王光泰叛，羣賊執許，許剔目斷髮，投水死。後膺旌表。

馬士秀妻李氏。鄖縣人。寇叛被擄，渡江躍入水死。又馬之驤妻段氏、李紹先妻李氏，俱同時殉節。

張廷芳妻章氏。紹興人。順治初隨夫任竹谿縣典史，宿馬鞍砦，流寇突至，居民欲逃，章脱簪珥犒衆以守，後見力不支，解佩刀先刺幼子，乃自刎。賊見之，咸咋舌去。

徐秉哲妻謝氏。鄖縣人。夫歿，姑老子幼，值洪賊亂，扶姑攜子逃竄，日夜佩利刃以防强暴。姑歿營葬，撫子有成，苦節五十年。康熙五十九年旌。

周宗适妻段氏。鄖縣人。夫得狂病，時持刀秉火，段侍疾不怠。夫卒，遺孤亦殀，舅欲奪其志，堅不從。以從子爲嗣，撫若己出。康熙五十九年旌。

周詩妻徐氏。鄖縣人。未嫁詩卒，守貞奉姑，姑卒，哀慟，事繼姑孝。詩弟三人俱幼，日用皆給於徐。康熙五十九年旌。又同縣節婦陳世德妻楊氏、程子民妻楊氏，俱康熙年間旌。白天麟妻李氏、烈女王金大，雍正年間旌。

楊正坤妻蔡氏。竹山人。青年苦節，誓志不渝，鄉人莫不嘉憫。康熙年間旌。又同縣歐陽思鼎妻張氏，雍正年間旌。

向斗垣妻楊氏。鄖西人。夫卒守節，家貧，晝夜紡績以養舅姑。嘗被大水浮於樹杪，若有物載之以免。雍正元年旌。又同縣梁應暘妻江氏、吴藩妻劉氏，俱雍正年間旌。

鍾雲明妻李氏。鄖縣人。夫亡守節，乾隆年間旌。又同縣許正坤妻王氏、柴先榮妻張氏、曾宗先妻張氏、王釪妻李氏、吴采妻蕭氏、陸善妻龔氏、李承先妻徐氏、瞿成元妻李氏、蕭廷獻妻毛氏、裴佩紘妻劉氏、王鏡妻閔氏、吴永祥妻佘氏、段士宏妻周氏、羅永年妻余氏、瞿天榮妻吕氏、周頌妻陳氏、藍士芳妻胡氏、孝婦陳文世妻劉氏，俱乾隆年間旌。戴之有妻鮑氏、趙樸妻李氏，田文秀妻劉氏、趙相妻陳氏，俱嘉慶年間旌。

劉楚材妻余氏。房縣人。夫亡守節，乾隆年間旌。又同縣雷天動妻程氏、雷天名妻王氏、袁宏仕妻許氏、彭中允妻林氏、陳輔相妻汪氏、李應儒妻高氏、盧士虎妻錢氏、陳萬一妻盛氏、趙文經聘妻藍氏，烈婦余思舜妻况氏，俱乾隆年間旌。陳良臣妻杜氏、張文輝妻趙氏、張士英妻戢氏，俱嘉慶年間旌。又謝龍恩母劉氏、鄭某妻陳氏、李啓傅媳傅氏、李遐友母某氏、王道妻吕氏、曹倫妻余氏、尼僧照福，俱於嘉慶元年，教匪入城，遇賊不屈死。事聞，均旌。

王國棟妻汪氏。竹山人。夫亡守節。乾隆年間旌。又同縣吴維貞妻韓氏、李起鳳妻張氏、李廷元妻袁氏、魏爾瑾妻楊氏、程文相妻焦氏、陳得貴妻李氏、杜仁妻李氏、韓克禮妻杜氏，烈婦王伯海妻蕭氏，俱乾隆年間旌。都澍妻盧氏、都國安妻李氏、魏廷相妻曾氏、魏正植妻何氏、魏兆青妻李氏、魏正言妻華氏，俱嘉慶年間旌。

楊炳妻周氏。竹谿人，夫亡守節，乾隆年間旌。又同縣任尚廉妻李氏、汪秀妻孟氏，汪文珍妻陳氏，烈婦李倫妻陳氏，俱乾隆年間旌。蕭崗妻周氏、曾致福妻劉氏、馮軾妻陳氏、馮汝賢妻劉氏、趙英妻李氏、王元棋妻周氏，孝婦郭崇周妻廖氏，俱嘉慶年間旌。又敖世祈妻劉氏、李翠仲妻吴氏、王中妻甘氏、熊文韜妻楊氏、朱文象妻余氏、陳宗善妻喬氏、楊勝泰妻郭氏，俱於嘉慶元年，教匪入境，遇賊不屈死。事聞，均旌。

張見隆妻陳氏。保康人。青年苦節，事舅姑以孝聞。乾隆四十九年旌。至嘉慶元年，教匪入保邑，氏罵賊死。又同縣黄安元妻周氏、酆普妻李氏，俱乾隆年間旌。高吉兒聘妻楊氏，嘉慶年間旌。又韓玉書妻王氏，劉良朋妻羅氏，柳孔彰妻王氏，陳紹太妻高氏、張氏，周之珩妻劉氏、柳氏，羅文海媳閻氏，羅文潛媳余氏，羅文潤妻黄氏，羅文澍妻陳氏，羅桂妻高氏，羅棠妻何氏，羅桐妻周氏，張英妻吴氏、長媳王氏、次媳葛氏，王琅妻周氏，羅女魁大，張大女，張二女，俱於嘉慶元年遇賊不屈死。朱景雲母徐氏，王近智妻謝氏、女次大，王玉山妻周氏，廖作林妻張氏，黄鑼女大姑，俱於嘉慶五年遇賊不屈死。事聞，均旌。

晏守成妻胡氏。鄖西人，夫亡守節。乾隆年間旌。又同縣吴樀妻章氏、吴耀光妻黄氏、羅某聘妻吴氏，俱乾隆年間旌。

楊渭功妻周氏、楊大有妻章氏、夏時妻劉氏、羅宗連聘妻吴氏、胡學澄妻周氏、胡楚栴妻李氏，俱嘉慶年間旌。

仙釋

宋

三朵花。熙寧、元豐間，房州有異人，常戴三朵花，莫知其姓名，人因以「三朵花」名之。能作詩，又能自寫真，蘇軾有詩紀之云。

明

黄衣和尚。不知其名。居保康縣小庵中，嘗衣黄衣，因以爲號。遇虎狼叱而馴之，渡水衣履不濕，後不知所終。

土產

錫。明統志：鄖陽出。

花桑木。青藤枝。明統志：俱保康縣出。

羊肚菜。獐花栗。俱房縣出。

鍾乳。元和志房州貢。

雷丸。元和志：房州貢。

蒼礬。唐書地理志：房州貢。

竹䶂。唐書地理志：房州貢。

白鷴。房縣出。

校勘記

〔一〕東與荆山連接　「荆山」，乾隆志卷二七二鄖陽府山川（下同卷簡稱乾隆志）同，太平寰宇記卷一四三山南東道房州作「京山」。

〔二〕再遷於今治　乾隆志謂「再遷於文廟」，與此不同。

〔三〕水經漢水又東左得育漢　乾隆志同。按，「漢水又東，左得育漢」八字今通行本水經注作注文，蓋舊刻訛誤。又，「育漢」亦「育溪」之訛。

〔四〕駐中峯砦左奚　「奚」，當作「溪」。考同治竹谿縣志卷一〇善行有甘繼芳小傳，云「興鎮總兵段某知芳義勇堪重任，以便宜給札爲守備，防衛中峯、左溪等處」，敘其事甚詳。

宜昌府圖

宜昌府圖

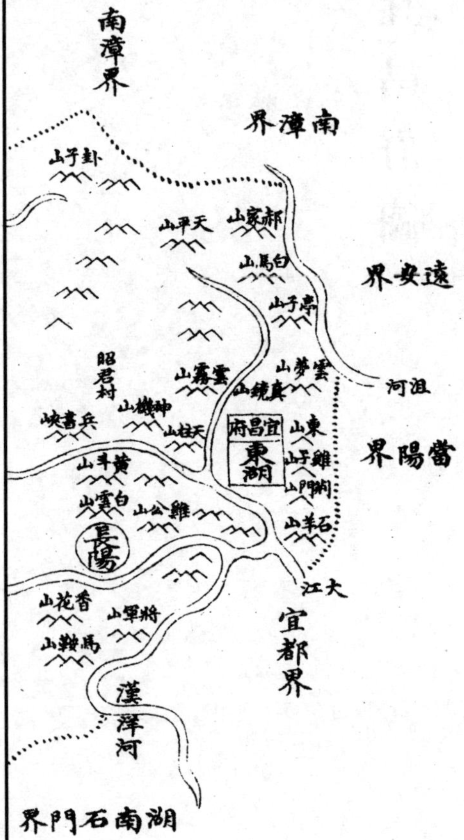
南漳界
南漳界
卦子山
天平山
郝家山
白馬山
遠安界
亭子山
雲霧山
雲夢山
真鏡山
沮河
昭君村
神機山
兵書峽
天柱山
宜昌府
東湖
東山
雞子山
荆門山
當陽界
黃牛山
白雲山
雞公山
石羊山
長陽
大江
香花山
將軍山
馬鞍山
宜都界
漢洋河
湖南石門界

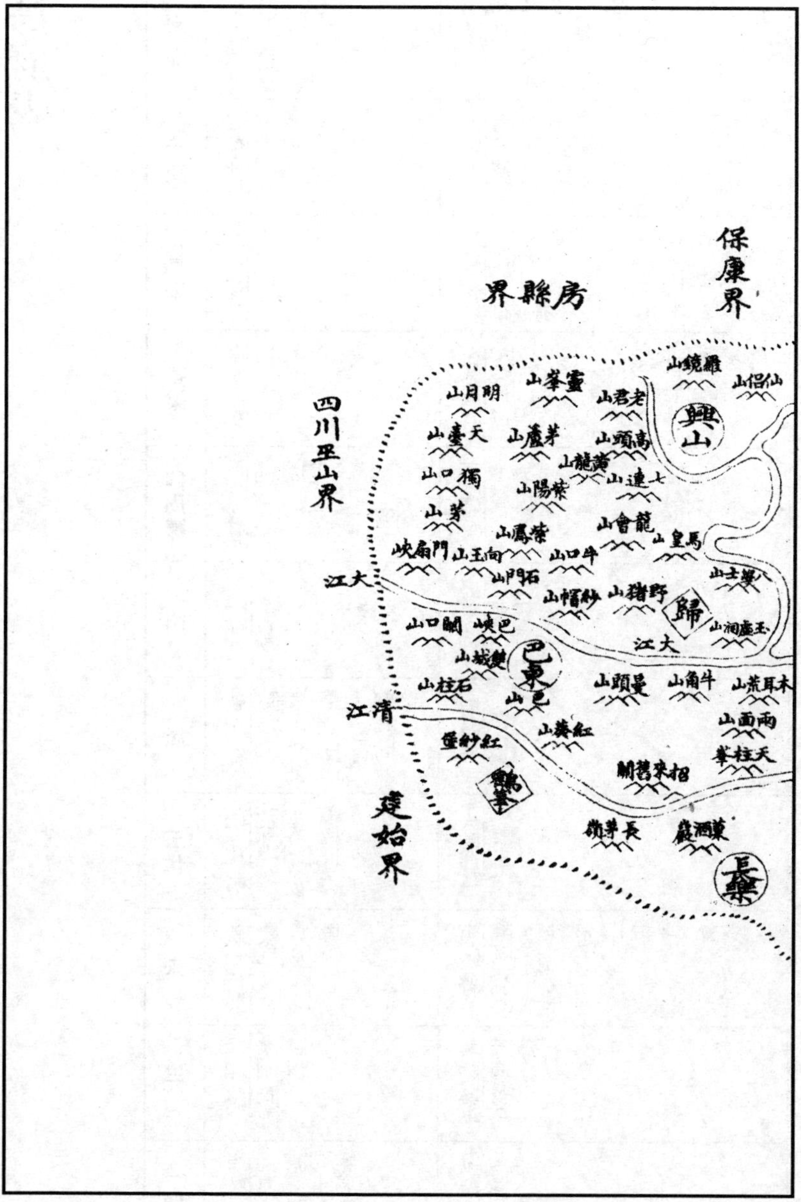
保康界
房縣界
四川巫山界
羅鏡山
仙侶山
靈峯山
明月山
老君山
興山
天臺山
茅廬山
高頭山
黃龍山
獨口山
紫陽山
七連山
茅山
紫鳳山
龍會山
馬皇山
門扇峽
向王山
牛口山
石門山
大江
紗帽山
野猪山
八學士山
歸
關口山
巴峽
雙城山
東巴
大江
石柱山
巴山
曼頭山
牛角山
木耳荒山
清江
兩面山
紅花山
天柱峯
招來舊關
建始界
長茅嶺
長樂

宜昌府表

	宜昌府	東湖縣
兩漢	南郡地。	夷陵縣 漢置，屬南郡，後漢建安十三年分屬臨江郡。
三國	宜都郡地。初屬蜀漢，後屬吳。	西陵縣 蜀漢屬宜都郡，吳改曰西陵。
晉宋	宜都郡地。	夷陵縣 太康初復故名，屬宜都郡。 宜昌縣 晉末置，宋屬宜都郡。
齊梁	梁置宜州。	夷陵縣 梁爲州治。 宜昌縣 屬宜都郡，梁徙，後復。
魏周陳	西魏改拓州，周改硤州。	夷陵縣 宜昌縣
隋	夷陵郡 大業初改。	夷陵縣 郡治。 徙廢。
唐	硤州夷陵郡 武德初復置州，天寶初又改郡，屬山南東道。	夷陵縣 州郡治。
五代	硤州夷陵郡 初屬蜀，後屬南平。	夷陵縣
宋	硤州夷陵郡 屬荆湖北路。	夷陵縣 建炎中徙，端平中又徙，仍爲州治。
元	硤州路 屬荆湖北路。	夷陵縣 元復舊所，爲路治。
明	夷陵州 初爲硤州府。洪武九年改州，屬荆州路。	初爲府治。洪武九年省入州。

續表

歸州			長陽縣
	秭歸縣 漢置，屬南郡，後漢末屬固陵郡。		佷山縣 初屬武陵郡，後屬南郡。
	秭歸縣 吴置建平郡。	信陵縣 吴置。	佷山縣 屬宜都郡。
	秭歸縣 屬建平郡。	信陵縣 晉屬建平郡。宋省。	佷山縣 太康初改興山，尋復故名，屬宜都郡。
	秭歸縣		佷山縣
	長寧縣 周改名，兼置秭歸縣。		佷山縣
	秭歸縣 復故名，廢郡，屬信州。		長楊縣 開皇八年改置，并置睦州，十七年廢屬南郡。
歸州巴東郡 初置州，屬山南東道。	秭歸縣		長陽縣 改縣名。武德四年又置睦州，旋廢屬東松州，後屬硤州。
歸州	秭歸縣		長陽縣
歸州巴東郡 屬荊湖北路，端平中徙。	秭歸縣 州治，端平中徙。		長陽縣 屬硤州。
歸州 屬湖廣行省。	秭歸縣 州治。		長陽縣 屬硤州路。
歸州 洪武九年廢，尋復置，嘉靖中復舊治。	洪武初徙治，九年屬夷陵州，旋復置州，省縣入。		長陽縣 屬夷陵州。

興山縣	
秭歸縣地。	
興山縣吴置，屬建平郡。	
興山縣屬建平郡，宋省。	
	周置亭州。 周置資田郡。 周置江州。
	清江郡大業初改庸州，尋又改。 鹽水縣開皇初郡廢，大業初爲清江郡治。 巴山縣開皇中置清江縣，十八年改江州曰津州。大業初廢州，省清江縣入，屬清江郡。
興山縣武德三年復置，屬歸州。	廢。 省。 初屬江州，尋屬硤州，天寶中省。
興山縣	
興山縣熙寧中省，元祐初復。	
興山縣	
興山縣正統中廢，成化中復，尋又廢，弘治初復。	

續表

巴東縣	長樂縣	鶴峰州
巫縣地。		
歸鄉縣 梁置，兼置信陵郡。		
樂鄉縣 周廢郡，更名，屬信州。		
巴東縣 開皇末改名，屬巴東郡。		
巴東縣 屬歸州。		
巴東縣		
巴東縣 南宋移治，屬歸州。		本蠻地。
巴東縣	蠻地。	四川容美洞軍民總管府 至正十一年置。
巴東縣 初屬夷陵州，後復屬歸州。	五峯石寶長官司 洪武六年置，十四年廢。永樂五年復屬容美宣撫司，尋又廢。	容美宣撫司 洪武四年置，尋廢。永樂四年復置，屬施州衛。

大清一統志卷三百五十

宜昌府

在湖北省治西一千八十里。東西距五百九十里，南北距四百一十里。東至荆門州當陽縣界一百四十里，西至四川夔州府巫山縣界四百五十里，南至荆州府宜都縣界六十里，北至襄陽府南漳縣界三百五十里。東南至當陽縣界一百四十里，西南至湖南澧州石門縣界三百五十里，東北至荆門州遠安縣界九十里，西北至鄖陽府房縣界五百六十五里。自府治至京師三千五百四十里。

分野

天文翼、軫分野，鶉尾之次。

建置沿革

禹貢荆州之域。春秋、戰國楚地。漢南郡地，爲都尉治。建安十三年，爲臨江郡地，蜀漢爲宜都郡地。晉、宋、齊因之。梁置宜州。西魏改曰拓州。北周改曰硤州。隋大業初，改曰夷陵郡。

唐武德二年，改曰硤州。天寶初曰夷陵郡，屬山南東道，乾元初復曰硤州。五代初屬蜀，後屬南平。宋曰硤州夷陵郡，屬荆湖北路。元至正十七年，升爲硤州路，屬荆湖北路。明洪武初改曰硤州府，九年降爲夷陵州，屬荆州府。本朝初因之。雍正十三年，升爲宜昌府，屬湖北省。領州二，縣五。

東湖縣。附郭。東西距一百九十五里，南北距三百二十五里。東至荆門州當陽縣界九十里，西至長陽縣界一百五里，南至荆州府宜都縣界五十里，北至襄陽府南漳縣界二百七十五里。東南至當陽縣界九十里，西南至長陽縣界五十里，東北至荆門州遠安縣界一百二十里，西北至歸州界二百里。漢置夷陵縣，屬南郡。建安中，屬臨江郡，蜀漢屬宜都郡。吴黄武元年，改縣曰西陵。晉太康元年，復曰夷陵。宋、齊因之。梁置宜州，西魏改曰柘州〔一〕。北周改曰硤州。隋大業初，爲夷陵郡治。唐、宋因之。元爲硤州路治。明初爲硤州府治。洪武九年，府降爲夷陵州，以夷陵縣省入，屬荆州府。本朝雍正十三年，改設東湖縣，爲宜昌府治。

歸州。在府西北三百五里。東西距二百五十五里，南北距一百九十里。東至東湖縣界一百九十里，西至巴東縣界六十五里，南至長陽縣界一百四十里，北至興山縣界五十里。東南至東湖縣界一百四十里，西南至巴東縣界一百二十里，東北至興山縣界五十里，西北至巴東縣界六十五里。漢置秭歸縣，屬南郡，後漢因之。建安中，孫權分屬固陵郡，尋廢。三國吴永安三年，分置建平郡。晉平吴，屬建平郡，宋、齊因之。周改縣曰長寧，兼置秭歸郡。隋開皇初，郡廢，縣仍曰秭歸，屬信州。唐武德二年，析置歸州。天寶初，改曰巴東郡，屬山南東道。乾元初，復曰歸州。五代初屬蜀，後屬南平。宋亦曰歸州巴東郡，隸荆湖北路。元至元十二年，立安撫司。十四年，升爲歸州路總管府。十六年，復降爲州，屬湖廣行省。明洪武元年，州廢，縣屬夷陵州，尋復置歸州，以秭歸縣省入，隸荆州府。本朝雍正六年，改爲直隸州。十三年，改屬宜昌府。

長陽縣。在府西南七十六里。東西距二百二十五里，南北距一百五十四里。東至荆州府宜都縣界二十五里，西至巴東縣界二百里，南至長樂縣界九十四里，北至歸州界六十里。東南至長樂縣界一百五里，西南至巴東縣界一百七十五里，東北至東湖縣界四十二里，西北至歸州界二百里。漢置佷山縣，屬武陵郡，後漢改屬南郡。三國漢屬宜都郡。晉太康元年，改曰興山，尋復曰佷山，仍屬宜都郡。宋、齊因之。隋開皇八年，改置長楊縣，並置睦州。十七年州廢，屬南郡。唐曰長陽縣。武德四年，復置睦州。八年州廢，縣屬東松州。貞觀八年，屬硤州。五代及宋因之。元屬硤州路。明屬夷陵州，隸荆州府，本朝初之。雍正六年，改屬歸州。十三年，改屬宜昌府。

興山縣。在府北三百十里。東西距二百五十里，南北距三百十里。東至東湖縣界一百里，西至巴東縣界一百五十里，南至歸州界四十里，北至鄖陽府房縣界二百七十里。東南至東湖縣界九十里，西南至歸州界五十里，東北至鄖陽府保康縣界一百四十五里，西北至房縣界一百八十五里。漢秭歸縣地。三國吴置興山縣，屬建平郡，晉因之。宋省。唐武德三年，復置，屬歸州。宋熙寧五年，省入秭歸，元祐初復置。元因之。明正統七年，省入巴東縣。成化七年復置，尋又廢。弘治二年復置，仍屬歸州。本朝初因之。雍正十三年，改屬宜昌府。

巴東縣。在府西四百二十五里。東西距一百四十五里，南北距九百五十里。東至歸州界五十五里，西至四川夔州府巫山縣界九十里，南至長陽縣界三百五十里，北至鄖陽府房縣界六百里。東南至歸州界三十里，西南至鶴峯州界三百五十里，東北至歸州界二十里，西北至夔州府巫山縣界一百六十里。漢南郡巫縣地。梁置歸鄉縣，並置信陵郡。後周郡廢，改縣曰樂鄉，屬信州。隋開皇末改曰巴東，大業中，屬巴東郡。唐屬歸州，宋、元因之。明洪武九年，改屬夷陵州，後復屬歸州。本朝初因之〔二〕。雍正十三年，改屬宜昌府。

長樂縣。在府南一百九十一里。東西距三百里，南北距七十二里。東至長陽縣界一百二十五里，西至鶴峯州界一百七十五里，南至湖南澧州石門縣界二十里，北至長陽縣界五十二里。東南至石門縣界一百四十里，西南至鶴峯州界一百四十里，東北至長陽縣界三十五里，西北至鶴峯州界一百五十里。元以前爲蠻地。明洪武六年，置五峯石寶長官司，十四年廢。永樂五年復置，隸容美宣撫司，尋廢。本朝雍正十三年，改置長樂縣，屬宜昌府。

鶴峯州。在府南四百七十一里。東西距一百九十五里，南北距三百四十五里。東至長樂縣界九十里，西至施南府宣恩縣界一百五里，南至湖南澧州慈利縣界二百里，北至巴東縣界一百四十五里。東南至澧州石門縣界一百六十二里，西南至湖南永順府桑植縣界五十里，東北至長樂縣界一百四十五里，西北至施南府建始縣界一百四十五里。本晉施州建始縣地，後爲蠻地。元至正十一年，立四川容美峒軍民總管府。明洪武四年置宣撫司，尋廢。永樂四年復置，隸施州衛。本朝爲容美土司，仍隸施州衛。雍正六年，屬恩施縣。十三年，改置鶴峯州，屬宜昌府。

形勢

左荆、湘，右巴、蜀，面施、黔，背金、房。大江逕其前，香溪繞其後。秭歸志。

風俗

山秀水清，故出儁異；地險流疾，故其性亦隘。水經注。少商賈，鮮積蓄，禮崇儉約，俗尚巫鬼。歸州志。

城池

宜昌府城。周五里，高二丈餘。東、南、北三面有濠，西面臨江。門七。明洪武十二年，因舊址建。本朝順治十三年修，康熙六年、雍正五年重修。東湖縣附郭。

歸州城。周六里，門四。明嘉靖四十年遷建。本朝康熙三年、雍正七年屢修，嘉慶九年重修。

長陽縣城。北依山累土爲城，覆以瓦，南臨水，甃以石。東、西、南城樓三。明崇禎十六年建。本朝康熙三年修，嘉慶元年重修。

興山縣城。周二里，門三。明弘治初築。本朝康熙十年修，嘉慶九年改建石城。周五百二十二丈。

巴東縣城。舊無城。南依巴山，北背大江，自然城塹也。

長樂縣城。周三里有奇，高丈餘，門四。本朝乾隆二年建，四十四年修。

鶴峯州城。周三里有奇，高丈餘，門四。本朝乾隆二年建。

學校

宜昌府學。在府治文昌門内。本朝乾隆年間建。入學額數二十名。

東湖縣學。在府治東北。即夷陵州學。明洪武初建，明末燬。本朝順治中重建，康熙中屢修。入學額數十五名。
歸州學。在州治後，舊在州北。明萬曆中遷建今所，後燬。本朝康熙四年重建。入學額數十二名。
長陽縣學。在縣治西，舊在縣治東。本朝順治中遷建今所。康熙、雍正、乾隆中屢修。入學額數八名。
興山縣學。在縣治東，舊在東門外。明正德年間遷建今所。本朝康熙三十六年修。入學額數八名。
巴東縣學。在縣治東。明洪武初建，隆慶間遷壽寧寺〔三〕，萬曆中復舊。本朝康熙十一年重建。入學額數八名。
長樂縣學。在縣東門内。本朝乾隆三十二年建。入學額數七名。
鶴峯州學。在州東門内。本朝乾隆三十二年建。入學額數八名。
六一書院。在東湖縣治東。明嘉靖中建，祀宋歐陽修，因以課士。
墨池書院。在府城東門内星街。康熙中建，乾隆十二年重修。
清江書院。在長陽縣治東。
五峯書院。在長樂縣城内學署左半里。乾隆三十五年建，嘉慶十七年修。

户口

原額人丁二千四十九，今滋生男婦共七十三萬三千六百二十五名口，計一十萬六千四百二戶。

田賦

田地山塘一萬八千八百八十四頃三十三畝五分有奇，額徵地丁正、雜銀九千三百八十五兩五錢八分七釐。

山川

對馬山。在東湖縣東五里。

虎牙山。在東湖縣東南三十里。下有虎牙灘。宋范成大集：虎牙灘又名荆門十二碚，屬夷陵。

孤山。在東湖縣南五里。一名葛道山，一名郭道山。水經注：江南岸有山孤秀，從江中仰望，壁立峻絶。袁山松記云，上至其嶺，容十許人，四望諸山，略盡其勢。寰宇記：陸抗故城之南有孤山。輿地紀勝：晉郭景純結廬於此。方輿勝覽：相傳葛稚川修鍊處。

執笏山。在東湖縣南二十里。高百餘丈。旁有小山相連，如執笏狀。其東曰將軍帽山。

五龍山。在東湖縣西南十五里，大江之西。五峯連峙，蜿蜒如龍。按：寰宇記以五龍山屬遠安縣。今考遠安在府北境，荆州、遠安府縣志並不載遠安有此山，惟盛弘之荆州記云建平郡南有五龍山。考三國吴嘗於秭歸置建平郡，盛所指即今歸州。

夷陵州志則云五龍山在大江西滸。又歸州舊有建平驛，亦在江濱。按圖考之，五龍當在兩州交界之所，後人以寰宇記訛寫，遂謂山在府北，且以盛記並載，尤誤。

天臺山。在東湖縣西南二十里。一名四面山。上有天臺觀，觀中有鐘，聲聞二十里。昔西山有寇爲害，土人結砦其上。有警鳴鐘，州兵輒渡江擊之，境内賴以保全。

高笄山。在東湖縣西四十里。一名高筐山，一名雞籠山。寰宇記：袁山松句將山記云：「登句將，北見高笄山，嶷然半天。」荆州圖副云：「昔堯時大水，此山不没如笄也。」

望州山。在東湖縣西。宋范成大自硤州登陸至秭歸，有大望州、小望州詩。大望州詩云：「望州山頭天四低，東瞰夷陵西秭歸。」

斷江山。在東湖縣西北二十餘里。水經注：江水歷禹斷江南，峽北有七谷村，兩山間有水清深，潭而不流。耆舊傳言昔是大江，及禹治水，此江小不足瀉水，禹更開今峽口，水勢並衝，此江遂絶。於今謂之斷江也。

石鼻山。在東湖縣西北三十里。一名石簰山，又名石簰峽。宋史地理志：峽州，建炎中移治石鼻山。陸游入蜀記：石簰峽，石穴中有石，宛如老翁持漁竿狀。輿地紀勝：夷陵志云後周移峽州治於石鼻山，其山隔大江，高五百餘仞，廣袤二十里，下臨江流，中有石横亘六七十丈，如簰筏然。

天柱山。在東湖縣西北三十五里。入蜀記：蝦蟇碚稍西有一峯，孤起侵雲，名天柱峯，自此山勢稍平。

馬鞍山。在東湖縣西北六十里。三國吴志陸遜傳：黄武元年，劉備率大衆來至夷陵界，遜破其二十餘營，備升馬鞍山，陳兵自繞。

黄牛山。在東湖縣西北八十里。亦稱黄牛峽。水經注：江水又東逕黄牛山，下有灘名曰黄牛灘。南岸重嶺叠起，最外高崖間有色如人負刀牽牛〔四〕，人黑牛黄，成就分明，既人迹所絶，莫能究焉。此巖既高，加江湍迂迴，雖途經信宿，猶望見此物，故行者謡云：「朝發黄牛，暮宿黄牛。」言水路迂深，迴望如一矣。宋范成大集：黄牛峽山，自此直至平喜壩，千峯重疊，靡不奇峭。

方山。在東湖縣東北一百二十里。袁崧宜都記：其嶺四方，素崖如壁，山上有神祠場，特生一竹茂好，其標垂場中，有塵埃積則風起動此竹，拂去如灑埽者。

破石山。在歸州東十五里。山有大石，破爲「十」字，登陟者經其間。

蒼雲山。在歸州東二十九里。山色蒼翠，疑與雲接，下有龍湫。

麝香山。在歸州東一百十里。多麝。

朱雀山。在歸州南里許，與州治相對。

楚臺山。在歸州南十五里。舊有臺，今廢。

雞籠山。在歸州南二十里。相近有香爐山。又十里爲福朝山。又三十里爲龍王山，禱雨多應。又二十里爲兩面山。

八學士山。在歸州南。山有八疊，皆朝州治。

盧家山。在歸州西南四十里。

龍山。在歸州西二里。有水簾洞，其水挂崖而下。

卧牛山。在歸州北二里。以形似名。

五枝山。在歸州北一百里。一名五龍山。荆州記：建平郡有五龍山，山峯嶕嶢，凌雲特聳，狀若龍形。

側柏山。在歸州境。又境内有曲尺山、屈曲山、藏口山。

紗帽山。在長陽縣治東。又一里爲石橋山。又一里爲蓮子山。又六里爲挂榜巖，石色青白相間，彷彿字畫。旁有文筆峯。

金子山。在長陽縣南二里。又二十八里爲香花山，相近有雙桂巖。又二十里爲將軍山，上有藺將軍廟。又南四十里爲挂鐘巖。

風井山。在長陽縣西南。一名方山，一名重山。荆州記：宜都佷山，山上有風穴，口大數尺，每冬夏出入之際，吹拂左右常浄，暑月經之，凛然有衣裘想。水經注：長楊溪源風井山，回曲有異勢，穴口大如盆。袁山松云：「夏則風出，冬則風入，春秋分則静。人有冬過者，置笠穴中，風吸之，經月還步楊溪得其笠，則知潛通矣。」

桃符山。在長陽縣西南一百五十里。長楊溪源出此。

神魚山。在長陽縣西南。水經注：射堂村東谷中有石穴，清泉潰流三十許步，水中有神魚，居民釣魚，先陳所需，拜請得魚。過數者，波湧風起，樹木摧折。按：名勝志謂在宜都縣界者誤。

綺黄山。在長陽縣西三十里。相傳漢綺里季、夏黄公嘗隱此。相近有靈巫山、寶尖山。又十里有石笋山。又四十里有桑木山。

資邱山。在長陽縣西一百十里。春夏有異花，狀若金錢，香聞數里。

武落鍾離山。在長陽縣西北七十八里。一名難留城山，一名龍角山。後漢書南蠻傳：巴郡南郡蠻，本有五姓，皆出於武落鍾離山。荆州記：難留山北有石室，名難留城。水經注：夷水東逕難留城，城即山也，獨立峻絶，西面上里餘得石穴，東北面又有石室，可容數百人，民入室避賊，無可攻理，因名難留城。輿地紀勝：龍角山在長陽縣清江北，山穴有陰陽石。

佷山。在長陽縣西北八十里。

雞公山。在長陽縣北四里。又北十餘里爲白雲山，産幽蘭，四時不絶。又三十里爲黄連山，相近有若葉山、櫻桃山。

宜陽山。在長陽縣北。荆州記：夷道縣西北有宜陽山。按：寰宇記宜陽山有風井穴，乃沿水經注風井之説而誤入之，不知其境有南北之分也。

青龍山。在興山縣東十里。

仙侶山。在興山縣東三十里。高數十丈，層巒疊嶂，其頂寬平。又十里有天池山，四圍壁立，頂有清池。又十里有五指山，有峯如指，故名。又十里有高蘭山。又四十里有卦子山。

爛柴山。在興山縣西四十里。四圍皆崇山峻嶺。又十里有高頭山。又十里有萬朝山，相近有黄龍山。

老君山。在興山縣西八十里。高三千丈，周一百里。中産赤蛇，長五寸，羣行如索，見人不驚。有羚羊，大千餘斤，獨角挂宿。

清風山。在興山縣西九十里。又三十里有靈濟山。

茅蘆山。在興山縣西北七十里。巖壁陡峻，山勢最險。

羅鏡山。在興山縣治北。高二十里，周五十里，上有雙峯，直干霄漢。又縣北五十里有天柱山。又北十里有兩珠山。

天竹山。在興山縣北七十里。元至正間，民採蕨入山，見其中有一大池，旁生竹二竿，大可數圍，因名。相近有北城山。

四通山。在興山縣境。山形陡絶，有四徑可上。

巴山。在巴東縣治南。一名金字山。輿地紀勝：縣有巴山，縣治所依。名勝志：一峯分三岡，形如「金」字。山産茶，色微白，即所謂「巴東真香茗」也。縣志：山麓有白鹿洞。

羅頭山。在巴東縣東七里，濱大江，環鎖江水，回顧縣治。下有羅頭洞。

牛口山。在巴東縣東二十里，臨大江，接歸州界。山下即牛口鎮。又十五里有隱驢山。

鐵峯山。在巴東縣東八十里。一名七寶山。輿地紀勝：縣有鐵峯山，舊經云出鐵鑛。

蓮臺山。在巴東縣南四十里。其山皆怪石林立，中有一石最大，豐上鋭下，如蓮花藥，輕撼之則動揺欲倒，稍加力則屹然如鐵柱。下有溪，深千尺，俯眺不見底，投以石不應，以聲呼則相響答。每歲旱，禱之輒應。俗訛爲梁臺山。

石柱山。在巴東縣南二百五十里。

紅葵山。在巴東縣西南三十里。山多葵花。

安居山。在巴東縣西南五十里。高千仞，四面峭壁，其上一峯突出，名天寶山。

雙城山。在巴東縣西二十里。兩峯相對如城，相對有野龍山。

蜀口山。在巴東縣西四十九里。舊名石門山，唐天寶六年改名。接四川夔州府巫山縣界。

丹山。在巴東縣西。水經注：神孟涂所處。山海經曰：夏后啓之臣孟涂，是司神於巴，巴人訟於孟涂之所，其衣有血者執之，居山上。郭景純云：「丹山在丹陽，屬巴，丹山西即巫山也。」

明月山。在巴東縣西北四十里。上有竅如明月。

向王山。在巴東縣西北五十里。輿地紀勝：向王山北臨大江，旁有鐵槍頭，長數丈，經數百年不見少損，目曰向王槍。縣志：山高大無樹，相傳古向王耕此，蓋即北周時向寶勝等諸蠻所屯也。

飛鳳山。在巴東縣北五里，與縣治相對。

青銅山。在巴東縣北二十里。産銅鑛，明萬曆三十年，嘗議開採，知縣張尚儒勘明無産，乃罷。又有螺玉山、螺金山，俱在縣北。

石門山。在巴東縣東北三十五里。水經注：石門灘北岸有山，上合下開，洞達東西，緣江步路所由。劉備爲陸遜所破，走經此門，追者甚急，備乃燒鎧斷道。

龍會山。在巴東縣東北一百里，下有風、火、水三洞。又有桐木山、覆磬山、左顧山、雞嶺山、雞肋山、金蓋山、傘蓋山，俱在縣境。

馬頭山。在鶴峯州東南。

柘雞山。在鶴峯州東南。

黑山。在鶴峯州西北。

巴子山。在鶴峯州北。

五花砦山。在鶴峯州北。又牛山、八峯山，俱在州北。

相公嶺。在歸州東二里。

馬鬃嶺。在長陽縣南八十里。

長嶺。在巴東縣南三百十里。

香子嶺。在巴東縣西南二百里。

馬嶺。在巴東縣西南。

畫扇峯。在東湖縣東門外。寰宇記：荆州記云：「修竹亭西，一峯巋然，西映落月，遠而望之，全如畫扇。」

東峯。在巴東縣南十里。

火峯。在巴東縣西北五十里。

金峯。在巴東縣北一百里。

白鹿巖。在東湖縣東南。水經注：江水又東逕白鹿巖，沿江有峻壁百餘丈，猿所不能遊，有一白鹿，陵峭登崖，乘巖而上，故名。

孝子巖。在東湖縣西南十里。相傳爲姜詩憩息之所。又大王巖，在州北二十五里。

隔虎巖。在長陽縣西南十里。下有深潭，虎莫能渡。又三十里爲果酒巖。

龍頭巖。在長陽縣西十里，相對有象鼻巖。又西北四十里有咬草巖。又麂子巖，在縣北十里。

孫家巖。在巴東縣西北一百五十里。

仙人巖。在巴東縣北一百四十里。

插竈崖。在歸州東。水經注：江之左岸，絶崖壁立數百丈，飛鳥所不能棲。有一火燼，插在崖間，望見可長數尺。父老傳言，昔洪水之時，人泊舟崖側，以餘燼插之崖間，至今猶存，故先後相承，謂之插竈。

明月峽。在東湖縣西二十里。一名扇子峽。入蜀記：扇子峽重山相掩，正如屏風，扇疑以此得名。輿地紀勝：高七百仞，倚江面崖，石白如月。天中記：荼生其間，尤爲絶品。

松門峽。在東湖縣西。宋歐陽修有「島嶼松門數里長，懸崖對處碧峯雙〔五〕」之句。

西陵峽。在東湖縣西北二十五里。一名夷山。漢書地理志「夷陵」，注引應劭曰：「夷山在西北。」水經注：江水又東逕西陵峽。宜都記曰：「自黄牛灘東入西陵峽，至峽口百許里，山水紆曲，兩岸高山重嶂，非日中夜半，不見日月。絶壁或千許丈，林木高茂，猿鳴至清，山谷傳響，泠泠不絶。所謂三峽，此其一也。」荆州記：「自夷陵泝江二十里入峽口，名爲西陵峽，長二十里。」寰宇記：吴志云陸遜破劉備，還屯夷陵，守峽口以備蜀，即此山是也。

馬肝峽。在歸州東三十五里。入蜀記：馬肝峽口，兩山對立，修聳摩天，有石下垂如肝，故以名峽。其旁有獅子巖，巖中有一小石，蹲踞張頤，翠草被之，如青獅子，泉泠泠自巖中出。溪上又有一小峯，孤起秀麗。

白狗峽。在歸州東南十五里。亦稱狗峽，一名雞籠山。水經注：鄉口溪逕狗峽西，峽崖龕中石隱起有狗形，形狀具足，故以「狗」名峽。

空舲峽。在歸州東南四十里。亦曰空泠峽。水經注：江水自建平至東界峽，盛弘之謂之空泠峽。峽甚高峻，即宜都、建平二郡界也。其間遠望，勢交嶺表，有五六峯參差互出。上有奇石如二人形，攘袂相對，俗傳兩郡督郵争界於此，宜都督郵厥勢小東傾，議者以爲不如也。輿地紀勝：絶崖壁立，湍水迅急，上甚艱難，舲中所載物必悉下，然後得過，因名。州志：峽有大石，大石左下，三石聯珠，峙伏水中，土人號曰三珠石。舟行必由大石左旋，捩柁右轉，毫釐失顧，舟糜石上。明萬曆十八年，知州吴守忠始鑿平之，改名通舲峽。

兵書峽。在歸州北二十里。名勝志：峽爲諸葛武侯藏兵書處。至今望之，常若書卷然。又名鐵棺峽。

棺木峽。在歸州西北二十里。邵伯温聞見後録：三峽中石壁千萬仞，飛鳥懸崖不可及之處，有洞穴累棺櫬，或大或小，歷歷可數，峽中人謂仙人棺櫬云。洞穴在絶壁，棺櫬皆完好，不知果何物爲之，異矣。

破石峽。在歸州西北七十里，接巴東縣界。兩崖削壁，如刀破狀。

建陽峽。在興山縣東南五十里，接歸州界，建陽河所經。

龍口峽。在興山縣東北二百五十里，接鄖陽府保康縣界。

東奔峽。在巴東縣東二十里。

巴峽。在巴東縣西二十里。世説：桓公入蜀，至巴峽中，部伍中有得猿子者，其母緣岸哀號，行百餘里不去，遂跳船上，至船即死。破視其腹中，腸皆寸斷。公聞之怒，命黜其人。

門扇峽。在巴東縣西三十里。漩渦極險。

巫峽。在巴東縣西，接四川夔州府巫山縣界。水經注：新崩灘下有大巫山，其間首尾百六十里，謂之巫峽，蓋因山爲名也。自三峽七百里中，兩岸連山，略無闕處，重巖疊嶂，隱天蔽日，自非亭午夜分，不見曦月。每至晴初霜旦，林寒澗肅，常有高猿長嘯，屬引淒異〔六〕，空谷傳響，哀轉久絶。故漁者歌曰：「巴東三峽巫峽長，猿鳴三聲淚沾裳。」

蝦蟇碚。在東湖縣西北三十里，石鼻山下。宋黄庭堅集：舟中望之，頤頷口吻，甚類蝦蟇。洞中石氣清寒，流泉激激，泉味亦不極甘，但冷熨人齒。入蜀記：水品所載第四泉是也。

木耳荒。在歸州南四十里。又二十里有麻衣荒。又三十里有雨水荒。又七十里有清凉荒，相近有薜蘿荒。

石坂荒。在長陽縣西三百二十里。

八里荒。在興山縣東一百里，路出鄖陽府保康縣界。林木深暗，徑路卑濕，行者苦之。

麻線堆。在歸州東南。宋范成大集：歸州峽口驛前，大山崛起，舊路攀援而上，縈紆如線，浮屠德寶始沿澗伐木作新路，不復登山。

萬户谷。在歸州西。宋元通鑑：嘉熙三年，孟珙增兵守歸州隘口萬户谷。

梅子坡。在巴東縣西二十五里，爲楚、蜀孔道。曲磴盤旋，幾十里許，坡腰凉風埡口有雲窩，爲憩息之所。

簝葉塢。在興山縣東一百二十里。一名箬葉塢。長四十里，叢林怪石，路徑險隘，出鄖、襄間間道也。

蒼坪。在歸州南一百二十里。又黄臘坪，在州南二百里。野桑坪，在州北三十里，有三角砦。獅子坪，在州北四十里。

永和坪。在長陽縣東五里。又白石坪，在縣東南十五里。磨石坪，在縣南二十五里。栗子坪，在縣西南十里。金坪，在縣西十五里。東山坪，在縣北。

桑林坪。在興山縣東九十里。明置巡司於此，今裁。又七里坪，在興山縣西五十里。又葱坪，在興山縣西北，地多葱，相傳諸葛亮曾駐師於此。

當水埡。在長陽縣西二十里。又五里有漏峯埡。

大沱石。在巴東縣西北大江之濱。名勝志：大沱石在舊縣下。歐陽文忠公硯譜云：巴東大沱石頗發墨，杜詩所謂「奉使三峽中，長嘯得石硯」者。

赤砂洞。在東湖縣東八十里。扣石鏗然有聲。

石門洞。在東湖縣南五十里，接宜都縣界。洞穴幽邃，潭深莫測，禱雨輒應。

鍾家洞。在東湖縣南五十里。内平坦可容萬人，山背爲後龍洞。

三遊洞。在東湖縣西北二十里，江北岸。唐白居易與弟知退及元微之三人遊此，各賦詩，居易爲之序。宋歐陽修、蘇軾、蘇轍俱有三遊洞詩，州人以是爲後三遊。入蜀記：洞大如三間屋，有一穴通人過，然陰黑險峻尤可畏，傴僂自巖下至洞前，差可行。又一穴後有壁可居，鍾乳歲久垂地若柱，正當穴門。

白起洞。在東湖縣北十五里。名勝志：秦武安君伐楚時，憩師於此。

龍王洞。在東湖縣北五十里。州志：洞出絶壁間，離地二丈餘，中平敞，約二畝，石室空隙可容萬餘人，上有石懸出洞外十餘丈。

老龍洞。在東湖縣北二百里。爲東湖、遠安、南漳、興山四縣分界之所。中有水流出，爲柳樹溪之源。

玉虛洞。在歸州東十里。寰宇記：唐天寶五年，其洞忽開，可容千人。入蜀記：過白狗峽，肩輿遊玉虛洞，洞門纔袤尺，既入，宏敞壯麗，如入大宫殿。中有石成旙蓋、幢旗、鳥獸之屬。東石正圓如日，西石半規如月。其下即香溪。州志：洞有三，中曰玉虛，旁有二小洞，一名青蓮，一名水簾。

蓮花洞。在歸州南五十里。洞中有石如蓮花。

秦王洞。在歸州西南一百里。相近有楚王洞。又崑崙洞，在州西六十里。

龍門洞。在長陽縣南清江南岸。洞前兩崖劍立，泉瀑飛注，歲旱禱雨輒應。

藏書洞。在長陽縣西三十里。舊志：宋冲晦處士郭雍藏書處。

響水洞。在興山縣東五里。洞在懸崖下，洞口僅容一人，内平坦如屋，冷氣襲人，其下波沸如雷。

屈老洞。在興山縣東五十里。瀑布懸流，夏冷冬煗。

無源洞。在巴東縣東三里。

龍昌洞。在巴東縣西。輿地紀勝：縣有三遊洞，即龍昌洞。至和三年，蔣槩、彭德純、周茂叔三人遊此，故名。

鎖洞。在巴東縣西北四十里。又下馬洞，在巴東縣北十里。又十里爲秋石洞。

夫子洞。在巴東縣界。入蜀記：巴東山益奇怪，有夫子洞者，一竇在峭壁絶高處，人跡不可至，然彷彿若有欄楯，不知所謂夫子者何也。

白馬穴。在東湖縣北三十里。水經注：夷陵縣北三十里有石穴，名曰馬穿。嘗有白馬出穴食人，逐之入穴，潛行出漢中。漢中人失馬，亦嘗出此穴。

神穴。有二。一在長陽縣西。水經注：佷山縣東十里許，平樂村有石穴，出清泉，中有潛龍，每大旱，左近村居輂草穢著穴中，須臾水出，蕩其草穢，旁側之田皆得澆灌。一在長陽縣西北。水經注：佷山縣北十餘里有神穴，平居無水，渴者誠請輒得水，戲者終不出焉。

大江。自四川夔州府巫山縣流入巴東縣界，又東入歸州界，又東入長陽縣界，又東入東湖縣界，又東入荆州府宜都縣界。水經注：江水又東逕流頭灘，又東逕宜昌縣北，又東逕狼尾灘而歷人灘，又東逕黄牛山，又東逕西陵峽，出峽東南流逕故城洲，又東逕故城北，又東逕白鹿巖，又東歷荆門、虎牙之間。經又云：東南過夷道縣北，夷水從佷山縣南東北注之。

建陽峽水。在興山縣東。源出縣東北，西南流會南陽河入香溪。今名建陽河。寰宇記〔七〕：源出寧都〔八〕，流逕建陽峽，委蛇曲折四十八渡，約十餘里，至建陽村中，入於香溪。

東湖。在東湖縣東。

浣紗河。在東湖縣西，下流合赤溪。

夏陽河。在興山縣東六十里。

響巖河。在興山縣東一百里。

南陽河。在興山縣西北。發源當陽村，東流會深渡河，繞縣城南，流入香溪。

深渡河。在興山縣北，西南流入南陽河。

三壩河。在巴東縣西六十里。源出縣西北之九府坪，分流爲三：一流入鄖陽府房縣界，一流入四川夔州府大寧縣界，一流入西瀼溪。

山河。在鶴峯州境。衆山溪水會流，東入澧州安福縣界，即漊水之上流。

車東河。在鶴峯州境。西南流入施南府宣恩縣界，又南流入白水河。

香溪。在歸州東十里。源出興山縣寧都，南流入江。其入江處，謂之香溪口，一名昭君溪。寰宇記：興山縣有香溪，即王昭君所遊處。入蜀記：香溪源出昭君村，水味美甚，載在水品，色碧如黛，令人可愛。

鄉溪。在歸州東南。一名鄉口溪。水經注：鄉口溪，源出歸鄉縣東南數百里，西北入縣，逕狗峽西。

五象溪。在歸州南十里。一名五相溪。傳有屈原碑記，明嘉靖間爲水所衝没。

沙鎮溪。在歸州西十里。溪中有石長十餘丈，横截江心。明嘉靖間，新灘暴漲，一夕忽不見，至今稱利涉焉。

深溪。在歸州東北。水經注：深溪源北發梁州上庸縣界，南流逕縣下而注於大江。

副纜溪。在長陽縣城内。

鵜溪。在長陽縣東。源自鳳凰山來。相近有磨石溪、株木溪。又有菖蒲溪，中生九節菖蒲，其旁有釣魚溪。

拖溪。在長陽縣東南。

煙市溪。在長陽縣南三里。又南有馬達溪、平樂溪、蘆溪。

長楊溪。在長陽縣西南。水經注：長楊溪水，西南潛穴，在射堂村東六七里，谷中有石穴，潰流三十餘步，復入穴，即長楊之源也。其水重源顯發，北流注於夷水。

珍珠溪。在長陽縣西。下有泉眼，沸湧如珠。又縣西三百里有津洋溪，相近有車溪、固昌溪、險門溪。

肆響溪。在長陽縣西北。相近有紙方溪。

相公溪。在巴東縣城内。發源壽寧寺下〔九〕，流入江，溪上有相公橋，皆以寇準得名。

東瀼溪。在巴東縣西十里。源出紫陽山。又西瀼溪，在縣西二十里，源出孫家巖山。俱流入大江。入蜀記：夔人謂山澗之流通江者曰「瀼」，居人分其左右，謂之瀼東、瀼西。

龍泉浦。在東湖縣東南二十里。

郭洲。在東湖縣西北三里。水經注：江水出峽，東南流逕故城洲，附北岸洲曰郭洲，長二里，廣一里。

西塞洲。在東湖縣西北五里赤磯東。一名西塞壩。

青草灘。在東湖縣南十五里。

三流灘。在東湖縣西十里。一名三溜灘。

查波灘。在東湖縣西八十里。又相近有黃牛灘，在黃牛峽下。又十里有三硃灘。

流頭灘。在東湖縣西一百里。一名虎頭灘，或名狼頭灘。有南、北二灘。水經注：江水又東逕流頭灘，其水峻激奔瀑，魚鼈所不能遊，行者常苦之。袁山松曰：「自蜀至此五千餘里，下水五日，上水百日也。」

使君灘。在東湖縣西一百十里大江中。漢劉璋遣法正迎昭烈帝入蜀經此。

鹿角灘。在東湖縣西。一名支水。噴吐如雪。灘下亂石如囷廩，無復寸土。

狼尾灘。在東湖縣西北九十餘里。水經注：江水又東逕狼尾灘而歷人灘。袁山松曰：「二灘相去二里。人灘水至峻峭，南岸有青石夏没冬出，其石嵚崟，數十步中悉作人面形，因名曰人灘。」

石碣灘。在歸州東十五里伍相廟下。又馬奔灘，在城東楚王城對岸。

新灘。在歸州東南二十五里。入蜀記：新灘南岸曰官漕，北曰龍門。龍門水湍激，多暗石，官漕差可行，故舟率由南上，然石多鋭，易穿船，爲峽中最險處。州志：明嘉靖二十一年，久雨山積，兩岸壁立大石横填江心。天啓五年，按察使喬拱璧鑿平之。

達洞灘。在歸州東南，與空舲峽相近。入蜀記：達洞灘際多奇石，五色燦然可愛。或亦有文成物象及符書者。

叱灘。在歸州西二里。宋范成大集：叱灘即人鮓甕，一名黄魔灘，在歸州郭下。長石截然，據江三之二，水盛時濆淖極大，號峽中最險處。輿地紀勝：有雷鳴洞，在大江之左，駭浪激石，聲若雷鳴，故名。亦如噴叱之聲，謂之叱灘。雷鳴洞之南，分爲三叱，官漕口爲上叱，雷鳴洞爲中叱，黄牛口爲下叱。

獨石灘。在歸州境。州志：州境有獨石、九窺、蓮花、滑石、東奔、南浦、鯿魚、羊牙、龜甲、白洞、黄石、青石諸灘。

肆灘。在長陽縣治前。

飛魚灘。在長陽縣西清江中。又有龍吟虎嘯灘，亦在江中，兩灘相對，波聲澎湃。稍下爲鼈浪灘、鮎魚灘。又下爲副金灘、西寺灘、秋浪灘。又有州涯、石羊、靖安、資水、大王諸灘，俱在縣西。

横梁灘。在巴東縣東二十里。有石横亘水中。

石門灘。在巴東縣東三十五里。中有巨漩。水經注：江水又東逕石門灘。

清水灘。在巴東縣西十里。江水迅急，觸而爲漩，縣境諸灘，此爲最險。

新崩灘。在巴東縣西。水經注：江水歷峽，東逕新崩灘。此山漢永元十二年崩，晉太元二年又崩，當崩之日，水逆流百餘里，湧起數十丈。今灘上有石，或圓如簞，或方似屋，皆崩崖所隕，致怒湍流，故謂之新崩灘。其頽巖所餘，比之諸嶺，尚爲竦桀。

覆磬灘。在巴東縣境。輿地紀勝：縣有覆磬、拗頭、掉尾、板橋、龍堆、虎帕、赤石、銅錢等灘。

苟使沱。在巴東縣東十里。又萬户沱，在縣西五里。又雲沱，在縣西十里。以上三沱，皆有巨漩能覆舟，行者必戒。

珍珠潭。在興山縣南一里。俗傳昭君滌粧，遺珠於此，故名。

龍口潭。在興山縣西北一百二十里。周四十里，四時澄清，其深莫測，深渡河之源也。又白龍潭，在縣東北一百里高山上，闊數十丈。

温泉。在東湖縣西。

清泠泉。在歸州東五里。出東溪石罅，水極清冷。

濯纓泉。在歸州東十里。寰宇記：相傳爲屈原濯纓處。内有神蛇，人穢其水即見。

獨清泉。在歸州境。冬夏不竭，清潔甘美。

硯池。在東湖縣東。一名洗墨池。

鹽井。有二。一在歸州境。唐書地理志：歸州秭歸有鹽。九域志：秭歸縣有青林鹽井。一在巴東縣北八十里。唐書地理志：歸州巴東有鹽。九域志：巴東縣有永昌鹽井。縣志：元時嘗置鹽課司，後廢。

漢流井。在長陽縣西。

古蹟

夷陵故城。有四。一在東湖縣東，晉、宋以前故城也。史記六國年表：楚頃襄王二十一年，秦拔郢，燒夷陵。漢書地理志：南郡夷陵，都尉治。宋書州郡志：宜都太守領縣夷陵，漢舊縣，吴改曰西陵。晉武帝太康元年復舊。水經注：陸抗城，北對夷陵縣之故城，城南臨大江。秦令白起伐楚，三戰而燒夷陵者也。一在東湖縣西北下牢戍，隋以前故城也。唐書地理志：峽州本治下牢戍，貞觀九年，徙治步闡壘。州志：下牢溪上有舊城，或曰劉封城，即舊州治。一在東湖縣西北石鼻山。宋史地理志：硤州，建炎中移治石鼻山，紹興五年復舊。一在東湖縣東南。宋史地理志：硤州，端平元年，徙治於江南。元史地理志：硤州路夷陵，宋末隨州遷治不常，歸附後，復歸江北舊治。按：今州治即唐州治。

宜昌故城。在東湖縣西。晉置縣，宋、齊因之。隋屬南郡，遷治而此城廢。水經注：江水又東逕宜昌縣北，分夷道、佷山所立也。縣治江之南岸，北枕大江，與夷陵對界。宜都記曰：「渡流頭灘十里，便得宜昌縣。」宋書州郡志：宜都太守領縣宜昌。舊志：晉武帝立。按太康、永寧地志並無，疑是此後所立。

秭歸故城。今歸州治。漢置縣。後魏改曰長寧。隋復故。明省入州。水經注：秭歸縣，地理志曰歸子國也。袁山松曰：「屈原有賢姊，聞原放逐，亦來歸，喻令自寬全。鄉人冀其見從，因名曰秭歸。」縣城東北，依山即坂，週迴二里，高丈五尺，南臨大江，古老相傳謂之劉備城，蓋備征吴所築也。隋書地理志：巴東郡秭歸，後魏曰長寧，置秭歸郡。開皇初郡廢，改縣曰秭歸。通典：歸州，吴置建平郡，以爲重鎮，其地險固。孫皓末，晉將王濬自蜀沿流伐吴，吴之守將吾彦表請建平增兵，即秭歸縣界。元史地理志：宋端平三年，元兵至江北，遂遷郡治於江南曲沱，次新灘，又次白沙南浦。州志：明洪武初治丹陽，四年徙長寧，與千户所同城。嘉靖四十年，復遷於江北舊治。

信陵故城。在歸州東。吴置縣，南北朝宋省。吴志陸抗傳：建衡二年，拜抗都督信陵、西陵、夷道、樂鄉、公安諸軍事。宋書州郡志：建平，永安初郡國有信陵，今無。水經注：信陵縣臨大江，東傍深溪。

歸鄉故城。在歸州東。晉置縣，梁後廢。宋書州郡志：建平太守領縣歸鄉。太康地理志云：秭歸有歸鄉，故夔子國，楚滅之。水經注：袁山松曰：「父老傳言原既流放，忽然暫歸，鄉人喜悦，因名曰歸鄉。」縣城南面重嶺，北背大江，東帶鄉口溪。

按：此非梁、陳時歸鄉縣地，疑梁以後遷徙也。

睦州故城。在長陽縣東。隋書地理志「南郡長楊」注：「開皇八年立睦州，十七年州廢。」舊唐書地理志：硤州長陽，武德四年置睦州，八年廢。寰宇記：故睦州城在長陽縣東三百步。

巴山故城。在長陽縣西。隋置，唐省。隋書地理志：清江郡巴山，後周置江州，大業初廢州。舊唐書地理志：巴山，隋分佷山縣置。武德二年置江州，領巴山、鹽水二縣。四年，廢江州，以巴山屬睦州。八年，屬東松州。貞觀元年，屬硤州。唐書地理志：天寶八載，省巴山入長陽。通典：硤州巴山縣北有山，曲折如「巴」字，因以爲名。寰宇記：廢巴山縣即古捍關，隋開皇五年置，今廢。

興山故城。在興山縣南。吴置縣，南北朝宋廢，唐復置，宋末遷治。宋書州郡志：永安初郡國有興山縣，今無，疑是吴立。舊唐書地理志：歸州興山，武德三年，分秭歸縣置，舊治高陽城。貞觀十七年移治太清鎮。天授二年，移治古夔子城。寰宇記：吴景帝永安三年，分秭歸縣之北界立興山縣，屬建平郡。宋史地理志：歸州興山，開寶元年，移治昭君院。端拱二年，又徙香溪北。縣志：宋末縣令郭永忠遷今治。

樂鄉故城。在巴東縣東北。周置縣，隋改曰巴東，并遷治。隋書地理志：巴東郡，巴東舊曰歸鄉，梁置信陵郡，後周郡廢，縣改曰樂鄉，開皇末又改名焉。寰宇記：巴東縣，後周天和三年，於巴陵故城置樂鄉縣。輿地紀勝：樂鄉城在縣東一百步。

巴東故城。在巴東縣西北，大江北岸。通典：歸州巴東，漢巫縣地。縣志：舊縣治在江北東瀼涖西，其地有舊縣溪。宋寇準移今治。南渡後，嘗移江北，後復還今治。

陸抗城。在東湖縣東南。水經注：江水又東逕故城北，所謂陸抗城也。城即山爲墉，四面天險。按：宋時端平初，夷陵西治江南，蓋移於此。

安蜀城。在東湖縣西北。周書趙熙傳：時於江南岸置安蜀城以禦陳。唐書許紹傳：江之南有安蜀城，地值夷陵、荆門，城峙其東，皆峭險處，蕭銑以兵戍守。寰宇記：荆渚記云，夷陵郡居大江之上，西通全蜀，故夷陵有安蜀故城焉。

丹陽城。在歸州東。亦稱楚王城。史記楚世家：周成王時，封熊繹於楚蠻，封以子男之田，姓芈氏，居丹陽。水經注：丹陽城據山跨阜，周八里二百八十步。東、北兩面悉臨絶澗，西帶亭下溪，南枕大江，險峭壁立，信天固也。元和郡縣志：丹陽城在秭歸縣東南七里。入蜀記：隔江有楚王故城，在山谷間，城中無尺寸土。輿地紀勝：今屈沱楚王城是也，北枕大江。

夔子城。在歸州東。春秋僖公二十有六年：秋，楚人滅夔，以夔子歸。注：「今建平秭歸縣。」水經注：江水又東南逕夔城南，跨據川阜，周迴一里百一十八步。西、北皆枕深谷，東帶鄉口溪，南側大江。城内西北角有金城，東北角有員土獄，西南角有石井，口逕五尺。熊摯始治巫城，後疾移此，蓋夔徙也。春秋左傳僖公二十六年：楚令尹子玉，滅夔者也。名勝志：夔子城地名夔沱，宋端平間，曾徙州治於此。有楚王臺，在山上，今爲長安千户所。城内楚王井及德勝門外洗馬池，皆古蹟也。

古直城。在長陽縣西北。一名魚城。通典：古直城在長陽縣西北五十四里，四面險絶，有林木池水。寰宇記：魚城在長陽西北五十里，爲守禦要地。

高陽城。在興山縣。元和志：在興山縣西三里山上。楚自以爲高陽氏裔，故名。

雙城。在巴東縣北六十里。周書：天和元年，向五子王據石默城，令其子寶勝據雙城，陸騰遣司馬裔屯雙城以圖之。縣志：有兩城相距十餘里，相傳三國時築。

平城。在巴東縣東南二十里。又有新化城、土城，皆在縣南。羅平州城，在縣西北六十里。皆北周時諸蠻保聚處。

太清廢鎮。在歸州東南。通典：太清鎮在秭歸縣東南八十五里，吳置以備蜀，居三峽要衝，塞三蠻寇掠之道。州志：唐天寶六載廢。

廢盤順安撫司。在鶴峯州境。明成化末置，今裁。

廢椒山瑪瑙長官司。在鶴峯州境。

廢五峯石寶長官司。今長樂縣治。

廢石梁下峒長官司。廢水盡源通塔坪長官司。俱在鶴峯州境。以上四司，俱元至正初置，明洪武十四年廢，永樂五年復置，隸容美宣撫司，今俱裁。

鉛錫場。在東湖縣境。宋史地理志：硤州夷陵有鉛錫場。

昭君村。在興山縣南。有昭君院。開寶元年，移興山治於此。又有昭君臺。寰宇記：漢王嬙即此邑之人，故曰昭君之縣，村連巫峽，是此地。聞見後録：歸州有昭君村，村人生女，無美惡皆灸其面。范成大集：昭君臺在興山界中，鄉人憐昭君，築臺望之。按：安陸府志昭君村在荆門州，引杜甫詩「羣山萬壑赴荆門，生長明妃尚有村」爲證。附記於此。

鎖水頭。在歸州西五里。輿地紀勝：吴建平太守吾彦爲鐵鎖横斷江路，即此。

屈田。在歸州東北。水經注：秭歸縣東北數十里有屈原舊田宅，雖畦堰瀰漫，猶保屈田之稱。

篤學坊。在東湖縣治西。方輿勝覽：何參居篤學坊，以博學著，不求聞遠，人稱曰處士。

清風閣。在歸州治南。晏殊類要：在歸州戟門東南五步。

爾雅臺。在東湖縣南。寰宇記：郭璞注爾雅於此。

雙鳳臺。在歸州南。名勝志：宋邑宰鄧惟清生二子，後俱參知政事，因建臺美之。

步闡壘。即東湖縣治，亦稱步闡故城。水經注：郭洲上有步闡故城。方圓稱洲，周迴略滿，故城洲上，城周五里，吴西陵督步騭所築。孫皓鳳凰元年，騭息闡復爲西陵督，據此城降晉。唐書地理志：硤州，貞觀元年徙治步闡壘。

南紀樓。在東湖縣治東南。名勝志：唐楊炯荆門山詩：「絶壁聳萬仞，長波射千里。盤礴荆之門，滔滔南國紀。」後人因建樓於州治，號之曰南紀。

絳雪樓。在東湖縣治北。一名絳雪堂。宋知州朱慶基飲紅梨花下，令座客賦詩。歐陽修詩云：「風輕絳雪尊前舞，日煖繁香露下聞。」因名其樓曰絳雪。

楚塞樓。在東湖縣治北。宋建。樓西有鏡池。

望高樓。在歸州治南。

萊柏堂。在巴東縣治。名勝志：巴東縣堂下有古柏，相傳萊公作令時手植，故名。

連理閣。在巴東縣治後。明季議遷縣治，知縣張尚儒見此樹以爲嘉祥，白巡撫乞仍舊，遂得不遷。舊志：縣齋後即巴山之麓，有棗二尺許，株各二幹，中兩幹曲向而上，合生爲一，因建閣於棗之旁，以連理名焉。

來豐亭。在東湖縣城内。宋朱慶基知硤州，多惠政，歲屢豐，民爲建亭。

至喜亭。在東湖縣南。歐陽修至喜亭記：夷陵爲州當峽下，江出峽，始漫爲平流，故舟至此者，必瀝酒再拜相賀，以爲更生。尚書虞部郎朱公再治是州之三月，作至喜亭於江津，志天下之大險，至此而始平易，以爲行人之喜。

翰林亭。在歸州北二里卧牛山。唐翰林學士李矗爲州刺史時建。

獨醒亭。在歸州東。范成大集：「早發周平驛，還過清烈祠。」祠下有獨醒亭。

白雲亭。在巴東縣治西。宋寇準建。入蜀記：巴東白雲亭，天下之幽奇絶境也。羣山環擁，層出疊見，古木森然，往往爲二三百年物。欄外雙瀑瀉石澗中，跳珠濺玉，冷入肌骨。其下爲慈溪，奔流與江會。

秋風亭。在巴東縣治西，亦寇準建。陸游集：兩過巴東，登秋風、白雲二亭，觀萊公手植檜，未嘗不悵然流涕，恨古人之不可作也。

仙人室。在長陽縣西南。水經注：夷水又東逕石室，在層巖之上。石室南向，水出其下，懸崖千仞。自水上延望，每見陟山巔者，扳木側足而行。村人駱都，到此室邊採蜜，見一仙人坐石牀上，凝矚不轉。都還，招村人重往，則不復見。鄉人今名爲仙人室。

宋玉宅。在歸州東二里相公嶺上。入蜀記：宋玉宅在秭歸縣之東，今爲酒家壚矣。舊有石刻「宋玉宅」三字。

屈原宅。在興山縣北。荆州記：秭歸縣北一百里有屈原故宅，方七頃，累石爲屋基，其地名樂平。元和志：在興山縣北三十里。

回鶻營。在歸州西二里。輿地紀勝：唐會昌三年，敕以歸降回鶻五十六人置營於此。

黄金藏。在東湖縣西北蝦蟇碚側。昔人於石竇中得金簡易傳，故名。方輿勝覽：夷陵縣有寶軸秘函，藏巖竇中。宋紹興間，陳膺訪故老，謂其書皆金版，書皆古易傳，但曰易，無「周」字，經與今之卦辭略同，傳與今之彖象絶異。

關隘

西津關。在東湖縣西大江右。

南津關。在東湖縣西北十五里。

白虎關。在東湖縣東北六十里。

漁洋關。在長陽縣南一百二十里，接澧州石門縣界。

長毛關。在長陽縣西南二百二十里，接鶴峯州界。

百年關。在長陽縣西南，接鶴峯州界。

梭草關。在長陽縣西二百里。

古扞關。在長陽縣西。史記楚世家：肅王四年，蜀伐楚，取兹方，楚爲扞關以拒之。又張儀傳注：「巴郡魚腹有扞關。」水經注：江水東逕扞關。括地志：在今硤州巴山縣。

梅子八關。俱在長陽縣境，四臨江南，四臨江北。

猫兒關。在興山縣西北一百里。山路險峻，可達鄖、襄。

連天關。在巴東縣西南二百五十里，接鶴峯州界。

菩提隘。在長陽縣西南二百五十里，接鶴峯州界。

南沱巡司。在東湖縣。本朝嘉慶十五年設。

野山關巡司。在巴東縣西南二百五十里，接鶴峯州界。地最險要。本名石柱關，明洪武初設巡司，隆慶中改名。本朝因之。

山羊隘巡司。在鶴峯州南一百七十里。

南邏口。在歸州東南二十五里。明初設南邏關於古丹陽城，置巡司，後移於此。今裁。

牛口。在歸州西七十里，接巴東縣界。舊設巡司於此，今裁。

蹇家園。在長陽縣西南二百里。舊設巡司於此，今裁。

高雞寨。在興山縣東一百里。舊設巡司於此，今裁。

漢流砦。在東湖縣境。宋史地理志：硤州夷陵，有漢流、巴山、麻溪、魚陽、長樂、梅子六砦。

和尚砦。在歸州南二十里。又十五里有五峯砦。又六十五里有中嶺砦。又二十里有蛇倒退，又有鬼見愁，地皆險僻。又大埡砦，在州西。又三角砦，在州西北三十里。又金雞砦，在州北三十里。又石柱砦，在州北二十里。

撥禮砦。在歸州境。九域志：秭歸縣有撥禮砦。

石門砦。在歸州境。輿地紀勝：石門砦乃崖險處，鄉人作木梯經由，有緩急，則砍斷之，便不通行。

紅崖砦。在長陽縣南八十里。又十里有風火砦〔一〇〕。又二十里有小城砦。又二十里有山砦。

珍珠砦。在長陽縣南。

新安砦。在長陽縣境。宋史地理志：硤州長陽有新安、長楊二砦。

火峯砦。在巴東縣西北火峯。明初湯和伐蜀，克歸州，取火峯山砦，即此。

虎翼砦。在巴東縣東北，乃興山至歸州要路。

折疊砦。在巴東縣境。九域志：巴東縣有折疊砦。

連天砦。在鶴峯州北。九域志：建始縣有連天砦。新志：連天關在容美土司北二十里。

招徠舊關堡。在長陽縣西北二百里。

召化堡。在巴東縣南八十里。一名楊柳堡，以其地名楊柳荒也。深林密箐，當施、建要路。南通石柱、連天二關。明嘉靖二十四年置。

紅砂堡。在巴東縣西南三百里金溪口。明嘉靖四十年置。本朝設把總一員，領兵駐防。

關口埡。在興山縣境。今設把總一員，領兵駐防。

金竹坪。在東湖縣東九十里。

草店市集。在興山縣東關。又冷市集，在縣西關外。

津梁

童公橋。在東湖縣南五里。

仙壽橋。在東湖縣大江西一里。

萬壽橋。在歸州東三里。又三峽橋，亦在州東。

高橋。在歸州北一百里。

花橋。有二：一在長陽縣南，一在長陽縣西。

東門橋。在興山縣東門外。

梁村橋。在興山縣東七十里。本朝康熙二年建。

深渡橋。在興山縣北。相近有竹溪橋，皆明建。

惠民橋。在巴東縣東一里巴東驛。又二里有無源洞橋，以近無源洞，故名。

壽寧橋。在巴東縣西一里，近壽寧寺。

飛鳳橋。在巴東縣北大江北岸。

臨江渡。在東湖縣南三十里。

浣紗渡。在東湖縣西北。

白石溪渡。在長陽縣東十里。一名永和渡，路達荆州府宜都縣。

縣河渡。在長陽縣南。路達湖南澧州石門縣。

霧河渡。在長陽縣西二里。又八里有津洋口渡，路達施南府恩施縣。

牛口渡。在巴東縣東二十里。又東瀼渡，在巴東縣西十里。西瀼渡，在巴東縣西二十里。大江渡，在巴東縣北。

隄堰

二公隄。在東湖縣東三里。明成化二十二年築。

平喜壩。在東湖縣西北十五里。自蜀出峽，至此相慶，故名。

陵墓

周

熊繹墓。在歸州東丹陽城。水經注：楚子熊繹始封丹陽，先王陵墓在其間，蓋其徵矣。括地志：熊繹墓在歸州秭歸縣。

五代　南平

李景威墓。在長陽縣西北清江北霧洞山。

祠廟

黄陵廟。在東湖縣西黄牛峽。一名黄牛廟。三國蜀漢建。廟有神龜及金蓮花，相傳諸葛亮有廟碑記。入蜀記：黄牛廟曰靈感，神封嘉應保安侯，皆紹興以來制書也。歐詩刻石廟中。

江瀆廟。在歸州東南新灘。亦稱雙廟。宋建。山海經：江瀆神生於汶州。通典：天寶六載，封江瀆爲廣源公。入蜀記：歸州新灘有江瀆南廟、江瀆北廟，北廟正臨龍門下，水湍急，舟不可行，舟皆從南岸行。廟側有温泉出石隙，常不竭。

黄魔神廟。在歸州境峽中。唐建。寰宇記：紫極宫黄魔神廟，其記云：「咸通壬辰歲，蘭陵公自右史竄黔南，夕泝三峽，次秭歸，夢神人赤髪碧眸，云我黄魔神，將佑助公出此境。自此抵黔，又遷於羅，每陟險難，神恍然如在。洎還於朝，神夢告歸，因爲設廟，列塑於宫之旁。乾符丁酉袁循記。」蘭陵公即唐蕭遘，尋爲宰相。

伍相國廟。在歸州東十五里，祀伍員。荆州記：秭歸縣有伍胥廟。入蜀記：楚故城西有一小山，蜿蜒迴抱。山上有伍子胥廟，下多巧石，如靈璧湖石之類。

三閭大夫祠。有三：一在歸州東二里相公嶺，祀楚屈原，以宋玉配；一在歸州西十里大江濱，唐元和間建，號清烈祠；一在興山縣北，即屈原宅。

女嬃廟。在興山縣東北。水經注：屈原宅東北六十里有女嬃廟，擣衣石猶存。

王昭君祠。在興山縣南昭君村，祀漢王嬙。

資求廟。在長陽縣西北九十里，祀蜀漢將軍向寵。

向王廟。在歸州東。相傳東陽人向輔，隋大業初，於所生地穿山鑿石，顯著靈異，後人祠之。

杜少陵祠。在巴東縣西二十里西瀼鎮，祀杜甫。中有少陵畫像，相傳爲唐時舊物。

寇萊公祠。在巴東縣南巴山南麓，祀宋寇準。

四賢祠。在東湖縣東，祀宋歐陽修、蘇軾、蘇轍、黃庭堅，舊名四賢堂。

寺觀

甘泉寺。在東湖縣西南十里。入蜀記：甘泉寺竹橋石磴，甚有幽趣。有浄練、洗心二齋，下臨江，山頗疏豁。法堂之右，小徑數十步，至孝婦泉，謂姜詩妻龐氏也，泉上有龐氏祠。

靈泉寺。在歸州南十里。名勝志：宋張無盡於靈泉寺中著楞嚴合論，因觀西溪燈社，作踏歌四首，至今人猶歌之。州志：寺前一井，深丈餘，居山腰，其井水消長與江同候，人因呼之曰靈泉。又銅佛寺，在州南四十里。萬壽寺，在州南六十里。

壽寧寺。在巴東縣治西。唐貞觀間建。宋寇準爲令日，嘗遊其地，題詠甚多。明隆慶間改爲學，萬曆十五年復爲寺。

水月院。在興山縣北八十里。輿地紀勝：院有池，無陰晴月影常現，故名。

彌羅宮。在東湖縣城内。元建。

天慶觀。在歸州西二里。唐貞觀間建。入蜀記：出巫峽門，過天慶觀少留，觀唐天寶元年碑，載明皇夢老子事，巴東太守劉瑫所立，字畫頗清逸，碑側題當時郡官吏胥名，字亦佳。殿前有柏，數百年物，觀下即吒灘。

流來觀。在歸州西十里沙鎮溪口，平地突出一小峯，觀建其上，江水汎溢，終不漂没。

玉虚觀。在興山縣東香溪側。唐天寶中建，有明皇御賜題額。又回龍觀在縣北。

名宦

三國　蜀漢

向朗。宜城人。昭烈定江南，使朗督夷陵等縣事，每樹捍衛之績。

吴

步隲。臨淮淮陰人。黄武五年，都督西陵，代陸遜，在西陵二十年，鄰敵敬其威信。

陸抗。吴郡吴人，遜子。永安二年，拜鎮軍將軍，都督西陵。孫晧建衡二年，拜都督信陵、夷道、樂鄉、公安諸軍事。西陵督步闡叛，晉羊祜攻江陵，楊肇軍西陵以爲聲援，抗令公安督孫遵禦祜，而身率三軍圍闡擊肇，大破之，祜引軍還。抗遂拔西陵城，誅闡族及其將吏。加拜都護、武昌左都督〔一二〕。鳳凰二年，就拜大司馬、荆州牧。及病，復言西陵國之西門，乞益兵八萬以固守之。三年，卒官。

吾彦。吴郡吴人。爲建平太守。時晉王濬將伐吴，造船於蜀，彦覺之，請增兵爲備，晧不從。彦乃輒爲鐵索横斷江路，及師臨境，緣江諸城皆望風降附，惟彦堅守。吴亡始降。

周

趙昺。天水西人。閔帝時，硤州刺史，破蠻酋向天王、鄭南鄉等。陳將吴明徹屢爲寇患，昺前後十六戰，每挫其鋒，以功授開府儀同三司。

隋

趙軌。雒陽人。高祖時硤州刺史，甚有恩惠。

唐

許紹。安陸人。隋大業末，夷陵通守。唐授硤州刺史，封安陸郡公。紹境連王世充、蕭銑，其下爲賊剽者皆見殺，紹得敵人，獨資遣之，二邦感義，殺掠爲止。

顔真卿。京兆萬年人。代宗時忤元載，貶硤州司馬。

薛珏。河中寶鼎人。硤州刺史。建中初，使者李承狀珏之簡，趙贊言其廉，盧翰稱其肅，書奏，拜中散大夫。

宋

寇準。下邽人。太宗時，知歸州巴東縣。每期會賦役，未嘗輒出符移，惟具鄉里姓名揭縣門，百姓莫敢後期。

康戬。高麗人。太宗時，知硤州，詔褒其能。

李繼昌。上黨人。至道初，爲硤路兵馬鈐轄。賊爲民患，以金帶遺繼昌，繼昌僞納之，賊懈不設備，因掩殺之。

朱慶基。景祐中守硤州。始樹木增城栅，甓城北之街作市區，又教民爲瓦屋，别竈廩，異人畜，以變其俗。

丁寶臣。景祐中硤州判官。時歐陽修貶夷陵，與寶臣同年，相切劘，得政事文章之樂。

歐陽修。廬陵人。貽書責司諫高若訥，貶夷陵令。取舊案反覆觀之，見其枉直乖錯，歎曰：「荒遠小邑且如此，天下固可知。」自爾遇事不敢忽。

姚焕。普州人。知硤州。大江漲溢，焕前戒民徙積儲遷高阜，及城没，無溺者。因相地形築子城埽臺，爲木岸七十丈，繚以長隄，楗以薪石，厥後江漲不爲害。

趙誠。皇祐中知歸州。先是，天聖中贊唐山頹，石壅江流不通，遂成新灘。誠積薪石根，縱火焚之，不半載而石泐江開，舟行無滯，名曰趙江。有磨崖碑誌其事。

王登。德安人。權知巴東縣。獻俘制置使，登念奮自書生不拜，吏曰：「不拜則不敢上。」難之，竟棄功去。淳祐四年舉進士，調興山主簿，檄修江陵城，條畫有法。

郭永忠。福建人。知興山縣。甫下車，覩山川險要及士民疾苦，請遷縣治於羅鏡山下。立庠序，勸農桑，厚風俗，均田賦，遂成富庶之邑。

鄭清之。鄞人。硤州教授。湖北茶商羣聚暴横，清之白總領何炳曰：「此輩精悍，宜籍爲兵，緩急可用。」因召募之，趨者雲集，號曰茶商軍，後多賴其用。

李庭芝。應山人。開慶元年，知硤州，防蜀江口。

明

秦鳳。舒城人。洪武中，知興山縣。奏免秋糧，并紅馬船。時兵强民弱，百姓子女有爲夷陵軍掠爲奴婢者，鳳皆爲贖取，民德之。

汪善。歙縣人。洪熙時知夷陵州。民多虎患，善虔禱峽神，旬日中虎自死。

徐博。嘉定人。成化中，以御史謫知巴東縣。剛明廉介，尤尚文教，卓有聲譽。

陳宣。平陽人。弘治初，知夷陵州。修學校，毁淫祠，數年風俗丕變。

盛果。臨安人。正德中，知巴東縣，有惠愛在人。

葉禎。麗水人。嘉靖中，知巴東縣。愛民教士，興利除害，與盛果齊名。

許周。曲江人。嘉靖中，知巴東縣。時譚賊作亂，嚴爲防守，設法勦捕，民賴以安。

陳深。直隸人。隆慶中，知歸州。增修城郭，州治一新。

鄒光裕。鄱陽人。隆慶中，知巴東縣。先是，新設陸遞，賊王忠、秦碧作亂，二百里内役死無算。光裕請於四川夔州府巫山縣界設巴中驛，民困乃甦。及歿，民祀之，與前令盛果、葉禎同立祠。

陳洪烈。光山人。萬曆中，知長陽縣。縣接溪峒，蠻獠多梗化，洪烈撫循有法，威惠兼施，終其任無邊患。

劉定國。河南人。崇禎中，知興山縣。流賊來攻，定國率民兵捍禦，力不能支，遣吏賫印歸郡守，城陷，駡賊而死。本朝乾隆四十一年，賜謚烈愍。

張達。崇禎中興山縣典史。流賊張獻忠寇縣境，被執，死於難。本朝乾隆四十一年，予祀忠義祠。

呂調元。歸州千户。流賊至，獨率步卒格鬭，陷重圍中，罵不絶口，死於亂刃之下。本朝乾隆四十一年，予祀忠義祠。

徐日耀。興山都司。崇禎十四年，獻賊自蜀來攻，力戰而死。本朝乾隆四十一年，賜謚烈愍。

龔仲泰。進賢人。歸州知州。闖賊來寇，土豪内訌，執仲泰獻賊，囚至襄陽，不食死。本朝乾隆四十一年，賜謚烈愍。

本朝

馬之迅。長治人。爲夷陵鎮中營遊擊。吴逆至湖、湘，土寇竊發，總兵徐治都悉精鋭南下，獨留之迅及老弱數百人城守。川寇集城，之迅乘城拒守，間出奇兵擊之。已復合圍，之迅潛師免胄奮擊，追殺數十里，創甚，力疾守城卒。贈昭勇將軍，賜祭葬。

高舉。大興人。宜昌府通判。嘉慶元年，教匪肆掠，委防陝西鎮安縣之黄龍鋪。賊劫王家坪大營，舉與子高堉率兵勇前往策應，同時被害。恩予卹賞。

黄應文。天津人。以經歷署巴東縣事。嘉慶元年，邪匪聶人傑等滋事，應文會營弁堵勦，屢有殲擒。後追擊林之華黨匪於長陽縣之查角石，會大雨，賊圍甚急，應文手刃數人，以衆寡不敵，與其子掞並殁於陣。事聞，加等賜卹。同時陣亡者，遊擊邱作訓、候補縣丞林江，俱議卹如例。

人物

南北朝　梁

嚴植之。字孝源，秭歸人。少善莊老，能清言，精解喪服、孝經、論語。及長，徧習鄭氏禮、周易、毛詩、左氏春秋。性純孝謹厚，不以所長高人。少遭父憂，因菜食二十三載。仕齊爲廣漢王國右常侍，後爲康樂令。在縣清白，人吏稱之。梁天監四年，以植之兼五經博士，館在潮溝，生徒常數百，講説有區段次第，析理分明，每當登講，五館生畢至，聽者千餘人。遷中撫記室參軍，猶兼博士。卒於館。植之性慈仁，好行陰德，在暗室未嘗怠。所撰凶禮儀注四百七十九卷。

五代　南平

李景威。長陽人。仕高氏爲水手都指揮。宋建隆中，假道江陵以討張文表，景威恐宋師襲己，欲伏兵攻之，判官孫光憲不從，景威扼吭而死。宋祖命王仁贍厚恤其家。

宋

常留留。硤州人。周顯德中，州人范義超以私怨殺常古真家十二人，小子留留脱走。開寶中，留留擒義超訴有司，硤州牧奏引赦當原，太宗命正其罪。

何參。夷陵人。博學好義，不求聞達。歐陽修守夷陵時，常與之遊。

胡勉。長陽人。建炎初，寇鍾相之黨犯長陽，勉集豪勇，斬二渠魁。嘗攝縣事，劉超將侵建平，勉捍防蜀道，賊不得進。凡破賊所獲金帛，悉頒其下，絲毫無取。

元

田韋臯。巴東人。仕至金紫光禄大夫，累世同居，詔旌其居曰「義門」。

張之才。硤州人。學宗關、洛，不屑屑章句，辨朱、陸同異甚悉。以明經舉，屢典州郡。

明

劉子春。長陽人。洪武進士，知簡縣，吏畏民懷。永樂中，歷官廣西按察司。

譚思敬。巴東人。洪武中兵科給事中。言事切直。出知嵊縣，遷知平定州，潔己愛民，民思慕之。

王翥。興山人。宣德初任濟南推官。時土賊爲患，翥夙嫻武略，屢戰克捷，復所陷三城，援絶被執，抗節不屈，死之。

向文璽。字國信，夷陵人。弘治進士，知廬州府。振活流移，以持法搆怨歸。事母盡孝，鄉人化之。

劉一儒。字孟貞，夷陵人。嘉靖進士，歷官吏部郎中。初與張居正聯姻，張遣女資匳豐厚，一儒緘封於別室，戒家人不得啓視。及居正當國，一儒出居於南，故居正之敗，一儒獨不坐。累任工部尚書，卒謚莊介。

雷思霈。字何思，夷陵人。萬曆進士，授檢討，請告歸。與公安三袁相友善，詩文亦齊名。

李雲。字衡岳，夷陵人。萬曆舉人，歷官知潁州，有惠政。乞休歸，晚年書「名義至重，鬼神難欺」二語於牖。崇禎中，流賊陷城，執至江陵，不屈絶粒死。本朝乾隆四十一年，賜謚節愍。

劉采。興山人。事母孝，母病思食山藥。采求之巖間，遇虎，泣拜曰：「身何足惜，恨吾母危疾無救耳。」虎弭耳去，因獲奉母，疾亦瘥。

周翼明。東湖人。天啓舉人。崇禎末，需次京邸，闖賊薄都城，以大官啖之，翼明駡賊不絶口，死於難。

文焕然。興山人。崇禎庚午副榜。性純孝，母王氏病，刲股以療。子文綸，亦刲股愈母病，兩世稱孝。

郭銓。東湖人。崇禎壬午充儀賓。獻忠破夷陵，執銓欲官之，不屈，曰「世受國恩，義不辱」，赴水死。

譚正賓。巴東人。崇禎末，容美土司寇巴東，正賓率鄉勇堵禦奮擊，蠻死者千餘人，蠻憾甚，陰使刺殺之。

本朝

龔大惠。興山人。母歿，刻木肖像，朝夕一豆一羹，肅容致敬，以蔬食終其身。念父獨居，事之尤曲至。

毛一驄。字夫選，東湖人。雍正乙卯拔貢，博聞强識。總督邁柱以博學宏詞薦，中道卒。所著有晴雪堂詩集。

張繼辛。字椿亭，東湖人。乾隆庚辰舉人，由知縣累官貴州按察使。練習時務，所至皆有聲。

王成名。字九韶，東湖人。諸生。幼失怙恃，兄嫂遇之薄，成名不宿怨，事之盡禮，撫兄子如己子，析財産爲三，分與之，不以自封。

彭祖賢。長陽人。爲郡貢生，事繼母以孝聞，與兄商賢友愛尤篤。商賢邑諸生，捐數千金重建學宫，季父文錦無子，迎養盡禮。

陳志瑀。興山人。兄早死，撫姪如己出。一日入山採薪，姪猝遇虎，志瑀挺身直前曰：「吾兄止此子，可食我，勿殄兄後。」虎摇尾去。

流寓

晋

郭璞。河東聞喜人。永嘉之亂，避地東南。今東湖縣城中有爾雅、明月二臺，東有洗墨池，相傳璞著書遺蹟。

唐

田游巖。京兆三原人。自蜀歷荆楚，愛夷陵青溪，止廬其側。長安李安期表其才，召赴京師，行及汝，辭病歸。

宋

陳祐。仙井人。徽宗時右司諫，以論章惇、蔡京等，編管歸州。

郭雍。洛陽人。流寓荆硤，世稱長陽先生。

程子。河南人。徽宗時徙硤州。

列女

明

王鈞妻何氏。巴東人。夫卒，子幼家貧，守節四十餘年。

敖融妻馮氏。興山人。年十七，夫亡閉門自縊，家人救免，遺腹生一子，茹貧自矢，有司旌之。

秦景宣妻楊氏。夷陵人。景宣爲諸生，死時，子甫半歲，楊撫之始終無間。弘治中旌。

劉瑀妻陳氏。夷陵人。年二十五，夫亡，子甫四歲。舅姑相繼卒，陳斂葬以禮。屢值歲饑，以死自守。

譚之晉妻向氏。長陽人。之晉邑廩生，土司唐鎮邦兵圍其宅，之晉罵不絶口，賊割其首。向抱屍痛哭，哀懇續夫首，以樱絲聯屬之，口吸血痕，買棺收斂。賊逼向上馬，前行至地名一碗水，奮身投巖下死。越數日，衆求得其屍，容如生，胸懷夫巾幘及簿籍。遂共斂之，與其夫合葬。

葉玉衡妻李氏。四川人。玉衡爲户部主事，罷官流寓興山，避賊於卦子山砦。賊帥李來亨破其砦，殺玉衡，欲妻之。李紿之曰：「埋吾夫則從汝。」俟斂畢，即墜巖死。

高維遠妻簡氏。遠安人。嫁興山高維遠。崇禎十二年，流賊羅汝才大掠，維遠舉家被獲，簡度不免，與女攜手投巖死。

王運達妻姜氏。興山人。崇禎末，被賊掠，欲污之，姜不從，賊以刃脅之。姜曰：「汝釋吾夫，吾從汝。」賊果釋其夫，姜度夫去遠，遂墜巖死。

萬全珣妻鄭氏。興山人。遭賊掠，强之行，鄭踞地大罵，賊怒殺之。

郭天祚妻顔氏。興山人。因被亂掠，强之行，不從，乘間拔刀自刎死。

金震祚妻譚氏。興山人。賊殺其夫，欲辱之，譚觸石死。

本朝

毛秉德妻周氏。東湖人。吴逆之亂，周抱子隨姑避居巖砦，賊突至，周以子委姑，投巖死。雍正七年旌。

黄道隆妻趙氏。東湖人。夫亡守節。又同縣謝景榮妻余氏，謝應聯妻余氏，謝邦傑妻江氏，曹宏鐸妻王氏，王克斌妻譚氏，趙綸妻王氏，曹光霖妻宋氏，王發贊妻曾氏，羅成繡妻某氏，羅舍妻陳氏，羅慶餘妻向氏，李宗濬妻朱氏，劉之震妻杜氏，牟世節妻楊氏，夏明妻薛氏，蔡洪遠妻鄧氏，趙南國妻黄氏，韓世琦妻覃氏，向前妻董氏，李文林妻鄭氏，羅鼇昌妻吴氏，韓士璣妻王氏，徐晏妻何氏，朱嵩妻杜氏，朱嶽妻毛氏，譚之傑妻楊氏，朱崑妻羅氏，王世哲妻文氏，王永清妻田氏，羅承蔭妻李氏，周權世妻楊氏，朱世華妻曹氏，楊國璽妻覃氏，李谷明妻王氏，王述陵聘妻余氏，鄢煒妻楊氏，王允鴻妻楊氏，范鍾彦妻黄氏，劉時淳妻王氏，范藻妻王氏，陳睿妻楊氏，張燦妻杜氏，羅鴻昌妻張氏，程洪遵妻李氏，陳運妻朱氏，向上明妻郭氏，向國楨妻熊氏，向元恭妻某氏，朱永瓊妻李氏，賀岐珍妻顧氏，盧金魁妻趙氏，盧昌潤妻曹氏，向之陛妻楊氏，向遜妻鄧氏，向超妻陳氏，范如遠妻穆氏，饒文炳妻楊氏，牟世陞妻何氏，王懷舜妻張氏，陳恩臣妻蔡氏，魯禮妻羅氏，劉士爵妻郁氏，楊國儒妻張氏，張倫妻王氏，張霖妻馬氏，汪士文妻朱氏，吴燧妻范氏，熊士國妻鄒氏，田國珩妻王氏，羅邦哲妻苗氏、媳李氏，向之榮妻周氏，石應忠妻丁氏，蔣遐齡妻張氏，雷溥妻黄氏，楊曰芃妻王氏，王應燦妻陳氏，黄文運妻雷氏，雷宏妻黄氏，韓忠妻王氏，黄袍妻蔣氏，楊光瑞妻譚氏，陳綱妻劉氏，張惟鏞妻王氏，李鵬生妻黄氏，汪瀧妻方氏，胡振全妻陳氏，劉子重妻余氏，謝邦賢妻周氏，屈必用妻黄氏，謝家鑑妻邢氏，李蓁妻楊氏，閻宏燦妻程氏，閻泮妻向氏，朱芾妻何氏，李必禧妻黄氏，杜天宿妻趙氏，王世哲妻文氏，陳瓚妻譚氏，王依妻趙氏，徐林妻劉氏，徐漢才妻余氏，楊應昌聘妻望氏，羅梁茂妻李氏，覃慎妻孟氏，王文熾妻覃氏，周名世妻涂氏，周延緒妻劉氏，俱乾隆年間旌。覃永齡妻趙氏、陳其章妻張氏、牟大文妻覃氏、鄧國桓妻李氏，俱嘉慶年間旌。

向奎妻余氏。歸州人。夫亡守節。又同州龔瑞妻韓氏、鄭鄙妻柳氏、王佑聖妻韓氏、張維藩妻王氏、張士賢妻周氏、王明錫妻宋氏、向陽昷妻杜氏、王士前妻何氏，俱乾隆年間旌。熊應榮妻李氏，嘉慶年間旌。

鄢必傑妻劉氏。長陽人。夫亡守節。又同縣艾維郁母郁氏、王之賓母向氏、王三策妻楊氏、覃山宗母田氏、黄大信妻沈氏、覃超元妻李氏、方國株妻覃氏、鄧永瑞妻向氏、向聖論妻姜氏、向作仁妻熊氏、鄭賢公妻林氏、李公祥妻楊氏、向廷詔妻李氏、覃臣周妻周氏、蹇同升妻蔣氏、譚嘉猷妻李氏、劉元吉妻胡氏、左士鴻妻潘氏、金廷芝妻董氏、方士鵬妻向氏、郭明登妻鄒氏、朱應奎妻習氏、宋迎妻覃氏、宋啓楨妻鄭氏、楊維廷妻覃氏、黄萬臨妻趙氏、李鴻緒妻田氏、李雲妻王氏、張材美妻田氏、蕭正緒妻吴氏、李國相妻王氏、曹英妻曾氏、李上元妻覃氏、覃自芳妻裴氏、劉恂妻李氏、芮元錫妻吴氏、李焜妻習氏、黄珏妻熊氏，俱乾隆年間旌。李守奎妻胡氏、胡崑山妻姚氏、李忠思妻官氏、蔡廷見妻楊氏、柳合緒妻胡氏、宋某妻向氏、楊開信妻周氏、向宜彬妻覃氏，俱嘉慶年間旌。

田凱妻黄氏。興山人。夫亡守節。又同縣胡慶亨妻張氏，俱乾隆年間旌。蔣元龍妻陳氏、舒釗妻劉氏、葉玉衡妻李氏，俱嘉慶年間旌。

譚克睿妻馬氏。巴東人，夫亡守節。又同縣柳燦臣妾馬氏、劉氏，黄士傑妻孟氏，向立妻譚氏，張文焕繼妻徐氏，薛大綱妻廖氏，俱乾隆年間旌。

陳邦榆妻蔣氏。長樂人。夫亡守節。又同縣張某妻覃氏、楊世永妻佘氏、潘廷桂妻鄭氏、歐陽維珍妻盧氏、許光校妻楊氏、靳含英妻陳氏、侯方倫妻盧氏、向懷謙妻顏氏、譚某妻李氏，俱乾隆年間旌。金其式妻任氏，嘉慶年間旌。

譚文用妻傅氏。鶴峯人。夫亡守節。又同州謝國綸妻唐氏、鄒隴妻李氏，俱乾隆年間旌。郭灝妻張氏，嘉慶年間旌。

土産

瑪瑙石。州志：州境洪溪出。

茶。寰宇記：歸州貢。

椒。寰宇記：歸州貢。

漆。通志：巴東縣出。

錦雞。白鷴。通志：俱長陽縣出。

方紋綾。九域志：硤州貢。

芒硝。唐書地理志：硤州貢。

箭竹。唐書地理志：硤州貢。

五加皮。唐書地理志：硤州貢。

杜若。唐書地理志：硤州貢。

鬼臼。唐書地理志：硤州貢。

校勘記

〔一〕西魏改曰柘州　「柘州」，乾隆志卷二七三宜昌府建置沿革（下同卷簡稱乾隆志）作「拓州」。按，舊刻本舊唐書卷三九地理志同本志，隋書卷三一地理志及太平寰宇記卷一四七山南東道卷一四七峽州皆作「拓州」。今學者多以「拓州」爲是。

〔二〕本朝初因之　「因」，原作「出」，據乾隆志改。
〔三〕隆慶間遷壽寧寺　「壽寧」，原作「壽安」，據乾隆志改。按，本志避清宣宗諱改字。
〔四〕最外高崖間有色如人負刀牽牛　乾隆志同。按，戴震校水經注，謂「色」上脱「石」字，是。
〔五〕懸崖對處碧峯雙　「處」，乾隆志同，歐陽修文忠集卷一〇松門詩作「起」。
〔六〕屬引淒異　「屬」，原作「屢」，據乾隆志及水經注卷三四江水改。
〔七〕寰宇記　乾隆志同。按，今傳本太平寰宇記卷一四八山南東道歸州興山縣下無此處所引文字，而實見於方輿勝覽卷五八夔州路山川。疑乾隆志及本志誤。
〔八〕源出寧都　「寧」，原作「安」，據乾隆志及方輿勝覽卷五八夔州路改。按，本志避清宣宗諱改字。下同改。
〔九〕發源壽寧寺下　「寧」，原避清宣宗諱作「安」，據乾隆志回改。下文同改。
〔一〇〕又十里有風火砦　「火」，原作「大」，據乾隆志及讀史方輿紀要卷七八湖廣四改。
〔一一〕加拜都護武昌左都督　乾隆志同。按，「武昌左都督」五字當删。據三國志卷五八吴書陸抗傳，陸抗平步闡，以功「加拜都護」。聞武昌左部督薛瑩徵下獄，上疏救之。所謂「武昌左都督」乃「武昌左部督」之誤，亦是薛瑩之官職，非陸抗之加官。本志承乾隆志之謬誤而未察。

施南府圖

施南府圖

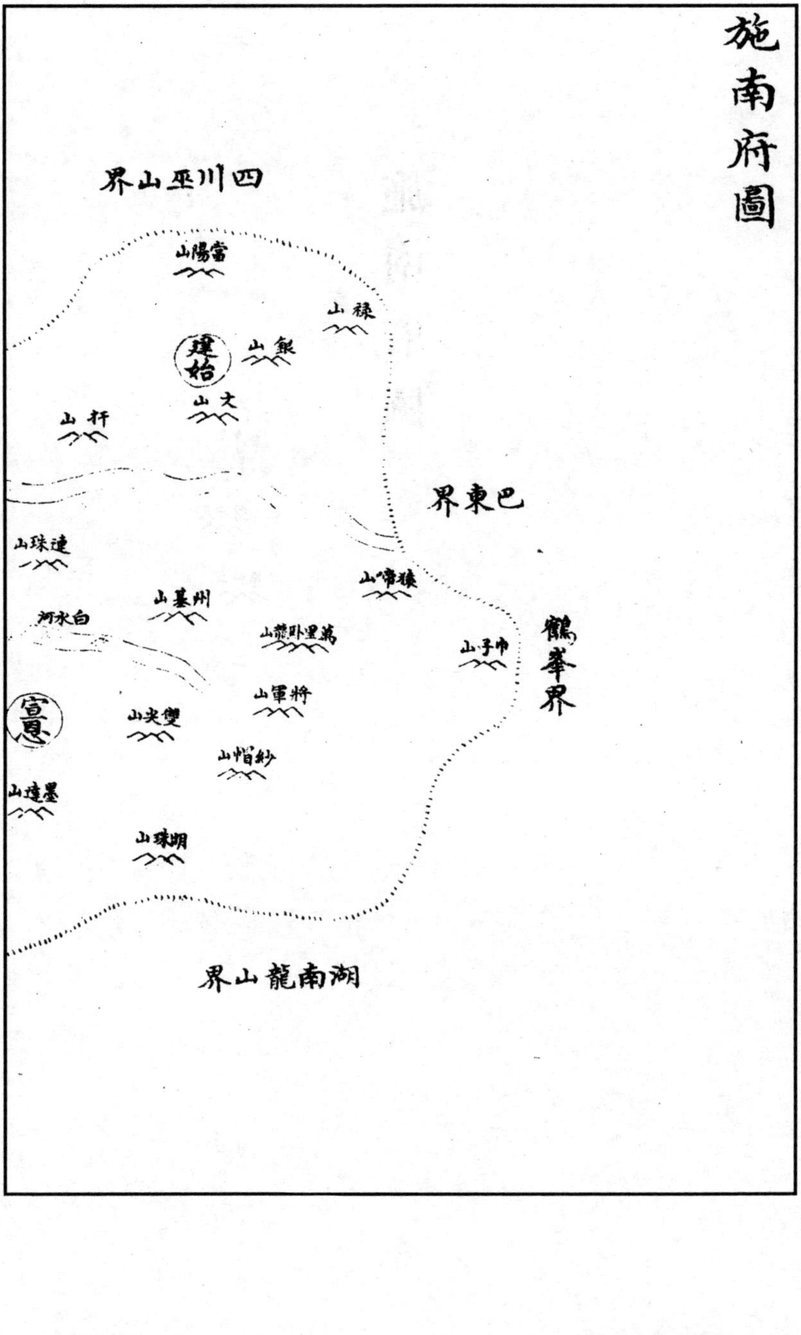
四川巫山界
富陽山
祿山
建始
巴東界
連珠山
白水河
萬里臥龍山
巾子山
鶴峯界
將軍山
雙尖山
宣恩
紗帽山
明珠山
湖南龍山界

王母城山
七藥山
三鬪箐山
四川石砫界
利川
清江源
石旗山
前江
天平岩
施南府
恩施
客星山
後江
二仙崖
翠濤山
文筆山
四川黔江界
排樓山
積翠山
石乳山
地壩岩
咸豐
懷來山
唐崖河
普落溪
佛山
白鳳山
來鳳
鬼山
漫水
四川酉陽界

施南府表

	施南府	恩施縣	宣恩縣
兩漢	南郡地。	巫縣地。	
三國	吴建平郡地。	沙渠縣吴置，屬建平郡。	
晉宋		沙渠縣	
齊梁		後廢。	
魏周陳	施州清江郡周置。	州郡治，不置縣。	
隋	施州開皇初廢郡，大業初州亦廢。義寧二年復。	清江縣開皇五年置，屬清江郡。	
唐	施州清化郡天寶初改郡名，屬江南黔中道。	清江縣州治。	
五代	施州屬蜀。	清江縣	
宋	施州清江郡復郡名，屬夔州路。	清江縣州治。	羈縻蠻地。
元	施州	至元十三年省。	施州道宣慰使司初置沿邊溪洞招討司。至正二年更置，後明玉珍又改宣撫司。
明	施州衛洪武十四年兼置衛，二十三年省州入衛，建施州衛軍民指揮使司，屬湖廣都司。		施南宣撫司洪武四年復爲施南宣慰司，永樂三年爲施南長官司，明年又升宣撫司。

續表

來鳳縣	咸豐縣	利川縣
	巫縣地。	
羈縻感化州		
初爲羈縻富州地，尋爲柔遠州地。	羈縻柔遠州	本蠻地。
散毛誓厓等處軍民宣撫司 初曰散毛洞。至元二十一年升散毛府，至正六年改名，明玉珍更爲散毛沿邊軍民宣慰司。	散毛岡地。	官渡壩，屬施州衛。
散毛宣撫司 洪武四年置散毛沿邊宣撫司，後廢。永樂九年置散毛長官司，十三年升屬施州衛。	大田千户所 洪武二十三年置散毛千户所，二十四年改名，屬施州衛。	

續表

建始縣
巫縣地。
建始縣晉置，屬建平郡。
業州周置。
建始縣初廢州郡，以縣屬清江郡。義寧初復置業州。
建始縣貞觀中廢州，以縣屬施州。
建始縣
建始縣
建始縣
建始縣洪武中改屬四川夔州府。

大清一統志卷三百五十一

施南府

在湖北省治西一千九百八十里。東西距五百八十八里，南北距六百十七里。東至宜昌府鶴峯州界一百七十里，西至四川石砫廳界四百十八里，南至四川直隸酉陽州界四百十五里，北至四川夔州府巫山縣界二百二里。東南至湖南永順府龍山縣界二百六十五里，西南至酉陽州黔江縣界三百十五里，東北至巫山縣界二百三十里，西北至夔州府萬縣界三百八里。自府治至京師三千七百八十六里。

分野

天文翼、軫分野，鶉尾之次。

建置沿革

禹貢荆州之域。春秋、戰國楚地。秦南郡地，漢因之。三國吴建平郡地。後周置亭州、施州及清江郡。隋開皇初郡廢，大業初廢施州，改亭州爲庸州，尋改庸州爲清江郡。義寧二年，復置施州，唐因之。天寶初改曰清化郡。乾元初復曰施州，屬江南黔中道。五代時屬蜀。宋曰施州清江郡，屬夔州路。元曰施州。明洪武十四年，兼置施州衛。二十三年，併州入衛，改建施州衛軍民指揮使司，屬湖廣都指揮使司。本朝初因之。雍正六年，改爲恩施縣，屬歸州。十三年，升爲施南府，屬湖北省，領縣五。恩施、宣恩、來鳳、咸豐、利川。乾隆元年，以四川夔州府屬之建始縣來隸。共領縣六。

恩施縣。附郭。東西距二百五十八里，南北距一百七十九里。東至宜昌府鶴峯州界一百七十里，西至利川縣界八十八里，南至宣恩縣界一百里，北至建始縣界七十九里。東南至宣恩縣界九十里，西南至利川縣界一百十里，東北至建始縣界一百二十里，西北至夔州府奉節縣界一百七十里。漢巫縣地，屬南郡。三國吳分置沙渠縣，屬建平郡。隋開皇五年，改置清江縣，大業初屬清江郡。唐、宋屬施州。元至元二十二年，併入施州。明洪武十四年，置施州衛。本朝雍正六年，改設恩施縣，屬歸州。十三年改屬施南府，爲府治。

宣恩縣。在府東南八十里。東西距二百三十里，南北距二百五里。東至宜昌府鶴峯州界一百四十里，西至咸豐縣界九十里，南至來鳳縣界一百七十五里，北至恩施縣界三十里。東南至湖南永順府龍山縣界一百八十五里，西南至咸豐縣界一百里，東北至恩施縣界一百十里，西北至恩施縣界四十里。本蠻地，元置沿邊溪洞招討司，至正二年更爲施南道宣慰使司，十七年爲明玉珍所據，改爲宣撫司。明洪武四年，復爲施南宣慰司。永樂二年，改爲施南長官司。明年，復升宣撫司，隸施州衛。本朝初爲施南土司，仍隸施州衛。雍正六年，屬恩施縣。十三年，改設宣恩縣，屬施南府。

來鳳縣。在府南二百七十里。東西距一百五十里，南北距一百七十五里。東至湖南永順府龍山縣界三十里，西至咸豐縣界一百二十里，南至四川直隸酉陽州界一百四十五里，北至宣恩縣界三十里。東南至龍山縣界一百四十五里，西南至酉陽州界二百里，東北至宣恩縣界十五里，西北至咸豐縣界五十五里。本蠻地，五代時爲羈縻感化州，宋爲羈縻富州地，尋爲柔遠州地。元初因之，尋曰散毛洞。至元二十一年，升爲散毛府。至正六年，改爲散毛誓崖等處軍民宣撫司。明玉珍時，更爲散毛沿邊軍民宣慰司。永樂九年，改長官司。十三年，復升宣撫司，隸施州衛。本朝爲散毛土司。雍正六年，屬恩施縣。十三年，改設來鳳縣，屬施南府。

咸豐縣。在府西南二百二十五里。東西距一百五十里，南北距二百三十里。東至宣恩縣界六十五里，西至四川酉陽州黔江縣界八十五里，南至來鳳縣界四十五里，北至利川縣界一百八十五里。東南至宣恩縣界六十里，西南至黔江縣界九十里，東北至恩施縣界九十五里，西北至黔江縣界一百四十里。本蠻地，宋爲羈縻柔遠州，元爲散毛岡。明洪武二十三年置散毛千户所，二十四年改曰大田軍民千户所，隸施州衛。本朝改設巡司。雍正六年，屬恩施縣。十三年，改設咸豐縣，屬施南府。

利川縣。在府西一百七十八里。東西距三百三十里，南北距三百十里。東至恩施縣界九十里，西至四川石砫廳界二百四十里，南至咸豐縣界二百十里，北至四川夔州府雲陽縣界一百里。東南至咸豐縣界一百三十里，西南至四川酉陽州彭水縣界二百五十里，東北至恩施縣界九十五里，西北至四川夔州府萬縣界一百三十里。本蠻地，元、明爲施南司地，名官渡壩，屬施州衛。本朝雍正十三年，改設利川縣，屬施南府。

建始縣。在府東北一百二十里。東西距二百里，南北距一百四十九里。東至宜昌府巴東縣界一百六十里，西至恩施縣界四十里，南至宜昌府鶴峯州界二十九里，北至四川夔州府巫山縣界一百二十里。東南至鶴峯州界二百八十里，西南至恩施縣界一百十里，東北至夔州府巫山縣界一百十里，西北至夔州府奉節縣界一百二十里。漢巫縣地。晉置建始縣，屬建平郡。後周置業州。隋廢州郡，以縣屬清江郡。義寧初，復置業州，唐貞觀中廢爲縣，屬施州。宋、元復舊。明改設施州衛，屯兵防範土人，以縣屬四川夔州府。本朝初因之。乾隆元年，改隸施南府。

形勢

五峯環其東，客星峙其西。東連荆楚，西抵巴蜀。地當巴、荆之會，隱然爲西南重鎮。衛志。

風俗

山岡砂石，不通牛犂，惟伐木燒畬，以種五穀。黔中記。隆冬可單，盛夏可裌。方輿勝覽。

城池

施南府城。周九里有奇，門四，有濠。明洪武十四年建。本朝乾隆二十六年修。恩施縣附郭。

宣恩縣城。本朝乾隆年間建。

來鳳縣城。本朝乾隆年間建。嘉慶八年修。

咸豐縣城。舊爲大田所城。門四。明洪武間築，後圮。本朝乾隆間，估定城基，因地險未建。

利川縣城。本朝乾隆年間建。

建始縣城。周三里有奇，門四。明正德初建。本朝乾隆年間修。

學校

施南府學。在象耳山下。本朝乾隆年間建，嘉慶六年修，入學額數八名。

恩施縣學。在府南門内。宋、元州學舊址。明洪武中，遷南門外，爲衛學，景泰中復舊。本朝康熙二十四年重建，四十五年修。雍正六年改爲縣學。入學額數十二名。

宣恩縣學。在縣西。本朝乾隆五年建。入學額數三名。

來鳳縣學。在縣東。本朝乾隆五年建。入學額數三名。

咸豐縣學。本朝乾隆年間建。入學額數三名。

利川縣學。在縣東。本朝乾隆五年建。入學額數四名。

建始縣學。在縣治西。元大德年間建，明洪武七年重建，後燬。本朝康熙十二年遷於縣治北，十三年復建舊址，四十六年修，乾隆年間屢修。入學額數八名。

鳳山書院。在府城内。本朝乾隆四十一年建。

岐陽書院。在來鳳縣内。本朝乾隆四年建。

五陽書院。在建始縣境。本朝乾隆二十年建，以縣有建陽、朝陽、當陽、景陽、巫陽故也。按：施南府城舊有崇化書院，久廢。

户口

原額人丁二百三十三，今滋生男婦共九十一萬九千九百八十一名口，計一十七萬四千三百六十二户。

田賦

田地山塘四千九百四十四頃六畝八分有奇，額徵地丁正、雜銀二千六百六十兩九錢六分三釐。

山川

回龍山。在恩施縣治東。

象耳山。在恩施縣治東。一名柁樓山。舊築半逸亭於上。又象鼻山，在縣治東南。

連珠山。有二。一在恩施縣東二里，五峯相連如貫珠，縣之望山也。亦名五峯山。又有龍首山，與此山相接，控清江之口。一在縣南，上有砦。

倚子山。在恩施縣東十五里。宋開慶初，郡守謝昌元移州治此，以據險要。亦名州基山。

金瓦山。在恩施縣東四十里。崖石鱗次如屋瓦，而色黃。又九里爲石盤山，山頂有大石如盤。又七里爲天樓山，山勢聳拔，如危樓倚天。又四里爲畫屏山。又二十里爲銀山，山頂有峯，高數十丈。

猿啼山。有二：一在恩施縣東八十里，林木深茂，啼猿聲韻，比諸山最多；一在恩施縣西，冬常積雪，又名雪嶺。

巾子山。在恩施縣東一百六十里。峯頂狀如巾。

楊平山。在恩施縣東南。又有龍津山、黃石山、東門山、東坡山、郙岔山、萬里卧龍山，俱在縣境。

文筆山。在恩施縣南二里。卓立如筆，亦名雙翠山。又十三里爲天成山，上有天生橋。又十五里爲銀鑛山，一名箐山，相傳舊出銀，西有鐵冶。

羅盞山。在恩施縣南五十六里。崒然數峯如覆杯。

金雞山。在恩施縣南一百四十里。中産金雞，故名。

翠濤山。在恩施縣西南五里。勢如波濤層湧，巨石突起數十丈，有竅，南北通明，俗號明山。

紅崖山。在恩施縣西南七十里。東有鼓樓砦。又二里有金柱山，峯勢峭直，其色如金。

客星山。在恩施縣西五里。複嶺重嶂，蜿蜒盤礡，南連雪嶺，高出雲霄。又二十里有藥山，山産藥物。又五十里有洞甕山，以形似名。

賀山。在恩施縣西。明初討諸蠻，自九溪、大庸度天火嶺，經古卑洞，大敗蠻兵，還次賀山，分道勦捕散毛諸洞，皆大勝之。

宜山。在恩施縣西北里許。

赭馬山。在恩施縣西北一百十二里。

都亭山。在恩施縣西北。通典：清江縣有都亭山，夷水所出。方輿勝覽：後周置亭州，取此山爲名。明統志：崇岡深麓，映帶左右，下多良田廣囿。

香城山。在恩施縣北七十四里。產麝。

金樓山。在恩施縣北八十里。崖石層疊，狀如樓臺。

扞山。在恩施縣東北二十里，吳、蜀分界之地。阻深據高，便於扞敵，故名。

羊角山。在恩施縣東北百餘里。

天馬山。在宣恩縣境。又有墨把山，有七峯聳拔，亦曰墨把峯。又通積山、勞喜山、水心山，俱在縣境。

墨達山。在宣恩縣境。土人謂天爲墨，言山高接天也。又明珠山，西有三十六峯，羣山環峙，亘繞前後。又紗帽山、三開山、將軍山，俱在縣境。

雙尖山。在宣恩縣境。又奴闌山、茅山、師壁山，俱在縣境。

吾山。在宣恩縣境。又蒲載山、低罕山、前山、木册山，俱在縣境。

後山。在宣恩縣境。

金龍山。在宣恩縣境。又來龍山，下有醴泉；筆架山，有五峯高聳；馬鞍山：俱在縣境。

三尖山。在來鳳縣境。又有武山、懷來山、白鳳山，俱在縣境。

佛山。在來鳳縣境。

鬼山。在來鳳縣境。

角樓山。在咸豐縣城内。又有小關山，古置關其上。又邢官保山、菊花官山、秀屏山、朝陽山、積翠山、石乳山、石衙門山，俱在縣境。

積玉山。在咸豐縣境。高峻積雪，經春不消。其南一里曰十三盤山，旁有黑洞，儼若城門，水從中流，二里許始出門，繞縣北爲青崖、塞谷等溪。其上又有一小洞，伐木爲欄，明洪武中，征蠻兵嘗經此。

排樓山。在咸豐縣境。又有對山萬峯山，亦曰杉篁洞，頂有池，流爲杉篁、杉碧、壘子等溪，俱在縣境。

七藥山。在利川縣西。一名七曜山，與支羅所相近。按：舊志七藥山，云在恩施縣西四百餘里。據前文，恩施疆界東西距二百五十八里，不應西四百里尚在境内。又後文「前江」注「在利川縣境，源出七藥山」，則山之屬利川明矣。蓋明以前，利川隸施州衛，而恩施爲衛治。明統志皆以施州爲主名，舊志當因此沿襲致誤。今移改。

天平砦山。在利川縣境。又錦屏山，上有鳳池。石旗山、鳳凰山、獅子山、龍岡山、金紫山、三萬箐山、王母城山，俱在縣境。

銀山。在建始縣東一里。石壁峻峭，白色如銀。

禄山。在建始縣東二十里。方輿勝覽：山富有禽獸，洞蠻恃爲廪禄。

州基山。在建始縣東三十五里。方輿勝覽：相傳爲舊業州。

文山。在建始縣南五里。巖如筆架，中峯孤秀，若文字點，明都御史林俊改名。

連珠山。在建始縣西十里。五峯相連如貫珠。

石乳山。在建始縣西十五里。山石層疊，多生石乳。舊志：縣在萬山中，多産麩金，而産於石乳山者爲最。

當陽山。在建始縣北五十里。有一崖，朝陽初出，其光照耀，故名。

瘦驢嶺。在恩施縣西。宋陸游詩所謂「瘦驢嶺在施黔間」也。

大石嶺。在恩施縣東北二百里。一名仙掌嶺。

朝霞嶺。在咸豐縣境。又有猴子嶺。

碧波峯。在恩施縣東北。曲折逶迤，蒼翠層擁，望之如波浪。

天柱峯。在宣恩縣境。

通天巖。在恩施縣東十五里。巖上有竅，可以窺天，下有深潭。

洪巖。在恩施縣南三十里。高出羣山，上有真武廟，俗呼爲小武當。

班鳩崖。在恩施縣東一百八十里。崖長五十里，望之如城郭。

二仙崖。在恩施縣西南。

韓信坡。在咸豐縣境。舊志：相傳信嘗經此。

百節峒。在恩施縣南。

大龍洞。在恩施縣東十五里。内有澄潭，旱禱多應。

影娥洞。在恩施縣南十餘里。日影水光相映，境甚幽勝。

石通洞。在恩施縣西。前有小澗。

雙城洞。在恩施縣北四十五里。

仙人洞。在宣恩縣境。

前江。在利川縣境。源出七藥山，西南流會後江。又西至馬崖峽，入四川重慶府彭水縣界。

後江。在利川縣境。發源泉口，西流入前江。

夷水。在恩施縣北。源出縣西北鑼鍋堰，東南流逕縣城東北，又東流入建始縣界，又東流入宜昌府長陽縣界，又東流入荆州府宜都縣界。今名清江。後漢書西南夷傳：廩君乘土船，從夷水至鹽陽。注：「今施州清江縣水，一名鹽水，源出清江縣西都亭山。」水經：夷水出巴郡魚復縣江，東南過佷山縣南。注：夷水，即佷山清江也。水色清照十丈，分沙石。蜀人見其澄清，因名清江也。水又東逕建平沙渠縣，縣有巫城水，南岸山道五百里，其水歷縣東出焉。夷水自沙渠入佷山縣，水流淺狹，裁得通船。東逕難留城南，又東逕石室，又東與温泉三水合，又東逕佷山縣故城南，南對長楊溪，又東逕虎灘。

朝貢水。在恩施縣東。源出宣恩縣萬里山，北流入清江。

鐵溝水。在恩施縣東。

白水河。在恩施縣南。源出將軍山，流逕宣恩縣界，西南流入來鳳縣界。又南流謂之漫水，其上流亦名車溪，亦謂之西溪。

黑峒河。在恩施縣西南。有二源。一出咸豐縣西南，流過地壩砦，逕普落溪，西南流入四川酉陽州黔江縣界，亦謂之黔水。一亦出咸豐縣西南，流至廢龍潭土司東，繞其南，流至廢唐崖土司界，與逕普落溪者合流。亦稱唐崖河。

頭渡河。在恩施縣西南。源出咸豐縣東十五里龍洞口。

西北河。在咸豐縣西二十里。有二溪合流，下入山峒中。

龍駒河。在建始縣南四十里。

萬頃湖。在咸豐縣境，接四川酉陽州彭水縣界。

紅楠溪。在恩施縣東班鳩崖下，北流入清江。

木里溪。在恩施縣東。源出長望洞，曲折數百里，沿溪萬山深僻，旁有平地可耕。

靈陽溪。在恩施縣東。其地與鶴峯州通。

龍平溪。在恩施縣東南，合細沙溪。

黄連溪。在恩施縣南三十里。

巴公溪。在恩施縣南。有二源，一出藥山，一出城南三十里鼓樓山，合於翠濤山下，至城南二里入清江。

麒麟溪。在恩施縣南。明統志：源出衛西境諸山巖洞中，奔流成溪。至夏水極冷，亦名冷水河。逕客星山下，又東北經城南，東入清江。

金印溪。在恩施縣南。源出銀鑛山，東流合覆盆水，又東合石板溪，北流三十里入清江。

硃砂溪。在恩施縣西南二十里。合黄連溪，逕天成山石橋下，又東北流入清江。

菖蒲溪。在恩施縣西南一百餘里。源出東門山，西流逕歌羅砦，會黄姑溪，下流合於酉溪。旁多菖蒲，因名。

黔黎溪。在恩施縣西南，源出北荒。

九龍溪。在恩施縣西南。源出紅崖山下，東北流合清江。一名甘平溪。

腰帶溪。在恩施縣西五里。源出西山，流逕宜山下，南入麒麟溪。

丹陽溪。在恩施縣西。源出石乳山，東流六十里入清江。一名龍溪。

龍馬溪。在恩施縣北一百里。南流逕觀音崖入清江。相傳牧馬河濱産龍駒，故名。一名沱水，一名帶河。

九渡溪。在恩施縣北。源出四川酉陽州彭水縣、石砫廳，流入縣界，至都亭山下，又東入清江。居民多引水溉田。

通潮溪。在恩施縣東北。南近連珠山，源出大龍洞。其水日消長如潮。

盤龍溪。在恩施縣東北。方輿勝覽：在施州驛北馬公泉下。俗傳昔有龍盤於此。

細沙溪。在宣恩縣境。源出東門山下，流入龍平溪。

白鳳溪。在宣恩縣境。源出東門山，流合酉溪，名三江口。

弄羅溪。在宣恩縣境。相近有車弄溪。

白沙溪。在宣恩縣境。又有白石、三花等溪，下流俱入清江。又石壁、石板溪，其旁有九曲溪，合流入清江。

水溪。在來鳳縣境。源出後山，繞縣西而東南流，至虎七溪入白水河。又有達車溪、芭蕉溪，俱在縣境。

兩會溪。在咸豐縣境，積玉山澗水所匯流也。

普樂溪。在咸豐縣境。一名普落溪，流入黑峒河。

革井溪。在利川縣境。相近又有相應溪。

小溪。在建始縣南二十里。自縣北當陽坡發源，繞南轉西，流入恩施縣界，注於清江。亦名龍溪河。王存九域志：縣有建始溪，又有桐木溪，皆在縣北，東流合小溪。

馬公泉。在恩施縣北一里。宋嘉祐中，運使馬某按部至州，以城跨山，不可鑿井，乃相視水脈，以竹引此泉入城中，公私賴之。因立祠其上，號馬公泉。又城北有宜泉，味爲縣境諸水之冠。

瀑布泉。在咸豐縣境。

清水泉。在咸豐縣境。有二，色俱如藍靛。

嘉蓮池。在恩施縣治前。舊名鼓角池，宋端拱元年生嘉蓮，故名。

蝦蟆池。在恩施縣南。池多蝦蟆，方春水生，輒跳躑出岸間，前趾變爲羽，隨衆禽飛去，土人常得之雀網中。

龍池。在恩施縣西北一百六十里。相傳有龍潛此。

古蹟

鹽水故城。在恩施縣東四十里。隋書地理志：清江郡鹽水，後周置縣。舊唐書地理志：武德四年，廢鹽水縣。

開夷故城。在恩施縣北六十里。北周置烏飛縣。隋改曰開夷，尋省，後復置。唐省。隋書地理志：清江郡開夷，後周置曰烏飛，開皇初改焉。唐書地理志：施州清江，義寧元年置開夷縣，武德元年省入。

故業州。在建始縣東。元和志：建始縣南至施州一百三十里。本漢巫縣地。後周以前無縣邑，建德三年於此置業州，並置建始縣。貞觀八年，州廢，縣屬施州。九域志：建始縣，在施州東北九十七里。方輿勝覽：故業州在今縣東州基山下。

按：宋書州郡志晉初立建始縣，屬建平郡，太康五年省。宋永初時亦有建始縣，尋廢。元和志謂後周以前無縣邑，蓋未詳考。

施州廢衛。今恩施縣治。明洪武十四年置。本朝雍正六年，改爲恩施縣。

廢忠孝安撫司。在恩施縣西南。元置安撫司，明因之，隸施南宣撫司。本朝雍正十三年裁。

廢上愛茶峒長官司。廢下愛茶峒長官司。俱在宣恩縣境。明宣德三年置二長官司，隸東鄉安撫司。今裁。

廢鎮南長官司。在宣恩縣境。明永樂五年置，隸施州衛。今裁。

廢搖把峒長官司。在宣恩縣境。明宣德三年置，隸東鄉安撫司。今裁。

廢鎮遠蠻夷長官司。廢隆奉蠻夷長官司。在宣恩縣境。俱明宣德五年置，隸東鄉安撫司。今裁。

廢思南長官司。在宣恩縣境。明成化後置，隸高羅安撫司。今裁。

廢東鄉土司。在宣恩縣境。明洪武六年，置安撫司，隸施南宣慰司。本朝爲東鄉土司，隸施州衛，雍正十三年裁。

廢高羅土司。在宣恩縣境。明洪武六年，置安撫司，屬忠建宣撫司。本朝爲高羅土司，隸施州衛，雍正十三年裁。

廢忠峒土司。在宣恩縣境。明永樂四年，置安撫司，隸忠建宣撫司。本朝爲忠峒土司，隸施州衛。雍正十三年裁。

廢忠建土司。在宣恩縣境。明洪武六年，置宣撫司，隸施州衛。本朝爲忠建土司，仍隸施州衛，雍正十三年裁。

廢木册土司。在宣恩縣境。元置安撫司。明玉珍改長官司。明因之，屬高羅安撫司。本朝爲木册土司，隸施州衛。雍正十三年裁。

廢大旺土司。在來鳳縣境。明永樂五年，置安撫司，隸散毛宣撫司。本朝爲大旺土司，隸施州衛，雍正十三年裁。

廢東流土司。在來鳳縣境。明宣德三年，置長官司，隸大旺安撫司。本朝爲東流土司，隸施州衛，雍正十三年裁。

廢臘壁土司。在來鳳縣境。明置長官司，隸大旺安撫司。本朝爲臘壁土司，隸施州衛，雍正十三年裁。

廢西萍蠻夷長官司。在咸豐縣境。明宣德三年置，隸金洞安撫司。本朝雍正十三年裁。

廢龍潭土司。在咸豐縣境。明洪武四年，置安撫司，屬散毛宣撫司。本朝爲龍潭土司，隸施州衛，雍正十三年裁。

廢金峒土司。在咸豐縣境。明永樂五年，置安撫司，隸施南宣撫司。本朝爲金峒土司，隸施州衛，雍正十三年裁。

廢唐崖土司。在咸豐縣境。明洪武六年，置長官司，隸施州衛。本朝爲唐崖土司，雍正十三年裁。

廢劍南長官司。在利川縣境。明宣德三年置，隸忠路安撫司。本朝雍正十三年裁。

廢忠路土司。在利川縣境。明洪武四年，置安撫司，隸施南宣撫司。本朝爲忠路土司，隸施州衛，雍正十三年裁。

施王屯。在恩施縣南十五里。方輿勝覽：東晉末，桓誕竄蠻中，自稱施王，築城臨施水，號施王城。子孫襲王，至後周保定初始平之，以其地置施州，乃施王屯餘址。

硝場。在咸豐縣北一百里。明統志：懸崖數千丈，下有河渡，其半崖一孔，勢若城門，上産硝土。

月臺。在恩施縣北碧波山。輿地紀勝：施州北門外有月臺，高三十丈，其頂平方。父老傳云李白謫夜郎時，常玩月於此。

關隘

五峯關。在恩施縣東二里連珠山下。

東門關。在恩施縣東南東門山。

振武關。在恩施縣北。

勝水關。在宣恩縣境。

散毛關。在來鳳縣境。本名師壁峒。元至元中，置師壁峒宣慰司，尋改宣撫司，領師壁鎮撫所、師羅千户所。至正中，又立長官司四、巡檢司七。明初復廢爲師壁峒。今改爲散毛關。

深溪關。在咸豐縣、酉陽路口。

石乳關。在咸豐縣石乳山上。又建始縣有石乳關，在石乳山上。

石門關。在建始縣東一百三十里。險峻，路通巴東。

建陽關。在建始縣東南。又野厢關，在縣東南一百三十里。

石城關。在建始縣西二十五里。

老鷹隘。在恩施縣西。

懷來峒隘。在宣恩縣境。明初藍玉引兵至此，受南蠻款附，因名。

崔家壩巡司。在恩施縣東一百里，接建始縣桃園鋪。

乾壩巡司。在宣恩縣南一百四十里。

東鄉鎮巡司。在宣恩縣南一百四十里。

卯峒巡司。在來鳳縣西一百二十里。

張家坪巡司。在咸豐縣西南六十五里，接四川黔江縣界。

建南巡司。在利川縣西一百六十里。乾隆四十九年，復設同知駐此。

南坪堡巡司。在利川縣北六十里。

暗利砦。在恩施縣南一百里。

歌羅砦。在恩施縣西南。宋史地理志：施州清江有歌羅、永寧、細沙、寧邊、尖木、夷平六砦〔一〕。方輿勝覽：歌羅砦，本夜郎縣故地，唐置珍州。乾德四年，蠻酋珍州刺史田景遷内附納土，以西江爲界，自是西江以北夜郎縣故地盡入施州。

水心砦。在宣恩縣水心山上。

覃山砦。在宣恩縣境。

七女栅。在宣恩縣境。

津梁

天生橋。在恩施縣東十五里。下有溪通清江。又四十五里有凌虚橋。

便冬橋。在恩施縣南麒麟溪上。木橋七架，長十五丈，溪水冬落，不便於舟，橋以此名。

湧鯨橋。在恩施縣西腰帶溪上。

覽勝橋。在恩施縣東，北通潮溪口。

盤龍橋。在恩施縣東北盤龍溪。

通濟橋。在咸豐縣境。

指陽橋。在建始縣北一里。

清平渡。在恩施縣東九十里。又十里有東津渡、南陵渡、石信渡。

長灘渡。在恩施縣北門外。又北百里有枝里渡。

龍溪渡。在恩施縣東北百里。又二十里有麻姑渡。

陵墓

古

巴蔓子墓。在恩施縣西北都亭山。明統志：周季世，巴國亂，將軍蔓子請師於楚，許以三城，楚救巴。巴國已定，楚師請城，蔓子曰：「藉楚之靈，克緩禍難，誠許是三城，將吾頭往謝，城不可得也。」乃自刎，以頭授楚使，楚王以上卿禮葬其頭於荆門山之陽，巴國葬其身於此。

巴公冢。在恩施縣南二里。明統志：俗傳昔有巴國大柵王世葬於此。歷年雖多，纍纍可辨。

蠻王墓。在恩施縣西南一百二十里。明統志：在衛城西南。又城北都亭鄉有巖高百餘丈，巖腹有穴一十二，皆藏柩之所，相傳爲蠻王墓。

祠廟

竹王祠。在恩施縣東南東門山下，祀夜郎侯。

磨嵯神廟。在恩施縣南里許。方輿勝覽：磨嵯山，本在黔州界，極高，蠻依爲巢穴，頗爲邊患。蜀王擊之，屢獲神助，故所在祀之。

太山廟。在建始縣北門外。

名宦

唐

南承嗣。魏州頓丘人，霽雲子。歷施州刺史。柳宗元稱其服忠思孝，無忝負荷。

宋

寇瑊。臨汝人。施州蠻叛，轉運使移瑊權領施州。先是，戍兵仰他州餽糧，瑊至，請募人入米，償以鹽，軍食遂足，而民力紓。復招諭高州刺史田彦伊子承寶入朝，得給印紙，爲高州官族。未幾，溪南蠻復内寇，珹率衆擒其酋領戮之，以白艻子弟數百人築栅，守其險要。

李周。馮翊人。通判施州。州介羣獠，不習服牛之利，爲辟田數千畝，選謫戍知田者，市牛使耕，軍食賴以足。

任伯雨。眉山人。調清江主簿。郡守檄使涖公庫，笑曰：「里名勝母，曾子不入，此職何爲至我哉？」拒不受。

龐公孫〔二〕。武功人。以廕補施州通判。崇寧中，部蠻向文疆叛〔三〕，詔轉運使王蘧領州事致討，公孫説降文疆而斬之，蘧上功，進三秩，知涪州。

程公許。宣化人。李埴爲制置使，辟公許通判施州，行户房公事。節浮費，疏利源，民不增賦，而用自足。時諸將乘亂抄劫，事定自危，以重賂結幕府。大將和彦威懷金寶以獻，公許正色卻之，彦威慚而退。

李庭芝。應山人。理宗時，知建始縣。訓農治兵，選壯士雜官軍教之，期年，民皆知戰守，善馳逐。無事則植戈而耕，兵至則悉出而戰。夔帥下其法於所部行之〔四〕。

明

譚朗然。字子明，茶陵人。嘉靖初，任建始縣，悉心愛民，勸農桑，時稱循吏。

本朝

左其選。夷陵州人。康熙三年，知建始縣。值城郭荒蕪，其選攜一僕至縣，偕典史親刈荆棘，結茅以居，綏輯流民數百人，給牛種，俾盡力畝畝，民賴以蒙業。

張沖。太康人。雍正癸丑進士，知來鳳縣。秉性醇厚，多行惠政。附郭西南多膏田，沖導濬水源，設甬道滋灌溉。嘗課農桑至鄉，每教以尊君親上之義，民咸欣樂不忍去。

莊紉蘭。惠安舉人，知來鳳縣。嘉慶元年，教匪滋擾，縣舊無城郭，倉猝來犯，遂被害。典史山陰張安，亦受傷投河死。均恩予優卹。

浦寶光。無錫人。嘉慶元年，署來鳳典史。堵勦賊匪，於宣恩之魚泉陣亡。恩予加等議卹。

蘇于洛。河南進士，知宣恩縣。嘉慶元年，教匪陷來鳳，邑境賊黨響應，于洛誘擒其魁，餘俱就撫，以功晉同知。嗣隨營辦理糧臺，卒於恩施之丫木峪。

人物

元

向廷芳。施州人。同從兄景仁征襄陽，有功，廷芳授夔路總管，出征戰死。景仁領其衆，防守鐵築城，城陷，死之。

明

陳鑛。施州衛人。父隆，樂善好施，將死，取人負券盡焚於庭。鑛性純孝，母疾慮不起，陳刀几上〔五〕，旦夕拜禱，刀忽躍起，乃自割左脅，取肝方寸，和粥進母，紉其創，母病遂愈。及母殁，哀毁骨立，踰年亦卒。

童天申。字禄所，施州衛人。由鄉貢授蘄水訓導。張獻忠陷城，以身殉難。贈國子監助教。本朝乾隆四十一年，予祀忠義祠。

本朝

張森。恩施人。性至孝。生而母目已昏，及森長，常以舌舐之，二十餘年，母目復明。

陳世凱。恩施人。在雲南軍營，不著兜鍪，攻城，身被數創不退，卒拔其城，軍中號曰陳鐵頭。官至浙江提督。

黄萬全。恩施諸生。嘉慶二年，教匪滋擾，萬全與同邑黄振萬罵賊死。予祀忠義祠。

列女

明

譚氏。恩施人。明末，土蠻肆掠，譚被執，行至竹王沱，投水死。

鄧宗啓妻唐氏。恩施人。賊至，賦詩别夫，自縊於忠建村。

本朝

李世傑妻崔氏。恩施人。夫亡守節。又同縣張益富妻陳氏、何芳玉妻李氏、杜菁年妻陳氏、鄧熙皡妻黄氏、劉靖邦妻陳氏、熊珍妻李氏、陳昌夏妻王氏、張氏、李孝女，俱乾隆年間旌。

向先妻譚氏。宣恩人。青年守志。又同縣覃紹妻趙氏、宋啓湛妻李氏、田榜妻屈氏、覃致遠祖母田氏、田某妻趙氏、陳維國妻劉氏、宋壽山妻吕氏，俱乾隆年間旌。唐廷逢妻楊氏，嘉慶年間旌。

王秀林妻袁氏。來鳳人。守正捐軀。又同縣節婦覃璋妻吴氏、龍名貴妻趙氏，俱乾隆年間旌。田振德妻向氏、何顯模妻吴氏，嘉慶年間旌。

譚永韶妻覃氏。咸豐人。夫亡殉節。又同縣節婦蔣進明妻覃氏、廖鋳相妻田氏、楊廷佐妻甘氏、劉益姪女劉氏，貞烈劉三姑，俱乾隆年間旌。蔣繼孟妻周氏、田景華妻蕭氏，俱嘉慶年間旌。

黄舉妻牟氏。利川人。夫亡守志。又同縣譚永彝妻年氏、牟元弼妻譚氏、陳思任妻牟氏、牟承睿妻向氏，俱乾隆年間旌。蕭善德妻朱氏、牟登岸妻譚氏、郭瀠光妻朱氏，貞女李霜梅、吴宗碧妻向氏，嘉慶年間旌。

姚耀廷妻張氏。建始人。夫亡守節。有强暴欲娶之，自縊死。又同縣龍鱗金妻譚氏、于天晟妻黄氏、黄大勝妻向氏、何允俊妻李氏、冉爾俸妻孫氏、向友乾妻陳氏、楊加秀妻于氏、黄加隆妻向氏、王端周妻楊氏、孔文妻黄氏、何其全妻向氏、黄興福妻孫氏、喻國仕妻高氏、向登義妻黄氏、吴洪泰妻湯氏、楊君誠妻吴氏、龍鱗九妻向氏、李永校妻劉氏、黄天桂妻宋氏、唐達先妻吴氏、劉曰楨妻于氏、劉瓊妻冉氏、鄭文會妻張氏、張天福妻蔣氏、黄崙妻孫氏、龍相妻董氏、車瑞妻蕭氏、向大琮妻于氏、向乾妻鄧氏，俱乾隆年間旌。張光宗妻李氏、江業妻龍氏、冉大潮妻黄氏、李潤妻夏氏、陳嘉品妻鄢氏、黄文相妻申氏、劉世選妻汪氏、龍澤芝妻向氏、于廷駒妻向氏、向學登妻李氏、張傳智妻劉氏、張傳桂妻盧氏，嘉慶年間旌。

土產

金。明統志：建始縣出。

鐵。漆。桐油。蜜蠟。葛布。夔州府志：俱建始出。

茶。椒。施州衛志：俱衛境出。

黃連。明統志：建始出。

校勘記

〔一〕施州清江有歌羅永寧細沙寧邊尖木夷平六砦　二「寧」字，原作「安」，據乾隆志卷二七四施南府關隘（下同卷簡稱乾隆志）及宋史卷八九地理志改。按，本志避清宣宗諱改字。

〔二〕龐公孫　乾隆志同，宋史卷三一一龐籍傳附傳作「龐恭孫」。按，恭孫爲龐籍之孫，字德孺。

〔三〕部蠻向文疆叛　「向文疆」，乾隆志同，宋史卷三一一龐籍傳附傳作「向文彊」。

〔四〕夔帥下其法於所部行之　「帥」，原作「率」，乾隆志同，據宋史卷四二一李庭芝傳改。

〔五〕陳刀几上　「几」，原作「凡」，據乾隆志改。

荆門直隸州圖

荊門直隸州圖

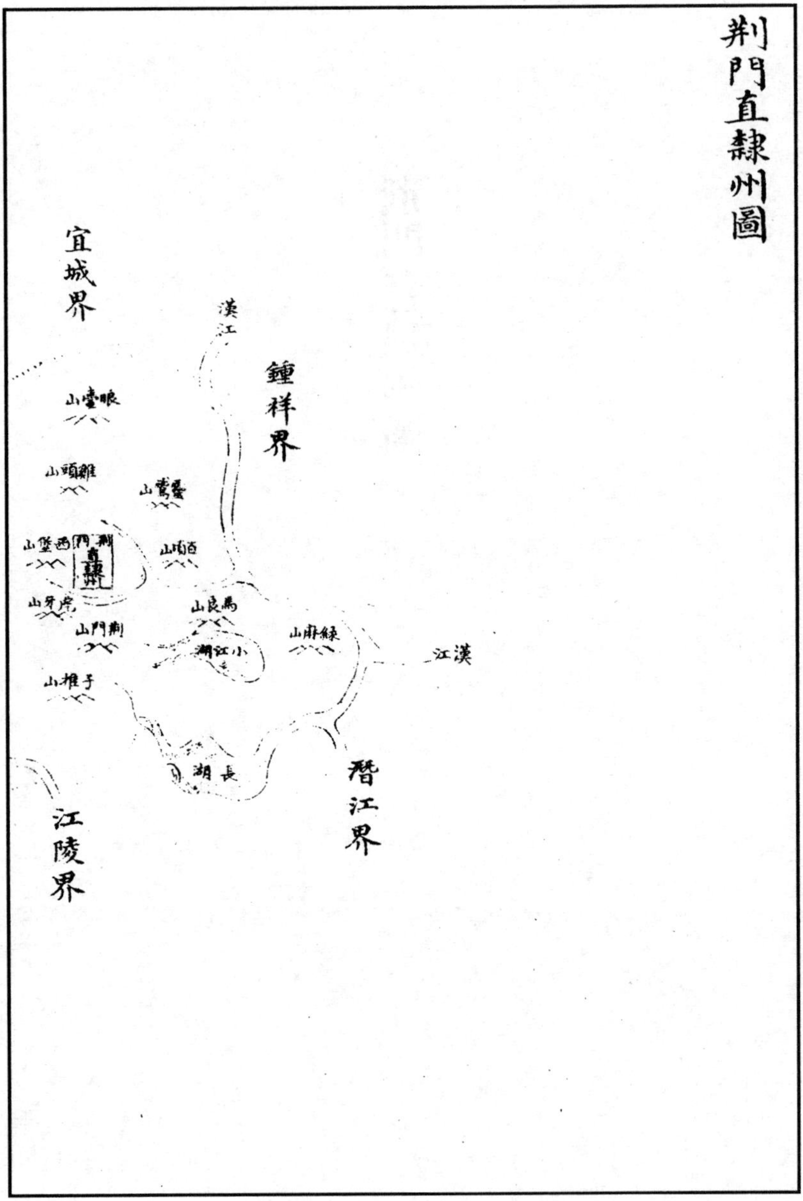

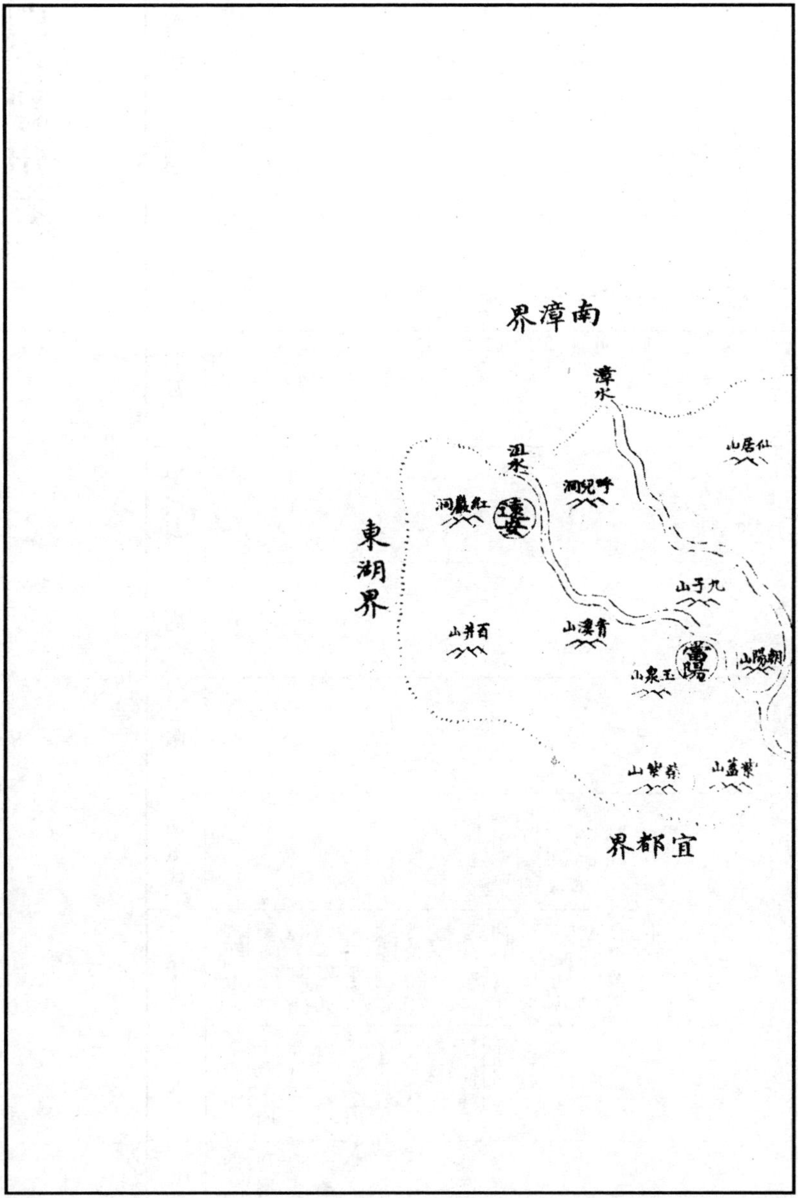
南漳界
漳水
沮水
仙居山
呼兒洞
紅巖洞
遠安
東湖界
九子山
百井山
青溪山
當陽
朝陽山
玉泉山
紫蓋山
宜都界

荆門直隸州表

	荆門直隸州
兩漢	編縣地。
三國晉	長寧郡 東晉置。
宋	永寧郡 泰始中更名。
齊	永寧郡
梁西魏	永寧郡
周	廢。
隋	
唐五代	貞元中分長林置荆門縣，屬荆州。唐末高季興建荆門軍。
宋	荆門軍 屬荆湖北路。熙寧六年廢，元祐三年復，端平三年徙治當陽。 長林縣 開寶五年移置爲軍治，熙寧中屬江陵府，後復屬荆門軍。
元	荆門州 至元十四年升軍爲府，十五年移府來治，降爲州。 長林縣 州治。
明	荆門州 初屬荆州府，嘉靖中改屬承天府。 洪武中省。

續表

	編縣屬南郡。				
長寧縣東晉置爲郡治。	編縣	長林縣東晉置，屬武寧郡。	武寧郡東晉隆安五年置。	樂鄉縣東晉置，郡治。	
長寧縣	編縣	長林縣	武寧郡	樂鄉縣	
長寧縣改屬北新陽郡。	編縣	長林縣	武寧郡	樂鄉縣	
長寧縣	廢。	長林縣	武寧郡西魏置鄀州。	樂鄉縣	緑麻縣西魏置，兼置上黄郡。
長寧縣		長林縣	武寧郡	樂鄉縣	緑麻縣
長寧縣開皇中更名，屬南郡。		省。	開皇七年廢郡，大業初廢州。	樂鄉縣屬竟陵郡。	章山縣初廢郡，大業初改縣名，屬竟陵郡，後廢。
長寧縣屬荆州。			武德四年復置鄀州，八年廢。	樂鄉縣屬襄州，五代周廢。	
開寶五年徙。					

續表

當陽縣	遠安縣
當陽縣屬南郡。 臨沮縣屬南郡。	臨沮縣地。
當陽縣 臨沮縣晉屬襄陽郡。	
當陽縣 臨沮縣初屬襄陽郡，後屬南郡。	高安縣宋置，屬汶陽郡。
當陽縣 臨沮縣	高安縣郡治。
當陽縣 臨沮縣	高安縣
當陽縣周置平州漳川縣。 臨沮縣	遠安縣改名，仍爲郡治。
當陽縣開皇九年廢平州及漳川縣，仍屬南郡。 廢。	遠安縣廢郡，屬夷陵郡。
當陽縣初復置平州，旋廢屬荆州。 武德四年復置臨沮縣，屬平州，八年省入當陽。	遠安縣屬硤州。
當陽縣開寶中屬荆門軍，熙寧中屬江陵府，後爲荆門軍治。	遠安縣
當陽縣至元中爲府治，十五年府徙。	遠安縣屬硤州路。
當陽縣初屬荆州府，後改屬荆門州。	遠安縣屬夷陵州。崇禎十三年改屬荆州府。

大清一統志卷三百五十二

荆門直隸州

在湖北省治西北六百里。東西距二百九十里，南北距三百四十里。東至安陸府鍾祥縣界八十里，西至宜昌府東湖縣界二百一十里，南至荆州府江陵縣界一百六十里，北至襄陽府宜城縣界一百八十里。東南至安陸府潛江縣界一百二十里，西南至荆州府宜都縣界一百五十里，東北至安陸府鍾祥縣治九十里，西北至襄陽府南漳縣治三百里。自州治至京師三千二百里。

分野

天文翼、軫分野，鶉尾之次。

建置沿革

禹貢荆州之域。漢置編縣，屬南郡，後漢因之。晉安帝分置長寧縣，并置長寧郡。宋明帝改郡曰永寧，屬荆州。齊置北新陽郡，以長寧縣屬焉。後周二郡俱廢。隋開皇十八年，改長寧曰長林，屬南郡。唐武德四年，置基州。七年，州廢，屬荆州。貞元二十一年，分置荆門縣，亦屬荆州。五代梁時，高氏建荆門軍。宋開寶五年，移長林縣於郭下。熙寧六年，軍廢，以長林縣屬江陵府。元祐三年，復置荆門軍。端平三年，移軍治當陽，以長林爲屬縣。元至元十四年，升爲府。十五年，移治古荆門城，降爲州，屬荆湖北路。明洪武初，以州治長林縣省入，屬荆州府。嘉靖十年，改屬承天府。國朝初屬安陸府。乾隆五十六年，升直隸州，領縣二。

當陽縣。在州西南一百二十里。東西距一百四十里，南北距一百四十里。東至本州界七十里，西至宜昌府東湖縣界七十里，南至荆州府枝江縣界六十里，北至遠安縣界八十里。東南至荆州府江陵縣治一百五十里，西南至荆州府宜都縣界八十里，東北至本州治一百二十里，西北至遠安縣治七十里。漢置屬南郡，後漢、晉、宋、齊皆因之。北周置平州，析當陽置漳川縣。隋開皇七年，改平州爲玉州，尋廢州及漳川縣，仍屬南郡。唐武德四年復置平州，六年改曰玉州，八年州廢，縣屬荆州。五代因之。宋開寶五年，改屬荆門州。熙寧六年，復屬江陵府。紹興十四年省縣入長林，十六年復置。端平三年，爲荆門軍治。元至元十四年，爲荆門府治。十五年，府移至長林，降爲州，縣仍屬州。明洪武初，屬荆州府，後改屬荆門州。十三年復置。嘉靖十年，隨荆門州屬承天府。本朝初屬安陸府。乾隆五十六年，屬荆門直隸州。

遠安縣。在州西一百四十里。東西距一百二十里，南北距一百一十五里。東至本州界七十里，西至宜昌府東湖縣界五十里，南至當陽縣界十五里，北至襄陽府南漳縣界一百里。東南至當陽縣治七十里，西南至東湖縣界五十里，東北至南漳縣治一百八十里，西北至南漳縣界八十里。漢臨沮縣地，屬南郡。晉屬襄陽郡。南北朝宋仍屬南郡，文帝時析置高安縣，屬汶陽郡。齊因之，後移汶陽郡來治。北周改縣曰遠安。隋開皇七年，郡廢，縣屬夷陵郡。唐屬峽州，五代及宋因之。元屬峽州路。明屬夷陵州，隸荆州府。本朝因之。雍正十三年，改屬荆州府。乾隆五十六年，屬荆門直隸州。

形勢

環列重山，帶繞大澤，介荆、襄兩大間，距江陵以抵漢水，連鄢、郢而控巴蜀。張師中鼓樓記。東連鄢、郢，爲之襟帶，西控巴峽，扼其咽喉。荆門軍記。南捍江陵，北援襄、鄧。東據隨、郢之脅，西當光化、夷陵，誠四集之地。陸九淵議。倚雲夢，連巫峽，據襄陽之阻，通沮、漳之利。圖經。

風俗

民愿士淳，易於開導。陸象山集。荆門俗尚緇黃，自陸九淵知軍後，風俗丕變，頗知禮義。州志。

城池

荆門州城。周四里有奇，門五。宋嘉熙中，陸九淵築。明初改建石城。本朝順治五年、康熙五年、十二年屢修。

當陽縣城。周三里有奇，門四，水門五。明成化中築，正德初甃石，萬曆初修，復於城外浚濠。本朝康熙四十四年、雍正五年、嘉慶元年重修。

遠安縣城。周四里有奇，門四，有濠。明成化中建。本朝順治十一年、乾隆三十四年重修。

學校

荆門州學。在州治南。明洪武二年，因宋、元舊址建。本朝乾隆十四年修。入學額數十七名。

當陽縣學。在縣治西。元建在玉陽山。明嘉靖二十五年遷九子山，萬曆八年又遷西門外，三十五年始遷今所。本朝乾隆十四年、嘉慶三年重修。入學額數十三名。

遠安縣學。在縣治北。舊在亭子山下，本朝康熙五年遷建今址。四十年修。入學額數八名。

象山書院。在荆門州西蒙泉南。明建，後燬。本朝順治十五年重建。

迴峯書院。在當陽縣。本朝康熙十七年建。

户口

原額人丁一萬七千五百七十六，今滋生男婦共八十萬八千二百八名口，計一十七萬六百三十九户。

田賦

田地山塘一萬六千二百四頃一畝四分有奇，額徵地丁正、雜銀九千六百八十三兩五錢一分六釐，南糧七千一百四十九石三斗六升三合二勺，漕糧七百七十九石九斗有奇。

山川

東山。在荆門州東一里。一名東堡山，又名文峯。明統志：上有楚望亭，亭側有塔，多題咏。

伯夷山。在荆門州東二十里。又東二十里有百頃山。輿地紀勝：上有三峯，有温泉、冷泉。

仙女山。在荆門州東二十里。明統志：相傳昔有七仙女於此圍碁，其跡尚存。

緑麻山。在荆門州東南一百三十里。俗呼爲桃李山。前有緑麻寺舊址。

子推山。在荆門州南。輿地紀勝：在長林縣南三十里，上有子推廟。

荆門山。在荆門州南三十里。上合下開，其狀如門。

龜山。在荆門州南三十里。

虎牙山。在荆門州西南三里。名勝志：荆門山在城南，虎牙山在城西，各去五里。其山亂石巉巖，上合下開，有如虎牙重門之狀，舊設虎牙關。州志：孟子港水出焉。

蒙山。在荆門州西一里。一名象山，一名硤石山，又名泉子山。明統志：上有澄源閣、信美、浴沂、浮香、潛玉、漱玉五亭，皆游憩之所。州志：山半有陸九淵講經臺。

西山。在荆門州西三里。一名西堡山。明統志：上有仙人洞。

杏子山。在荆門州西十里。輿地紀勝：其頂舊有杏樹千株。

屏風山。在荆門州西北四里。絶頂平衍，中有二泉。宋開禧間，郡守李直炳徙居於此〔一〕。

武陵山。在荆門州西北四十里。隋書地理志：樂鄉有武陵山。輿地紀勝：在利陽縣西三十里，今曰武陵大谷。通志又有金薄山，在武陵山西五里，有石層疊如雲母。

仙居山。在荆門州西北一百二十里。輿地紀勝：五代屬樂鄉，今在長林縣北一百二十里。其峯横跨石壁間，流泉出其下，若神仙所造，故名。

石人山。在荆門州西北一百三十里。

中城山。在荆門州西北。一名都亭山。寰宇記：樂鄉縣有都亭山，上有城壘，極峻拔。輿地紀勝：在長林縣北一百二十七里，磨林溪之東。

磨劍山。在荆門州西北九十里。輿地紀勝：有秦王磨劍石。

白崖山。在荆門州北三十五里。一名白峯山。輿地紀勝：即靈鷲山之首，南麓有泉曰南泉，溉田千畝。相近有馬仰山，其麓有洞，曰黑龍洞。

雞頭山。在荆門州北六十里。一名偏角山。相近有大名山。

象河山。在荆門州北七十里。下有泉，是爲象河之源。

晲臺山。在荆門州北一百里。官堰河源於此。又北二十里有火燒山。

靈鷲山。在荆門州東北三十里，接鍾祥縣界。下有龍潭，流長五里，逕利河口入漢。輿地紀勝：靈鷲山在長林縣北，有穴名龍洞，深五里，有石臺甚高，春月有聲如鐘鼓管籥。明統志：宋熙寧中，山泉溢，有㯲器紡車流出，誌字曰「嘉州」，蓋泉與蜀通也。其上有洗心堂，郡守陳垓所作。

許由山。在當陽縣東十里。沮水與玉泉山水會於其前。

廣福山。在當陽縣東四十五里。湞溪源出於此。

三星山。在當陽縣東六十里。下有三星寺，寺前有三井，相傳唐僧一行居此，鑿以禳三星，此井其遺蹟也。

圓臺山。在當陽縣東六十里。一名靈臺山。

朝陽山。在當陽縣東南五十里麥城。沮、漳夾流，人煙繡錯。又鎮頭山，在縣東南合溶渡口，上有池，四時不涸。

紫雲山。在當陽縣東南百餘里。縣志：元無聞和尚誦金剛經，有紫雲現，故名。

秣馬山。在當陽縣東南一百二十里〔二〕。舊名馬山。相傳關忠義督荆州時，秣馬於此。

紫蓋山。在當陽縣南五十里。荆州記：紫蓋山有名金，每雲晦日輒見金牛出食，光照一山，即金之精耳。唐書地理志：當陽有南紫蓋山、北紫蓋山。寰宇記：南北紫蓋山，在縣南八十里。南者與覆船山相接，二山頂上方而四垂，若繖蓋狀，林石皆紺色，上有丹井。綵水出山下，甘碧異於常派。

柴紫山。在當陽縣南五十里。輿地紀勝：與紫蓋山相連。

鳳凰山。在當陽縣西四里。名勝志：其下爲丹溪水所逕，因名丹鳳溪。

玉泉山〔三〕。在當陽縣西三十里。本名覆舟山，亦名堆藍山。唐李白集：荆州玉泉寺，近清溪諸山。山洞有乳窟，玉泉交流其中。水邊茗草羅生，枝葉如碧玉。名勝志：玉泉山初名覆船山，自智顗居之，始易爲玉泉。縣志：山下有玉泉寺，寺東有顯烈山。又里許有智者洞，洞左有寒亭舊址。亦名翠寒山。山中有獸，狀如鹿，上下陵谷如飛，每鳴於澗谷則雨，鳴於岡阜則高軒過，驗之不爽。

玉陽山。在當陽縣西北。一名仲宣臺，縣之主山也。其麓有真武洞。

青溪山。在當陽縣西北三十里，跨遠安縣及襄陽府南漳縣界。有鬼谷洞，相傳爲鬼谷子隱處。水經注：盛弘之云，稠木旁生，淩空交合，危樓傾崖，恒有落勢。

將軍山。在當陽縣西北七十里，接遠安縣界。

鐵山。在當陽縣西北。輿地紀勝：接遠安縣界，舊産鐵。

九子山。在當陽縣北十里。上有九峯，其麓有仙姑洞。

龍泉山。在當陽縣北十五里。山後有遠公洞，相近有山，曰九女厢。土人鑿石爲數十穴以避兵。

緑林山。在當陽縣東北。後漢書劉聖公傳：新市人王匡、王鳳，衆數百人藏於緑林中。注：「緑林山，今在荆州當陽縣東北。」

方山。在當陽縣東北四十里漳水上。俗名豐山。上有宋唐介讀書臺。

泥水溪山。在遠安縣東三十里。又東五里有茅坪山。

雲夢山。在遠安縣南六十里。崔嵬高拔，上有演武峽、召將臺。

百井山。在遠安縣西南。寰宇記：山高三千五百丈，有清泉數十，汲之可飲，因名。按：縣志百井山，一名太平山，在縣西北一百里，極高廣，多井泉。與寰宇記方位不同，蓋别一山也。

鳴鳳山。在遠安縣西北五里。峯巒聳秀，爲縣之鎮。上有泉甚清洌，山半有石如龜蛇狀。相傳宋寶祐間，有鳳鳴鼎新之讖，因名。

鹿溪山。在遠安縣西北十五里。一名雲門山。中有招仙巖。輿地紀勝：在縣西六里鹿苑寺側，山皆鹿疃，梁居士陸法和棲隱焉，石龕猶存。按：北史陸法和傳法和入荆州汶陽郡高安縣之紫石山，疑即鹿溪山也。

神通河山。在遠安縣西北七十里。

湖水山。在遠安縣西北八十里。

亭子山。在遠安縣北十五里。上有舊城址，土人稱爲舊縣市。

神馬山。在遠安縣北三十里。山有白石如馬。唐書地理志：夷陵郡遠安有神馬山，本白馬山，天寶元年更名。

己公嶺。在當陽縣西二十里。五代僧齊己結廬其下。

楞伽峯。在當陽縣西南玉泉山東七里。夾道植松，因名七里松。

太子岡。在荆門州東五里。明統志：元文宗自潛邸歸即位，嘗駐此岡，後人因名。

斑竹岡。在荆門州北五十里。輿地紀勝：在故樂鄉縣之北。

佛耳巖。在當陽縣西北二十里。俯臨沮水，兩壁石狀，多類耳形。又西十里爲七孔巖。相近又有一音寺巖，爲玉泉中路。

鐵人谷。在當陽縣北七十里。輿地紀勝：在沮水北山谷間，有四石，色如鐵，狀如人。

羅漢谷。在遠安縣西北五十里。有石如羅漢，内有水源，土人引以灌田。傍有洞，多芝蘭，名芝蘭洞。洞西瀑布高百丈，有泉曰魚泉。

白龍洞。在荆門州北五十里。洞門高丈餘，旱禱多應。當陽縣北六十里亦有白龍洞，峭壁臨溪，中洞作三窟，高曠十餘丈，清泉下注，爲白龍溪之源。土人搆閣其中。

潭清洞。在荆門州北一百二十里。有泉，溉田甚溥。

百家洞。在當陽縣西北二十里，洞懸沮水之滸。怪石臨溪，遊者攀蘿而上。下有深潭，潭旁陡逼無徑〔四〕，由山嶺委折而入，最幽邃。

高家洞。在當陽縣北五十里手板巖。巖左有南臺、北臺二洞。相近有卧龍洞。山頂有穴，高廣十餘丈，中有清泉。

老龍洞。在遠安縣東十五里。

仙居洞。在遠安縣南六十里。輿地紀勝：即鬼谷子隱處。相近有金龍洞，即投金龍之所；鍾乳洞，出鍾乳。

觀音洞。在遠安縣西十五里。石壁聳峙，頗稱奇勝。又西五里有甘霖洞，石洋河源於此。

通天樓洞。在遠安縣西三十里。高圓如鏡，有潭，旱禱多應。

紅巖洞。在遠安縣北五十里。中有泉，溉田千餘頃。

呼兒洞。在遠安縣東北三十里。高峻深邃。明季土人執火深入，見石壁上有井記，掘之水即湧出，可飲百餘人。

漢水。自安陸府鍾祥縣界，南流入荆門州界。安陸府志：漢水過安陸府城，又南流六十里至石牌鎮，入荆門州境，至沙陽渡口，東流一百里入京山縣境。州志：漢水在州東九十里，自州之馬良山，至沙洋新城蕭家口，濱漢爲塘。

權水。源出荆門州西，東流逕州南，又東流至安陸府鍾祥縣界。安陸府志：源出荆門州西蒙山，逕太子岡，爲曹將軍港，逕内方山，流逕古權城，又東入漢。

建水。在荆門州東南。今名建陽河，一名大漕河。源出龜山，南流入荆州府江陵縣長湖。寰宇記：建水在南郡北角田村，去城一百里。

㳚水。在當陽縣東。水經注：漳水又南，㳚水注之。山海經曰，㳚水出東北宜諸山，南流注於漳水。按：水經注所言㳚水，以其地考之，河溶東南洋子港、流花壋、界溪港諸水當是。

玉泉水。在當陽縣西南。俗名金龍池。在玉泉寺階東。其東翠寒山下，珠泉出焉，每鼓掌，泉如串珠而上，西流與玉泉合，折而東，逕已公嶺，又東逕縣城，合沮水。

沮水。在當陽縣北。自遠安縣東南流逕縣北，又東南流逕縣東，合漳水，入荆州府江陵縣界。水經注：沮水東南逕汶陽郡北，南逕臨沮縣西，青溪水注之。又屈逕其縣南，又東南逕當陽縣故城北，又東南逕驢城西、磨城東，又南逕麥城西，又南逕楚昭王墓，又南與漳水合，又東南逕長城東。寰宇記：沮水逕當陽縣北十餘里，東南流一百里入沱江。安陸府志：沮與漳合，俗名河溶。有金沙灘，流沙燦然如金。

漳水。在當陽縣東北。自襄陽府南漳縣南流逕縣東，又南合於沮水。水經注：漳水西南逕編縣南，又南歷臨沮縣之章鄉南，又南逕當陽縣，又南逕麥城東，於當陽縣之東南百餘里而右會沮水。縣志：漳水出沙倒灣，入沮水。下流分爲二支：一支南逕枝江縣界，與沱水合入江。一支逕萬城，由江陵縣入江。

梘水。在遠安縣北八十里。源出雞頭山石穴中，土人以竹木爲梘，引水灌田，故名。

直江。在荆門州東南一百六十里。明統志：南流入潛江界平塘湖，達三湖以合沔水。名勝志：直江有渠，溉田百頃，長而且直，又名直渠。古緑麻縣及新城俱設於此。

沱江。在當陽縣東南一百二十里，接荆州府枝江縣界。大江分流，東與沮、漳合。

竹陂河。在荆門州東。東流入漢。

滕河。在荆門州東南一百里。一名藤湖。

象河。在荆門州北七十里。源出象河山，東流入漢。

官堰河。在荆門州北一百里。源出醖臺山，東流入漢。

通天樓河。在遠安縣西二十里。源出通天樓洞，東流入沮水。又四十里有香橋河，源出百井山。又石洋河，在縣北，源出縣西二十里之甘霖洞，環城西北二里許，東入沮水。

喬母湖。在荆門州東南七十里。又東南十里爲小江湖。

借糧湖。在荆門州東南一百六十里。周廣二十里，中有九十九汊。

寺汊湖。在荆門州東南二百里青塚村。

長湖。在荆門州東南二百里東寨村。

藻湖。在荆門州南一百三十里。有後港，合諸陂澤水，東流入焉。

天津湖。在當陽縣東南。沮、漳合流，匯而爲湖。又東南有滋泥湖、菜湖。

湞溪。在當陽縣東。南流入漳水。

白龍溪。在遠安縣東十五里。源出老龍洞，流逕舊城東南入沮水。又東十五里有泥水溪，亦出山穴，西入沮水。

青溪。在遠安縣西南鬼谷洞東。一作清溪。水經注：水出縣西青山，山之東有濫泉，即青溪之源也。其水導源東流，以源出青山，故以青溪爲名。泉側多結道士精廬焉。又東流入於沮水。寰宇記：清溪在縣南六十五里。鬼谷先生傳云楚有清溪，下深千仞，其水靈異。

靈水溪。在遠安縣西北十五里。源出山洞，有深潭，以石投之，作金鼓聲。東至談家渡，北合沮水。又縣東北四十里有福河溪，源出福河山，西流入沮水。

鷄鳴澗。在荆門州北一百二十里，接襄陽府宜城縣界。

孟子港。在荆門州西南。明統志：唐孟浩然嘗往來於此。府志：源出虎牙關，流逕建陽驛，入三湖。

子胥港。在當陽縣東南，麥城、磨城之間。一名胥寓港。

昭溪港。在當陽縣北。縣志：相傳楚昭王返國，與宫女濟此。

潤鄉洲。在荆門州東南一百四十里，接荆州府江陵縣界。

鳳凰洲。在遠安縣北鳳凰山下。舊志云：以唐韋臯作令時，鳳集，故名。按：唐書臯未嘗令遠安，唯韋丹曾選峽州遠安令，以讓其庶兄，亦不知庶兄爲誰也。

白龍潭。在荆門州西蒙山北一里。潭有白龍，見則雨，歲必豐。

金龍潭。在當陽縣北二十五里。明統志：宋徽宗時建明堂，來取此水，投金龍鎮其中，故名。胡安國故居在其上。縣志：旁有别流名紅泉。

龍潭。在遠安縣西南十餘里。

蒙泉。在荆門州西蒙山下。輿地紀勝：在軍城西硤石山之麓，南曰蒙泉，西北曰惠泉，每晝夜兩潮，水溢數寸。明統志：蒙泉水嘗寒，惠泉水嘗温。宋知州彭乘爲三沼，延其流至竹陂河，入漢江。

南泉。在荆門州北二十里。源出靈鷲山，灌田千頃。

珍珠泉。在荆門州東北三十里。

濫泉。在遠安縣西青山。水經注：臨沮縣青山東有濫泉，口徑數丈，其深不測。其泉甚靈潔，至於炎陽有亢，陰雨無時，以穢物投之，輒能暴雨。

熨斗陂。在當陽縣東南。縣志：源出緑林山，流逕圓臺山南，匯爲熨斗陂。宋紹熙中，郡守吴獵嘗遏走馬湖、熨斗陂之水於縣西北，以限戎馬往來。今麥城東南十餘里有走馬隄，高數仞，即走馬湖之隄也。

天井池。在荆門州蒙山西，距蒙泉十五里。水行地中，與白龍潭相通。

淬劒池。在當陽縣北四十里。地近昭溪港，村落皆以錬鐵爲業，古墩尚存。

仰天池。在遠安縣西北一百三十五里。

義井。有二：一在荆門州北三里，元至順間，州守田温鑿；一在遠安縣北舊治前。

響井。在荆門州北街。旁有石巖，汲井響如鼓。

古蹟

緑麻故城。在荆門州東南一百四十里。西魏置，隋改名章山，唐初省。隋書地理志：竟陵郡章山，西魏置，曰緑麻，及立上黃郡。開皇七年郡廢，大業初，縣改名焉。輿地紀勝：圖經云西魏平漢東，立基州及章山郡，在漢水之東，隋廢，更以緑麻爲章山，在漢水之西。州志：廢緑麻縣，今爲沙洋鎮。相近有緑麻山、麻城鋪，皆襲緑麻舊名。

編縣故城。在荆門州西。漢置縣，晉隆安中移治而此城廢。寰宇記：晉隆安五年，立武寧郡於故編縣城。按：水經注縣舊城東北一百四十里，自西南高陽城移治許茂故城。高陽城在荆門州界，許茂城在襄陽府南漳縣界。

長寧故城。在荆門州西北。宋書州郡志：永寧太守，晉安帝僑立爲長寧郡。宋明帝以名與文帝陵同，改爲永寧，領縣長寧。隋書地理志：南郡長林，舊曰長寧縣。開皇十一年，省長林縣入；十八年，改曰長林。舊唐書地理志：長林，武德四年屬基州，七年還屬荆州。寰宇記：長林，開寶五年改屬荆門軍，移縣治之，故縣廢。

長林故城。在荆門州北。晉置，屬武寧郡。隋省入武寧。舊唐書地理志：長林縣，晉分編縣置，以其有櫟林長坂也。寰宇記：晉隆安五年，刺史桓玄立武寧郡於編縣故城，其屬有長林縣，與郡俱立。昔時武寧至樂鄉數十里中，拱木修竹，隱天蔽日，長林蓋取此名。

樂鄉故城。在荆門州北九十里。晉置縣，屬武寧郡，宋因之。後魏置鄀州。隋屬竟陵郡。唐屬襄州，五代周併入宜城。宋書州郡志：武寧太守，晉安帝隆安五年，桓玄以沮、漳降蠻立，領縣樂鄉。隋書地理志：竟陵郡樂鄉，舊置武寧郡，西魏置鄀州，開皇七年郡廢，大業初州廢。舊唐書地理志：晉於合城郡置樂鄉縣。武德四年，置鄀州。貞觀八年，廢鄀州，以樂鄉屬襄州。寰宇記：樂鄉縣，周顯德二年，併入宜城。開寶五年，割屬荆門軍。

當陽故城。在今當陽縣東。漢書地理志：南郡當陽。水經注：當陽縣城，因岡爲阻，北枕沮川，其故城在東百四十里，謂之東城，在緑林長坂南。縣志：漢當陽，初治東城，後移治玉陽山南半里，明初移治方城。洪武十三年，以水患復還舊治。

臨沮故城。在當陽縣西北。漢置縣，屬南郡，後漢因之。晉屬襄陽郡，宋、齊仍屬南郡。隋省。唐復置，尋省屬當陽。水經注：沮水南逕臨沮縣西，又屈逕其縣南。晉咸和中，爲沮陽郡治。舊唐書地理志：當陽，武德四年置平州，領臨沮縣，六年省入當陽。通典：漢臨沮侯國故城，在今當陽縣北。

遠安故城。在今遠安縣北。宋置高安縣，并置汶陽郡。北周遷治，改名遠安，而此城廢。南齊書州郡志：桓温平蜀，以臨沮西界水陸紆險，行逕纔通，南通巴、巫，東南出州治，道帶蠻蜑，田土肥美，立爲汶陽郡，以處流民。水經注：沮水又東南逕汶陽郡北，即高陽縣界。郡治錫城，縣居郡下，故新城之下邑。義熙初，分新城立，西表悉重山也。隋書地理志：夷陵郡遠安，舊曰高安，置汶陽郡，周改縣曰遠安，開皇七年，郡廢。縣志：後周遷治於亭子山下，在縣北十五里。元末兵燬，明天順七年重修。成化二年，劉千斤、石和尚作亂，城燬。四年，討平之，遷治東莊坪，在縣東十里。崇禎七年，復燬於寇。十三年，始移今治。

安居廢縣。在當陽縣東六十里。隋書地理志：南郡當陽，梁置安居縣。開皇十八年，改曰昭丘。大業初，改曰荆臺，尋廢入。縣志：今謂之安居鄉。

古宛城。在荆門州南六十里。舊志：魏立荆州，理宛城，即此也。

驢城。在當陽縣東南四十餘里。相近有磨城。水經注：沮水東南逕驢城西，磨城東。傳云子胥造驢、磨二城，以攻麥邑。寰宇記：荆州記云麥城東有驢城，沮水之西有磨城，皆子胥所築，以攻麥城。諺云：「東驢西磨，麥城自破。」

麥城。在當陽縣東五十里。水經注：沮水南逕麥城西。元和志：麥城在當陽縣東五十里。寰宇記：相傳楚昭王所築。司馬光通鑑：建安二十四年，關某聞南郡破，西保麥城。

糜城。在當陽縣東南五十里。輿地紀勝：地名八渠，城壁巍然。

方城。在當陽縣東南一百二十里。相傳唐郭子儀築。旁有秣馬山，明初嘗移縣治此。

南襄城。在遠安縣北九十里。古南襄郡在今南漳縣界，此城相近，取以爲名。明時爲豫備倉，今廢。

藍口聚。在荆門州北。後漢書郡國志：南郡編有藍口聚。又王常傳：常與成丹、張卬別入南郡藍口，號「下江兵」。

長坂。在當陽縣東北。蜀志張飛傳：先主奔江南，曹公追之，及於當陽之長坂，先主棄妻子走，使飛將二十騎拒後。飛拒水斷橋，瞋目横矛，敵無敢近者。輿地紀勝：長坂在當陽東北二十里。

章鄉。在當陽縣東北。三國吴志吕蒙傳：關某走麥城，西至章鄉。水經：漳水東過章鄉南。

五鳳堆。在當陽縣南。任昉述異記：當陽縣南有龍川鳳引，漢武時，八龍五鳳常遊於此，亦呼爲五鳳堆。

雲夢宫。在荆門州西。漢書地理志：南郡編有雲夢宫。

仲宣樓。在當陽縣東南。荆州記：當陽縣城樓，王仲宣登之而作賦。水經注：漳水南逕麥城東。王仲宣登其東南隅，臨漳水而賦之。按：仲宣樓，荆州記以爲當陽城樓，水經注以爲在麥城，唐劉良文選註以爲在江陵，明王世貞以爲在襄陽，諸説不同。荆州記撰自盛弘之，去漢較近，必有所據。

讀書堂。在荆門州東南東山下。名勝志：宋孫何與弟僅讀書於此，相繼擢大魁。政和間，朱震與弟巽讀書於此，亦俱成名。

洗心堂。在荆門州西蒙泉北，即舊皇華館。宋紹興中，參政王副建。

噴玉亭。在荆門州西一里蒙泉上。宋紹興中，觀察張垓增葺，環以巧石，徙巨石中流，助泉激射，宛如噴玉，故名。

白社。在荆門州南一百二十里。名勝志：古隱士之居以白茅爲屋，因名。唐都官鄭谷常居於此。

春申君故宅。在荆門州東南二百里。元時立站於此。

關隘

虎牙關。在荆門州西三里。勢極險峻。

樂鄉關。在荆門州北八十里。

建陽鎮巡司。在荆門州南九十里，兼管驛丞事。

石橋鎮巡司。在荆門州北六十里，兼管石橋驛。

河溶鎮巡司。在當陽縣東南五十里。舊名合溶市。沮、漳二水，至此合流，故名。

新城鎮。在荆門州東南一百二十里。宋末吕文焕築新城即此。舊設巡司，今裁。

沙洋鎮。在荆門州東南一百四十里，漢水上。舊設水利同知，乾隆五十六年以州同改駐。

仙居口鎮。在荆門州西一百二十里仙居山口，爲往來要道。舊設巡司，今裁。

樂鄉鎮。在荆門州北九十里，即樂鄉故城。王存九域志：長林縣有樂鄉鎮。

荆門所。在荆門州南九十里。今裁。

宜門所。在荆門州北一百三十里。今裁。

百寶砦。在當陽縣北五十里。

千金砦。在遠安縣境。有把總駐防。

漳河口。在當陽縣北一百里。舊設巡司，今裁。

大漢口。在遠安縣北三十五里。相近有小漢口，皆高巖絶壁。下有小徑，通荆門州。相傳皆關忠義屯兵處。

南襄堡。在遠安縣北九十里。

安洋坪。在遠安縣北五里。

津梁

平政橋。在荆門州西南。

蒙惠橋。在荆門州西。

惠政橋。在荆門州北。

朝天橋。在當陽縣東十里。

普通橋。在當陽縣東六十里。

玉陽橋。在當陽縣西二里。元至大中建。

太平橋。在當陽縣西六十里。

倒流橋。在當陽縣東北六十里。輿地紀勝：即張飛據水斷橋之所。

濟民橋。在遠安縣東。

迎恩橋。在遠安縣南。又南有青溪橋，北有延壽橋。

建陽渡。在荆門州南九十里。

樂鄉渡。在荆門州北九十里。

李家渡。在遠安縣南。

譚家渡。在遠安縣北。

隄堰

王家隄。在荆門州東。

沙洋隄。在荆門州東南一百四十里，漢水上。亦名緑麻隄。與潛江縣高氏隄相接。

朱家灣隄。在荆門州境。又灘江隄、鄭灣潭隄，俱本朝雍正六年發帑修。

劉馬渡月隄。在荆門州境。本朝乾隆四十六年築。

鯉魚潭隄。在荆門州小江湖内。本朝嘉慶元年修。

仙人古月隄。在荆門州境，接安陸府潛江縣。本朝嘉慶二年修。

楊家腦月隄。在荆門州境。本朝嘉慶四年修。

胥寓港隄。在當陽縣東南五十里。

曹家口隄。在當陽縣東南五十里。

滋泥湖隄。在當陽縣東南六十里。

方城隄。在當陽縣東南一百二十里。

長隄。在當陽縣境，自西北至東南。明嘉靖十一年，於城東北隅築石隄，以捍沮水。不數年圮。隆慶四年，於沮水北二里許開河故道，徑達合溶市，因築長隄於南岸，更築新隄於城西北，長一百五十里。

古堰。在當陽縣東北。縣境以堰稱者，凡九十有二，土人藉以瀦水，溉田甚廣。舊爲官堰，明天啓間，變價充餉，遂爲民堰。

東莊坪堰。在遠安縣北。縣境有二十五堰，安洋坪等十一塘皆荒圮，今修復。

陵墓

周

左伯桃墓。在荆門州西南九十里。明統志：昔羊角哀與伯桃爲友，聞楚平王賢而歸之，道遇雪，度不能俱生，乃并衣與角哀，伯桃入樹死。角哀至楚，爲上大夫。王以伯桃賢，備禮葬之，角哀不忍已榮，自盡，因附葬焉。

楚昭王墓。在當陽縣東南五十里。水經注：沮水南逕楚昭王墓，東對麥城。王仲宣登樓賦云西接昭丘是也。文選李善注：荆州圖記曰：「當陽東南七十里有楚昭王墓，所謂昭丘。」

漢

婁巵墓。在荆門州東三里。州志：婁巵，漢將軍也。墓在州東南，耕者於墓旁獲金銀器。

三國 漢

關忠義墓。在當陽縣西十五里。

宋

胡淵墓。在當陽縣北漳濱鄉。文定公安國之父。

元

聶炳墓。在當陽縣西十五里。

祠廟

龍女廟。有二。一在當陽縣西北青溪山。宋朱震崇封龍女記：政和四年，荆門夏旱，禱昭靈龍女祠下，雨隨至，屬縣霑足，詔易廟號曰靈貺，封通惠順濟夫人。一在遠安縣南雲夢山金龍洞。相傳宋景德五年，京師旱，遣使致祭，投金龍，乃雨。

羊角哀祠。在荆門州西南九十里。今名羊角寺。

關帝廟。在當陽西十五里。有司春秋致祭。

張桓侯廟。在當陽縣東北六十里倒流橋。又縣東北五里官橋有張趙祠，祀漢張桓侯飛、趙順平侯雲云。

威顯廟。在荆門州平安市，祀張桓侯子紹、孫遵。蜀志張飛傳：飛長子苞，早夭。次子紹，官至侍中、尚書僕射。苞子遵，爲尚書，隨諸葛瞻於綿竹戰死。

韋公祠。在遠安縣北，祀唐臯皐。

岳忠武王祠。在荆門州南七十里新店鎮。

陸文安公祠。在荆門州西門外。明建，祀宋儒陸九淵。

胡文定公祠。有二：一在荆門州南，一在當陽縣北十五里，祀宋儒胡安國。

三賢祠。在荆門州城南，祀陸九淵、胡安國、朱震。

昭忠祠。在荆門州城内。嘉慶八年奉敕建，祀軍營陣亡兵勇。

寺觀

唐安寺。在荆門州西一里象山麓。唐建，明末燬，本朝順治中重建。

上泉寺。在荆門州北三十里。一名靈鷲寺，又名廣濟菴。晉建。

偏角寺。在荆門州北七十里。唐靈濟禪師至此卓錫湧泉，後建寺。今泉尚存。

慈化寺。在當陽縣東南三十里。唐黄龍禪師建。

玉泉寺。在當陽縣西三十里玉泉山。隋開皇中建，有碑。方輿勝覽：陳光大中，浮屠智顗自天台飛錫來居此山。殿前有金龜池。

大通寺。在當陽縣西三十里玉泉山。晉建。

龍泉寺。在當陽縣北十五里。晉惠遠法師所建。

涓溪寺。在當陽縣東北四十里。晉惠遠法師建，後燬。明永樂十三年重建。

青溪寺。在遠安縣西南六十里雲夢山。唐建。

寶華寺。在遠安縣西三十里甘霖洞旁。宋隆興間建。有八景。

壽隆寺。在遠安縣東北三十里。元大德間建。寺後有洞，深里許。歲旱禱雨有驗。

永興觀。在當陽縣東門外。唐元和中，建於縣治東。宋廢。明天順初，重建於此。

粲霞觀。在當陽縣東。唐睿宗女玉真公主建。名勝志：粲霞觀碑，陳宗遜撰，庾遠書。

玄妙觀。在荆門州東。明初建。

名宦

漢

馮野王。上黨潞人。宣帝時，當陽長，以治行聞。

梁

臧嚴。東莞莒人。歷武寧郡守。郡界蠻左，前郡守嘗選武人以兵鎮之，嚴獨以數門人單車入境，羣蠻悦服。

隋

元壽。河南洛陽人。開皇中基州刺史，有公廉之稱。

房彦謙。清河東武城人。仁壽中鄀州司馬。州久無刺史，州務皆歸彦謙，有異政。

宋

李參。須城人。仁宗時，知荆門軍。荆門歲以夏伐竹，并税簿輸荆南造舟，積日久，多蠹惡不可用，牙校破産不償責。參請冬伐竹，度其費以給，餘募商人與爲市，遂除其害。

洪适。鄱陽人。高宗時，知荆門軍。應詔上寬恤四事：輕茶額錢，他州代貢禮物，闢試闈以復舊額，蠲官田令不種者輸租。

吴昉。高宗時，知荆門軍。盜起鼎州，攻荆門，防禦兵敗，昉死之。詔謚英愍，立廟以祀。

陸九淵。金谿人。光宗時，知荆門軍。民有訴者，即爲酌酒决之，而多所勸釋。其有涉人倫者，使自毁其狀以厚俗。惟不可訓者，始寘之法。申嚴保伍之法，羣盜屏息。荆門爲次邊而無城，請於朝而城之，自是民無邊憂。罷闗市吏譏察，而減民税，商賈畢集，税入日增。舊用銅錢，以其近邊，以鐵錢易之，而銅有禁，復令貼納。九淵曰：「既禁之矣，又使之輸耶？」盡蠲之。逾年政行令修，民俗爲變。周必大稱荆門之政，以爲躬行之效。

謝徽明。弋陽人，枋得伯父。以特奏恩爲當陽尉，攝縣事。時天基節上壽，元兵掩至，徽明戰死。二子趨進抱父尸，亦死。

楊大異。醴陵人。爲遠安尉。邑有峒寇擾民，積年弗獲，檄大異往治。大異以一僕負告身自隨，肩輿入賊峒，傳呼尉至，賊露刃成列以待，徐諭以禍福，皆伏地叩頭，願自新。乃留告身爲質，偕其巨魁數輩出降。

元

張彦文。保定人。至正中當陽尹。縣治初創，彦文安輯人民，户口繁息，孜孜以興學教士爲務。

聶炳。江夏人。至正中知荆門軍。淮、漢賊起，荆門不守，炳募士兵七萬，復荆門。又與四川行省平章政事耀珠復江陵，其功居多。既而蘄、黄、安陸之賊合兵來攻荆門〔五〕，炳率孤軍晝夜血戰，援絶城陷，爲賊所執，極口駡不絶，賊支解之。「耀珠」舊作「咬住」，今改正。

畢遜。知遠安縣。清廉愛民，後人建祠祀之。

明

應伯和。洪武中知荆門州。廉介仁惠，人懷其德。

陳厚。乾州人。景泰中知荆門州。嘗夜微行察民隱，有老嫗呼女取濁酒，女誤發他甕，笑曰：「此酒甚清，如陳州守，何謂濁耶？」厚過適聞之，明日召嫗曰：「爾女之言殆妄矣。」嫗曰：「非獨幼女言之，行道皆知之也。」

姜英。政和人。成化中知當陽縣。莅事公勤，臨民平易，惠政甚多。

趙麟。貴池人。弘治七年，知遠安縣。嘗令民以輸粟贖刑，比九年，積粟九萬石，後歲歉，賴存活者甚衆。

蘇大成。寧都人。萬曆初知遠安縣。置義倉以備饑饉。諸不便民者，輒與蠲罷。斷獄無冤。

孫自强。高淳人。萬曆間知遠安縣。有大盜結連川、湖，互爲窟穴，自强以計擒獲，民患始息。

石琢玉。范縣人。崇禎中知荆門州。時城甚卑狹，寇氛猖熾，琢玉悉力守禦，流賊屢攻不能下，寇退修城，雉堞屹然。

區懷瑞。廣東人。崇禎中知當陽縣。流賊大隊攻城，民皆懼，懷瑞從容應敵，賊遁去。

盧學古。夏縣人。承天府同知，署荆門州事。崇禎十五年，闖賊寇荆門，堅守三晝夜，城陷，罵賊剖腹死。本朝乾隆四十一年，賜謚烈愍。學古守城時，有學正黄州張效芳、訓導黄岡程之奇，亦盟諸生於明倫堂佐之，遂同遇害。

沈方。桐鄉人。荆門州同知。崇禎十五年，闖賊至，城陷不屈，遇害。一門十八人皆死之。本朝乾隆四十一年，賜謚烈愍。

本朝

孫茂槐。萊陽人。順治初知當陽縣。單騎赴任，身衣皁綈多補綴。甫下車，瘞遺骼，招撫流亡。時縣少牛，人負耒耜，茂槐見，輒下馬流涕。諸生不能自存者給之食，且助喪具，蠹民者立斃杖下。流寇餘黨周國西等盤踞縣西北，茂槐勦平之。以病卒官。

周會隆。濮州人。順治間知遠安縣。周西兒倡亂，邑故無城，會隆請貲修築，團練鄉勇，與官兵討平之。爲政尚寬仁，撫字凋殘，民賴以甦。

黄仁。四川大竹人。乾隆舉人，知當陽縣。嘉慶元年，緝捕本境教匪，窮究黨羽，賊糾衆來刼，城陷被戕。事聞，照知州例賜卹。同時典史馬楝及妻胡氏，投繯死。訓導蕭文燦，墜樓死。後官兵攻復當陽，千總王福力戰，中槍死。卹廕各有差。

金廷勳。大興人。建陽驛巡檢。嘉慶三年，教匪至境，廷勳率鄉勇勦捕，力竭被戕。事聞，加等賜卹。

夏永謙。丹徒人。河溶巡檢。嘉慶三年，教匪入境，永謙偕次子存寬，率鄉勇勦捕，陷陣死。妻周氏、長媳陸氏、次媳程氏、二孫及婢媪共十人皆死之。事聞，加等賜卹。

人物

梁

鄧元起。字仲居，當陽人。少有膽幹，仕齊爲武寧太守。梁武起兵，蕭穎胄與書招之，即日率衆與武帝會於夏口。天監初，封當陽縣侯，遷益州刺史。元起以鄉人庾黔婁爲録事參軍，厚待之，任以州事。黔婁甚清潔，勸爲善政。元起在州二年，以母老乞歸供養，詔西昌侯蕭藻代之。藻至，殺之，誣以罪，故吏廣漢羅研詣闕訟之，贈征西將軍。

宋

朱震。字子發，荆門軍人。政和進士，仕州縣，以廉稱。胡安國薦爲司勳員外郎，稱疾不至。會趙鼎入爲參知政事，上諮以當世人才，鼎曰：「臣所知朱震，學術深博，廉正守道，士之冠冕，使爲講讀，必有益。」上乃召之，問以易、春秋之旨，震具以所學對。擢祠部員外郎。建國公出就傅，以震爲贊讀。累官翰林學士。時徽宗未祔廟，太常奏行明堂之祭，震言其非，卒大饗明堂，震謝病丐祠，卒。震經學深醇，著漢上易解。

吴源。荆門人。咸淳七年，官統制，援襄陽圍，五戰皆捷。元兵夾擊之，力戰死。

元

張灝。當陽人。至正中，以才德舉，任江西道廉訪使，振揚風化，有名於時。

明

張武。遠安人。洪武舉人，授鳳陽府同知。有冰蘗操，卒官，貧不能歸，詔道路奠送還里。

李讓。當陽人。永樂進士，初授大理評事，歷廣東參議。居官清節，終始不渝。

歐陽琦。字獻珍，當陽人。弘治中應歲薦，或諷以仕，琦曰：「吾有老母，以禄養，不如色養也。」與弟玤，朝夕膝下。尤耽嗜五經。

李檕。字斗池，遠安人。博學善屬文。隆慶間，貢入成均，爲高拱所器重，知四川開縣，善決滯獄。致政歸，不置田宅。

周之翰。字景玉，荆門人。萬曆進士。任户部郎中，監税通州，因礦税使四出，之翰抗疏極諫，忤旨罷歸。仇黨中途截其行裝，檢視惟圖書數卷而已。

張斗樞。字天都，遠安人。少有雋才，萬曆進士，歷知魯山、永城二縣。居官清介，考績最，擢南京吏部郎。

李友蘭。字石帆，遠安人。萬曆舉人，歷官南京户部主事，榷北新關。以憂歸，不復出。捐貲建書院，爲邑中士子課藝地。闖賊破城，不屈死。本朝乾隆四十一年，賜謚節愍。

張大受。遠安人。廉吏武之後。少穎敏。萬曆舉人，補新安教諭，新安人祀之學宫。遷蓬萊知縣，以疾告歸。崇禎癸未遇賊，不屈死。

胡永仁。字清泉，荆門人。孝友純篤，繼母喪，廬墓三年。弱冠爲諸生，每朔望，必衣冠詣先師廟，默誦半月言行，拜而出。萬曆中，以歲貢補江西湖口訓導。所著有匡山讀書録、易經井觀。

黄兑金。荆門諸生。賊陷州城，命妻女投井中，與二子挺身殺賊死。本朝乾隆四十一年，予祀忠義祠。

胡宗珂。荆門人。流寇攻城，以死守，殺賊無算，城陷，罵賊死。本朝乾隆四十一年，予祀忠義祠。

金大赤。字大純，當陽人。素以孝著。年七十，以華容教職致仕。母周氏年九十三，崇禎中，城陷，賊刃其母，大赤詈賊，遂與母同死。

熊穎捷。字非熊，當陽人。崇禎舉人，署江陵教諭。闖逆屯襄，入遠安鳴鳳山，與都司方應新據險協守，賊環攻之。呰將潰，遺書與兄曰：「朝廷不忍負，祖宗何可辱！」投崖死。

本朝

楊佐國。字荆湖，荆門人。順治進士，累官知商州。吴逆賊黨圍城，佐國竭力拒守，賊退猶出没無常。佐國巡歷山谷，多方擒捕，境以安。擢刑部員外郎。有貴家殺人，同官多瞻徇，佐國獨持正，尚書魏象樞亟稱之，卒從其議。出爲南韶道副使，招撫花山賊，置花縣。再署按察使，屢辯冤獄。遷太僕少卿，卒官。

胡作梅。字修予，荆門人。康熙壬戌進士，授檢討，累官禮部侍郎。五十五年，以澤旺蠢動，奉命督糧餉，時已病痺，衆勸之辭，作梅曰：「王事也，死而後已。」至軍前，禁剋減，懲侵蝕，軍士感動。踰年卒。卒前一日，猶力疾視米數，周歷營伍。事聞，賜祭葬，入祀昭忠祠。

胡克寬。字東易，作梅子。以舉人知松江府。明決有才，勤於治訟。上海有張姓者，仇家誣爲通洋巨盗，克寬廉其枉，請予開釋。命尚書張鵬翮訊之，竟從克寬讞。松江歲修海塘，舊多糜費，克寬實心綜覈，節省數千金，通詳貯庫。其廉慎多類此。

江鼎金。字紫九，荆門人。康熙乙丑進士，授高苑知縣，調署博興。兩邑素苦丁役不實，鼎金詳稽户册，孤寡逃絶，必開除之。民有「我公減丁，願公添丁」之謡。行取刑部主事，晉郎中，尋授直隸口北道，多惠政，民利賴之。

金秉祚。字琢齋，當陽人。雍正己酉拔貢，知興化縣。淮揚大饑，秉祚籍極貧户八萬餘口，請賑，上官難之，秉祚力争，得賑如數，民無流亡。調山陽令，罷告訐，嚴印記，定里居，敘次第，經緯詳具。以治行洊升徐州知府。郡累歲災潦，秉祚浚蕭縣廟橋、朔里等河，開碭山義興、永定諸渠，通銅山塞河一百二十里，濬范家窪、蔡家莊引河八道，百姓稱便。

廖士宏。遠安諸生。父卒，哀毁廬墓，蔬食三年，染疾不能瘳〔六〕。以未終母喪，悲痛卒。雍正九年旌。

方雍璧。遠安人。父疾，有藥草產深山，山多虎，雍璧採藥遇之，泣告以父疾待藥，虎竟去。後父卒，廬於墓側，三年乃歸。乾隆五十年旌。

王士達。荆門州武生。嘉慶三年，教匪入州境，被執不屈死。又監生王士道、鄭德芳、鄭德蕙、鄭應坦、鄭應坤、鄭應堦，俱同時拒賊死。予祀忠義祠。

張大勳。荆門州武生。捐職千總。嘉慶三年三月，募鄉勇堵禦教匪，力竭捐軀。同時謝抒等九人皆死之。

流寓

梁

沈約。字休文，吴興人。爲東陽太守，遷侍中、建昌侯。卒於荆門。今城西有沈約墓，銘曰：「時日不利，不能歸塋咸陽。」

唐

孟浩然。襄陽人。好節義，隱居鹿門山。年四十，遊京師，被放還山。常往來荆門沮、漳間。陪張曲江遊玉泉，有詩。今州南有孟子港。

宋

孫何。蔡州人。以父鏞知荊門軍，遂居焉。幼嗜學，爲文必本於經。淳化三年舉進士，省闈及殿試俱第一，官至知制誥。有集四十卷。弟僅，咸平初及第，端愨無競，篤于儒學，官至給事中。

侯仲良。河東人，寓當陽。顔其居曰「時習」。仲良，二程之甥，師事程明道，朱子稱其學清白勁直。

胡安國。崇安人。父淵，寓跡荊湘間。安國爲蔡京所扼，退居當陽之漳濱。著有經筵正論、春秋傳、武夷集、資治通鑑舉要補遺。彊學力行，志於康濟。

何參。夷陵人。博學孝義，不求聞達，隱居當陽。

明

簡而可。字敬所，興山人。萬曆舉人，歷姚安知府，居遠安。崇禎七年賊陷城，死之。本朝乾隆四十一年，賜謚節愍。

列女

南北朝　梁

鄧元起母。當陽人。元起初爲益州刺史，過江陵，迎其母，母不肯出，曰：「貧賤家兒，忽得富貴，詎可久保？我即死不能與汝共入禍敗。」元起入蜀，竟爲蕭藻所害。

宋

吳源妻盧氏。荆門人。源死節，盧聞訃，處置家事，焚香泣拜，曰：「夫爲忠死，妾爲節死。」遂自縊。鄉人爲立雙節祠。

明

楊堪妻胡氏。荆門人。年二十，夫亡，甘貧撫孤，守節七十年。又同州周之楨妻黄氏、賀學詩妻劉氏，俱年少撫孤，守節終身。

夏某聘妻趙氏。荆門人，趙申陽女。年十五，許聘未行，聞夏氏子病，籲天請代。訃至，閉户自縊死。

龔兆奎妻楊氏。荆門人。夫卒無子，事舅姑盡孝。舅姑歿，以毀卒。

汪文鋭妻王氏。當陽人。年二十七，夫亡，家貧無子，勵志苦守。又同縣盧友傑妻曹氏，亦早寡守節。

蕭宗禹妻龔氏。當陽人。夫死，絶粒七日卒。

劉拱辰妻王氏。當陽人。年二十二，夫死守節，事繼姑孝謹。萬曆中旌。

王瑞妻羅氏。荆門人。夫卒，自縊死。

彭九成妻白氏。遠安人。夫卒，白年二十餘，二孤方數歲，孀居四十餘年。

陳瑞妻盧氏。遠安人。瑞卒，盧年二十六，忍死養姑。姑卒，兄憐其貧而無嗣，勸之嫁，遂閉門自縊。

董麟妻梁氏。遠安人。年二十餘，撫二孤，甘貧守節，姑令改嫁，梁指石誓，至死不變。子良相成立，以孝聞。旌其門曰「節孝」。

孫銓妻談氏。遠安人。銓死，年十八，守節六十六年。教子尚信、尚智，俱明經。九十四歲終，建坊曰「貞節」。

鄒承先妻陳氏。遠安人。夫卒，陳年二十有五，守柩三年，豫營後事畢，閉户七日自盡，遂與承先合葬。萬曆中，邑令立碑於孫公橋識之。

姚某妻劉氏。荆門人，劉澤甫女。幼許聘姚氏子，將笄，姚死，屢自經，得救甦，因曰：「吾無兄弟，父母何依？」乃日侍父母。父死，族有利其家貲，欲他字之者，劉誓不他適。萬曆中旌。

簡詢妻張氏。遠安人，張斗樞女。讀書通詩文，夫婦相敬如賓。夫卒，守節二十餘年。

萬邦孚妻李氏。遠安人。崇禎七年，流寇犯遠安，李被掠，大罵不屈，爲賊所磔。

蘇氏。荆門人，諸生蘇文亮女。事姑盡孝。崇禎十五年，流寇陷城，夫被執，蘇赴水死。

李嵩妻任氏。荆門人。流寇至，完節遇害。

栗芳春妻劉氏。當陽人。夫卒，守節三十年。流賊至，遇害。

李如琦妻周氏。遠安人。夫卒，守節三十餘年。崇禎末，流賊破砦，周墜崖而死。

張鴻業妻李氏。遠安人。崇禎末，賊破砦，觸崖死。

本朝

楊琦妻李氏。荆門人。夫卒，紡績所餘，即以給族黨。歲饑，施粥糜飯餓者。守節四十一年。又同邑姚某妻雷氏，守節四十三年。俱雍正年間旌。

陳瑾妻望氏。遠安人。瑾歿，時氏年十九，守志堅貞，事舅姑極虔。子明旦，邑諸生，中年病歿，媳張氏，亦青年守節。雍正九年並旌。

陳光寵妻江氏。荊門人。夫亡守節。又同州監生單叔元妻姚氏、承兆璽妻趙氏、黃明鋐妻陳氏、廖鎧妻蔡氏、王大倅妻汪氏、吳象峯妻楊氏、周知錫妻藍氏、李士崑妻傅氏、吳祖泰妻王氏、金大常妻古氏、金文妻蕭氏、車邦順妻唐氏、陳永輝妻李氏、萬必遇妻楊氏、周家尚妻阮氏、監生李士崇妻譚氏、朱毓文未婚妻劉氏、朱玉梅妻唐氏、朱大紹妻王氏、劉延祥妻陳氏、蔣璵妻田氏、蔣時宜妻梁氏、柳際濂妻鄭氏、李若紳妻羅氏、劉涵妻解氏、生員趙公廉妻李氏、趙三著妻江氏、李振世妻鄧氏、蔡承暉妻周氏，俱乾隆年間旌。蔡廷楷妻曹氏、蔡廷棟妻艾氏、蔡廷松妻劉氏、楊仁妻牛氏、史世箴妻李氏、李大鰲妻王氏、蘇化龍妻曹氏、趙晟妻陳氏、楊匡衡妻萬氏、楊廷柱妻范氏、陳宗盛妻張氏，嘉慶年間旌。又同邑鄭洪祥妻王氏，偕媳祝氏、李氏、姪媳張氏、孫女大姑二姑三姑四姑，俱於嘉慶元年教匪入境，守正被戕，嘉慶四年旌。

生員梁暹妻陳氏。當陽人。夫死守節。又同縣鍾汝清妻朱氏、王杰妻莊氏、王之培妻莊氏、熊韜章妻杜氏、賀君穀妻劉氏、賀永奏妻郭氏、章景斗妻熊氏、張定國妻楊氏、伍應連妻萬氏、陳建平妻果氏、王明遠妻馬氏、趙士彥妻王氏、席久祚妻田氏、陳先應妻汪氏、李本培妻吳氏、李本埒妻季氏、李本均妻孔氏、楊瓊林妻葉氏、楊亦愈妻林氏、楊昌慶聘妻李氏，俱乾隆年間旌。萬國安妻楊氏、盧效梧妻牟氏、皮朝柱妻盧氏，烈婦席位寬妻張氏、童虞珍妻姜氏、傅啓立聘妻汪氏，嘉慶年間旌。

姜應望妻張氏。遠安人。夫亡守節，年八十餘卒。又同縣楊廷鳳妻傅氏、李清妻王氏、朱孔陽妻劉氏、傅君璋妻李氏、游君瑞妻張氏、湯大年妻陳氏、蕭文恭妻王氏、蕭天永妻萬氏、廖宗文妻汪氏、萬世傳妻徐氏、貞女楊寅姑、楊文芳妻郝氏、曾元瑞妻望氏、向安遠妻盛氏、周士嶸妻何氏，俱乾隆年間旌。張某妻高氏，嘉慶年間旌。

仙釋

漢

葛洪。字稚川。嘗於當陽紫蓋山穿井煉丹。年八十一，尸解去。

五代

知節。晉開運中，結廬荆門西山，南平高氏出師，告以成敗，悉驗。嘗驅猛虎並遊，結廬潭上，蛇龍避焉。

明

碧天。自蜀入荆門，四十餘年，一日謂其徒曰：「吾當西歸。」合掌跏趺，火自内焚，及胸，尚誦佛號不已。

土産

石緑。明統志：荆門州出。

萆薢。黄精。通志：俱荆門州出。鵪鶉。當陽縣出。

通草。茜草。紅花。秦椒。仙茅。大黄。俱遠安縣出。

校勘記

〔一〕郡守李直炳徙居於此　「李直炳」，乾隆志卷二六五安陸府山川（下同卷簡稱乾隆志）同，明一統志卷六三荆州府山川屏風山條作「李直丙」。

〔二〕在當陽縣東南一百二十里　「十」，原脱，據乾隆志補。按，本志下文古蹟門方城條云「在當陽縣東南一百二十里」，又云「旁有秣馬山」，亦可證此脱「十」字。

〔三〕玉泉山　「玉」，原作「王」，據乾隆志及下文改。

〔四〕潭旁陡逼無徑　「陡」，原作「陡」，據乾隆志及文意改。

〔五〕既而蘄黄安陸之賊合兵來攻荆門　「賊」，原作「城」，據乾隆志及元史卷一九五聶炳傳改。

〔六〕染疾不能瘳　「瘳」，原作「廖」，據雍正湖廣通志卷六二孝子志補遺及文意改。